Die deutsche Unternehmensmitbestimmung – Reformdruck aus Europa?

Schriftenreihe zum deutschen und europäischen Gesellschafts- und Wirtschaftsrecht

Herausgegeben von Christoph Teichmann und Florian Bien

Begründet von Günter Christian Schwarz †

Band 15

PETER LANG

Manuel Schütt

Die deutsche Unternehmensmitbestimmung – Reformdruck aus Europa?

Reichweite und Grenzen der Grundfreiheiten

PETER LANG

Bibliografische Information der Deutschen Nationalbibliothek
Die Deutsche Nationalbibliothek verzeichnet diese Publikation in der Deutschen Nationalbibliografie; detaillierte bibliografische Daten sind im Internet über http://dnb.d-nb.de abrufbar.

Zugl.: Würzburg, Univ., Diss., 2017

D20
ISSN 1614-239X
ISBN 978-3-631-75826-7 (Print)
E-ISBN 978-3-631-75837-3 (E-PDF)
E-ISBN 978-3-631-75838-0 (EPUB)
E-ISBN 978-3-631-75839-7 (MOBI)
DOI 10.3726/b14236

Peter Lang – Berlin · Bern · Bruxelles · New York · Oxford · Warszawa · Wien

Diese Publikation wurde begutachtet.

www.peterlang.com

Meinem Vater

Vorwort

Die vorliegende Arbeit wurde in den wesentlichen Teilen im Wintersemester 2014/2015 fertiggestellt und im Rahmen der aktuellen Entscheidung des Europäischen Gerichtshofes in der Angelegenheit Erzberger zum Stand Dezember 2017 aktualisiert. Insbesondere wurde hierzu ein neues Kapital 8 ergänzt.

An erster Stelle danke ich meinem Doktorvater Herrn Professor Dr. Christoph Teichmann für den richtigen Blick bei der Auswahl des Themas, der Unterstützung zum Erhalt eines Promotionsstipendiums, der Betreuung während der Erstellung dieser Arbeit und für die Aufnahme in diese Schriftenreihe. Bei Herrn Prof. Dr. Christoph Weber möchte ich mich ebenfalls für die Unterstützung und für die rasche Erstellung des Zweitgutachtens bedanken.

Darüber hinaus danke ich der Stiftung der deutschen Wirtschaft für die ideelle Förderung und die Gewährung eines Promotionsstipendiums. Zudem möchte ich mich sowohl beim Leiter, Herrn Thorsten Müller, als auch bei den Kollegen der Stiftung Umweltenergierecht für die tolle Arbeitsatmosphäre während der Erstellung dieser Arbeit bedanken. Die zahlreichen Anmerkungen und Hinweise der Kollegen waren gerade im europarechtlichen Teil sehr hilfreich.

Schlussendlich möchte ich mich auch ganz besonders bei meiner Ehefrau, Melanie Schütt, bedanken für ihre Geduld und Unterstützung bei der Erstellung der Dissertation und vor allem auch bei der Aktualisierung dieser Arbeit im Hinblick auf die Veröffentlichung. Der größte Dank gilt aber meinen Eltern, Senta und Bernhard Schütt, die diese Arbeit und meine ganze Ausbildung in jeder Hinsicht großzügig unterstützt haben. Gewidmet ist diese Arbeit deshalb meinem leider schon viel zu früh verstorbenen Vater.

München, im Januar 2018

Inhaltsangabe

Inhaltsverzeichnis

Kapitel 1: Einleitung

Unter Unternehmensmitbestimmung wird die Mitbestimmung der Arbeitnehmer in den Gesellschaftsorganen der Unternehmen verstanden. Durch diese Form der Mitbestimmung haben Arbeitnehmer die Möglichkeit, an den Entscheidungen auf Unternehmensebene direkt mitzuwirken. Diese direkte Partizipation ermöglicht es den Arbeitnehmern sämtliche unternehmerische Entscheidungen zu beeinflussen. Bisher ist die deutsche Unternehmensmitbestimmung aus unionsrechtlicher Sicht zumeist im Hinblick auf deren Sicherung und Durchsetzung in grenzüberschreitenden Sachverhalten untersucht worden.[1] Außerdem spielte sie in der Europäischen Union immer wieder als Hinderungsgrund für supranationale Gesellschaften und Harmonisierungsbemühungen nationalen Gesellschaftsrechts eine entscheidende Rolle. In den letzten Jahren rückte jedoch die Tatsache, dass nur im Inland arbeitende Arbeitnehmer bei der Wahl der Arbeitnehmervertreter im Aufsichtsrat teilnehmen dürfen, immer weiter in den rechtswissenschaftlichen Fokus[2] und beschäftigte auch zunehmend die deutschen und euopäischen Gerichte.[3] Gerade aus unionsrechtlicher Sicht hängen mit dieser „nationale(n) Introvertiertheit"[4] der deutschen Unternehmensmitbestimmungsgesetze eine Fülle von Fragestellungen zusammen, wie folgendes Beispiel zeigt:

Drei Arbeitnehmer (A, B und C) arbeiten in der deutschen U-AG. Die U-AG hat insgesamt 8.000 Arbeitnehmer, davon 2.500 in Deutschland, 1.500 in Italien und 4.000 in Frankreich. A und B arbeiten dabei in einer deutschen Niederlassung, C hingegen in einer französischen. Während A und B bei den Wahlen für die Arbeitnehmervertreter im Aufsichtsrat sowohl aktiv als auch passiv wahlberechtigt sind, wird C von diesen Wahlen vollständig ausgeschlossen, da nach den Unternehmensmitbestimmungsgesetzen nur im Inland arbeitende Arbeitnehmer wahlberechtigt sind.

---

1 Neben zahlreichen Beiträgen vgl. monographisch *Kisker*, Unternehmensmitbestimmung bei Auslandsgesellschaften, passim; *Braun*, Sicherung der Unternehmensmitbestimmung, passim; *Forsthoff*, Niederlassungsfreiheit für Gesellschaften, passim.

2 Grundlegend *Hellwig/Behme*, AG 2009, S. 261 (263 ff.); *Teichmann*, ZIP 2009, Beilage Heft 48, S. 10 (11 ff.); *Hellwig/Behme*, ZIP 2010, S. 871 ff.; *Teichmann*, ZIP 2010, S. 874 f.; *Latzel*, Gleichheit in der Unternehmensmitbestimmung, passim; *Rieble/Latzel*, EuZA 2011, S. 146 ff.; *Krause*, AG 2012, S. 485 ff. Vgl. auch das Interview mit *Krause* in: Mitbestimmung 11/2012, S. 20 ff.; sowie aktuell bspw. *Erzberger*, Diskriminierung der euopäischen Belegschaft, passim.

3 OLG Zweibrücken, Beschluss vom 20. Februar 2014–3 W 150/13; LG Frankfurt, Beschluss vom 16. Februar 2015–3-16 O 1/14; LG München I, Beschluss vom 27. August 2015–5 HKO 20285/14; KG Berlin, EuGH-Vorlage vom 16. Oktober 2015–14 W 89/15; EuGH, Rs. C566/15 (Erzberger), Celex-Nr. 62015CJ0566.

4 *Heuschmid*, Mitentscheidung durch Arbeitnehmer, S. 238.

Arbeitnehmer C fragt sich nun, ob eine solche Ungleichbehandlung in einem immer weiter zusammenwachsenden Europa noch zeitgemäß sei und vielleicht sogar gegen die sekundärrechtlichen Vorschriften zur Unternehmensmitbestimmung oder gegen das Primärrecht verstoße. Er versteht nicht, warum ein Arbeitnehmer aus Deutschland einen Anspruch darauf hat, an unternehmerischen Entscheidungen der U-AG teilzuhaben, ein im europäischen Ausland arbeitender Arbeitnehmer jedoch nicht. Dies vor allem vor dem Hintergrund, dass insgesamt mehr als die Hälfte der Arbeitnehmer nicht in Deutschland arbeiten und damit der Großteil der Belegschaft.

Auch Arbeitnehmer B macht sich seine Gedanken: Er möchte gerne in eine italienische Niederlassung wechseln, weil ihm die U-AG für diese Stelle eine deutlich höhere Vergütung angeboten hat. Allerdings würde er dann seine passive Wahlberechtigung zum Aufsichtsrat verlieren. In den letzten Jahrzehnten hat er sich in verschiedenen Gremien im Unternehmen engagiert und möchte nun bei den Wahlen zum Aufsichtsrat kandidieren. Aktuell rechnet er sich gute Chancen aus, nächstes Jahr gewählt zu werden. Für Arbeitnehmer A, der schon Arbeitnehmervertreter im Aufsichtsrat ist, kommt ein solcher Wechsel in einen ausländischen Betrieb sowieso nicht in Frage, da er ansonsten aus diesem Gremium ausscheiden müsste.

Der Vorstand der U-AG überlegt sich parallelweitere Niederlassungen ins Ausland zu verlagern. Gerade die grenznahen Niederlassungen mit insgesamt ca. 1.000 Arbeitnehmern könnten nach Belgien und Luxemburg verlagert werden, sodass das deutsche Unternehmen unter die Schwellenwertgrenze des Mitbestimmungsgesetzes fallen würde, die bei 2.000 Arbeitnehmern liegt. Läge die U-AG unter dieser Grenze, wäre der Aufsichtsrat anstatt zur Hälfte, nur noch zu einem Drittel mit Arbeitnehmervertretern besetzt. Den Verwaltungssitz mit weiteren 1.500 Arbeitnehmern will der Vorstand zwar noch nicht verlegen, doch könnte auch dies eine mittelfristige Option sein, um sodann außerhalb des Anwendungsbereichs des Drittelbeteiligungsgesetzes zu liegen.

Dieses fiktive Szenario zeigt, wie die mittlerweile hohe Mobilitätsbereitschaft der Arbeitnehmer und der Unternehmen in der Europäischen Union durch nationale Grenzen immer wieder eingeschränkt wird. Um dies zu verhindern, wird in der Europäischen Union ein europäischer Binnenmarkt anvisiert. Diskriminierungen und Beschränkungen im Binnenmarkt müssen von den Mitgliedstaaten gerechtfertigt werden. Überprüft wird dieses System durch den Europäischen Gerichtshof. Dieser hat dabei Anfang dieses Jahrhunderts immer wieder gezeigt, dass er sich als ‚Motor der europäischen Integration' versteht und sich zur Durchsetzung des Binnenmarkts, insbesondere der Grundfreiheiten, umfassend bedient. Durch die gesellschaftsrechtlichen Entscheidungen, wie beispielsweise Centros,[5] Überseering[6]

5 EuGH, Rs. C-212/97 (Centros) Slg. 1999, I-1459; dazu bspw. *Kieninger*, ZGR 1999, S. 725 ff.

6 EuGH, Rs. C-208/00 (Überseering) Slg. 2002, I-9919; dazu bspw. *Zimmer*, BB 2003, S. 1 ff.

oder Cartesio,[7] auf der einen Seite und die arbeitsrechtlichen Entscheidungen, wie zum Beispiel Mangold[8] oder Kücükdeveci,[9] auf der anderen Seite hat der Gerichtshof gerade auch in den für die Unternehmensmitbestimmung relevanten Rechtsgebieten deutlich gemacht, dass er vor nationalen Besonderheiten keinen Halt macht. Durch die Entscheidung Erzberger vom 18. Juli 2017 hat der Gerichtshof von dieser Sichtweise wieder etwas Abstand genommen.[10] Es bleibt abzuwarten, ob die letztgenannte Entscheidung eine Trendwende in der Rechtsprechung des Gerichtshofs einläutet.

In der nun folgenden Untersuchung werden zunächst in Kapitel 2 das System der Unternehmensmitbestimmung in Deutschland und in Kapitel 3 die Regelungen in der Europäischen Union beleuchtet. Das zweite Kapitel gibt einen umfassenden Einblick in die Herkunft und die aktuelle Ausgestaltung der Unternehmensmitbestimmung in Deutschland. Dabei spielen vor allem der gesellschaftsrechtliche Anknüpfungspunkt der Mitbestimmung und die Abgrenzung der Unternehmensmitbestimmung zu anderen Mitbestimmungsformen eine wichtige Rolle. Diese deutschen Gesetze stellen insofern den in den folgenden Kapiteln zu untersuchenden Gegenstand dar. Im dritten Kapitel wird hingegen das europäische Umfeld der deutschen Regelungen aufgezeigt. Hierzu zählen sowohl die nationalen Regelungen anderer Mitgliedstaaten als auch der sekundärrechtliche Rahmen der Union, in welchem sich die nationalen Gesetze bewegen dürfen. Insbesondere in einem immer weiter zusammenwachsenden Europa steigt durch den Vergleich mit anderen Mitgliedstaaten und durch das Sekundärrecht der Union ein Reformdruck auf die deutschen Regelungen, welcher am Ende des dritten Kapitels näher beleuchtet wird.

Anschließend wird in Kapitel 4 untersucht, welches unionsrechtliche Primärrecht für die weitere Überprüfung der Nichteinbeziehung im Ausland arbeitender Arbeitnehmer in die deutsche Unternehmensmitbestimmung von Belang ist. Dabei ist die Rolle des Gerichtshofs ebenso von erheblicher Bedeutung wie auch seine Werkzeuge zur Überprüfung der nationalen Gesetze. Deshalb wird in diesem Kapitel vor allem auf die Anwendbarkeit der Grundfreiheiten und der Unionsgrundrechte eingegangen.

Nach dieser grundsätzlichen Betrachtung werden in den beiden folgenden Kapiteln 5 und 6 die deutschen Regelungen bzw. deren nationale Introvertiertheit einer konkreten Überprüfung anhand der einzelnen Grundfreiheiten unterzogen, wobei im fünften Kapitel die Arbeitnehmer und im sechsten Kapitel die Unternehmen im Vordergrund der Prüfung stehen. Im fünften Kapitel wird zudem danach differenziert, ob es sich um im Ausland oder im Inland arbeitende Arbeitnehmer handelt. Schließlich werden auch die gewählten Arbeitnehmervertreter im Aufsichtsrat ge-

---

7 EuGH, Rs. C-210/06 (Cartesio) Slg. 2008, I-9641; dazu bspw. *Teichmann*, ZIP 2009, S. 393 ff.

8 EuGH, Rs. C-144/04 (Mangold) Slg. 2005, I-998; dazu bspw. *Streinz*, RdA 2007, S. 165 ff.

9 EuGH, Rs. C-555/07 (Kücükdeveci) Slg. 2010, I-365, dazu bspw. *Bauer/von Medem*, ZIP 2010, S. 449 ff.

10 EuGH, Rs. C-566/15 (Erzberger), Celex-Nr. 62015CJ0566, dazu bspw. *Schanze*, AG 2017, S. 573 ff.

sondert betrachtet. Zudem wird an den entsprechenden Stellen in diesem Kapitel ein Ausblick auf die Rechtsfolgen einer etwaigen Unionsrechtswidrigkeit gegeben. Hierbei werden die Wirkungen der Entscheidungen des Europäischen Gerichtshofs ebenso beleuchtet wie die nationalen Umsetzungsmöglichkeiten der Unionsentscheidung. Im sechsten Kapitel wird die Nichteinbeziehung im Ausland arbeitender Arbeitnehmer in die deutsche Unternehmensmitbestimmung sodann hinsichtlich ihrer Auswirkungen auf die Unternehmen und die Investoren berücksichtigt. Dabei spielt das Abstimmungsverhalten der Arbeitnehmer eine entscheidende Rolle.

Im siebten Kapitel werden die wesentlichen Ergebnisse dieser Untersuchung zusammengefasst und in Kapitel 8 die Entscheidung Erzberger besprochen sowie ein Ausblick auf die weiterhin noch offenen Fragestellungen gegeben.

Kapitel 2: Das deutsche System der Unternehmensmitbestimmung

In Deutschland spielt die Unternehmensmitbestimmung eine wichtige Rolle. Durch sie werden Arbeitnehmer an der Unternehmensführung beteiligt. Während ansonsten die Arbeitnehmer- und Arbeitgebervertreter in Tarifverhandlungen einander gegenüberstehen oder die Arbeitnehmer und der Arbeitgeber in den einzelnen Betrieben ihre jeweils eigenen Interessen vertreten, sitzen im Aufsichtsrat beide Seiten zusammen und sind gemeinsam dem Unternehmensinteresse verpflichtet.

In diesem Abschnitt werden zunächst die historischen Bedingungen, unter denen die jeweiligen Gesetze entstanden sind, aufgezeigt und die Umgebung der Unternehmensmitbestimmung, also die Organe der Kapitalgesellschaften, beleuchtet. Dabei werden diejenigen Rechte und Pflichte besonders herausgestellt, die die Arbeitnehmervertreter im Aufsichtsrat betreffen. Anschließend wird das System der Unternehmensmitbestimmung als Ganzes dargestellt, die Einflüsse des Gesellschafts- und Arbeitsrechts auf dieses System herausgearbeitet und gegenüber anderen Arbeitnehmerrechten abgegrenzt.

A. Historische Wurzeln

Für das Verständnis der Idee der Unternehmensmitbestimmung ist es zunächst „unerlässlich“[11], die Herkunft dieser Mitbestimmungsform kurz zu skizzieren. Hieraus lassen sich später Schlüsse für die Prüfung der Unionsrechtskonformität ziehen. Zum Beispiel wurde die Unternehmensmitbestimmung nach dem Zweiten Weltkrieg eingeführt, um die deutsche Kriegsindustrie zu entflechten,[12] sodass die These aufgestellt werden kann, dass ohne das sogleich skizzierte Auftreten der Alliierten die Unternehmensmitbestimmung in ihrer heutigen Form nur schwer möglich gewesen wäre. Dies kann zum Teil auch die noch zu beschreibende Sonderstellung Deutschlands in der Unternehmensmitbestimmung gegenüber anderen Mitgliedstaaten der Europäischen Union erklären.

Die ersten Formen der Unternehmensmitbestimmung gab es schon in der Weimarer Republik. 1922 wurden zum ersten Mal Arbeitnehmer in den Aufsichtsrat eines Unternehmens entsendet. Seit dieser Zeit gab es natürlich diverse Änderungen und Weiterentwicklungen der Unternehmensmitbestimmung. Die ausführlichsten Diskussionen um die Ausformung der Unternehmensmitbestimmung wurden nach dem Zweiten Weltkrieg, vor Einführung des heutigen Mitbestimmungsgesetzes sowie bei der Verabschiedung und Umsetzung verschiedener Unionsrichtlinien um die Jahr-

---

11 *Rüthers* in: Bitburger Gespräche 2006/1, S. 1 (5).

12 *Potthoff* in: ders./Blume/Duvernell, Zwischenbilanz der Mitbestimmung, S. 34 ff.

tausendwende geführt. Dabei wurde immer wieder aufgezeigt, wie tief die Gräben zwischen Arbeitnehmer- und Arbeitgeberverbänden in diesem Bereich sind.[13]

I. Anfänge der Mitbestimmung bis 1950

Die Mitbestimmung der Arbeitnehmer wurde erstmals in der Revolution von 1848 gefordert.[14] Zwar scheiterte in der Paulskirchenversammlung der Versuch, die Beteiligung der Arbeitnehmer durchzusetzen, doch kam in dieser Zeit erstmals die Idee der Arbeitnehmermitbestimmung auf.[15] Dabei ist jedoch zu beachten, dass zunächst lediglich die betriebliche Mitbestimmung diskutiert wurde.[16] Die Idee wurde damals jedoch sowohl von der Bürgerschaft als auch dem Adel gemeinsam abgelehnt und in der Folgezeit unter Bismarck weitgehend unterdrückt.[17]

1.) Betriebsräte in der Unternehmensmitbestimmung

Erst Ende des 19. Jahrhunderts kam die Idee der Arbeitnehmermitbestimmung langsam wieder auf und manifestierte sich sodann in der Novemberrevolution 1918 durch die Stärkung der Gewerkschaften.[18] Artikel 165 der Weimarer Reichsverfassung[19] von 1919 eröffnete dann den Weg zur Unternehmensmitbestimmung, da in diesem Artikel unter anderem die Mitwirkung der Arbeitnehmer bei der Gestaltung der wirtschaftlichen Entwicklung in Deutschland erstmals in einer Regelung genannt wird.[20] Das diesen Verfassungsauftrag umsetzende Gesetz bezüglich der Unternehmensmitbestimmung trat 1920 in Kraft: das Betriebsrätegesetz (BRG)[21]. Zu dessen Vollzug wurde 1922 das Aufsichtsratsgesetz[22] erlassen.

Nach § 70 BRG in Verbindung mit dem Aufsichtsratsgesetz durften die Arbeitnehmer in Aufsichtsräten oder ähnlichen Organen bis zu zwei Vertreter entsenden. Ein wesentlicher Unterschied zum heutigen Mitbestimmungsgesetz war, dass damals die Betriebsräte selbst entsandt und nicht wie heute durch die Arbeitnehmerschaft gesonderte Vertreter gewählt wurden. Weiter gab es keine nach dem heutigen Recht geltende Pflicht zur Bildung eines Aufsichtsrats. Doch schon damals hatten die

13 *Wißmann* in: ders./Kleinsorge/Schubert, Mitbestimmungsrecht, Vorbem. Rn. 14. Vgl. hierzu ausführlich *Raehlmann*, Interessenstreit zwischen DGB und BDA, S. 46 ff.

14 *Potthoff* in: ders./Blume/Duvernell, Zwischenbilanz der Mitbestimmung, S. 2 ff. Zu den Ideen im Vormärz vgl. *Teuteberg*, Industrielle Mitbestimmung, S. 1 ff.

15 Ausführlich dazu *Teuteberg*, Industrielle Mitbestimmung, S. 59 ff.

16 *Müller-Jentsch*, Mitbestimmung 12/2007, S. 52 ff.

17 Vgl. zur Einstellung Bismarcks *Teuteberg*, Industrielle Mitbestimmung, S. 349 f.

18 *Raiser* in: ders./Veil/Jacobs, MitbestG/DrittelbG, Einl. MitbestG Rn. 3.

19 Die Verfassung des Deutschen Reichs vom 11.08.1919 (auch Weimarer Reichsverfassung genannt), RGBl. 1919 Nr. 152, S. 1383 ff.

20 *Hoffmann/Lehmann/Weinmann*, MitbestG, Einl. Rn. 10.

21 Betriebsrätegesetz vom 04.02.1920, RGBl. 1920, Nr. 26, S. 147.

22 Gesetz über die Entsendung von Betriebsratsmitgliedern in den Aufsichtsrat vom 15.02.1922, RGBl. I 1922, Nr. 17, S. 209.

Arbeitnehmer im Aufsichtsrat die gleichen Rechte und Pflichten wie die übrigen Aufsichtsratsmitglieder.[23] Diese beiden Gesetze können deshalb als ‚Keimzelle' der heutigen Unternehmensmitbestimmung angesehen werden.[24] Eine ähnlich frühe Entwicklung gab es in Europa nur noch in Österreich.[25]

Während der Zeit des Nationalsozialismus wurden das Betriebsrätegesetz und das Aufsichtsratsgesetz jedoch durch § 65 des Gesetzes zur Ordnung der nationalen Arbeit[26] wieder abgeschafft, da sie mit dem ‚Führerprinzip' nicht vereinbar waren. Vielmehr gab es nun in jedem Betrieb einen Betriebsführer und eine Vertrauenspersonen, die aber allesamt zur nationalen Arbeiterfront gehören mussten.[27]

2.) Entstehung der heutigen Unternehmensmitbestimmung

Nach dem Zweiten Weltkrieg wurde die Aufhebung des nationalsozialistischen Rechts durch das Gesetz Nr. 1 der Militärregierung bestimmt. Hierzu gehörte auch das Gesetz zur Ordnung nationaler Arbeit. Während in der sowjetischen Besatzungszone relativ zügig neue Betriebsrätegesetze erlassen wurden,[28] wurden in den westlichen Besatzungszonen derartige Gesetzesvorhaben wieder gestoppt.[29] Zunächst wurde deshalb ab 1947 ohne ausdrückliche gesetzliche Grundlage der Aufsichtsrat in Unternehmen der Montanindustrie jeweils zur Hälfte von Arbeitnehmern und Anteilseignern besetzt. Hinzu kam als Vorsitzender dieses Gremiums ein Vertreter der Treuhandverwaltung. Zudem gehörte dem Vorstand ein Arbeitsdirektor an, der von Gewerkschaften und Betriebsräten vorgeschlagen wurde.[30] Diese Form der Mitbestimmung ist vor allem das Resultat der Befürchtungen der deutschen Unternehmerschaft, die Besatzungsmächte würden die Industrie entflechten.[31] Hinzu kam, dass die Unternehmer der deutschen Großindustrie für Kohle und Stahl von der Besatzung und den Reparationszahlungen geschwächt waren und für einen Neuaufbau die Mitwirkung der Gewerkschaften benötigten.[32]

---

23 Zum Ganzen ausführlich: *Köstler*, Reformvorhaben, S. 19 ff.

24 *Ulmer/Habersack* in: dies./Henssler, Mitbestimmungsrecht, Einl. Rn. 16.

25 *Ulmer* in: Baums/ders., Unternehmens-Mitbestimmung in EU-Mitgliedstaaten, S. 159 (162).

26 Gesetz zur Ordnung der nationalen Arbeit vom 20.01.1934, RGBl. I 1934, Nr. 17, S. 45 ff.

27 *Müller-List*, Montanmitbestimmung, S. XVIII.

28 Vgl. zum Beispiel § 12 des Betriebsrätegesetzes des Landes Thüringen vom 10.10.1945, der den § 20 des Betriebsrätegesetzes von 1920 übernahm.

29 *Köstler*, Reformvorhaben, S. 34 ff.

30 *Raiser* in: ders./Veil/Jacobs, MitbestG/DrittelbG, Einl. MitbestG Rn. 12.

31 *Potthoff* in: ders./Blume/Duvernell, Zwischenbilanz der Mitbestimmung, S. 33 ff.; *Müller-List*, Montanmitbestimmung, S. XXVI; *Latzel*, Gleichheit in der Unternehmensmitbestimmung, Rn. 439.

32 *Raiser* in: ders./Veil/Jacobs, MitbestG/DrittelbG, Einl. MitbestG Rn. 4.; *Kempen* in: FS Richardi, S. 587 (592); *Leminsky* in: Abel, Mitbestimmung an den Grenzen?, S. 39 (46 f.).

Nach der Rückgabe der politischen Kompetenz von den Besatzungsmächten an die Bundesrepublik Deutschland[33] kam es ab 1949 zu Verhandlungen zwischen Unternehmern und Gewerkschaften, um einen Kompromiss in der Unternehmensmitbestimmung zu erzielen. Nach dessen Scheitern wurden Gesetzesinitiativen gestartet, die schließlich in das Montanmitbestimmungsgesetz und das Betriebsverfassungsgesetz mündeten.[34]

II. Starke Montanmitbestimmung

Die Sonderstellung der Montanindustrie gegenüber anderen Industriezweigen ist, wie im vorherigen Abschnitt aufgezeigt, historisch bedingt.[35] Neben der wichtigen Stellung dieser Industrie in kriegerischen Zeiten und den damit einhergehenden Entflechtungsbestrebungen der Alliierten muss beachtet werden, dass in der Kohle- und Stahlindustrie erstmalig sehr viele Arbeitnehmer benötigt wurden. Dies war beispielsweise in der Holz- oder Textilindustrie noch nicht im selben Maße der Fall. Außerdem wurden die Herausforderungen und Probleme in diesem Industriezweig dadurch verschärft, dass er sich in wenigen Jahrzehnten entwickelte und nicht, wie beispielsweise die Maschinenbauindustrie, über mehrere Jahrhunderte hinweg.[36]

Das Montanmitbestimmungsgesetz[37] wurde 1951 verabschiedet. Grundlage bildete die oben beschriebene Handhabung während der Besatzungszeit nach dem Zweiten Weltkrieg. Während den Beratungen zu diesem Gesetz kam es immer wieder zu heftigen Auseinandersetzungen zwischen den politischen Parteien, den Unternehmen(-sverbänden) und den Gewerkschaften.[38] Teilweise drohten die Gewerkschaften sogar mit Streiks, um die Unternehmensmitbestimmung durchzusetzen.[39] Doch kam es nach etlichen Treffen zwischen Verbands- und Gewerkschaftsfunktionären sowie Einzelunternehmern und Politikern zu einem Kompromiss.[40] Dieser beinhaltete im

---

33 Gesetz Nr. 27 der Alliierten Hohen Kommission vom 16.05.1950 (Amtsblatt der Alliierten Hohen Kommission für Deutschland S. 299); dazu *Pickernelle*, BB 1951, S. 62 ff.

34 Zum Betriebsverfassungsrecht vgl. *Richardi* in: ders, BetrVG, Einl. Rn. 13 ff.

35 Damit ist jedoch nur die sogleich aufgezeigte Vorreiterrolle in der Unternehmensmitbestimmung gemeint. Vgl. zu den rückständigen Regeln gegenüber den anderen Industriezweigen in der betrieblichen Mitbestimmung noch nach dem ersten Weltkrieg *Teuteberg*, Industrielle Mitbestimmung, S. 410 ff.

36 Vgl. zum Ganzen: *Potthoff* in: ders./Blume/Duvernell, Zwischenbilanz der Mitbestimmung, S. 16 ff.

37 Gesetz über die Mitbestimmung der Arbeitnehmer in den Aufsichtsräten und Vorständen der Unternehmen des Bergbaus und der Eisen und Stahl erzeugenden Industrie vom 21.05.1951 (MontanMitbestG), BGBl. I 1951, S. 347.

38 Eingehend hierzu: *Potthoff*, Kampf um die Montan-Mitbestimmung, S. 31 ff; *Müller-List*, Montanmitbestimmung, S. LV ff.; *Köstler*, Reformvorhaben, S. 41 ff.

39 *Müller-List*, Montanmitbestimmung, S. LV f.; *Potthoff* in: ders./Blume/Duvernell, Zwischenbilanz der Mitbestimmung, S. 42 f.

40 *Hoffmann/Lehmann/Weinmann*, MitbestG, Einl. Rn. 16; *Müller-List*, Montanmitbestimmung, S. LXI f.

Grundsatz, dass sowohl die Anteilseigener als auch die Arbeitnehmer jeweils die Hälfte der Aufsichtsratsmitglieder bestimmen können. Von diesen Vertretern wird dann anschließend gemeinsam ein ‚neutrales Mitglied' gewählt, das insbesondere bei einer Pattsituation die entscheidende Stimme innehat.[41]

Insgesamt kann somit festgehalten werden, dass die Montanmitbestimmung zunächst auf der Besonderheit der Besatzungszeit Deutschlands und der daraus hervorgehenden schwachen Position der Unternehmen sowie der deutschen Politik beruhte.[42] So wurde der Weg zu einer paritätischen Mitbestimmung in Unternehmen geebnet, welche weder in Deutschland noch in Europa ihresgleichen findet. Ganz bewusst wurden zunächst Konzernstrukturen vom Gesetz ausgenommen,[43] welche dann durch das Montanmitbestimmungsergänzungsgesetz[44] erst 1956 geregelt wurden.[45] Die Montanmitbestimmung wurde in den folgenden Jahrzehnten immer wieder ergänzt, um deren Wirksamkeit bei strukturellen Änderungen in den Unternehmen zu gewährleisten.[46]

III. Abgeschwächte Drittelbeteiligung

Für die nicht zur Montanindustrie gehörenden Unternehmen wurde 1952 eine deutlich abgeschwächte Version der Unternehmensmitbestimmung eingeführt:[47] die Drittelparität gem. §§ 76 f. BetrVG 1952.[48] Hiernach wurden ein Drittel der Aufsichtsratsmitglieder aus den Reihen der Arbeitnehmer und zwei Drittel aus den Reihen der Anteilseigner gewählt. Zunächst galt dies, im Unterschied zu heute, für Aktiengesellschaften ohne Arbeitnehmerschwelle[49] und für Gesellschaften mit beschränkter Haftung ab einer Arbeitnehmerzahl von 500.

Auch die Drittelbeteiligung wurde in den Folgejahren immer wieder leicht modifiziert, ohne jedoch im Kern verändert zu werden. Die tiefgreifendste Änderung war die Angleichung der Regelung bezüglich der Schwellenwerte von 500

---

41 Vgl. zur Zusammensetzung des Aufsichtsrates in der Montanmitbestimmung und insbesondere zum ‚neutralen Mitglied' unten in diesem Kapitel unter C. III. 2.) a.).

42 *Latzel*, Gleichheit in der Unternehmensmitbestimmung, Rn. 441; ausführlich *Boldt*, MitbestG Eisen und Kohle, S. 7 ff.

43 Dazu *Wißmann* in: ders./Kleinsorge/Schubert, Mitbestimmungsrecht, Vorbem. Rn. 13.

44 Gesetz zur Ergänzung des Gesetzes über die Mitbestimmung der Arbeitnehmer in den Aufsichtsräten und Vorständen der Unternehmen des Bergbaus und der Eisen und Stahl erzeugenden Industrie vom 07.08.1956 (MontanMitbestErgG), BGBl. I 1956, S. 707.

45 *Hoffmann/Lehmann/Weinmann*, MitbestG, Einl. Rn. 17.

46 *Wißmann* in: ders./Kleinsorge/Schubert, Mitbestimmungsrecht, Vorbem. Rn. 13, 35 f.

47 *Wißmann* in: ders./Kleinsorge/Schubert, Mitbestimmungsrecht, Vorbem. Rn. 14.

48 Betriebsverfassungsgesetz vom 11.10.1952, BGBl. I, S. 681. Vgl. zu den Änderungen im BetrVG 1972 *Hoffmann/Lehmann/Weinmann*, MitbestG, Einleitung Rn. 21 ff.

49 Mit Ausnahme von Familiengesellschaften. Vgl. dazu *Habersack* in: Ulmer/ders./Henssler, Mitbestimmungsrecht, § 1 DrittelbG Rn. 13.

Arbeitnehmern auch für Aktiengesellschaften, zumindest sofern diese nach dem 10.08.1994 gegründet wurden.[50] Zudem wurden die Regelungen 2004 systematisch neu gegliedert und in ein eigenes Gesetz überführt – das Drittelbeteiligungsgesetz.[51]

IV. Das Mitbestimmungsgesetz als Kompromiss

Das Mitbestimmungsgesetz positioniert sich von der Intensität der Mitbestimmung zwischen den beiden soeben beschriebenen Gesetzen.[52] Dieser Kompromiss ist Ausfluss der heftigen Diskussionen, denen dieses Gesetz während seiner Entstehung ausgesetzt war.[53]

1965 hat der Versuch der Gewerkschaften die Montanmitbestimmung auf alle Unternehmen in Deutschland auszuweiten begonnen.[54] Die *SPD-Fraktion* folgte drei Jahre später in ihrem Gesetzesentwurf[55] den Forderungen der Gewerkschaften. In der *FDP* war die Unternehmensmitbestimmung Teil der Freiburger Thesen von 1971, in denen der Aufsichtsrat aus sechs Vertretern der Anteilseigner, zwei Vertretern der leitenden Angestellten und vier sonstigen Arbeitnehmervertretern bestehen sollte.[56] Die *CDU/CSU-Fraktion* brachte in ihrem Gesetzesentwurf aus dem Jahre 1971 eine sieben zu fünf Mehrheit zugunsten der Anteilseigner ein.[57] Die *CDU* verabschiedete 1973 wiederum ein Modell, das eine hälftige Besetzung des Aufsichtsrats durch Arbeitnehmer vorsah, wobei eine Position der Arbeitnehmer durch einen leitenden Angestellten zu besetzen sei. Zudem sollte der Vorstand bei Stimmgleichheit im Aufsichtsrat auch ohne dessen Zustimmung handeln können.[58] Im Kern handelte es sich immer um die Frage, ob es zu einer völligen Parität zwischen Arbeitnehmer- und Anteilseignervertretern kommen soll bzw. wie eine Stimmengleichheit aufzulösen ist.

---

50 Vgl. zur Kritik an dem Bestandsschutz für Altgesellschaften *Habersack* in: Ulmer/ders./Henssler, Mitbestimmungsrecht, § 1 DrittelbG Rn. 14. Vgl. aber OLG Düsseldorf, ZIP 2011, S. 1564 ff.; dazu *Henze*, Der Aufsichtsrat 2011, S. 178.

51 Gesetz über die Drittelbeteiligung der Arbeitnehmer im Aufsichtsrat (Drittelbeteiligungsgesetz) vom 18.05.2004, BGBl. I, 974; *Veil* in: Raiser/ders./Jacobs, MitbestG/DrittelbG, Einl. DrittelbG Rn. 2.

52 Vgl. zum Entstehungsprozess *Wißmann* in: ders./Kleinsorge/Schubert, Mitbestimmungsrecht, Vorbem. Rn. 15 ff; *Ulmer/Habersack* in: dies /Henssler, Mitbestimmungsrecht, Einl. MitbestG Rn. 17 ff; *Hoffmann/Lehmann/Weinmann*, MitbestG, Einleitung Rn. 29 ff.; *Lauschke*, Mehr Demokratie, passim.

53 Vgl. *Raehlmann*, Interessenstreit zwischen DGB und BDA, S. 46 ff.; *Lauschke*, Mehr Demokratie, S. 71 ff.

54 *Köstler*, Reformvorhaben, S. 63 ff.

55 *SPD-Fraktion*, BT-Drucks. V/3657.

56 *FDP*, Freiburger Thesen der F.D.P. zur Gesellschaftspolitik, 1971, S. 62 ff.

57 *CDU-/CSU-Fraktion*, BT-Drucks. VI/1806.

58 Vgl. *Wißmann* in: ders./Kleinsorge/Schubert, Mitbestimmungsrecht, Vorbem. Rn. 20.

Neben den Fraktionen, Parteien und Verbänden arbeitete auch eine von der Bundesregierung eingesetzte Expertenkommission[59] aus neun Professoren der Wirtschafts- und Rechtswissenschaften die verschiedenen Möglichkeiten einer Ausweitung der Unternehmensmitbestimmung auf.[60] Deren Bericht sah dann eine Ausweitung der Mitbestimmung bis knapp unter die paritätische Mitbestimmung vor. Dieses leichte Übergewicht der Anteilseigner wurde mit der Entscheidungsfähigkeit des Aufsichtsrats begründet, da sich das neutrale Mitglied in der Montanmitbestimmung nicht bewährt hätte.[61]

Auch die Entwicklung des Regierungsentwurfes zeigt nochmals die Brisanz der Thematik auf. Zunächst wurde auf Expertenebene und abschließend zwischen den Koalitionsspitzen der sozial-liberalen Koalition diskutiert sowie von den Koalitionsfraktionen der *SPD* und *FDP* gebilligt.[62] Dieser Entwurf war aber noch nicht mit dem beschlossen Mitbestimmungsgesetz identisch, insbesondere umfasste er noch kein Letztentscheidungsrecht des Aufsichtsratsvorsitzenden.[63] Nach Verabschiedung durch die Bundesregierung wurde weiter lebhaft über diesen Entwurf diskutiert. Sowohl die Gewerkschaften, die Arbeitgeberverbände als auch die Wissenschaft sowie der Bundesrat fanden etliche Kritikpunkte.[64]

Verabschiedet wurde das Mitbestimmungsgesetz sodann nach umfassender und teils harter Diskussion jedoch von einer breiten, nicht nur die Koalitionsfraktionen umfassenden Mehrheit im Deutschen Bundestag.[65] Hiernach wurde nun die Hälfte der Aufsichtsratsmitglieder von den Arbeitnehmern gewählt, wobei die leitenden Angestellten einen festen Anteil davon besetzen dürfen. Zudem hat der Aufsichtsratsvorsitzende, der (fast) immer aus den Reihen der Anteilseignervertreter stammt, in einer Pattsituation das Letztentscheidungsrecht.[66]

Wesentliche Änderungen gab es an diesem Gesetz bis in die heutige Zeit keine. Die vorgenommenen Änderungen waren entweder einer Anpassung an andere Gesetze geschuldet oder betrafen die Vereinfachung der Wahlen der Arbeitnehmervertreter.[67] Die einzige inhaltliche Initiative, die Verkleinerung des Aufsichtsrats

59 Die sogenannte Mitbestimmungs- oder Biedenkopfkommission, welche nach dem Vorsitzenden der Kommission *Kurt Biedenkopf* benannt wurde. *Mitbestimmungskommission*, BT-Drucks. VI/334.

60 *Raiser* in: ders./Veil/Jacobs, MitbestG/DrittelbG, Einl. MitbestG Rn. 27 ff.

61 *Mitbestimmungskommission*, BT-Drucks. VI/334, S. 40. Vgl. zum neutralen Mitglied ausführlich weiter unten in diesem Kapitel unter C. III. 2.) a.).

62 Vgl. *Wißmann* in: ders./Kleinsorge/Schubert, Mitbestimmungsrecht, Vorbem. Rn. 21 f.

63 *Bundesregierung*, BT-Drucks. VII/2172.

64 Vgl. *Raiser* in: ders./Veil/Jacobs, MitbestG/DrittelbG, Einl. MitbestG Rn. 34 f.; *Ulmer/Habersack* in: dies/Henssler, Mitbestimmungsrecht, Einl. MitbestG Rn. 19 ff.

65 *Wißmann* in: ders./Kleinsorge/Schubert, Mitbestimmungsrecht, Vorbem. Rn. 27 f.

66 Vgl. zu diesem Mechanismus ausführlich in diesem Kapitel unter C. I. 2.) a.) bb.).

67 *Ulmer/Habersack* in: dies/Henssler, Mitbestimmungsrecht, Einl. MitbestG Rn. 23 f.

unter Beibehaltung der Stimmverhältnisse,[68] scheiterte am massiven Widerstand der Gewerkschaften.[69]

V. Zusammenfassung

Für die in den folgenden Kapiteln näher zu beleuchtenden Frage der Unionsrechtskonformität sind nun zwei Kernthesen festzuhalten. Zum einen ist die Montanmitbestimmung unter anderem auch der deutschen Sonderrolle in Europa nach dem Zweiten Weltkrieg geschuldet. Eine ähnliche Konstellation zwischen Unternehmern, Arbeitnehmern und Besatzern sucht in der jüngeren europäischen Geschichte ihresgleichen. Daran anknüpfend hatten die Gewerkschaften eine ungleich bessere Position bei der Erarbeitung des Mitbestimmungsgesetzes. Während in anderen europäischen Staaten immer noch um eine Mitbestimmung der Arbeitnehmer in den Unternehmensorganen gekämpft wurde, mussten die deutschen Gewerkschaften ‚nur' die Ausweitung der Montanmitbestimmung auf andere Unternehmen fordern.

Zum anderen muss jedoch beachtet werden, dass es sich bei diesem Thema um einen politisch sensiblen Bereich handelt, der trotz vieler Rufe nach Reformen bisher von der deutschen Politik noch nicht angetastet worden ist.[70] Die deutschen Regelungen beruhen auf einem austarierten Kompromiss, der nunmehr über 40 Jahre alt ist. Gerade wohl auch vor diesem Hintergrund, geht der Generalanwalt in seinen Schlussanträgen in der Angelegenheit Erzberger davon aus, dass die Unternehmensmitbestimmung einen wesentlichen Bestandteil des deutschen Arbeitsmarktes und der deutschen Sozialordnung darstelle.[71]

B. Gesellschaftsrechtlicher Ansatzpunkt der Unternehmensmitbestimmung

Auch wenn die verschiedenen Gesetze der Unternehmensmitbestimmung in Deutschland unterschiedlich ausgestaltet sind und viele Besonderheiten aufweisen, haben sie einen gemeinsamen Kern. Die Unternehmensmitbestimmung ist fast ausschließlich im Aufsichtsrat angesiedelt.[72] Da sich die Mitbestimmung

---

68 Vgl. den Referentenentwurf zum Gesetz zur Kontrolle und Transparenz im Unternehmensbereich in: ZIP 1996, S. 2193 (2197).

69 *Henssler* in: Ulmer/Habersack/ders., Mitbestimmungsrecht, § 7 MitbestG Rn. 7.

70 Vgl. dazu in Kapitel 3 C. III., sowie *Wißmann* in: ders./Kleinsorge/Schubert, Mitbestimmungsrecht, Vorbem. Rn. 60 ff.

71 GA *Saugmandsgaard Øe*, Schlussanträge zu EuGH, Rs. C-566/15 (Erzberger), Celex-Nr. 62015CC0566, Rn. 103. Vgl. dazu ausführlich in Kapitel 8.

72 Erst seit der Einführung der monistischen SE gibt es auch in Deutschland die Möglichkeit einer mitbestimmten Gesellschaft, die keinen Aufsichtsrat besitzt. Vgl. zur Mitbestimmung in der monistischen SE bspw. *Bachmann*, ZGR 2008, S. 779 (797 ff.); *Kepper*, Die mitbestimmte monistische SE, passim.

immer nur innerhalb der Rechte und Pflichten des Organs entfalten kann, in welchem sie angesiedelt ist,[73] findet der Aufsichtsrat in dieser Darstellung eine besondere Beachtung. Diese Untersuchung begrenzt sich dabei auf die für die Mitbestimmung besonders relevanten Gesellschaftsformen der Aktiengesellschaft und der GmbH.[74]

Selbstverständlich können die Kompetenzen des Aufsichtsrats nicht isoliert, sondern immer nur im Zusammenhang mit den anderen zentralen Organen der jeweiligen Gesellschaft dargestellt werden, sodass auch die zur Vertretung und Geschäftsführung berechtigten Organe sowie die jeweiligen gesellschaftsrechtlichen ‚Wahlorgane' der Anteilseignervertreter im Aufsichtsrat mit dargestellt werden. Der Aufsichtsrat hat in der Aktiengesellschaft und der mitbestimmten GmbH zwar ähnliche Kompetenzen, doch weist er gerade durch das Zusammenspiel der weiteren Organe in der jeweiligen Gesellschaftsform auch einige Besonderheiten auf,[75] welche in der späteren Beurteilung des Aufsichtsrats aus Unionssicht von entscheidender Bedeutung sein können. Im Folgenden werden deshalb die Kompetenzen in der Aktiengesellschaft dargestellt und sodann die Unterschiede in der GmbH beleuchtet.

I. In einer Aktiengesellschaft

In einer Aktiengesellschaft gibt es drei Organe: den Vorstand, den Aufsichtsrat und die Hauptversammlung.[76] Grundsätzlich sind alle Organe innerhalb ihrer Kompetenzbereiche auf einer Ebene angesiedelt, wobei jedoch zu beachten ist, dass die Hauptversammlung die Kapitalvertreter im Aufsichtsrat bestimmt und der Aufsichtsrat wiederum den Vorstand bestellt.[77] Vorstand und Aufsichtsrat bilden dabei gemeinsam die Verwaltung der Gesellschaft,[78] weshalb es das dualistische Leitungssystem genannt wird.[79] Lediglich in der Praxis können besonders ‚geschickte' Aufsichtsrats- oder Vorstandsvorsitzende dieses Gleichgewicht in strategischen Fragen zu ihren Gunsten neigen.[80]

---

73 *Raiser* in: ders./Veil/Jacobs, MitbestG/DrittelbG, Einl. MitbestG Rn. 66.

74 Die anderen Gesellschaftsformen weichen hier jedoch nur selten ab. Vgl. zum Beispiel *Ulmer/Habersack* in: dies./Henssler, Mitbestimmungsrecht, § 25 MitbestG Rn. 70 f.

75 *Raiser* in: ders./Veil/Jacobs, MitbestG/DrittelbG, Einl. MitbestG Rn. 66; *Wißmann* in: ders./Kleinsorge/Schubert, Mitbestimmungsrecht, Vorbem. Rn. 56.

76 Vgl. zur Möglichkeit weiterer Organe in der Aktiengesellschaft *Wiesner* in: MüHdB GesellR, § 19 Rn. 9 f. Wobei diese Organe in die sogleich skizzierte Strukturen nicht eingreifen dürfen.

77 *Mertens/Cahn* in: Zoellner/Noack, Kölner Komm, Vorb. § 76 AktG Rn. 1.

78 *Mertens/Cahn* in: Zoellner/Noack, Kölner Komm, Vorb. § 76 AktG Rn. 2.

79 Vgl. zur Abgrenzung zum monistischen Leitungsmodell in Kapitel 3 A. I.

80 In diese Richtung auch *Mertens/Cahn* in: Zoellner/Noack, Kölner Komm, Vorb. § 76 Rn. 10; *Henning* in: Frodermann/Jannott, HdB des Aktienrechts, Kap. 8 Rn. 1.

1.) Hauptversammlung

Die Hauptversammlung setzt sich gem. § 118 Abs. 1 AktG aus den Aktionären der Gesellschaft zusammen.[81] Einige ihrer Befugnisse werden in § 119 Abs. 1 AktG aufgelistet, wobei im Aktiengesetz noch weitere Kompetenzen zu finden sind.[82] Dabei ist im Verhältnis zu den beiden anderen Organen der Aktiengesellschaft zum Beispiel die Wahl, Abberufung und Entlastung des Aufsichtsrats und die Entlastung des Vorstands von besonderer Bedeutung. Außerdem muss die Hauptversammlung über Maßnahmen der Geschäftsführung gem. § 111 Abs. 4 S. 3, 4 AktG bzw. § 119 Abs. 2 AktG entscheiden, wenn der Aufsichtsrat seine Zustimmung verweigert bzw. der Vorstand dies verlangt. Vor allem letzteres soll jedoch nur im Ausnahmefall geschehen.[83] Zudem hat die Hauptversammlung gem. § 179 Abs. 1 AktG das alleinige Recht zur Änderung der Satzung oder gem. § 262 Abs. 1 Nr. 2 AktG zur Auflösung der Gesellschaft. Wie in diesen Ausschnitten aus dem Kompetenzkatalog der Hauptversammlung zu sehen ist, betreffen ihre Kompetenzen zumeist die grundlegendsten Entscheidungen der Gesellschaft, jedoch keine Fragen hinsichtlich der operativen Geschäftsführung.[84]

2.) Vorstand

Die Aktiengesellschaft wird vom Vorstand gem. § 76 Abs. 1 AktG eigenverantwortlich geleitet. Was genau unter den Leitungsbegriff zu fassen ist, ist in seinen Einzelheiten umstritten. Die Leitung umfasst zumindest die Unternehmenspolitik und somit mindestens sämtliche grundlegende Entscheidungen, wie die Zielkonzeption, Organisation, Führungsgrundsätze und die Geschäftspolitik.[85] Teilweise wird sie auch in Anlehnung an die betriebswirtschaftliche Organisation- und Managementlehre als die Unternehmensplanung, -kontrolle und -koordinierung umschrieben.[86] Dies bedeutet, dass der Vorstand in der Leitung des Unternehmens auch keinen Weisungen unterliegt,[87] insbesondere wird durch § 76 Abs. 1 AktG eine Selbständigkeit gegenüber anderen Organen gewährleistet.[88] Eine Ausnahme kann lediglich in einem Konzernverhältnis vorliegen.[89] Darüber hinaus vertritt der Vorstand gem.

---

81 Vgl. zum Ablauf der Hauptversammlungen in den letzten Jahren *Wettich*, NZG 2011, S. 721 ff.; *Wettich*, AG 2012, S 725 ff.

82 Vgl. die Übersicht bei *Göhmann* in: Frodermann/Jannott, HdB des Aktienrechts, Kap. 9 Rn. 7.

83 *Göhmann* in: Frodermann/Jannott, HdB des Aktienrechts, Kap. 9 Rn. 9.

84 *Semler* in: MüHdB GesellR, § 34 Rn. 4 f.

85 *Mertens/Cahn* in: Zoellner/Noack, Kölner Komm AktG, § 76 Rn. 4.

86 *Seibt* in: Schmidt/Lutter, AktG, § 76 AktG Rn. 9; *Spindler* in: MüKo AktG, § 76 AktG Rn. 16.

87 *Seibt* in: Schmidt/Lutter, AktG, § 76 AktG Rn. 21.

88 *Mertens/Cahn* in: Zoellner/Noack, Kölner Komm AktG, § 76 AktG Rn. 42 ff.

89 *Altmeppen* in: MüKo AktG, § 308 AktG Rn. 32 f. Vgl. zum Konzern im Betriebsverfassungsrecht *Kort*, NZG 2009, S. 81 ff.

§ 78 Abs. 1 AktG die Gesellschaft nach außen. Insgesamt ist der Vorstand somit „aus unternehmerischer Sicht [...] das wichtigste Organ der AG"[90].

Gegenüber den anderen beiden Organen hat der Vorstand jedoch zum Beispiel gem. §§ 90, 124 Abs. 1 AktG weitgehende Informations- und Berichtspflichten.[91] Außerdem wird er vom Aufsichtsrat gem. § 84 Abs. 1 AktG bestellt, sodass der Vorstand mit dem Aufsichtsrat keine gravierenden Differenzen haben sollte. Auch eine vorzeitige Beendigung ist bei Meinungsverschiedenheiten in Ausnahmefällen gem. § 84 Abs. 3 AktG möglich, jedoch nur bei Vorliegen eines wichtigen Grunds.[92]

3.) *Aufsichtsrat*

Der Aufsichtsrat hat in der Aktiengesellschaft ebenfalls entscheidende Funktionen. Die wichtigsten Befugnisse des Aufsichtsrats sind die Überwachungs- und Beratungsfunktion inklusive der Festlegung zustimmungspflichtiger Geschäfte sowie die Personalkompetenz. Zudem hat er in bestimmten Situationen auch die Vertretung der Gesellschaft inne.

a.) Überwachung und Beratung

Eine zentrale Kompetenz ist die Überwachung der Geschäftsführung gem. § 111 Abs. 1 AktG. Wobei damit nicht die Geschäftsführung in ihren Detailfragen gemeint sein kann, weil ansonsten die weisungsfreie Leitungsfunktion des Vorstands in Gefahr wäre.[93] Vielmehr handelt es sich um die Begrenzung auf die grundlegenden Entscheidungen.[94] Zur Überwachung gehören jedoch nicht nur abgeschlossene Sachverhalte, sondern auch die Kontrolle der grundsätzlichen Fragen zur zukünftigen Unternehmenspolitik, da hiermit der Erfolg des Unternehmens durch den Dialog des leitenden Vorstands einerseits und des überwachenden Aufsichtsrats andererseits sichergestellt wird.[95] Diese „laufende Beratung"[96] umfasst insbesondere die Rechtmäßigkeit, Ordnungsmäßigkeit, Wirtschaftlichkeit und Zweckmäßigkeit[97] und stellt einen wichtigen Baustein in der modernen Unternehmensführung dar.[98] Deshalb wird der Aufsichtsrat auch immer mehr von einem reinen Kontrollorgan

---

90 *Frodermann/von Eiff* in: Frodermann/Jannott, HdB des Aktienrechts, Kap. 7 Rn. 1.

91 *Frodermann/ von Eiff* in: Frodermann/Jannott, HdB des Aktienrechts, Kap. 7 Rn. 4 f., 162 ff.

92 *Spindler* in: MüKo AktG, § 84 AktG Rn. 105; vgl. zu den Möglichkeiten einer frühzeitigen Abberufung auch *Janzen*, NZG 2003, S. 468 ff.; *Mielke*, BB 2014, S. 1035 ff.

93 *Habersack* in: MüKo AktG, § 111 AktG Rn. 12.

94 *Henning* in: Frodermann/Jannott, HdB des Aktienrechts, Kap. 8 Rn. 4. Vgl. zu den Pflichten des Aufsichtsrats in Krisenzeiten *Hasselbach*, NZG 2012, S. 41 ff.

95 *Lutter/Krieger*, Aufsichtsrat, Rn. 94; *Schönberger*, Zustimmungsvorbehalt des Aufsichtsrates, S. 40 f., 59 f.

96 BGH, BGHZ 114, S. 127 (130).

97 ausführlich dazu *Lutter/Krieger*, Aufsichtsrat, Rn. 71 ff.

98 *Habersack* in: MüKo AktG, § 111 AktG Rn. 13.

zu einem „mitunternehmerische[n] Organ“[99]. Dies entspricht zudem den Vorgaben – zumindest hinsichtlich börsennotierter Gesellschaften – des Deutschen Corporate Governance Kodex.[100] Allerdings geht mit der Überwachung- und Beratungskompetenz keine konkrete Weisungsbefugnis gegenüber dem Vorstand einher.[101]

Diese Überwachungs- und Beratungsfunktion kann der Aufsichtsrat auch aufgrund zahlreicher Mitspracherechte bezüglich der Unternehmenspolitik wahrnehmen. Diese können grundsätzliche Meinungsverschiedenheiten zwischen Aufsichtsrat und Vorstand vermeiden.[102] Zu diesen Mitspracherechten gehört zum Beispiel die Prüfung und Feststellung des Jahresabschlusses gem. §§ 170 ff. AktG, da hierdurch erst die Prüfung der Ordnungsmäßigkeit und Zweckmäßigkeit der Rechnungslegung überwacht werden kann.[103]

b.) Zustimmungspflichtige Geschäfte als präventive Überwachung

Neben den vom Gesetz verliehenen Mitspracherechten hat der Aufsichtsrat außerdem die Möglichkeit, sich selbst durch die Aufstellung eines Katalogs an zustimmungspflichtigen Geschäften noch weitere Rechte zur Überwachung des Vorstands zu schaffen.[104] Nach § 111 Abs. 4 S. 2 AktG hat sowohl die Hauptversammlung durch die Einführung einer entsprechenden Satzungsregelung[105] als auch der Aufsichtsrat durch Beschluss die Möglichkeit, einen Katalog zustimmungsbedürftiger Geschäfte festzulegen. Diese beiden Kompetenzen stehen dabei alternativ nebeneinander, sodass beide Organe einzelne zustimmungspflichtige Geschäfte auf die Liste setzen können und das jeweils andere Organ diese Geschäfte nicht wechselseitig durch Beschluss zurücknehmen bzw. anderweitig leer laufen lassen darf.[106] Die tatsächliche Zustimmung zu den jeweiligen Geschäften erfolgt dann aber immer vom Aufsichtsrat, was eine präventive Kontrolle darstellt.[107]

Allerdings wurde dieses Recht in den letzten Jahrzehnten nach weitläufiger Ansicht zu wenig genutzt.[108] Teilweise wird in diesem Zusammenhang auch darauf

99 *Drygala* in: Schmidt/Lutter, AktG, § 111 AktG Rn. 5.

100 Ziff. 5.1.1 DCGK. Der Kodex ist abrufbar unter: www.corporate-governance-code.de/ger/kodex/index.html (31.01.2013).

101 *Henning* in: Frodermann/Jannott, HdB des Aktienrechts, Kap. 8 Rn. 1.

102 *Schönberger*, Zustimmungsvorbehalt des Aufsichtsrates, S. 53 ff.

103 *Drygala* in: Schmidt/Lutter, AktG, § 170 AktG Rn. 1. Vgl. zu weiteren Beispielen *Schönberger*, Zustimmungsvorbehalt des Aufsichtsrates, S. 54 ff.

104 Ausführlich *Fonk*, ZGR 2006, S. 841 ff. Zur Verfassungskonformität eines gesetzlichen Katalogs zustimmungsbedürftiger Geschäfte *Merkt*, ZIP 2011, S. 1131 (1143)

105 Vgl. zur strittigen Frage, ob auch ein Hauptversammlungsbeschluss ausreicht, *Bergau*, AG 2006, S. 769 (771 ff.)

106 *Drygala* in: Schmidt/Lutter, AktG, § 111 AktG Rn. 51; *Lutter* in: Ringleb u. a., DGCK, Rn. 374.

107 *Drygala* in: Schmidt/Lutter, AktG, § 111 AktG Rn. 47.

108 Vgl. zur Kritik, dass hierdurch potentiell unternehmensgefährdende Maßnahmen nicht frühzeitig erkannt wurden, *Bundesregierung*, BT-Drucks. XIV/8769 S. 17;

verwiesen, dass die Zustimmungsvorbehalte nach Einführung des Mitbestimmungsgesetzes sehr stark zurückgegangen seien, damit die Arbeitnehmervertreter nicht in das operative Geschäft eingreifen konnten.[109] Ein Nachweis hierfür wurde jedoch nicht erbracht.[110] Durch das Transparenz- und Publizitätsgesetz[111] wurde das Recht dahingehend geändert, dass die Erstellung des Katalogs nach § 111 Abs. 4 S. 2 AktG nicht mehr im freien Ermessen des Aufsichtsrats und der Hauptversammlung steht, sondern der Aufsichtsrat Zustimmungsvorbehalte einzuräumen ‚hat'.[112] Die konkreten zustimmungsbedürftigen Geschäfte bestimmt jedoch auch weiterhin der Aufsichtsrat bzw. die Hauptversammlung.[113]

Der Deutsche Corporate Governance Kodex gibt dabei in Ziff. 3.3 S. 2 DGCK einen Anhaltspunkt, welche Geschäfte jedenfalls einer Zustimmung bedürfen. Hierbei definiert er unter die Geschäfte mit grundlegender Bedeutung: „Hierzu gehören Entscheidungen oder Maßnahmen, die die Vermögens-, Finanz- oder Ertragslage des Unternehmens grundlegend verändern."[114] Es lassen sich aber in den letzten Jahren auch immer mehr Musterkataloge finden,[115] die dann der jeweiligen Gesellschaft und Situation angepasst werden müssen.[116] Beispiele sind der Erwerb oder Veräußerungen größeren Umfangs, die Aufnahme von Krediten ab einer bestimmten Höhe oder die Erteilung von Generalvollmachten und Prokura.[117] Eine Generalklausel für „alle wichtigen Geschäfte grundlegender Bedeutung" ist nicht möglich, da der Vorstand dadurch im Einzelfall keine Sicherheit hat, wann diese Geschäfte vorliegen.[118]

Sowohl die Gesetzesänderung als auch der Deutsche Corporate Governance Kodex zeigen somit, dass eine präventive Überwachung und damit eine stärkere Rolle des Aufsichtsrats gegenüber dem Vorstand gewünscht sind. Allerdings handelt es sich hierbei nur um Vetorechte: Der Aufsichtsrat darf nur die Zustimmung

---

Schönberger, Zustimmungsvorbehalt des Aufsichtsrates, S. 66 f.; *Götz*, AG 1995, S. 337 (350 f.). Vgl. zu den Pflichten des Aufsichtsrats in diesem Zusammenhang *Grooterhorst*, NZG 2011, S. 921 ff.

109 *Berrar*, DB 2001, S. 2181 (2182); *Ulmer/Habersack* in: dies/Henssler, Mitbestimmungsrecht, Einl. MitbestG Rn. 71; *Lutter/Krieger*, Aufsichtsrat, S. 45 Fn. 1.

110 Vgl. zur Diskussion *Schönberger*, Zustimmungsvorbehalt des Aufsichtsrates, Fn. 142.

111 Gesetz zur weiteren Reform des Aktien- und Bilanzrechts, zu Transparenz und Publizität (Transparenz- und Publizitätsgesetz) vom 19.07.2002, BGBl. I S. 2681.

112 *Bundesregierung*, BT-Drucks. 14/8769, S. 17. Dazu *Lange*, DStR 2003, S. 376 ff.

113 *Habersack* in: MüKo AktG, § 111 AktG Rn. 101. Zur Frage welche Geschäfte dies sein können vgl. *Schönberger*, Zustimmungsvorbehalt des Aufsichtsrates, S. 70 ff. Vgl. zu einem gesetzlichen Mitbestimmungskatalog ablehnend *Schockenhoff*, AG 2012, S. 185 (189 f).

114 Dazu *Lutter* in: Ringleb u. a., DGCK, Rn. 370 f.

115 So zum Beispiel bei *Lutter* in: Ringleb u.a., DGCK, Rn. 372; *Lutter/Krieger*, Aufsichtsrat, Rn. 109.

116 *Drygala* in: Schmidt/Lutter, AktG, § 111 AktG Rn. 53.

117 *Köstler/Zachert/Müller*, Aufsichtsratspraxis, Rn. 674.

118 *Drygala* in: Schmidt/Lutter, AktG, § 111 AktG Rn. 55.

verweigern, jedoch nicht selbst die Geschäftsführung übernehmen.[119] Nachdem die Zustimmung verweigert wurde, kann der Vorstand gem. § 111 Abs. 3 S. 4 AktG die Hauptversammlung anrufen.[120]

c.) Personalkompetenz

Des Weiteren hat der Aufsichtsrat auch die Personalkompetenz bezüglich des Vorstands, welche gem. § 84 AktG die Bestellung und Abberufung des Vorstands sowie gem. § 87 ff. AktG die Gestaltung der Rechtsverhältnisse der Vorstandsmitglieder zur Gesellschaft enthält. Dies sichert ebenfalls den langfristigen Einfluss auf die Unternehmenspolitik. Deshalb wird die Personalkompetenz teilweise als Teil der Überwachungsfunktion oder zumindest als Unterstützung dieser angesehen.[121]

Gem. § 84 Abs. 1 S. 1 AktG hat der Aufsichtsrat die ausschließliche Kompetenz zur Bestellung. Die Bestellung und Abberufung des Vorstands kann die Hauptversammlung weder durch Satzung noch durch Beschluss an sich ziehen oder an einzelne Aktionäre übertragen.[122] Auch muss der Aufsichtsrat in seiner Gesamtheit diese Kompetenz wahrnehmen. Eine Delegation innerhalb des Aufsichtsrats auf Ausschüsse oder einzelne Mitglieder des Aufsichtsrats ist unzulässig.[123] Dies zeigt, dass die Personalkompetenz eine Kernkompetenz des Aufsichtsrats darstellt und seine Funktion innerhalb der Aktiengesellschaft ebenfalls deutlich prägt.

d.) Vertretung

Grundsätzlich ist der Vorstand gem. § 78 AktG zur Vertretung der Aktiengesellschaft nach außen zuständig. Bei Geschäften der Gesellschaft mit dem Vorstand selbst kann dieser jedoch nicht beide Seiten vertreten, sodass die Gesellschaft hier gem. § 112 AktG vom Aufsichtsrat vertreten wird. Auch bei Führungslosigkeit der Gesellschaft ist der Aufsichtsrat gem. § 78 Abs. 1 S. 2 AktG zumindest passiv vertretungsbefugt.[124] Zudem gibt es vor Gericht zum Beispiel gem. §§ 246 Abs. 2 S. 2, 249 Abs. 1 S. 1 AktG eine gemeinsame Vertretung von Vorstand und Aufsichtsrat.

e.) Zusammenfassung

Der Aufsichtsrat hat somit durch die Überwachung und Beratung des Vorstands mitsamt den damit zusammenhängenden Mitspracherechten sowie der Personalkom-

---

119 *Habersack* in: MüKo AktG, § 111 AktG Rn. 100.

120 *Habersack* in: MüKo AktG, § 111 AktG Rn. 130.

121 *Lutter/Krieger*, Aufsichtsrat, Rn. 331.

122 *Mertens/Cahn* in: Zoellner/Noack, Kölner Komm AktG, § 84 Rn. 7.

123 *Seibt* in: Schmidt/Lutter, AktG, § 84 AktG Rn. 8; *Mertens/Cahn* in: Zoellner/Noack, Kölner Komm AktG, § 84 Rn. 7.

124 Zu dieser Neuregelung im Rahmen des Gesetzes zur Modernisierung des GmbH-Rechts und zur Bekämpfung von Missbräuchen vom 23.10.2008, BGBl. I 2008, S. 2026 vgl. *Seibt* in: Schmidt/Lutter, AktG, § 78 AktG Rn. 20.

petenz eine zentrale Rolle innerhalb der Aktiengesellschaft, aufgrund dieser er auch als „Bindeglied“[125] zwischen Vorstand und Anteilseignern verstanden wird. Vor allem durch die Personalkompetenz und den Katalog der zustimmungspflichtigen Geschäfte kann der Aufsichtsrat zudem in gewissem Maße selbst bestimmen, in welche Richtung die strategische Ausrichtung der Gesellschaft voranschreiten soll. Insgesamt ist in den letzten Jahren zudem eine Kompetenzerweiterung des Aufsichtsrats zu beobachten.[126]

II. Gesellschaft mit beschränkter Haftung

Die GmbH darf nicht als ‚kleine AG‘ angesehen werden, da die gesetzliche Kompetenzverteilung nicht nur anders, sondern auch deutlich flexibler ausgestaltet ist als in der Aktiengesellschaft.[127] In der GmbH gibt es bis zu vier Organe, wobei zunächst nur die Geschäftsführer und die Gesellschafterversammlung gesetzlich zwingend notwendig sind. Die Organe sind dabei im Gegensatz zur Aktiengesellschaft hierarchisch strukturiert, wobei das oberste Organ der GmbH die Gesellschafterversammlung ist.[128] Diese setzt gem. §§ 45 Abs. 1, 46 GmbHG auch die Unternehmenspolitik autonom fest.[129] Allerdings kommt es bei der GmbH – anders als bei einer Aktiengesellschaft – durch die Mitbestimmungsgesetze zu erheblichen Kompetenzverschiebungen weg von der Gesellschafterversammlung hin zum Aufsichtsrat.[130] Dies geschieht zur Sicherung der Mitbestimmung, die auch hier im Aufsichtsrat verortet ist. Im weiteren Verlauf dieser Arbeit werden die Verhältnisse in einer mitbestimmten GmbH beleuchtet.

1.) Gesellschafterversammlung als das zentrale Organ

Die Gesellschafterversammlung[131] hat zunächst einmal eine umfassende Kompetenz im Innenverhältnis,[132] wozu beispielsweise auch das Weisungsrecht gegenüber den Geschäftsführern oder die Bestellung der Anteilseignervertreter des Aufsichtsrats

---

125 *Schönberger*, Zustimmungsvorbehalt des Aufsichtsrates, S. 60.

126 *Säcker/Boesche*, BB 2006, S. 897 (904). Vgl. auch die Selbsteinschätzung der Aufsichtsratsmitglieder in: Der Aufsichtsrat 2011, S. 180. Hiernach beteiligen sich 94 % der Aufsichtsratsmitglieder an der Strategieplanung im Unternehmen.

127 *Michalski* in: ders., GmbHG, Sys. Darst. 1 Rn. 30, 240 ff. Zu den Vor- und Nachteilen der tatsächlich kleinen Aktiengesellschaft gegenüber der GmbH siehe *Böcker*, RNotZ 2002, S. 130 ff.; *Bachmann*, NZG 2001, S. 961 ff.

128 *Lutter/Krieger*, Aufsichtsrat, Rn. 1114.

129 *Kleindiek* in: Lutter/Hommelhoff, GmbHG, § 37 GmbHG Rn. 8 f.

130 *Keiluweit*, BB 2011, S. 1795 ff.

131 Es ist umstritten, ob die Gesellschafterversammlung selbst ein Organ darstellt. Wie hier für ein Einordnung als Organ beispielsweise *Liebscher* in: MüKo GmbHG, § 45 GmbHG Rn. 6; a.A. zum Beispiel *Bayer* in: Lutter/Hommelhoff, GmbHG, § 45 GmbHG Rn. 3. Da auch die a.A. den Gesellschaftern selbst größtenteils eine Organqualität zuspricht, gibt es in diesem Zusammenhang keine relevanten Unterscheide.

132 *Römermann* in: Michalski, GmbHG, § 46 GmbHG Rn. 3 f.

gehört. Ein nicht abschließender Kompetenzkatalog ist in § 46 Abs. 1 GmbHG zu finden.[133] Dieser ändert allerdings nichts daran, dass die Gesellschafterversammlung zu jeder Zeit sämtliche Kompetenzen, auch die der Geschäftsführung, durch einfachen Beschluss an sich ziehen kann.[134] Diese Kompetenz verliert sie auch in einer mitbestimmten GmbH nicht, wobei sie dort zumindest dadurch eingeschränkt wird, dass einige Geschäfte explizit dem Aufsichtsrat vorbehalten bleiben. Zu diesen Kompetenzen gehören insbesondere die Bestellung, die Abberufung und sämtliche Fragen bezüglich des Anstellungsverhältnisses der Geschäftsführer.[135]

2.) Geschäftsführer

Die Geschäftsführer vertreten die Gesellschaft gem. § 35 GmbHG unbeschränkt nach außen.[136] Im Innenverhältnis sind die Geschäftsführer jedoch gem. § 37 Abs. 1 GmbHG an die Beschlüsse der Gesellschafterversammlung gebunden.[137] Zudem können die Geschäftsführer in einer GmbH jederzeit ohne Angabe eines wichtigen Grunds gem. § 38 Abs. 1 GmbHG abberufen werden. Allerdings ist diese Abberufungsmöglichkeit bei einer mitbestimmten GmbH durch die Verweisung in § 31 MitbestG auf § 84 Abs. 3 AktG an die Abberufungsmöglichkeiten eines Vorstands einer Aktiengesellschaft angeglichen.[138] Die Geschäftsführer werden in diesem Fall ebenfalls für maximal fünf Jahre berufen und können nur aufgrund eines wichtigen Grunds abberufen werden.[139] Trotz gewisser Annäherungen innerhalb einer mitbestimmten GmbH sind die Kompetenzen der Geschäftsführer jedoch im Verhältnis zum Vorstand einer Aktiengesellschaft deutlich geringer. Die Gesellschafterversammlung kann nahezu jederzeit durch Weisungen die Geschäftsführung selbst in die Hand nehmen.[140]

3.) Aufsichtsrat

In der GmbH ist der Aufsichtsrat gem. § 52 GmbHG ein fakultatives Organ. Allerdings wird er in mitbestimmten Gesellschaften beispielsweise gem. § 6 Abs. 1 MitbestG obligatorisch.[141] Er hat wiederum ähnliche Rechte, wie bei der Aktien-

---

133 Vgl. auch die Zusammenstellung der gesetzlich zugeschrieben Kompetenzen außerhalb dieses Katalogs bei *Römermann* in: Michalski, GmbHG, § 46 GmbHG Rn. 534.

134 *Römermann* in: Michalski, GmbHG, § 46 GmbHG Rn. 3.

135 *Michalski* in: ders., GmbHG, Sys. Darst. 1 Rn. 241 f.

136 Zu den Gestaltungsmöglichkeiten vgl. *Stephan/Tieves*, MüKo GmbHG, § 35 GmbHG Rn. 118 ff.

137 *Lenz* in: Michalski, GmbHG, § 37 GmbHG Rn. 1.

138 Siehe dazu *Ulmer/Habersack* in: dies/Henssler, Mitbestimmungsrecht, § 31 MitbestG Rn. 27.

139 *Terlau* in: Michalski, GmbHG, § 38 GmbHG Rn. 12.

140 *Giedinghagen* in: Michalski, GmbHG, § 52 GmbHG Rn. 232.

141 *Spindler* in: MüKo GmbHG, § 52 GmbHG Rn. 14 ff.; *Nießen*, NJW Spezial 2008, S. 367 f. Insbesondere zu den Unterschieden der verschiedenen Mitbestimmungs-

gesellschaft, also im Wesentlichen die Überwachungs-, Beratungs- und Personalkompetenz. Zwar verweist § 6 Abs. 2 MitbestG für die Befugnisse des Aufsichtsrats weitestgehend auf das Aktiengesetz, doch ergeben sich aufgrund des abweichenden Aufbaus der GmbH durchaus Unterschiede.

a.) Überwachungs- und Beratungsfunktion

Der obligatorische Aufsichtsrat nach den Mitbestimmungsgesetzen hat die Überwachung der Geschäftsführung inne.[142] Dabei muss jedoch beachtet werden, dass es im Vergleich zur Aktiengesellschaft einige Einschränkungen gibt. Zum einen ist der Aufsichtsrat nicht allein, sondern zusammen mit der Gesellschafterversammlung für die Überwachung zuständig. Beide Organe besitzen und üben die Kompetenz unabhängig voneinander aus.[143] Zum anderen unterliegen Weisungen der Gesellschafterversammlung gegenüber der Geschäftsführung bis auf wenige Ausnahmen[144] nicht der Überwachung durch den Aufsichtsrat.[145] Die Gesellschafterversammlung oder ein von ihr eingesetzter Beirat[146] können die Geschäfte damit auch selbst und ohne Aufsicht führen. Gerade deshalb ist bei der GmbH das Teilnahmerecht der Aufsichtsratsmitglieder an der Gesellschafterversammlung besonders wichtig.[147] Da die Überwachung zunächst nur die Geschäftsführer betrifft, hat der Aufsichtsrat aufgrund der Verweisungen in den Mitbestimmungsgesetzen[148] auf §§ 118 Abs. 2, 125 Abs. 3 und 4 AktG das Recht sowohl zur Teilnahme an der Gesellschafterversammlung also auch auf vorherige Mitteilung der Tagesordnung.[149] Damit einher geht außerdem die Beratungspflicht des Aufsichtsrats gegenüber der Gesellschafterversammlung.[150]

b.) Abgeschwächte Auswirkungen der zustimmungspflichtigen Geschäfte

Dem Aufsichtsrat steht auch in der GmbH aufgrund zahlreicher Verweisungen im GmbH-Gesetz und den Mitbestimmungsgesetzen auf § 111 Abs. 4 S. 2 AktG das

---

gesetze *Giedinghagen* in: Michalski, GmbHG, § 52 GmbHG Rn. 21 ff. Vgl. auch die Forderung nach einem Aufsichtsrat im Entwurf eines Corporate Governance Kodex für GmbHs *Konnertz-Häußler*, GmbHR 2012, S. 68 (73 f.).

142 *Lutter/Krieger*, Aufsichtsrat, Rn. 1116.

143 *Lutter/Krieger*, Aufsichtsrat, Rn. 1120.

144 Dies betrifft vor allem den Bereich der Rechtsmäßigkeit der Geschäftsführung vgl. *Schönberger*, Zustimmungsvorbehalt des Aufsichtsrates, S. 229.

145 *Lutter/Krieger*, Aufsichtsrat, Rn. 1121.

146 Dazu *Spindler* in: MüKo GmbHG, § 52 GmbHG Rn. 688.

147 *Lutter/Krieger*, Aufsichtsrat, Rn. 1150. Vgl. zur Frage, ob dieses Recht von der Gesellschafterversammlung ausgeschlossen werden kann: *Lutter/Krieger*, Aufsichtsrat, Rn. 1151; *Giedinghagen* in: Michalski, GmbHG, § 52 GmbHG Rn. 291.

148 Vgl. auch die Verweisungen in § 25 Abs. 1 S. 1 Nr. 2 MitbestG; § 1 Abs. 1 Nr. 3 DrittelbG.

149 *Römermann* in: Michalski, GmbHG, § 48 GmbHG Rn. 65.

150 *Lutter/Krieger*, Aufsichtsrat, Rn. 1150; grundlegend zur Mitwirkung auf Gesellschafterebene *Hommelhoff*, ZGR 1978, S. 119 (146 ff.).

Recht zu, zustimmungspflichtige Geschäfte zu bestimmen.[151] Dieses Recht kann nach h.M. nicht durch die Satzung der GmbH ausgeschlossen werden.[152] Nach differenzierender Ansicht kann die Gesellschafterversammlung in der Satzung keinen Verzicht auf zustimmungspflichtige Geschäfte beschließen. Es ist ihr danach jedoch möglich, durch einen abschließenden Katalog in der Satzung dem Aufsichtsrat zumindest das Recht, weitere zustimmungspflichtige Geschäfte auszuwählen, zu nehmen.[153]

In der GmbH ist zudem dieses aufschiebende Vetorecht des Aufsichtsrats durch das Zusammenspiel mit der Gesellschafterversammlung deutlich schwächer. Eine verweigerte Zustimmung des Aufsichtsrats kann durch die Gesellschafterversammlung deutlich schneller und einfacher ersetzt werden als in der Aktiengesellschaft durch Anrufung der Hauptversammlung. Die Gesellschafterversammlung kann außerdem durch Beschluss die Geschäftsführer anweisen und dadurch die Zustimmungsbedürftigkeit der Entscheidungen durch den Aufsichtsrat außer Kraft setzen. Unklar ist dabei jedoch, ob es nur eines einfachen Beschlusses der Gesellschafterversammlung bedarf oder ob eine Dreiviertelmehrheit erforderlich ist. Einerseits wird zwar gem. § 52 Abs. 1 GmbHG auch auf § 114 Abs. 4 S. 4 AktG verwiesen, weshalb eine Dreiviertelmehrheit gefordert wird.[154] Diesem wird andererseits entgegnet, dass dies durch das Recht der Gesellschafterversammlung überlagert wird, welche durch einfachen Beschluss den Geschäftsführer anweisen darf.[155]

An dieser Frage kann die Diskussion über den Vorrang der Wertungen des Mitbestimmungsrechts und des Gesellschaftsrechts veranschaulicht werden.[156] Während die einen die Mitbestimmung im Aufsichtsrat stärken möchten, sehen die anderen die vollumfängliche Kompetenz der Gesellschafter in einer GmbH als unüberwindbar an. Hierbei muss jedoch beachtet werden, dass nicht nur § 25 Abs. 1 Nr. 2 MitbestG, sondern auch das GmbH-Gesetz selbst in § 52 Abs. 1 auf die notwenige Dreiviertelmehrheit bei Zustimmungsgeschäften gem. § 111 Abs. 4 S. 4 AktG verweist. Insofern muss meiner Ansicht nach an dieser Stelle eine Dreiviertelmehrheit gefordert werden.[157]

c.) Personalkompetenz

Hinsichtlich der Personalkompetenz zur Bestellung und Abberufung der Geschäftsführer muss beim mitbestimmten Aufsichtsrat einer GmbH nach dem jeweils ein-

151 *Giedinghagen* in: Michalski, GmbHG, § 52 GmbHG Rn. 228.

152 Statt Vieler *Schubert* in: Wißmann/Kleinsorge/ders., Mitbestimmungsrecht, § 25 Rn. 162; vgl. auch *Raiser* in: ders./Veil/Jacobs, MitbestG/DrittelbG, § 25 MitbestG Rn. 92; a.A. *von Rechenberg*, Hauptversammlung als oberstes Organ, S. 87 ff.

153 *Lutter/Krieger*, Aufsichtsrat, Rn. 1126. Ablehnend *Streicher*, GmbHR 2014, S. 1188 (1190).

154 U.a. *Raiser* in: ders./Veil/Jacobs, MitbestG/DrittelbG, § 25 MitbestG Rn. 92; *Ulmer/Habersack* in: dies./Henssler, Mitbestimmungsrecht, § 25 MitbestG Rn. 66.

155 U.a. *Spindler* in: MüKo GmbHG, § 52 GmbHG Rn. 347; *Giedinghagen* in: Michalski, GmbHG, § 52 GmbHG Rn. 233; *Lutter/Krieger*, Aufsichtsrat, Rn. 1127.

156 Hierzu ausführlich in diesem Kapitel unter D. I.

157 So auch schon *Hommelhoff*, ZGR 1978, S. 119 (153).

schlägigen Unternehmensmitbestimmungsgesetz unterschiedenen werden. Bei der Montanmitbestimmung und beim Mitbestimmungsgesetz geht diese Kompetenz zum Beispiel gem. § 31 MitbestG, wie bei der Aktiengesellschaft, auf den Aufsichtsrat über.[158]

Der obligatorische Aufsichtsrat nach dem Drittelbeteiligungsgesetz hat diese Personalkompetenz jedoch nicht. § 1 Abs. 1 Nr. 3 DrittelbG verweist nicht auf § 84 AktG und auch sonst fehlt es an einer dem § 31 MitbestG vergleichbaren Vorschrift.[159] Insofern verbleibt diese Kompetenz bei der Gesellschafterversammlung.[160]

4.) Beirat als Obergeschäftsführung

Neben diesen drei Pflichtorganen in der mitbestimmten GmbH gibt es die Möglichkeit weitere Organe, beispielsweise einen Beirat, einzusetzen.[161] Die Kompetenzen dieses Organs sind jedoch nicht im GmbHG geregelt und können deshalb – je nach Gesellschaftervertrag – stark divergieren. Aufgrund der Vielzahl verschiedener Arten von Beiräten können seine Kompetenzen hier nicht umfassend dargestellt werden.[162] Im Wesentlichen können aber der überwachende, der beratende und der geschäftsführende Beirat unterschieden werden. Dabei dürfen die Rechte des obligatorischen Aufsichtsrats durch dieses vierte Organ nicht eingeschränkt werden.[163]

Problematisch im Zusammenhang mit den Mitbestimmungsgesetzen ist dabei vor allem die Übertragung der Geschäftsführung auf einen Beirat.[164] Dem Beirat können zwar die Rechte der Gesellschafter, insbesondere Weisungsrechte, übertragen werden, doch muss zumindest ein Teil der Geschäftsführung immer bei den Geschäftsführern verbleiben, sodass keine „mitbestimmungsfreie Obergeschäftsführung"[165] entsteht. Der Aufsichtsrat hat zudem die Rechte, die er ansonsten gegenüber den Gesellschaftern hat, auch gegenüber dem geschäftsführenden Beirat. Dies betrifft zum Beispiel die Teilnahme an den Beiratssitzungen.[166]

---

158 *Koberski* in: Wlotzke/Wißmann/ders./Kleinsorge, Mitbestimmungsrecht, § 31 Rn. 12.

159 *Habersack* in: Ulmer/ders./Henssler, Mitbestimmungsrecht, § 1 DrittelbG Rn. 34.

160 *Lutter/Krieger*, Aufsichtsrat, Rn. 338, 1134; *Lutter* in: ders./Hommelhoff, GmbHG, § 52 Rn. 13, 47 ff.

161 *Spindler* in: MüKo GmbHG, § 52 GmbHG Rn. 641.

162 Vgl. dazu aber *Giedinghagen* in: Michalski, GmbHG, § 52 Rn. 398 ff.

163 *Giedinghagen* in: Michalski, GmbHG, § 52 Rn. 428; *Spindler* in: MüKo, § 52 Rn. 681. Vgl. dazu auch *Weber*, Außeneinfluss im Gesellschaftsrecht, S. 141 ff.

164 *Spindler* in: MüKo GmbHG, § 52 GmbHG Rn. 688.

165 *Säcker*, Anpassung von Satzungen an das MitbestG, S. 33. Vgl. zur sehr schwachen Position im Drittelbeteiligungsgesetz auch *Lutter* in: ders./Hommelhoff, GmbHG, § 52 Rn. 37 ff.

166 *Spindler* in: MüKo GmbHG, § 52 GmbHG Rn. 688.

III. Vergleich der Rechte des Aufsichtsrats in der Aktiengesellschaft und der GmbH

Der Aufsichtsrat spielt in beiden Gesellschaften eine zentrale Rolle, wobei seine Kompetenzen in der Aktiengesellschaft noch weitreichender sind als in der GmbH. Die schwächere Stellung des Aufsichtsrats einer GmbH kommt vor allem dadurch zustande, dass die hierarchische Leitungsstruktur der GmbH verbleibt und die Mitbestimmung im Verhältnis zur Gesellschafterversammlung bzw. einem geschäftsführenden Beirat nur in einem sehr begrenzten Maße greift.[167]

Allerdings hat der Aufsichtsrat in beiden Gesellschaftsformen die Personalkompetenz gegenüber dem zur Vertretung berechtigten Organ, ist zu dessen Überwachung verpflichtet und soll die Führung der Gesellschaft beraten.[168] Auch der Informationsfluss, der die Grundlage zur Ausführung der soeben beschriebenen Pflichten darstellt, ist bei der Aktiengesellschaft und der GmbH weitgehend ähnlich gewährleistet. Einzig die tatsächlichen Auswirkungen der einzelnen Rechte sind in der GmbH etwas schwächer ausgebildet, was besonders bei den zustimmungspflichtigen Geschäften zum Tragen kommt. Hier kann die Gesellschafterversammlung mit geringem Aufwand den Aufsichtsrat ‚überstimmen', wohingegen in der Aktiengesellschaft ein Prozess zwischen Vorstand und Hauptversammlung nötig ist.

C. Deutsche Unternehmensmitbestimmung

Nachdem in den vorherigen Abschnitten die historischen Grundlagen sowie das gesellschaftsrechtliche Umfeld der Unternehmensmitbestimmung dargelegt wurden, wird nun der Aufbau des Unternehmensmitbestimmungssystems näher beleuchtet. In Deutschland ist dieses System sehr stark von der jeweiligen Rechtsform, der Größe und dem Gegenstand des Unternehmens abhängig. Dabei muss zunächst klargestellt werden, dass die meisten Unternehmen in Deutschland aufgrund ihrer Rechtsform oder Anzahl an Beschäftigten keiner Unternehmensmitbestimmung unterliegen.[169]

Die deutsche Unternehmensmitbestimmung besteht im Wesentlichen aus vier Gesetzen:[170] dem Mitbestimmungsgesetz, dem Drittelbeteiligungsgesetz, dem Montanmitbestimmungsgesetz sowie dem Montanmitbestimmungsergänzungsgesetz. Diese Gesetze sind aufgrund der Verweisungstechnik und deren unterschiedlichen

---

167 *Schönberger*, Zustimmungsvorbehalt des Aufsichtsrates, S. 235 f.

168 Diese Pflicht ist unabhängig von der Ausgestaltung und gilt sowohl gegenüber dem Vorstand, den Geschäftsführern als auch der Gesellschafterversammlung.

169 Im Jahr 2009 unterlagen ca. 2250 Unternehmen den deutschen Unternehmensmitbestimmungsgesetzen. Vgl. zum Drittelbeteiligungsgesetz eine Studie aus dem Jahr 2009 abrufbar unter: www.boeckler.de/pdf/mbf_drittelbeteiligung.pdf (27.02.2013). Zum Mitbestimmungsgesetz siehe die jährlich aktualisierten Daten der Hans-Böckler Stiftung abrufbar unter: www.boeckler.de/5543.htm (27.02.2013).

170 Die deutschen Umsetzungsgesetze werden in Kapitel 3 B. im Zusammenhang mit den Sekundärrechtsakten der Union behandelt.

Geltungsbereichen so aufgebaut, dass eine Gesellschaft immer nur in den Geltungsbereich eines Gesetzes fallen kann.

I. Das Mitbestimmungsgesetz als zentrales Gesetz

Sowohl in der Praxis als auch für diese Untersuchung hat das Mitbestimmungsgesetz aus dem Jahre 1976 die größte Bedeutung. Dieses wird im Folgenden hinsichtlich des Geltungsbereichs und dessen Auswirkungen auf die Gesellschaftsorgane näher dargestellt.

1.) Geltungsbereich

Für den Geltungsbereich spielen besonders die jeweilige Rechtsform und die Anzahl an Arbeitnehmern im Unternehmen eine Rolle. Zudem gibt es Ausnahmen aufgrund verschiedener Unternehmenszwecke.

a.) Rechtsformspezifischer Ansatz

Zunächst wird im Mitbestimmungsgesetz nach der Rechtsform der Gesellschaften selektiert.[171] Nur die in § 1 Abs. 1 Nr. 1 MitbestG enumerativ aufgezählten Gesellschaftsformen unterliegen diesem Gesetz: die Aktiengesellschaft, die Kommanditgesellschaft auf Aktien, die GmbH[172] und die Genossenschaft.[173] Diese Regelungsform wird auch der „rechtsformspezifische Ansatz"[174] genannt.

Völlig ausgenommen von der Unternehmensmitbestimmung sind in dieser Aufzählung zunächst einmal Personengesellschaften und Einzelkaufleute. In diesen Unternehmen gibt es, im Unterschied zu Kapitalgesellschaften, eine stärkere persönliche Bindung und eine persönliche Haftung der Gesellschafter bzw. der Einzelkaufleute. Der Unternehmer vereinigt dabei oft noch Kapital und Arbeit in einer Person, da er zumeist selbst als Geschäftsführer oder in anderen Positionen im Unternehmen mitarbeitet. Der Unternehmer muss überdies aufgrund der persönlichen Haftung selbst für seine Entscheidungen einstehen.[175] Es wäre somit kaum

---

171 Zur Vereinbarkeit dieser Differenzierung mit Art. 3 GG vgl. *Latzel*, Gleichheit in der Unternehmensmitbestimmung, Rn. 282 ff.

172 Auch die Unternehmergesellschaft mit beschränkter Haftung gem. § 5a GmbHG fällt unter das Mitbestimmungsgesetz, da diese keine eigene Rechtsform darstellt, sondern eine ‚Sonderform' der GmbH ist. Vgl. *Roth* in: ders/Altmeppen, GmbHG, § 5a GmbHG Rn. 5; ausführlich *Forst*, GmbHR 2009, S. 1131 ff.

173 Zu diesen *Wißmann* in: ders./Kleinsorge/Schubert, § 1 MitbestG Rn. 28 ff. Eine Ausnahme gilt für Wasserkraftwerke im deutsch-schweizerischen Grenzgebiet: Vertrag über die Wassernutzung am Oberrhein vom 28.09.1867 und 10.05.1879. Dazu ausführlich *Latzel*, Gleichheit in der Unternehmensmitbestimmung, Rn. 517 ff.

174 *Ulmer/Habersack in: dies*/Henssler, Mitbestimmungsrecht, Einl. MitbestG Rn. 10.

175 *Gummert*, MüKo HdB GesellR, § 18 Rn. 16 ff.; *Edenfeld*, Recht der Arbeitnehmermitbestimmung, Rn. 334.

zu rechtfertigen, wenn auch in diesen Unternehmen die Arbeitnehmer bei den unternehmerischen Entscheidungen im selben Maße mitbestimmen dürften wie in Kapitalgesellschaften.[176] Zudem liegt bei Personengesellschaften die Leitung und Aufsicht des Unternehmens in einer Hand, wodurch eine Mitbestimmung im Bereich der Aufsicht und Beratung nicht möglich ist.[177] Weiter unterliegen aber auch der Kapitalgesellschaft ähnliche Rechtsformen, wie Vereine oder Stiftungen, nicht dem Mitbestimmungsgesetz, da hier eine Unternehmensmitbestimmung nur unter größeren Anpassungen der jeweiligen Organverfassungen möglich wäre.[178]

Diese Art der Regelungstechnik ist hinsichtlich ihres Geltungsbereichs zunächst sehr treffsicher, doch kann sie auch leicht umgangen werden.[179] Deshalb unterfallen dem Mitbestimmungsgesetz nach § 4 ebenso Kommanditgesellschaften, deren einzig persönlich haftender Gesellschafter ein Unternehmen in § 1 Abs. 1 Nr. 1 MitbestG bezeichneter Gesellschaftsform ist und bei denen eine mehrheitliche Gesellschafteridentität vorliegt.[180] Dabei werden die Arbeitnehmer der Kommanditgesellschaft der persönlich haftenden Kapitalgesellschaft zugerechnet. Hierdurch wird verhindert, dass die Mitbestimmung, vor allem durch eine Flucht in die GmbH & Co KG, ausgehebelt wird.[181] Zudem gibt es eine zusätzliche Erweiterung des Geltungsbereichs für Konzerne durch § 5 MitbestG. Dabei werden die Arbeitnehmer der Tochtergesellschaften gem. § 18 Abs. 1 AktG den Muttergesellschaften zugerechnet. Ohne die Regelung in sämtlichen Details zu beleuchten, ist ihr Zweck, den Arbeitnehmern im Konzern in denjenigen Aufsichtsräten die Mitbestimmung zu ermöglichen, in denen die Entscheidungen innerhalb des Unternehmens tatsächlich getroffen werden.[182]

Somit ist schon hier deutlich ersichtlich, dass der rechtsformspezifische Ansatz viele Umgehungsmöglichkeiten zulässt,[183] was bei der Entwicklung der Unternehmensmitbestimmung in der Europäischen Union ebenfalls Probleme aufwirft. Insbesondere wird hier eine Einbeziehung vergleichbarer ausländischer Gesellschaften diskutiert.[184] Aber auch die Einbeziehung der Konzernunternehmen spielt gerade bei der Einbeziehung der im Ausland arbeitenden Arbeitnehmer eine entscheidende Rolle.[185]

---

176 *Ulmer/Habersack* in: dies./Henssler, Mitbestimmungsrecht, § 1 Rn. 32; zur Diskussion vgl. *Raiser* in: ders./Veil/Jacobs, MitbestG/DrittelbG, § 1 MitbestG Rn. 4.

177 *Latzel*, Gleichheit in der Unternehmensmitbestimmung, Rn. 8; kritisch dazu *Joost*, ZGR 1998, S. 334 (342).

178 *Wißmann* in: ders./Kleinsorge/Schubert, Mitbestimmungsrecht, § 1 MitbestG Rn. 15; *Wißmann* in: MüHdB ArbR, § 278 Rn. 6; kritisch zur Ausklammerung *Wißmann* in: FS Däubler, S. 385 (392).

179 *Ulmer/Habersack* in: dies./Henssler, Mitbestimmungsrecht, § 1 MitbestG Rn. 30.

180 Vgl. zur mehrheitliche Gesellschafteridentität ausführlich *Ulmer/Habersack* in: dies./Henssler, Mitbestimmungsrecht, § 4 MitbestG Rn. 12 ff.

181 *Ulmer/Habersack* in: dies./Henssler, Mitbestimmungsrecht, § 4 MitbestG Rn. 4.

182 *Ulmer/Habersack* in: dies./Henssler, Mitbestimmungsrecht, § 5 MitbestG Rn. 1 f.

183 Vgl. auch *Braun*, Sicherung der Unternehmensmitbestimmung, passim.

184 Vgl. dazu in Kapitel 3 C. I.

185 Vgl. dazu in Kapitel 3 C. II.

b.) Rolle der Arbeitnehmer

Neben der Gesellschaftsform spielen die Arbeitnehmer in doppelter Hinsicht eine entscheidende Rolle im Mitbestimmungsgesetz. Zum einen müssen gewisse Schwellenwerte von Arbeitnehmerzahlen im Unternehmen erreicht werden, sodass die Anzahl an Arbeitnehmern den Geltungsbereich des Gesetzes bestimmt. Unterhalb dieser Schwellenwerte gibt es, ungeachtet der jeweiligen Rechtsform, keine Arbeitnehmervertreter in den Organen der Gesellschaften. Zum anderen dürfen die Arbeitnehmer bei Vorliegen der entsprechenden Arbeitnehmerzahlen die Hälfte der Aufsichtsratsmitglieder durch Wahlen bestimmen.

aa.) Schwellenwert

Der Schwellenwert im Mitbestimmungsgesetz ist gem. § 1 Abs. 1 Nr. 2 MitbestG bei Gesellschaften mit in der Regel[186] mehr als 2.000 Arbeitnehmern überschritten.[187] Dies bedeutet, dass bei allen Gesellschaften, die unter dieser Grenze liegen, die Unternehmensmitbestimmung nach dem Mitbestimmungsgesetz nicht greift. Gesellschaften, die unterhalb dieser 2.000er-Arbeitnehmerschwelle liegen, können somit allenfalls in den Geltungsbereich des Montanmitbestimmungsgesetzes oder des Drittelbeteiligungsgesetzes fallen. Somit verbleiben für den Geltungsbereich der Unternehmensmitbestimmung lediglich große Kapitalgesellschaften.

Dies wird dadurch gerechtfertigt, dass gerade in kleineren Unternehmen die Arbeitnehmer direkt mit ihrem Vorgesetzten – auch bis hin zum Geschäftsführer oder Vorstand – sprechen können.[188] Außerdem muss beachtet werden, dass gerade kleine und mittlere Unternehmen durch die Durchführung der Wahlen der Arbeitnehmervertreter einen im Verhältnis deutlich höheren Bürokratieaufwand und deshalb im Vergleich zu den Umsätzen erhebliche Mehrkosten hätten, die ihre Wettbewerbsfähigkeit beeinträchtigen würde.[189]

bb.) Definition des Arbeitnehmers

Für die Definition der Arbeitnehmer wird im Mitbestimmungsgesetz gem. § 3 auf die Legaldefinition des § 5 Abs. 1 und 3 BetrVG verwiesen. Danach ist Arbeitnehmer, wer ein „rechtsgeschäftliches Leistungsversprechen unselbständiger Arbeit abgibt".[190] Er ist vor allem über das Merkmal der persönlichen Abhängigkeit ge-

186 Zur Bedeutung des Merkmals ‚in der Regel' vgl. *Henssler* in: Ulmer/Habersack/ders., Mitbestimmungsrecht, § 3 MitbestG Rn. 61 ff.

187 Vgl. zur verfassungsrechtlichen Bewertung einer Halbierung der Schwellenwerte *Merkt*, ZIP 2011, S. 1237 (1243 f.). Zur Schwellenwertberechnung im Gemeinschaftsbetrieb vgl. *Hohenstatt/Schramm*, NZA 2010, S. 846 ff.

188 *Ulmer/Habersack in: dies*/Henssler, Mitbestimmungsrecht, Einl. MitbestG Rn. 9.

189 Eingehend zur Frage, was einem Unternehmen zumutbar ist *Säcker*, Wahlrechtsordnung, Rn. 115.

190 *Richardi* in: MüHdB ArbR, § 16 Rn. 1, 12 ff.

genüber dem Selbständigen abzugrenzen.[191] Somit sind Arbeitnehmer im Sinne des Mitbestimmungsgesetzes sämtliche Arbeiter und Angestellte eines Unternehmens. Aufgrund der ausdrücklichen Verweisung auf § 5 Abs. 3 BetrVG sind dabei auch die leitenden Angestellten einbezogen.[192]

Da der Arbeitnehmerbegriff an den deutschen Betrieb anknüpft,[193] werden im Ausland arbeitende Arbeitnehmer – sofern sie nicht ausnahmsweise einem inländischen Betrieb zugeordnet werden – nicht als Arbeitnehmer im Sinne des Mitbestimmungsgesetzes angesehen. In den letzten Jahren wurde immer wieder diskutiert, ob eine solche „nationale Introvertiertheit“[194] gerade bei großen Kapitalgesellschaften, die nicht selten sogenannte „global Player“ oder zumindest europaweit bzw. international tätige Unternehmen sind, überholt ist.[195]

c.) Ausnahmen aufgrund des Unternehmenszwecks

Es gibt zudem auch bei diesen großen Kapitalgesellschaften mit in der Regel über 2.000 Arbeitnehmern weitere Ausnahmen von der Unternehmensmitbestimmung. Gem. § 1 Abs. 4 S. 1 MitbestG gilt das Mitbestimmungsgesetz nicht für Unternehmen, die unmittelbar und überwiegend politischen, koalitionspolitischen, konfessionellen, karitativen, erzieherischen, wissenschaftlichen oder künstlerischen Bestimmungen oder Zwecken der Berichterstattung oder Meinungsäußerung, auf die Art. 5 Abs. 1 S. 1 des Grundgesetzes anzuwenden ist, dienen. Diese Unternehmen werden auch Tendenzunternehmen genannt, da sie ihre Tendenz unbeirrt verfolgen können sollen.

Eine weitere Ausnahme bilden gem. § 1 Abs. 2 Nr. 1 und Nr. 2 MitbestG solche Unternehmen, die unter den Geltungsbereich des Montanmitbestimmungsgesetzes oder des Montanmitbestimmungsergänzungsgesetzes fallen. Hierdurch entfällt die Unternehmensmitbestimmung nicht, sondern fällt lediglich unterschiedlich intensiv aus.

2.) Auswirkungen auf die Gesellschaftsverfassung

Bis jetzt wurde zunächst der Geltungsbereich des Mitbestimmungsgesetzes dargestellt. Interessant sind in der folgenden Untersuchung jedoch vor allem die Auswirkungen auf die Gesellschaften und deren Organe. Besonders stark wirkt sich das Mitbestimmungsgesetz auf den Aufsichtsrat und deutlich abgeschwächt auch auf den Vorstand der Gesellschaft aus. Auf die Anteilseignerversammlung nimmt die

---

191 *Richardi* in: ders., BetrVG, § 5 Rn. 16. Vgl. zu besonderen Arbeitnehmergruppen auch *Koch* in: ErfKom, § 5 BetrVG Rn. 4 ff.

192 Zur Zurechnung im Gemeinschaftsbetrieb vgl. *Hohenstatt/Schramm*, NZA 2010, S. 846 ff.

193 *Rein*, grenzüberschreitendes Arbeitsverhältnis, S. 55 ff.

194 *Heuschmid*, Mitentscheidung durch Arbeitnehmer, S. 238.

195 Vgl. dazu in Kapitel 3 C. III. 2.) a.).

Unternehmensmitbestimmung keine Einflüsse, wobei davon unberührt bleibt, dass auch Arbeitnehmer Anteile an der Gesellschaft erwerben und sodann Stimmrechte auf Anteilseignerseite ausüben können.[196]

a.) Im Aufsichtsrat

Das Mitbestimmungsgesetz bewirkt zunächst einmal, dass die mitbestimmten Gesellschaften von nun an gem. § 6 Abs. 1 MitbestG verpflichtend einen Aufsichtsrat bilden müssen. Dies betrifft vor allem GmbHs, weil diese ansonsten einen Aufsichtsrat gem. § 52 GmbHG nur fakultativ errichten können, aber nicht müssen.[197] Dabei gelten gem. § 6 Abs. 2 MitbestG viele der Vorschriften für Aktiengesellschaften auch für die mitbestimmte GmbH. Auf Aktiengesellschaften hat diese Regelung keine Auswirkung, da der Aufsichtsrat gem. § 95 ff. AktG in diesen Gesellschaften sowieso als Pflichtorgan vorgesehen ist.[198]

Neben dieser verpflichtenden Einführung eines Aufsichtsrats bei der GmbH wird in sämtlichen mitbestimmten Gesellschaften die Größe und die Zusammensetzung dieses Gremiums verpflichtend geregelt. Im Folgenden wird dies näher erläutert.

aa.) Umgestaltung der Zusammensetzung

Die zentrale Bedeutung der Unternehmensmitbestimmung ist die Besetzung des Aufsichtsrats durch Arbeitnehmer- und Anteilseignervertreter. Während sämtliche Aufsichtsratsmitglieder in einer nicht mitbestimmten Gesellschaft von der Gesellschafter- bzw. Hauptversammlung gem. § 101 Abs. 1 i.V.m. §§ 133 ff. AktG gewählt werden, sind bei einer mitbestimmten Gesellschaft die Hälfte der Aufsichtsratsmitglieder gem. § 6 Abs. 2 i.V.m. §§ 7 ff. MitbestG durch Arbeitnehmervertreter zu besetzen. Die Größe des Aufsichtsrats bestimmt sich dabei nach § 7 Abs. 1 MitbestG. Hat ein Unternehmen in der Regel nicht mehr als 10.000 Arbeitnehmer, besteht er aus sechs Vertretern der Arbeitnehmer und sechs Vertretern der Anteilseigner. Bei Unternehmen, die in der Regel zwischen 10.000 und 20.000 Arbeitnehmer beschäftigen, setzt sich der Aufsichtsrat aus je acht Vertretern der Arbeitnehmer und Anteilseigner zusammen. Bei Unternehmen mit in der Regel über 20.000 Arbeitnehmern sind es je zehn Vertreter.

Dabei muss jedoch beachtet werden, dass die Arbeitnehmervertreter gem. § 7 Abs. 2 MitbestG nochmals in drei Gruppen aufgeteilt werden: zum einen muss zwischen den unternehmensangehörigen Arbeitnehmervertretern und den Gewerkschaftsvertretern unterschieden werden. Unter den Arbeitnehmervertretern müssen sich bei den beiden kleineren Aufsichtsräten je zwei und beim zwanziger Gremium drei Gewerkschaftsvertreter befinden. Für diese Vertreter haben die Gewerkschaften gem. § 16 Abs. 2 S. 1 MitbestG das alleinige Vorschlagsrecht. Zum anderen kommt

196 *Semler* in: MüHdB GesellR, § 34 Rn. 8. Weiterführend *Hirdina*, NZA 2010, S. 683 ff.
197 *Spindler* in: MüKo GmbHG, § 52 GmbHG Rn. 9 ff.
198 *Simons* in: Hölters, AktG, § 95 Rn. 1; vgl. dazu auch in diesem Kapitel unter B. II. 3.).

innerhalb der unternehmensangehörigen Arbeitnehmervertreter den leitenden Angestellten eine besondere Stellung zu. Wie bei den Gewerkschaftsvertretern haben auch die leitenden Angestellten für einen der unternehmensangehörigen Arbeitnehmervertreter gem. § 15 Abs. 1 S. 2 MitbestG das alleinige Vorschlagsrecht. Insofern setzt sich zum Beispiel ein 20-köpfiger Aufsichtsrat aus zehn Vertretern der Anteilseigner, einem leitenden Angestellten des Unternehmens, sechs sonstigen unternehmensangehörigen Arbeitnehmern, und drei – zumeist externen – Gewerkschaftsvertretern zusammen.

Die Gewerkschaften und leitenden Angestellten haben bezüglich ihrer Vertreter jedoch nur das Vorschlagsrecht. Alle Arbeitnehmervertreter werden sodann von sämtlichen wahlberechtigten Arbeitnehmern des Unternehmens und nicht etwa von einer bestimmten Gruppe gewählt. Dies geschieht gem. § 9 ff. MitbestG je nach Arbeitnehmerzahl des Unternehmens durch gewählte Delegierte oder durch die Wahlberechtigten selbst.[199]

bb.) Aufsichtsratsvorsitzender als entscheidende Person

Neben der Zusammensetzung kommt der Wahl zum Aufsichtsratsvorsitzenden eine wichtige Rolle im Mitbestimmungsgefüge zu. Gem. § 27 Abs. 1 MitbestG muss dieser im ersten Wahlgang von einer Zweidrittelmehrheit gewählt werden. Diese Modifikation zur einfachen Mehrheit des § 107 Abs. 1 S. 1 AktG wirkt zunächst wie ein Schutz für beide Seiten. Erreicht der Kandidat dieses Quorum nicht, wird im zweiten Wahlgang der Vorsitzende gem. § 27 Abs. 2 S. 1 MitbestG jedoch ausschließlich von den Anteilseignervertretern gewählt. Die Arbeitnehmervertreter wählen gem. § 27 Abs. 2 S. 2 MitbestG lediglich seinen Stellvertreter.[200]

Seine besondere Brisanz erhält diese Vorschrift dann in Verbindung mit dem Zweitstimmrecht des Aufsichtsratsvorsitzenden. Die meisten Beschlüsse, insbesondere hinsichtlich der zustimmungsbedürftigen Geschäfte, bedürfen gem. § 29 Abs. 1 MitbestG der einfachen Mehrheit. Besteht in der ersten und zweiten Abstimmung über denselben Abstimmungsgegenstand Stimmengleichheit, hat der Vorsitzende des Aufsichtsrats gem. § 29 Abs. 2 S. 1 MitbestG nach der zweiten Abstimmung eine weitere und damit entscheidende zweite Stimme.[201] Deshalb wird auch vom Stichentscheid des Aufsichtsratsvorsitzenden gesprochen.[202]

Diese Regelung zur Letztentscheidungskompetenz wirkt auf den ersten Blick etwas unorthodox und kompliziert. Bei genauerem Hinsehen zeigt sie aber einen fein austarierten Kompromiss zwischen der Mitbestimmung der Arbeitnehmer auf der einen und dem Schutz des Eigentums auf der anderen Seite. Würde der Auf-

---

199 Vgl. dazu *Sieg/Siebels*, NZA 2002, S. 697 ff.

200 Zum Ganzen *Döring/Grau*, NZG 2010, S. 1328 (1328 f.).

201 *Schubert* in: Wißmann/Kleinsorge/ders., Mitbestimmungsrecht, § 29 MitbestG Rn. 15 ff.

202 *Ulmer/Habersack in: dies.*/Henssler, Mitbestimmungsrecht, § 29 MitbestG Rn. 9.

sichtsratsvorsitzende sofort von den Anteilseignervertretern gewählt werden oder hätte er immer ein zweites Stimmrecht, würde dies für die Arbeitnehmervertreter von Anfang keine Mitbestimmung auf Augenhöhe bedeuten, weil ihre Einwände einfach überstimmt werden könnten. Die Regelung schützt aber vor allem auch die Anteilseigner einer Gesellschaft. Deren Vertreter sollen im Zweifel am Ende weiterhin über ihr Eigentum entscheidungsbefugt sein.

Die Praxis hat gezeigt, dass in den allermeisten Fällen sowohl die Wahl des Vorsitzenden als auch die späteren Beschlüsse im Einvernehmen mit den Arbeitnehmervertretern geschehen.[203] Somit kann für das Mitbestimmungsgesetz festgehalten werden, dass ein „paritätisch besetzter Aufsichtsrat, [zwar] nur zu quasi-paritätischer Mitbestimmung“[204] führt, diese jedoch in der Praxis wiederum auf Augenhöhe ausgelebt wird. Es sei zudem erwähnt, dass der Vorsitzende auch bezüglich seiner zweiten Stimme nur dem Unternehmensinteresse verpflichtet ist und deshalb die Pattsituation nicht verpflichtend zugunsten der Anteilseigner aufzulösen hat.[205]

b.) Indirekte Auswirkungen auf die Vertretungsorgane

Aufgrund der Personalkompetenz des Aufsichtsrats[206] hat die Unternehmensmitbestimmung auch indirekten Einfluss auf das vertretungsberechtigte Organ der Gesellschaft.[207] Im Unterschied zu sonstigen Beschlüssen im Aufsichtsrat werden die Mitglieder des Vertretungsorgans gem. § 31 Abs. 2 MitbestG mit Zweidrittelmehrheit bestellt. Sollte diese im ersten Wahlgang nicht zustande kommen, reicht im zweiten Wahlgang gem. § 31 Abs. 3 S. 2 MitbestG auch die einfache Mehrheit aus. Erst in einer dritten Abstimmung hat der Aufsichtsratsvorsitzende gem. § 31 Abs. 4 S. 1 MitbestG die zweite, entscheidende Stimme. Allerdings ist für das Zweitstimmrecht, anders als nach § 29 Abs. 2 MitbestG, weder ein gleicher Abstimmungsgegenstand noch eine Stimmengleichheit im Abstimmungsvorgang zuvor notwendig.[208] Die zweite Stimme muss jedoch direkt im dritten Wahlgang eingesetzt werden und

203 *von Werder* in: Ringleb u. a., DCGK, Rn. 109.

204 *Latzel*, Gleichheit in der Unternehmensmitbestimmung, Rn. 50.

205 *Ulmer/Habersack in: dies.*/Henssler, Mitbestimmungsrecht, § 29 MitbestG Rn. 16. Als Beispiel kann der Aufsichtsratsvorsitzende *Ferdinand Piëch*, der sich zugunsten der Arbeitnehmervertreter enthalten hat, genannt werden. Vgl. www.spiegel.de/wirtschaft/0,1518,578025,00.html (27.02.2013). Auch wenn dieser sich hier schon mit seiner ersten Stimme enthalten hat, wäre dies natürlich auch bei der zweiten denkbar. Ob hier das Unternehmensinteresse im Vordergrund stand soll an dieser Stelle dahingestellt bleiben.

206 Vgl. dazu in diesem Kapitel unter B. II. 3.) c.).

207 Zur Kritik an dieser indirekten Einflussnahme vgl. zum Beispiel *Loritz*, ZfA 2010, S. 367 (393 f.).

208 *Ulmer/Habersack* in: dies./Henssler, Mitbestimmungsrecht, § 31 MitbestG Rn. 22.

nicht, wie beim Verfahren nach § 29 Abs. 2 MitbestG, erst danach.[209] Insofern handelt es sich also um ein dreistufiges Abstimmungsverfahren.[210]

Im vertretungsberechtigten Organ einer mitbestimmten Gesellschaft wird zudem gem. § 33 MitbestG ein Arbeitsdirektor bestellt. Dieser ist gleichberechtigtes Mitglied im Vorstand einer Aktiengesellschaft bzw. der Geschäftsführung einer GmbH. Er soll die Belange der Arbeitnehmer besonders beachten und in das Organ einbringen, ist ansonsten jedoch, wie auch die Arbeitnehmervertreter im Aufsichtsrat, dem Unternehmensinteresse verpflichtet.[211] Der Arbeitsdirektor wird nach demselben Verfahren wie die sonstigen Vorstands- bzw. Geschäftsführungsmitglieder gewählt, sodass im Härtefall ein Arbeitsdirektor auch gegen die Stimmen der Arbeitnehmervertreter im Aufsichtsrat bestellt werden kann.[212] Allerdings darf der Aufsichtsrat keine Person zum Arbeitsdirektor bestimmen, deren Verhältnis zu den Arbeitnehmern so schlecht ist, dass das Unternehmenswohl bei seiner Wahl darunter leiden würde.[213] In der Praxis sind deshalb Vorschläge der Arbeitnehmervertreter üblich, auch wenn dazu keine rechtliche Verpflichtung besteht.[214] Die Position des Arbeitsdirektors führt außerdem dazu, dass der Vorstand bzw. die Geschäftsführung immer aus mindestens zwei Personen besteht.[215]

3.) Gelungener Kompromiss

Insgesamt ist das Mitbestimmungsgesetz ein Kompromiss der beschriebenen Anteilseigner- und Arbeitnehmerinteressen. Mit der Quasiparität schafft es das (fast) Unmögliche: zum einen die Arbeitnehmervertreter im Aufsichtsrat auf Augenhöhe mitbestimmen zu lassen und zum anderen die Eigentumsrechte der Anteilseigner zu wahren. Die Eingriffe des Mitbestimmungsgesetzes in die jeweiligen Gesellschaften dürfen dabei aber nicht unterschätzt werden. Die Arbeitnehmer nehmen durch ihr Wirken im Aufsichtsrat an Unternehmensentscheidungen beratend bzw. überwachend teil. Außerdem haben sie die Möglichkeit mittelbar über die Personalkompetenz des Aufsichtsrats, erheblichen Einfluss auf einen Teil des vertre-

---

209 *Schubert* in: Wißmann/Kleinsorge/ders., Mitbestimmungsrecht, § 31 MitbestG Rn. 45. Ungeklärt ist lediglich der Fall, ob in der dritten Abstimmung die Zweitstimme auch dann zählt, wenn durch diese die Stimmgleichheit erst hergestellt wird. Dagegen zum Beispiel *Lutter/Krieger*, Aufsichtsrat, Rn. 354; *Schubert* in: Wißmann/Kleinsorge/ders., Mitbestimmungsrecht, § 31 MitbestG Rn. 46; dafür beispielsweise *Ulmer/Habersack* in: dies./Henssler, Mitbestimmungsrecht, § 31 MitbestG Rn. 22; *Hoffmann/Lehmann/Weinmann*, MitbestG, § 31 Rn. 30.

210 *Ulmer/Habersack* in: dies./Henssler, Mitbestimmungsrecht, § 31 MitbestG Rn. 18.

211 *Henssler* in: Ulmer/Habersack/ders., Mitbestimmungsrecht, § 33 MitbestG Rn. 29 ff.

212 *Schubert* in: Wißmann/Kleinsorge/ders., Mitbestimmungsrecht, § 33 MitbestG Rn. 46.

213 *Henssler* in: Ulmer/Habersack/ders., Mitbestimmungsrecht, § 33 MitbestG Rn. 16.

214 *Henssler* in: Ulmer/Habersack/ders., Mitbestimmungsrecht, § 33 MitbestG Rn. 17.

215 *Lutter/Krieger*, Aufsichtsrat, Rn. 338, 1132.

tungsberechtigten Organs der Gesellschaft zu nehmen. Ein direkter Einfluss auf das vertretungsberechtigte Organ ist jedoch kaum gegeben.

II. Das Drittelbeteiligungsgesetz

Gem. § 1 Abs. 3 MitbestG gilt für Unternehmen, sofern weder das Mitbestimmungsgesetz noch das Montanmitbestimmungsgesetz oder das Montanmitbestimmungsergänzungsgesetz einschlägig sind, das Drittelbeteiligungsgesetz. Dieses, im Vergleich zu den anderen Gesetzen recht junge Gesetz hat die §§ 76 ff. BetrVG 1952 abgelöst.[216] Dadurch sollten jedoch weder bezüglich des Geltungsbereichs noch inhaltlicher Natur Veränderungen vorgenommen werden.[217] Lediglich die Systematik wurde durch eine zeitgemäße und anwenderfreundliche Gestaltung des Gesetzes geändert.[218] Wie der Name des Gesetzes schon andeutet, wird hier lediglich ein Drittel der Aufsichtsratsmitglieder durch die Arbeitnehmer besetzt. Nach § 1 Abs. 1 DrittelbG handelt es sich mit wenigen Ausnahmen[219] um dieselben Rechtsformen wie im Mitbestimmungsgesetz. Lediglich die Schwellenwerte sind deutlich niedriger. Gem. § 1 Abs. 1 DrittelbG reicht es aus, wenn das Unternehmen in der Regel 500 Arbeitnehmer beschäftigt. Eine Ausnahme bildet zudem der „historische Zopf"[220] gem. § 1 Abs. 1 S. 1 Nr. 1 DrittelbG: Für Aktiengesellschaften und KGaA, die vor dem 10. August 1994 ins Handelsregister eingetragen wurden, gelten keine Schwellengrenzen.[221]

Insgesamt bleibt die Mitbestimmungsintensität nach dem Drittelbeteiligungsgesetz auch deutlich hinter derjenigen des Mitbestimmungsgesetzes zurück. Zum Beispiel gibt es nach dem Drittelbeteiligungsgesetz keinen Arbeitsdirektor im Vertretungsorgan der Gesellschaft.[222] Unabhängig davon gelten jedoch die nachfolgenden Ausführungen in dieser Abhandlung grundsätzlich auch für das Drittelbeteiligungsgesetz, sofern die Ausführungen nicht explizit auf die Intensität der Mitbestimmung abstellen und eine diesbezügliche Unterscheidung vornehmen.

III. Die Montanmitbestimmung

Das Montanmitbestimmungsgesetz und vor allem das Montanmitbestimmungsergänzungsgesetz sind nur für eine kleine Anzahl von Unternehmen relevant.

---

216 Vgl. dazu in diesem Kapitel unter A. III.

217 *Ausschuss für Wirtschaft und Arbeit*, BT-Drucks. XV/2739; *Veil* in: Raiser/ders./Jacobs, MitbestG/DrittelbG, Einl. DrittelbG Rn. 1.

218 Vgl. ausführlich *Seibt*, NZA 2004, S. 767 ff.

219 So ist im Drittelbeteiligungsgesetz gem. § 1 Abs. 1 Nr. 4 der Versicherungsverein auf Gegenseitigkeit einbezogen.

220 *Seibt*, NZA 2004, S. 767 (768).

221 Zur Zulässigkeit dieser Regelung mit Art. 3 GG vgl. BVerfG, AG 2014, S. 279. Kritisch *Latzel*, Gleichheit in der Unternehmensmitbestimmung, Rn. 309 ff.; *Latzel*, AG 2014, S. 395 ff.

222 *Henssler* in: Ulmer/Habersack/ders., Mitbestimmungsrecht, Einl. DrittelbG Rn. 1. Vergleiche zu weiteren Unterschieden in diesem Kapitel unter C. II.

Insbesondere befindet sich nur noch ein Unternehmen im Geltungsbereich des Montanmitbestimmungsergänzungsgesetzes,[223] weshalb im Folgenden lediglich die Regelungen des Montanmitbestimmungsgesetzes erläutert werden. Die Unterschiede des Montanmitbestimmungsergänzungsgesetzes werden nur knapp ergänzt.[224]

1.) Geltungsbereich

Die Montanmitbestimmung geht gem. § 1 Abs. 2 MitbestG als lex specialis dem Mitbestimmungsgesetz und gem. § 1 Abs. 2 Nr. 1 DrittelbG auch dem Drittelbeteiligungsgesetz vor. Das Montanmitbestimmungsgesetz gilt gem. § 1 Abs. 1 MontanMitbestG nur für Unternehmen, die im Bergbau oder der Eisen und Stahl erzeugenden Industrie tätig sind.[225] Weiterhin müssen diese Unternehmen gem. § 1 Abs. 2 MontanMitbestG in der Regel mehr als 1.000 Arbeitnehmer beschäftigen und als Aktiengesellschaft oder GmbH organisiert sein. Somit liegt hier der Schwellenwert zwar deutlich niedriger als beim Mitbestimmungsgesetz; im Gegenzug werden jedoch nur zwei Gesellschaftsformen erfasst.

Um die Montanmitbestimmung zu erhalten, wurden im letzten Jahrhundert immer wieder Gesetze zur Sicherung dieser Mitbestimmungsform erlassen.[226] Durch diese Montanmitbestimmungsergänzungsgesetze soll neuen Unternehmensformen und -kulturen Rechnung getragen werden.[227] Eine ähnliche Sicherung wird bei der Einbeziehung ausländischer Gesellschaftsformen ebenfalls diskutiert.[228]

2.) Auswirkungen auf die Gesellschaft

Die Montanmitbestimmung hat somit zwar einen sehr engen Geltungsbereich, doch ist sie im Gegensatz zu den anderen Mitbestimmungsmodellen, tatsächlich vollparitätisch ausgestaltet. Insofern ergeben sich über die oben dargestellten Auswirkungen beim Mitbestimmungsgesetz hinaus Änderungen an der Gesellschaftsverfassung.

a.) Neutrales Mitglied im Aufsichtsrat

Der Aufsichtsrat besteht nach diesem Modell aus einer ungeraden Anzahl von Mitgliedern, welche gem. § 4 Abs. 1 MontanMitbestG grundsätzlich elf beträgt, aber

---

223 So die E-Mailauskunft des Bundesministeriums für Arbeit und Soziales vom 20.09.2011.

224 Vgl. zum Montanmitbestimmungsergänzungsgesetz ausführlich *Wißmann* in: ders./Kleinsorge/Schubert, Mitbestimmungsrecht, S. 857 ff.; *Braun*, Sicherung der Unternehmensmitbestimmung, S. 32 ff.

225 Vgl. zur Frage welche Unternehmen davon betroffen sind *Wißmann* in: ders./Kleinsorge/Schubert, Mitbestimmungsrecht, § 1 Montan-MitbestG Rn. 4 ff.

226 *Oetker* in: ErfKom, Einl. MontanMitbestG Rn. 3.

227 Vgl. dazu *Raiser* in: ders./Veil/Jacobs, MitbestG/DrittelbG, Einl. MitbestG Rn. 20 ff.; *Braun*, Sicherung der Unternehmensmitbestimmung, S. 32 ff.

228 Vgl. dazu in Kapitel 3 C. I. 2.).

durch die Gesellschaft unter bestimmten Voraussetzungen gem. § 9 MontanMitbestG auf 15 oder sogar 21 Mitglieder erweitert werden kann. Der wesentliche Unterschied zur Mitbestimmung nach dem Mitbestimmungsgesetz ist das neutrale Mitglied – der „Unparteiische"[229]. Er darf gem. § 4 Abs. 1 lit. c.) i.V.m. Abs. 2 MontanMitbestG weder dem Unternehmen, einer Gewerkschaft noch einem Arbeitgeberverband bzw. den Anteilseignern angehören oder am Unternehmen wirtschaftlich wesentlich interessiert sein.

Die restlichen Mitglieder des Aufsichtsrats werden je zur Hälfte von den Anteilseignern und den Arbeitnehmern des Unternehmens bestimmt,[230] wobei auch aus diesen Gruppen jeweils ein Mitglied nicht dem Unternehmen, einer Gewerkschaft oder einem Arbeitgeberverband angehören darf.[231] Insgesamt ergibt sich somit für einen elfköpfigen Aufsichtsrat folgende Besetzung: Die Anteilseigner bestimmen fünf Vertreter, von denen einer unabhängig sein muss; die Arbeitnehmer bestimmen ebenfalls fünf Vertreter, wobei zwei aus der Belegschaft und zwei von den Gewerkschaften stammen. Der fünfte ist wiederum ein Unabhängiger. Zudem wird durch diese zehn Aufsichtsratsmitglieder ‚gemeinsam' ein weiteres neutrales Mitglied gewählt.

Die neutrale, unabhängige Person spielt deshalb die Schlüsselrolle in dieser Form der Unternehmensmitbestimmung. Sie muss zwischen den zwei unterschiedlichen ‚Bänken' vermitteln und eine für das Unternehmen optimale Lösung suchen.[232] Zudem entscheidet sie bei Kampfabstimmungen zwischen den Vertretern der Arbeitnehmer und Anteilseigner durch ihre Stimme.

Aufgrund dieser Stellung muss sie auch gem. § 8 Abs. 1 MontanMitbestG von der Mehrheit der übrigen Aufsichtsratsmitglieder gewählt werden, wobei auch mindestens drei Arbeitnehmervertreter zustimmen müssen. Können sich die Aufsichtsratsmitglieder nicht auf eine Person einigen, muss ein Vermittlungsausschuss eingesetzt und über dessen Vorschläge gem. § 8 Abs. 2 bis 4 MontanMitbestG von der Anteilseignerversammlung abgestimmt werden. Kann auch hiernach keine Einigung erzielt werden, muss dies von der Anteilseignerversammlung begründet und diese Begründung dem zuständigen Oberlandesgericht vorgelegt werden. Das Oberlandesgericht entscheidet sodann jedoch nicht selbst über die Besetzung, sondern nur über die Rechtmäßigkeit der Ablehnung durch die Anteilseignerversammlung. Hat die Versammlung nach Ansicht des Oberlandesgerichts zwei Mal zu Recht keinen der Vorschläge des Vermittlungsausschusses gewählt, kann sie das

229 *Raiser* in: ders./Veil/Jacobs, MitbestG/DrittelbG, Einl. MitbestG Rn. 11.

230 Gewählt werden alle Aufsichtsratsmitglieder gem. § 6 Abs. 1, 6 MontanMitbestG von der Anteilseignerversammlung, doch ist diese bei den Arbeitnehmervertretern an die Vorschläge der Arbeitnehmer gebunden.

231 Siehe dazu §§ 4 ff. MontanMitbestG.

232 Vgl. zum Selbstverständnis der „Elften Männer" *Blume* in: Potthoff/ders./Duvernell, Zwischenbilanz der Mitbestimmung, S. 258 ff.

neutrale Mitglied in freier Wahl bestimmen.[233] Dieser Fall ist in der Praxis bisher jedoch noch nicht vorgekommen.[234]

Die Montanmitbestimmung ist somit vollparitätisch ausgestaltet und gibt den Anteilseignern keinen Mechanismus an die Hand, durch welchen sie im Zweifel eine Entscheidung durchsetzen können. Zwar kann die Wahl des neutralen Mitglieds am Ende durch die freie Wahl der Anteilseignerversammlung aufgelöst werden, doch ist bis dahin ein langes Verfahren durchzuführen.[235] Dieses Verfahren wirkt wohl in der Praxis ähnlich wie ein Vetorecht der Arbeitnehmervertreter.

b.) Direkte Auswirkungen auf das Vertretungsorgan

Weiter wird zusätzlich zur Unternehmensmitbestimmung im Aufsichtsrat gem. § 13 MontanMitbestG ein Arbeitsdirektor in das jeweilige vertretungsberechtigte Organ der Gesellschaft entsandt, der in der Montanmitbestimmung nicht gegen die Stimmen der Arbeitnehmer im Aufsichtsrat benannt werden darf.[236] Dieses Vetorecht hat in der Praxis dazu geführt, dass die von den Arbeitnehmervertretern im Aufsichtsrat vorgeschlagenen Personen auch gewählt wurden.[237] Somit gibt es in diesem Gesetz auch eine Arbeitnehmermitbestimmung im operativen Geschäft der Gesellschaft.[238]

IV. Zusammenfassung

Die Unternehmensmitbestimmung ist in Deutschland je nach Rechtsform, Größe und Art des Unternehmens unterschiedlich intensiv ausgeprägt. Gemeinsam ist allen Gesetzen jedoch, dass die Mitbestimmung auf Unternehmensebene im Wesentlichen im Aufsichtsrat stattfindet.

Das Mitbestimmungsgesetz ist nur für große Kapitalgesellschaften mit in der Regel über 2.000 Arbeitnehmern relevant. Nach diesem Gesetz gibt es im Aufsichtsrat ein leichtes Übergewicht der Anteilseignervertreter durch die zweite Stimme des Aufsichtsratsvorsitzenden im Stichentscheid und nur einen sehr geringen Einfluss der Arbeitnehmer in den vertretungsberechtigten Organen der Gesellschaften. Die Drittelbeteiligung ist eine gegenüber dem Mitbestimmungsgesetz abgeschwächte Version für Unternehmen, die in der Regel zwischen 500 und 2.000 Arbeitnehmern beschäftigen. Diese Unternehmen können sich so während ihrer Wachstumszeit

233 Zu diesem Verfahren vgl. auch ausführlich *Wißmann* in: MüHdB ArbR, § 283 Rn. 16 ff.

234 *Wißmann* in: ders./Kleinsorge/Schubert, Mitbestimmungsrecht, § 8 Montan-MitbestG Rn. 6.

235 Ausführlich dazu *Boldt*, MitbestG Eisen und Kohle, S. 92 ff.

236 *Oetker* in: ErfKom, § 13 MontanMitbestG Rn. 2.

237 *Wißmann* in: MüHdB ArbR, § 283 Rn. 22.

238 Vgl. dazu in diesem Kapitel unter C. I. 2.) b.). Vgl. zu den Aufgaben und Rechten des Arbeitsdirektors *Wißmann* in: ders./Kleinsorge/Schubert, Mitbestimmungsrecht, § 13 Montan-MitbestG Rn. 6 ff.

an die Mitbestimmung der Arbeitnehmer ‚gewöhnen', bis sie dann ab in der Regel 2.000 Arbeitnehmern der Quasiparität unterliegen.[239]

Sowohl die Regelungen im Mitbestimmungsgesetz als auch im Drittelbeteiligungsgesetz haben zwingenden Charakter. Die Arbeitnehmer können auf die darin enthaltenen Rechte nicht rechtswirksam verzichten.[240] Eine Abweichung von den gesetzlichen Vorschriften ist weder durch den einzelnen Arbeitnehmer noch durch Tarifvertrag möglich.[241] Unterhalb der Schwelle von in der Regel 500 Arbeitnehmern gibt es keine gesetzlich vorgeschriebene Mitbestimmung. In diesen Unternehmen wird die betriebliche Mitbestimmung als ausreichend erachtet. Privatautonome Mitbestimmungsregelungen, auch zugunsten der Arbeitnehmer, sind bei Aktiengesellschaften kaum,[242] bei GmbHs aufgrund der fehlenden Satzungsstrenge durchaus möglich.[243]

Hinsichtlich der Montanmitbestimmung muss das neutrale Mitglied hervorgehoben werden. Durch dieses wird in den Unternehmen im Gegensatz zu den anderen Mitbestimmungsmodellen eine tatsächliche Parität zwischen Anteilseignern und Arbeitnehmern geschaffen, die durch die Stimme des neutralen Mitglieds aufgelöst werden kann. Es stellt sich die Frage, ob die Montanmitbestimmung weiter existieren soll oder ob sie nur ein Relikt aus alten Zeiten darstellt, das aufgrund politischer Rücksichtnahme nicht abgeschafft wird.[244] Dem Montanmitbestimmungsgesetzen unterfallen mittlerweile nur noch wenige Unternehmen. Auch konnte diese Form der Mitbestimmung politisch in den letzten 60 Jahren nicht auf Unternehmen außerhalb der Montanindustrie ausgeweitet werden. Zudem ist eine Sonderstellung der Montanindustrie heutzutage nur noch schwer begründbar.[245] Interessant ist hingegen, dass bei den neutralen Mitgliedern, im Gegensatz zu allen anderen Aufsichtsratsmitgliedern, keine Interessenkonflikte auftauchen und sich diese damit nur am Unternehmensinteresse orientieren können.[246] Gerade hinsichtlich der Debatte über

---

239 Deshalb ist diese Differenzierung auch mit Art. 3 GG vereinbar. Vgl. dazu *Latzel*, Gleichheit in der Unternehmensmitbestimmung, Rn. 381 f.

240 Zum Mitbestimmungsgesetz vgl. zum Beispiel: *Ulmer/Habersack in: dies.*/Henssler, Mitbestimmungsrecht, Einl. Rn. 48 f.; zum Drittelbeteiligungsgesetz *Kleinsorge* in: Wißmann/ders./Schubert, Mitbestimmungsrecht, Vorbem. DrittelbG, Rn. 21.

241 *Wißmann* in: ders./Kleinsorge/Schubert, Mitbestimmungsrecht, Vorbem Rn. 59; vgl. zu Mitbestimmungsvereinbarungen ausführlich *Hommelhoff*, ZHR 1984, S. 118 ff.

242 *Ulmer/Habersack* in: dies./Henssler, Mitbestimmungsrecht, § 1 Rn. 20 f. *Habersack* in: Ulmer/ders./Henssler, Mitbestimmungsrecht, § 1 DrittelbG Rn. 8.

243 *Ulmer/Habersack* in: dies./Henssler, Mitbestimmungsrecht, § 1 Rn. 22 f.

244 Für die Ausweitung der Montanmitbestimmung hingegen *Ladzinski*, Ausschussdrucks. Arbeit und Soziales, 17(11)502, S. 1 f.

245 Ebenso *Latzel*, Gleichheit in der Unternehmensmitbestimmung, Rn. 451 ff., 498 ff.

246 Zu den verschiedenen Interessenkonflikten vgl. in diesem Kapitel unter D. II. 2.) b.). sowie *Weninger*, Mitbestimmungsspezifische Interessenkonflikte, passim.

eine gute Corporate Governance[247] ist das neutrale Mitglied somit vielleicht sogar als besonders ‚modern' anzusehen.

D. Rolle der Unternehmensmitbestimmung innerhalb der Rechtsordnung

Für die weitere Beurteilung der Unionsrechtskonformität ist die Rolle der Unternehmensmitbestimmung innerhalb der Rechtsordnung ebenfalls von erheblicher Bedeutung. Zum einen könnten sich aus dem Verhältnis der Unternehmensmitbestimmung zum Gesellschaftsrecht allgemeine Vorrangregelungen ergeben, die bei der späteren Untersuchung zu beachten sind. Zum anderen muss gerade bei der Rechtfertigung von Grundfreiheitsbeschränkungen auch das Gesamtniveau der Mitbestimmung beachtet werden, sodass eine knappe Abgrenzung zwischen den unterschiedlichen Mitbestimmungsarten notwendig ist.

I. Verhältnis zum Gesellschaftsrecht

Interessant ist zunächst das Verhältnis zum Gesellschaftsrecht, insbesondere welche Wertungen im Einzelfall einen Vorrang genießen. Hinsichtlich des geschrieben Rechts kann den Mitbestimmungsgesetzen entnommen werden, dass das Mitbestimmungsrecht in seinem Anwendungsbereich als lex specialis Vorrang vor dem allgemeinen Gesellschaftsrecht hat.[248] Ein Beispiel hierfür ist der Pflichtaufsichtsrat bei einer GmbH.[249] Anders sieht es jedoch bei den ungeschriebenen Konflikten aus. Frühere Ansichten, die dabei dem Mitbestimmungs-, dem Arbeits- oder dem Gesellschaftsrecht einen grundsätzlichen Vorrang gaben, werden mittlerweile nicht mehr vertreten.[250]

Es besteht aufgrund der vielfältigen Verweisungen und der unterschiedlichen Ziele des Mitbestimmungsrechts ein Spannungsverhältnis zwischen einerseits gleichberechtigter und gleichgewichtiger Teilnahme von Anteilseignern und Arbeitnehmern an den Entscheidungsprozessen im Unternehmen sowie andererseits weitgehender Beibehaltung des geltenden Gesellschaftsrechts.[251] Denn bei all den unterschiedlichen Interessen von Arbeitnehmern und Anteilseignern besteht gerade eine Gemeinsamkeit – die langfristige Profitabilität des Unternehmens.[252] Von dieser Gemeinsamkeit ausgehend hat der Gesetzgeber bei der Einführung des Mitbestimmungsgesetzes das Mitbestimmungsrecht und das Gesellschaftsrecht nebeneinander

247 Vgl. zum Beispiel *Konnertz-Häußler*, GmbHR 2012, S. 68 ff.; *Bremer*, NZG 2011, S. 1417; *Spindler*, NZG 2011, S. 1007 ff.; *Bauer/Arnold*, BB 2007, S. 1793 ff.

248 *Weninger*, Mitbestimmungsspezifische Interessenkonflikte, S. 37.

249 Vgl. dazu schon in diesem Kapitel B. II.

250 Vgl. dazu ausführlich *Joch*, MitbestG und Gestaltungsfreiheit, passim und insbesondere S. 39 ff.

251 Vgl. *Bundesregierung*, BT-Drucks. VII/2172, S. 17.

252 *Wißmann* in: ders./Kleinsorge/Schubert, Mitbestimmungsrecht, Vorbem. Rn. 2.

bestehen lassen, weshalb nun im Einzelfall durch Auslegung der verschiedenen Interessen ein Ausgleich gefunden werden muss,[253] der sich am Sinn und Zweck der jeweiligen Regelung orientiert.[254] Diese Abwägung wird der späteren Überprüfung der Nichteinbeziehung im Ausland arbeitender Arbeitnehmer in die deutsche Unternehmensmitbestimmung im fünften und sechsten Kapitel ausführlich erfolgen.

II. Abgrenzungen zu anderen Mitbestimmungsformen

Während gerade das Verhältnis der Unternehmensmitbestimmung zum Gesellschaftsrecht im Mittelpunkt stand, wird nun die Unternehmensmitbestimmung von anderen Mitbestimmungsmöglichkeiten der Arbeitnehmer abgegrenzt. Zu diesen zählen neben der Unternehmensmitbestimmung die gewerkschaftliche und die betrieblichen Mitbestimmung.[255] Diese drei Rechte existieren zunächst einmal getrennt voneinander. Es gibt aber rechtliche und vor allem auch personelle Verflechtungen zwischen den einzelnen Beteiligungsmöglichkeiten. Dieses Zusammenspiel ist für etwaige Rechtfertigungsmöglichkeiten der Unternehmensmitbestimmung von Relevanz, weil eine solche Verflechtung das Mitbestimmungsniveau deutlich verstärken kann.

1.) Institutionelle Überschneidungen

Sämtliche Arbeitnehmerrechte haben gemeinsam, dass durch diese die „strukturelle Unterlegenheit"[256] der Arbeitnehmer gegenüber dem Arbeitgeber ausgeglichen werden soll.[257] Die betriebliche Mitbestimmung setzt dabei am Verhältnis zwischen dem Arbeitgeber und dem Arbeitnehmer an. Über den (Gesamt-) Betriebsrat werden die Arbeitnehmer an den Entscheidungen des Arbeitgebers beteiligt. Sie haben dabei eigene Organe innerhalb des Unternehmens, die ihre Rechte vertreten.[258] Bei der Unternehmensmitbestimmung sind die Arbeitnehmervertreter hingegen Teil des gesellschaftsrechtlichen Organs.[259] Beide Mitbestimmungsformen haben jedoch gemeinsam, dass sie gesetzlich garantierte Rechte beinhalten.[260]

---

253 *Ulmer/Habersack in: dies.*/Henssler, Mitbestimmungsrecht, Einl. MitbestG Rn. 57; *Wißmann* in: MüHdB ArbR, § 278 Rn. 9.

254 *Joch*, MitbestG und Gestaltungsfreiheit, S. 76; *Ulmer/Habersack in: dies.*/Henssler, Mitbestimmungsrecht, Einl. MitbestG Rn. 57; *Velten*, Gewerkschaftsvertreter, S. 76 ff.

255 *Richardi* in: MüHdB ArbR, § 153 Rn. 1; *Lutter* in: FS Zweigert, S. 251 (258).

256 Ständige Rechtsprechung, vgl. zum Beispiel BVerfGE 84, 212, 229; BVerfGE 85, 191, 213.

257 *Wißmann* in: ders./Kleinsorge/Schubert, Mitbestimmungsrecht, Vorbem. Rn. 5.

258 *Richardi* in: MüHdB ArbR, § 4 Rn. 20.

259 *Richardi* in: ders., Betriebsverfassungsrecht, § 1 BetrVG Rn. 6.

260 Vgl. zum Verhältnis ausführlich *Weiss* in: Bitburger Gespräche I/2006, S. 9 ff.; *Löwisch* in: Bitburger Gespräche I/2006, S. 19 ff.; *Gentz* in: Bitburger Gespräche I/2006, S. 33 ff.

Während die Betriebsratsmitglieder jedoch die Interessen der Arbeitnehmer vertreten, sind die Arbeitnehmervertreter im Aufsichtsrat dem Unternehmen als solches verpflichtet.[261] Anders war dies noch im Betriebsrätegesetz, nachdem die Betriebsräte die Arbeitnehmervertreter in den Aufsichtsrat entsandten.[262]

Die gewerkschaftliche Mitbestimmung basiert hingegen weitgehend auf der vom Grundrecht der Tarifautonomie geprägten freien Vertragsgestaltung. Die Gesetze geben hier lediglich den Rahmen vor, in welchem die Vertragspartner ihre Verhandlungen führen.[263] Allerdings spielen die Gewerkschaften auch innerhalb der Unternehmensmitbestimmung wiederum eine bedeutsame Rolle, da bestimmte Arbeitnehmervertreter im Aufsichtsrat durch die Gewerkschaften vorgeschlagen werden.[264] Dies ist im Vergleich zu anderen Mitgliedstaaten der Europäischen Union auch deshalb sinnvoll, weil in Deutschland das kollektive Arbeitsrecht den Gewerkschaften und Betriebsräten ansonsten keine Einflussnahme auf die Unternehmenspolitik eröffnet, sondern sich durch die Unternehmensmitbestimmung an einem „institutionell-personellen Ansatz"[265] orientiert. Insofern spielt die Unternehmensmitbestimmung sowohl für die Belegschaft als auch für die Gewerkschaften eine wichtige Rolle.

2.) Personelle Verflechtungen

Gerade bei der Frage der Unionsrechtskonformität kann im Rahmen der Verhältnismäßigkeit auch das gesamte System der Mitbestimmung eine Rolle spielen. Die verschiedenen Möglichkeiten zur Mitbestimmung überschneiden sich zunächst nur an wenigen Stellen, da das Tarifvertragsrecht, die betriebliche Mitbestimmung und die Unternehmensmitbestimmung verschiedene Sphären betreffen.[266] Allerdings kommt es durch Personenidentitäten durchaus zu Verstärkungen des Mitbestimmungsniveaus, weil gerade das Zusammenspiel der einzelnen Mitbestimmungsformen besonders starke Auswirkungen hat.[267]

a.) Keine Unvereinbarkeitsklauseln

Grundsätzlich gibt es dabei zwischen der gewerkschaftlichen, der betrieblichen und der Unternehmensmitbestimmung keine Unvereinbarkeitsklauseln. Gewerk-

261 Vgl. dazu in diesem Kapitel unter D. II.

262 Vgl. dazu in diesem Kapitel unter A. I. 1.).

263 *Richardi* in: MüHdB ArbR, § 153 Rn. 3 f.

264 Vgl. dazu in diesem Kapitel unter C. I. 2.) a.) aa.). Ausführlich zum Verhältnis der Tarifautonomie und der Unternehmensmitbestimmung *Rieble* in: Bitburger Gespräche I/2006, S. 41 ff.; zur Abführungspflicht *Sünner*, AG 2012, S. 265 (273); *Fischer/Theuner*, AuR 2011, S. 466 ff.

265 *Latzel*, Gleichheit in der Unternehmensmitbestimmung, Rn. 7.

266 *Raiser* in: ders./Veil/Jacobs, MitbestG/DrittelbG, Einl. MitbestG Rn. 55 ff. Kritisch *Rieble* in: ders./Junker, Unternehmensführung und betriebliche Mitbestimmung, S. 9 (18).

267 *Raiser* in: ders./Veil/Jacobs, MitbestG/DrittelbG, Einl. MitbestG Rn. 59; kritisch *Loritz*, ZfA 2010, S. 367 (394).

schaftsmitglieder sitzen in den Betriebsräten und sind durch das System der Unternehmensmitbestimmung auch im Aufsichtsrat vertreten. Eine Verflechtung ist dabei sogar vom System der Unternehmensmitbestimmung gewollt, da die Gewerkschaften eigene Sitze im Aufsichtsrat besetzen dürfen.[268] Dies soll sowohl den externen Sachverstand als auch die Unabhängigkeit gegenüber den Arbeitgebern auf Seiten der Arbeitnehmervertreter sicherstellen.[269] Oft sitzen so die Gewerkschaftsfunktionäre ähnlich wie die Vertreter der Kapitalseite im Aufsichtsrat verschiedener Unternehmen.[270]

Daneben gibt es auch personelle Verflechtungen zwischen Betriebs- und Aufsichtsrat, welche die betriebliche und die unternehmerische Mitbestimmung verknüpft. Allerdings haben die beiden Mitbestimmungsmöglichkeiten in der Theorie zunächst keine Überschneidungen, da hiernach die Unternehmensmitbestimmung dort anfängt, wo die betriebliche Mitbestimmung aufhört.[271] Das Betriebsverfassungsrecht kümmert sich im Grundsatz um die Belange der Arbeitnehmer im einzelnen Betrieb und die Mitbestimmungsgesetze setzen erst an den übergeordneten Unternehmensfragen an. Allerdings ist diese theoretische Abgrenzung in der Praxis nicht immer vorhanden.[272] Zudem gibt es zahlreiche Mitglieder des (Gesamt-) Betriebsrats, die gleichzeitig auch Arbeitnehmervertreter im Aufsichtsrat sind.[273]

Somit kann festgehalten werden, dass die drei Mitbestimmungsmöglichkeiten zwar grundsätzlich nebeneinander stehen, aber durchaus erhebliche sachliche und personelle Überscheidungen aufweisen. Gerade durch diese personellen Überschneidungen kann ein Austausch sämtlicher Mitglieder des Aufsichtsrats auf Augenhöhe geschehen, weil auf der einen Seite zumeist altgediente Vorstandsmitglieder und auf der anderen die maßgeblichen Gewerkschaftsvertreter und Betriebsratsvorsitzenden sitzen.

b.) Interessenkonflikte

Durch diese Überschneidungen entstehen jedoch auch immer wieder Interessenkonflikte der Arbeitnehmervertreter im Aufsichtsrat.[274] Diese können zum einen im Verhältnis zum Streikrecht und zum anderen im Verhältnis zum Betriebsverfassungsrecht problematisch

---

268 Vgl. dazu in diesem Kapitel unter C. I. 2.) a.) aa.).

269 *Wißmann* in: ders./Kleinsorge/Schubert, Mitbestimmungsrecht, § 7 MitbestG Rn. 3; *Kühling*, Gewerkschaftsvertreter, passim; kritisch dazu *Velten*, Gewerkschaftsvertreter, S. 53 f. Für unabhängige Personen auf Seiten der Arbeitnehmervertreter vgl. de lege ferenda *Roth*, ZHR 2011, S. 605 (638 ff.).

270 *Bauer*, NZA 2009, S. 23 f.

271 *Weninger*, Mitbestimmungsspezifische Interessenkonflikte, S. 165.

272 Siehe dazu nur *Raiser* in: FS Duden, S. 423 (426 f.). Zahlreiche Beispiele siehe bei *Weninger*, Mitbestimmungsspezifische Interessenkonflikte, S. 167.

273 *Rieble* in: ders., Zukunft der Unternehmensmitbestimmung, S. 9 (23 f.).

274 Siehe dazu überblicksartig *Weninger*, Mitbestimmungsspezifische Interessenkonflikte, S. 7 ff.; *Weiss* in: Bitburger Gespräche 2006/I, S. 9 (16). Zu Interessenkonflikte bei den Anteilseignervertreter *Roth/Wörle*, ZGR 2004, S. 565 (613 ff.).

sein.[275] Im ‚Fall Bsirske' wurde lebhaft diskutiert,[276] ob der stellvertretende Aufsichtsratsvorsitzende einer Aktiengesellschaft, der gleichzeitig Vorstandsvorsitzender der verhandelnden Gewerkschaft ist, zum Streik gegen das Unternehmen aufrufen darf.[277] Hier begibt sich die Person aufgrund ihrer zwei Positionen in einen Konflikt zwischen dem Unternehmensinteresse auf der einen Seite und den ‚reinen' Arbeitnehmerinteressen auf der anderen.[278] Auch wird immer wieder kritisiert, dass Arbeitnehmervertreter im Aufsichtsrat, die gleichzeitig dem Betriebsrat angehören, ihren Einfluss kumulieren und so den Vorstand ‚in die Zange nehmen'.[279] Teilweise wird deshalb die Unternehmensmitbestimmung auch als „verlängerte[r] Arm“[280] des Betriebsrats bezeichnet.

Allerdings sollten aufgrund dieser Beispiele nicht das gesamte System, sondern höchstens die weitreichenden personellen Überschneidungen in Frage gestellt werden. Insgesamt darf dabei natürlich auch nicht vergessen werden, dass auf der Kapitalseite die Aufsichtsratsmitglieder ebenfalls in Interessenkonflikte geraten können.[281] Deshalb wäre eine Reform des Mitbestimmungsrechts in Deutschland dahingehend wünschenswert, die auf der einen Seite die personelle Verflechtung zwischen gewerkschaftlicher, betrieblicher und Unternehmensmitbestimmung begrenzt, dabei aber andererseits auch den gesetzlich zulässigen[282] und gewünschten Effekt des Wissenstransfers zwischen Gewerkschaft, Betriebsrat und Arbeitnehmervertreter im Aufsichtsrat beibehält. Grundsätzlich sollte das Augenmerk selbstverständlich auf der Wahl von kompetenten, auf das Unternehmenswohl ausgerichteten Aufsichtsratsmitgliedern im Sinne einer guten Corporate Governance liegen.[283] Ob

---

275 Aktuell *Künzel*, DB 2014, Nr. 3, M 1. Vgl. zum Spannungsfeld zwischen der Vergütungspflicht eines Aufsichtsratsmitglieds und der Begünstigungsgefahr eines Betriebsrats *Aszmons*, DB 2014, S. 895 ff. Zum Verhältnis Betriebsrat und Gewerkschaften vgl. *Schönhöft/Weyhing*, BB 2014, S. 762 ff.

276 Vgl. nur *Bauer*, NZA 2009, S. 23 f.; sowie die Erwiderung durch *Klebe*, NZG 2009, S. 24 f.

277 Vgl. hierzu ausführlich *Lutter/Quack* in: FS Raiser, S. 259 (265 ff.); *Ruzik*, NZG 2004, S. 455 ff.; *Velten*, Gewerkschaftsvertreter, S. 125 ff.

278 Vgl. dazu zum Beispiel *Rieble* in: Bitburger Gespräche 2006/I, S. 40 (54 ff.). Weiterführend zu Stimmrechtsverboten im Aufsichtsrat bei tarif-, koalitions- oder arbeitskampfpolitischen Entscheidungen *Weninger*, Mitbestimmungsspezifische Interessenkonflikte, S. 57 ff.

279 *Henssler* in: Ulmer/Habersack/ders., Mitbestimmungsrecht, § 7 MitbestG Rn. 47. Vgl. zur verfassungsrechtlichen Beurteilung *Kühling*, Gewerkschaftsvertreter im Aufsichtsrat, S. 29 ff.

280 *BDA/BDI*, Bericht der Kommission Mitbestimmung, Mitbestimmung modernisieren, S. 5.

281 Vgl. *Kremer* in: Ringleb u. a., DCGK, Rn. 1114 f.

282 Die Aufsichtsratsmitglieder haben natürlich Verschwiegenheitspflichten vgl. *Giedinghagen* in: Michalski, GmbHG, § 52 Rn. 1823 ff.

283 In diese Richtung, insbesondere die Aufnahme in den DCGK fordernd *Weninger*, Mitbestimmungsspezifische Interessenkonflikte, S. 297. Zur Mitbestimmung im DCGK *Sünner*, AG 2012, S. 265 (266).

eine einzige Person jedoch sowohl Vorsitzender einer im Unternehmen vertretenen Gewerkschaft bzw. (Gesamt-)Betriebsratsvorsitzender auf der einen Seite[284] und stellvertretender Aufsichtsratsvorsitzender auf der anderen Seite sein sollte, ist aufgrund der unterschiedlichen Zielsetzungen durchaus fragwürdig.[285]

3.) Stellungnahme

Die Unternehmensmitbestimmung hat somit ein grundlegendes Unterscheidungsmerkmal zu den anderen Mitbestimmungsmöglichkeiten der Arbeitnehmer. In der Unternehmensmitbestimmung haben die Arbeitnehmer kein eigenes ‚arbeitsrechtliches Organ', sondern dürfen ein bestehendes Organ der Gesellschaft, das Entscheidungen für die Gesellschaft treffen kann, zu einem bestimmten Teil selbst besetzen. Dabei haben auch die Arbeitnehmervertreter in diesen Organen dieselben Rechte und Pflichten wie die anderen Organmitglieder.[286]

Diese Idee der Mitbestimmung im und nicht nur am Rande des Unternehmens ist zum einen ein Alleinstellungsmerkmal der Unternehmensmitbestimmung. Zum anderen muss jedoch beachtet werden, dass dieses Recht mit einer erhöhten Verantwortung der Arbeitnehmervertreter einhergeht. Denn zunächst suggerieren die Begriffe ‚Arbeitnehmervertreter' und ‚Anteilseignervertreter' einen falschen Eindruck, weil tatsächlich sämtliche Mitglieder dieselben Pflichten haben. Damit ist unvereinbar, wenn sich die Arbeitnehmervertreter als reine Interessenvertreter der Arbeitnehmer in den Gesellschaftsorganen verstehen. Sie sind bei ihren Entscheidungen im Aufsichtsrat ebenso an das Unternehmensinteresse und auch nur an dieses gebunden.[287] Dabei sei hier darauf hingewiesen, dass das Unternehmensinteresse nach Ziffer 4.1.1. des Deutschen Corporate Governance Kodex ausdrücklich auch die Interessen der Arbeitnehmer und der dem Unternehmen verbundenen Gruppen (Stakeholder) beinhaltet.[288] Somit dürfen auch die Arbeitnehmervertreter

---

284 Vgl. zur Überschneidung zwischen betrieblicher und gewerkschaftlicher Mitbestimmung *Stettes*, Betriebsratswahlen 2010, S. 14 f.

285 Deshalb wird die zustimmungswürdige These vertreten, dass sich die Arbeitnehmervertreter im Aufsichtsrat in ihren Funktionen außerhalb des Aufsichtsrats zumindest zurückhaltend äußern müssen. Vgl. *Weninger*, Mitbestimmungsspezifische Interessenkonflikte, S. 300; *Löwitsch* in: Bitburger Gespräche 2006/I, S. 19 (27 f.). Zum tatsächlichen Missbrauch in der Praxis siehe *Gentz* in: Bitburger Gespräche 2006/I, S. 33 (36 f.).

286 *Koberski* in: Wlotzke/Wißmann/ders./Kleinsorge, Mitbestimmungsrecht, § 25 Rn. 230; *Oetker* in: ErfKom, § 111 AktG Rn. 19; *Habersack* in: MüKo AktG, Vor § 95 AktG Rn. 13.

287 *Schubert* in: Wißmann/Kleinsorge/ders., Mitbestimmungsrecht, § 25 Rn. 230; *Ulmer/Habersack* in: dies/Henssler, Mitbestimmungsrecht, § 25 Rn. 93; ausführlich *Velten*, Gewerkschaftsvertreter, S. 79 ff.

288 Wobei zu beachten ist, dass Ziffer 4.1.1. des DCGK die Pflichten des Vorstands regelt. Eine Wiederholung der Definition des Unternehmensinteresses in Ziffer 5.5.1. erschien wohl überflüssig. Außerdem gilt der DCGK nur für börsennotierte

im Rahmen des Unternehmensinteresses die Arbeitnehmerinteressen berücksichtigen, aber nicht stärker oder schwächer als andere Mitglieder dieses Gremiums. Gerade diese Erkenntnis muss auch im Rahmen der späteren Überprüfung der Nichteinbeziehung im Ausland arbeitender Arbeitnehmer in die deutsche Unternehmensmitbestimmung, vor allem bei der Frage des Abstimmungsverhaltens der Arbeitnehmervertreter im Aufsichtsrat, beachtet werden.

III. Zusammenfassung

Die Unternehmensmitbestimmung weist somit sowohl Bezüge zum Arbeitsrecht als auch zum Gesellschaftsrecht auf.[289] Eine ausdrückliche Zuordnung zu einem der beiden Rechtsbereiche erscheint wegen der Vielschichtigkeit dieser Rechtsmaterie kaum möglich.[290] Vielmehr muss in jedem Einzelfall und damit auch bei der nachfolgenden Überprüfung der Nichteinbeziehung im Ausland arbeitender Arbeitnehmer in die deutsche Unternehmensmitbestimmung die jeweilige Mitbestimmungsnorm nach ihrem Sinn und Zweck ausgelegt werden. Zu beachten ist für die spätere Überprüfung dabei besonders, dass die Arbeitnehmervertreter im Aufsichtsrat – anders als bei sonstigen Mitbestimmungsmöglichkeiten – nicht nur Arbeitnehmerinteressen, sondern das Unternehmenswohl zu beachten haben. Die hierdurch entstehenden Interessenkonflikte bei Personen mit Doppelfunktionen, beispielsweise im Betriebsrat und Aufsichtsrat, sind zwar grundsätzlich problematisch, wirken sich jedoch unter Umständen nicht auf die nachfolgende Prüfung aus. Es muss jedenfalls davon ausgegangen werden, dass sich sämtliche Vertreter im Aufsichtsrat unabhängig ihrer sonstigen Verpflichtungen bei Aufsichtsratsbeschlüssen zum Wohle des Unternehmens verhalten.

Aktiengesellschaften, wobei er eine knappe Umschreibung für das Unternehmenswohl gibt. Vgl. zu den verschiedenen Interessensgruppen *Kreutz*, NZA 2001, S. 472 (475 f.).

289 So mittlerweile auch ausdrücklich EuGH, Rs. C-566/15 (Erzberger), Celex-Nr. 62015CJ0566, Rn. 38.

290 So statt Vieler auch *Ulmer/Habersack in: dies.*/Henssler, Mitbestimmungsrecht, Einl. Rn. 5 f.

Kapitel 3: Europäische Einflüsse auf die deutsche Unternehmensmitbestimmung

Aufgabe der Europäischen Union ist es gem. Art. 3 Abs. 1 S. 1 EUV, einen Binnenmarkt zu errichten.[291] Dies umfasst im Gesellschaftsrecht insbesondere auch ein grenzüberschreitendes Tätigwerden der Unternehmen zu ermöglichen.[292] Die Unternehmensmitbestimmung ist mit dem Gesellschaftsrecht untrennbar verbunden. Daher spielt das Mitbestimmungsrecht bei einer Harmonisierung des Gesellschaftsrechts immer eine wichtige, oftmals sogar die entscheidende Rolle. Allerdings sind die Mitbestimmungsmöglichkeiten auf Unternehmensebene in den verschiedenen Mitgliedstaaten unterschiedlich ausgestaltet. Grob kategorisiert gibt es Mitgliedstaaten, die auf eine solche Mitbestimmungsform völlig verzichten und andere sehen dagegen eine Unternehmensmitbestimmung bis maximal einer Drittelbeteiligung vor. Deutschland spielt dabei eine besondere Rolle innerhalb der Europäischen Union, da es zumindest zahlenmäßig die stärkste Mitbestimmungsmöglichkeit eröffnet. Allerdings ist wohl der Feststellung *Weiss*' zuzustimmen: „Nirgendwo ist die Palette des Rechts in Europa bunter als im Bereich der Arbeitnehmermitwirkung an unternehmerischen Entscheidungen."[293] Deshalb wird im ersten Abschnitt zunächst diese Palette dargestellt.

Aufgrund dieser unterschiedlichen rechtlichen Gegebenheiten in den Mitgliedstaaten wurde und wird dieses Rechtsgebiet innerhalb der Europäischen Union sowohl bei der Einführung supranationaler Rechtsformen als auch bei diversen Harmonisierungsversuchen durch gesellschaftsrechtliche Richtlinien immer wieder kontrovers diskutiert. Nichtsdestoweniger wurden in den vergangenen Jahrzehnten einige Verordnungen und Richtlinien erfolgreich verabschiedet, die Unternehmen die Möglichkeit eröffnen, europäische Gesellschaften zu gründen, nationale Gesellschaften grenzüberschreitend zu verschmelzen oder deren Struktur zu vereinheitlichen. Dieses Vorgehen des Unionsgesetzgebers wird auch unter dem Begriff der legislativen Rechtsangleichung zusammengefasst.[294] Diese wird im zweiten Abschnitt ausführlich dargestellt. Die judikative Rechtsangleichung, insbesondere die Auslegung des Primärrechts durch die europäischen Gerichte,

291 *Pechstein* in: Streinz, EUV/AEUV, Art. 3 EUV Rn. 7.

292 *Kleinsorge* in: Wißmann/ders./Schubert, Mitbestimmungsrecht, EU-Recht Rn. 1. Ausführlich zur Kompetenz der EU im Bereich der Unternehmensmitbestimmung zur Rechtslage vor dem Lissaboner Vertrag: *Kisker*, Unternehmensmitbestimmung bei Auslandsgesellschaften, S. 138 ff.

293 *Weiss*, NZA 2003, S. 177 (177).

294 Vgl. zum Begriff *Franzen*, Privatrechtsangleichung, S. 12; *Teichmann*, Binnenmarktkonformes Gesellschaftsrecht, S. 187.

wird hingegen in den nächsten Kapiteln bei der Prüfung der jeweiligen Grundfreiheit näher ausgeführt.

Am Ende des Kapitels werden sodann aktuelle Diskussionen im Bereich der Europäisierung der Unternehmensmitbestimmung betrachtet sowie ein Ausblick auf mögliche oder notwendige Regelungsänderungen im deutschen Recht gegeben. Durch die Entwicklungen hin zu einer immer tiefgreifenderen europäischen Zusammenarbeit ergeben sich hinsichtlich der Einbeziehung ausländischer Rechtsformen und im Ausland arbeitender Arbeitnehmer neue Herausforderungen, die der Gesetzgeber in den 50er, 60er und 70er Jahren des letzten Jahrhunderts noch nicht erahnen konnte.

A. Unternehmensmitbestimmung in den Mitgliedstaaten

Bevor die Probleme und Lösungsansätze in der Europäischen Union besprochen werden, soll zunächst der Status Quo innerhalb der Mitgliedstaaten dargestellt werden. Bei mittlerweile 28 Mitgliedstaaten kann dies jedoch nur überblicksartig und vereinfacht geschehen. Außerdem wird aus Gründen der Übersichtlichkeit nur auf die Aktiengesellschaften im Sinne des Anhanges I der SE-Verordnung[295] abgestellt. Für das System der Mitbestimmung ist im ersten Schritt die Verfassung der Kapitalgesellschaften von Bedeutung, damit der jeweilige gesellschaftsrechtliche Ansatzpunkt der Mitbestimmung und damit die qualitative Mitbestimmung festgestellt werden kann. In einem zweiten Schritt muss sodann die Intensität der Mitbestimmung, also die zahlenmäßige bzw. quantitative Mitbestimmung, geklärt werden. Durch beides gemeinsam kann der tatsächliche Grad der Mitbestimmungsmöglichkeit der Arbeitnehmer im Unternehmen bestimmt werden. Außerdem spielt auch der Geltungsbereich eine nicht unbedeutende Rolle, da dieser festlegt, wie viele Arbeitnehmer im jeweiligen Mitgliedstaat überhaupt Beteiligungsmöglichkeiten haben.

I. Organverfassung

In den Kapitalgesellschaften der Mitgliedstaaten gibt es hinsichtlich ihrer Leitung zwei Grundmodelle: das monistische und das dualistische Leitungsmodell. Zwar sind diese Modelle in verschiedenen Ausformungen zu finden,[296] doch ist bezüglich der Unternehmensmitbestimmung vor allem die Unterscheidung zwischen diesen beiden Grundmodellen von Bedeutung. Im dualistischen Modell werden die Geschäftsleitung und deren Überwachung in zwei unterschiedlichen Organen, dem

295 Verordnung (EG) Nr. 2157/2001 des Rates vom 8. Oktober 2001 über das Statut der Europäischen Gesellschaft (SE-Verordnung), ABl. 2001, L 294/1.

296 Vgl. zu den verschiedenen Ausformungen in den Mitgliedstaaten der Europäischen Union beispielsweise *Schmirler*, Mitbestimmungsmodelle, S. 9 ff.

Vorstand und dem Aufsichtsrat, organisiert.[297] Im monistischen Modell werden hingegen beide Aufgaben einem Organ, dem ‚Board' bzw. ‚Verwaltungsrat',[298] zugeordnet. In den Mitgliedstaaten der Europäischen Union kommen beide Modelle in unterschiedlichen Schattierungen vor.[299] Teilweise werden innerhalb einer Jurisdiktion auch beide Leitungsmodelle zur Wahl gestellt.[300]

Die Mitglieder im Verwaltungsrat treffen die unternehmerischen bzw. strategischen Entscheidungen und überwachen deren Durchführung.[301] Da hier keine Funktionstrennung vorgenommen wird, haben auch die Arbeitnehmervertreter im Verwaltungsrat deutlich mehr Kompetenzen als ihre Pendants im Aufsichtsrat. Im dualistischen System wird die strategische Entscheidung des Vorstands bzw. der Geschäftsführung durch den Aufsichtsrat zwar überwacht, aber keine eigene unternehmerische Entscheidung getroffen.[302] Gerade hierin liegt jedoch die Problematik in Bezug auf die Unternehmensmitbestimmung. Die Arbeitnehmervertreter haben im monistischen Modell direkten Einfluss auf die Leitung und Geschäftsführung des Unternehmens.[303]

---

297 Vgl. zu den Rechten und Pflichten der beiden Organe in Kapitel 2 B. I. 2.), 3.).

298 Im Folgenden wird der Terminus ‚Verwaltungsrat' für das Vertretungsorgan im monistischen Modell benutzt.

299 Vgl. zu den unterschiedlichen Modellen beispielsweise *Ulmer* in: Baums/ders., Unternehmensmitbestimmung in EU-Mitgliedstaaten, S. 159 ff.

300 Eine Übersicht findet sich bei *Grundmann*, Europäisches Gesellschaftsrecht, Rn. 376 ff.; *Ulmer* in: Baums/ders., Unternehmensmitbestimmung in EU-Mitgliedstaaten, S. 161 f.

301 *Merkt*, ZGR 2003, S. 650 ff.; *Krüger Andersen* in: Baums/Ulmer, Unternehmensmitbestimmung in EU-Mitgliedstaaten, S. 11 (12). Vgl. zur Unterscheidung ausführlich *Davis*, ZGR 2001, S. 268 ff.

302 *Teichmann*, Binnenmarktkonformes Gesellschaftsrecht, S. 572 ff. Vgl. zu den Kompetenzen auch in Kapitel 2 B.

303 Zu den daraus resultierenden Problemen *Zimmer* in: GS Heinze, S. 1123 (1130).

Tabelle 1: Mitbestimmung in den verschiedenen Organverfassungen der EU-Mitgliedstaaten[304]

	Keine Unternehmensmitbestimmung	**Unternehmensmitbestimmung**
Monistisches Modell	Belgien, Griechenland, Irland, Malta, Rumänien, Spanien, Vereinigtes Königreich, Zypern (8)	Dänemark,[305] Finnland,[306] Luxemburg, Schweden (4)
Wahlmöglichkeit	Bulgarien, Frankreich,[307] Italien, Litauen, Portugal (5)	Slowenien, Kroatien (2)
Dualistisches Modell	Estland, Lettland, Polen, Tschechien (4)	Deutschland, Niederlande, Österreich, Slowakei, Ungarn (5)

Diese stark vereinfachte Tabelle zeigt, wie unterschiedlich die Ausgangssituation der nationalen Rechtsformen in den Mitgliedstaaten ist. In jeglicher Konstellation, ob im monistischen Modell, im dualistischen Modell oder bei Wahlmöglichkeiten, gibt es mitbestimmte und mitbestimmungsfreie Unternehmen. Insoweit zeigt diese Darstellung insbesondere die Pluralität in der Europäischen Union auf. So haben zum Beispiel die Kapitalgesellschaften in Deutschland, Österreich und einigen osteuropäische Mitgliedstaaten[308] ein dualistisches Modell. Andererseits sind beispiels-

304 Die Tabelle ist vereinfacht dargestellt, da Besonderheiten, wie beispielsweise eine freiwillige Mitbestimmung oder Mitbestimmung bei staatlichen Unternehmen, nicht berücksichtigt wurden. Die Daten basieren auf einer Zusammenstellung der *Hans-Böckler-Stiftung* www.boeckler.de/75.htm (16.02.2012; 31.12.2017) und wurden aufgrund der Gesetzänderung in der Tschechischen Republik und dem Beitritt von Kroatien zur EU aktualisiert, vgl. FD-ArbR 2016, 375388. In dieser Darstellung werden sämtliche skandinavischen Staaten zu den monistischen Modellen gezählt. Vgl. dazu kritisch *Teichmann*, Binnenmarktkonformes Gesellschaftsrecht, S. 582. Zur der hier nicht behandelten Rechtslage in Norwegen siehe *Mörsdorf*, RIW 2012, S. 211 (222 f.).

305 Hier müssen sich die Arbeitnehmer mehrheitlich für eine Einführung aussprechen. Vgl. *Kisker*, Unternehmensmitbestimmung in Auslandsgesellschaften, Fn. 345; *Junker* in: Bitburger Gespräche I/2006, S. 71 (76).

306 Auch hier muss die Belegschaft die Unternehmensmitbestimmung einfordern vgl. *Junker* in: Bitburger Gespräche I/2006, S. 71 (75).

307 In Frankreich gibt es gesetzlich verpflichtend beratende Arbeitnehmervertreter in den Organen. Vgl. *Grundmann*, Europäisches Gesellschaftsrecht, Rn. 385; ausführlich zu den weiteren Organmitbestimmungsmöglichkeiten vgl. *Junker* in: Bitburger Gespräche I/2006, S. 71 (72 ff.); *Heuschmid*, Mitentscheidung durch Arbeitnehmer, S. 145 ff.; *Weidmann*, MitbestG mit Auslandsbezug, S. 76 f.

308 Vgl. *Kalss*, ZGR 2000, S. 819 (844 ff.).

weise die britischen, skandinavischen[309] und spanischen Kapitalgesellschaften nach dem monistischen Modell aufgebaut.[310] In Frankreich,[311] Italien und Portugal gibt es eine Wahlmöglichkeit zwischen beiden Modellen. Allerdings ist ein Trend zur Mitbestimmung beim dualistischen Modell und zur Mitbestimmungsfreiheit bei monistischen Modellen erkennbar. Dieser wird zudem durch die Tatsache verstärkt, dass das skandinavische Modell nicht rein monistisch aufgebaut ist, sondern Züge des dualistischen Modells zeigt.[312]

Zudem muss beachtet werden, dass die Qualität der Mitbestimmung nicht nur vom jeweiligen Organ abhängt, sondern auch von der Rechtsstellung der Arbeitnehmervertreter als vollwertige Mitglieder oder lediglich als beratende Mitglieder des jeweiligen Organs. In der obigen Tabelle kann davon ausgegangen werden, dass bei den Staaten, die in der Spalte ‚Unternehmensmitbestimmung' geführt werden, die Arbeitnehmervertreter auch vollwertige Mitglieder des jeweiligen Gremiums sind. Ausnahmen, wie Entscheidungen über Tarifverhandlungen oder Arbeitskämpfe, sind jedoch nicht berücksichtigt worden.[313]

II. Mitbestimmungsintensität

Es muss jedoch nicht nur die Qualität der Mitbestimmung in den jeweiligen Organen beachtete werden, sondern auch die jeweilige Quantität. Es kann innerhalb der mitbestimmten Unternehmen nochmals nach der Anzahl an Arbeitnehmervertretern im jeweiligen Gremium differenziert werden. Diese quantitative Betrachtung ist für den Einfluss der Arbeitnehmer ebenfalls von erheblicher Bedeutung.

---

309 Die skandinavischen Modelle werden auch als Mischform bezeichnet, wobei das Grundmodell monistisch ist. Vgl. *Teichmann* in: Lutter/Hommelhoff/ders., SE Kommentar, Art. 38 SE-VO Rn. 22, 31 f.; *Weidmann*, MitbestG mit Auslandsbezug, S. 78; *Krüger Andersen* in: Baums/Ulmer, Unternehmensmitbestimmung in EU-Mitgliedstaaten, S. 11 (12).

310 Auch die Schweiz hat ein monistisches Leitungsmodell vgl. *Forstmoser*, ZGR 2003, S. 688 (694 ff.).

311 Vgl. zur Frage, welches Modell die Unternehmen bevorzugen *Teichmann*, ZGR 2001, S. 645 (664 f.).

312 *Teichmann* in: Lutter/Hommelhoff/ders., SE Kommentar, Art. 38 SE-VO Rn. 22, 31 f.;

313 Vgl. unter www.boeckler.de/75.htm (16.02.2012; 31.12.2017). Vgl. zu Schweden *Heuschmid*, Mitentscheidung durch Arbeitnehmer, S. 167 f.

Tabelle 2: Mitbestimmungsintensitäten in den Organen[314]

Mitgliedstaat	Anteil
Deutschland	1/3 bzw. 1/2
Schweden	max. 49 %
Dänemark, Luxemburg, Niederlande, Österreich, Slowakei, Slowenien, Tschechien, Ungarn	1/3
Finnland	1/4 (Verhandlung)[315]
Kroatien	1 Vertreter der Arbeitnehmer[316]

Die Tabelle zeigt, dass die Drittelparität innerhalb der Gruppe von mitbestimmten Gesellschaften den Regelfall darstellt. Schweden und Finnland weichen davon zwar leicht ab, finden sich aber tendenziell auch in diesem Rahmen und auf jeden Fall zwischen 25 und 49 Prozent wieder. Hinsichtlich der Quantität der Mitbestimmung kann also festgehalten werden, dass die (quasi-)paritätische deutsche Unternehmensmitbestimmung ihresgleichen in der Union sucht.[317] Einzig in Slowenien war eine paritätische Mitbestimmung nach deutschem Vorbild geplant.[318] Nachdem der slowenische Verfassungsgerichtshof diese Regelung verworfen hat, gibt es in Slowenien eine gesetzlich geregelte Drittelparität, die jedoch in der Satzung bis zur Quasiparität, ähnlich dem deutschen Modell, aufgestockt werden kann.[319] Allerdings darf bei dieser Betrachtung der Stichentscheid nicht vergessen werden. Die quasiparitätische Besetzung ist der Kompromiss zwischen einer 49prozentigen und einer 50prozenigen Besetzung des Organs.[320]

314 Tabelle basiert auf den Daten von www.boeckler.de/75.htm (16.02.2012;31.12.2017), sowie *Kisker*, Unternehmensmitbestimmung in Auslandsgesellschaften, S. 137 und *Henssler*, DB Standpunkte, 2011, S. 71 (71). Die Tabelle ist vereinfacht, da Besonderheiten, wie beispielsweise eine freiwillige Mitbestimmung oder Mitbestimmung bei staatlichen Unternehmen, nicht berücksichtigt wurde. Vgl. auch *Höpner*, Mitbestimmung unter Beschuss, S. 40.

315 Es gilt der Vorrang der Verhandlung zwischen Arbeitnehmer und Arbeitgeber. Die gesetzliche Auffangregelung sieht 1/4 der Sitze im Verwaltungsrat vor. Vgl. *Junker* in: Bitburger Gespräche I/2006, S. 71 (75 ff.).

316 Vgl. http://de.worker-participation.eu/index.php/Nationale-Arbeitsbeziehungen/Laender/Kroatien (31.10.2017)

317 Vgl. zu den einzelnen Mitgliedstaaten zum Beispiel *Rebhahn*, NZA 2001, S. 763 (771); *Henssler*, DB Standpunkte 2011, S. 71 (71).

318 *Kalss*, ZGR 2000, S. 819 (848 f.).

319 *Rebhahn* in Rieble, Zukunft der Unternehmensmitbestimmung, S. 42 (46 f.).

320 Vgl. zum Stichentscheid ausführlich in Kapitel 2 C. I 2.) a.) bb.).

III. Geltungsbereiche

Bei der Bestimmung der unterschiedlichen Mitbestimmungsmodelle in den einzelnen Mitgliedstaaten ist neben der Qualität und der Quantität der Mitbestimmung auch der jeweilige Geltungsbereich der gesetzlichen Regelungen von Bedeutung. Es macht einen erheblichen Unterschied, ob fast alle Unternehmen eines Staats mitbestimmt sind oder nur ein kleiner, ausgewählter Kreis. Zumeist werden die Geltungsbereiche über Schwellenwerte – ähnlich dem deutschen Modell[321] – festgelegt.

Tabelle 3: Die Geltungsbereiche der Organmitbestimmung[322]

Mitgliedstaat	**Arbeitnehmerzahl**	**Weitere Voraussetzungen**
Schweden	> 25 bzw. > 1.000	Tarifvertrag
Dänemark	> 35	
Slowakei, Slowenien, Tschechien	> 50	
Niederlande	> 100	Aktienkapital von mind. 16 Mio. + Betriebsrat[323]
Finnland	> 150	
Ungarn	> 200	
Österreich	> 5 bzw. > 300	Betriebsrat
Kroatien	> 200 bzw. > 300	
Deutschland	> 500 bzw. > 2.000	
Luxemburg	> 1.000	

Hier kann festgestellt werden, dass sich sämtliche Mitbestimmungsgesetze an den Arbeitnehmerzahlen der Unternehmen orientieren. Nur selten gibt es noch zusätzliche Parameter, wie das Vorhandensein eines Tarifvertrags oder Betriebsrats bzw. ein bestimmtes Aktienkapital. Das Tarifvertragserfordernis in Schweden hängt damit zusammen, dass die Gewerkschaften auch die Arbeitnehmervertreter bestimmen

---

321 Vgl. dazu in Kapitel 2 C. I 1.) b.) aa.).

322 Tabelle basiert auf einer Zusammenstellung der Daten von der Hans-Böckler-Stiftung www.boeckler.de/75.htm (16.02.2012; 31.12.2017). Vgl. auch *Ulmer* in: Baums/ders., Unternehmensmitbestimmung in EU-Mitgliedstaaten, S. 165; Ključar, WiRO 2005, 359 (361).

323 Das Kapital wurde in den letzten Jahren von 13 auf 16 Mio. angepasst. Vgl. hierzu *Grundmann*, Europäisches Gesellschaftsrecht, Rn. 384.

dürfen.[324] Dasselbe gilt für das Betriebsratserfordernis in den Niederlanden und in Österreich. Das Aktienkapital hingegen ist ein neues, eigenes Differenzierungskriterium, welches mehr das Unternehmen als die Arbeitnehmer im Blick hat. Bei den Arbeitnehmerzahlen ist ersichtlich, dass diejenigen Mitgliedstaaten, welche hinsichtlich der Quantität, wie Deutschland, oder bezüglich der Qualität, wie Luxemburg, eine starke Beteiligung der Arbeitnehmer gewählt haben, relativ hohe Schwellenwerte entgegensetzen. Ansonsten sind die Zahlen sehr heterogen. Die Schwellenwerte bewegen sich zwischen 35 und 1.000 Arbeitnehmern.

IV. Zusammenfassung

Es kann festgehalten werden, dass aufgrund der verschiedenen Ausformungen bis hin zur völligen Ablehnung der Unternehmensmitbestimmung in den Mitgliedstaaten eine Vereinheitlichung auf europäischer Ebene wohl nur schwer zu erreichen ist.[325] Insbesondere der Erwägungsgrund 5 der SE-Richtlinie macht dies nochmals deutlich: „Angesichts der in den Mitgliedstaaten bestehenden Vielfalt an Regelungen und Gepflogenheiten für die Beteiligung der Arbeitnehmervertreter an der Beschlussfassung in Gesellschaften ist es nicht ratsam, ein auf die Societas Europaea anwendbares einheitliches europäisches Modell der Arbeitnehmerbeteiligung vorzusehen."

Dabei muss beachtet werden, dass die Mitbestimmung immer aus einem Zusammenspiel zwischen dem qualitativen und dem quantitativen Element bestimmt werden muss.[326] Eine Drittelbeteiligung im Verwaltungsrat kann an den Entscheidungen der Unternehmensleitung unter Umständen mehr bewirken als eine paritätische Mitbestimmung im Aufsichtsorgan. Hingegen kann eine Parität im Aufsichtsrat aufgrund der Personalkompetenz mittelbar erheblichen Einfluss auf die Entscheidungen im Vorstand haben. Zudem sollten die Auswirkungen der verschiedenen Geltungsbereiche der Unternehmensmitbestimmungsgesetze nicht unterschätzt werden.

Hinsichtlich der Quantität wird der deutschen Unternehmensmitbestimmung dabei zu Recht eine „singuläre Stellung"[327] zugewiesen. Zudem sind die Arbeitnehmervertreter vollwertige Mitglieder des Aufsichtsrats und können somit auch hinsichtlich der Stellung innerhalb des Organs auf Augenhöhe agieren. Andererseits ist die Qualität der Mitbestimmung durch eine Beschränkung auf den Aufsichtsrat nicht mit derjenigen im Verwaltungsrat und damit der Unternehmensleitung vergleichbar. Auch bezüglich des Geltungsbereichs sind die deutschen Gesetze auf Großunternehmen beschränkt, was sich im Vergleich zu anderen Mitgliedstaaten eher zurückhaltend darstellt. In anderen Mitgliedstaaten bewegen sich die Zahlen zumeist sogar deutlich unter dem Schwellenwert des Drittelbeteiligungsgesetzes.

---

324 *Foerster* in: Hohloch, EU-Handbuch Gesellschaftsrecht, Schweden Rn. 302.
325 Statt aller aktuell *Henssler*, DB Standpunkte 2011, S. 71 (71).
326 *Rebhahn* in: Rieble, Zukunft der Unternehmensmitbestimmung, S. 41 (67).
327 *Schwark*, AG 2004, S. 173 (174). Kritisch dazu *Seyboth/Thannisch*, AiB 2012, S. 25 (26.).

B. Sekundärrechtliche Regelungen der Union

Die unterschiedlichen Modelle in den Mitgliedstaaten der Union haben dazu geführt, dass sowohl Vereinheitlichungen im Bereich des Gesellschaftsrechts als auch die Einführung von supranationalen Gesellschaften in der Union immer wieder durch die Mitbestimmungsfrage verzögert wurden oder sogar völlig daran gescheitert sind. Nichtsdestoweniger sind mittlerweile einige sekundärrechtliche Regelungen verabschiedet und in Deutschland umgesetzt worden.

I. Supranationale Rechtsformen der Europäischen Union

Neben der Möglichkeit die nationale Unternehmensmitbestimmung zu vereinheitlichen, gab es in der Europäischen Union und ihren Vorgängergemeinschaften seit 1959 die Idee einer eigenen supranationalen Kapitalgesellschaft. Diese sollte gleichberechtigt neben den nationalen Gesellschaftsformen stehen. Bis diese Idee realisiert wurde, mussten jedoch noch über 40 Jahre mit kontroversen Verhandlungen verstreichen.[328] 2001 war es so weit – die Europäische Aktiengesellschaft (Societas Europaea, SE) wurde geboren.[329]

Probleme gab es jedoch bereits bei der Einführung sowohl der ersten supranationalen Rechtsform, der Europäischen Wirtschaftlichen Interessenvereinigung (EWIV),[330] als auch später bei der Europäischen Genossenschaft (Societas Cooperativa Europaea, SCE).[331] Dieselben Probleme werden nun aktuell auch bei der Einführung der Europäischen Privatgesellschaft (Societas Privata Europaea, SPE)[332]

---

328 Zur Geschichte vgl. u. a. *Kleinsorge* in: Nagel//ders., SE-Beteiligungsgesetz, Einf. Rn. 8 ff.; *Oechsler* in: MüKo AktG, Vor Art. 1 SE-VO Rn. 1 ff.; *Braun*, Sicherung der Unternehmensmitbestimmung, S. 65 ff.; *Teichmann*, Binnenmarktkonformes Gesellschaftsrecht, S. 234 ff.; *Blanquet*, ZGR 2002, S. 20 (21 ff.); *Heinze*, ZGR 2002, S. 66 ff.; *Lutter*, BB 2002, S. 1 ff. Einer der ersten, die eine solche Gesellschaftsform forderten, war *Sanders*, RIW (AWD) 1960, S. 1 ff.

329 *Kleinsorge* in: Nagel/Freis/ders., SE-Beteiligungsgesetz, Einf. Rn. 3 f. Eine Übersicht zum zahlreich erschienenen Schrifttum der SE in den letzten Jahren siehe bei *Teichmann*, GPR 2010, S. 85 ff.

330 Allerdings muss beachtet werden, dass die EWIV eine Personengesellschaft ist. Vgl. *Salger*, MüHdB GesellR, § 94 Rn. 21 ff. Zur Entstehungsgeschichte allgemein *Abmeier*, NJW 1986, S. 2987 ff.; zur Mitbestimmungsfrage siehe *Gleichmann*, ZHR 1985, S. 633 (637); kritisch *Kittner*, ZGR 1975, S. 48 (63).

331 Allgemein *Schulze*, NZG 2004, S. 792 ff. Zu den Mitbestimmungsregeln *Braun*, Sicherung der Unternehmensmitbestimmung, S. 118 ff.; *Oetker* in: Lutter/Hommelhoff/Teichmann, SE-Kommentar, Vor § 1 SEBG Rn. 33 ff. Zur Frage, ob die Societas Cooperativa Europaea eine Existenzberechtigung hat, positiv *Heilmeier*, EuZW 2010, S. 887 ff.; kritisch dagegen *Krimphove*, EuZW 2010, S. 892 ff.; *Bayer/Schmidt*, BB 2010, S. 387 (388).

332 Zu diesen Rechtsformen vgl. *Teichmann*, Binnenmarktkonformes Gesellschaftsrecht, S. 258 ff.

diskutiert.[333] Im Folgenden werden wiederum nur die der Aktiengesellschaft und der GmbH ähnelnden Unionsrechtsformen besprochen.

1.) Societas Europaea

Ein Grund für die langen und zähen Verhandlungen auf europäischer Ebene war neben anderen Faktoren vor allem auch die Frage der Unternehmensmitbestimmung.[334] Die aufgezeigten Unterschiede in der quantitativen und der qualitativen Ausgestaltung der nationalen Mitbestimmungsformen[335] machten es fast unmöglich, sich auf ein gemeinsames Niveau zu einigen. Vor allem darf dabei nicht vergessen werden, dass viele Mitgliedstaaten überhaupt keine Mitbestimmung in den Gesellschaftsorganen kennen. Eine supranationale Gesellschaftsform ohne Unternehmensmitbestimmung konnte jedoch für die mitbestimmungsfreundlichen Mitgliedstaaten nicht in Frage kommen, weil ansonsten deren nationale Gesellschaftsformen unattraktiv geworden wären. Im Gesetzgebungsprozess der Societas Europaea verständigten sich die Mitgliedstaaten aufgrund dieser unüberwindbaren Differenzen bei der strittige Fragen der Unternehmensverfassung auf ein Alternativangebot und bei der Unternehmensmitbestimmung schlussendlich auf eine Verhandlungslösung sowie Sicherung der erworbenen Arbeitnehmerrechte.[336]

Die SE-Verordnung und die SE-Richtlinie sind hierbei die maßgeblichen Rechtsakte zur Ausgestaltung der Societas Europaea auf Unionsebene. Die SE-Verordnung enthält einige Regelungsaufträge an den nationalen Gesetzgeber, denen in Deutschland durch das SE-Ausführungsgesetz[337] nachgekommen wurde.[338] Die SE-Richtlinie wurde wiederum durch das SE-Beteiligungsgesetz[339] umgesetzt.[340] Die Aufteilung in Verordnung und Richtlinie ist dabei weniger aus rechtlichen,[341] sondern vielmehr aufgrund taktischer Gründe entstanden, weshalb sich die gesellschaftsrechtlichen Regelungen in der Verordnung und die arbeitsrechtlichen Regelungen in der Richtlinie wiederfinden.[342]

---

333 Vgl. dazu in diesem Kapitel unter B. I. 2.).

334 *Kolvenbach*, NZA 1998, S. 1323 ff.; *Schwarz*, ZIP 2001, S. 1847 (1847 f.); *Reichert/Brandes*, ZGR 2003, S. 767 (769 ff.).

335 Vgl. dazu in diesem Kapitel unter A.

336 *Reichert/Brandes*, ZGR 2003, S. 767 (772 ff.).

337 Gesetz zur Ausführung des Verordnung (EG) Nr. 2157/2001 des Rates vom 8. Oktober 2001 über das Statut der Europäischen Gesellschaft (SE) (SEAG) vom 22. Dezember 2004, BGBl. I S. 3675, das zuletzt durch Artikel 6 des Gesetzes vom 30. Juli 2009, BGBl. I S. 2479, geändert worden ist.

338 Zur Umsetzung der Regelungsaufträge in den Mitgliedstaaten vgl. *Lutter* in: ders./Hommelhoff, Einl. SE-VO Rn. 20 ff.

339 Gesetz zur Beteiligung der Arbeitnehmer in der Europäischen Gesellschaft (SEBG) vom 22. Dezember 2004, BGBl. I S. 3675 (3686).

340 Zur Umsetzung der Richtlinie in den Mitgliedstaaten vgl. *Oetker* in: Lutter/Hommelhoff/Teichmann, SE-Kommentar, Vor § 1 SEBG Rn. 16 ff.

341 So aber *Kübler* in: FS Raiser, S. 247 (248 f.).

342 *Kleinsorge*, RdA 2002, S. 343 (346).

Im Folgenden sind somit hinsichtlich der Organfragen die SE-Verordnung mit Ausführungsgesetz und hinsichtlich der Mitbestimmungsfragen in diesen Organen die SE-Richtlinie und deren Umsetzungsgesetz von Bedeutung.[343] Es wird in diesem Zusammenhang auch davon gesprochen, dass die SE-Verordnung Gestaltungsmöglichkeiten eröffnet und diese durch die SE-Richtlinie wieder eingeschränkt werden.[344] Dabei muss beachtet werden, dass sowohl die Unionsrechtsakte als auch die nationalen Rechtsakte zahlreiche Verweisungen auf nationales Gesellschafts- und Mitbestimmungsrecht enthalten.[345] Dies kommt durch die Ausklammerung von Streitfragen zustande, weshalb bei diesem Gesetzesgebilde auch von einem „Torso"[346] gesprochen wird.

a.) Organverfassung

Bezüglich der Organverfassung wurde durch die Wahlrechte in der SE-Verordnung ein Kompromiss zwischen den Mitgliedstaaten gefunden und so den Unternehmen eine weitgehende Gestaltungsmöglichkeit eröffnet.[347] Die Leitungsstruktur der Societas Europaea kann gem. Art. 38 SE-Verordnung sowohl dualistisch als auch monistisch ausgestaltet werden. Hinsichtlich des dualistischen Modells kann weitgehend auf die obigen Ausführungen zur Aktiengesellschaft verwiesen werden, da die Grundsätze in der SE-Verordnung gem. Art. 39 ff. ähnlich ausgestaltet sind.[348] Das monistische Modell wird in seinen Grundsätzen in Art. 43 SE-VO festgelegt und in Deutschland zudem in den §§ 20 ff. SE-Ausführungsgesetz völlig neu geregelt, da in Deutschland bis dahin kein monistisches System vorgesehen war.[349] Die genaue Ausgestaltung ist im weiteren Verlauf zur Frage der Unionskonformität der deutschen Unternehmensmitbestimmung jedoch nicht von Bedeutung.[350]

---

343 Vgl. zum System der europäischen und deutschen Rechtsgrundlagen *Neye/Teichmann*, AG 2003, S. 169 (169 f.).

344 *Kübler* in: FS Raiser, S. 247 (249).

345 Vgl. beispielsweise zur ‚spanischen' SE *Löber/Lozano/Steinmetz/Garcia Alcázar/Gahle*, RIW 2012, S. 146 (147 ff.).

346 *Teichmann*, Binnenmarktkonformes Gesellschaftsrecht, S. 287 ff.; *Teichmann*, ZGR 2002, S. 383 (390 ff.).

347 *Grundmann*, Europäisches Gesellschaftsrecht, Rn. 1068; *Kübler* in: FS Raiser, S. 247 (249 ff.).

348 *Teichmann* in: Lutter/Hommelhoff/ders., SE-Kommentar, Art. 38 SE-VO Rn. 2, 37 f. Vgl. zu den wenigen Abweichungen *Reichert/Brandes* in: MüKo AktG, Art. 38 SE-VO Rn. 11 f.

349 *Grundmann*, Europäisches Gesellschaftsrecht, Rn. 1071 ff.; *Teichmann*, in: Lutter/Hommelhoff/ders., SE-Kommentar, Art. 43 SE-VO Rn. 58 ff.; insbesondere zum Verwaltungsrat und den geschäftsführenden Direktoren *Rockstroh*, BB 2012, S. 1620 ff.; zur Ausgestaltung im französischen Recht vgl. *Menjucq*, ZGR 2003, S. 679 ff.

350 Weiterführend hierzu *Teichmann*, in: Lutter/Hommelhoff/ders., SE-Kommentar, Art. 43 SE-VO Rn. 59 ff.; *Bachmann*, ZGR 2008, S. 779 ff.; *Ihrig*, ZGR 2008, S. 809 ff.

Die Unternehmensmitbestimmung findet beim dualistischen System im Aufsichtsrat und beim monistischen System im Verwaltungsrat statt.[351] Die Arbeitnehmervertreter sind nach dem Gleichberechtigungsgebot gem. § 38 Abs. 1 SEBG in den jeweiligen Organen vollwertige Mitglieder.[352] Dieselbe Forderung ist auch im 3. Teil des Anhanges zur SE-Richtlinie zu finden. Ob jedoch überhaupt eine Mitbestimmung in den Organen stattfindet, ist nicht Teil der SE-Richtlinie.

b.) Mitbestimmungsintensität

Hinsichtlich der Unternehmensmitbestimmung verzichtet die SE-Richtlinie auf ein einheitliches Unternehmensmitbestimmungssystem und setzt stattdessen auf eine Verhandlungslösung zwischen den Arbeitnehmern und dem Arbeitgeber. Aufgrund der unterschiedlichen Ausgestaltung der Verhandlungen bei den verschiedenen Gründungsvarianten wird hier die Verhandlungslösung mit Auffangregelung nur in ihren Grundzügen dargestellt.[353]

aa.) Verhandlungslösung

Der Vorrang der Verhandlungslösung vor einem gesetzlichen Modell ist gem. Art. 1 Abs. 2 ein wichtiges Grundprinzip der SE-Richtlinie.[354] Während der Gründung einer Societas Europaea verhandelt der Arbeitgeber mit seinen Arbeitnehmern über den Grad der Mitbestimmung in den jeweiligen Organen. Anders als bei den nationalen Gesellschaften gibt es keine Einschränkungen hinsichtlich des Geltungsbereichs, sodass die Verhandlungen immer und nicht erst ab einer bestimmten Arbeitnehmerzahl geführt werden.[355] Dabei geht es nicht nur um die Intensität, sondern auch um das Mitbestimmungssystem an sich. Es können neue Möglichkeiten der Partizipation, ein bestehendes Modell oder auch ein völliger Verzicht beschlossen werden.[356] Die SE-Richtlinie bzw. das SE-Beteiligungsgesetz geben dabei lediglich das Verfahren für die Verhandlungen vor.[357]

---

351 *Teichmann*, in: Lutter/Hommelhoff/ders., SE-Kommentar, Art. 43 SE-VO Rn. 67 f.

352 *Oetker* in: Lutter/Hommelhoff/Teichmann, SE-Kommentar, § 38 SEBG Rn. 5 ff.

353 Vgl. deshalb zum ganzen *Habersack/Verse*, Europäisches Gesellschaftsrecht, § 13 Rn. 36 ff.; *Grundmann*, Europäisches Gesellschaftsrecht, Rn. 1084 ff.

354 *Oetker* in Lutter/Hommelhoff/Teichmann, SE Kommentar, § 1 SEBG Rn. 26 ff.; *Jacobs* in: MüKo AktG, § 1 SEBG Rn. 4.

355 *Henssler* in: Ulmer/Habersack/ders., Mitbestimmungsrecht, Einl. SEBG Rn. 165.

356 *Grundmann*, Europäisches Gesellschaftsrecht, Rn. 1084 ff.; *Henssler* in: Ulmer/Habersack/ders., Mitbestimmungsrecht, Einl. SEBG Rn. 152; vgl. insbesondere zur monistischen SE *Bachmann*, ZGR 2008, S. 779 (797 ff.); aufgrund des ‚Vorher-Nachher-Prinzips' ist eine Verschlechterung bei einem Formwechsel gem. § 15 Abs. 3 SEGB nur durch einen qualifizierten Beschluss der Arbeitnehmerseite möglich: *Henssler* in: Ulmer/Habersack/ders., Mitbestimmungsrecht, § 15 SEBG Rn. 6 ff.

357 *Kleinsorge* in: Wlotze/Wißmann/Koberski/ders., Mitbestimmungsrecht, EU-Recht Rn. 14, 29 ff.

Die Leitungsorgane der an der Gründung beteiligten Gesellschaften leiten die nötigen Schritte für Verhandlungen über die Mitbestimmung ein. Hierzu gehört auf Seiten der Arbeitnehmer ein besonderes Verhandlungsgremium gem. § 4 Abs. 1 SEBG. In diesem Gremium werden Arbeitnehmer aus sämtlichen Mitgliedstaaten repräsentiert, in welchen sich Tochtergesellschaften oder Niederlassungen der späteren Societas Europaea befinden.[358] Die Zusammensetzung ergibt sich aus § 5 SEBG und versucht einen gerechten Ausgleich zwischen beteiligten Mitgliedstaaten, Gründungsgesellschaften und Arbeitnehmerzahlen nach dem Grundsatz der Repräsentation herzustellen.[359] Das Gremium kann dabei jeweils nach der Anzahl der beteiligten Gesellschaften und der beteiligten Arbeitnehmern zwischen 10 und 39 Sitze enthalten.[360] Am Ende der Verhandlungen steht eine Vereinbarung gem. § 21 SEBG zwischen dem besonderen Verhandlungsgremium und dem Leitungsorgan der Gesellschaft. Diese Vereinbarung umfasst sämtliche Beteiligungsmöglichkeiten der Arbeitnehmer im Unternehmen und somit auch die Unternehmensmitbestimmung.[361]

bb.) Auffangregelung

Sollte keine Vereinbarung zustande kommen, gilt gem. Art. 7 SE-Richtlinie: das Vorher-Nachher-Prinzip'.[362] Dieses zweite Prinzip ergänzt das soeben dargelegte Modell der Verhandlungslösung dahingehend, dass bei Scheitern der Verhandlungen kein Arbeitnehmer schlechter stehen soll als in der früheren Gesellschaft.[363] Ausfluss dieses Prinzips ist die Auffangregelung gem. § 34 SEBG. Diese kommt zur Anwendung, wenn die Verhandlungen zwischen dem Vorstand und dem besonderen Verhandlungsgremium scheitern.

Das besondere Verhandlungsgremium kann dann wählen, welches der in den bisherigen Gesellschaften jeweils vorhandene Mitbestimmungsmodell angewandt werden soll.[364] Entscheidet dieses Gremium nicht, gilt gem. § 34 Abs. 2 S. 2 SEBG bei Beteiligung von deutschen, mitbestimmten Gesellschaften das einschlägige deutsche Modell. Ist keine deutsche, mitbestimmte Gesellschaft beteiligt, gilt das

---

358 *Henssler* in: Ulmer/Habersack/ders., Mitbestimmungsrecht, § 5 SEBG Rn. 2 ff.

359 *Oechsler* in: MüKo AktG, § 5 SEBG Rn. 2.

360 Vgl. mit Beispielen *Henssler* in: Ulmer/Habersack/ders., Mitbestimmungsrecht, § 5 SEBG Rn. 4.; Ziegler/*Gey*, BB 2009, S. 1750 (1752 ff.).

361 Zum Inhalt einer solchen Vereinbarung vgl. *Jacobs* in: MüKo AktG, § 21 SEBG Rn. 18 ff. Zur Rechtsnatur vgl. *Kraushaar*, BB 2003, S. 1614 (1619).

362 *Kleinsorge* in: Wißmann/ders./Schubert , Mitbestimmungsrecht, EU-Recht Rn. 26; *Henssler* in: Ulmer/Habersack/ders., Mitbestimmungsrecht, Einl. SEBG Rn. 152. Vgl. auch Teil 3 des Anhangs zur SE-Richtlinie.

363 *Kleinsorge* in: Wißmann/ders./Schubert, Mitbestimmungsrecht, EU-Recht Rn. 32; *Kübler* in: FS Raiser, S. 247 (251 ff.).

364 Zu den verschiedenen Gründungen einer Societas Europaea *vgl. Habersack/Verse*, Europäisches Gesellschaftsrecht, § 13 Rn. 41 ff; *Reichert/Brandes*, ZGR 2003, S. 767 (775 ff.).

Mitbestimmungsrecht mit der höchsten Arbeitnehmervertreterzahl.[365] Die konkrete Anzahl der Arbeitnehmervertreter der jeweiligen Mitgliedstaaten orientiert sich gem. § 36 Abs. 1 SEGB an den Anteilen der Arbeitnehmerzahlen in den einzelnen Mitgliedstaaten.[366] Sie liegt also für die Quasiparität bei 2.000 Arbeitnehmern. Dabei werden nach § 36 Abs. 1 S. 2 SEBG nicht nur die Arbeitnehmer der Societas Europaea, sondern auch die Arbeitnehmer ihrer Tochtergesellschaften und angehöriger Betriebe miteinbezogen. Ob diese Einbeziehung noch von der SE-Richtlinie gedeckt ist, ist umstritten.[367]

cc.) Verhandlungen auf Augenhöhe

Die strukturell bedingte Unterlegenheit der Arbeitnehmerseite in den Verhandlungen wird durch verschiedene zusätzliche Rechte ausgeglichen. Wichtigstes Instrument ist dabei die gerade beschriebene Auffanglösung.[368] Scheitern die Verhandlungen gilt im Prinzip die höchste Mitbestimmung, die in einer der bisherigen Gesellschaften galt.[369] Dabei ist jedoch nur das relative Verhältnis von Arbeitnehmervertretern im Mitbestimmungsgremium und nicht die absolute Anzahl von Vertretern gemeint.[370] Dieses Vorher-Nachher-Prinzip führt gem. Erwägungsgrund 3 der SE-Richtlinie dazu, dass die bestehenden Beteiligungsrechte der bisherigen Gesellschaften grundsätzlich auch in der Societas Europaea weiter gelten. Dies sichert insbesondere auch die deutsche Unternehmensmitbestimmung.

Des Weiteren gibt es umfassende Informationspflichten des Vorstands gegenüber den Arbeitnehmern während der SE-Gründung. Von besonderer Bedeutung ist auch Art. 12 Abs. 2–4 SE-VO. Hiernach müssen die Verhandlungen abgeschlossen sein, bevor die Societas Europaea wirksam gegründet werden kann. Somit wird auf die Verhandelnden, insbesondere auf das Leitungsorgan der verhandelnden Gesellschaften, ein erheblicher Druck ausgeübt, weil aus Unternehmenssicht eine solche Umwandlung oder Verschmelzung nicht unnötig in die Länge gezogen werden sollte.[371] Diese Instrumentarien führen dazu, dass sich die beiden Parteien in den Mitbestimmungsverhandlungen tatsächlich auf Augenhöhe begegnen.

---

365 *Oetker* in: Lutter/Hommelhoff/Teichmann, SE Kommentar, § 34 SEBG Rn. 29.

366 Zum ganzen ausführlich *Oetker* in: Lutter/Hommelhoff/Teichmann, SE-Kommentar, § 36 SEBG Rn. 5 ff.

367 Dafür *Nagel* in: ders./Freis/Kleinsorge, Arbeitnehmerbeteiligung auf Grundlage europäischen Rechts, § 36 SEBG Rn. 3; dagegen *Oetker* in: Lutter/Hommelhoff/Teichmann, SE-Kommentar, § 36 SEBG Rn. 5; zweifelnd *Krause*, BB 2005, S. 1221 (1227).

368 *Ziegler/Gey*, BB 2009, S. 1750 (1755).

369 Dieses Modell war zuvor nur im finnischen Recht bekannt, vgl. *Rebhahn*, NZA 2001, S. 763 (771). Kritisch dazu *Henssler* in: Ulmer/Habersack/ders., Mitbestimmungsrecht, Einl. SEBG Rn. 171.

370 *Teichmann*, BB 2004, S. 53 (56).

371 Kritisch deshalb *Casper* in: Spindler/Stilz, AktG, Art. 12 SE-VO Rn. 6.

c.) Segen und Fluch zugleich

Der Mitbestimmungskompromiss in der Societas Europaea muss aus zwei Gesichtspunkten als Meilenstein angesehen werden. Zum einen war es nach jahrzehntelangem Ringen die erste Kodifikation der Unternehmensmitbestimmung auf Unionsebene. Zum anderen wurden die Mitgliedstaaten durch die SE-Verordnung dazu gezwungen, unabhängig ihrer nationalen Gepflogenheiten, sowohl das monistische als auch das dualistische Modell anzubieten.[372] Insofern erhielten damit beide Modelle Einzug in die nationalen Rechtsordnungen. Zudem mussten sich die nationalen Gesetzgeber darüber Gedanken machen, wie ihre Unternehmensmitbestimmung im jeweiligen anderen Leitungsmodell funktioniert. Zu Recht wird die Societas Europaea deshalb als „Flaggschiff des europäischen Gesellschaftsrechts“[373] bezeichnet.[374]

Die Societas Europaea bietet den Unternehmen in Deutschland jedoch auch Möglichkeiten die deutsche Mitbestimmung auszuschließen bzw. einzuschränken. So können sich zum Beispiel mittelständische Unternehmen, die bisher keiner Unternehmensmitbestimmung unterfallen, in eine Societas Europaea umwandeln.[375] Die bei der Umwandlung gefundene Verhandlungslösung gilt auch dann fort, wenn die Gesellschaft weiter wächst und die Schwelle von 500 bzw. 2.000 Arbeitnehmern überschritten wird. Das Mitbestimmungsgesetz kann so zulässigerweise ‚umgangen‘ werden.[376] Damit kann es in Zukunft trotz gesetzlich festgelegter paritätischer Mitbestimmung Großunternehmen mit Sitz in Deutschland geben, die nur eine Drittelbeteiligung oder sogar überhaupt keine Mitbestimmung im Aufsichtsrat haben.[377]

Es eröffnen sich aber dadurch, dass Unternehmen nun zwischen der Societas Europaea und der jeweiligen nationalen Rechtsform wählen können, auch zahlreiche Chancen fernab der Mitbestimmungssicherung bzw. -umgehung. Als Beispiel hierfür können sowohl die erleichterte Fusion zweier Unternehmen aus unterschiedlichen Mitgliedstaaten auf Augenhöhe[378] als auch das neue Label des ‚Europäischen‘ genannt werden.[379] Daneben sind es natürlich die Gestaltungsmöglichkeiten innerhalb

---

372 Ähnlich schon *Kisker*, Unternehmensmitbestimmung bei Auslandsgesellschaften, S. 143 f.

373 *Hopt*, ZIP 1998, S. 96 (99).

374 Vgl. dazu auch *Kommission*, Bericht der Kommission an das Europäische Parlament und den Rat über die Anwendung der Verordnung (EG) Nr. 2156/2001 des Rates vom 8. Oktober 2001 über das Statut der Europäischen Gesellschaft (SE), KOM(2010) 676 endg.

375 *Rieble*, BB 2014, S. 2997 f. Insbesondere zur SE & Co. KG *Sigle* in: FS Hommelhoff, S. 1123 ff.

376 *Teichmann*, AG 2008, S. 797 ff.

377 Zu weiteren Möglichkeiten vgl. *Götze/Winzer/Arnold*, ZIP 2009, S. 245 (251 f.).

378 *Oechsler* in: MüKo AktG, Einl. SE-VO Rn. 7 f.; Vgl. zur Rechtslage vor Einführung der SE *Hoffmann*, NZG 1999, S. 1077 ff.

379 *Eidenmüller/Lasák* in: FS Hommelhoff, S. 187 (189); *von Rosen* in: FS Hopt, S. 1245 (1249 f.); *Krause* in: Müller-Graff/Teichmann, Europäisches Gesellschaftsrecht, S. 103 (126 f.).

der Societas Europaea, die für eine positive Entscheidung ausschlaggebend sind.[380] So kann im dualistischen Modell der Aufsichtsrat verkleinert[381] oder das monistische Modell gewählt werden,[382] welches eine Alleingeschäftsführung des in einer Person vereinigten Verwaltungsratsvorsitzenden und Vorsitzenden der geschäftsführenden Direktoren ermöglicht.[383] Gerade aus diesem Grund ist die Societas Europaea auch für Familienunternehmen interessant, da die geschäftsführenden Direktoren nicht so unabhängig agieren können wie der Vorstand einer Aktiengesellschaft.[384] Darüber hinaus ist auch die Internationalisierung der Arbeitnehmervertreter ein wichtiger Faktor,[385] da eine Einbeziehung im Ausland arbeitender Arbeitnehmer dem deutschen Recht bisher fremd war.[386] Insgesamt wird aufgrund dieses Bündels von Vorteilen die Societas Europaea nach anfänglicher Zurückhaltung mittlerweile verstärkt nachgefragt.[387]

Es darf jedoch nicht vernachlässigt werden, dass neben diesen zahlreichen Gründen für die Entscheidung zur Rechtsform der Societas Europaea auch die Unternehmensmitbestimmung vor allem aufgrund ihrer Flexibilisierungsmöglichkeiten eine bedeutende Rolle spielt.[388]

---

380 *Krause* in: Müller-Graff/Teichmann, Europäisches Gesellschaftsrecht, S. 103 (127 ff.).

381 *Henssler/Sittard*, KSzW 2011, S. 359 ff.

382 In Deutschland werden ca. zur Hälfte die monistische Leitungsstruktur gewählt: *Bayer/Hoffmann/Schmidt*, AG Report 2009, R480 (R482). Insgesamt geht der Trend zur monistischen Societas Europaea vgl. *Eidenmüller/Engert/Hornuf*, AG 2008, S. 721 (728).

383 *Oechsler* in: MüKo AktG, Einl. SE-VO Rn. 9; *Habersack/Verse*, Europäisches Gesellschaftsrecht, § 13 Rn. 5.

384 *Reichert*, ZIP 2014, S. 1957 ff.; *Haider-Giangreco/Polte*, BB 2014, S. 2947 (2947 f.). Siehe auch http://www.handelsblatt.com/unternehmen/mittelstand/societas-europaea-familienfirmen-setzen-auf-neue-rechtsform-seite-2/3363066–2.html (27.02.2013). Zum CEO-Modell ausführlich *Eder*, NZG 2004 S. 544 (545 ff.) sowie kritisch *Teichmann*, BB 2004, S. 53 (55).

385 *Habersack/Verse*, Europäisches Gesellschaftsrecht, § 13 Rn. 8.

386 Vgl. dazu in diesem Kapitel unter C. II.

387 *Eidenmüller/Engert/Hornuf*, AG 2008, S. 721 (729); *Habersack/Verse*, Europäisches Gesellschaftsrecht, § 13 Rn. 6. Vgl. zum Ganzen auch *Kommission*, Bericht der Kommission an das Europäische Parlament und den Rat
über die Anwendung der Verordnung (EG) Nr. 2157/2001 des Rates vom 8. Oktober 2001 über das Statut der Europäischen Gesellschaft (SE), KOM(2010) 676 endg.

388 *Eidenmüller/Lasák* in: FS Hommelhoff, S. 187 (189); *von Rosen* in: FS Hopt, S. 1245 (1249 ff.); *Ziegler/Gey*, BB 2009, S. 1750 (1750); *Eidenmüller/Engert/Hornuf*, AG 2008, S. 721 (728).; *Fleischer*, AcP 2004, S. 502 (521 f.). Zur Flexibilisierung in Bezug auf die Mitbestimmung vgl. *Teichmann*, ZIP 2014, S. 1049 ff. Eine Bestandsaufnahme der unterschiedlichen Ausgestaltungen bei den bisher gegründeten deutschen Societas Europaea findet sich bei *Schuberth/von der Höh*, AG 2014, S. 439 ff.

2.) Potentielle Gesellschaftsformen

Die positiven Möglichkeiten der Societas Europaea werden jedoch aufgrund der Satzungsstrenge gem. Art. 9 Abs. 1 lit. b) SE-VO und einem Mindestkapital von 120.000 Euro gem. Art. 4 Abs. 2 SE-VO von kleineren Unternehmen kaum genutzt.[389] Deshalb soll die Societas Europaea eine ‚kleine Schwester' bekommen: die Societas Privata Europaea.[390] Bei der Societas Privata Europaea handelt es sich um eine börsenferne Kapitalgesellschaft mit einem geschlossenen Gesellschafterkreis.[391] Vor allem der exportorientierte deutsche Mittelstand fordert eine solche Gesellschaftsform,[392] um damit die Kosten für die Gründung ausländischer Tochterunternehmen zu senken.[393] Allerdings sollen, wie bei der GmbH, auch größere Unternehmen diese Rechtsform annehmen dürfen.[394] Insgesamt passt in Abwandlung an die identitätsstiftende Wirkung eines europäischen Vertragsrechts folgender Satz auch bei einer „Europa-GmbH"[395]: „We don't need one, but we might want one."[396]

Die beschriebenen Probleme und das Umgehungspotential der Unternehmensmitbestimmung sowie Fragen bezüglich des Mindestkapitals bestimmen auch die Diskussion um die noch einzuführende Societas Privata Europaea.[397] Es lagen Verordnungsentwürfe von der Europäischen Kommission, dem Europäischen Parlament und dem Europäischen Rat vor.[398] So wird beispielsweise von einem

---

389 *Habersack/Verse*, Europäisches Gesellschaftsrecht, § 13 Rn. 4; *Oechsler* in: MüKo AktG, Einl. SE-VO Rn. 13; *Teichmann*, ZGR 2002, S. 383 (388 f.); *Hommelhoff*, AG 2001, S. 279 (286 f.). Wobei aktuell mangels Alternative auch kleine und mittlere Unternehmen die Societas Europaea wählen *Eidenmüller/Engert/Hornuf*, AG 2008, S. 721 (726, 729 f.).

390 *Grundmann*, Europäisches Gesellschaftsrecht, Rn 1122 ff.

391 *Bachmann*, ZGR 2001, S. 351 ff. Vgl. zum internationalen Vergleich bei dieser Gesellschaftsform *Fleischer*, NZG 2014, S. 1081 ff.

392 Vgl. zum Beispiel Handelsblatt, Maschinenbauer fordern Europa-GmbH, 2011 Nr. 185, S. 18.; *Hommelhoff*, DB Standpunkte 2011, S. 65 (65 f.). Eine Übersicht verschiedener Unterstützer aus der Privatwirtschaft siehe bei *Teichmann* in: Bartman, European Company Law in Accelerated Progress, S. 145 (151).

393 *Teichmann* in: Bartman, European Company Law in Accelerated Progress, S. 145 (148 f.). Zu den Einsatzmöglichkeiten der SPE anhand eines anschaulichen Beispiels siehe *Teichmann* in: Gesellschaftsrechtliche Vereinigung, Gesellschaftsrecht in der Diskussion 2008, S. 55 (56 f.) sowie allgemein *Weber-Rey* in: Gesellschaftsrechtliche Vereinigung, Gesellschaftsrecht in der Diskussion 2008, S. 77 (78 ff.).

394 *Kleinsorge* in: Wißmann/ders./Schubert, Mitbestimmungsrecht, EU-Recht Rn. 219.

395 *Wedemann*, EuZW 2010, S. 534 (534).

396 *Wicke*, MittBayNot 2011, S. 23 (32). Zum Sinn der SPE vgl. ferner *Eidenmüller/Rehm*, ZGR 2004, S. 159 (187); *Hommelhoff/Teichmann*, DStR 2008, S. 925 (925 ff.).

397 Vgl. nur zum Kommissionsentwurf *Hommelhoff/Teichmann*, GmbHR 2008, S. 897 ff. Dieser Kommissionsentwurf wurde von *Koberski/Heuschmid*, RdA 2010, S. 207 (215) auch als „Schlag ins Gesicht des sozialen Europas" bezeichnet.

398 *Bayer/Schmidt*, BB 2012, S. 3 (3 f.). Vgl. zu den verschiedenen Entwürfen *Wedemann*, EuZW 2010, S. 534 ff.; *Hommelhoff/Teichmann*, GmbHR 2010, S. 337 ff.;

fakultativen Mindestkapital in Höhe von 8.000 Euro gesprochen, welches von den Mitgliedstaaten für in dessen Register eingetragene Gesellschaften gefordert werden darf.[399] Während damit hinsichtlich des Problems eines Mindestkapitals zumindest ein Kompromiss möglich erscheint,[400] steigert sich gerade die Frage der Unternehmensmitbestimmung wiederum ins Unermessliche.[401] Dabei dreht sich vieles um das Auseinanderfallen von Satzungs- und Verwaltungssitz,[402] was bei den bisherigen supranationalen Gesellschaftsformen nicht möglich ist.[403] Nach dem letzten Entwurf gibt es bei der Societas Privata Europaea diverse Möglichkeiten, die jeweils geltenden nationalen Unternehmensmitbestimmungsregelungen zu vermeiden.[404]

Zu diesen Kritikpunkten kommen Forderungen der europäischen Gewerkschaften hinzu, die sich eine weitergehende Tätigkeit der Europäischen Union auf dem Gebiet der Sicherung von Arbeitnehmerinteressen wünschen. Diese soll über den in der Societas Europaea gefundenen Kompromiss hinausgehen. Solche Forderungen machten die ohnehin schon zähen Verhandlungen bei der Societas Privata Europaea noch komplizierter, obwohl beides besser getrennt voneinander diskutiert werden sollte.[405] Neben diesen tatsächlichen Problemen wird die Verabschiedung einer SPE-Verordnung nach dem Vertrag von Lissabon und den dazu ergangenen deutschen Gesetzen zur Einbindung des Bundestags und Bundesrats auch verfahrensrechtlich deutlich komplizierter.[406] Aktuell wird das Projekt einer Societas Privata Europaea aus genannten Gründen nicht mehr weiter verfolgt.[407]

Infolgedessen wird nun versucht mit anderen Maßnahmen im Bereich der geschlossenen Kapitalgesellschaften für kleinere und mittlere Unternehmen voranzu-

---

Bormann/König, RIW 2010, S. 111 ff; *Teichmann/Limmer*, GmbHR 2009, S. 537 ff.; *Koberski/Heuschmid*, RdA 2010, S. 207 ff.

399 *Koberski/Heuschmid*, RdA 2010, S. 207 (207).

400 *Gutsche* in: FS Hommelhoff, S. 285 (293); grundlegend dazu *Hommelhoff/Teichmann*, DStR 2008, S. 925 (930 ff.).

401 Vgl. nur *Hommelhoff*, AuR 2011, S. 202 ff.; *Sick/Thannisch*, AuR 2011, S. 155 (158 f.); *Koberski/Heuschmid*, RdA 2010, S. 207 (210 ff.). Vgl. zu möglichen Lösungsvorschlägen *Pfleger*, Mitbestimmung in der SPE, S. 9 ff.

402 *Ko*berski/Heuschmid, RdA 2010, S 207 (210 f., 213); *Bormann/König*, RIW 2010, S. 111 (117 ff.); *Hommelhoff/Teichmann*, GmbHR 2010, S. 337 (345 ff.); *Henssler*, DB Standpunkte 2011, S. 71 (71).

403 *Kleinsorge* in: Wißmann/ders./Schubert, Mitbestimmungsrecht, EU-Recht Rn. 221 ff.; *Habersack/Verse*, Europäisches Gesellschaftsrecht, § 13 Rn. 13 ff.

404 *Bormann/Bötticher*, NZG 2011, S. 411 ff.

405 Vgl. *Teichmann*, BB 2011, Die erste Seite Nr. 33. Zum Europäischen Gewerkschaftsbund allgemein *Löscher*, NZA 2003, S. 184 ff.; zu weiteren anerkannten Sozialpartnern *Krebber* in Calliess/Ruffert, EUV/AEUV, Art. 154 AEUV Rn. 19 ff.

406 *Koberski/Heuschmid*, RdA 2010, S. 207 (208); *Teichmann*, ZRP 2013, S. 169 (170 f.).

407 *Stiegler*, DB 2014, S. 525 (528); *Omler*, NZG 2014, S. 1137 (1138). Vgl. zur Wiederbelebung der SPE ausführlich *Hommelhoff/Teichmann*, GmbHR 2014, S. 177 ff. sowie aktuell Bayer/Schmidt, BB 2017, S. 2114 (2118).

kommen. So gibt es einen Vorstoß der Europäischen Kommission zur Gesellschaft mit beschränkter Haftung mit einem einzigen Gesellschafter (Societas Unius Personae, SUP).[408] Diese Kapitalgesellschaftsform ist – wie der Name schon sagt – für Einpersonengesellschaften gedacht und erleichtert durch die Vereinheitlichung der Gründungsphase insbesondere die Gründung von Tochtergesellschaften innerhalb eines Konzerns.[409] Allerdings stellen sich auch hier ähnliche Probleme mit dem Mindestkapital, der Mitbestimmung und der Sitzwahl wie schon bei der Societas Privata Europaea.[410]

3.) Zusammenfassung

Die Europäische Union hat sich somit ein Portfolio an ‚eigenen' Gesellschaften geschaffen, welche jedoch im Bereich der Unternehmensmitbestimmung aufgrund der Verhandlungslösung mit Auffangregelung in den seltensten Fällen und nur mit Zustimmung der Arbeitnehmervertreter unter das Mitbestimmungsniveau des jeweiligen nationalen Rechts fallen kann. Trotzdem ist das System der Unternehmensmitbestimmung durch die Verhandlungslösung revolutioniert worden. Die Unternehmen haben nun die Möglichkeit eine passgenaue Mitbestimmung zu finden, ohne dass dabei die Intensität zum Nachteil der Arbeitnehmer verringert werden muss. So können beispielsweise die Aufsichtsräte verkleinert oder die Unternehmen in einer monistischen Leitungsstruktur weitergeführt werden.

Eine solche Verhandlungslösung war der bisherigen deutschen Unternehmensmitbestimmung, die zwingendes Gesetzesrecht ist, fremd. Es ist nach den europäischen Regeln zur Societas Europaea bei grenzüberschreitenden Verschmelzungen nun in den Händen der beiden Parteien,[411] sich über eine sinnvolle Mitbestimmung in ‚ihrem' Unternehmen Gedanken zu machen. So kann jedes Unternehmen eine für sich angepasste, effiziente und wirkungsvolle Unternehmensmitbestimmung erlangen. Insbesondere hinsichtlich der Zusammensetzung des besonderen Verhandlungsgremiums und des Aufsichts- bzw. Verwaltungsrats einer supranationalen Gesellschaft zeigen diese Regelungen Möglichkeiten auf, wie auch die Arbeitnehmervertreter in den deutschen Unternehmensmitbestimmungsgesetzen internationalisiert oder zumindest europäisiert werden könnten.

---

408 *Kommission*, Vorschlag für eine Richtlinie des Europäischen Parlaments und des Rates über Gesellschaften mit beschränkter Haftung mit einem einzigen Gesellschafter vom 9. April 2014, COM(2014) 212 final. Dazu ausführlich *Stiegler*, DB 2014, S. 525 (528); *Omler*, NZG 2014, S. 1137 ff.; *Teichmann*, NJW 2014, S. 3561 ff.; *Lanfermann/Maul*, BB 2014, S. 1283 (1290 ff.).

409 *Jung*, GmbHR 2014, S. 579 ff.; kritisch dazu *Hommelhoff*, GmbHR 2014, S. 1065 ff.

410 *Drygala*, EuZW 2014, S. 491 (492 f.); *Verse/Wiersch*, EuZW 2014, S. 375 (381); *Teichmann*, ZRP 2013, S. 169 (170 f.).

411 Vgl. zu den Übereinstimmungen und wenigen Abweichungen zwischen SE und grenzüberschreitender Verschmelzung *Kisker*, RdA 2006, S. 206 (208 f.).

II. Richtlinien im Bereich der Unternehmensmitbestimmung

Neben den Rechtsakten für supranationale Gesellschaftsformen, gibt es im europäischen Gesellschaftsrecht zahlreiche verabschiedete oder geplante Richtlinien, die einzelnen Bereiche des nationalen Gesellschaftsrechts harmonisieren soll(t)en.[412] Im Folgenden werden die für die Unternehmensmitbestimmung besonders relevanten Richtlinien dargestellt. Diese Sekundärrechtsakte müssen später – sofern sie einschlägig sind – auch bei der Prüfung der Grundfreiheiten vorrangig beachtet werden.[413]

1.) Strukturrichtlinie

Zunächst wurde versucht im Recht für Aktiengesellschaften eine Vollharmonisierung zu erreichen.[414] Hierzu sollte eine Strukturrichtlinie erlassen werden, welche sämtliche Fragen der Organisation von Aktiengesellschaften regelt. Wie schon in den letzten beiden Abschnitten angedeutet, handelt es sich bei der Strukturfrage jedoch um eine äußerst problematische Frage des europäischen Gesellschaftsrechts. Dabei sind neben der Organisationsverfassung inklusive der Unternehmensmitbestimmung auch die Rechte der Aktionäre und die Gestaltungsfreiheit innerhalb des Aktienrechts zu nennen.[415] Aus diesem Grund divergieren die verschiedenen Vorschläge der Strukturrichtlinie auch sehr stark voneinander. Beispielsweise wurde zunächst das dualistische Modell vorgesehen, später jedoch ein Wahlrecht zwischen den beiden Leitungsmodellen in den Entwurf eingearbeitet.[416]

Neben den schon oben aufgezeigten Problemen hinsichtlich der Organverfassung und der Mitbestimmungsintensität in den verschiedenen Mitgliedstaaten gibt es auch bezüglich der Gestaltungsfreiheit eine weite Spannbreite.[417] Während die einen von einer grundsätzlichen Vertragsfreiheit mit sehr wenigen zwingenden Vorschriften ausgehen,[418] sehen andere das gesamte Aktienrecht als zwingend an und

---

412 Vgl. dazu ausführlich *Habersack/Verse*, Europäisches Gesellschaftsrecht, § 4 Rn. 1 ff.; *Grundmann*, Europäisches Gesellschaftsrecht, Rn. 191 ff. Zum Arbeitsrecht vgl. *Riesenhuber*, Europäisches Arbeitsrecht, § 26 Rn. 1 ff.; *Fuchs* in: ders./ Marhold, Europäisches Arbeitsrecht, S. 301 ff.

413 Vgl. dazu ausführlich in Kapitel 4 II. 1.) c.) aa.) sowie EuGH, C-167/01 (Inspire Art) Slg. 2003, I-10155, Rn. 65 ff.

414 *Habersack/Verse*, Europäisches Gesellschaftsrecht, § 4 Rn. 1 ff. Vgl. zu den verschiedenen Einflüssen der nationalen Rechte auf das europäische Gesellschaftsrecht *Hellwig*, ZGR 2013, S. 216 (217 ff.).

415 Vgl. zu weiteren Unterschieden *Grundmann*, Europäisches Gesellschaftsrecht, Rn. 388.

416 Vgl. dazu *Grundmann*, Europäisches Gesellschaftsrecht, Rn. 366 ff.

417 Zum Ganzen *Grundmann*, Europäisches Gesellschaftsrecht, Rn. 371 ff.

418 So im Vereinigten Königreich. Vgl. *Hohloch* in: ders., EU-Handbuch Gesellschaftsrecht, Vereinigtes Königreich Rn. 122 ff.

erlauben nur ausdrückliche Ausnahmen.[419] Eine dritte Gruppe sieht nur bestimmte, größere Regelungsgruppen als zwingend an.[420] Aufgrund dieser weitgehenden Diskrepanzen verweilt die Strukturrichtlinie schon seit einigen Jahrzehnten im Entwurfsstadium.[421] Heute kann davon ausgegangen werden, dass eine umfassende Harmonisierung in diesem Bereich nicht mehr angestrebt wird;[422] Vielmehr wird auf einen Wettbewerb der Rechtsordnungen gesetzt.[423] Dabei können Parallelen zu den supranationalen Gesellschaften gezogen werden, welche in diesen strittigen Punkten weitgehend auf das nationale Recht verweisen oder Wahlmöglichkeiten anbieten.

2.) Mitbestimmungsrichtlinien

Eine Richtlinie zur Harmonisierung der Unternehmensmitbestimmung in den nationalen Rechtsordnungen gibt es im Unionsrecht nicht.[424] Allerdings wurde die betriebliche Mitbestimmung mindestharmonisiert.[425] Insbesondere die Rahmenrichtlinie für Anhörungs- und Beteiligungsrechte[426] setzte einen Mindeststandard für die nationalen Rechtsordnungen.[427] Eine Umsetzung ins deutsche Recht ist bisher nicht

---

419 So in Deutschland und Österreich. Vgl. dazu *Pentz* in: MüKo AktG, § 23 AktG Rn. 152 ff. bzw. *Doralt/Diregger* in: MüKo AktG, § 23 AktG Rn. 211.

420 So zum Beispiel in verschiedenen Schattierungen in den Niederlanden, Belgien und Italien. Vgl. *Grundmann*, Europäisches Gesellschaftsrecht, Rn. 372.

421 Der erste Vorschlag wurde 1972 gemacht, der zweite und dritte Vorschlag in den Jahren 1990 und 1991, wobei auch der dritte Vorschlag im Jahre 2001 zurückgezogen wurde. Siehe zu diesen verschiedenen Änderungen überblicksartig *Schwarz*, Europäisches Gesellschaftsrecht, Rn. 705.

422 Vgl. *Kommission*, Mittelung der Kommission an den Rat und das europäische Parlament, Modernisierung des Gesellschaftsrechts und Verbesserung der Corporate Governance in der Europäischen Union – Aktionsplan, KOM(2003) 284 endg. Dazu *Habersack*, NZG 2004, S. 1 (5 f.). Zum Wandel der Harmonisierungsmethoden insgesamt vgl. auch *Teichmann*, Binnenmarktkonformes Gesellschaftsrecht, S. 198 ff.

423 Vgl. im Gesellschaftsrecht *Grundmann*, Europäisches Gesellschaftsrecht, Rn. 157 ff.; *Fleischer* in: MüKo GmbHG, Einl. Rn. 222 ff.; *Weller*, ZGR 2010, S. 679 (691 ff.); *Teichmann*, Binnenmarktkonformes Gesellschaftsrecht, S. 331 ff.; im Mitbestimmungsrecht *Lubitz*, Sicherung der Mitbestimmung, S. 61 ff; im Privatrecht allgemein *Kieninger*, Wettbewerb, S. 75 ff.; *Staudinger*, NJW 2006, S. 2433 ff.

424 Für eine solche Richtlinie beispielsweise *Malmberg*, Conference on European Company Law, Panal 2 abrufbar unter: http://ec.europa.eu/internal_market/company/docs/modern/conference201105/malmberg_en.pdf (27.02.2013); *Sick*, GmbHR 2011, S. 1196 (1197 f.).

425 *Riesenhuber*, Europäisches Arbeitsrecht, § 26 Rn. 12 ff.

426 Richtlinie 2002/14/EG des Europäischen Parlaments und des Rates zur Festlegung eines allgemeinen Rahmens für die Unterrichtung und Anhörung der Arbeitnehmer in der Europäischen Gemeinschaft vom 11. März 2002, ABl. 2002, L 80/29. Vgl. dazu *Reichold*, NZA 2003, S. 289 ff.

427 Vgl. beispielsweise *Gruber*, NZA 2011, S. 1011 (1014 f.).

erfolgt, da nach vorherrschender Ansicht die Rechte im Betriebsverfassungsgesetz ausreichend sein sollen.[428]

Weiter ist in diesem Bereich die Richtlinie über den Europäischen Betriebsrat (EBR)[429] als wegweisend zu nennen.[430] Sie gab auch den Anstoß zur SE-Richtlinie, da sie ebenfalls eine Verhandlungslösung mit subsidiärer Auffanglösung bereithält.[431] Insofern handelt es sich auch bei der betrieblichen Mitbestimmung nicht um ein eigenes europäisches Modell, sondern um die Mitbestimmungssicherung auf der einen und um maßgeschneiderte Lösungen für die Unternehmen auf der anderen Seite.[432] Interessant ist dabei, dass im Vergleich zur Unternehmensmitbestimmung bei supranationalen Gesellschaften nicht die nationalen Gesetze angewandt werden, sondern ein eigenständiges Auffangmodell in der EBR-Richtlinie verankert wurde, welche ebenfalls Mindeststandards setzt.[433]

3.) Verschmelzungsrichtlinie

Die Verschmelzungsrichtlinie[434] gilt gem. Art. 1 „für Verschmelzungen von Kapitalgesellschaften, die nach dem Recht eines Mitgliedstaats gegründet worden sind und ihren satzungsmäßigen Sitz, ihre Hauptverwaltung oder ihre Hauptniederlassung in der Gemeinschaft haben, sofern mindestens zwei der Gesellschaften dem Recht verschiedener Mitgliedstaaten unterliegen."[435] Darunter fallen in Deutschland sowohl die Aktiengesellschaft und die GmbH als auch die Kommanditgesellschaft auf Ak-

---

428 Kritisch *Reichold*, NZA 2003, S. 289 (298). Vgl. ausführlich *Franzen* in: FS Birk, S. 97 ff.; *Weber* in: FS Konzen, S. 921 (929 ff.).

429 Richtlinie 2009/38/EG des Europäischen Parlaments und des Rates über die Einsetzung eines Europäischen Betriebsrats oder die Schaffung eines Verfahrens zur Unterrichtung und Anhörung der Arbeitnehmer in gemeinschafsweit operierenden Unternehmen oder Unternehmensgruppen vom 06.05.2009, ABl. 2009, L 122/28. Vgl. *Rein*, grenzüberschreitendes Arbeitsverhältnis, S. 27 ff. Zu weiteren betriebsverfassungsrechtlichen Elementen in anderen Richtlinien vgl. *Riesenhuber*, Europäisches Arbeitsrecht, § 26 Rn. 12 ff.; *Joost* in: MüHdB ArbR, § 274 Rn. 1 ff.

430 Vgl. zur Umsetzung das Europäische Betriebsräte-Gesetz *Rein*, grenzüberschreitendes Arbeitsverhältnis, S. 37 ff.

431 *Weber* in: FS Konzen, S. 921 (926 f.).

432 *Riesenhuber*, Europäisches Arbeitsrecht, § 26 Rn. 38 f.; *Weber*, FS 600 Jahre Würzburger Juristenfakultät, S. 189 (201).

433 *Fuchs* in: ders./Marhold, Europäisches Arbeitsrecht, S. 311.

434 Richtlinie 2005/56/EG des Europäischen Parlaments und des Rates vom 26. Oktober 2005 über die Verschmelzung von Kapitalgesellschaften aus verschiedenen Mitgliedstaaten, ABl. 2005, L 310/1. Diese wird auch teilweise Fusionsrichtlinie genannt. Vgl. bspw. *Kisker*, Unternehmensmitbestimmung bei Auslandsgesellschaften, S. 150. Teilweise wird auch der Begriff Internationale Verschmelzungsrichtlinie benutzt. Vgl. so beispielsweise *Forsthoff*, DStR 2006, S. 613 ff.

435 *Nagel*, NZG 2006, S. 97 ff. Vgl. noch zum Kommissionsentwurf *Maul/Teichmann/Wenz*, BB 2003, S. 2633 ff.

tien. Darüber hinaus gelten die Verschmelzungsrichtlinie bzw. deren Umsetzungsgesetze auch für die Societas Europaea, die mit einer nationalen Kapitalgesellschaft zu einer nationalen Kapitalgesellschaft verschmolzen wird. Anders ist dies hingegen, wenn auf eine Societas Europaea verschmolzen wird. Hier gelten die SE-Verordnung und SE-Richtlinie bzw. deren Ausführungs- und Umsetzungsgesetze.[436]

Die Verschmelzungsrichtlinie ließ, ähnlich wie die Societas Europaea, fast 30 Jahre auf sich warten.[437] Am Ende des Gesetzgebungsprozesses ‚flankierte' der Europäische Gerichtshof zudem die Verschmelzungsrichtlinie durch seine Sevic-Entscheidung.[438] In dieser Entscheidung hatte der Gerichtshof festgestellt, dass unter anderem[439] auch die Möglichkeit einer grenzüberschreitenden Verschmelzung durch die Niederlassungsfreiheit gewährleistet ist und die Mitgliedstaaten diese somit zulassen müssen.[440] Praktische Probleme stellten für den Gerichtshof keine Hindernisse dar. Die Mitgliedstaaten müssen sich auch unabhängig von positiver Harmonisierung an die Grundfreiheiten halten.[441] So können sich die mitgliedstaatlichen Register beispielsweise bilateral abstimmen. Heute ist die Verschmelzungsrichtlinie durch Änderungen im Umwandlungsgesetz[442] und durch das Gesetz über die Mitbestimmung der Arbeitnehmer bei einer grenzüberschreitenden Verschmelzung[443] umgesetzt worden.[444]

Für die Unternehmensmitbestimmung ist dabei der äußerst komplizierte[445] Artikel 16 der Verschmelzungsrichtlinie interessant.[446] Bei der Verschmelzung zweier

---

436 Vgl. dazu in diesem Kapitel unter B. I. 1.).

437 *Grundmann*, Europäisches Gesellschaftsrecht, Rn. 919 f.

438 EuGH, C-411/03 (Sevic) Slg. 2005, I-10805. Vgl. zum Verhältnis der Entscheidung und der Richtlinie *Kleinhenz*, Grenzüberschreitende Verschmelzung, S. 186 ff.

439 *Grundmann*, Europäisches Gesellschaftsrecht, Rn. 787; *Habersack/Verse*, Europäisches Gesellschaftsrecht, § 8 Rn. 59.

440 *Teichmann*, ZIP 2006, S. 355 (355 f.). Zumindest sofern die jeweilige Rechtsordnung nationale Verschmelzungen ermöglicht.

441 EuGH, C-411/03 (Sevic) Slg. 2005, I-10805 Rn. 26.

442 Umwandlungsgesetz vom 28. Oktober 1994 (UmwG), BGBl. I 1994, 3210; ber. BGBl. I 1995, 428.

443 Gesetz über die Mitbestimmung der Arbeitnehmer bei einer grenzüberschreitenden Verschmelzung vom 21. Dezember 2006, BGBl. I 2006, 3332. Dazu *Krause/Janko*, BB 2007, S. 2194 (2195 ff.).

444 *Schubert*, RdA 2007, S. 9 ff.; ausführlich *Kleinhenz*, Grenzüberschreitende Verschmelzung, S. 231 ff. Zu den umwandlungsrechtlichen Auswirkungen vgl. insbesondere *Nagel* in: ders./Frei/Kleinsorge, Arbeitnehmerbeteiligung auf Grundlage des europäischen Rechts, GesR MgVG Rn. 10 ff.; ausführlich *Kleinhenz*, Grenzüberschreitende Verschmelzung, S. 231 ff.

445 Oder wie *Neye*, ZIP 2005, S. 1893 (1897) formulierte: „manchen Leser vielleicht nicht gleich nach erster Lektüre verständlichen". Vgl. zu Problemen in der Praxis aufgrund der Kompliziertheit *Müller-Bonanni/Müntefering*, NJW 2009, S. 2347 ff.

446 Zur Umsetzung durch das Gesetz über die Mitbestimmung der Arbeitnehmer bei einer grenzüberschreitenden Verschmelzung vgl. *Nagel*, NZG 2007, S. 57 ff.

Gesellschaften ist für die Unternehmensmitbestimmung gem. Art. 16 Abs. 1 VerschmelzungsRL der satzungsmäßige Sitz[447] der neuen Gesellschaft ausschlaggebend. Allerdings gibt es in Art. 16 Abs. 2 VerschmelzungsRL mehrere Ausnahmen von dieser Grundregel. Zunächst gibt es – wie schon bei den supranationalen Kapitalgesellschaften – den Vorrang der Verhandlungslösung sowie die subsidiäre Auffangregelung.[448] Das Mitbestimmungssystem der Verschmelzungsrichtlinie lehnt sich dabei deutlich an das der SE-Richtlinie an,[449] was beispielsweise die weitgehenden Verweisungen in Art. 16 Abs. 3, 4 VerschmelzungsRL zeigen.[450]

Interessant ist jedoch, dass Deutschland im Europäischen Rat einer Liberalisierung gegenüber der SE-Richtlinie hinsichtlich der Unternehmensmitbestimmung zugestimmt hat,[451] weil Deutschland in den Verhandlungen zu den supranationalen Gesellschaften immer wieder ein möglichst hohes Mitbestimmungsniveau sichern möchte. Dabei sind zwei Fallgestaltungen von besonderer Bedeutung.[452] Während nach der Auffanglösung in der SE-Richtlinie die stärkste Mitbestimmungsform schon dann einschlägig ist, wenn ein Viertel der Arbeitnehmer dieser Mitbestimmung vor der Verschmelzung unterfielen, wurde diese Grenze in der Verschmelzungsrichtlinie nach Art. 16 Abs. 3 lit e) VerschmelzungsRL auf mindestens ein Drittel der Arbeitnehmer angehoben. Der deutsche Gesetzgeber hat dies in § 23 Abs. 1 S. 2 Nr. 1, 2 MgVG umgesetzt. Außerdem haben die Mitgliedstaaten die Möglichkeit, die Mitbestimmung im monistischen System gem. Art. 16 Abs. 4 lit. c) VerschmelzungsRL gesetzlich auf ein Drittel des Verwaltungsrats zu begrenzen. Zumindest hinsichtlich der Mitbestimmungsintensität der Arbeitnehmer liegt hierin eine Schlechterstellung. Der deutsche Gesetzgeber hat hiervon jedoch keinen Gebrauch gemacht, da für nationale Gesellschaften ausschließlich das dualistische Leitungsmodell zur Verfügung steht.[453]

Des Weiteren wird gem. Art. 16 Abs. 2 lit. a) VerschmelzungsRL auch sichergestellt, dass bei Eingreifen der Auffangregelung sämtliche an der Verschmelzung

---

447 Zwar spricht die deutsche Fassung der Richtlinie nur ungenau von „Sitz“ doch lässt sowohl der Vergleich mit der englischen und französischen Fassung erkennen, dass der „registered office“ bzw. „siège statutaire“ gemeint ist. So schon *Kleinhenz*, Grenzüberschreitende Verschmelzung, S. 315 f.

448 Zum Verfahren überblickartig *Krause/Janko*, BB 2007, S. 2194 ff.

449 *Nagel* in: ders./Frei/Kleinsorge, Arbeitnehmerbeteiligung auf Grundlage des europäischen Rechts, § 1 MgVG Rn. 1.

450 *Kisker*, RdA 2006, S. 206 (209 f.).

451 *Kisker*, Unternehmensmitbestimmung bei Auslandsgesellschaften, S. 151; *Grundmann*, Europäisches Gesellschaftsrecht, Rn. 932.

452 Ausführlich zu sämtlichen Unterschieden *Kleinsorge* in: Nagel/Frei/ders., Arbeitnehmerbeteiligung auf Grundlage des europäischen Rechts, Einf. MgVG Rn. 15 ff.; *Kisker*, RdA 2006, S. 206 (210 ff.).

453 *Kleinsorge* in: Nagel/Frei/ders., Arbeitnehmerbeteiligung auf Grundlage des europäischen Rechts, Einf. MgVG Rn. 39. Ausführlich zur grenzüberschreitenden Sitzverlegung *Schön*, ZGR 2013, S. 333 (354 ff.).

beteiligten Mitgliedstaaten durch deren Arbeitnehmervertreter repräsentiert werden. Dies hat der deutsche Gesetzgeber in § 23 ff. MgVG umgesetzt. Insbesondere richtet sich die Verteilung gem. § 25 Abs. 1 S. 2 MgVG „nach dem jeweiligen Anteil der in den jeweiligen Mitgliedstaaten beschäftigten Arbeitnehmer der aus der grenzüberschreitenden Verschmelzung hervorgegangenen Gesellschaft, ihrer Tochtergesellschaften und Betriebe“. Damit gibt es schon heute nationale Kapitalgesellschaften, die nach einer grenzüberschreitenden Verschmelzung eine europäisch besetzte ‚Arbeitnehmerbank‘ haben.

4.) Sitzverlegungsrichtlinie

Noch Ende 2007 wollte die Kommission an der Sitzverlegungsrichtlinie nicht weiter arbeiten, weil hierzu keine Notwendigkeit gesehen wurde.[454] Diese Einschätzung musste nach der Cartesio-Entscheidung[455] und der Vale-Entscheidung[456] des Europäischen Gerichtshofs revidiert werden.[457] Danach ist einer Gesellschaft der Wegzug aus einem Mitgliedstaat nur unter Änderung seiner Form erlaubt.[458] Die Sitzverlegungsrichtlinie soll, wie schon die Verschmelzungsrichtlinie und die Richtlinien zu den supranationalen Gesellschaften, einen grenzüberschreitenden Sachverhalt regeln. In dieser Richtlinie geht es darum, dass ein Unternehmen seinen Satzungssitz in einen anderen Mitgliedstaat verlegen möchte.[459] Wenn die Europäische Union in der Koordinierung der Regelungen zum Wechsel zwischen Rechtsordnungen keine Notwendigkeit sieht, wann dann?[460] Deshalb ist auch dem *Arbeitskreis Europäisches Unternehmensrecht* sowie der *Reflection Group On the Future of EU Company Law* zuzustimmen, die beide die Sitzverlegungsrichtlinie aufgrund von Rechtssicherheit und einheitlichen Wettbewerbsbedingungen ausdrücklich fordern.[461] Es ist nicht

---

454 http://ec.europa.eu/internal_market/company/seat-transfer/index_de.htm (27.02.2013). Kritisch dazu statt Vieler *Neye*, DB Standpunkte 2011, S. 67 (67).

455 EuGH, Rs. C-210/06 (Cartesio) Slg. 2008, I-9641.

456 EuGH, Rs. C-378/10 (Vale), BB 2012, S. 2069 ff. Vgl. zu den Folgen der Vale-Entscheidung auf die Sitzverlegungsrichtlinie *Junker*, EuZA 2013, S. 223 (228 ff.).

457 Vgl. Entschließung des Europäischen Parlaments vom 10. März 2009 mit Empfehlungen an die Kommission zur grenzüberschreitenden Verlegung von eingetragenen Gesellschaftssitzen, ABl. 2010, C 87 E/5 ff.

458 *Teichmann*, ZIP 2009, S. 393 (394); *Zimmer/Naendrup*, NJW 2009, S. 545 (548).

459 *Kleinsorge* in: Wlotze/Wißmann/Koberski/ders., Mitbestimmungsrecht, EU-Recht Rn. 124.

460 *Teichmann*, ZIP 2009, S. 393 (403 f.); *Koberski/Heuschmid*, RdA 2010, S. 207 (213 f.); *Teichmann*, DB 2012, S. 2085 (2091 f.);); *Schön*, ZGR 2013, S. 333 (364); *Krebs*, GWR 2014, S. 144 (147).

461 *Arbeitskreis Europäisches Unternehmensrecht*, NZG 2011, S. 98 ff.; Report of the Reflection Group On the Future of EU Company Law, S. 21 f., abrufbar unter: http://ec.europa.eu/internal_market/company/docs/modern/reflectiongroup_report_en.pdf (24.07.2012); ebenso *Bayer/Schmidt*, BB 2012, S. 3 (7); *Stöbener/Wurster*, EuZW 2014, S. 881 (882); *Müller-Graff*, ZHR 2013, S. 563 (573).

nachzuvollziehen, warum die grenzüberschreitende Verschmelzung geregelt ist, die Sitzverlegung hingegen nicht.[462] Bei beiden Vorgängen benötigen die Unternehmen klare Verfahrensregeln, um von ihrer Niederlassungsfreiheit überhaupt Gebrauch machen zu können.[463] Dies zeigt auch die Entscheidung des Oberlandesgerichts Nürnberg aus dem Jahre 2013.[464] Das Oberlandesgericht wendete hier die Vorschriften für nationale Umwandlungen und grenzüberschreitende Verschmelzungen auf eine grenzüberschreitende Sitzverlegung an.[465] Dies kann jedoch nur als eine Übergangslösung betrachtet werden.[466]

Die Europäische Kommission hat auch Konsultationen zu einer Sitzverlegungsrichtlinie durchgeführt.[467] Allerdings ist die konkrete Ausgestaltung der Richtlinie weiter strittig.[468] Abgesehen von den anderen Problemen[469] ist dabei auch die Mitbestimmung der ihren Sitz verlegenden Gesellschaft zu klären. Hierbei wird gefordert, dass das Verfahren, nach dem sich die Mitbestimmung in der Gesellschaft richtet, in der Richtlinie und damit auf Unionsebene geregelt wird. In der Mitbestimmungsfrage soll sich diese Richtlinie dabei an der Verschmelzungsrichtlinie orientieren.[470]

5.) Keine umfassende sekundärrechtliche Harmonisierung

Sämtliche erfolgreiche und erfolglose Versuche, das Gesellschaftsrecht zu harmonisieren, zeigen eine Parallele: Das Unionsrecht ist in den Mitgliedstaaten nur selten konsensfähig, wenn eine Vollharmonisierung zugunsten eines strittigen Punkts

---

462 *Wicke*, MittBayNot 2011, S. 23 (30 f.), der auch die bisherigen Möglichkeiten einer „Sitzverlegung“ durch Herausverschmelzung oder Anwachsung aufzeigt; aktuell auch *Verse/Wiersch*, EuZW 2014, S. 375 (382).

463 *Neye* in: FS Schwark, S. 231 (231 f.); *Bungert/de Reat*, DB 2014, S. 761 (763 ff.). Zur Niederlassungsfreiheit vgl. auch EuGH, Rs. C-378/10 (Vale), BB 2012, S. 2069 ff.

464 OLG Nürnberg, NZG 2014, S. 349 ff. Vgl. dazu *Bungert/de Reat*, DB 2014, S. 761 ff.; Stiegler, NZG 2014, S. 351 f.

465 OLG Nürnberg, NZG 2014, S. 350 f. Zur Umsetzung siehe auch *Hushahn*, DNotZ 2014, S. 154 (155 ff.).

466 *Bungert/de Reat*, DB 2014, S. 761 (767); *Stiegler*, NZG 2014, S. 351 (352); *Neye*, EWiR 2014, S. 45 (46).

467 *Verse/Wiersch*, EuZW 2014, S. 375 (381); *Krebs*, GWR 2014, S. 144 (147). Das Feedback ist abrufbar unter http://ec.europa.eu/internal_market/consultations/2013/seat-transfer/docs/summary-of-responses_en.pdf (18.01.2015).

468 Zur aktuellen Diskussion vgl. Stelmaszczyk, EuZW 2017, S. 890 (894).

469 Vgl. hierzu *Arbeitskreis Europäisches Unternehmensrecht*, NZG 2011, S. 98 f.; ähnlich schon früher *Kersting*, NZG 2003, S. 9 ff.

470 *Arbeitskreis Europäisches Unternehmensrecht*, NZG 2011, S. 98 (99); Report of the Reflection Group on the Future of EU Company Law, S. 76 abrufbar unter: http://ec.europa.eu/internal_market/company/docs/modern/reflectiongroup_report_en.pdf (27.02.2013). Zur Forderung einer Mobilitätsrichtlinie *Stiegler*, DB 2014, S. 525 (529 f.).

angestrebt wird. Sowohl die langen Diskussionen vor der Verabschiedung von Sekundärrechtsakten von bis zu 50 Jahren als auch die abgebrochenen Verhandlungen über die Strukturrichtlinie zeigen, dass die Europäische Union im Mitbestimmungsrecht keine ‚Gleichmacherei' betreiben, sondern die Unterschiede der nationalen Gesellschaften als Chance betrachten sollte.

Der Fokus kann sodann auf Vorschriften gelegt werden, welche tatsächlich nur europäisch zu regeln sind. So können grenzüberschreitende Verschmelzungen oder Sitzverlegungen nur dann sinnvoll und effizient durchgeführt werden, wenn die Europäische Union einen Mechanismus zur Verfügung stellt. Hierdurch würde die Union auch der Aufgabe, einen europäischen Binnenmarkt herzustellen bzw. zu sichern, gerecht werden. Ähnlich verhält es sich auch bei anderen grenzüberschreitenden Sachverhalten, wie der Einbeziehung im Ausland arbeitender Arbeitnehmer. Auch hier wird ein solcher Mechanismus benötigt.

In welcher Form die Kapitalgesellschaften in den einzelnen Rechtsordnungen auftreten, muss sodann der Wettbewerb der Rechtsordnungen entscheiden, den die Europäische Union durch eigene supranationale Rechtsformen zusätzlich intensiviert hat. Dies zeigt sich am besten an der Tatsache, dass es mittlerweile sowohl mitbestimmungsfreie Societas Europaea mit Geschäftsbetrieb in Deutschland als auch verschmolzene, mitbestimmungsfreie, deutsche Aktiengesellschaften geben kann, obwohl diese über 500 Arbeitnehmer beschäftigen.[471]

C. Anpassungsdruck auf die deutschen Regelungen

Im Zuge der dargestellten mitbestimmungsrechtlichen Integration Deutschlands in die Europäische Union gibt es Diskussionen bezüglich einer umfassenden Reform der deutschen Regelungen. Dabei werden im Folgenden zunächst zwei Auslegungsfragen hinsichtlich der aktuellen deutschen Gesetzeslage geklärt, welche für die spätere Überprüfung der Unionsrechtskonformität von besonderer Bedeutung sind.[472] Dabei handelt es sich um die Einbeziehung ausländischer Rechtsformen und die Einbeziehung der im Ausland arbeitenden Arbeitnehmer in den Geltungsbereich der deutschen Unternehmensmitbestimmung. Während ersteres in den letzten Jahren ausführlich diskutiert wurde und es auch Gesetzesinitiativen in diesem Bereich gab, wurden die im Ausland arbeitenden Arbeitnehmer oft nur am Rande erwähnt. Um diesen Abschnitt zu vervollständigen folgt neben diesen Auslegungsfragen de lege lata eine kurze Zusammenstellung der aktuellen Reformbemühungen de lege ferenda, welche zeigen, in welche Richtungen die deutsche Unternehmensmit-

---

471 Vgl. zu den verschiedenen Gestaltungsmöglichkeiten *Götze/Winzer/Arnold*, ZIP 2009, S. 245 ff.; *Nikoleyczik/Führ*, DStR 2010, S. 1743 ff.; *Drinhausen/Keinath*, BB 2011, S. 2699 ff.

472 Diese erfolgen vornehmlich anhand des Mitbestimmungsgesetzes. Größtenteils können die Ergebnisse aber auch auf die anderen Unternehmensmitbestimmungsgesetze übertragen werden.

bestimmung und insbesondere die Einbeziehung der Arbeitnehmer innerhalb der Europäischen Union gehen könnte.

I. Einbeziehung ausländischer Rechtsformen

Ausländische Rechtsformen unterfallen hinsichtlich ihrer Rechtsfähigkeit, der Organisationsverfassung sowie der Haftung der Gesellschafter, also hinsichtlich sämtlicher gesellschaftsrechtlicher Vorgänge dem jeweils geltenden Recht.[473] Problematisch ist jedoch die Frage, wie das jeweils anzuwendende Recht bestimmt wird. Zumindest innerhalb der Europäischen Union hat der Europäische Gerichtshof festgestellt, dass die Mitgliedstaaten die anderen mitgliedstaatlichen Kapitalgesellschaften als solche anerkennen müssen, sofern diese nach ihrem jeweiligen nationalen Recht wirksam gegründet worden sind.[474]

In den letzten Jahren kam jedoch eine Debatte um sogenannte ‚Briefkastengesellschaften' auf.[475] Wenn sich ein Unternehmen einer ausländischen Rechtsform bedient, obwohl es ausschließlich oder ganz überwiegend im Inland tätig ist, wird dies sowohl in Bezug auf den Gläubigerschutz als auch hinsichtlich einer Umgehung der Unternehmensmitbestimmung kritisch gesehen.[476] Zu dieser Problematik werden im Folgenden zunächst die Rechtsprechungslinie des Gerichtshofs, welche zu dieser Situation führte, kurz dargestellt und sodann Einbeziehungsmöglichkeiten ausländischer Rechtsformen in die deutsche Unternehmensmitbestimmung de lege lata aufgezeigt. Die Einbeziehung ausländischer Gesellschaften ins Mitbestimmungsgesetz ist eine wichtige Vorfrage zur späteren Unionsrechtskonformität im Hinblick auf die Arbeitnehmer eines Unternehmens. Eine Überprüfung der Unionsrechtskonformität der Einbeziehung ausländischer Gesellschaftsformen selbst wurde in zahlreichen Veröffentlichungen vorgenommen, sodass auf diese verwiesen werden kann.[477]

1.) Rechtsprechung zur Sitz- und Gründungstheorie

Die Fragen rund um die Einbeziehung der ausländischen Gesellschaftsrechtsformen wurden durch die Rechtsprechung des Europäischen Gerichtshofs zur Niederlassungsfreiheit in Gang gesetzt.[478] Früher wurden sämtliche ausländische Kapitalgesellschaften, die ihren Verwaltungssitz in Deutschland hatten, in Deutschland als

473 *Grundmann*, Europäisches Gesellschaftsrecht, Rn. 174.
474 EuGH, C-167/01 (Inspire Art) Slg. 2003, I-10155.
475 *Teichmann*, ZGR 2011, S. 639 (642 f.).
476 Vgl. beispielsweise *Hirsch/Britain*, NZG 2003, S. 1100 (1103).
477 Vgl. *Wißmann* in: ders./Kleinsorge/Schubert, Mitbestimmungsrecht, Vorbem. MitbestG Rn. 67, 77; sowie die weiteren Nachweise in Fn. 525.
478 Vgl. statt Vieler *Grundmann*, Europäisches Gesellschaftsrecht, Rn. 776 ff.; *Teichmann*, Binnenmarktkonformes Gesellschaftsrecht, S. 402 ff.

nicht wirksam gegründet und somit als Personengesellschaft angesehen.[479] Damit gingen für die Inhaber dieser ausländischen Kapitalgesellschaften problematische Haftungsfragen einher.[480] Für die Unternehmensmitbestimmung war die Ausgangslage jedoch klar: Da es keine ausländischen Kapitalgesellschaften mit Verwaltungssitz Deutschland gab, konnten diese folglich auch nicht ins Mitbestimmungsgesetz einbezogen werden.

a.) Internationales Privatrecht

Hintergrund dieser Versagung der Rechtsfähigkeit der ausländischen Kapitalgesellschaft mit Verwaltungssitz in Deutschland ist das Kollisionsrecht. Im Kollisionsrecht bzw. Internationalen Privatrecht[481] und somit auch im Internationalen Gesellschaftsrecht wird die Frage geklärt, welches Sachrecht auf einen Sachverhalt mit internationalem Bezug Anwendung findet.[482] Einigkeit besteht darüber, dass es diejenige Rechtsordnung sein soll, welche den engsten Bezug zum jeweiligen Sachverhalt hat. Welche Rechtsordnung dies im Einzelfall ist, wird durch den kollisionsrechtlichen Anknüpfungspunkt bestimmt.[483] Ist die anzuwendende Rechtsordnung bestimmt, umfasst das Sachrecht sodann sämtliche rechtlichen Beziehungen.[484]

Grundsätzlich finden auf eine Gesellschaft die Gesetze desjenigen Staats Anwendung, in welchem sie ihren Sitz hat. Im Gesellschaftsrecht gibt es jedoch zwei mögliche Anknüpfungspunkte: den Gründungs- oder den Verwaltungssitz der Gesellschaft. Die Frage, welcher der beiden Sitze besser geeignet ist, dem sachnächsten Recht zur Anwendung zu verhelfen, wird unterschiedlich beurteilt.[485] Daraus haben sich im Wesentlichen zwei Theorien herausgebildet: die Gründungs- und die Sitztheorie.[486] Staaten, die die Gründungstheorie anwenden, behandeln ausländische Kapitalgesellschaften mit inländischem Verwaltungssitz auch im Inland als Kapitalgesellschaft.[487] Das sachnächste Recht ist nach dieser Ansicht das Gründungsrecht der Gesellschaft. Diese Staaten sichern die Gläubiger meist durch Informations-

---

479 BGHZ 53, 181, 183; *Zimmer*, Internationales Gesellschaftsrecht, S. 302 ff.; *Bayer*, BB 2003, S. 2357 (2358 f.).

480 *Weller* in: MüKo GmbHG, Einl. Rn. 325.

481 Vgl. zur Frage ob Internationales Privatrecht und Kollisionsrecht deckungsgleiche Begriffe sind *Sonneberger* in: MüKo BGB, Einl. IPR, Rn. 3.

482 *Rauscher*, Internationales Privatrecht, Rn. 1, 4; *Kropholler*, Internationales Privatrecht, S. 1 f.; *Spahlinger* in: ders./Wegen, Internationales Gesellschaftsrecht, Rn. 9.

483 *Spahlinger* in: ders./Wegen, Internationales Gesellschaftsrecht, Rn. 12.

484 Vgl. speziell zum Gesellschaftsrecht *Grundmann*, Europäisches Gesellschaftsrecht, Rn. 174.

485 *Grundmann*, Europäisches Gesellschaftsrecht, Rn. 170 ff.

486 *Kindler* in: MüKo BGB, Intern. HanGesR, Rn. 7, 351 ff; *Leible* in Michalski, GmbHG, System. Darst. 2, Rn. 3 ff.

487 So zum Beispiel, die Schweiz und die Niederlanden sowie der anglo-amerikanische Rechtskreis. Vgl. *Kindler* in: MüKo BGB, Intern. HanGesR, Rn. 360; *Weller* in: MüKo GmbHG, Einl. Rn. 336.

pflichten der Gesellschaft und die Insolvenzordnung ab.[488] Deutschland folgt hingegen im Ausgangspunkt der Sitztheorie und stellt damit auf den Verwaltungssitz einer Gesellschaft ab.[489] Dieses tatsächliche Anknüpfungsmoment hat den Vorteil, dass immer das Recht angewendet wird, in welchem sich die Gesellschaft zumeist bewegt.[490] Allerdings ist der jeweilige Verwaltungssitz nicht immer leicht zu bestimmen. Er definiert sich als „Tätigkeitsort der Geschäftsführung und der dazu berufenen Vertretungsorgane, also der Ort, wo die grundlegenden Entscheidungen der Unternehmensleitung effektiv in laufende Geschäftsführungsakte umgesetzt werden."[491]

b.) Niederlassungsfreiheit

Der Europäische Gerichtshof musste in mehreren Entscheidungen zu der Frage der Vereinbarkeit der beiden Theorien mit der Niederlassungsfreiheit Stellung nehmen. Insbesondere die Frage, auf welchen Sitz bei grenzüberschreitenden Sachverhalten abzustellen ist bzw. ob sich durch die Grundfreiheiten ein Abstellen auf einen der beiden Sitze unionsrechtlich verbietet, war Gegenstand der Entscheidungen.[492] Dabei hat der Gerichtshof jedoch keine Festlegung hinsichtlich einer der beiden Theorien getroffen.[493] Allerdings hat er festgestellt, dass die Unternehmen bei ihren grenzüberschreitenden Aktivitäten nicht beschränkt werden dürfen.[494] In Deutschland wurden – wie einleitend ausgeführt – ausländische Kapitalgesellschaften mit inländischem Verwaltungssitz als nicht wirksam

---

488 *Merkt*, ZGR 2004, S. 305 (312 ff.).

489 Dies gilt auch nach den Entscheidungen des Europäischen Gerichtshofs. In diesen wurde lediglich eine Abkehr von der Sitztheorie bei Gesellschaften aus anderen Mitgliedstaaten der Europäischen Union beschlossen. Vgl. BGHZ 154, 187, 188; dazu *Leible/Hoffmann*, BB 2009, S. 58 (62); ausführlich *Lieder/Kliebisch*, BB 2009, S. 338 ff;. siehe aber auch *Thomale*, NZG 2011, S. 1290 ff., der nicht nur für die vom Unionsrechts vorgegebenen Bereiche einen langsamen Schwenk des Bundesgerichtshofs zur Gründungstheorie sieht. Auch im Verhältnis zu US-amerikanischen Gesellschaften gilt aufgrund Völkerrechtsabkommen Gründungsrecht. Vgl. *Drouven/Mödl*, NZG 2007, S. 7 ff. Weitere Staaten, die der Sitztheorie folgen, sind beispielsweise Belgien oder Frankreich. Vgl. *Kindler* in: MüKo BGB, Intern. HanGesR, Rn. 420.

490 *Weller* in: MüKo GmbHG, Einl. Rn. 320.

491 BGHZ 97, 269, 272.

492 Vgl. aktuell hierzu auch Stelmaszczyk, EuZW 2017, S. 890 ff.

493 *Altmeppen/Ego* in: MüKo AktG, Europ. Niederlassungsfreiheit Rn. 225 ff.; *Teichmann*, Binnenmarktkonformes Gesellschaftsrecht, S. 427 f. Vgl. zu den verschiedenen Auffassungen *Kieninger*, RabelsZ 2009, S. 607 (613 ff.); *Kieninger* in: Müller-Graff/Teichmann, Europäisches Gesellschaftsrecht, S. 57 (61 ff.). Für eine Loslösung von bisherigen Theorien im Unionsrecht *Teichmann*, ZGR 2011, S. 639 (679 ff.).

494 Vgl. zu den Möglichkeiten und Grenzen durch die Niederlassungsfreiheit vgl. *Teichmann*, ZGR 2011, S. 639 (646 ff.).

gegründet und damit als Personengesellschaften angesehen. Dies macht aufgrund der kritischen Haftungsfragen eine grenzüberschreitende Tätigkeit des Unternehmens deutlich unattraktiver.[495] Eine Rechtfertigung durch den Gläubigerschutz scheiterte, sodass nationale Kapitalgesellschaften unabhängig ihres jeweiligen Verwaltungssitzes in anderen Mitgliedstaaten der Europäischen Union als solche anerkannt werden müssen.[496]

Die Frage nach dem anzuwendenden Gesellschaftsrecht hat auch erhebliche Auswirkungen auf die Unternehmensmitbestimmung in Deutschland. Durch die soeben beschriebenen Entscheidungen des Gerichtshofs wurde unter anderem die vielbekannte Entwicklung der englischen Private Company Limited in Deutschland eingeleitet.[497] Diese führt zu einer sehr einfachen Umgehungsmöglichkeit der deutschen Mitbestimmung, weil im englischen Gesellschaftsrecht keine Unternehmensmitbestimmung bekannt ist.[498] So hat sich zum Beispiel Air Berlin zu einer Public Limited Company (PLC) & Co. KG[499] umgewandelt und damit die deutsche Mitbestimmung ausgeschlossen.[500]

2.) Möglichkeiten einer Einbeziehung

Infolge dieser Rechtsprechung wurde nun die Frage aufgeworfen, ob diese ausländischen Kapitalgesellschaften auch in das Mitbestimmungsgesetz einbezogen werden können. Klargestellt werden muss nochmals, dass es sich bei der hier diskutierten Einbeziehung ausländischer Kapitalgesellschaften nur um solche Gesellschaften handelt, welche zwar ihren Satzungssitz im Ausland, ihren Verwaltungssitz jedoch im Inland haben.[501] Diese Gesellschaften werden auch ‚Briefkastengesellschaften' oder ‚Scheinauslandsgesellschaften' genannt.[502] Gesellschaften mit Satzungs- und Verwaltungssitz im Ausland weisen keine hinreichende Ver-

---

495 *Teichmann*, Binnenmarktkonformes Gesellschaftsrecht, S. 427 f.

496 *Grundmann*, Europäisches Gesellschaftsrecht, Rn. 170.

497 *Zöllner*, GmbHR 2006, S. 1 ff. Kritisch *Happ/Holler*, DStR 2004, S. 730 ff.; *Müller*, BB 2006, S. 837 ff.; *Herrler/Schneider*, DStR 2009, S. 2433 ff. Vgl. zu den Praxisfragen einer Limited in Deutschland *Riegger*, ZGR 2004, S. 510 ff.

498 Zu der Problematik der „Briefkastengesellschaften" und der deutschen Unternehmensmitbestimmung vgl. *Bayer*, AG 2004, S. 534 ff.

499 Die Air Berlin PLC & Co. Luftverkehrs KG ist damit eine deutsche Kommanditgesellschaft. Allerdings mit einem ausländischen nicht persönlich haftenden Gesellschafter. Zur Zulässigkeit einer solchen Gestaltung *Braun*, Sicherung der Unternehmensmitbestimmung, S. 137 f., 161.

500 *Hunold* (damals CEO der Air Berlin PLC), FAZ vom 23. April 2006, S. 51: „Wir haben keinen Betriebsrat, keine Gewerkschaft, keine Mitbestimmung. So können wir flexibler und ehrlicher miteinander arbeiten."

501 *Ulmer/Habersack*, Mitbestimmungsrecht, § 1 MitbestG Rn. 6; *Wißmann* in: ders./ Kleinsorge/Schubert , Mitbestimmungsrecht, § 1 MitbestG Rn. 18; *Forsthoff*, Niederlassungsfreiheit für Gesellschaften, S. 175.

502 *Bayer*, BB 2003, S. 2357 (2358); *Triebel/von Hase*, BB 2003, S. 2409 (2413).

bindung zum Inland auf und können schon deshalb nicht in den Anwendungsbereich einbezogen sein.[503]

Deutlich sichtbar ist zunächst, dass in der Aufzählung des § 1 Abs. 1 MitbestG keine ausländischen Gesellschaftsformen erscheinen. Insofern kommen nur eine analoge Anwendung oder eine internationalprivatrechtliche Sonderanknüpfung in Frage. Aufgrund der enumerativen Aufzählung kann das Mitbestimmungsgesetz nach einhelliger Meinung jedoch zumindest nicht auf andere deutsche Gesellschaften analog angewendet werden. In diesem Bereich ist die Aufzählung abschließend.[504] Teilweise wird jedoch durch die soeben aufgezeigte Rechtsprechungsentwicklung eine Einbeziehung der ausländischen Gesellschaften in die deutsche Unternehmensmitbestimmung für möglich gehalten, da diese Rechtsprechung in der Zeit der Entstehung des Mitbestimmungsgesetzes nicht bekannt war.[505] Vielmehr wurde das Gesetz noch im System der Sitztheorie erlassen, wonach es überhaupt keine ausländischen Kapitalgesellschaften mit Verwaltungssitz in Deutschland geben konnte.

a.) Analogie

Für eine analoge Anwendung des Mitbestimmungsgesetzes müssten eine planwidrige Regelungslücke und eine vergleichbare Interessenslage vorliegen. Eine Regelungslücke liegt vor, wenn eine gesetzliche Regelung für einen bestimmten Fall eines geregelten Rechtskomplexes fehlt, der eigentlich darin mitgeregelt werden hätte müssen. Planwidrig ist die Regelungslücke dann, wenn der Gesetzgeber den vorliegenden Sachverhalt übersehen hat.[506] Dabei muss beachtet werden, dass eine lediglich rechtspolitisch gewünschte Verbesserungswürdigkeit nicht ausreicht.[507]

Teilweise wird in dieser Diskussion auf die Gesetzesmaterialien zum Mitbestimmungsgesetz verwiesen, welche ausdrücklich keine Einbeziehung ausländischer Gesellschaften vorsah: „Im Ausschuss bestand Einmütigkeit darüber, dass der Gesetzentwurf nicht für Unternehmensorgane ausländischer Unternehmen Geltung beanspruchen kann, [...].“[508] Allerdings sind Gesetzesmaterialien weder Rechtsnormen[509]

503 *Kampp*, BB 2004, S. 1496 (1498). Zu verschiedenen Möglichkeiten auch diese ausländischen Gesellschaften einzubeziehen vgl. *Forsthoff*, Niederlassungsfreiheit für Gesellschaften, S. 176 f.

504 *Ulmer/Habersack* in: dies./Henssler, Mitbestimmungsrecht, § 1 MitbestG Rn. 31; *Raiser* in: ders./Veil/Jacobs, MitbestG/DrittelbG, § 1 MitbestG, Rn. 10.

505 Vgl. zu früheren Stimmen in der Literatur *Meilicke/Meilicke*, BB 1977, S. 1063 f.; *Bellstedt*, BB 1977, S. 1326 ff.; *Hoffmann/Lehmann/Weinmann*, MitbestG, § 1 Rn. 8.

506 Grundlegend *Larenz*, Methodenlehre der Rechtswissenschaft, S. 381 f.

507 So beispielsweise BFHE 190, 343; siehe dazu auch *Geserich*, DStR-Beih 2011, S. 59 (61).

508 *Ausschuss für Arbeit und Soziales*, BT-Drucks. VII/4845, S. 4.

509 *Steindorff*, ZHR 1977, S. 457 (461); vgl. zur Bindung an die Gesetzesmaterialien *Fleischer*, AcP 2011, S. 318 (333): „Eine solche Bindung wird heute ganz überwiegend abgelehnt; vielmehr besteht eine breite Übereinstimmung darüber, dass Gesetzesmaterialien lediglich ‚Hilfsmittel der Forschung‘ darstellen, [...].

noch tatsächliche Gesetzesbegründungen,[510] sodass insbesondere nach einer langen Zeit keine belastbaren Aussagen aufgrund von diesen Materialien getroffen werden können.[511] Die Gesetzesmaterialien des Mitbestimmungsgesetzes sind aus dem Jahr 1976,[512] sodass diese nur begrenzt als Auslegungshilfe herangezogen werden können.

Aufgrund der Tatsache, dass der Gesetzgeber 1976 noch keine Möglichkeit hatte, die Unionsrechtsprechung zur der Sitztheorie zu erahnen, wird wiederum ein „typischen[r] Fall"[513] der planwidrigen Regelungslücke gesehen:[514] Hätte der Gesetzgeber damals gewusst, dass es ‚Briefkastengesellschaften' in Deutschland geben kann, hätte er diese auch in den Geltungsbereich des Mitbestimmungsgesetzes einbezogen. Doch auch diese pauschale Ansicht dürfte zu weit gehen, da noch nach der benannten Rechtsprechung des Gerichtshofs beispielsweise das Drittelbeteiligungsgesetz erlassen wurde.[515] In diesem Gesetz erfolgte jedoch ebenfalls keine Änderung hinsichtlich einer Einbeziehung ausländischer Rechtsformen.[516] Bei einer ähnlichen Konstellation im Körperschaftssteuergesetz wurde jedoch eine solche Änderung vom Gesetzgeber vorgenommen.[517] Insofern sollte an dieser Stelle ein fehlendes gesetzgeberisches Handeln nicht durch eine Analogie ausgefüllt werden. Auch muss beachtet werden, dass im Jahr 2011 Anträge der *SPD-Fraktion* und der *Fraktion DIE LINKE* abgelehnt wurden, die eine Ausweitung auf ausländische Gesellschaften beinhalteten.[518] Somit ist eine Analogie schon aufgrund der fehlenden planwidrigen Regelungslücke abzulehnen.[519]

---

510 Oft wird in dieser Diskussion auch das Wort ‚Gesetzesbegründung' verwendet, obwohl es hier eigentlich um eine Begründung des Ausschusses für Arbeit und Soziales zum Gesetzesentwurf und nicht um eine formale Gesetzesbegründung handelt. Siehe zu dieser Differenzierung *Kanzler*, FR 2007, S. 525 (525); anders hingegen *Bleckmann*, JuS 2002, S. 942 (945). Kritisch zu formalen Gesetzesbegründungen *Schulze-Fielitz*, JZ 2004, S. 862 (867); *Schwarz/Bravidor*, JZ 2011, S. 653 ff.

511 BVerfGE 34, 269, 288 f.; *Kramer*, Juristische Methodenlehre, S. 136 f.; *Wank*, Auslegung von Gesetzen, S. 33 f. Zurückhalten zur historischen Auslegung allgemein: *Kanzler*, FR 2007, S. 525 (528 f.); *Bleckmann*, JuS 2002, S. 942 (943).

512 *Ausschuss für Arbeit und Soziales*, BT-Drucks. VII/4845, S. 1.

513 *Kisker*, Unternehmensmitbestimmung bei Auslandsgesellschaften, S. 159.

514 *Bayer*, AG 2004 S. 534 (535); *Henssler* in: GS Heinze, S. 333 (343 f.).

515 Vgl. zum Erlass des Drittelbeteiligungsgesetzes auch Kapitel 1 A. III.

516 *Bundesregierung*, BT-Drucks. XV/2542, S. 11; *Ausschuss für Wirtschaft und Arbeit*, BT-Drucks. XV/2739, S. 3.

517 Dies geschah durch das SEStEG v. 7. 12. 06 (BGBl I 06, 2782, BStBl I 07, 4). Dazu *Rengers* in: Blümich, § 1 KStG Rn. 7, 64 ff.

518 Vgl. die Anträge der *SPD-Fraktion*, BT-Drucks. XVII/2122 und der *Fraktion DIE LINKE*, BT-Drucks. XVII/1413.

519 *Weidmann*, MitbestG mit Auslandsbezug, S. 80 f.; *Thüsing*, ZIP 2004, S. 381 (382); *Kampp*, BB 2004, S. 1496 (1499); *Veit/Wichert*, AG 2004, S. 14 (16 f.); *Behme*, ZIP 2008, S. 351 (354). Selbst die Befürworter eines Vorliegens der planwidrigen Regelungslücke lehnen mehrheitlich die vergleichbare Interessenslage ab oder lassen die analoge Anwendung durch andere Argumente scheitern. Vgl. beispielsweise

b.) Internationales Privatrecht

Ein anderes Ergebnis wird auch nicht im Internationalen Privatrecht gefunden. Teilweise wird versucht über den Ordre-public-Vorbehalt des Art. 6 EGBGB eine Einbeziehung der Auslandsgesellschaften mit Verwaltungssitz in Deutschland zu erreichen. Hiernach sind Rechtsnormen eines anderen Staats nicht anzuwenden, wenn diese mit den wesentlichen Grundsätzen des deutschen Rechts offensichtlich unvereinbar sind. Problematisch erscheint jedoch bereits, die Unternehmensmitbestimmung als wesentlichen Grundsatz des deutschen Rechts zu qualifizieren, weil auch zahlreiche deutsche Gesellschaften nicht in die Geltungsbereiche der Unternehmensmitbestimmungsgesetze fallen.[520] Darüber hinaus wird diesem Vorbehalt weitestgehend nur eine negative Funktion zugeordnet. Dies bedeutet, dass ausländisches Recht nicht angewandt werden soll, da ihre Anwendung zu untragbaren Ergebnissen im Inland führen würde.[521] Eine Ermächtigungsgrundlage für die Durchsetzung inländischen Sachrechts ist es jedoch nicht.[522] Der Ordre-public-Vorbehalt kann deshalb ebenfalls keine Einbeziehung der ‚Briefkastengesellschaften' rechtfertigen.[523]

Eine andere Begründungsmöglichkeit zur Einbeziehung könnte Art. 34 EGBGB bzw. der darin wurzelnde Gedanke sein.[524] Hierbei geht es um den unabdingbaren Normbestand des deutschen Rechts. Dieser ist gegeben, wenn selbst bei sonstiger Verweisung auf ausländisches Recht bestimmte unabdingbare Rechtsnormen aufgrund der verfolgten Interessen nach inländischem Recht beurteilt werden sollen. Dieser Gedanke wird auch Eingriffsrecht genannt.[525] Die Anwendung des Art. 34 EGBGB erscheint jedoch problematisch, weil er sowohl nach seiner systematischen Stellung als auch nach dem Wortlaut des Artikels lediglich bei vertraglichen Schuldverhältnissen Anwendung finden soll.

Selbst wenn man den Rechtsgedanken auch auf die Unternehmensmitbestimmung anwendet,[526] müssten die Normen jedoch ein Gemeininteresse[527] und einen

---

Bayer, AG 2004, S. 534 (535); *Kisker*, Unternehmensmitbestimmung bei Auslandsgesellschaften, S. 162 f. Vgl. zum selben Ergebnis vor den Entscheidungen des Gerichtshofs schon *Zimmer*, Internationales Gesellschaftsrecht, S. 161 f.

520 *Paefgen*, DB 2003, S. 487 (491 f.); *Riegger*, ZGR 2004 S. 510 (519); *Ulmer/Habersack in: dies.*/Henssler, Mitbestimmungsrecht, Einl. MitbestG Rn. 43; *Merkt*, ZIP 2011, S. 1237 (1239). Für eine Einbeziehung dagegen *Birk*, RabelsZ 1982, S. 384 (388 f.). Vgl. zum Ganzen auch *Kindler* in: MüKo BGB, Intern. HanGesellR Rn. 376 ff.

521 *Sonnenberger* in: MüKo BGB, Art. 6 EGBGB Rn. 3 ff.; *Weller*, DStR 2003, S. 1800 (1804); *Weller* in: FS Hommelhoff, S. 1275 (1287).

522 *Sonnenberger* in: MüKo BGB, Art. 6 EGBGB Rn. 9; *Kropholler*, Internationales Privatrecht, S. 274 f.

523 *Sandrock*, AG 2004, S. 57 (62 f.); *Behme*, ZIP 2008, S. 351 (355).

524 Ausführlich dazu, aber verneinend *Sandrock*, AG 2004, S. 57 (63 ff.).

525 *Sonnenberger* in: MüKo BGB, Einl. IPR Rn. 37; *Sonneberger*, IPRax 2003, S. 104 ff.

526 So *Franzen*, RdA 2004, S. 257 (259); *Weller* in: FS Hommelhoff, S. 1275 (1287).

527 Dazu *Weller* in: FS Hommelhoff, S. 1275 (1289 f.).

internationalen Geltungswillen aufweisen.[528] Es wird allgemein gefordert, dass der internationale Geltungswille in der Norm deutlich zum Vorschein kommen muss.[529] Bezüglich des Vorliegens eines internationalen Geltungswillens der Unternehmensmitbestimmung kann wiederum auf die geführte Diskussion zur Analogie verwiesen werden.[530] Außerdem ist es schwer von unabdingbaren Normen zu sprechen, wenn die Unternehmensmitbestimmung schon innerhalb der deutschen Rechtsordnung nur einen kleinen Kreis von Kapitalgesellschaften einbezieht.[531]

c.) Gesetzgeberische Notwendigkeiten und Möglichkeiten

Abschließend kann somit festgehalten werden, dass ausländische Gesellschaften de lege lata nicht in den Anwendungsbereich des Mitbestimmungsgesetzes fallen.[532] Aufgrund des klaren Wortlauts des § 1 Abs. 1 Nr. 1 MitbestG besteht keine Möglichkeit einer analogen Anwendung oder einer kollisionsrechtlichen Sonderanknüpfung. Eine Änderung durch den Gesetzgeber muss im Gesetzgebungsverfahren geschehen und nicht über unpassende Rechtsinstrumente.[533] Bei der folgenden Untersuchung der Unionsrechtskonformität der deutschen Unternehmensmitbestimmung wird deshalb davon ausgegangen, dass lediglich die in den jeweiligen Gesetzen enumerativ aufgezählten Rechtsformen von der Unternehmensmitbestimmung erfasst sind.

Eine solche Einbeziehung ausländischer Gesellschaften mit Registersitz in der Europäischen Union wird darüber hinaus de lege ferenda immer wieder diskutiert.[534] Durch diese Einbeziehung soll die deutsche Unternehmensmitbestimmung gesichert

---

528 Vgl. zur dieser Frage ausführlich *Braun*, Sicherung der Unternehmensmitbestimmung, S. 164 ff.; *Sonnenberger* in: MüKo BGB, Einl. IPR Rn. 39 ff.

529 *Markovska*, RdA 2007, S. 352 (356)

530 Vgl. in diesem Kapitel C. I. 2.) a.). Teilweise lässt das Schrifttum diese Voraussetzung unter den Tisch fallen vgl. hierzu kritisch *Braun*, Sicherung der Unternehmensmitbestimmung S. 166, m.w.N. in Fn. 176.

531 *Behme*, ZIP 2008, S. 351 (355); a. A. *Weller* in: FS Hommelhoff, S. 1275 (1289).

532 *Ulmer/Habersack* in: dies/Henssler, Mitbestimmungsrecht, § 1 MitbestG Rn. 8a.; *Wißmann* in: ders./Kleinsorge/Schubert, Mitbestimmungsrecht, § 1 MitbestG Rn. 18; *Raiser* in: ders./Veil/Jacobs, MitbestG/DrittelbG, § 1 MitbestG Rn. 13; *Merkt*, ZIP 2011, S. 1237 (1239); *Braun*, Sicherung der Unternehmensmitbestimmung, S. 162 ff.; *Thüsing*, ZIP 2004, S. 381 (382), *Sandrock*, AG 2004, S. 57 (65.); *Junker*, NJW 2004, S. 728 (729). Vgl. aus der früheren Literatur *Hoffmann/Lehmann/Weinmann*, MitbestG, § 1 Rn. 8 mit demselben Ergebnis.

533 So im Ergebnis auch *Braun*, Sicherung der Unternehmensmitbestimmung, S. 168. Vgl. zum tatsächlichen Bestand der Auslandsgesellschaften in Deutschland *Sick/Pütz*, AG 2011, R 195 f.

534 Vgl. zu einem Formulierungsvorschlag beispielsweise *Zimmer* in: GS Heinze, S. 1123 (1129 ff.); *Kisker*, Unternehmensmitbestimmung bei Auslandsgesellschaften, S. 224 ff.

werden. Allerdings wäre eine solche Erstreckung sowohl aus völkerrechtlicher[535] als auch aus unionsrechtlicher Sicht[536] problematisch. Bezüglich der Argumente und unterschiedlichen Einschränkungen kann auf die zahlreichen Veröffentlichungen verwiesen werden. Die vorliegende Arbeit beschränkt sich bei der Frage der Unionsrechtswidrigkeit der Nichteinbeziehung im Ausland arbeitender Arbeitnehmer in die deutsche Unternehmensmitbestimmung auf die aktuelle deutsche Gesetzeslage.[537]

II. Einbeziehung im Ausland arbeitender Arbeitnehmer

Im Folgenden wird nun die Zuordnung von im Ausland arbeitenden Arbeitnehmern innerhalb eines Konzerns und innerhalb einer Gesellschaft diskutiert. Dabei muss wiederum beachtet werden, dass dabei die Rechtslage de lege lata betrachtet wird. Die Ergebnisse der deutschen Unternehmensmitbestimmung werden anschließend knapp mit den Rechtslagen in anderen Mitgliedstaaten verglichen. Mit der Zuordnung der Arbeitnehmer gehen sowohl die Zurechnung bei den Schwellenwerten als auch das aktive und passive Wahlrecht der Arbeitnehmer einher. De lege lata ist hier keine Unterscheidung ersichtlich.[538]

1.) Anknüpfungspunkt im Konzern

Die Frage nach der Zurechnung im Ausland arbeitender Arbeitnehmer ist aufgrund der Vielzahl von unterschiedlichen Konstellationen vor allem innerhalb

---

535 Für die völkerrechtliche Zulässigkeit *Knobbe-Keuk*, ZHR 1990, S. 325 (348 f.); zumindest bei Briefkastengesellschaften *Rehberg* in: Eidenmüller, Ausländische Kapitalgesellschaften, § 6 Rn. 16; *Kisker*, Unternehmensmitbestimmung bei Auslandsgesellschaften, S. 206 f.; *Weiss/Seifert*, ZGR 2009, S. 542 (578). Für einen Verstoß gegen Völkerrecht *Veit/Wichert*, AG 2004, S. 14 (16); *Braun*, Sicherung der Unternehmensmitbestimmung, S. 146 f.

536 Für die Unionsrechtskonformität ausführlich *Kisker*, Unternehmensmitbestimmung bei Auslandsgesellschaften, S. 172 ff., der jedoch enge Vorgaben für eine solche Regelung sieht; ferner *Kieninger*, ZGR 1999, S. 724 (744 f.); *Roth* in: GS Heinze, S. 709 (718 ff.); *Kindler*, NJW 2003, S. 1073 (1079); *Thüsing*, ZIP 2004, 381(386); *Bayer*, AG 2004, S. 534 (537 f.); *Franzen*, RdA 2004, S. 257 (262 f.); *Weiss/Seifert*, ZGR 2009, S. 542 (579); *Weller* in: FS Hommelhoff, S. 1275 (1296 f.). Dagegen mit ausführlicher Begründung *Braun*, Sicherung der Unternehmensmitbestimmung, S. 173 ff, insbesondere S. 188 ff. sowie *Eidenmüller*, ZIP 2002, S. 2232 (2242); *Ziemonis*, ZIP 2003, S. 1913 (1917); *Sandrock*, AG 2004, S. 57 (65 f.); *Veit/Wichert*, AG 2004, S. 14 (17 f.); *Franz*, BB 2009, S. 1250 (1254); *Merkt*, ZIP 2011, S. 1237 (1242). „Für Schlussfolgerungen aus der bisherigen Judikatur bestehen aber große Unsicherheitsfaktoren.“ *Forsthoff*, Niederlassungsfreiheit für Gesellschaften, S. 236 f.

537 Vgl. zur Praxisrelevanz einer solchen Einbeziehung *Sick*, Mitbestimmungsrelevante Unternehmen mit ausländischen Rechtsformen, passim.

538 Vgl. dazu in Kapitel 1 C. I. 1.) b.).

eines Konzerns problematisch. Hier muss nach den verschiedenen Konstellationen differenziert werden.

a.) Ausländische Tochtergesellschaft einer inländischen Muttergesellschaft

In der ersten Fallgestaltung ist die Frage, ob Arbeitnehmer einer ausländischen Tochtergesellschaft einer deutschen Muttergesellschaft zuzuordnen sind. Wie oben dargelegt, unterfallen Unternehmen in ausländischen Gesellschaftsformen zunächst nicht der deutschen Unternehmensmitbestimmung.[539] Allerdings könnten trotzdem Arbeitnehmer einer solchen Gesellschaft der deutschen Muttergesellschaft zugerechnet werden. Dabei wird zunächst der rein deutsche Konzernsachverhalt dargestellt und sodann auf die verschiedenen Möglichkeiten ausländischer Sachverhalte übertragen.

aa.) Inländischer Betrieb einer inländischen Tochtergesellschaft

Gem. § 5 MitbestG werden Arbeitnehmer deutscher Tochtergesellschaften der Unternehmensspitze zugerechnet. Voraussetzung hierfür ist das Vorliegen eines Konzerns nach § 18 Abs. 1 AktG sowie, dass das herrschende Unternehmen im Konzern in einer Gesellschaftsform nach § 1 Abs. 1 Nr. 1 MitbestG organisiert ist. Es kann somit in Deutschland Gesellschaften geben, die zunächst aufgrund der niedrigen Anzahl an Arbeitnehmern nicht unter die Unternehmensmitbestimmung fallen würden, aufgrund ihrer konzernrechtlichen Verflechtungen aber viele Arbeitnehmer hinzugerechnet bekommen und sodann die Grenze des § 1 Abs. 1 Nr. 2 MitbestG von 2.000 Arbeitnehmern überschreiten. Dabei ist die Rechtsform der Tochtergesellschaft nicht von Bedeutung, weil die Zurechnung der Arbeitnehmer gem. § 5 Abs. 1 MitbestG unabhängig von der Rechtsform der abhängigen Gesellschaft erfolgt.[540] Somit kommen sowohl deutsche Kapital- und Personengesellschaften als auch Körperschaften oder Anstalten des öffentlichen Rechts sowie supranationale Gesellschaften mit Registersitz im Inland in Betracht.[541]

Im Folgenden muss die Frage geklärt werden, ob auch Arbeitnehmer ausländischer Gesellschaften aufgrund einer solchen Verflechtung mit der deutschen Muttergesellschaft hinzugerechnet werden. Dabei werden in der Literatur zumeist wiederum zwei Varianten unterschieden: Die Arbeitnehmer einer ausländischen Tochtergesellschaft können entweder einem ausländischen oder einem inländischen Betrieb zugeordnet sein.

---

539 Vgl. dazu in diesem Kapitel unter C. I., sowie *Ulmer/Habersack* in: dies./Henssler, Mitbestimmungsrecht, § 1 MitbestG Rn. 6; *Werner*, Unternehmensmitbestimmung in Konzernen, S. 71 ff.

540 *Ulmer/Habersack* in: dies./Henssler, Mitbestimmungsrecht, § 5 MitbestG Rn. 18.

541 *Wißmann* in: ders./Kleinsorge/Schubert, Mitbestimmungsrecht, § 5 MitbestG Rn. 19 ff.; *Oetker* in: ErfKom, § 5 MitbestG Rn. 5; *Wißmann*, MüHdB ArbR, § 279 Rn. 11. Zu den Gestaltungsmöglichkeiten in Deutschland ausführlich *Habersack*, AG 2007, S. 641 ff.

bb.) Ausländischer Betrieb einer ausländischen Tochtergesellschaft

Da die Rechtsform der Tochtergesellschaft für eine Zurechnung unerheblich ist, könnten nun der deutschen Muttergesellschaft auch die Arbeitnehmer von ausländischen Tochtergesellschaften zugerechnet werden. Allerdings wird dies bei ausländischen Gesellschaften überwiegend anders gesehen, was mit einem Verweis auf das Territorialitätsprinzip begründet wird.[542]

(1) Territorialitätsprinzip

Das Mitbestimmungsgesetz ist räumlich auf den Geltungsbereich im Inland beschränkt, Sachverhalte im Ausland soll es nach dem Territorialitätsprinzip nicht regeln können, weil jeder Staat für sein Staatsgebiet die Regelungshoheit besitzt.[543] Diese Ansicht wird auch mit den Verweisungen des Mitbestimmungsgesetzes auf das Betriebsverfassungsgesetz bekräftigt,[544] welches ebenfalls nur für inländische Betriebe Geltung beansprucht.[545]

Die Gegenansicht sieht bei der Zurechnung der Arbeitnehmer ausländischer Gesellschaften zu inländischen Muttergesellschaften keine Probleme.[546] Diese Ansicht knüpft direkt an die Muttergesellschaft an und rechnet sämtliche Arbeitnehmer eines Konzerns dieser Gesellschaft zu. Der Verweis auf das Territorialitätsprinzip dürfte hiernach nicht ausreichen, da im Ausland zwar Rechte entstehen, diese jedoch nur im Inland bei der deutschen Muttergesellschaft wirken.[547] Dabei muss auch der Sinn und Zweck des § 5 Abs. 1 MitbestG beachtet werden, welcher eine Umgehung der Unternehmensmitbestimmung durch Zwischenschaltung von nicht unter das Mitbestimmungsgesetz fallenden Unternehmen verhindert.[548] Dieser ändert sich nicht, nur weil es sich bei der Tochtergesellschaft um eine ausländische Rechtsform handelt.[549] Zudem wird im Mitbestimmungsgesetz nur auf die sachlichen Definitionen bezüglich des Arbeitnehmer- und des Betriebsbegriffs verwiesen. Eine Verweisung auf den räumlichen Anwendungsbereich gem. § 1 BetrVG und damit eine Einschränkung auf inländische Betriebe und deren Arbeitnehmer ist nicht zu finden.[550]

---

542 LG Düsseldorf, DB 1979 S. 1451 f.; *Wißmann* in: ders./Kleinsorge/Schubert, Mitbestimmungsrecht, § 5 MitbestG Rn. 22; *Ulmer/Habersack* in: dies./Henssler, Mitbestimmungsrecht, § 5 MitbestG Rn. 55.

543 Vgl. dazu ausführlich in Kapitel 5 IV. 2.) a.).

544 *Teichmann*, ZIP 2009, Beilage Heft 48, S. 10 (12 f.).

545 *Richardi* in: ders., BetrVG, Einl. Rn. 66 ff.

546 U.a. *Däubler*, RabelsZ 1975, S. 444 (451 ff.); *Steindorff*, ZHR 1977, S. 457 (459 ff.); *Nienerza*, Mitbestimmung in grenzüberschreitenden Unternehmen, S. 48 ff.

547 *Nienerza*, Mitbestimmung in grenzüberschreitenden Unternehmen, S. 48 f.

548 Vgl. zu den aktuellen Möglichkeiten einer Umgehung der deutschen Mitbestimmung *Henssler*, RdA 2005, S. 330 (332 f.); ausführlich auch *Götze/Winzer/Arnold*, ZIP 2009, S. 245 ff.

549 *Nienerza*, Mitbestimmung in grenzüberschreitenden Unternehmen, S. 51 f.

550 *Nienerza*, Mitbestimmung in grenzüberschreitenden Unternehmen, S. 53 f.

(2) MoMiG

Teilweise wird auch durch die Verabschiedung des Gesetzes zur Modernisierung des GmbH-Rechts und zur Bekämpfung von Missbräuchen (MoMiG)[551] eine Ausweitung des Anwendungsbereichs des Mitbestimmungsgesetzes gesehen.[552] Das MoMiG bzw. die hierdurch eingeführten §§ 4a GmbHG, 5 AktG erlauben den deutschen Kapitalgesellschaften ihren Verwaltungssitz ins Ausland zu verlagern, ohne dabei ihre Rechtsform zu verlieren.[553] Somit wird auch eine Gesellschaft, welche sowohl ihre Leitung als auch ihre Verwaltung im Ausland und im Extremfall nur eine einzige Niederlassung innerhalb Deutschlands hat, in das Mitbestimmungsgesetz einbezogen. Eigenartig mutet daran an, dass die Aufsichtsratssitzungen beispielweise am Verwaltungssitz in Frankreich stattfinden; teilnehmen dürfen aber nur die Arbeitnehmervertreter der in Deutschland arbeitenden Arbeitnehmer.[554] Doch stellen die Gesetzesmaterialien zum MoMiG klar, dass mit diesem Gesetz die Unternehmensmitbestimmung nicht berührt werden sollte.[555] Insofern ist durch das MoMiG der Anwendungsbereich nicht erweitert worden.[556]

(3) Freiwilligkeit

Eine weitere Ansicht sieht die Lösung des Problems in einer freiwilligen Einbeziehung der im Ausland arbeitenden Arbeitnehmer.[557] Dieser Gedanke dürfte zum einen aus der Fusion der beiden Gesellschaften *Daimler Benz AG* und *Chrysler Inc.* zur *DaimlerChrysler AG* stammen, in der zumindest die Gewerkschaften auch amerikanische Vertreter auf ihre Liste setzten, sodass am Ende auch im Ausland tätige Arbeitnehmer im deutschen Aufsichtsrat saßen.[558] Zudem kannte das deutsche Aktienrecht gem. § 329 AktG a. F.[559] die Möglichkeit einer freiwilligen Einbeziehung ausländischer Tochtergesellschaften in die Konzernbilanz.[560]

---

551 Gesetz zur Modernisierung des GmbH-Rechts und zur Bekämpfung von Missbräuchen (MoMiG) vom 23. Oktober 2008 BGBl. I 2008, 2026.

552 Den Gedanken aufwerfend *Waldenmaier/Ley*, BB 2009, S. 1694 (1699 f.); *Däubler/Heuschmid*, NZG 2009, S. 493 (496).

553 *Michalski/Funke* in: Michalski, GmbHG, § 4a GmbHG Rn. 2 ff.; *Hüffer* in: ders., AktG, § 5 AktG Rn. 3; ausführlich auch *Leitzen*, NZG 2009, S. 728 ff.

554 *Waldenmaier/Ley*, BB 2009, S. 1694 (1699).

555 *Rechtsausschuss*, BT-Drucks. XVI/9737, S. 54 f.

556 *Mayer* in: MüKo GmbH, § 4a GmbHG Rn. 70; *Leitzen*, NZG 2009, S. 728 (731); im Ergebnis dann auch *Waldenmaier/Ley*, BB 2009, S. 1694 (1699 f.).

557 *Raiser* in: ders./Veil/Jacobs, MitbestG/DrittelbG, § 5 MitbestG Rn. 30.

558 Vgl. *Gentz*, NZA 2000, S. 3 (5).

559 Gültig bis 1. Januar 1986.

560 Dies wird von *Werner*, Unternehmensmitbestimmung in Konzernen, S. 72 als Anstoß *Raisers* betrachtet.

Hiergegen spricht jedoch zumindest bei den unternehmensangehörigen Arbeitnehmervertretern der zwingende Charakter des Mitbestimmungsgesetzes.[561] Die daraus resultierenden Rechte der Arbeitnehmer dürfen weder durch die Geschäftsführung noch durch die Anteilseignerversammlung beschränkt werden.[562] Durch eine freiwillige Einbeziehung im Ausland arbeitender Arbeitnehmer würden diese Rechte der in Deutschland arbeitenden Arbeitnehmer jedoch mittelbar beschnitten. Teilweise wird sogar befürchtet, dass hierdurch geschäftsführungstreue Arbeitnehmer aus einem anderen Mitgliedstaat einbezogen werden, kampfeslustige jedoch nicht.[563]

(4) Verweisungen ins Betriebsverfassungsgesetz

Nach der hier vertretenen Ansicht wird die herrschende Ansicht zwar hinsichtlich des pauschalen Verweises auf das Territorialitätsprinzip zu Recht gerügt.[564] Es bedarf deshalb einer genauen Untersuchung, ob das Territorialitätsprinzip tatsächlich eine Einbeziehung im Ausland arbeitender Arbeitnehmer grundsätzlich verbietet.[565] Doch muss diese Frage an dieser Stelle (noch) nicht geklärt werden. Es reicht meiner Einschätzung nach de lege lata völlig aus, dass mehrere Verweisungen des Mitbestimmungsgesetzes deutlich zeigen, dass es sich an den Betrieben und Arbeitnehmern des Betriebsverfassungsgesetzes orientiert und nur diese einbezieht.[566] So verweist das Mitbestimmungsgesetz hinsichtlich der zentralen Definition des Arbeitnehmers in § 3 MitbestG auf das Betriebsverfassungsgesetz und verwendet zudem die ‚deutschen' Begrifflichkeiten, wie beispielweise ‚leitender Angestellter'. Außerdem wird hinsichtlich des Wahlverfahrens der Arbeitnehmer beispielsweise in § 10 Abs. 3 MitbestG oder § 18 MitbestG ebenfalls auf das deutsche Betriebsverfassungsgesetz verwiesen. Es erscheint wenig sinnvoll, dass ein Gesetz, welches auch im Ausland arbeitende Arbeitnehmer einbeziehen möchte, auf das ausschließlich auf deutsche Betriebe anzuwendende Betriebsverfassungsgesetz verweist.[567]

Im Ergebnis spielt es keine Rolle, ob mit der herrschenden Ansicht das Territorialitätsprinzip oder mit der im Vordringen befindlichen Ansicht die Verweisungen auf das Betriebsverfassungsgesetz zur Begründung herangezogen werden. Weitgehende Einigkeit besteht zumindest de lege lata, dass im Ausland arbeitende Arbeitnehmer einer ausländischen Tochtergesellschaft der Muttergesellschaft nicht zugerechnet werden sollen.

---

561 In diese Richtung *Henssler* in: Ulmer/Habersack/ders., Mitbestimmungsrecht, § 3 MitbestG Rn. 40.

562 Vgl. dazu beispielsweise in Kapitel 2 B. II. 4.).

563 *Werner*, Unternehmensmitbestimmung in Konzernen, S. 72.

564 *Lutter* in: FS Zweigert, S. 251 (257 f.).

565 Vgl. dazu ausführlich in Kapitel 5 IV. 2.).

566 *Henssler* in: Ulmer/Habersack/ders., Mitbestimmungsrecht, § 3 MitbestG Rn. 37; *Lambrich/Reinhard*, NJW 2014, S. 2229 (2232); *Fischer*, NZG 2014, S. 737 (738).

567 So auch *Raiser* in: ders./Veil/Jacobs, MitbestG/DrittelbG, § 5 MitbestG Rn. 29, die vor allem auf die mangelnde Praktikabilität verweisen. Dies ist im Rahmen der Auslegung des Mitbestimmungsgesetzes, anders als bei der Frage der Unionsrechtskonformität ein zulässiges Unterscheidungskriterium.

cc.) Inländischer Betrieb einer ausländischen Tochtergesellschaft

Innerhalb dieser vorherrschenden Ansicht wird die Problematik, ob Arbeitnehmer inländischer Betriebe ausländischer Tochtergesellschaften einer inländischen Muttergesellschaft zugerechnet werden, nochmals unterschiedlich beurteilt. Teilweise wird in dieser Konstellation ebenfalls auf die ausländische Tochtergesellschaft abgestellt, sodass auch bei inländischen Betrieben keine Zurechnung erfolgt.[568] Diese Ansicht sieht auch in diesem Spezialfall somit den Anknüpfungspunkt im Ausland.

Andererseits wird an dieser Stelle von zahlreichen Autoren wiederum unter Verweis auf das Territorialitätsprinzip eine Ausnahme gemacht, weil dieser Grundsatz bei inländischen Betrieben keine Rolle spiele.[569] Diese Ansicht knüpft nicht an die ausländische Gesellschaft, sondern an den inländischen Betrieb an. Auch wenn nach der hier vertretenen Auffassung nicht das Territorialitätsprinzip, sondern die Verweisung auf das Betriebsverfassungsrecht und die mangelnde Praktikabilität einer de lege lata Einbeziehung entgegenstehen, gelten bei beiden Auffassungen dieselben Grundsätze.[570] Für die inländischen Betriebe gilt das deutsche Betriebsverfassungsgesetz, sodass diese aufgrund der Verweisungen auch in das Mitbestimmungsrecht einbezogen werden können.

dd.) Zusammenfassung

Insgesamt wird den im Ausland arbeitenden Arbeitnehmern einer Tochtergesellschaft eine Zuordnung zur Muttergesellschaft somit verwehrt. Eine Ausnahme gilt lediglich bei in inländischen Betrieben angesiedelten Arbeitnehmern. Dies ist konsequent, da diese Arbeitnehmer einem inländischen Betrieb zugeordnet sind und damit nicht im Ausland arbeiten. In dieser Ansicht sowie im Mitbestimmungsgesetz kommt das arbeitsrechtliche Grundprinzip der Zuordnung zum jeweiligen Betrieb zum Ausdruck. Insofern können de lege lata nur die im Inland gelegenen Betriebe unter das Mitbestimmungsgesetz fallen.

b.) Inländische Enkelgesellschaften

Auch Arbeitnehmer inländischer Enkelgesellschaften, die über eine ausländische Tochtergesellschaft zu einer inländischen Muttergesellschaft gehören, werden der herrschenden (Groß-)Muttergesellschaft zugerechnet.[571] Diese Gesellschaft ist

---

568 *Ulmer/Habersack* in: dies./Henssler, Mitbestimmungsrecht, § 5 MitbestG Rn. 55; *Altmeppen* in: MüKo AktG, Europäische Niederlassungsfreiheit, Kap. 5 Rn. 30; *Hoffmann/Lehmann/Weinmann*, § 1 MitbestG Rn. 43.

569 *Wißmann* in: ders./Kleinsorge/Schubert, Mitbestimmungsrecht, § 5 MitbestG Rn. 23; *Raiser in: ders./Veil/Jacobs*, MitbestG/DrittelbG, § 5 MitbestG Rn. 30; *Duden*, ZHR 1977 S. 145 (185).

570 In diese Richtung *Raiser* in: ders./Veil/Jacobs, MitbestG/DrittelbG, § 5 MitbestG Rn. 29.

571 *Ulmer/Habersack* in: dies./Henssler, Mitbestimmungsrecht, § 5 MitbestG Rn. 55; *Wißmann* in: ders./Kleinsorge/Schubert, Mitbestimmungsrecht, § 5 MitbestG

über § 17 Abs. 1 AktG abhängig. Außerdem gehört die Enkelgesellschaft unter den Voraussetzungen des § 18 Abs. 1 AktG zum Konzern der deutschen (Groß-)Muttergesellschaft und ist insoweit Konzernunternehmen gem. § 5 Abs. 1 MitbestG. Das Konzernrecht erfasst dabei auch grenzüberschreitend sämtliche Gesellschaften, die diese Voraussetzungen erfüllen.[572] Die Zwischenschaltung der ausländischen Tochtergesellschaft ist für das Territorialitätsprinzip irrelevant, da sich sowohl die mitbestimmte (Groß-)Muttergesellschaft als auch die Enkelgesellschaft sowie deren Betrieb und Arbeitnehmer im Inland befinden.[573]

2.) Anknüpfungspunkt in der Gesellschaft

Neben diesen Konzernkonstellationen muss auch die Frage geklärt werden, welche im Ausland arbeitenden Arbeitnehmer einer inländische Gesellschaft mitbestimmungsrechtlich zugerechnet werden können. Dabei muss danach differenziert werden, ob ein Arbeitnehmer innerhalb einer Gesellschaft einem ausländischen oder einem inländischen Betrieb zugeordnet ist. Dabei gelten dieselben Grundsätze, die schon beim Konzernverhältnis dargestellt wurden.[574] Arbeitnehmer inländischer Betriebe werden somit selbstredend der Gesellschaft zugeordnet.

a.) Ausländischer Betrieb einer inländischer Gesellschaft

Im Ausland tätige Arbeitnehmer einer inländischen Gesellschaft zählen im unternehmensmitbestimmungsrechtlichen Sinne nach überwiegender Ansicht jedoch ebenfalls nicht zur Gesellschaft.[575] Zunächst wäre in diesem Fall eine Anknüpfungsmöglichkeit zwar gegeben, weil die Arbeitnehmer von ausländischen Betrieben zur deutschen Gesellschaft zugeordnet werden können.[576] Doch überwiegen auch hier – wie schon beim Konzern – die Argumente hinsichtlich des Territorialitätsprinzips[577] und der Verweisungen ins Betriebsverfassungsgesetz[578] mit den damit

---

Rn. 23; *Raiser* in: ders./Veil/Jacobs, MitbestG/DrittelbG, § 5 MitbestG Rn. 31, *Hoffmann/Lehmann/Weinmann*, MitbestG, § 5 Rn. 49.

572 Vgl. dazu ausführlich *Henssler*, ZfA 2005, S. 289 ff.

573 *Werner*, Unternehmensmitbestimmung in Konzernen, S. 80.

574 Vgl. dazu in diesem Kapitel unter C. II. 1.).

575 *Henssler* in: Ulmer/Habersack/ders., Mitbestimmungsrecht, § 3 Rn. 36; *Wißmann* in: ders./Kleinsorge/Schubert, Mitbestimmungsrecht, § 3 Rn. 27 ff; *Hoffmann/Lehmann/Weinmann*, MitbestG, § 1 Rn. 39; a. A. *Nienerza*, Mitbestimmung in grenzüberschreitenden Unternehmen, S. 87 ff.

576 *Henssler* in: Ulmer/Habersack/ders., Mitbestimmungsrecht, § 3 Rn. 36.

577 *Koberski* in: Wlotzke/Wißmann/ders./Kleinsorge, Mitbestimmungsrecht, § 3 Rn. 29 ff.; *Hoffmann/Lehmann/Weinmann*, MitbestG, § 1 Rn. 41; kritisch dazu aber bspw. *Wißmann* in: ders./Kleinsorge/Schubert, Mitbestimmungsrecht, § 3 Rn. 32.

578 *Koberski* in: Wlotzke/Wißmann/ders./Kleinsorge, Mitbestimmungsrecht, § 3 MitbestG Rn. 29; *Henssler* in: Ulmer/Habersack/ders., Mitbestimmungsrecht, § 3 MitbestG Rn. 36.

einhergehenden praktischen Problemen, gegenüber den Argumenten, die eine Ausweitung des Mitbestimmungsgesetzes auch auf im Ausland arbeitende Arbeitnehmer befürworten.[579]

Außerdem entspricht die Ausklammerung der im Ausland arbeitenden Arbeitnehmer dem historischen Willen des Gesetzgebers: „[...] die im Gesetzesentwurf festgelegten Beteiligungsrechte [stehen] nur den Arbeitnehmern der in der Bundesrepublik belegenen Betriebe dieser Unternehmen [zu]."[580] Die Gesetzesmaterialien können zwar nur zurückhaltend als Auslegungshilfe herangezogen werden, weil es sich beim Mitbestimmungsgesetz um ein relativ altes Gesetz handelt,[581] doch ist dies ein weiteres Indiz für die Ausklammerung de lege lata.

b.) Ausstrahlung

Eine Ausnahme der restriktiven Einbeziehung der im Ausland arbeitenden Arbeitnehmer gilt jedoch bei Arbeitnehmern, die in Ausstrahlung eines in Deutschland begründeten Arbeitsverhältnisses arbeiten.[582] Eine solche Ausstrahlung liegt gem. § 4 Abs. 1 SGB IV vor, wenn innerhalb eines bestehenden Beschäftigungsverhältnisses der Arbeitnehmer in ein Gebiet außerhalb Deutschlands aufgrund der Eigenart der Beschäftigung entsandt wird oder wenn die Entsendung vertraglich im Voraus zeitlich begrenzt ist. Hiernach muss der entsandte Arbeitnehmer weiterhin einem inländischen Betrieb organisatorisch zugeordnet bleiben.[583] Dies wird durch das Weisungsrecht des inländischen Betriebs hinsichtlich der Art, der Dauer, dem Ort und der Zeit der Arbeit gewährleistet.[584] Eine Anwendung dieser Legaldefinition im Mitbestimmungsrecht ist nach allgemeiner Meinung zulässig.[585]

Nicht ausreichend ist demnach eine Wiedereingliederungsvereinbarung, da die Arbeitnehmer während der ganzen Zeit dem inländischen Betrieb zugehörig sein müssen.[586] Allerdings kann ein Arbeitnehmer ohne zeitliche Begrenzung im Aus-

---

579 Ausführlich dazu in diesem Kapitel unter C. II. 1.) a.) bb.).

580 *Ausschuss für Arbeit und Sozialordnung*, BT-Drucks. VII/4845, S. 4.

581 Vgl. dazu in Kapitel 2 A. IV.

582 BAGE, 30, 266; *Henssler* in: Ulmer/Habersack/ders., Mitbestimmungsrecht, § 3 MitbestG Rn. 38; *Lambrich/Reinhard*, NJW 2014, S. 2229 (2232); *Mückl/Kaueroff*, ArbRAktuell 2013, S. 567 (569 f.). Vergleiche zur Ausstrahlungstheorie als Durchbrechung des Territorialitätsprinzips *Rein*, grenzüberschreitendes Arbeitsverhältnis, S. 106 ff.

583 *Wietek* in: Winkler, SGB IV, § 4 Rn. 8.

584 *Wißmann* in: ders./Kleinsorge/Schubert, Mitbestimmungsrecht, § 3 MitbestG Rn. 38; *Henssler* in: Ulmer/Habersack/ders., Mitbestimmungsrecht, § 3 MitbestG Rn. 38; *Marschner* in: Kreikebohm, SGB IV, § 4 Rn. 7 ff.

585 *Henssler* in: Ulmer/Habersack/ders., Mitbestimmungsrecht, § 3 MitbestG Rn. 38. Ausführlich dazu *Weidmann*, MitbestG mit Auslandsbezug, S. 138 f.

586 *Wißmann* in: ders./Kleinsorge/Schubert, Mitbestimmungsrecht, § 3 MitbestG Rn. 39.

land tätig sein,[587] sofern er nicht nur für eine Auslandstätigkeit eingestellt wurde.[588] Insgesamt handelt es sich bei der Ausstrahlung formal nicht um eine Ausnahme der Ausgrenzung der ausländischen Betriebe, weil die Entsandten weiterhin dem inländischen Betrieb zugeordnet werden.[589]

3.) Vergleich mit anderen Rechtsordnungen

Die Unternehmensmitbestimmungsregelungen in anderen Mitgliedstaaten klammern – sofern diese die Organmitbestimmung kennen – im Ausland arbeitende Arbeitnehmer ebenfalls weitgehnd aus.[590] Deshalb wird insgesamt auch von der „nationale(n) Introvertiertheit der Organbeteiligung“[591] gesprochen. Eine Ausnahme wird aber zum Beispiel in Schweden für norwegische und finnische Gewerkschaftsvertreter gemacht, sofern die schwedische Muttergesellschaft Tochtergesellschaften in diesen beiden skandinavischen Ländern hat.[592]

Diese Lösung ist vor allem deshalb möglich, weil in der schwedischen Unternehmensmitbestimmung die Gewerkschaften das Recht auf die Entsendung der Arbeitnehmer in das entsprechende Unternehmensorgan innehaben.[593] Diese Konstellation ist mit dem damaligenZusammenschluss von der *Daimler-Benz AG* und der *Chrysler Inc.* zu *DaimlerChrysler AG* zu vergleichen. Bei diesem wurde von den deutschen an die amerikanischen Gewerkschaften freiwillig ein Sitz im Aufsichtsrat abgetreten.[594] Allerdings müssten für die Übertragung des schwedischen Modells[595] die Gewerkschaften eine noch zentralere Rolle in der Unternehmensmitbestimmung erhalten.

---

587 *Henssler* in: Ulmer/Habersack/ders., Mitbestimmungsrecht, § 3 MitbestG Rn. 39.

588 *Weidmann*, MitbestG mit Auslandsbezug, S. 139 ff.; ausführlich dazu *Rein*, grenzüberschreitendes Arbeitsverhältnis, S. 110 ff.

589 Vgl. zu mitbestimmungsrechtlichen Konsequenzen einer Auslandsentsendung ausführlich *Mückl/Kaueroff*, ArbRAktuell 2013, S. 567 ff.

590 *Köstler* in: Bitburger Gespräche I/2006, S. 99 (102 f.); *Junker* in: Bitburger Gespräche I/2006, S. 71 (74 f.). Siehe auch die Aufstellung der Hans-Böckler-Stiftung unter http://www.boeckler.de/75.htm (27.09.2011); Vgl. auch den Report of the Reflection Group On the Future of EU Company Law, S. 53., abrufbar unter http://ec.europa.eu/internal_market/company/docs/modern/reflectiongroup_report_en.pdf (27.02.2013); dazu *Hellwig/Behme*, AG 2011, S. 740 (742 f.). Vgl. dazu aber auch unten in Kapitel 8 unter C. II. 1.).

591 *Heuschmid*, Mitentscheidung durch Arbeitnehmer, S. 238.

592 *Köstler* in: Bitburger Gespräche I/2006, S. 103. Allerdings ist auch dies nicht verpflichtend geregelt. Vgl. *Rebhahn* in: Rieble, Zukunft der Unternehmensmitbestimmung, S. 45 (49).

593 *Hörisch*, Unternehmensmitbestimmung im Vergleich, S. 40 f.; *Foerster* in: Hohloch, EU-Handbuch Gesellschaftsrecht, Schweden Rn. 302 sowie in diesem Kapitel unter A. II.

594 *Henssler* in: Baums/Ulmer, Unternehmensmitbestimmung in EU-Mitgliedstaaten, S. 133 (138); *Gentz*, NZA 2000, S. 3 (5).

595 Vgl. zur Ausgestaltung des schwedischen Systems *Victorin* in: Baums/Ulmer, Unternehmens-Mitbestimmung in EU-Mitgliedstaaten, S. 125 (129 ff.).

4.) Stellungnahme

Insgesamt ist somit davon auszugehen, dass sich aktuell die Unternehmensmitbestimmung am Betriebsverfassungsrecht und damit an den Betrieben orientiert. Nur diejenigen Arbeitnehmer, die einem inländischen Betrieb zugeordnet sind, zählen in den Mitbestimmungsgesetzen für die Schwellenwertberechnung oder haben das aktive und passive Wahlrecht. Dem Verweis der herrschenden Ansicht auf das Territorialitätsprinzip ist jedoch nur insoweit zuzustimmen, dass die Unternehmensmitbestimmung auf das Betriebsverfassungsgesetz verweist und dieses Gesetz wiederum nur für in Deutschland gelegene Betriebe und deren Arbeitnehmer gilt. Diese Einschränkungen gelten sowohl für Konzernverhältnisse als auch für ausländische Betriebe inländischer Gesellschaften. Eine Einschränkung de lege ferenda ist im Folgenden zu diskutieren.

III. Reformdiskussion

Seit Ende des letzten Jahrhunderts kam, vor allem aufgrund der aufgezeigten europäischen Entwicklung und im Rahmen der Diskussion um eine gute Corporate Governance,[596] langsam auch in Deutschland eine neue intensive rechtswissenschaftliche Diskussion über die Unternehmensmitbestimmung auf.[597] Interessant ist dabei insbesondere, welche Positionen dabei zur Internationalisierung oder Europäisierung der Unternehmensmitbestimmung bezogen werden. Diese Diskussion wird im Folgenden überblicksartig nachgezeichnet und anschließend zu den Vorschlägen Stellung genommen.

1.) Bisheriger Verlauf

Die Frage der Umgestaltung der deutschen Unternehmensmitbestimmung wurde in den letzten Jahren sowohl in einer Flut von Aufsätzen[598] als auch in diversen Monographien[599] behandelt. Daneben beschäftigten sich einige Kommissionen und

---

596 U.a. *Hopt* in: FS Everling, S. 475 ff.; *Schiessel*, ZHR 2003, S. 235 ff.; *von Werder*, AG 2004, S. 166 ff.; vgl. zum Corporate Governance Kodex und Grünbuch aktuell: *Schindler*, NZG 2011, S. 1007 ff.; *Peltzer*, NZG 2011, S. 961 ff.

597 *Wißmann* in: ders./Kleinsorge/Schubert, Mitbestimmungsrecht, Vorbem. Rn. 61. Anders noch *Raiser* in: FS Kübler, S. 477 (480), der 1997 noch von der „gewisse(n) Ruhe an der Mitbestimmungsfront" sprach. Vgl. eine kurze Übersicht bei *Rüthers* in: Bitburger Gespräche, S. 1 (1).

598 Vgl. beispielsweise *Ulmer*, ZHR 2002, S. 271 ff.; *Junker*, NJW 2004, S. 728 ff.; *Henssler*, RdA 2005, S. 330 ff.; *Rieble*, NJW 2006, S. 2214 ff.; *Rüthers*, NZA 2007, S. 426 ff.; *Säcker*, AG 2008, S. 17 ff.; *Teichmann*, ZIP 2009, Beilage Heft 48, S. 10 ff.; *Hommelhoff*, ZGR 2010, S. 48 ff.

599 Vgl. zum Beispiel *Forsthoff*, Niederlassungsfreiheit für Gesellschaften, S. 165 ff.; *Braun*, Sicherung der Unternehmensmitbestimmung, passim; *Kisker*, Unternehmensmitbestimmung bei Auslandsgesellschaften, S. 224 ff.; *Heuschmid*, Mitent-

Arbeitsgruppen im letzten Jahrzehnt mit dieser Thematik. In dieser Diskussion gibt es sowohl Forderungen nach einem vollständigen Systemwechsel als auch nach einer bloßen Weiterentwicklung des bestehenden Systems der Unternehmensmitbestimmung.[600]

Dabei geht sicherlich das *Berliner Netzwerk Corporate Governance* am weitesten, weil dieses 2004 eine Abkehr der Organmitbestimmung innerhalb des bestehenden Gesellschaftsrechts hin zu einem Konsultationsrat forderte.[601] Ebenfalls im Jahr 2004 wurde ein Bericht der *Kommission Mitbestimmung* des *Bundesverbandes Deutscher Arbeitgeber* und des *Bundesverbandes Deutscher Industrie* veröffentlicht.[602] In diesem Bericht wurde ähnlich zu den Modellen der Europäischen Union[603] eine Vereinbarung zwischen Arbeitgebern und Arbeitnehmern gefordert. Allerdings solle die Auffangregelung eine Drittelbeteiligung der Arbeitnehmer vorsehen.[604] Dabei wird auch eine freiwillige Einbeziehung der im Ausland arbeitenden Arbeitnehmer gefordert.[605]

Das Jahr 2006 kann auch als ‚Jahr der Unternehmensmitbestimmung' bezeichnet werden. Anlässlich des 30jährigen Bestehens der Unternehmensmitbestimmung beschäftigten sich zahlreiche Tagungen mit diesem Thema. Dabei sind beispielhaft die Bitburger Gespräche der *Gesellschaft für Rechtspolitik* und dem *Institut für Rechtspolitik der Universität Trier* zu nennen, bei welchen verschiedene Aspekte der Unternehmensmitbestimmung beleuchtet wurden.[606] Auch der *66. Deutsche Juristentag* setzte sich 2006 eingehend mit dieser Frage auseinander.[607] *Raiser* fordert in seinem hierfür erstellten Gutachten eine Verhandlungslösung, allerdings mit den bestehenden Mitbestimmungsgesetzen als Auffangregelung.[608] Zudem sollten bei den Verhandlungen die im Ausland arbeitender Arbeitnehmer einbezogen werden.[609] Doch kam es auf dem *66. Deutschen Juristentag* aufgrund der politischen Natur der Fragestellung zum ersten Mal in der Geschichte der Abteilung Arbeitsrecht zu

---

scheidung durch Arbeitnehmer, S. 222 ff.; *Latzel*, Gleichheit in der Unternehmensmitbestimmung, passim.

600 Vgl. die Unterteilung bei *Wißmann* in: ders./Kleinsorge/Schubert, Mitbestimmungsrecht, Vorbem. Rn. 73 ff. Speziell zur verhandelten Mitbestimmung vgl. *Weber* in: FS Scheuing, S. 773 (786 ff.).

601 *Berliner Netzwerk Corporate Governance*, AG 2004, S. 200 (200).

602 *BDA/BDI*, Bericht der Kommission Mitbestimmung, Mitbestimmung modernisieren. Vgl. dazu *Oetker*, RdA 2005, S. 337 (341 f.).

603 Vgl. zu diesen Modellen in diesem Kapitel unter B. I., II.

604 *BDA/BDI*, Bericht der Kommission Mitbestimmung, Mitbestimmung modernisieren, S. 39 f.

605 *BDA/BDI*, Bericht der Kommission Mitbestimmung, Mitbestimmung modernisieren, S. 41 ff.

606 *Rüthers*, Bitburger Gespräche, S. 1 ff.; zusammenfassend *Brink*, ZRP 2006, S. 61 ff.

607 *Raiser*, Gutachten 66. DJT, B 57 ff.

608 *Raiser*, Gutachten 66. DJT, B 57 f.

609 *Raiser*, Gutachten 66. DJT, B 62.

keiner formalen Abstimmung über die verschiedenen Konzepte.[610] Der Vorsitzende der Abteilung Arbeitsrecht *Thüsing* äußerte sich trotzdem vorsichtig positiv: „Die Verhandlungen sind damit nicht ans Ziel gekommen, zu einem tragfähigen Kompromiss für eine zukünftige Gestaltung der Mitbestimmung zu kommen, sie sind jedoch ein wichtiger Schritt auf dem Weg dorthin."[611]

Auch die Politik nahm diese Diskussion auf. So setzte die Bundesregierung nach dem Vorbild der Sachverständigenkommission zur Auswertung der bisherigen Erfahrungen bei der Mitbestimmung[612] eine prominent besetzte *Kommission zur Modernisierung der deutschen Unternehmensmitbestimmung* ein, welche aus drei wissenschaftlichen, drei arbeitgebernahen und drei arbeitnehmernahen Mitgliedern bestand.[613] Doch auch diese konnte die Spannungen zwischen Arbeitnehmern und Arbeitgebern nicht überwinden,[614] sodass 2006 nur die wissenschaftlichen Mitglieder einen Abschlussbericht verfassten.[615] Darin wurden keine grundsätzlichen Änderungen der Unternehmensmitbestimmung in Deutschland für notwendig angesehen, doch sollte zum Beispiel die Möglichkeit zu Vereinbarungen zugelassen werden.[616] Dabei wäre es im Rahmen der Vereinbarung – aber auch nur hier – möglich, im Ausland arbeitende Arbeitnehmer einzubeziehen.[617]

Im Jahr 2009 wurde die rechtswissenschaftliche Diskussion erneut durch einen konkreten Gesetzesentwurf zur Unternehmensmitbestimmung von einem Arbeitskreis aus sieben Professoren angefacht.[618] Dieser war deutlich reformfreudiger und

610 *Noske*, ZRP 2006, S. 232 (233); *Leyens*, JZ 2007, S. 1061 (1067).

611 Beschlüsse des 66. Deutschen Juristentags, S. 6 abrufbar unter: http://www.djt.de/fileadmin/downloads/66/66_DJT_Beschluesse.pdf (27.02.2013).

612 Vgl. dazu in Kapitel 1 A. IV.

613 Sie wurde von *Kurt Biedenkopf* geleitet, der schon die Kommission im Vorfeld des Mitbestimmungsgesetzes 1976 geleitet hat. Dies wurde im Hinblick auf die Reformfreudigkeit der Kommission oftmals kritisiert. So u. a. *Bernhard*, BB 2007, S. 381 (381). Vgl. dazu auch das Interview mit *Kurt Biedenkopf*: Handelsblatt 2006, Nr. 167, S. 5.

614 Dagegen noch optimistisch *Forsthoff*, Niederlassungsfreiheit für Gesellschaften, S. 167: „..., weil eine Reform der unternehmerischen Mitbestimmung bevorsteht, für welche die vom Kanzleramt im Jahr 2005 einberufene ‚Kommission Mitbestimmung' Vorarbeiten leisten soll."

615 *Kommission zur Modernisierung der deutschen Unternehmensmitbestimmung (Mitbestimmungskommission II)*: Bericht der wissenschaftlichen Mitglieder der Kommission, passim. Dazu *Raiser* in: FS Westermann, S. 1295 (1312 f.); kritisch, insbesondere zur Besetzung *Rüthers*, NZA 2007, S. 426 ff.; *Loritz*, ZfA 2010, S. 367 (394 f.).

616 *Mitbestimmungskommission II*: Bericht der wissenschaftlichen Mitglieder der Kommission, S. 21 ff.

617 *Mitbestimmungskommission II*: Bericht der wissenschaftlichen Mitglieder der Kommission, S. 36 ff.

618 *Arbeitskreis „Unternehmerische Mitbestimmung"*, ZIP 2009, S. 885 ff. Vgl. dazu auch *Hommelhoff*, ZIP 2009, S. 1785 ff.; *Hellwig/Behme*, ZIP 2009, S. 1793 ff.

machte konkrete Vorschläge zur Erneuerung der Unternehmensmitbestimmung in Deutschland. Insgesamt lehnte sich der Vorschlag stark an die SE-Richtlinie bzw. an das SE-Beteiligungsgesetz an, wodurch vor allem eine Schlechterstellung der nationalen Gesellschaften verhindert werden sollte.[619] Ziel war wiederum die Einführung der Verhandlungslösung.[620] Weiter hätte die *Regierungskommission Corporate Governance* sich der Unternehmensmitbestimmung annehmen können. Doch wurde im aktuellen Bericht die Unternehmensmitbestimmung als Teil der guten Unternehmensführung – wohl aufgrund politischen Drucks –[621] nicht einmal erwähnt.[622]

Der Diskussionsgegenstand war (zumeist)[623] die Unternehmensmitbestimmung selbst bzw. deren notwendige Umgestaltung in einem europäischen Wettlauf der Rechtsordnungen. Zentrale Forderungen waren hierbei unisono die Öffnung der Unternehmensmitbestimmung für Verhandlungslösungen und die Einbeziehung der im Ausland arbeitenden Arbeitnehmer.[624] Beide Forderungen sind auch als Einheit zu sehen, weil durch die Eröffnung der Verhandlungsmöglichkeit auch das Ziel der Einbeziehung im Ausland arbeitender Arbeitnehmer einfacher erreicht werden kann.[625] Doch die unter Rechtswissenschaftlern für dringend nötig befundene Diskussion blieb in der Theorie stecken, da die Politik die „heilige Kuh“[626] nicht anrühren wollte[627] und Arbeitnehmer- bzw. Arbeitgebervertreter sich nur zum Teil auf eine sachliche Diskussion einlassen möchten.[628]

---

619 *Arbeitskreis „Unternehmerische Mitbestimmung“*, ZIP 2009, S. 885 (885 f.).

620 Die Argumente zusammenfassend für eine Verhandlungslösung *Baums/Lutter*, Der Aufsichtsrat, S. 153; dagegen *Köstler*, Der Aufsichtsrat, S. 137.

621 So zumindest *Peltzer*, NZG 2011, S. 281 (281). Kritisch auch *Sünner*, AG 2012, S. 265 (266); *Leyens*, JZ 2007, S. 1061 (1067); zurückhaltender *Scholderer*, NZG 2012, S. 168 (173).

622 *Regierungskommission Deutscher Corporate Governance*, Bericht an die Bundesregierung, passim. Eine Ausnahme bildet dabei freilich Ziffer 3.6 des DCGK, der die getrennten Vorbesprechungen der Arbeitnehmer- und Anteilseigner-„bänke“ anspricht.

623 Ausnahmen beispielsweise *Latzel*, Gleichheit in der Unternehmensmitbestimmung, passim; *Hellwig/Behme*, AG 2009, S. 261 (263 ff.); *Krause*, AG 2012, S. 485 ff.

624 *Wißmann* in: ders./Kleinsorge/Schubert, Mitbestimmungsrecht, Vorbem. Rn. 82; *Weber* in: FS Scheuing, S. 773 (786 ff.). Vgl. zur Art und Weise auch *Teichmann*, AG 2008, S. 797 (807 f.).

625 *Wißmann* in: GS Zachert, S. 687 (697).

626 *Sandrock*, BB 2002, S. 1601 (1602). Ähnlich deutlich *Bachmann*, AG 2012, S. 565 (574).

627 *Weber* in: FS Scheuing, S. 773 (780). Gerade die ‚große Koalition‘ von *CDU/CSU/SPD* hätte sich dieser gesellschaftlich bedeutenden Frage annehmen können. Doch hat sie diese Chance weder 2005 noch 2013 ergriffen. Vgl. zu den nichtvorhandenen Passagen den aktuellen Koalitionsvertrag unter https://www.cdu.de/sites/default/files/media/dokumente/koalitionsvertrag.pdf (05.01.2015) sowie die aktuellen Gesetzesvorhaben im Arbeitsrecht bei *Fuhlrott/Kaewnang*, GWR 2014, S. 471 ff.

628 *Bernhard*, BB 2007, S. 381 (383). Eingehend auch *Kisker*, Unternehmensmitbestimmung bei Auslandsgesellschaften, S. 95 ff.

2.) *Stellungnahme*

Der bisherige Verlauf der Diskussion zeigt, dass es eine Vielzahl von Vorschlägen zur Reform der Unternehmensmitbestimmung in Deutschland gibt. Da in den folgenden Kapiteln vor allem die Frage der Einbeziehung der im Ausland arbeitenden Arbeitnehmer von Bedeutung sein wird, wird hierzu sogleich ausführlich Stellung genommen. Abschließend werden eigene Reformansätze für eine konsistente Unternehmensmitbestimmung in Deutschland dargelegt.

a.) Zur Einbeziehung im Ausland arbeitender Arbeitnehmer

Wie schon im bisherigen Verlauf der Reformdiskussion zu sehen war, ist die sehr restriktive Einbeziehung der im Ausland arbeitenden Arbeitnehmer immer wieder Anlass zur Kritik gewesen. Im Folgenden werden nun die Kritikpunkte der deutschen Regelungen sowie andere Regelungsmöglichkeiten aufgezeigt.

aa.) Rechtspolitische Kritik

Die Frage der Einbeziehung ausländischer Arbeitnehmer wird nicht mit den üblichen ‚Grenzlinien' zwischen Arbeitnehmern und Arbeitgebern erörtert. Dies liegt vor allem an den Auswirkungen dieser Fragestellung. Eine Internationalisierung oder Europäisierung der Arbeitnehmervertreter im Aufsichtsrat kann auf der einen Seite den Geltungsbereich der Mitbestimmungsgesetze erweitern: Durch die Einbeziehung zählen sämtliche in einem Unternehmen arbeitende Arbeitnehmer auch bei der Berechnung der Schwellenwerte mit, sodass die Schwellenwerte schneller erreicht werden. Somit müssten tendenziell die Arbeitnehmervertretungen eher für und die Arbeitgebervertretungen eher dagegen sein.

Auf der anderen Seite verlieren die deutschen Arbeitnehmer und damit auch die deutschen Gewerkschaften durch eine Einbeziehung der ausländischen Arbeitnehmer an Einfluss innerhalb des Unternehmens. Auch die im Ausland arbeitenden Arbeitnehmer können durch das aktive und passive Wahlrecht an unternehmerischen Entscheidungen mitwirken und damit die herausgehobene Stellung der in Deutschland arbeitenden Arbeitnehmer beseitigen. Somit haben die Gewerkschaften kein gehobenes Interesse an einer solchen Einbeziehung. Die Arbeitgeber können hingegen von einer solchen heterogenen Besetzung einerseits profitieren, weil die ‚Arbeitnehmerbank' hierdurch unter Umständen nicht mehr geschlossen auftreten wird. Andererseits verlieren sie ein Stück Verlässlichkeit, die mit den deutschen Arbeitnehmervertretern durch die letzten Jahrzehnte gewachsen ist.

Die rechtspolitischen Gründe, die für eine Einbeziehung der im Ausland arbeitenden Arbeitnehmer sprechen, sind ebenfalls heterogener Natur. Für eine Systematisierung müssen die Argumente nach ihren jeweiligen Auswirkungen im Mitbestimmungsgesetz differenziert werden. Zum einen gibt es Argumente, die eine Einbeziehung der im Ausland arbeitenden Arbeitnehmer bei der Schwellenwertberechnung rechtfertigen und zum anderen gibt es Argumente für die Einbeziehung beim Wahlrecht.

(1) Schwellenwerte

Hinsichtlich der Einbeziehung bei der Schwellenwertberechnung erscheint die Ausgrenzung zunächst aufgrund der Zielsetzung der Unternehmensmitbestimmung, der Anonymisierung der Arbeitnehmer in großen Unternehmen entgegenzuwirken,[629] problematisch. Bei der Frage, ob eine Anonymität im Unternehmen vorliegt, spielt es kaum eine Rolle, ob 500 Arbeitnehmer in Deutschland oder 250 in Deutschland und 250 in anderen Staaten beschäftigt sind. Die Anonymisierung bei letzterer Unternehmensstruktur dürfte sogar noch stärker ausgeprägt sein. Diese Unternehmen haben in unterschiedlichen Mitgliedstaaten Niederlassungen oder Tochtergesellschaften, welche für den einzelnen Arbeitnehmer aufgrund der völlig anderen betrieblichen Strukturen ‚weiter weg' sind als in Unternehmen, die ausschließlich im Inland operieren und ggf. sogar nur einen einzigen Betrieb haben. Eine Mitbestimmung in den Organen des Unternehmens erscheint hier somit umso wichtiger.[630] Außerdem kommt es durch die aktuell noch vorherrschende Ansicht zum widersinnigen Ergebnis, dass ein Unternehmen, welches in Deutschland 400 Arbeitnehmer beschäftigt, weltweit aber mehrere Tausend, mitbestimmungsfrei bleibt, obwohl hier die Anonymisierung faktisch sogar weiter fortgeschritten ist.

(2) Wahlrecht

Während bei den Schwellenwerten die Arbeitnehmerschaft als Ganzes betrachtet wurde, rückt beim Wahlrecht der einzelne Arbeitnehmer in den Mittelpunkt. Im Unternehmen wirken durch die Unternehmensmitbestimmung Anteilseigner, Arbeitnehmer und Geschäftsführung zusammen.[631] Dabei sollen sämtliche Akteure in den (Führungs-)Gremien des Unternehmens vertreten sein. Warum nun bei den im Ausland arbeitenden Arbeitnehmern eine Ausnahme gemacht wird, ist nicht ersichtlich.[632] Ansonsten müsste auch ausländischen bzw. im Ausland lebenden Anteilseignern eines Unternehmens das Stimmrecht entzogen werden.

Auch für die Unternehmen selbst wäre das Wahlrecht für im Ausland arbeitende Arbeitnehmer sinnvoll. Das passive Wahlrecht für diese Arbeitnehmer wäre im Hinblick auf die aktuell geführte Diversity-Debatte[633] ein kleiner Schritt hin zu einem internationalen Gremium. Gerade ausländische Aufsichtsratsmitglieder sind

---

629 Vgl. dazu in Kapitel 2 C. I. 1.) b.).

630 In diese Richtung *Däubler*, RabelsZ 1975, S. 444 (451 f.).

631 Vgl. dazu in Kapitel 2 D. III.

632 *Henssler*, RdA 2005, S. 330 (331 f.).

633 Diese beinhaltet sowohl die angemessene Repräsentation von Frauen als auch eine höhere Internationalisierung von Unternehmensorganen *Deilmann/Albrecht*, AG 2010, S. 727 (728). Ausführlich zur Debatte u. a. *Stüber*, CCZ 2014, S. 261 ff.; *Sünner*, AG 2012, S. 265 (271); *Weber-Rey/Handt*, NZG 2011, S. 1 ff.; *Kocher/Lönner*, CCZ 2010, S. 183 ff.

in Deutschland bisher nur selten zu finden.[634] Dies kommt auch dadurch zustande, dass unter den Arbeitnehmervertretern ganz überwiegend deutsche bzw. zumindest in Deutschland sozialisierte Arbeitnehmer sitzen.[635] In der Diversity-Debatte geht es jedoch gerade darum, möglichst vielfältige Blickwinkel auf die (globalen) Herausforderungen der Unternehmen zu bekommen. Dies kann auch durch einen im Ausland lebenden Deutschen geschehen, weniger jedoch durch einen in Deutschland und deutschen Betrieben ‚aufgewachsenen' Arbeitnehmer.[636]

Aufgrund des aktiven Wahlrechts entsteht für die Unternehmen zudem ein zweiter Vorteil. Wenn die Arbeitnehmervertreter im Aufsichtsrat nicht nur von den in Deutschland arbeitenden Arbeitnehmern gewählt werden, werden diese aus meiner Sicht zum Beispiel bei Standortschließungen oder Statussicherungen noch mehr als heute das gesamte Unternehmensinteresse im Blick haben. Selbstverständlich sitzen sowohl bei den Anteilseigner- als auch bei den Arbeitnehmervertretern immer Mitglieder für einzelne Interessensgruppen im Aufsichtsrat. Doch würde sich bei den Arbeitnehmervertretern eine heterogenere Masse entwickeln.

Als letzter Punkt sind zwei langfristige Effekte zu nennen. Durch eine Ausweitung auf im Ausland arbeitende Arbeitnehmer lernen auch Arbeitnehmer in anderen Staaten die deutsche Unternehmensmitbestimmung kennen, sodass es auch in diesen Staaten zu einem Umdenken hin zur Einführung oder Ausweitung der Unternehmensmitbestimmung kommen könnte.[637] Außerdem wäre durch diese höhere Akzeptanz langfristig unter Umständen auch eine Regelung auf Unionsebene möglich. Zudem gibt es hierdurch – ähnlich wie beim Europäischen Betriebsrat – die Möglichkeit, dass Arbeitnehmer aus verschiedenen Mitgliedstaaten eng miteinander zusammenarbeiten und dadurch Vorurteile zwischen den Mitgliedstaaten abgebaut werden. Dabei ist zuzugeben, dass diese Auswirkungen in ferner Zukunft liegen.

bb.) Rechtliche Zuordnung der Arbeitnehmer zum Unternehmen

Neben diesen rechtspolitischen Argumenten für eine Einbeziehung im Ausland arbeitender Arbeitnehmer ist auch aus rechtlicher Sicht ein Kritikpunkt am Ausschluss dieser Arbeitnehmer zu nennen. Problematisch ist die Anknüpfung der herrschenden Ansicht bei der Einbeziehung an den jeweiligen Betrieb. Aus systematischer Sicht wäre es meiner Ansicht nach sinnvoller, nicht an den einzelnen Betrieb anzuknüpfen, sondern die Arbeitnehmer ihrer jeweiligen Gesellschaft zuzuordnen. Wie oben beschrieben, hat die Unternehmensmitbestimmung zwar Bezüge sowohl

634 Teilweise wird von 12 % Aufsichtsratsmitgliedern mit nichtdeutschem Pass gesprochen, vgl. *Simons* in: Hölters, AktG, Art. 95 AktG Rn. 3.

635 Besser sieht es bei der Internationalität in den Vorständen mit fast 28 % aus, vgl. *Peltzer*, NZG 2011, S. 961 Fn. 1.

636 So auch *Mense/Rosenhäger*, GWR 2010, S. 311 (311); *Kocher*, BB 2010, S. 264 (265).

637 *Heuschmid*, Mitentscheidung durch Arbeitnehmer, S. 239. Probleme mit ausländischen Gewerkschaften sieht *Schiessel*, ZHR 2003, S. 235 (251), wenngleich auch er eine Einbeziehung grundsätzlich befürwortet.

zum Arbeitsrecht als auch zum Gesellschaftsrecht,[638] doch handelt es sich beim Anknüpfungsmoment der Mitbestimmung um ein gesellschaftsrechtliches: Die Entscheidungen werden auf Gesellschaftsebene und innerhalb des Gesellschaftsorgans Aufsichtsrat getroffen und gerade nicht auf Betriebsebene.[639] Deshalb sollte an der Wahl der Arbeitnehmervertreter im Aufsichtsrat auch sämtliche Arbeitnehmer der Gesellschaft beteiligt werden, weil sie alle von den Auswirkungen der Entscheidungen im Aufsichtsrat betroffen sind.

b.) Zur gesamten Reformdiskussion

Insgesamt muss das Ziel aller Reformen der Unternehmensmitbestimmung in Deutschland ein konsistentes System sein. Deshalb sollten zunächst die Ausnahmeregelungen im Montanbereich in das allgemeine System überführt werden, weil eine Sonderstellung dieses Industriezweigs nicht (mehr)[640] ersichtlich ist. Die Drittel- und Quasiparität sind in ihrer Abstufung gut geeignet, Arbeitnehmer an unternehmerischen Entscheidungen teilhaben zu lassen. Auch die Einschränkung auf Großunternehmen kann als Abgrenzungskriterium dienen, da in kleineren Unternehmen die betriebliche Mitbestimmung ausreichende Beteiligungsmöglichkeiten bietet. Gegebenenfalls könnten die Schwellenwerte im Drittelbeteiligungsgesetz auf ein ‚skaninavisches Niveau' abgesenkt werden, um einen weitgehenden Gleichlauf unter den europäischen Mitgliedstaaten mit dualistischem Modell zu erreichen. Hierdurch könnte der Knoten bei der Societas Privata Europaea durchschnitten werden, weil den skandinavischen Mitgliedstaaten entgegen gekommen wäre. Damit hätte Deutschland aufgrund der dualistischen Organverfassung und der damit einhergehenden Einschränkung der Unternehmensmitbestimmung auf den Aufsichtsrat ein wettbewerbsfähiges System. Für die monistische Societas Europaea sollte allerdings der schon in anderen Mitgliedstaaten erprobte Weg der Begrenzung der Unternehmensmitbestimmung auf eine Drittelparität geebnet werden. Die Drittelparität im monistischen System ist in der Gesamtschau der Rechte des Verwaltungsrats durchaus als Äquivalent zur Quasiparität im Aufsichtsrat anzusehen.

Neben diesen strukturellen Anpassungen sollte die Ausdehnung der Mitbestimmungsmöglichkeit auf sämtliche Arbeitnehmer eines Unternehmens in Betracht gezogen werden. Hierdurch entständen zum einen eine Erweiterung des Geltungsbereichs der deutschen Unternehmensmitbestimmung und zum anderen eine Europäisierung der Unternehmensmitbestimmung an sich. De lege ferenda sollte deshalb eine Anknüpfung der Unternehmensmitbestimmung am Unternehmen vorgenommen werden. Sämtliche Arbeitnehmer einer Gesellschaft sollten dieser zugeordnet werden und dadurch sowohl für die Schwellenwertberechnung zählen als auch ein aktives und passives Wahlrecht enthalten. Aus diesen Gründen ist

638 Vgl. dazu in Kapitel 2 D.
639 Vgl. dazu in Kapitel 2 B.
640 Vgl. zur früheren Sonderstellung dieses Industriezweigs in Kapitel 2 A. II.

Latzel zuzustimmen, der die Zeit für eine „große Lösung“[641] als reif erachtet. Der deutsche Gesetzgeber sollte nicht nur partiell, bei den supranationalen und grenzüberschreitend verschmolzenen Gesellschaften arbeitende Arbeitnehmer, sondern umfassend alle im Ausland arbeitenden Arbeitnehmer deutscher Gesellschaften in die Unternehmensmitbestimmung einbeziehen.

Ein weiteres Ziel sollte die Einführung der Verhandlungslösung sein. Sowohl die unionalen Regelungen als auch die zahlreichen, oben angesprochenen Reformvorschläge sehen dieses Modell vor. Das gerade skizzierte gesetzliche System der Unternehmensmitbestimmung könnte sodann die Auffanglösung darstellen, welches Anwendung findet, wenn die Verhandlungen zu keinem Ergebnis kommen. Hierdurch können beide Parteien auf Augenhöhe verhandeln. In den Verhandlungen kann eine auf das Unternehmen zugeschnittene Mitbestimmung ausgehandelt werden, welche sowohl bei den Arbeitnehmern als auch bei den Unternehmern akzeptiert wird. Zudem könnte hierdurch auch das Ziel der Einbeziehung im Ausland arbeitender Arbeitnehmer einfacher umgesetzt werden. Durch dieses dynamische Modell würde die deutsche Unternehmensmitbestimmung erneuert und wäre für den Wettbewerb der Rechtsordnungen gerüstet.

Diese drei Reformanstrengungen würden einerseits die Wertungen des Mitbestimmungsgesetzes aus dem Jahre 1976 im System der deutschen Unternehmensmitbestimmung erhalten und anderseits eine Anpassung an die neuen Herausforderungen durch eine tiefe Integration Deutschlands in die Europäische Union und einer global vernetzten Welt im 21. Jahrhundert angepasst.

IV. Zusammenfassung

Die Diskussionen um eine Reform der Unternehmensmitbestimmung in Deutschland wurden durch die immer tiefer gehende Integration in die Europäische Union neu entfacht. Viele Vorschläge zielen darauf ab, das im europäischen Sekundärrecht verankerte Prinzip der Verhandlungslösung mit Auffangregelung auch für deutsche Gesellschaften umzusetzen. Dabei divergieren die Vorschläge vor allem hinsichtlich der Mitbestimmungsintensität in der Auffanglösung zwischen dem bisherigen Status Quo und der Drittelparität. Unabhängig von dieser Grundsatzfrage, welche schon die Mitbestimmungsdiskussion zwischen 1950 und 1970 prägte, könnte über eine Flexibilisierung nach dem Vorbild der Verhandlungslösung tatsächlich Einigkeit erzielt werden.

Die Einbeziehung im Ausland arbeitender Arbeitnehmer sollte als ‚grenzüberschreitendes Projekt‘ durch die Europäische Union geregelt werden. Aktuell hat die Europäische Union eine Einbeziehung im Ausland arbeitender Arbeitnehmer in die nationalen Unternehmensmitbestimmungen allerdings nicht auf ihrer Agenda. Deshalb hängt es von den Grundfreiheiten ab, ob die Nichteinbeziehung im Ausland arbeitender Arbeitnehmer in die deutsche Unternehmensmitbestimmung zu

641 *Latzel*, Gleichheit in der Unternehmensmitbestimmung, Rn. 370.

einem Projekt der Europäischen Union werden wird. Ähnlich wie schon bei der grenzüberschreitenden Sitzverlegung kann gemutmaßt werden, dass es erst dann eine umfassende Diskussion und ein Bestreben hin zu einer Einigung über das ‚Wie' geben wird, wenn der Europäische Gerichtshof über das ‚Ob' der Regelungsbedürftigkeit schon positiv entschieden hat. Ob es einen solchen Reformdruck durch die Grundfreiheiten der Union gibt, wird in den folgenden Kapiteln näher untersucht und bleibt auch nach der Entscheidung des Gerichtshof in der Angelegenheit Erzberger weiter offen.[642]

642 Vgl. dazu ausführlich in Kapitel 8.

Kapitel 4: Primärrechtlicher Rahmen der Unternehmensmitbestimmung

Nationale Regelungen können sowohl gegen das Primär- als auch gegen das Sekundärrecht der Europäischen Union verstoßen. Wie im letzten Kapitel aufgezeigt wurde, gab es zwar Bestrebungen, die Unternehmensmitbestimmung in der Europäischen Union zu vereinheitlichen; aufgrund der Vielzahl nationaler Regelungen und Interessen kam es jedoch zu keiner sekundärrechtlichen Harmonisierung auf diesem Rechtsgebiet. Das Fehlen eines sekundärrechtlichen Rahmens für den Bereich der Unternehmensmitbestimmung ändert jedoch nichts daran, dass die jeweiligen nationalen Regelungen in Einklang mit dem europäischen Binnenmarkt stehen müssen. Dies wird vor allem durch die Grundfreiheiten sichergestellt. Sie versetzen den Europäischen Gerichtshof in die Lage sämtliche nationale Regelungen auf etwaige Diskriminierungen oder Beschränkungen des Binnenmarkts zu überprüfen. In den beiden folgenden Kapiteln 5 und 6 werden daher die bereits erläuterten deutschen Regelungen zur Unternehmensmitbestimmung auf die Vereinbarkeit mit den Grundfreiheiten überprüft.

In diesem Kapitel wird das für die Überprüfung der Unternehmensmitbestimmung maßgeblich Primärrecht dargestellt. Der Gerichtshof hat in den letzten Jahrzehnten immer wieder gezeigt, dass er die ihm durch die Verträge zur Verfügung gestellten Instrumente zur Herstellung und Gewährleistung des europäischen Binnenmarkts umfassend nutzt. Bevor die relevanten primärrechtlichen Regelungen dargelegt werden können, müssen daher zuerst die Stellung und die Methodik der Auslegung des Gerichtshofs im System der europäischen Verträge untersucht werden. Danach werden die Grundfreiheiten mit ihren Grundlagen und ihrem Aufbau, als die zentralen Werkzeuge zur Überprüfung der Unionsrechtswidrigkeit, beleuchtet. Abschließend wird die Anwendbarkeit der Unionsgrundrechte auf nationale Maßnahmen und die flankierende Rolle der Unionsgrundrechte in der Grundfreiheitsprüfung besprochen.

A. Europäischer Gerichtshof

In den nachfolgenden Kapiteln wird es bei der Überprüfung der deutschen Regelungen zur Unternehmensmitbestimmung immer wieder zur Abwägung zwischen einer dogmatischen Lösung und einer Prognoseentscheidung hinsichtlich der Auslegung des Europäischen Gerichtshofs kommen. Um diese Prognoseentscheidung treffen zu können, müssen zunächst das Selbstverständnis und die Methodik des Gerichtshofs näher beleuchtet werden.

I. Selbstverständnis und Bedeutung

Der Europäische Gerichtshof spielt bei der Überprüfung der Unionskonformität der deutschen Unternehmensmitbestimmungsregelungen eine entscheidende Rolle, weil er für die Auslegung des Primärrechts zuständig ist.[643] Dabei beschränkt er sich jedoch nicht auf den Wortlaut der Vertragstexte, sondern entwickelt das Unionsrecht im Rahmen richterlicher Rechtsfortbildung weiter.[644] Zudem ist er zur Rechtsschöpfung befugt. Diese ‚Kompetenz' geht auf die Tatsache zurück, dass die Rechtsordnung der Europäischen Union nicht auf einer jahrhundertealten Tradition beruht, sondern die gemeinsamen Grundsätze der Union auf Basis nationaler Grundsätze gefunden werden mussten.[645] Diese von der Rechtsprechung entwickelten Grundsätze umfassen beispielsweise den Vorrang des Unionsrechts,[646] das Verhältnismäßigkeitsprinzip[647] oder den Grundrechtsschutz.[648] Der Gerichtshof zieht dabei sowohl die europäischen Verträge als auch die Grundüberzeugungen der Mitgliedstaaten als Rechtserkenntnisquellen heran.[649] Mit zunehmender Dichte der Rechtssätze und der langsam etablierten Tradition des Unionsrechts werden die Spielräume für neue Rechtsschöpfung jedoch immer enger.[650]

Auch der Gerichtshof muss dabei jedoch die Kompetenzverteilung zwischen den Mitgliedstaaten und der Union beachten.[651] Das sich daraus ergebende Spannungsfeld zwischen dem Gerichtshof als „Motor der Integration"[652] einerseits und den Grenzen zulässiger Rechtsschöpfung oder Rechtsfortentwicklung andererseits wird dabei in den folgenden Kapiteln immer wieder in den Vordergrund treten.[653]

II. Auslegungsmethodik

In der späteren Prüfung ist vor allem die Auslegung der Rechtsquellen der Union das entscheidende Handwerkszeug. Zunächst einmal muss deshalb als zentraler

---

643 *Borchardt* in: Schulze/Zuleeg/Kadelbach, Europarecht, § 15 Rn. 16.

644 *Huber* in: Streinz, EUV/AEUV, Art. 19 EUV Rn. 12 f.

645 *Borchardt* in: Schulze/Zuleeg/Kadelbach, Europarecht, § 15 Rn. 19 f.; *Huber* in: Streinz, EUV/AEUV, Art. 19 EUV Rn. 16 f.

646 EuGH, Rs. 6/64 (Costa/ENEL) Slg. 1964, 1253.

647 EuGH, Rs. 265/87 (Schräder) Slg. 1989, 2237. Vgl dazu *Saurer*, JZ 2014, S. 281 (283 ff.).

648 EuGH, Rs. 29/69 (Stauder) Slg. 1969, 419. Vgl. dazu ausführlich in diesem Kapitel unter C.

649 *Borchardt* in: Schulze/Zuleeg/Kadelbach, Europarecht, § 15 Rn. 23.

650 *Borchardt* in: Schulze/Zuleeg/Kadelbach, Europarecht, § 15 Rn. 87.

651 *Borchardt* in: Schulze/Zuleeg/Kadelbach, Europarecht, § 15 Rn. 25.

652 *Lunk/Rodenbusch*, GmbHR 2012, S. 188 (194). Vgl. zu dieser Funktion aktuell *Mayer* in: Grabitz/Hilf/Nettesheim, Das Recht der EU, Art. 19 EUV Rn. 42 f.; kritisch *Huber* in: Streinz, EUV/AEUV, Art. 19 EUV Rn. 25 f.; *Hailbronner*, NZA 2006, S. 811 (815 f.); *Grimmel*, EuR 2013, S. 146 (149 ff.).

653 Vgl. dazu auch die Rechtsprechungsanalyse von *Schwarze*, EuR 2013, S. 253 ff.

Grundsatz festgestellt werden, dass das Unionsrecht autonom auszulegen ist.[654] Das bedeutet, dass Begriffe in sämtlichen Mitgliedstaaten einheitlich ausgelegt werden und somit kein Spielraum für nationale Legaldefinitionen oder Befindlichkeiten vorhanden ist.[655] Diese einheitliche Auslegung ist durch die Vorlagemöglichkeit gem. Art. 267 Abs. 2 AEUV, die nach Absatz 3 sogar zur Vorlagepflicht führen kann, auch institutionalisiert.

Grundsätzlich hat der Europäische Gerichtshof gem. Art. 19 Abs. 1 S. 2 EUV das Auslegungsmonopol.[656] Dabei nutzt er die vier klassischen Auslegungsmethoden der Rechtswissenschaft: wörtlich-grammatische, historisch-subjektive, systematisch-kontextuelle und teleologische Methode.[657] Es lässt sich aber feststellen, dass die europäische Auslegung einen besonderen Fokus auf die teleologische Methode legt, weil sie dem Unionsrecht zumeist zur weitestgehenden Durchsetzung verhilft.[658] Ebenfalls von Bedeutung ist die systematische Auslegung, bei welcher die Begriffe in den Gesamtzusammenhang der Verträge eingeordnet werden.[659] So können beispielsweise die Ziele der Europäischen Union bei der Auslegung der einzelnen Paragraphen eine wesentliche Rolle spielen.[660] Die Wortlautgrenze spielt aufgrund der verschiedenen Sprachfassungen eines Unionsrechtsakts, die gleichberechtigt nebeneinander stehen, eine geringere Rolle,[661] weil es teilweise zu Unstimmigkeiten zwischen den einzelnen Fassungen kommen kann.[662] Auch die historische Auslegung wird zumeist nur zur Ergänzung der teleologischen Auslegung genutzt, da dem Rechtsakt zum einen Erwägungsgründe vorangestellt sind und zum anderen Gesetzgebungsmaterialien der rechtssetzenden Organe kaum veröffentlicht werden.[663] Somit stehen die teleologische und die systematische Auslegung häufig im Vordergrund.

Flankierend kommen die rechtsvergleichende und ökonomische Methode hinzu. Der rechtsvergleichende Ansatz darf dabei die autonome Auslegung des Unionsrechts nicht verdrängen. Diese Methode vermag aber, insbesondere bei einheit-

---

654 *Wegener* in: Calliess/Ruffert, EUV/AEUV, Art. 19 EUV Rn. 12; *Kerwer*, Gemeinschaftsrecht und nationale Arbeitsgerichte, S. 793 ff.

655 *Borchardt* in: Schulze/Zuleeg/Kadelbach, Europarecht, § 15 Rn. 31.

656 Vgl. beispielsweise *Schroeder*, JuS 2004, S. 180 (181).

657 *Wegener* in: Calliess/Ruffert, EUV/AEUV, Art. 19 Rn. 12 ff.

658 *Wegener* in: Calliess/Ruffert, EUV/AEUV, Art. 19 Rn. 15; *Schroeder*, JuS 2004, S. 180 (183).

659 *Wegener* in: Calliess/Ruffert, EUV/AEUV, Art. 19 Rn. 14.

660 *Wegener* in: Calliess/Ruffert, EUV/AEUV, Art. 19 Rn. 14.

661 *Dörr* in: Grabitz/Hilf/Nettesheim, Das Recht der EU, Art. 55 EUV Rn. 4 ff.; *Wegener* in: Calliess/Ruffert, EUV/AEUV, Art. 19 EUV Rn. 12; *Borchardt* in: Schulze/Zuleeg/Kadelbach, Europarecht, § 15 Rn. 35 ff.

662 *Mayer* in: Grabitz/Hilf/Nettesheim, Das Recht der EU, Art. 19 EUV Rn. 53, 59 ff.; Vgl. auch *Fleischer*, GWR 2011, S. 201 (205 f.)

663 *Buck*, Auslegungsmethoden, S. 148; *Herdegen*, ZHR 1991, S. 52 (63); ähnlich *Wegener* in: Calliess/Ruffert, EUV/AEUV, Art. 19 EUV Rn. 13.

lichem Ergebnis der rechtsvergleichenden Analyse, eine zusätzliche Stütze des gefundenen Ergebnisses zu sein.[664] Auch eine ökonomische Analyse kann zulässig sein, wenn beispielweise die Effizienz als Zielvorstellung genannt wird.[665] Im Zweifel wird immer die Auslegungsmethode vorrangig sein, die dem Unionsrecht zur umfassendsten Geltung verhilft.[666]

Bei der Auslegung der Grundfreiheiten ist im Speziellen zu beachten, dass der Wortlaut kaum noch für eine Auslegung herangezogen werden kann, da sich in der Rechtsprechung eine eigene Systematik herausgebildet hat. Die historische Auslegung gilt wegen der fortschreitenden Integration der Europäischen Union meist ebenfalls als wenig nützlich.[667] Deshalb sind auch bei der Auslegung der Grundfreiheiten systematische und vor allem teleologische Gesichtspunkte von Bedeutung.[668] Bei diesen Auslegungsformen bleibt es nicht aus, dass die Grenzen zwischen Auslegung und Rechtsfortbildung ineinander übergehen,[669] wobei der Gerichtshof diese tendenziell sehr offene Auslegungsform nicht zu weit ausdehnen sollte.[670] Die Autorität des Gerichtshofs lebt davon, dass seine Entscheidungen in den Mitgliedstaaten akzeptiert werden. Eine zwangsweise Durchsetzung seiner Entscheidungen ist in den Verträgen kaum zu finden.[671]

III. Zusammenfassung

Insgesamt kann somit festgehalten werden, dass dem Europäischen Gerichtshof eine herausragende Bedeutung bei der Anwendung und Durchsetzung des Unionsrechts zukommt. Trotz der teilweise deutlichen Kritik von Seiten der Literatur hält dieser an seiner Stellung als ‚Motor der Europäischen Integration' fest. Diese Funktion wird vor allem durch die teleologische Auslegungsmethode ermöglicht und gefestigt. Allerdings muss auch beachtet werden, dass die Rechtsprechung des Gerichtshofs durch diese – teilweise vom Wortlaut gelöste – Rechtsprechung nicht immer konsistent und vorhersehbar ist.[672]

---

664 *Mayer* in: Grabitz/Hilf/Nettesheim, Das Recht der EU, Art. 19 EUV Rn. 53.

665 *Grundmann/Riesenhuber*, JuS 2001, S. 529 (532 f.). Vgl. zur ökonomischen Theorie *Eidenmüller*, JZ 2001, S. 1041 ff.

666 *Borchardt* in: Schulze/Zuleeg/Kadelbach, Europarecht, § 15 Rn. 33; *Hailbronner*, NZA 2006, S. 811 (811).

667 *Mayer* in: Grabitz/Hilf/Nettesheim, Das Recht der EU, Art. 19 EUV Rn. 66.

668 *Mayer* in: Grabitz/Hilf/Nettesheim, Das Recht der EU, Art. 19 EUV Rn. 55; *Borchardt* in: Schulze/Zuleeg/Kadelbach, Europarecht, § 15 Rn. 45 ff.; die teleologische besonders hervorhebend *Schroeder*, JuS 2004, S. 180 (183).

669 *Borchardt* in: Schulze/Zuleeg/Kadelbach, Europarecht, § 15 Rn. 57.

670 Kritisch beispielsweise *Schmidt*, Unternehmerische Freiheit, S. 47; *Huber* in: Streinz, EUV/AEUV, Art. 19 Abs. 4 EUV Rn. 25; *Hailbronner*, NZA 2006 S. 811 (813, 816). In diese Richtung auch *Tomuschat*, ZaöRV 2008, S. 327 (346).

671 *Borchardt* in: Schulze/Zuleeg/Kadelbach, Europarecht, § 15 Rn. 61. Vgl. beispielweise Art. 260, Art. 280, Art. 299 AEUV

672 *Huber* in: Streinz, EUV/AEUV, Art. 19 EUV Rn. 26.; *Streinz*, AöR 2010, S. 1 (25 f.).

B. Grundfreiheiten

Das Primärrecht der Europäischen Union besteht aus dem Vertrag der Europäischen Union (EUV), dem Vertrag über die Arbeitsweise der Europäischen Union (AEUV) und der Charta der Grundrechte der Europäischen Union (GRC) auf. Dabei stehen diese drei Primärrechtsquellen gem. Art. 1 Abs. 3 S. 2 i.V.m. Art. 6 Abs. 1 UAbs. 1 S. 1 EUV gleichrangig nebeneinander.[673] Die Grundfreiheiten sind im Vertrag über die Arbeitsweise der Europäischen Union geregelt und schützen den freien Verkehr von Waren, Personen, Dienstleistungen und Kapital im europäischen Binnenmarkt. Diese Freiheiten sind für den Binnenmarkt deshalb von konstitutiver Bedeutung.[674] Im Folgenden werden die Grundlagen und der Aufbau der Grundfreiheiten näher dargestellt. Dabei werden in diesem Abschnitt vor allem die Gemeinsamkeiten der Freiheiten beleuchtet.[675]

I. Grundlagen

Für das Verständnis der späteren Überprüfung nationaler Regelungen zur Unternehmensmitbestimmung sind zunächst Begriff und Bedeutung der Grundfreiheiten im primärrechtlichen System der Europäischen Union dazulegen. Gerade der Sinn und Zweck der Grundfreiheiten wird in den folgenden Kapiteln immer wieder eine wichtige Rolle spielen. Schließlich werden noch die gemeinsame Struktur der Grundfreiheiten sowie deren Verhältnis zu den unionsrechtlichen Diskriminierungsverboten dargelegt.

1.) Teil des Unionsrechts

Der Begriff ‚Grundfreiheit' wird weder im Vertrag über die Europäische Union noch im Vertrag über die Arbeitsweise der Europäischen Union verwendet. Auch in der Charta der Grundrechte der Europäischen Union taucht er nicht auf. Dies war auch in den Vorgängerverträgen so.[676] Unter dem Begriff der Grundfreiheiten werden allgemein die Warenverkehrsfreiheit gem. Art. 34, 35 AEUV, die Arbeitnehmerfreizügigkeit Art. 45 AEUV, die Niederlassungsfreiheit gem. Art. 49 AEUV, die Dienstleistungsfreiheit gem. Art. 56 AEUV, die Kapitalverkehrsfreiheit gem. Art. 63 Abs. 1 AEUV und die Zahlungsverkehrsfreiheit gem. Art. 63 Abs. 2 AEUV zusammengefasst.[677] Wobei die Zahlungsverkehrsfreiheit teilweise auch nur als bloße Annexfreiheit eingeordnet wird.[678]

---

673 Vgl. beispielsweise *Pechstein* in: Streinz, EUV/AEUV, Art. 1 Rn. 16 ff.; *Jarass*, Charta der Grundrechte, Einl. Rn. 9 ff.

674 Statt Vieler *Skouris*, RdA-Beil. 2009, S. 25 (26); *Schröder* in: Streinz, EUV/AEUV, Art. 26 AEUV Rn. 2.

675 Zu den Besonderheiten der jeweiligen Grundfreiheit vgl. *Steinberg*, EuGRZ 2002, S. 13 ff.

676 Vgl. *Ehlers* in: ders., Grundrechte und Grundfreiheiten, § 7 Rn. 2.

677 Statt Vieler *Ehlers* in: ders., Grundrechte und Grundfreiheiten, § 7 Rn. 2. Anders zum Beispiel noch *Jarass*, EuR 2000, S. 705 (705).

678 Dies bedeutet, dass sie sich akzessorisch zu den anderen Grundfreiheiten verhält und somit nur solche Zahlungen durch die Zahlungsverkehrsfreiheit geschützt

Für die Grundfreiheiten gab es durch den Vertrag von Lissabon keine substantiellen Änderungen.[679] Zwar haben die Grundfreiheiten im Vertrag über die Arbeitsweise der Europäischen Union im Vergleich zum Vertrag über die Europäischen Gemeinschaften einen neuen Standort im Vertragstext selbst erfahren, doch ist dies eher auf verschiedene, unabhängig von den Grundfreiheiten vorgenommene konzeptionelle Änderungen der Verträge zurückzuführen.[680] Insofern könnte davon ausgegangen werden, dass sämtliche Rechtsprechung und Literatur zu den Vorgängerverträgen übernommen werden kann. Allerdings muss im Unionsrecht das „dynamisch-progressive Element"[681] allgemein und bei der Prüfung der Grundfreiheiten ganz besonders beachtet werden.[682] Deshalb müssen in den folgenden Kapiteln aufgrund der fortschreitenden europäischen Integration[683] Entscheidungen des Europäischen Gerichtshofs sowie Beiträge des Schrifttums, die unter Umständen vor 20 Jahren überzeugend waren, heute kritisch betrachtet werden. Denn die weitgehende Wandelung, die das Unionsrecht bisher erfahren hat, war damals kaum abzusehen.[684] Zu diesem Prozess der europäischen Integration gehört auch die Weiterentwicklung der Union – weg von einem zwischenstaatlichen, hin zu einem staatenähnlichen Gebilde.[685]

Die Rechtsordnung der Europäischen Union gilt grundsätzlich von der nationalen Rechtsordnung unabhängig und unmittelbar in den Mitgliedstaaten. Von dieser Geltung muss die unmittelbare Wirkung bzw. Anwendbarkeit[686] unterschieden werden.[687] Die unmittelbare Anwendbarkeit ist gegeben, wenn das Unionsrecht den einzelnen Unionsbürgern oder anderen Personen gegenüber subjektive Rechte

---

sind, die aufgrund einer im Anwendungsbereich der anderen Grundfreiheiten ergangen sind. Die Frage nach dem Charakter der Grundfreiheit ist zwar umstritten, für die nachfolgende Untersuchung jedoch nicht von Bedeutung.

679 *Nowak*, Europarecht nach Lissabon, S. 212 f. Vgl. zu den Änderungen im Vertrag von Lissabon *Pache/Rösch*, NVwZ 2008, S. 473 ff.

680 Zur Überlegung der Voranstellung der Grundfreiheiten vgl. *Müller-Graff*, EuR Beih. 1/2006, S. 19 (25 ff.).

681 *Kahl* in: Calliess/Ruffert, EUV/AEUV, Art. 26 AEUV Rn. 13.

682 *Frenz*, Europarecht I, Rn. 538.

683 *Hilf/Terhechte* in: Grabitz/Hilf/Nettesheim, Recht der EU, Präambel EUV Rn. 7 f.; *Müller-Graff* in: Dauses, EU Wirtschaftsrecht, Kapitel A. I. Rn. 15 ff. Vgl. zum Verhältnis Grundgesetz und europäische Integration *Schmahl*, BayVBl 2012, S. 1 ff.

684 Zur Wandelung des Unionsrechts *Pache* in: Schulze/Zuleeg/Kadelbach, Europarecht, § 10 Rn. 6.

685 *Hilf/Pache* in: Grabitz/Hilf, EUV/EGV, Vorbem. EUV Rn. 64 ff.; *Nettesheim* in: Grabitz/Hilf/ders., Das Recht der EU, Art. 1 AEUV Rn. 55 ff.; *Pechstein* in: Streinz, EUV/AEUV, Art. 1 Rn. 10 ff.

686 Zur den unterschiedlichen Begriffen Unmittelbarkeit und Anwendbarkeit vgl. *Nettesheim* in: Grabitz/Hilf/ders., Das Recht der EU, Art. 1 AEUV Rn. 68.

687 *Ehlers* in: ders., Grundrechte und Grundfreiheiten, § 7 Rn. 7; *Nettesheim* in: Grabitz/Hilf/ders., Das Recht der EU, Art. 1 AEUV Rn. 67; *Pache* in: Schulze/Zuleeg/Kadelbach, Europarecht, § 10 Rn. 8.

oder Pflichten begründet.[688] Um festzustellen, welche Unionsnorm unmittelbare Anwendung findet, kommt es auf die Auslegung und nicht auf den Wortlaut der Norm an.[689] Heute ist es unstrittig, dass sämtliche Grundfreiheiten auch unmittelbar anwendbar sind.[690] Insofern können die Gesetze zur Unternehmensmitbestimmung anhand der Grundfreiheiten überprüft werden.

2.) Verhältnis zum Binnenmarkt

Nach Art. 26 Abs. 2 AEUV umfasst der Binnenmarkt „einen Raum ohne Binnengrenzen, in dem der freie Verkehr von Waren, Personen, Dienstleistungen und Kapital gemäß den Bestimmungen der Verträge gewährleistet ist".[691] Der Binnenmarkt (bzw. früher der Gemeinsame Markt)[692] ist eines der wichtigsten Vertragsziele der Europäischen Union und war es schon innerhalb der Europäischen Gemeinschaften.[693] Durch die freie Entfaltung der Waren, der Personen, der Dienstleistungen und des Kapitals entsteht ein unverfälschter Wettbewerb, durch den eine effiziente Allokation der wirtschaftlichen Ressourcen gewährleistet wird.[694] Innerhalb des Binnenmarkts soll es keine Hemmnisse für den innereuropäischen Handel geben.[695] Dies wird zum einen durch die Gesetzgebung der Unionsorgane und zum anderen durch die Auslegung der Vertragsvorschriften durch die Kommission und vor allem durch den Gerichtshof sichergestellt.[696] Gerade die Grundfreiheiten bzw. deren Auslegung

---

688 *Nettesheim* in: Grabitz/Hilf/ders., Das Recht der EU, Art. 1 AEUV Rn. 69.

689 *Ehlers* in: ders., Grundrechte und Grundfreiheiten, § 7 Rn. 7.

690 Statt aller *Körber*, Grundfreiheiten und Privatrecht, S. 57 f.; *Ehlers* in: ders., Grundrechte und Grundfreiheiten, § 7 Rn. 7; *Pache* in: Schulze/Zuleeg/Kadelbach, Europarecht, § 10 Rn. 8; grundlegend dazu *EuGH*, Rs. 26/62 (Gend & Loos) Slg. 1963, 3; 25.

691 Ganz überwiegend wird diese Formulierung als Legaldefinition aufgefasst, vgl. *Kahl* in: Calliess/Ruffert, EUV/AEUV, Art. 26 AEUV Rn. 8; *Schröder* in: Streinz, EUV/AEUV, Art. 26 AEUV Rn. 19.

692 Hierzu gab es keine Legaldefinition, vgl. zur Begrifflichkeit des Gemeinsamen Markts im Vergleich zum Binnenmarkt näher *Müller-Graff*, Binnenmarktziel, S. 11 f.; *Schubert*, Der Gemeinsame Markt als Rechtsbegriff, S. 141 ff.; *Kahles*, Kooperative Mechanismen, S. 141 ff.

693 *Schröder* in: Streinz, EUV/AEUV, Art. 26 AEUV Rn. 1 ff.; *Bast* in: Grabitz/Hilf/Nettesheim, Recht der EU, Art. 26 Rn. 2 ff.; *Frenz*, Europarecht I, Rn. 34 ff.; Zum Verhältnis beider Begriffe vgl. *Nowak*, EuR 2009, Beih. 1, S. 129 ff.; *Kahl* in: Calliess/Ruffert, EUV/AEUV, Art. 26 AEUV Rn. 8 ff.

694 Grundlegend *Lefèvre*, Staatliche Ausfuhrförderung, S. 44. Siehe außerdem *Grabitz/von Bogdandy*, JuS 1990, S. 170 (170 f.); *Teichmann*, Binnenmarktkonformes Gesellschaftsrecht, S. 26 ff.; *Schröder* in: Streinz, EUV, AEUV, Art. 26 AEUV Rn. 23 f.

695 *Kahl* in: Calliess/Ruffert, EUV/AEUV, Art. 26 AEUV Rn. 20; *Ehlers* in: ders., Grundrechte und Grundfreiheiten, § 7 Rn. 1, *Frenz*, Europarecht I, Rn. 5 ff.

696 *Schröder* in: Streinz, EUV/AEUV, Art. 26 AEUV Rn. 13 ff. Vgl. zu zahlreichen Rechtsprechungsbeispielen *Pechstein*, Entscheidungen des EuGH, Rn. 141 ff.

durch den Gerichtshof haben in den letzten Jahren in diesem Zusammenhang eine entscheidende Rolle gespielt.[697] Sie sind die „prägenden Komponenten der gemeinschaftsrechtlichen Wirtschaftsverfassung“[698].

Andererseits werden andere Ziele in der Europäischen Union immer wichtiger.[699] Hierzu gehören vor allem soziale Zielsetzungen bzw. der Umwelt- und Klimaschutz.[700] Auch dies ist der immer tiefergehenden europäischen Integration geschuldet.[701] Solche Zielbestimmungen können als legitime Rechtfertigungsgründe für Diskriminierungen und Beschränkungen der Grundfreiheiten eine wichtige Rolle spielen, sodass in der Erforderlichkeitsprüfung ein Ausgleich zwischen diesen sozialen Belangen bzw. solchen des Umweltschutzes und dem Ziel eines einheitlichen Binnenmarkts gefunden werden muss. Aufgrund der Aufwertung der unterschiedlichen Ziele der Union, insbesondere durch den Gerichtshof und aktuell durch den Vertrag von Lissabon, wurden die Rechtfertigungsmöglichkeiten in den letzten Jahren immer weiter ausgebaut.[702]

3.) Struktur der Freiheiten

Neben dieser grundsätzlichen Einordnung der Grundfreiheiten in den Aufbau und die Ziele der Union ist auch die Struktur der Freiheiten selbst von entscheidender Bedeutung. Zwar sind die Grundfreiheiten im Vertragstext unterschiedlich ausformuliert, mittlerweile kann jedoch sowohl durch die zahlreichen Entscheidungen des Gerichtshofs als auch durch Systematisierungsversuche der Literatur zumindest von einer einheitlichen Struktur gesprochen werden.[703] Insofern besteht beispielweise Einigkeit bezüglich der sogleich noch darzustellenden Prüfungsreihenfolge der Grundfreiheiten. Zunächst muss der Anwendungsbereich eröffnet sein; sodann eine beeinträchtigende Maßnahme nachgewiesen werden, welche in einem dritten Schritt auf eine mögliche Rechtfertigung hin zu untersuchen ist.

---

697 *Terhechte* in: Grabitz/Hilf/Nettesheim, Recht der EU, Art. 3 AEUV Rn. 40.

698 *Kingreen,* Struktur der Grundfreiheiten, S. 13; oft werden diese auch Stützpfeiler genannt: *Ehlers* in: ders., Grundrechte und Grundfreiheiten, § 7 Rn. 1.

699 *Frenz,* Europarecht I, Rn. 9 ff.; *Pechstein* in: Streinz, EUV/AEUV, Art. 3 EUV Rn. 5 ff.; *Banard,* NZA-Beil. 2011, S. 122 (124).

700 Zu den sozialen Zielen vgl. *Ruffert* in: Calliess/ders., EUV/AEUV, Art. 3 EUV Rn. 27 ff. Zum Umwelt- und Klimaschutz vgl. *Terhechte,* ZUR 2002, S. 274 ff.; *Schütt,* ZNER 2012, S. 133 (134 f.); *Kahles,* Kooperative Mechanismen, S. 300 ff.

701 *Ruffert* in: Calliess/ders., EUV/AEUV, Art. 3 EUV Rn. 6.

702 *Terhechte* in: Grabitz/Hilf/Nettesheim, Art. 3 EUV Rn. 22.

703 *Ehlers* in: ders., Grundrechte und Grundfreiheiten, § 7 Rn. 19; *Nowak,* Europarecht nach Lissabon, S. 213. Kritisch *Kingreen* in: Calliess/Ruffert, EUV/AEUV, Art. 34–35 Rn. 28, der dies eher für eine Strömung im vorwiegend deutschsprachigem Raum hält. Vgl. deshalb aber beispielsweise auch *Tryfonidou,* ELRev 2010, S. 36 ff.

In der Literatur wird jedoch überaus kontrovers über das Vorliegen einer völligen Konvergenz der Grundfreiheiten diskutiert.[704] Insbesondere wird in diesem Rahmen erörtert, ob Entscheidungen des Gerichtshofs zu einer bestimmten Grundfreiheit auch für die anderen Grundfreiheiten herangezogen werden können. Problematisch hinsichtlich der Konvergenz der Grundfreiheiten ist vor allem der Beschränkungsbegriff. Zwar hat sich auch hier mittlerweile eine einheitliche Definition herauskristallisiert, doch gibt es hinsichtlich der Einschränkung des Beschränkungsbegriffs unterschiedliche Ansätze. Inwieweit sich diese Einschränkungen decken oder Besonderheiten einzelner Grundfreiheiten darstellen, wird in den folgenden Abschnitten noch näher ausgeführt, weil dem Beschränkungsbegriff für die Frage, ob die Unternehmensmitbestimmung unionsrechtswidrig ist, eine zentrale Bedeutung zukommt.

Aufgrund der grundsätzlich einheitlichen Prüfungsstruktur und der Besonderheiten in der Prüfung einzelner Grundfreiheiten, ist es sinnvoll, nicht von einer Konvergenz, sondern von einer „Strukturidentität"[705] der Grundfreiheiten zu sprechen. Diese Ansicht geht weder von einer vollständigen Konvergenz der Grundfreiheiten noch von sich unterscheidenden, einzelnen Rechten aus, sondern nimmt eine grundsätzliche Strukturidentität an, innerhalb derer Abweichungen einzelner Grundfreiheiten einem Begründungszwang ausgesetzt sind.[706] Dabei ist die Einheitlichkeit kein Selbstzweck, sondern steht immer im Zusammenhang mit dem Binnenmarktziel, welches sämtlichen Grundfreiheiten immanent ist.[707] Nach dieser Ansicht müssen in der Grundfreiheitsprüfung immer die jeweiligen Besonderheiten der Grundfreiheit mit dem allgemeinen Ziel eines Binnenmarkts in Einklang gebracht werden. Die Besonderheiten ergeben sich dabei zumeist aus den unterschiedlichen Anwendungsbereichen.[708] Dem folgend wird zunächst der grundsätzliche Aufbau der Grundfreiheiten dargestellt und sodann in den nächsten Kapiteln die konkrete Prüfung der deutschen Unternehmensmitbestimmung anhand der einzelnen Grundfreiheiten mit ihren jeweiligen Besonderheiten vorgenommen.

4.) Verhältnis zu anderen Diskriminierungsverboten

Die Grundfreiheiten schützen den freien Verkehr von Produkten, Dienstleistungen und Personen. Dabei verbieten sie jede Beeinträchtigung des innereuropäischen

---

704 Für eine Konvergenz beispielsweise *Haratsch/Koenig/Pechstein*, Europarecht, Rn. 829; *Ruffert*, JuS 2009, S. 97 (97, 103); *Ehlers* in: ders., Grundrechte und Grundfreiheiten, § 7 Rn. 19; in diese Richtung auch schon *Streinz* in: FS Rudolf, S. 199 (220 f.) Dagegen *Steinberg*, EuGRZ 2002, S. 13 (25); *Kingreen* in: Calliess/Ruffert, EUV/AEUV, Art. 34–35 Rn. 28.

705 *Ehlers* in: ders., Grundrechte und Grundfreiheiten, § 7 Rn. 19

706 *Streinz* in: FS Rudolf, S. 199 (220).

707 *Tryfonidou*, ELRev 2010, S. 36 (55).

708 *Bröhmer* in: Calliess/Ruffert, EUV/AEUV, Art. 49 AEUV Rn. 31.; Vgl. auch *Epiney*, NVwZ 2006, S. 407 (414).

Handels, insbesondere jede Diskriminierung, welche auf der Herkunft des Produkts, der Dienstleistung oder der Person beruht. Im Vertrag über die Arbeitsweise der Europäischen Union und der Grundrechtecharta gibt es zudem noch weitere Diskriminierungsverbote und Gleichheitsrechte, welche ähnliche Bereiche schützen.[709] Wie sich diese Regelungen zu den Grundfreiheiten verhalten, wird nachfolgend dargestellt. Sie können die Grundfreiheiten verdrängen, neben ihnen anwendbar sein oder hinter den Grundfreiheiten zurücktreten.

a.) Diskriminierungsverbot aufgrund der Staatsangehörigkeit

Zunächst einmal ist das Diskriminierungsverbot gem. Art. 18 Abs. 1 AEUV zu nennen. Teilweise wird es als allgemeines Diskriminierungsverbot bezeichnet.[710] Dieser Begriff wird dem Inhalt des Diskriminierungsverbots allerdings nicht gerecht.[711] Art. 18 AEUV verbietet nicht jede Art von Diskriminierung, sondern lediglich Diskriminierungen, die auf dem Merkmal der Staatsangehörigkeit beruhen. In der Europäischen Union, die aus den verschiedenen Nationalstaaten mit unterschiedlichen, historisch gewachsenen Rechtssystemen besteht, ist dieses Diskriminierungsverbot der zentrale Grundsatz, um den Binnenmarkt zu verwirklichen.[712] Die Mitgliedstaaten vertreten in der Europäischen Union mit Nachdruck ihre nationalen Interessen, sodass das Diskriminierungsverbot aufgrund der Staatsangehörigkeit das erste und zentrale Diskriminierungsverbot in der Union war und auch weiter eine wichtige Rolle spielen wird.[713]

Da auch die Grundfreiheiten Diskriminierungsverbote darstellen, welche auf dem Merkmal der Staatsangehörigkeit beruhen, kommt es zu einem Konflikt hinsichtlich der jeweiligen Anwendungsbereiche. Dabei ist allgemein anerkannt, dass die Grundfreiheiten als leges speciales gegenüber dem Diskriminierungsverbot gem. Art. 18 AEUV vorgehen.[714] Dies geht schon aus dem Wortlaut des Art. 18 AEUV hervor, wonach das Diskriminierungsverbot „unbeschadet besonderer Bestimmungen dieses Vertrages" gilt. Nur wenn keine Grundfreiheit dem Anwendungsbereich nach einschlägig ist, kann Art. 18 AEUV als Auffangtatbestand überhaupt zum

---

709 Vgl. *Calliess*, Europäische Union nach Lissabon, S. 359 ff.; *Huster*, EuR 2010, S. 325 (330 ff.).

710 Vgl. etwa *Leible/Streinz* in: Grabitz/Hilf/Nettesheim, Das Recht der EU, Art. 37 AEUV Rn. 23; *Epiney*, NVwZ 2010, S. 1000 (1005); *Hellwig/Behme*, AG 2009, S. 261 (265).

711 *Rossi*, EuR 2000, S. 197 (197); *Kingreen* in: Ehlers, Grundrechte und Grundfreiheiten, § 13 Rn. 2. Vgl. zum allgemeinen Diskriminierungsverbot in der Grundrechtecharta *Jarass*, Charta der Grundrechte, Art. 20 Rn. 2.

712 *Epiney* in: Calliess/Ruffert, EUV/AEUV, Art. 18 AEUV Rn. 1.

713 *von Bogdandy* in: Grabitz/Hilf/Nettesheim, Das Recht der EU, Art. 18 AEUV Rn. 1 ff.

714 *Streinz* in: ders., EUV/AEUV, Art. 18 AEUV Rn. 14; *von Bogdandy* in: Grabitz/Hilf/Nettesheim, Das Recht der EU, Art. 18 AEUV Rn. 58; *Rossi*, EuR 2000, S. 197 (205).

Tragen kommen.[715] Gerade bei den in dieser Arbeit im Vordergrund stehenden Personenverkehrsfreiheiten kommt es somit zu einer beträchtlichen Überschneidung. Insgesamt sichern die Grundfreiheiten und das Diskriminierungsverbot aufgrund der Staatsangehörigkeit letztlich gemeinsam den europäischen Binnenmarkt.[716]

b.) Weitere Diskriminierungsverbote

Eng verknüpft mit dem Diskriminierungsverbot aufgrund der Staatsangehörigkeit ist auch der Rechtekatalog der Art. 21 ff. AEUV, welcher an die Unionsbürgschaft anknüpft. Hiernach dürfen sich Unionsbürger beispielsweise in der Union frei bewegen und haben Wahl- sowie Petitionsrechte. Im Unterschied zu den Grundfreiheiten werden hier jedoch Rechte unabhängig von einer wirtschaftlichen Tätigkeit gewährleistet.[717] Außerdem wird bei den Grundfreiheiten zur Feststellung des Vorliegens einer Diskriminierung immer ein Vergleich zu Inländern gezogen. Die Freizügigkeitsrechte hingegen gelten für sämtliche Unionsbürger unabhängig davon, ob diese sich in anderen Mitgliedstaaten befinden.[718] Bei Überschneidungen sind jedoch wiederum die Grundfreiheiten leges speciales und gehen dem Freizügigkeitsrecht vor.[719]

Mittlerweile gibt es zudem zahlreiche weitere Diskriminierungsverbote in den europäischen Verträgen, welche nicht an die Staatsangehörigkeit anknüpfen. Gerade im Arbeitsrecht sei an dieser Stelle nur auf die Diskriminierungsverbote aufgrund des Geschlechts[720] oder des Alters[721] hingewiesen.[722] Diese Regelungen sind allerdings neben den Grundfreiheiten und dem Diskriminierungsverbot aufgrund der Staatsangehörigkeit anwendbar, weil sie einen anderen Regelungsgehalt aufweisen.[723] Die Unternehmensmitbestimmungsregelungen diskriminieren jedoch nicht nach diesen Merkmalen.

---

715 *Pache* in: Schulze/Zuleeg/Kadelbach, § 10 Rn. 49.

716 *Körber*, Grundfreiheiten im Privatrecht, S. 104 f.; *Schweitzer* in: FS Rudolf, S. 198 (190).

717 *Scheuing*, EuR 2003, S. 744 (746).

718 *Pache* in: Schulze/Zuleeg/Kadelbach, § 10 Rn. 50.

719 *Pache* in: Schulze/Zuleeg/Kadelbach, § 10 Rn. 50. *Kadelbach* in: Ehlers, Grundrechte und Grundfreiheiten, § 19 Rn. 38. Vgl. zum Verhältnis der Freizügigkeit zum Diskriminierungsverbot nach Art. 18 AEUV *Kadelbach* in: Ehlers, Grundrechte und Grundfreiheiten, § 19 Rn. 84 f.

720 *Grabenwarter* in: Grabitz/Hilf/Nettesheim, Recht der EU, Art. 19 AEUV Rn. 30; *Langenfeld* in: Grabitz/Hilf/Nettesheim, Recht der EU, Art. 157 AEUV Rn. 1 ff.; *Dieball*, EuR 2000, S. 274 ff.

721 *Preis*, NZA 2010, S. 1323 ff.; *Runggaldier*, RdA-Beil. 2009, S. 40 ff.

722 Übersichten zu den verschiedenen Diskriminierungsverboten siehe bei *Grabenwarter* in: Grabitz/Hilf/Nettesheim, Recht der EU, Art. 19 AEUV Rn. 1 ff.; *Streinz* in: ders., EUV/AEUV, Art. 18 AEUV Rn. 15.

723 *Ehlers* in: ders., Grundrechte und Grundfreiheiten, § 7 Rn. 16; *Streinz* in: ders., EUV/AEUV, Art. 18 AEUV Rn. 16.

c.) Grundrechtecharta

Neben den Diskriminierungsverboten des Vertrags über die Arbeitsweise der Europäischen Union gibt es auch Regelungen in der Grundrechtecharta. Zuvorderst ist hier der allgemeine Gleichheitssatz gem. Art. 20 GRC zu nennen. Dieser umfasst im Kern ein allgemeines Diskriminierungsverbot und somit auch jene Diskriminierungen, die auf der Staatsangehörigkeit beruhen.[724] Außerdem gilt gem. Art. 21 Abs. 2 GRC ebenfalls ein Diskriminierungsverbot aufgrund der Staatsangehörigkeit. Allerdings handelt es sich bei den in dieser Arbeit zu prüfenden Regelungen um mitgliedstaatliches Recht, sodass die Grundrechtecharta nur eingeschränkt anwendbar ist.[725]

Sind ausnahmsweise sowohl Grundrechte als auch Grundfreiheiten anwendbar, gibt es verschiedenen Möglichkeiten dieses Konkurrenzverhältnis aufzulösen. Teilweise wird von einer grundsätzlichen Spezialität der Grundfreiheiten ausgegangen.[726] Allerdings wird dies den unterschiedlichen Funktionen von Grundrechten und Grundfreiheiten nicht gerecht,[727] sodass diese Rechte nach vorzugswürdiger Ansicht des Gerichtshofs nebeneinander stehen und deren widerstreitenden Interessen erst im Rahmen der praktischen Konkordanz innerhalb der Verhältnismäßigkeitsprüfung aufgelöst werden.[728]

d.) Zusammenfassung

Die Grundfreiheiten sind spezielle Diskriminierungsverbote, welche nicht im Gegensatz zu anderen Diskriminierungsverboten stehen, sondern neben diesen anwendbar sind. Allein zum Diskriminierungsverbot aufgrund der Staatsangehörigkeit stehen die Grundfreiheiten in einem Spezialitätsverhältnis. Insgesamt ergibt sich durch die diversen Diskriminierungsverbote im Unionsrecht ein Schutz, der über das Ziel der Schaffung eines Binnenmarkts hinausgeht. Teilweise wird der Europäische Gerichtshof aufgrund seiner konsequenten Durchsetzung dieser Diskriminierungsverbote auch als „Superrevisionsinstanz in Diskriminierungsstreitigkeiten“[729] bezeichnet.

II. Aufbau

Die Prüfung der einzelnen Grundfreiheiten wird in den Anwendungsbereich, dessen Beeinträchtigung und deren Rechtfertigung unterteilt. Der Anwendungsbereich ist bei jeder Grundfreiheit individuell zu bestimmen. Die Beeinträchtigung besteht

724 *Jarass*, Charta der Grundrechte, Art. 20 Rn. 2, 11. Zum Verhältnis zwischen allgemeinem Gleichheitssatz und besonderen Gleichheitsrechten vgl. *Huster*, EuR 2010, S. 325 (333 ff.).

725 Vgl. dazu näher in diesem Kapitel unter C. I. 2.), III. 2.).

726 *Pache* in: Schulze/Zuleeg/Kadelbach, § 10 Rn. 51.

727 *Frenz*, Europarecht I, Rn. 73.

728 Vgl. dazu in diesem Kapitel unter B. II. 4.) a.).

729 *Preis*, NZA 2006, S. 401 (406); *Abele*, BB 2005, Heft 51/52, Die Erste Seite.

aus einer Diskriminierung oder Beschränkung des geschützten Bereichs, welche in einem dritten Schritt durch einen legitimen Grund gerechtfertigt sein kann. Schlussendlich werden im Rahmen der Schranken der Rechtfertigung sämtliche Rechte und berechtigte Interessen der Beteiligten umfassend gegenübergestellt und im Rahmen einer Verhältnismäßigkeitsprüfung abgewogen.

In diesem Abschnitt werden die strukturidentischen Merkmale der Grundfreiheitsprüfung herausgearbeitet. Auch wenn die Warenverkehrsfreiheit bei der konkreten Überprüfung der deutschen Regelungen zur Unternehmensmitbestimmung keine Rolle spielt, hat die Rechtsprechung zu dieser „Pionierfreiheit"[730] die Dogmatik der Grundfreiheiten als Ganzes immer wieder entscheidend geprägt und weiterentwickelt. Insofern wird in diesem allgemeinen Teil vor allem auch die Rechtsprechung zur Warenverkehrsfreiheit herangezogen.

1.) Anwendungsbereich

Die Grundfreiheiten sind dann anwendbar, wenn der persönliche, räumliche, zeitliche und sachliche Anwendungsbereich eröffnet ist.

a.) Persönlicher Anwendungsbereich

Im Rahmen des persönlichen Anwendungsbereichs geht es um die Frage, wer berechtigt ist, ein Recht aus der jeweiligen Grundfreiheit zu ziehen. Hier muss vor allem zwischen Unionsbürgern und Gesellschaften mit Sitz in der Union auf der einen Seite sowie natürlichen und juristischen Personen aus Drittstaaten auf der anderen Seite unterschieden werden.

aa.) Unionsbürger

Unionsbürger sind gem. Art. 20 Abs. 1 S. 2 AEUV sämtliche Staatsangehörige der Mitgliedstaaten. Insofern entscheiden die Mitgliedstaaten autonom über die Unionsbürgerschaft; sie erkennen allerdings auch die Entscheidungen der anderen Mitgliedstaaten an. Hat eine Person sowohl die Staatsangehörigkeit eines Mitgliedstaats als auch eines Drittstaats reicht dies für die Unionsbürgschaft aus.[731] Die Unionsbürger besitzen gem. Art. 20 Abs. 2 AEUV alle Rechte und Pflichten aus den europäischen Verträgen, wozu auch die Grundfreiheiten gehören. Die Personenverkehrsfreiheiten erwähnen diese Rechte explizit, wobei dies auch für die Produktverkehrsfreiheiten gilt.[732]

Eine weitere Anforderung als das Innehaben der Unionsbürgerschaft gibt es im Rahmen der Grundfreiheiten für natürliche Personen nur selten. Ein Beispiel

730 *Müller-Graff*, Binnenmarktziel, S. 17 f.; *Körber*, Grundfreiheiten und Privatrecht, S. 115; *Steinke*, Übertragbarkeit der Keck-Rechtsprechung, S. 21.

731 *Ehlers* in: ders., Grundrechte und Grundfreiheiten, § 7 Rn. 40.

732 *Ehlers* in: ders., Grundrechte und Grundfreiheiten, § 7 Rn. 40; *Frenz*, Europarecht I, Rn. 226 ff.; *Pache* in: Schulze/Zuleeg/Kadelbach, Europarecht, § 10 Rn. 35.

ist jedoch das Merkmal der Ansässigkeit gem. Art. 49 Abs. 1 S. 2 AEUV bei der Niederlassungsfreiheit.[733]

bb.) Mitbestimmte Gesellschaften

Neben den natürlichen Personen sind aber auch sämtliche juristische Personen und Personenmehrheiten aus den Grundfreiheiten berechtigt. Dies gilt für sämtliche Rechts- oder Beteiligungsformen der Personenmehrheiten,[734] also sowohl für juristische Personen des Privat- und des öffentlichen Rechts als auch für bloße Personenmehrheiten.[735] Dabei ist es ausreichend, dass sie einen Erwerbszweck verfolgen.[736] Hierfür reicht eine entgeltliche Leistung zur teilweisen Kostendeckung ohne Gewinnerzielungsabsicht aus.[737] Da es sich bei den mitbestimmten Gesellschaftsformen durchgängig um Kapitalgesellschaften handelt,[738] sind diese unzweifelhaft erfasst. Im weiteren Verlauf der Untersuchung wird immer von Gesellschaften gesprochen, was insbesondere auch die mitbestimmten Kapitalgesellschaften beinhaltet.

Die Gesellschaften müssen jedoch, um den Unionsbürgern gleichgestellt zu sein, ebenfalls eine ‚Staatsangehörigkeit' aufweisen. Gem. Art. 54 Abs. 1 AEV ist dies die Gründung nach den Rechtsvorschriften eines Mitgliedstaats und eine Präsenz in der Union, das heißt satzungsmäßiger Sitz, Hauptverwaltung oder -niederlassung.[739] Bei mitbestimmten Gesellschaften ist dies der Fall, da diese nach deutschen Vorschriften gegründet wurden und mindestens gem. § 4a GmbHG, § 5 AktG ihren satzungsmäßigen Sitz[740] sowie zumeist auch ihre Hauptverwaltung in Deutschland haben.[741]

Explizit gelten nur die Niederlassungsfreiheit gem. Art. 54 Abs. 2 AEUV und die Dienstleistungsfreiheit gem. Art. 62, 54 Abs. 2 AEUV für Gesellschaften. Da bei den anderen Grundfreiheiten keine solche Regelung vorhanden ist, wurde diskutiert, ob sich Gesellschaften auch nur auf diese beiden Grundfreiheiten berufen können. Allerdings wird Art. 54 Abs. 2 AEUV heute als klarstellende Regelung aufgefasst, welche im Rahmen der Niederlassungsfreiheit besonders wichtig war und deshalb nur an dieser Stelle geregelt wurde.[742] Deshalb wird auch die Waren- und Kapital-

---

733 Vgl. dazu *Müller-Graff* in: Streinz, EUV/AEUV, Art. 49 Rn. 31.

734 *Ehlers* in: ders., Grundrechte und Grundfreiheiten, § 7 Rn. 46; *Frenz*, Europarecht I, Rn. 240.

735 *Pache* in: Schulze/Zuleeg/Kadelbach, Europarecht, § 10 Rn. 38 f.

736 *Ehlers* in: ders., Grundrechte und Grundfreiheiten, § 7 Rn. 42.

737 *Pache* in: Schulze/Zuleeg/Kadelbach, Europarecht, § 10 Rn. 38.

738 Vgl. dazu in Kapitel 2 C. I. 1.) a.).

739 *Kluth* in: Calliess/Ruffert, EUV/AEUV, Art. 20 AEUV Rn. 10; *Ehlers* in: ders., Grundrechte und Grundfreiheiten, § 7 Rn. 42.

740 Vgl. *Roth* in: ders./Altmeppen, GmbHG, § 4a Rn. 7; *Lange* in: Henssler/Strohn, Gesellschaftsrecht, § 5 AktG Rn. 5 ff.

741 Vgl. zur Änderungen durch das MoMiG: *Kindler*, NJW 2008, S. 3249 ff.; *Blasche*, GWR 2010, S. 25 ff.

742 *Frenz*, Europarecht I, Rn. 233.

sowie Zahlungsverkehrsfreiheit auf Gesellschaften angewendet.[743] Es macht für den Binnenmarkt keinen Unterschied, ob eine natürliche Person oder eine Gesellschaft Waren und Kapital oder Dienstleistungen grenzüberschreitend anbieten möchte. Die Gesellschaften befinden sich hier in derselben Position.[744]

Hinsichtlich der Arbeitnehmerfreizügigkeit gibt es zwar einige kritische Stimmen in der Literatur,[745] der Europäische Gerichtshof hat jedoch auch hier den persönlichen Anwendungsbereich auf Gesellschaften ausgedehnt.[746] Diese sind zwar nicht selbst Arbeitnehmer, doch beschäftigen sie diese und können deshalb in ihrer wirtschaftlichen Freizügigkeit betroffen sein.[747] Auch diese Ausweitung des Gerichtshofs dürfte als Hintergrund abermals die Schaffung eines einheitlichen Binnenmarkts haben.[748]

cc.) Drittstaatsangehörige

Personen aus Staaten außerhalb der Europäischen Union (Drittstaatsangehörige)[749] können sich nicht auf sämtliche Grundfreiheiten berufen. Hier wird die Unterscheidung zwischen Personen- und Produktverkehrsfreiheiten relevant.[750] Personenverkehrsfreiheiten stellen auf die jeweilige Person ab und bleiben somit Drittstaatlern verwehrt.[751] Ausnahmen gibt es nur bei Familienangehörigen von Unionsbürgern.[752] Außerdem gibt es Abkommen mit den EFTA-Staaten[753] und der Türkei, welche auch den Staatsbürgern dieser Staaten im Rahmen der Personenverkehrsfreiheiten gleiche oder ähnliche Rechte einräumen.[754]

Bei den Produktverkehrsfreiheiten ist der persönliche Anwendungsbereich dagegen umstritten. Nach einer Ansicht sind hier auch Drittstaatsangehörige einbezogen,

---

743 *Pache* in: Schulze/Zuleeg/Kadelbach, Europarecht, § 10 Rn. 40.

744 *Frenz*, Europarecht I, Rn. 234 f.; *Kingreen in:* Calliess/Ruffert, EUV/AEUV, Art. 34–36 AEUV Rn. 34.

745 *Kingreen* in: Calliess/Ruffert, EUV/AEUV, Art. 34–36 AEUV Rn. 34.

746 EuGH, Rs. C-350/96 (Clean Car) Slg. 1998, I-2521 Rn. 25.

747 *Frenz*, Europarecht I, Rn. 238 f.

748 *Ehlers* in: ders., Grundrechte und Grundfreiheiten, § 7 Rn. 43.

749 Hiermit sind sowohl natürliche Personen, juristische Personen als auch Personenmehrheiten gemeint.

750 *Pache* in: Schulze/Zuleeg/Kadelbach, Europarecht, § 10 Rn. 35.

751 *Frenz,* Europarecht I, Rn. 229; *Kingreen* in: Calliess/Ruffert, EUV/AEUV, Art. 34–36 AEUV Rn. 32.

752 *Ehlers* in: ders., Grundrechte und Grundfreiheiten, § 7 Rn. 46.

753 Die Rechte der EFTA-Staaten sind entweder über das EWR-Abkommen oder im Falle der Schweiz durch ein separates Freizügigkeitsabkommen gewährleistet. Vgl. zum EWR und zur EFTA *Hummer* in: Dauses, EU-Wirtschaftsrecht, K. III. Rn. 279 ff.; zum Abkommen mit der Schweiz *Kahil-Wolff/Mosters,* EuZW 2001, S. 5 ff.

754 *Frenz,* Europarecht I, Rn. 302 ff. Vgl. zur Arbeitnehmerfreizügigkeit und der Türkei *Hekimler,* ZESAR 2013, S. 61 ff.

weil sich am Wortlaut der Vorschriften – anders als bei den Personenverkehrsfreiheiten – keine Einschränkung erkennen lässt.[755] Lediglich hinsichtlich der Produkte ist eine solche Einschränkung auf die Union vorhanden.[756] Grund für eine solche Ausweitung ist, dass der Freihandel in der Union auch durch Beschränkungen von Lieferungen aus Drittstaaten beeinträchtigt ist.[757] Bei der Kapitalverkehrsfreiheit kommt noch hinzu, dass die Investitionssicherheit in einem freien Kapitalmarkt ausdrücklich auch Drittstaatlern zur Verfügung gestellt werden soll.[758] Eine andere Ansicht möchte auch hier, im Gleichlauf mit den Personenverkehrsfreiheiten, den Anwendungsbereich lediglich für Unionsbürger und Gesellschaften mit Sitz in der Union öffnen.[759] Hauptargument ist dabei, dass ansonsten problematische Abgrenzungsfragen zwischen den Personen- und Produktverkehrsfreiheiten entstehen würden. Eine vermittelnde Ansicht will zwar den persönlichen Anwendungsbereich auf Drittstaatsangehörige ausweiten, aber nur, sofern diese in der Europäischen Union ansässig sind.[760]

Wie oben schon dargestellt wurde, ist die Einheit der Grundfreiheiten kein Selbstzweck, sodass eine an den Schutzgütern orientierte Abweichung durchaus möglich und sinnvoll sein kann. Der Europäische Gerichtshof hat hier noch keine abschließende Entscheidung getroffen, sodass im Rahmen der Kapitalverkehrsfreiheitsprüfung eine Ausweitung der persönlichen Anwendbarkeit auf Drittstaatsangehörige genauer untersucht werden muss.[761]

b.) Räumlicher und zeitlicher Anwendungsbereich

Der Geltungsbereich der europäischen Verträge ergibt sich aus Art. 52 EUV. Hiernach gelten die Grundfreiheiten in der räumlichen Ausdehnung der Mitgliedstaaten.[762] Ausnahmen gibt es gem. Art. 52 Abs. 2 EUV i.V.m. Art. 349, 355 AEUV für außereuropäisches Staatsgebiet einzelner Mitgliedstaaten,[763] wobei das deutsche Staatsgebiet davon nicht betroffen ist. Die deutschen Regelungen zur Unternehmensmitbestimmung sind Gesetze der Bundesrepublik Deutschland und unterfallen

---

755 *Frenz,* Europarecht I, Rn. 230 f.; *Pache* in: Schulze/Zuleeg/Kadelbach, Europarecht, § 10 Rn. 41; *Jarass,* EuR 2000, S. 705 (708).

756 *Schroeder* in: Streinz, EUV/AEUV, Art. 34 Rn. 31.; *Ehlers* in: ders., Grundrechte und Grundfreiheiten, § 7 Rn. 46. Wobei letzterer in Rn. 40 noch anders argumentiert.

757 *Frenz,* Europarecht I, Rn. 297.

758 *Ehlers* in: ders., Grundrechte und Grundfreiheiten, § 7 Rn. 46.; *Ress/Ukrow* in: Grabitz/Hilf/Nettesheim, Recht der EU, Art. 63 AEUV Rn. 102.

759 *Kingreen* in: Calliess/Ruffert, EUV/AEUV, Art. 34–36 AEUV Rn. 33.

760 *Sedlaczek/Züger* in: Streinz, EUV/AEUV, Art. 64 Rn. 8 f.

761 Vgl. dazu in Kapitel 6 B. 1.).

762 *Dörr* in: Grabitz/Hilf/Nettesheim, Recht der EU, Art. 52 EUV Rn. 1, 5.

763 Zumeist gilt hier jedoch nur das Assoziierungsabkommen gem. Art. 198 ff. AEUV und nicht direkt die europäischen Verträgen. Vgl. *Streinz/Kruis* in: Streinz, EUV/AEUV, Art. 198 Rn. 10 ff.

somit prinzipiell den Verträgen der Europäischen Union.[764] Die Handlungen müssen dabei nicht zwingend auf dem Gebiet der Europäischen Union stattfinden, um dem räumlichen Anwendungsbereich zu unterfallen. Vielmehr muss ein hinreichender Bezug zu diesem Gebiet vorhanden sein.[765] Dies ist beispielweise auch dann gegeben, wenn es sich um eine Beschäftigung in einer Botschaft handelt.[766]

Auch der zeitliche Anwendungsbereich ist im Fall der deutschen Regelungen zur Unternehmensmitbestimmung eröffnet. Zwar sind das Mitbestimmungsgesetz schon 1976 und das Montanmitbestimmungsgesetz sogar bereits 1951 in Kraft getreten,[767] doch kommt es nicht auf den Zeitpunkt des Inkrafttretens an, sondern auf die konkreten Auswirkungen des Gesetzes.[768] Da nach wie vor aufgrund der Unternehmensmitbestimmungsgesetze Arbeitnehmervertreter in die Aufsichtsräte deutscher Unternehmen gewählt werden, haben diese Gesetze weiterhin Auswirkungen.

c.) Sachlicher Anwendungsbereich

Der sachliche Anwendungsbereich grenzt die Grundfreiheiten voneinander ab. Die jeweils geschützte Verhaltensweise wird später bei der jeweiligen Grundfreiheit geprüft. Unterschieden werden können aber grundlegend schon an dieser Stelle die Personen- und die Produktverkehrsfreiheiten. Während erstere Gruppe die Verhaltensweisen der Personen, also Arbeit oder Niederlassung unter Schutz stellt, ist in der zweiten Gruppe nur der Grenzübertritt des Produkts, also die Ware oder das Kapital, geschützt. Die Dienstleistungsfreiheit steht zwischen diesen beiden Gruppen, weil sie sowohl Merkmale der Produkt- als auch der Personenverkehrsfreiheiten beinhaltet.[769] Hier kann entweder nur die Dienstleistung, beispielsweise das Hosting von Webseiten, oder jedoch die Person selbst zur Erbringung der Dienstleistung, beispielsweise bei Handwerksleistungen, die Grenze überschreiten.

Allerdings gibt es auch im sachlichen Anwendungsbereich einige Prüfungspunkte, die bei sämtlichen Grundfreiheiten zu prüfen sind. Zunächst einmal muss es sich um eine staatliche Maßnahme handeln Diese staatlichen Maßnahmen müssen dann daraufhin überprüft werden, ob sie auf einer sekundärrechtlichen Regelung der Union beruhen. Zudem müssen sie einen grenzüberschreitenden Bezug aufweisen. Neben diesen für alle Grundfreiheiten geltenden Voraussetzungen hat jede einzelne Grundfreiheit einen speziellen Anwendungsbereich. Hierdurch unterscheiden sich die Grundfreiheiten voneinander. Allerdings gibt es zahlreiche Abgrenzungsschwierigkeiten zwischen den geschützten Verhaltensweisen der jeweiligen Grundfreiheiten. In diesem Abschnitt wird deshalb die grundsätzliche Abgrenzungsdiskussion dargestellt und ein pragmatischer Lösungsweg aufgezeigt. Die

---

764 *Ehlers* in: ders., Grundrechte und Grundfreiheiten, § 7 Rn. 56.
765 *Pache* in: Schulze/Zuleeg/Kadelbach, Europarecht, § 10 Rn. 19.
766 EuGH, Rs. C-214/94 (Boukhalfa) Slg. 1996, I-2253 Rn. 15 ff.
767 Vgl. dazu in Kapitel 2 A. II, III.
768 EuGH Rs. C-122/96 (Saldanha) Slg. 1997, I-5325 Rn. 15.
769 *Ruffert*, JuS 2009, S. 97 (97).

konkreten Abgrenzungen zwischen den einzelnen Grundfreiheiten folgen dann in den weiteren Kapiteln. Abschließend werden noch bestimmte Bereichsausnahmen, die wiederum für sämtliche Grundfreiheiten gelten, dargelegt.

aa.) Staatliche Maßnahme

Zunächst einmal muss es sich um eine staatliche Maßnahme handeln.[770] Die Gesetze zur Unternehmensmitbestimmung in Deutschland sind allesamt hoheitliche Akte, die durch die Ausübung der nationalen Gesetzgebungskompetenz zustande kamen.[771] Da die deutschen Regelungen – anders als die unional indizierten Regelungen zur Mitbestimmung in der Societas Europaea oder nach grenzüberschreitenden Verschmelzungen – den Unternehmen und Arbeitnehmern keine Möglichkeit zur Aushandlung ihrer Unternehmensmitbestimmung geben, ist die Frage einer unmittelbaren Drittwirkung der Grundfreiheiten gegen Private in diesem Fall ohne Bedeutung.[772]

bb.) Funktionen des Sekundärrechts

Das Sekundärrecht hat für die Grundfreiheiten zwei Funktionen: Zum einen wird eine nationale Regelung selbst nicht an den Grundfreiheiten gemessen, wenn sie zwingendem Sekundärrecht unterliegt. Zum anderen wird der sachliche Anwendungsbereich der Grundfreiheiten durch das erlassene Sekundärrecht konkretisiert.

(1) Abschließendes Sekundärrecht

Zunächst darf das Sekundärrecht der Europäischen Union keine abschließende Regelung treffen. In einem solchen Fall müsste die mitgliedstaatliche Regelung am Sekundärrecht und das Sekundärrecht wiederum an den Grundfreiheiten gemessen werden.[773] Somit wäre eine zweistufige Prüfung erforderlich.[774] Mittlerweile herrscht eine solch ungemeine Dichte an Sekundärrechtsakten in der Europäischen Union, dass eine genaue Prüfung dieses Prüfungspunkts immer wichtiger wird.[775]

---

770 Vgl. zur Frage, ob auch Private Verpflichtete der Grundfreiheiten sein können *Ehlers* in: ders., Grundrechte und Grundfreiheiten, § 7 Rn. 28 ff.; *Birkemeyer*, EuR 2010, S. 662 ff.; *Pießkalla*, NZA 2007, S. 1144 ff.; *Streinz/Leible*, EuZW 2000, S. 459 ff.

771 Vgl. dazu ausführlich in Kapitel 2 A.

772 *Grundmann/Möslein*, ZGR 2003, S. 317 (332 ff.).

773 *Ehlers* in: ders., Grundrechte und Grundfreiheiten, § 7 Rn. 49 ff., *Pache* in: Schulze/Zuleeg/Kadelbach, Europarecht, § 10 Rn. 44; *Remien* in: Schulze/Zuleeg/Kadelbach, Europarecht, § 14 Rn. 20; *Teichmann*, in: FS Scheuing, S. 735 (745 ff.) Vgl. zur Bindung des Unionsgesetzgebers an die Grundfreiheiten in diesem Kapitel unter C. I. 2.).

774 *Ehlers* in: ders., Grundrechte und Grundfreiheiten, § 7 Rn. 62; *Frenz*, Europarecht I, Rn. 382 ff.

775 *Haratsch/Koenig/Pechstein*, Europarecht, Rn. 825 ff.; *Remien*, Zwingendes Vertragsrecht und Grundfreiheiten, S. 214. Vgl. zum europäischen Gesellschaftsrecht *Möllers* in: Schulze/Zuleeg/Kadelbach, Europarecht, § 18 Abschnitt 1.

Bei der Unternehmensmitbestimmung gibt es, wie im letzten Kapitel erläutert, jedoch kein abschließendes Sekundärrecht.[776] Vielmehr wurden nur in speziellen Bereichen Regelungen getroffen, denen keine umfassende Sperrwirkung zukommen kann. Die Richtlinien hinsichtlich grenzüberschreitender Verschmelzungen und supranationaler Gesellschaften haben auf das Mitbestimmungsgesetz in Deutschland keine Auswirkungen, weil sie durch andere Gesetze umgesetzt wurden.[777]

(2) Wechselwirkung zwischen Primär- und Sekundärrecht

Sowohl die positive als auch die negative Harmonisierung sind auf dasselbe Ziel, die Verwirklichung des europäischen Binnenmarkts, gerichtet.[778] Deshalb sollten die Rechtsangleichung durch Sekundärrechtsakte und die Grundfreiheiten nicht in einem Gegeneinander gesehen werden, sondern in einem Miteinander zur Verwirklichung des Binnenmarkts. Diese „Verschränkung"[779] führt zu einer Wechselwirkung der Regelungen. Einerseits wird das Sekundärrecht an den Grundfreiheiten gemessen, andererseits konkretisiert das Sekundärrecht die Grundfreiheiten. Zwar kann eine im Normgefüge auf niederer Stufe stehende Norm keine höherrangige Norm modifizieren, doch zieht der Gerichtshof häufig bereits erlassenes Sekundärrecht heran, um seine Auslegung des Primärrechts zu stützen.[780] Dabei ist die Ansicht des unionalen Gesetzgebers für den Gerichtshof nicht unwichtig.[781] Insofern ist das Sekundärrecht eine wichtige Hilfe bei der Auslegung der primärrechtlichen Norm, kann deren Gehalt letztlich aber nicht ändern.[782] Deshalb kann unter Umständen das für spezielle Teilbereiche ergangene Recht, beispielsweise eine Verhandlungslösung unter Einbeziehung der im Ausland arbeitenden Arbeitnehmer bei grenzüberschreitenden Verschmelzungen nationaler Gesellschaften, für die nachfolgende Überprüfung der grundsätzlichen Ausklammerung der im Ausland arbeitenden Arbeitnehmer aus der deutschen Unternehmensmitbestimmung von Bedeutung sein. Ob von den speziellen Regelungen allgemeine Grundsätze abzuleiten sind, wird sodann in den folgenden Kapiteln näher untersucht.

cc.) Grenzüberschreitender Bezug

Sämtlichen Grundfreiheiten ist gemein, dass ein grenzüberschreitender Bezug vorhanden sein muss.[783] Auch wenn dieser Prüfungspunkt teilweise erst im Rahmen

---

776 Vgl. in Kapitel 3 B. II.

777 Zum MgVG oder SEBG vgl. in Kapitel 3 B. I. 1.), II. 3.). Vgl. zu einem ähnlichen Fall auch ablehnend EuGH, Rs. C-101/08 (Audiolux) Slg. 2009 I-9823 Rn. 39 ff.

778 *von Bogdandy*, JZ 2001, S. 157 (166).

779 *Forsthoff*, Niederlassungsfreiheit für Gesellschaften, S. 90.

780 Mit Nachweisen aus der Rechtsprechung *Nettesheim*, EuR 2006, S. 737 (754 f.). Zu weiteren Beispielen vgl. in Kapitel 5 A. 3.) und Kapitel 6 A. II. 2.).

781 *Nettesheim*, EuR 2006, S. 737 (754).

782 *Nettesheim*, EuR 2006, S. 737 (753 ff.).

783 *Pache* in: Schulze/Zuleeg/Kadelbach, Europarecht, § 10 Rn. 12.

der Beeinträchtigung behandelt wird, ist die Verortung im Anwendungsbereich schlüssig: Wenn die Maßnahme keinen grenzüberschreitenden Bezug hat, muss die jeweilige Grundfreiheit den Binnenmarkt nicht schützen und ist somit auch nicht anwendbar.[784]

(1) Die Grenze als zentrales Element

Ein grenzüberschreitender Bezug ist vorhanden, wenn der zu regelnde Sachverhalt über die Grenzen eines Mitgliedstaats hinausgeht.[785] Bei unionsrechtlichen Regelungen ist dieser grenzüberschreitende Bezug bis auf wenige Ausnahmen gegeben.[786] Bei mitgliedstaatlichen Regelungen, wie den deutschen Gesetzen zur Unternehmensmitbestimmung, kommt es auf den Grenzübertritt der wirtschaftlichen Tätigkeit an.[787] Bei den Personenverkehrsfreiheiten möchte die Person in einem anderen Mitgliedstaat arbeiten oder sich niederlassen. Bei den Produktverkehrsfreiheiten überquert die Ware oder das Kapital die Grenze.[788] Bei der Dienstleistungsfreiheit kann entweder die Dienstleistung oder der Dienstleistende die Grenze überschreiten.[789]

Allerdings gibt es nur noch wenige Sachverhalte, die keinen grenzüberschreitenden Bezug aufweisen, weil die Schwelle für dieses Merkmal durch den Gerichtshof immer weiter abgesenkt wurde.[790] Teilweise wird auch davon gesprochen, dass der Sachverhalt nur noch „Spuren eines grenzüberschreitenden Elements"[791] aufweisen muss. Es finden sich auch immer wieder Stimmen, die dieses Merkmal gänzlich für obsolet halten.[792] Aufgrund der Integrationsfunktion der Grundfreiheiten sollte das Merkmal des Grenzübertrittes jedoch weiterhin bestehen bleiben.[793] Andernfalls würden die Mitgliedstaaten einen Großteil ihrer Regelungskompetenz verlieren, was wiederum nicht mit dem Subsidiaritätsprinzip zu vereinbaren ist.[794]

---

784 *Frenz*, Europarecht I, Rn. 407; *Ehlers* in: ders., Grundrechte und Grundfreiheiten, § 7 Rn. 23, 63; *Pache* in: Schulze/Zuleeg/Kadelbach, Europarecht, § 10 Rn. 12

785 *Jarass*, EuR 2000, S. 705 (706).

786 *Ehlers* in: ders., Grundrechte und Grundfreiheiten, § 7 Rn. 23, insbesondere Fn. 79, der diesen bei unionsrechtlichen Maßnahmen sogar immer für gegeben ansieht. Es sind jedoch auch Sekundärrechtsakte denkbar bei denen lediglich nationale Sachverhalte geregelt werden.

787 *Pache* in: Schulze/Zuleeg/Kadelbach, Europarecht, § 10 Rn. 13.

788 *Roth* in: Dauses, EU-Wirtschaftsrecht, E. I. Rn. 31.

789 *Jarass*, EuR 2000, S. 705 (706).

790 Vgl. *Riese/Noll*, NVwZ 2007, S. 516 (518 f.); *Papadileris*, JuS 2011, S. 123 (123 ff.).

791 *Pache* in: Schulze/Zuleeg/Kadelbach, Europarecht, § 10 Rn. 15.

792 Generalanwalt *Maduro*, Schlussanträge zu EuGH, Rs. C-72/03, (Carbonati Apuani) Slg. 2004, I-8027 Rn. 44 ff.; *Lach*, Umgekehrte Diskriminierungen, S. 193 f.

793 Ebenso statt Vieler *Pache* in: Schulze/Zuleeg/Kadelbach, Europarecht, § 10 Rn. 15; *Roth* in: Dauses, EU-Wirtschaftsrecht, E. I. Rn. 31. *Riese/Noll*, NVwZ 2007, S. 516 (517 ff.).

794 *Riese/Noll*, NVwZ 2007, S. 516 (519). Zur Weiterentwicklungsmöglichkeit dieses Merkmals *Papadileris*, JuS 2011, S. 123 (126 f.).

(2) Inländerdiskriminierung als Ausnahme

Problematisch sind in diesem Zusammenhang Inländerdiskriminierungen.[795] Eine solche liegt vor, wenn entweder ein ausländischer Unionsbürger durch eine nationale Norm oder durch die Überlagerung des Unionsrechts besser gestellt wird als die eigenen Staatsbürger. Ersteres wird eine direkte Inländerdiskriminierung genannt. Hier generiert der nationale Gesetzgeber durch eine Bevorzugung des Ausländers eine Inländerdiskriminierung. Bei einer indirekten Inländerdiskriminierung entsteht der Nachteil des Inländers dadurch, dass eine für alle Bürger nachteilige Regelung aufgrund von überlagerndem Unionsrecht nicht auf den ausländischen Unionsbürger angewendet werden darf.[796]

Als Paradebeispiel wird regelmäßig das deutsche Reinheitsgebot genannt, das ursprünglich für sämtliche in Deutschland vertriebenen Biere gelten sollte, welches aber gegen die Warenverkehrsfreiheit verstieß.[797] Aufgrund dieser Entscheidung fand die Bierverordnung[798] nur noch für in Deutschland vertriebenes und gleichzeitig hergestelltes Bier Anwendung, sodass sich Deutschland zur Änderung der Bierverordnung entschloss. Nach der neuen Fassung gilt das Reinheitsgebot gem. § 1 Abs. 1 und 2 BierVO unionsrechtskonform nur noch für deutsche Biere.[799] Insofern wurde das deutsche Reinheitsgebot von einer indirekten zu einer direkten Inländerdiskriminierung.

Die Inländerdiskriminierung ergibt sich durch das Merkmal des grenzüberschreitenden Bezugs und ist deshalb auch unionsrechtlich zulässig.[800] Der grenzüberschreitende Bezug liegt bei der Diskriminierung eigener Staatsangehöriger regelmäßig[801] nicht vor, sodass die Grundfreiheiten keine Anwendung finden.[802] Ob solche unionsrechtlich zulässigen Diskriminierungen in den Mitgliedstaaten ebenfalls zulässig sind, bestimmen die jeweiligen nationalen Rechtsordnungen autonom.[803] So wird in Deutschland eine Inländerdiskriminierung wohl als ver-

---

795 Diese werden auch als umgekehrte Diskriminierungen bezeichnet. Vgl. beispielsweise *Epiney*, Umgekehrte Diskriminierungen, S. 77 ff. Dieser Begriff bezeichnet jedoch auch, insbesondere im amerikanischen, Maßnahmen zur Verbesserung historisch gewachsener Diskriminierungen. Deshalb wird im Folgenden der noch nicht besetzte Begriff der Inländerdiskriminierung verwendet. Vgl. dazu ausführlich *Hammerl*, Inländerdiskriminierung, S. 51 ff. Weitere Nachweise zum Begriff bei *Riese/Noll*, NVwZ 2007, S. 516 (516 f.)

796 Vgl. zum Anwendungsvorrang des Unionsrechts in Kapitel 5 A. V. 1.) a.) (2).

797 EuGH, Rs. 178/84 (Reinheitsgebot) Slg. 1987, 1227.

798 Bierverordnung vom 2. Juli 1990, BGBl. I 1990, 1332.

799 Vgl. zum Ganzen *Riese/Noll*, NVwZ 2007, S. 516 (517).

800 *Hailbronner/Thym*, NJW 2011, S. 2008 (2009); *Vitzthum*, EuR 2011, S. 550 (565 f.); EuGH, Rs. C-434/09 (McCarthy) NVwZ 2011, S. 867 Rn. 55.

801 Zu den Ausnahmen vgl. *Riese/Noll*, NVwZ 2007, S. 516 (518).

802 *Ehlers* in: ders., Grundrechte und Grundfreiheiten, § 7 Rn. 23.

803 *Streinz* in: ders., EUV/AEUV, Art. 18 AEUV Rn. 66 f.; *Ehlers* in: ders., Grundrechte und Grundfreiheiten, § 7 Rn. 24; *Riese/Noll*, NVwZ 2007, S. 516 (517 ff.).

fassungsgemäß angesehen;[804] in Österreich hingegen wird ein Verfassungsverstoß angenommen.[805]

(3) Rückausnahme durch Wegzugs- und Rückzugsfälle

Ein Inländer kann sich jedoch wiederum auf die Grundfreiheiten berufen, sofern er sich in einer ähnlichen Situation wie ein Ausländer befindet.[806] Eine solche Situation ist gegeben, wenn Inländer in einen anderen Staat Waren bzw. Kapital ausführen oder in einem anderen Staat eine Dienstleistung erbringen, arbeiten oder sich niederlassen möchten.[807] Hierbei handelt es sich um Wegzugsfälle, welche auch bei Inländern ein grenzüberschreitendes Element aufweisen.[808]

Ähnliches gilt für sogenannte Rückzugsfälle.[809] Diese liegen vor, wenn Inländer, die beispielsweise im Ausland berufliche Qualifikationen erworben haben, nun wiederum im Inland arbeiten möchten.[810] Hier befindet sich der Inländer in derselben Situation wie ein ausländischer Unionsbürger, dessen berufsqualifizierender Abschluss in einem anderen Mitgliedstaat nicht anerkannt wird.[811] Bei der Warenverkehrsfreiheit stellt der Reimport von Waren eine solche Konstellation dar, weil ebenfalls ein grenzüberschreitender Bezug vorhanden ist.[812] Da im Ausland arbeitende Arbeitnehmer sowohl deutsche als auch ausländische Staatsbürgerschaften haben können, muss diese Konstellation in den folgenden Kapiteln mit den bisherigen Rechtsprechungsfällen verglichen werden.

dd.) Parallele Anwendbarkeit mehrerer Grundfreiheiten

Neben den für sämtliche Grundfreiheiten identischen Merkmalen des Sekundärrechts und des grenzüberschreitenden Bezugs gibt es im Rahmen des sachlichen Anwendungsbereichs eine an die Strukturidentität anknüpfende Frage zur Abgrenzung zwischen den einzelnen Grundfreiheiten. Diese haben zwar grundsätzlich unterschiedliche Anwendungsbereiche, allerdings sind immer wieder

---

804 *Streinz* in: ders., EUV/AEUV, Art. 18 AEUV Rn. 66; *Hailbronner/Thym*, NJW 2011, S. 2008 (2009); *Ehlers* in: ders., Grundrechte und Grundfreiheiten, § 7 Rn. 24; kritisch *Oberhäuser*, NVwZ 2012, S. 25 (28); *Riese/Noll*, NVwZ 2007, S. 516 (520 f.). Allerdings wird die Rechtfertigung hinsichtlich des Eingriffs in Art. 12 GG auch von *Streinz* und *Hailbronner/Thym* problematisiert.

805 VerfGH, EuZW 2001, S. 219 ff. mit Anmerkung *Huber-Wilhelm/Plank*, EuZW 2001, S. 223 f.

806 *Ehlers* in: ders., Grundrechte und Grundfreiheiten, § 7 Rn. 25.

807 *Pache* in: Schulze/Zuleeg/Kadelbach, Europarecht, § 10 Rn. 14.

808 *Frenz*, Europarecht I, Rn. 270.

809 *Pache* in: Schulze/Zuleeg/Kadelbach, Europarecht, § 10 Rn. 14. Im weiteren Verlauf wird in diesem Zusammenhang von Rückkehrfällen gesprochen.

810 *Ehlers* in: ders., Grundrechte und Grundfreiheiten, § 7 Rn. 25.

811 *Frenz*, Europarecht I, Rn. 269.

812 *Pache* in: Schulze/Zuleeg/Kadelbach, Europarecht, § 10 Rn. 14.

Grenzfragen zu klären. Als Paradebeispiel ist die Werbung für ein Produkt zu nennen. Diese kann sowohl als Annex unter die Warenverkehrsfreiheit als auch als eigenständige Handlung unter die Dienstleistungsfreiheit fallen.[813] Diese Überschneidungen können nur im jeweiligen Einzelfall konkret aufgelöst werden. An dieser Stelle soll aber das grundsätzliche Verhältnis, in welchem die Grundfreiheiten zueinander stehen, bestimmt werden. Es kommen dabei sowohl eine exklusive als auch eine parallele Anwendung in Betracht. Dies hat insbesondere bei Abgrenzungsfragen mit Beteiligung einer Produkt- und einer Personenfreiheit erhebliche Auswirkungen, weil die persönlichen Anwendungsbereiche hier divergieren.[814]

(1) Kein Rangverhältnis

Zunächst einmal muss festgestellt werden, dass es kein durch die Verträge vorgegebenes, pauschales Rangverhältnis zwischen den einzelnen Grundfreiheiten gibt.[815] Dies gilt sogar für die Dienstleistungsfreiheit, obwohl Art. 57 Abs. 1 AEUV folgende Klausel enthält: „soweit sie nicht den Vorschriften über den freien Waren- und Kapitalverkehr und über die Freizügigkeit der Personen unterliegen." Dieser Formulierung wird jedoch weder vom Gerichtshof[816] noch von den weit überwiegenden Stimmen in der Literatur[817] ein Rangverhältnis entnommen. Ganz im Gegenteil hat die Dienstleistungsfreiheit in den letzten Jahren aufgrund der tatsächlichen Gegebenheiten immer mehr an Bedeutung gewonnen, sodass ein pauschales Rangverhältnis zu ihren Lasten schwer vertretbar ist.[818]

(2) Prinzip der vollen Geltung

Der Europäische Gerichtshof zeigt in Abgrenzungsfragen der grundsätzlich gleichrangigen Grundfreiheiten keine klare Linie auf, sodass in der Literatur Systematisierungsversuche unternommen wurden.[819] Die verschiedenen Grundfreiheiten finden grundsätzlich nebeneinander Anwendung, weil sie nur so den unterschiedlichen Schutzgütern zur vollen Geltung verhelfen können.[820] Dies gelingt zunächst durch

---

813 Vgl. zu diesem Beispiel EuGH, Rs. C-384/93 (Alpine Investments) Slg. 1995 I-1141 Rn. 23 ff.

814 Vgl. dazu in diesem Kapitel unter B. II. 1.) a.).

815 *Ehlers* in: ders., Grundrechte und Grundfreiheiten, § 7 Rn. 65; *Frenz*, Europarecht I, Rn. 393 f.

816 EuGH, Rs. C-452/04 (Fidium Finanz) Slg 2006, I-9521, Rn. 34.

817 *Müller-Graff* in: Streinz, EUV/AEUV, Art. 56 AEUV Rn. 8; *Frenz*, Europarecht I, Rn. 392 f.

818 *Müller-Graff* in: Streinz, EUV/AEUV, Art. 56 AEUV Rn. 8; *Kluth* in: Calliess/Ruffert, EUV/AEUV, Art. 56, 57 AEUV Rn. 4 ff.

819 Beispielsweise *Haslehner*, IStR 2008, S. 565 ff.

820 *Frenz*, Europarecht I, Rn. 389.

die Aufspaltung eines Vorgangs in verschiedene Teilbereiche.[821] Problematisch ist dieser Ansatz allerdings in Fällen, in denen sich ein Vorgang nicht soweit aufspalten lässt, dass seine Teile nicht mehr in den Anwendungsbereich mehrerer Grundfreiheiten fallen. Die Rechtsprechung des Gerichtshofs ist bei solchen Sachverhalten nicht konsistent.[822]

In der Literatur wird ganz überwiegend vertreten, dass schon aufgrund der verschiedenen Normzwecke und Schutzrichtungen der Grundfreiheiten weiterhin alle Freiheiten nebeneinander anwendbar sein müssen.[823] Wobei hierbei eine Einschränkung nach dem jeweiligen Schwerpunkt der Handlung vorgenommen wird.[824] Tritt einer der Aspekte deutlich in den Hintergrund, so ist nur der Anwendungsbereich der Grundfreiheit eröffnet, die den Schwerpunkt der Handlung ausmacht.[825] Dabei wird zur Abgrenzung das Kriterium „völlig zweitrangig"[826] verwendet.[827] Ist dies jedoch nicht bestimmbar, werden im Zweifel die Grundfreiheiten parallel angewendet.[828] Dies sei notwendig, „um den Freiheitsgehalt des EWG-Vertrages voll auszuschöpfen"[829]. Diese Aussage trifft auch in Zeiten der Europäischen Union immer noch zu.

Insgesamt sind sich die Kommentatoren somit bezüglich der Abgrenzung der Grundfreiheiten weitgehend einig: Zunächst ist nach einer Teilbarkeit der Handlungen und sodann nach dem Schwerpunkt der Handlung zu fragen. Lässt sich danach keine Abgrenzung treffen, finden die Grundfreiheiten nebeneinander Anwendung. Insoweit werden deshalb in den folgenden Kapiteln die verschiedenen Aspekte der Nichteinbeziehung im Ausland arbeitender Arbeitnehmer in die deutsche Unternehmensmitbestimmung umfassend auf die Vereinbarkeit mit den Grundfreiheiten hin untersucht.

ee.) Bereichsausnahmen

Neben den gerade angesprochenen positiven Voraussetzungen der Grundfreiheiten gibt es auch noch negative Tatbestandsvoraussetzungen[830] oder Bereichsaus-

---

821 *Ehlers* in: ders., Grundrechte und Grundfreiheiten, § 7 Rn. 65; *Kingreen* in: Calliess/Ruffert, EUV/AEUV, Art. 34–36 Rn. 30.

822 Vgl. dazu beispielsweise *Sedemund*, BB 2006, S. 2781 (2783 f.); *Haslehner*, IStR 2008, S. 565 (569 ff.).

823 *Frenz*, Europarecht I, Rn. 395 f.; Leible/Streinz in: Grabitz/Hilf/Nettesheim, Art. 34 Rn. 39.

824 *Frenz*, Europarecht I, Rn. 397; *Kingreen* in: Calliess/Ruffert, EUV/AEUV, Art. 34–36 Rn. 30.

825 *Ehlers* in: ders., Grundrechte und Grundfreiheiten, § 7 Rn. 65.

826 EuGH, Rs. C-71/02 (Karner) Slg. Rn. 46. Zur Bestimmung dieses Merkmals *Haslehner*, IStR 2008, S. 565 (574).

827 *Epiney*, NVwZ 2007, S. 1012 (1019).

828 *Ehlers* in: ders., Grundrechte und Grundfreiheiten, § 7 Rn. 65; *Frenz*, Europarecht I, Rn. 406.

829 *Bleckmann*, WiVerw 1987, S. 119 (132); vgl. auch *Haslehner*, IStR 2008, S. 565 (570).

830 *Kingreen* in: Calliess/Ruffert, EUV/AEUV, Art. 34–36 Rn. 30.

nahmen,[831] die vielfach mit der Ausübung öffentlicher Gewalt in Zusammenhang stehen.[832] Hierunter fällt auch die Ausnahme von Dienstleistungen von allgemeinem wirtschaftlichem Interesse gem. Art. 106 AEUV.[833] Für Unternehmen, die solche Dienstleistungen anbieten oder ein Finanzmonopol innehaben, gelten die Bestimmungen der Verträge nur soweit, wie sie die Erfüllung dieser Aufgaben nicht behindern.[834] Diese Bereichsausnahmen sind jedoch restriktiv auszulegen, um die Geltung der Grundfreiheiten nicht zu stark zu beschränken.[835] So werden die Unternehmen, selbst wenn sie Dienstleistungen von allgemeinem wirtschaftlichem Interesse erbringen, nur dann ausgenommen, wenn diese Unternehmen durch eine Arbeitnehmermitbestimmung in der Ausführung der ihnen übertragenen Aufgaben rechtlich oder tatsächlich völlig gehindert wären.[836]

Als Bereichsausnahme kommen zudem Art. 45 Abs. 4 AEUV und Art. 51 S. 1 AEUV in Betracht. Hiernach sind Personen, welche in der öffentlichen Verwaltung beschäftigt sind, von der Arbeitnehmerfreizügigkeit ausgenommen. Auch der Begriff der öffentlichen Verwaltung ist, wie sämtliche Unionsbegriffe, unionsweit einheitlich auszulegen.[837] Allerdings muss dieser Begriff als Einschränkung des Anwendungsbereichs einer Grundfreiheit ebenfalls eng ausgelegt werden.[838] Die öffentliche Verwaltung umfasst demnach nicht alle öffentlich-rechtlichen Unternehmen; vielmehr wird eine hoheitliche Gewalt ausübende Tätigkeit gefordert, zum Beispiel Justiz, Polizei, Militär und Steuerverwaltung.[839] Dies wird bei Unternehmen, die der Unternehmensmitbestimmung unterfallen, regelmäßig nicht gegeben sein.

Weitere grundfreiheitsübergreifende Bereichsausnahmen sind für den Bereich der Unternehmensmitbestimmung ebenfalls nicht einschlägig.[840] Vorwiegend in älteren Ansichten wird die sogleich dargestellte Cassis-Rechtsprechung dogmatisch

---

831 *Ehlers* in: ders., Grundrechte und Grundfreiheiten, § 7 Rn. 69.

832 Beispielsweise Art. 45 Abs. 4, 51 Abs. 1 AEUV. Vgl. zur Einordnung als Bereichsausnahmen und nicht als Rechtfertigungsnormen *Ehlers*, NVwZ 1990, S. 810 (812); *Kingreen* in: Calliess/Ruffert, EUV/AEUV, Art. 34–36 AEUV Rn. 30.

833 Vgl. zum Begriff der Dienstleistung von allgemeinem wirtschaftlichem Interesse ausführlich: *Behlau/Lutz/Sobotta/Schütt* in: Behlau/Lutz/Schütt, Klimaschutz durch Beihilfen, S. 285 ff.

834 *Ehlers* in: ders., Grundfreiheiten, § 7 Rn. 68.

835 *Ehlers* in: ders., Grundfreiheiten, § 7 Rn. 70.

836 *Ehlers* in: ders., Grundfreiheiten, § 7 Rn. 68.

837 *Schneider/Wunderlich* in: Schwarze, EU-Kommentar, Art. 45 AEUV Rn. 134; *Forsthoff* in: Grabitz/Hilf/Nettesheim, Recht der EU, Art. 51 AEUV Rn. 11.

838 *Schneider/Wunderlich* in: Schwarze, EU-Kommentar, Art. 45 AEUV Rn. 135; *Franzen* in: Streinz, EUV/AEUV, Art. 45 AEUV Rn. 146.

839 *Pache* in: Schulze/Zuleeg/Kadelbach, Europarecht, § 10 Rn. 105. Vgl. ausführlich dazu *Brechmann* in: Calliess/Ruffert, EUV/AEUV, Art. 45 Rn. 103 ff.; *Schneider/Wunderlich* in: Schwarze, EU-Kommentar, Art. 45 AEUV Rn. 135 ff.

840 Vgl. zum Missbrauch der Grundfreiheiten *Ehlers* in: ders., Grundrechte und Grundfreiheiten, § 7 Rn. 66.

als Bereichsausnahme eingeordnet.[841] Nach der aktuellen Literatur[842] und Rechtsprechung[843] ist die Cassis-Formel allerdings der Rechtfertigung zuzuordnen.[844]

2.) Beeinträchtigung

Der soeben dargestellte Anwendungsbereich der jeweiligen Grundfreiheit kann durch eine unionale oder wie im Fall der Unternehmensmitbestimmung durch eine nationale Regelung beeinträchtigt werden. Diese Regelungen müssten entweder eine Diskriminierung oder eine Beschränkung der Grundfreiheit darstellen. Dabei ist die Unterscheidung zwischen Diskriminierung und Beschränkung nicht nur theoretischer Natur, sondern vor allem für die späteren Rechtfertigungsmöglichkeiten relevant. Dieser Prüfungspunkt hat in den letzten Jahren und Jahrzehnten eine deutliche Ausweitung erfahren und wird auch in dieser Untersuchung von zentraler Bedeutung sein.[845]

a.) Diskriminierungsverbot

Eine Diskriminierung liegt immer dann vor, wenn zwei gleiche Sachverhalte unterschiedlich behandelt werden und der Betroffene dadurch aufgrund seiner Staatsangehörigkeit benachteiligt wird.[846] Der Diskriminierungsbegriff des Europäischen Gerichtshofs ist dabei sehr weitgehend.[847] So dürfen Produkte oder Personen nicht aufgrund der ausländischen Herkunft schlechter gestellt werden als inländische.[848] Es wird deshalb bei den Grundfreiheiten auch von einem ‚Schlechterstellungsverbot' gesprochen.[849]

Es gibt dabei zwei verschiedene Arten von Diskriminierungen: die direkten und die indirekten Diskriminierungen. Diese beiden Kategorien werden auch unmittelbare und mittelbare, formelle und materielle oder offene und versteckte Diskriminierung genannt. Inhaltlich unterscheiden sich die verschiedenen Begriffspaare jedoch

---

841 Beispielsweise *Schilling*, EuR 1994, S. 50 (52).

842 *Dauses/Brigola* in: Dauses, EU-Wirtschaftsrecht, C. I. Rn. 276 f.; heute noch *Frenz*, Europarecht I, Rn. 433 ff.; *Ehlers* in: ders., Grundrechte und Grundfreiheiten, § 7 Rn. 101.; *Jarass*, EuR 2000, S. 705 (719).

843 EuGH, Rs. C-415/93 (Bosman) Slg. 1995, I-4921 Rn. 104; EuGH, Rs. C-158/96 (Kohll) Slg. 1998, I-1931 Rn. 36.

844 Ausführlich dazu *Fremuth*, EuR 2006, S. 866 (868 ff.) sowie in diesem Kapitel unter B. II. 3.) b.).

845 Zur Entwicklung vgl. *Kingreen* in: Calliess/Ruffert, Art. 34–36 Rn. 35 ff.; *Ehlers* in: ders, Grundrechte und Grundfreiheiten, § 7 Rn. 82 ff.; *Classen*, EuR 2004, S. 416 ff.; *Streinz* in: FS Rudolf, S. 199 (206 ff.).

846 *von Bogdandy* in: Grabitz/Hilf/Nettesheim, Recht der EU, Art. 18 AEUV Rn. 6.

847 *Ehlers* in: ders, Grundrechte und Grundfreiheiten, § 7 Rn. 77.

848 *Körber*, Grundfreiheiten und Privatrecht, S. 96.

849 *Jarass*, EuR 1995, S. 202 (216).

zumeist nicht.[850] Zudem gibt es das für die Unternehmensmitbestimmung besonders relevante Spezialproblem der Diskriminierung aufgrund fehlender Harmonisierung, das im Folgenden ebenfalls näher dargestellt wird.

aa.) Direkte Diskriminierung

Direkte Diskriminierungen liegen vor, wenn das durch die Grundfreiheit geschützte Rechtsgut zwischen ausländischen und inländischen Produkten oder Personen differenziert.[851] Der Anknüpfungspunkt bei der Warenverkehrsfreiheit ist dabei die ausländische Ware. Bei allen anderen Grundfreiheiten ist es die Staatsangehörigkeit der jeweiligen Person, also der Arbeitnehmer, Niederlassender, Dienstleister oder Anleger.[852] Typische Fälle liegen vor, wenn bestimmte Berufe lediglich von Inländern ausgeübt oder nur inländische Produkte verkauft werden dürfen. Durch die immer tiefergehende Integration in der Europäischen Union und den mittlerweile zahlreich geführten Verfahren vor dem Gerichtshof gibt es aktuell nur noch wenige direkte Diskriminierungen.[853]

bb.) Indirekte Diskriminierung

Indirekte Diskriminierungen liegen vor, wenn Produkte oder Personen zwar nicht durch das Anknüpfungsmerkmal der ausländischen Herkunft differenziert werden, aber ein Merkmal gewählt wird, das typischerweise zum gleichen Ergebnis führt.[854] Die Abgrenzung zwischen nur scheinbar und tatsächlich diskriminierungsfreien Anknüpfungspunkten ist dabei nicht immer einfach. Beispiele für im Ergebnis indirekt diskriminierende Anknüpfungspunkte sind das Erfordernis inländischer Sprachkenntnisse, ein inländischer Qualifikationsnachweis oder ein inländisches Wohnorterfordernis.[855] Diese Erfordernisse haben gemeinsam, dass das Anknüpfungsmoment hier nicht die ausländische Herkunft an sich, sondern ein bestimmter Nachweis ist, der kaum bzw. typischerweise nicht von ausländischen Personen oder Waren geführt werden kann. In diesen Fällen kommt es aufgrund der Auswirkung des Anknüpfungsmoments zum selben Ergebnis wie bei einer direkten Diskrimi-

---

850 *Streinz* in: ders., EUV/AEUV, Art. 18 AEUV Rn. 52 f.; *Epiney* in: Calliess/Ruffert, EUV/AEUV, Art. 18 AEUV Rn. 12; *Ehlers* in: ders, Grundrechte und Grundfreiheiten, § 7 Rn. 23; *Körber*, Grundfreiheiten und Privatrecht, S. 95 f., 98. Eine etwas andere Einteilung wählend *Plötscher*, Begriff der Diskriminierung, S. 288 ff.; vgl. dazu auch *Frenz*, Europarecht I, Rn. 504.

851 *Körber*, Grundfreiheiten und Privatrecht, S. 95;

852 *Ehlers* in: ders, Grundrechte und Grundfreiheiten, § 7 Rn. 26; *Pache* in: Ehlers, Grundrechte und Grundfreiheiten, § 11 Rn. 53.

853 Aktuelles Beispiel ist jedoch der Beruf des Notars EuGH, C-54/08, NJW 2011, S. 2941 Rn. 82; dazu ausführlich *Schmidt/Pinkel*, NJW 2011, S. 2928 ff.; *Korte/Steiger*, NVwZ 2011, S. 1243 ff.

854 *Ehlers* in: ders, Grundrechte und Grundfreiheiten, § 7 Rn. 26.

855 Weitere Beispiele siehe bei *Frenz*, Europarecht I, Rn. 494.

nierung.[856] Allerdings gibt es keinen Katalog solcher Anknüpfungspunkte, vielmehr handelt es sich um ein im Einzelfall zu bestimmendes Kriterium. Dabei beruht die Feststellung der indirekten Diskriminierung zwangsläufig auf Indizien.[857]

Wann eine indirekte Diskriminierung vorliegt, wird dabei zumeist quantitativ beurteilt. So ist der Anknüpfungspunkt indirekt diskriminierend, wenn ‚typischerweise', ‚oft' bzw. in ‚großer Mehrzahl' Angehörige anderer Mitgliedstaaten benachteiligt werden.[858] Allerdings schwanken die Begriffe in den Entscheidungen des Gerichtshofs und werden in der Literatur schon deshalb häufig kritisch gesehen.[859] Um diese Unschärfe abzulösen, wird vorgeschlagen eine indirekte Diskriminierung schon dann anzunehmen, wenn Personen oder Waren aus dem eigenen Mitgliedstaat das Kriterium leichter erfüllen können.[860] Diese Ansicht unterscheidet sich von der rein quantitativen Betrachtungsweise dadurch, dass die konkrete Regelung nicht tatsächlich vor allem ausländische Staatsbürger bzw. Waren erfassen, sondern diese Regelung nur dazu geeignet sein muss.[861]

Die Diskussion hat durch die Ausweitung der Grundfreiheiten zu Beschränkungsverboten zwar an Bedeutung verloren, spielt jedoch beim Diskriminierungsverbot aufgrund der Staatsangehörigkeit und bei den Rechtfertigungsmöglichkeiten weiterhin eine wesentliche Rolle. Meiner Einschätzung nach sollte das Merkmal nicht nur potentiell dazu geeignet sein, sondern tatsächlich dieselben Auswirkungen haben wie eine direkte Diskriminierung. Andernfalls wird es fast unmöglich, zwischen einer indirekten Diskriminierung und einer Beschränkung zu unterscheiden. Außerdem erscheint es aufgrund des Schutzzwecks des Verbots von Diskriminierungen nicht angezeigt, auch potentielle Wirkungen miteinzubeziehen. Zieht eine Regelung keine tatsächlich diskriminierenden Wirkungen nach sich, ist diese für die ausländischen Personen oder Waren eben gerade nicht diskriminierend. Eine genaue Überprüfung der einzelnen Maßnahmen wird in den nachfolgenden Kapiteln vorgenommen. Dort wird auch eine genaue Rechtsprechungsanalyse mit vergleichbaren Entscheidungen des Gerichtshofs stattfinden.

cc.) Diskriminierung aufgrund fehlender Harmonisierungen

Neben den beiden Kategorien der direkten und indirekten Diskriminierungen gibt es die Fallgruppe der Diskriminierung aufgrund fehlender Harmonisierung, die

---

856 *Streinz* in: ders., EUV/AEUV, Art. 18 AEUV Rn. 53; *von Bogdandy* in: Grabitz/Hilf/Nettesheim, Recht der EU, Art. 18 Rn. 15

857 *Körber*, Grundfreiheiten und Privatrecht, S. 102 f.

858 *Müller-Graff* in: Streinz, EUV/AEUV, Art. 49 AEUV Rn. 48; *Streinz* in: ders., EUV/AEUV, Art. 18 AEUV Rn. 53; *von Bogdandy* in: Grabitz/Hilf/Nettesheim, Recht der EU, Art. 18 Rn. 15; *Koch/Nguyen*, EuR 2010, S. 364 (366 f.).

859 *Körber*, Grundfreiheiten und Privatrecht, S. 99; *Epiney* in: Calliess/Ruffert, EUV/AEUV, Art. 18 AEUV Rn. 13. Vgl. überblicksartig zu den früher vertretenden alternativen Auffassungen *Körber*, Grundfreiheiten und Privatrecht, S. 100.

860 *Epiney* in: Calliess/Ruffert, EUV/AEUV, Art. 18 AEUV Rn. 13

861 *von Bogdandy* in: Grabitz/Hilf/Nettesheim, Recht der EU, Art. 18 Rn. 15.

keine Diskriminierung im Sinne der Grundfreiheiten darstellt. Diese Fälle kommen zustande, weil die Europäische Union keinen völlig harmonisierten Rechtsraum darstellt. Wie oben gezeigt wurde, ist dies auch nicht das Ziel des europäischen Binnenmarkts.[862] Keine Diskriminierung liegt immer dann vor, wenn ein Unterschied nur auf der Tatsache beruht, dass zwei verschiedene Hoheitsträger innerhalb ihres Kompetenzbereichs unterschiedliche Systeme geschaffen haben. So haben beispielsweise Arbeitnehmer in Frankreich oder Großbritannien weniger Rechte im Bereich der Unternehmensmitbestimmung als Arbeitnehmer in Deutschland.[863]

Eine Diskriminierung liegt (in der Regel)[864] nur dann vor, wenn der Arbeitnehmer vom selben Hoheitsträger anders behandelt wird.[865] Dies gilt sowohl zwischen zwei Mitgliedstaaten als auch zwischen einem Mitgliedstaat und der Europäischen Union.[866] Für eine Harmonisierung zwischen den Hoheitsträgern ist der Erlass von sekundärem Unionsrecht notwendig;[867] andernfalls würden die Kompetenzverteilungen umgangen.[868] Da der Unionsgesetzgeber in der Unternehmensmitbestimmung keine vollständige Harmonisierung vorgenommen hat, sondern auf die mitgliedstaatlichen, historisch gewachsenen Systeme setzt,[869] muss dieser Punkt bei den späteren Prüfungen berücksichtigt werden.

b.) Beschränkungsverbot

In den letzten Jahrzehnten weitete der Gerichtshof nicht nur den Diskriminierungsbegriff hinsichtlich der indirekten Diskriminierungen aus, sondern entwickelte die Grundfreiheiten auch zu Beschränkungsverboten weiter.[870] Allerdings stellte nach dieser Ausweitung zu Beschränkungsverboten die Eingrenzung bzw. Konkretisie-

862 Vgl. in diesem Kapitel unter B. I. 2.).

863 Vgl. dazu in Kapitel 3 A. sowie eine ähnliche Darstellung bezüglich der unterschiedlichen Steuersysteme in den Mitgliedstaaten bei *Wernsmann* in: Schulze/Zuleeg/Kadelbach, Europarecht, § 30 Rn. 89.

864 Zu Ausnahmen im Bereich des Steuerrechts *Wernsmann* in: Schulze/Zuleeg/Kadelbach, Europarecht, § 30 Rn. 91 ff.

865 *Körber*, Grundfreiheiten und Privatrecht, S. 101, Ständige Rechtsprechung seit EuGH, Rs. 1/78 (Kenny) Slg. 1978, 1489, Rn. 18 ff.; EuGH, Rs. C-403/03 (Schempp) Slg. 2005, I-6421, Rn. 34.

866 *von Bogdandy* in: Grabitz/Hilf/Nettesheim, Recht der EU, Art. 18 AEUV Rn. 9; *Holoubek* in: Schwarze, EU-Kommentar, Art. 18 AEUV Rn. 9; *Körber*, Grundfreiheiten und Privatrecht, S. 101.

867 *Remien* in: Schulze/Zuleeg/Kadelbach, Europarecht, § 14 Rn. 2, 4.

868 *Epiney* in: Calliess/Ruffert, EUV/AEUV, Art. 18 AEUV Rn. 10.

869 Vgl. dazu in Kapitel 3 I. 1.) b.) bb.).

870 Vgl. dazu ausführlich *Kingreen* in: Calliess/Ruffert, EUV/AEUV, Art. 34–36 Rn. 37 ff.; *Dauses/Brigola* in: Dauses, EU-Wirtschaftsrecht, C. I. Rn. 90 ff.; *Ehlers* in: ders, Grundrechte und Grundfreiheiten, § 7 Rn. 82 ff.; *Pache* in: Schulze/Zuleeg/Kadelbach, Europarecht, § 10 Rn. 23.

rung des Beschränkungsbegriffs eine zentrale Aufgabe der Rechtsprechung und Literatur dar, die bis heute noch nicht abgeschlossen ist.[871]

aa.) Ausweitung zum umfassenden Beschränkungsverbot

Beschränkungen wirken im Unterschied zu Diskriminierungen unterschiedslos. Der Europäische Gerichtshof entwickelte in seiner Dassonville-Formel die Warenverkehrsfreiheit vom reinen Diskriminierungsverbot zu einem Beschränkungsverbot fort: „Jede Handelsregelung der Mitgliedstaaten, die geeignet ist, den innergemeinschaftlichen Handel unmittelbar oder mittelbar, tatsächlich oder potentiell zu behindern, ist als Maßnahme mit gleicher Wirkung wie eine mengenmäßige Beschränkung anzusehen."[872] Diese Formel wurde später auf sämtliche Grundfreiheiten ausgedehnt.[873] Die Auswirkungen dieser Rechtsprechung waren und sind noch immer weitreichend. Der Gerichtshof erweiterte damit seine Zuständigkeit erheblich und setzte eine Vielzahl nationaler Maßnahmen unter Rechtfertigungsdruck. Diese Maßnahmen müssen nach der Dassonville-Formel weder final noch vorhersehbar sein oder eine bestimmte rechtliche Qualität aufweisen.[874] Außerdem sind auch nur hypothetische und geringfügige Maßnahmen in den Begriff der Beschränkung einbezogen.[875] Insgesamt liegt damit dann eine Beschränkung vor, wenn eine Maßnahme die grenzüberschreitende Ausübung einer Grundfreiheit behindert oder auch nur weniger attraktiv macht.[876]

Diese Ausweitung wurde in den Folgejahren von der Literatur weitgehend begrüßt[877] oder zumindest mitgetragen.[878] Insbesondere wird mit dem Wortlaut verschiedener Grundfreiheiten argumentiert[879] und darüber hinaus die Tatsache angeführt, dass andernfalls die Grundfreiheiten neben dem Diskriminierungsverbot aufgrund der Staatsangehörigkeit keinen eigenständigen Anwendungsbereich hätten.[880] Des Weiteren wurde bezüglich des Diskriminierungsbegriffs aufgezeigt, dass insbesondere die indirekte Diskriminierung kaum von einer Be-

---

871 Vgl. nur *Frenz*, Europarecht I, Rn. 443 ff.; *Brigola*, EuZW 2012, S. 248 ff.

872 EuGH, Rs. 8/74 (Dassonville) Slg. 1974, 837. Vgl. aktuell EuGH, Rs. C-346/06 (Rüffert) Slg 2008, I-1989 Rn. 37.

873 *Kingreen* in: Calliess/Ruffert, EUV/AEUV, Art. 34–36 Rn. 41 ff.; *Ehlers* in: ders., Grundrechte und Grundfreiheiten, § 7 Rn. 82.

874 *Ehlers* in: ders., Grundrechte und Grundfreiheiten, § 7 Rn. 82.

875 *Ehlers* in: ders., Grundrechte und Grundfreiheiten, § 7 Rn. 82; *Dauses/Brigola* in: Dauses, EU-Wirtschaftsrecht, Kapitel C Rn. 95

876 *Ehlers* in: ders., Grundrechte und Grundfreiheiten, § 7 Rn. 82.

877 Statt Vieler *Pache* in: Schulze/Zuleeg/Kadelbach, Europarecht, § 10 Rn. 23; *Ehlers* in: ders., Grundrechte und Grundfreiheiten, § 7 Rn. 29.

878 Kritisch mit weiteren Nachweisen *Kingreen* in: Calliess/Ruffert, EUV/AEUV, Art. 34–36 AEUV Rn. 60, 66 ff.

879 *Ehlers* in: ders., Grundrechte und Grundfreiheiten, § 7 Rn. 28.

880 *Ehlers* in: ders., Grundrechte und Grundfreiheiten, § 7 Rn. 29; *Teichmann*, ZGR 2011, S. 639 (647).

schränkung zu unterscheiden ist.[881] Letzteres ist allerdings ein eher fragwürdiges Argument, da Abgrenzungsfragen auch beim Vorliegen einer Beschränkung bestehen.[882]

Für ein umfassendes Beschränkungsverbot kann auch die Neufassung der Kapital- und Zahlungsverkehrsfreiheit angesehen werden. Im Maastrichter Vertrag wurde diese Grundfreiheit grundlegend überarbeitet und erst hierdurch unmittelbar anwendbar.[883] In deren Wortlaut, der bis heute unverändert blieb, wird ausdrücklich von einem Beschränkungsverbot gesprochen.[884] Zuletzt spricht für ein umfassendes Beschränkungsverbot, dass auch nach der langjährigen Praxis des Gerichtshofs zur Ausweitung der Grundfreiheiten zu Beschränkungsverboten in den zeitlich nachfolgenden Vertragsänderungen keine Einschränkungen vorgenommen wurden, um diese Rechtsprechung rückgängig zu machen.[885]

bb.) Einschränkungen

Es wurde in der Folgezeit deutlich, dass die Ausweitung der Grundfreiheiten zu zahlreichen Verfahren vor dem Gerichtshof führte, weshalb sowohl in der Rechtsprechung als auch in der Literatur verschiedene Möglichkeiten zur Eingrenzung des weiten Beschränkungsbegriffs gesucht wurden. Hinzu kommt, dass die Grundfreiheiten keine völlige Marktgleichheit innerhalb des Binnenmarkts herstellen sollen, sondern vielmehr den uneingeschränkten Zugang zu den nationalen Märkten für alle Akteure innerhalb des Binnenmarkts sicherstellen sollen.[886] Allerdings dürfen die Einschränkungen auch nicht zu weit gehen, weil im Rahmen einer Verhältnismäßigkeitsprüfung oft sachgerechtere Lösungen für den jeweiligen Einzelfall gefunden werden können. Dieses Spannungsfeld gilt es im Rahmen der Einschränkungen des Beschränkungsbegriffs aufzulösen.

(1) Vertriebsbezogene Regelungen

In der Entscheidung Keck schränkte der Gerichtshof ‚seine Dassonville-Formel' ein: „Demgegenüber ist entgegen der bisherigen Rechtsprechung die Anwendung nationaler Bestimmungen, die bestimmte Verkaufsmodalitäten beschränken oder verbieten, auf Erzeugnisse aus anderen Mitgliedstaaten nicht geeignet, den Handel zwischen den Mitgliedstaaten im Sinne des Urteils Dassonville [...] unmittelbar oder mittelbar, tatsächlich oder potentiell zu behindern, sofern diese Bestimmungen für alle betroffenen Wirtschaftsteilnehmer gelten, die ihre Tätigkeit im Inland ausüben, und sofern sie den Absatz der inländischen Erzeugnisse

881 *Ruffert*, JuS 2009, S. 97 (101).
882 Vgl. die Ausführungen in diesem Kapitel unter B. II. 2.) b.) bb.).
883 *Bröhmer* in: Calliess/Ruffert, EUV/AEUV, Art. 63 AEUV Rn. 3.
884 *Ress/Ukrow* in: Grabitz/Hilf/Nettesheim, Das Recht der EU, Art. 63 AEUV Rn. 134.
885 Vgl. zum Lissabonner Vertrag *Nowak*, Europarecht nach Lissabon, S. 213.
886 *Ehlers* in: ders., Grundrechte und Grundfreiheiten, § 7 Rn. 23.; *Frenz*, Europarecht I, Rn. 136.

und der Erzeugnisse aus anderen Mitgliedstaaten rechtlich wie tatsächlich in der gleichen Weise berühren."[887]

Damit werden bei der Warenverkehrsfreiheit zwei Kategorien unterschieden: die produktbezogenen und die vertriebsbezogenen Regelungen.[888] Während erste Kategorie die Form, Bezeichnung oder Zusammensetzung des Produkts betrifft, sind in der zweiten Kategorie die Verkaufsmodalitäten, wie beispielsweise ein Nachtbackverbot[889] oder ein Sonntagsverkaufsverbot[890], zu nennen. Auch Werbeverbote stellen zumeist vertriebsbezogene Regelungen dar, wobei hier eine Abgrenzung schon schwieriger erscheint.[891] Diese Abgrenzungsschwierigkeiten und die fehlende Möglichkeit zur Übertragung auf die anderen Grundfreiheiten sind die großen Kritikpunkte des Schrifttums an der Keck-Formel.[892] Während die Dassonville-Formel auf sämtliche Grundfreiheiten ausgeweitet wurde, ist dies bei der Keck-Formel bisher nicht erfolgt.[893]

(2) Marktzugang

Das für sämtliche Grundfreiheiten übergreifende Instrument des Gerichtshofs zur Einschränkung der Dassonville-Formel ist das Kriterium des Marktzugangs.[894] Hiernach liegt eine Beschränkung vor, wenn eine Regelung den Marktzugang in einem anderen Mitgliedstaat beeinträchtigt. Nicht hierunter fallen interne Marktregulierungen, die den Zugang zum Markt nicht versperren, sondern diesen nur regulieren.[895] Dieses Kriterium wurde nach herrschender Ansicht aus der Keck-Rechtsprechung weiterentwickelt und diese so für sämtliche Grundfreiheiten anwendbar gemacht.[896] Produktbezogene Regelungen behindern eher den Zugang zum Markt und vertriebsbezogenen Regelungen knüpfen zumeist an den Modalitäten nach dem erfolgten Zugang zum relevanten Markt an.[897]

Eine andere Ansicht sieht allerdings im Zugangskriterium ein völlig neues, drittes Kriterium.[898] Insgesamt ist die Herkunft des Merkmals jedoch nicht von Bedeutung,

---

887 EuGH, Rs. C-268/91 (Keck) Slg. 1993, S. I-6097 Rn. 16.

888 *Kingreen* in: Calliess/Ruffert, EUV/AEUV, Art. 34–36 Rn. 49.

889 EuGH, Rs. 155/80 (Oebel) Slg. 1981, 1993 Rn. 10.

890 EuGH, Rs. C-145/88 (Torfaen Borough) Slg. 1989, 3851 Rn. 14.

891 *Ehlers* in: ders., Grundrechte und Grundfreiheiten, § 7 Rn. 86.

892 *Brigola*, EuZW 2012, S. 248 ff.; *Dauses/Brigola* in: Dauses, EU-Wirtschaftsrecht, C. I. Rn. 138; zurückhaltender *Frenz*, Europarecht I, Rn. 444 f.

893 Differenzierend dazu ausführlich *Frenz*, Europarecht I, Rn. 452 ff.

894 EuGH, Rs. C-110/05 (Mickelsson und Ross) Slg. 2009, I-519 Rn. 36. Vgl. *Kingreen* in: Calliess/Ruffert, EUV/AEUV, Art. 34–36 AEUV Rn. 50; *Roth* in: Dauses, EU-Wirtschaftsrecht, Kapitel E I. Rn. 170.

895 *Teichmann*, ZGR 2011, S. 639 (654 f.).

896 *Teichmann*, ZGR 2011, S. 639 (653 f.); *Epiney* in: Ehlers, Grundrechte und Grundfreiheiten, § 8 Rn. 44. Vgl. dazu die Rechtsprechungsanalyse bei *Brigola*, EuZW 2012, S. 248 (249 ff.).

897 *Epiney* in: Ehlers, Grundrechte und Grundfreiheiten, § 8 Rn. 44.

898 *Kingreen* in: Calliess/Ruffert, EUV/AEUV, Art. 34–36 Rn. 51.

weil hieraus keine Rückschlüsse auf das Kriterium selbst gezogen werden können. Dieses ist Ergebnis des Schutzes des europäischen Binnenmarkts, in welchem die Barrieren zwischen den Mitgliedstaaten zwar abgeschafft werden sollen, dabei aber keine völlige Marktgleichheit angestrebt wird.

(3) Relevanzregel

In einigen Entscheidungen des Gerichtshofs wird auch die sogenannte Relevanzregel verwendet. Nach dieser Einschränkungsform liegt keine Beschränkung vor, wenn diese zu mittelbar, indirekt, hypothetisch oder ungewiss ist.[899] Dieses Kriterium wurde schon vor der Keck-Rechtsprechung entwickelt und auch in der Folgezeit immer wieder verwendet.[900] Allerdings gibt es hierbei vordergründig einen gewissen Widerspruch zur Dassonville-Formel, welche ebenso potentielle Behinderungen berücksichtigt. Dieser Konflikt ist jedoch dahingehend aufzulösen, dass die Relevanzregel keine Spürbarkeitsgrenze, wie im Kartell- oder Beihilferecht,[901] beinhaltet.[902] Vielmehr sollen völlig hypothetische Kausalverläufe ausgeschlossen werden.[903] Es werden also auch sehr schwache Behinderungen in den Beschränkungsbegriff miteinbezogen, nicht jedoch völlig unwahrscheinliche bzw. abwegige.

cc.) Stellungnahme

Die Keck-Rechtsprechung wurde zwar nicht verworfen, aber auch nicht konsequent für die anderen Grundfreiheiten fruchtbar gemacht. Teilweise werden die Keck-Kriterien vom Gerichtshof auf die Kapitalverkehrs-[904] und abgeschwächt auf die Dienstleistungsfreiheit[905] übertragen. Gerade bei den Personenverkehrsfreiheiten ist diese Übertragung jedoch schwieriger. Zudem wurden die Keck-Kriterien auch

---

899 Ausführlich dazu *Thomas*, NVwZ 2009, S. 1202 ff.

900 EuGH, Rs. C-93/92 (CMC Motorradcenter) Slg. 1993, I-5009 Rn. 12; EuGH, Rs. C-69/88 (Krantz) Slg. 1990, I583 Rn. 11. Zu zahlreichen weiteren Beispielen vgl. Thomas, NVwZ 2009, S. 1202 Fn. 8 ff.

901 Vgl. im Kartellrecht *Bechtold/Bosch/Brinker/Hirsbrunner*, EG-Kartellrecht, Art. 81 EGV Rn. 95 ff. sowie im Beihilferecht *Bartosch*, EU-Beihilfenrecht, Art. 107 Abs. 1 AEUV Rn. 162 f.; *Berghofer*, EStAL 2007, S. 11 ff.

902 *Ehlers* in: ders., Grundrechte und Grundfreiheiten, § 7 Rn. 84; *Müller-Graff* in: Streinz, EUV/AEUV, Art. 49 AEUV Rn. 61.

903 *Kingreen* in: Calliess/Ruffert, EUV/AEUV, Art. 34–36 Rn. 55; *Epiney* in: Ehlers, Grundrechte und Grundfreiheiten, § 8 Rn. 50; *Thomas*, NVwZ 2009, S. 1202 (1207); *Deckert/Schroeder*, JZ 2001, S. 88 (90).

904 *Bröhmer* in: Calliess/Ruffert, EUV/AEUV, Art. 64 AEUV Rn. 62; *Ress/Ukrow* in: Grabitz/Hilf/Nettesheim, Recht der EU, Art. 57 AEUV Rn. 137 f.

905 *Ehlers* in: ders., Grundrechte und Grundfreiheiten, § 7 Rn. 87; *Kluth* in: Calliess/Ruffert, EUV/AEUV, Art. 56, 57 AEUV Rn. 61. Vehement dagegen *Randelzhofer/Forsthoff* in: Grabitz/Hilf/Nettesheim, Recht der EU, Art. 57 AEUV Rn. 105, 110 f.

bei der Warenverkehrsfreiheit nicht ausschließlich angewendet, sondern werden als eine von mehreren Einschränkungsmöglichkeiten angesehen.[906]

Die Keck-Rechtsprechung zur Warenverkehrsfreiheit kann meiner Ansicht nach als Ausgangspunkt für das heute überwiegend verwendete Marktzugangskriterium angesehen werden.[907] Dieses Kriterium wird auch in der Literatur hauptsächlich zur Eingrenzung des weiten Beschränkungsbegriffs herangezogen.[908] Neben der Keck-Rechtsprechung und dem Zugangskriterium hat der Gerichtshof zudem schon früh die Relevanzregel entwickelt und wendet diese bis heute noch an.[909]

Meiner Einschätzung nach kann davon ausgegangen werden, dass vom Gerichtshof weiterhin alle drei dargestellten Einschränkungen angewendet werden, wobei bei den Personenverkehrsfreiheiten hauptsächlich das Zugangskriterium und die Relevanzregel zum Tragen kommen. Bei allen Versuchen der Einschränkung des weiten Beschränkungsbegriffs darf zudem nicht vergessen werden, dass es eine Vielzahl von unterschiedlichen, potentiell zu prüfenden Regelungen gibt. Der Gerichtshof hat dabei in den letzten Jahrzehnten immer wieder gezeigt, dass er bereit ist, die Dogmatik der Grundfreiheiten zu überdenken, sofern es dem Ziel eines einheitlichen Binnenmarkts dient. Deshalb müssen die verschiedenen Einschränkungsmöglichkeiten im jeweiligen konkreten Einzelfall immer wieder näher bestimmt werden.[910] Einfache Formeln sind auf den ersten Blick zwar besser greifbar, bringen aber keine sachgerechten Ergebnisse.[911] In den nächsten Kapiteln wird deshalb die Beschränkungswirkung auf die Grundfreiheiten durch die deutsche Ausgestaltung der Unternehmensmitbestimmung anhand der dargestellten Einschränkungskriterien ausführlich geprüft und ein Überblick zu vergleichbaren Entscheidungen des Gerichtshofs gegeben.

3.) Rechtfertigung

Beeinträchtigungen der Grundfreiheiten können gerechtfertigt sein. Zwar gibt es mittlerweile zahlreiche Rechtfertigungsgründe, doch ist die dogmatische Herangehensweise an dieser Stelle noch entwicklungsbedürftig. Dies liegt auch an den

---

906 *Schroeder* in: Streinz, EUV/AEUV, Art. 34 AEUV Rn. 44 ff.

907 So auch *Becker* in: Ehlers, Grundrechte und Grundfreiheiten, § 9 Rn. 43; *Franzen* in: Streinz, EUV/AEUV, Art. 45 AEUV Rn. 90; *Schroeder* in: Streinz, EUV/AEUV, Art. 34 AEUV Rn. 44 ff.; *Leible/Streinz* in: Grabitz/Hilf/Nettesheim, Recht der EU, Art. 34 AEUV Rn. 83 f.; *Epiney* in: Ehlers, Grundrechte und Grundfreiheiten, § 8 Rn. 44.

908 Kritisch zur Unbestimmtheit des Begriffs *Snell*, CML Rev. 2010, S. 437 (470 f.).

909 *Epiney* in: Ehlers, Grundrechte und Grundfreiheiten, § 8 Rn. 50; *Becker* in: Ehlers, Grundrechte und Grundfreiheiten, § 9 Rn. 43; *Müller-Graff* in: Streinz, EUV/AEUV, Art. 49 AEUV Rn. 61.

910 *Ehlers* in: ders., Grundrechte und Grundfreiheiten, § 7 Rn. 86; *Forsthoff* in: Grabitz/Hilf/Nettesheim, Recht der EU, Art. 45 AEUV Rn. 222 ff.; *Deckert/Schroeder*, JZ 2001, S. 88 (90). Vgl. nur die zahlreichen Beispiele in den entsprechenden Kommentaren, zum Beispiel *Müller-Graff* in: Streinz, EUV/AEUV, Art. 49 Rn. 66 ff.

911 *Becker* in: Ehlers, Grundrechte und Grundfreiheiten, § 9 Rn. 43 a.E. Vgl. aber den interessanten Versuch bei *Brigola*, EuZW 2012, S. 248 (252 f.).

zumeist nur knappen Ausführungen des Gerichtshofs zu Rechtfertigungsmöglichkeiten und Herleitungen. Dieses „sehr ökonomische“[912], wenig dogmatische Vorgehen versucht die Wissenschaft zu systematisieren und zu kategorisieren;[913] es ist ihr bisher allerdings noch nicht abschließend gelungen.

Bezüglich der Rechtfertigung der soeben dargestellten Beeinträchtigungen müssen verschiedene Kategorien unterschieden werden. Zwar können sämtliche Beeinträchtigungen gerechtfertigt sein, doch soll es – je nach Beeinträchtigungsform – eine unterschiedliche Auswahl an Rechtfertigungsgründen geben. Die Rechtfertigungsgründe können dabei zunächst in zwei Kategorien eingeteilt werden: geschriebene und ungeschriebene Gründe, wobei Grundrechtspositionen teilweise als dritte Kategorie und zum Teil – wie nachfolgend – den ungeschriebenen Gründen zugeordnet werden.[914]

Während die Rechte der ersten Kategorie ausdrücklich im Vertrag über die Arbeitsweise der Europäischen Union als Rechtfertigungsgründe genannt sind, ist die zweite Kategorie erst durch die Rechtsprechung des Gerichtshofs eingeführt worden.[915] Diese ungeschriebenen Rechtfertigungsgründe sind dabei Spiegelbild der Ausweitung der Grundfreiheiten hin zu Beschränkungsverboten.[916]

Diese zweite Kategorie beinhaltet auch die Unionsgrundrechte, die sowohl in der EU-Grundrechtecharta als auch in den gemeinsamen Verfassungsüberlieferungen der Mitgliedstaaten zu finden sind.[917] In der Literatur und teilweise auch in der Rechtsprechung des Gerichtshofs lassen sich hier Tendenzen erkennen, dass gerade Grundrechte verstärkt zur Rechtfertigung herangezogen werden.[918]

a.) Geschriebene Rechtfertigungsgründe

Die geschriebenen Rechtfertigungsgründe sind für jede Grundfreiheit unterschiedlich geregelt. So kennt die Warenverkehrsfreiheit gem. Art. 36 S. 1 AEUV Gründe „der öffentlichen Sittlichkeit, Ordnung und Sicherheit, zum Schutze der Gesundheit und des Lebens von Menschen, Tieren oder Pflanzen, des nationalen Kulturguts von künstlerischem, geschichtlichem oder archäologischem Wert oder des gewerblichen und kommerziellen Eigentums“ als geschriebene Rechtfertigungsgründe. Gem. Art. 45 Abs. 3 AEUV können Mitgliedstaaten aus Gründen der öffentlichen Ordnung, Sicherheit und Gesundheit die Arbeitnehmerfreizügigkeit einschränken. Gleiches gilt auch für die Niederlassungsfreiheit gem. Art. 52 Abs. 1 AEUV und gem. Art. 62 i.V.m. Art. 52 Abs. 1 AEUV für die Dienstleistungsfreiheit. Andere Rechtfer-

---

912 *Forsthoff*, Niederlassungsfreiheit für Gesellschaften, S. 75; kritisch dazu auch *Heselhaus*, EuZW 2001, 645 (645 f.).
913 *Everling* in: FS Lutter, S. 31 (40 ff.).
914 *Kingreen* in: Calliess/Ruffert, EUV/AEUV, Art. 34–36 AEUV Rn. 75 ff.
915 EuGH, Rs. 120/78 (Cassis) Slg. 1979, 649.
916 *Pache* in: Schulze/Zuleeg/Kadelbach, Europarecht, § 10 Rn. 54.
917 Vgl. dazu ausführlich in diesem Kapitel unter C. II.
918 *Kingreen* in: Calliess/Ruffert, EUV/AEUV, Art. 34–36 AEUV Rn. 84 f.

tigungsgründe fallen unter die ungeschriebenen, auch wenn diese im Primärrecht der Europäischen Union geregelt sind.[919]

aa.) Öffentliche Ordnung, Sicherheit und Gesundheit

Im Rahmen der Überprüfung der Unternehmensmitbestimmungsregelungen wird die Warenverkehrsfreiheit keine Rolle spielen,[920] sodass an dieser Stelle nur auf die für sämtliche Freiheiten übereinstimmend geregelten Rechtfertigungsgründe der öffentlichen Ordnung, Sicherheit und Gesundheit einzugehen ist. Während die Gesundheit durch Regelungen der Unternehmensmitbestimmung offensichtlich nicht berührt ist, könnte die Anknüpfung der aktiven und passiven Wahlberechtigung an die inländische Betriebszugehörigkeit Teil der öffentlichen Ordnung oder Sicherheit sein.

Es muss jedoch beachtet werden, dass der Gerichtshof diesen Begriff bisher äußerst restriktiv interpretiert.[921] Der Rechtfertigungsgrund der öffentlichen Ordnung ist nur dann gegeben, wenn wesentliche Interessen des Staats berührt sind.[922] Auch die öffentliche Sicherheit ist nur betroffen, wenn es um für die Existenz eines Staats wesentliche Fragen geht.[923] Zwar sind die Begriffe unionsrechtlich auszulegen, den Mitgliedstaaten verbleibt jedoch aufgrund der Besonderheit der Begriffe der öffentlichen Ordnung und Sicherheit ein gewisser Beurteilungsspielraum.[924] Dabei kommt es auf die sittlichen Grundüberzeugungen eines Mitgliedstaats an.[925] Als ein Belang der öffentlichen Ordnung hat der Gerichtshof zum Beispiel die Funktionsfähigkeit der Wirtschaft bzw. die Sicherstellung der Erdölversorgung anerkannt.[926]

bb.) Unternehmensmitbestimmung

Insofern könnte eine Unionsrechtswidrigkeit der Unternehmensmitbestimmung an sich als Bedrohung der öffentlichen Ordnung und Sicherheit in Deutschland angesehen werden. Mit der Unionsrechtswidrigkeit geht jedoch nicht die Störung

---

919 *Frenz*, Europarecht I, Rn. 520. Als ungeschriebene Rechtfertigungsgründe gelten auch alle im Primärerecht geregelten oder angelegten Rechtfertigungsgründe, die nicht direkt im Kapitel der jeweiligen Grundfreiheit mitgeregelt wurden.

920 Vgl. zum Versuch die Rechtsfertigungsgründe der Warenverkehrsfreiheit auf die anderen Grundfreiheiten zu übertragen *Frenz*, Europarecht I, Rn. 525 ff.

921 EuGH, Rs. 7/78 (Thompson) Slg. 1978, 2247, Rn. 32 ff.; EuGH, Rs. C-244/06 (Dynamic Medien) Slg. 2008, I505 Rn. 36 ff. Dazu *Streinz* in: FS Rudolf, S. 199 (212).

922 *Ehlers* in: ders., Grundrechte und Grundfreiheiten, § 7 Rn. 96; *Brechmann* in: Calliess/Ruffert, EUV/AEUV, Art. 45 AEUV Rn. 96.

923 *Schroeder* in: Streinz, EUV/AEUV, Art. 36 Rn. 12.

924 *Ehlers* in: ders., Grundrechte und Grundfreiheiten, § 7 Rn. 96; *Brechmann* in: Calliess/Ruffert, EUV/AEUV, Art. 45 AEUV Rn. 96.; *Bröhmer* in: Streinz, EUV/AEUV, Art. 52 Rn. 4.

925 *Franzen* in: Streinz, EUV/AEUV, Art. 45 Rn. 132.

926 *Pache* in: Schulze/Zuleeg/Kadelbach, Europarecht, § 10 Rn. 53.

der Funktionalität der Wirtschaft oder die Versorgung mit wichtigen Gütern einher. Auch wenn die Unternehmensmitbestimmung in Deutschland deutlich stärker ausgebildet ist als in anderen Mitgliedstaaten und die Diskussion um sie intensiv geführt wurde,[927] wäre durch ihre Unionsrechtswidrigkeit die öffentliche Ordnung und Sicherheit in Deutschland nicht berührt. Die Unternehmensmitbestimmung kann nicht als „unerlässliche Voraussetzung jeden geordneten Zusammenlebens“[928] angesehen werden.[929] Diese Ansicht steht auch in einer Einheit mit der Ablehnung der Unternehmensmitbestimmung – zumindest in seiner deutschen Ausprägung – als ordre-public.[930] Auch eine Parallele zum Verbraucher- und Umweltschutz stärkt diese These, da diese Bereiche ebenfalls nicht mehr unter die öffentliche Ordnung und Sicherheit fallen.[931] Insofern spielen nach der aktuellen Rechtsprechung des Gerichtshofs die geschriebenen Rechtfertigungsgründe in den nächsten Kapiteln keine Rolle.

b.) Ungeschriebene Rechtfertigungsgründe

Bedeutsamer für die Unionsrechtswidrigkeit der Nichteinbeziehung im Ausland arbeitender Arbeitnehmer in die deutsche Unternehmensmitbestimmung sind hingegen die ungeschriebenen Rechtfertigungsgründe. Der Gerichtshof hat in seiner Cassis-Entscheidung erstmalig neben den geschriebenen auch ungeschriebene Rechtfertigungsgründe anerkannt.[932] So sprach er von „zwingenden Erfordernissen“[933], die eine Beeinträchtigung der Grundfreiheiten rechtfertigen können. Teilweise wird auch von „zwingenden Gründen des Allgemeininteresses“[934] gesprochen.

Diese Rechtsprechung geht mit der Ausweitung der Grundfreiheiten zu Beschränkungsverboten einher. Der Gerichtshof erweitert einerseits seine Prüfungskompetenz, gibt den Mitgliedstaaten aber andererseits erweiterte Möglichkeiten der Rechtfertigung.[935] Bei den ersten europäischen Verträgen, die im Jahre 1957 ver-

---

927 Vgl. dazu in Kapitel 2 unter A.

928 *Dauses/Brigola* in: Dauses: EU-Wirtschaftsrecht, C. I. Rn. 224.

929 Vgl. in diese Richtung auch GA *Saugmandsgaard Øe*, Schlussanträge zu EuGH, Rs. C-566/15 (Erzberger), Celex-Nr. 62015CC0566, Rn. 103.

930 Vgl. dazu in Kapitel 3 I. 2.) sowie zu dieser Verknüpfung auch *Kisker*, Unternehmensmitbestimmung in Auslandsgesellschaften, S. 187; in diese Richtung vgl. zudem *Brechmann* in: Calliess/Ruffert, EUV/AEUV, Art. 45 AEUV Rn. 97 ff.; *Schroeder* in: Streinz, EUV/AEUV, Art. 36 Rn. 9.

931 *Schroeder* in: Streinz, EUV/AEUV, Art. 36 AEUV, Rn. 36 ff., 41 ff.

932 EuGH, Rs. 120/78 (Cassis de Dijon) Slg. 1979, 649. Vgl. dazu *Dauses/Brigola* in: Dauses: EU-Wirtschaftsrecht, Kapitel C. I. Rn. 261 ff.

933 EuGH, Rs. 120/78 (Cassis de Dijon) Slg. 1979, 649 Rn. 8.

934 *Forsthoff* in: Grabitz/Hilf/Nettesheim, recht der AU, Art. 45 AEUV Rn. 324. Vgl. zu den unterschiedlichen Terminologien *Kingreen* in: Calliess/Ruffert, EUV/AEUV, Art. 4–36 AEUV Rn. 80.

935 *Ehlers* in: ders., Grundrechte und Grundfreiheiten, § 7 Rn. 101; *Pache* in: Schulze/Zuleeg/Kadelbach, Europarecht, § 10 Rn. 54; *Frenz*, Europarecht I, Rn. 544.

abschiedet wurden, hatten viele der heutigen Rechtfertigungsgründe noch keine gesteigerte Relevanz. Beispiele hierfür sind der Verbraucher- und der Umweltschutz.[936]

aa.) Zwingende Erfordernisse

Zunächst wurden als zwingende Erfordernisse in der Cassis-Entscheidung lediglich die wirksame steuerliche Kontrolle, der Schutz der öffentlichen Gesundheit, der Lauterkeit des Handelsverkehrs sowie des Verbraucherschutzes genannt.[937] In den folgenden Jahren kamen zahlreiche weitere Rechtfertigungsgründe hinzu:[938] beispielsweise der Umweltschutz[939], die Nationalsprache,[940] die Verhinderung einer Gefährdung des Systems sozialer Sicherheit[941] oder der geordnete Ablauf sportlicher Wettkämpfe[942].

Die Kategorie der zwingenden Erfordernisse ist damit jedoch noch nicht abgeschlossen, sondern stellt eine grundsätzliche Öffnungsklausel für Argumente der Mitgliedstaaten dar.[943] Allerdings muss beachtet werden, dass nicht sämtliche Gründe gleichwertig sind. Dies geht schon aus der soeben vorgenommenen Aufzählung hervor. So dürfte etwa der Umweltschutz, der in zahlreichen primär- und sekundärrechtlichen Unionsregelungen zu finden ist, eine deutlich gewichtigere Rolle in der späteren Abwägung zwischen Binnenmarkt und Rechtfertigungsgrund spielen als der geordnete Ablauf sportlicher Wettkämpfe.[944] Deshalb sollten bei der Auswahl der Gründe keine zu hohen Hürden aufgestellt, sondern später bei der Verhältnismäßigkeitsprüfung die Wertigkeit des jeweiligen Grunds genau beachtet werden.

bb.) Quellen der Gründe

Es gibt verschiedene Quellen aus welchen die zwingenden Erfordernisse gewonnen werden können. Gemeinsam ist jedoch sämtlichen Gründe, dass ein unionsweiter Schutz vorhanden sein muss, welcher sich sowohl direkt aus dem Unionsrecht als auch aus den in nationalen Rechtsordnungen verankerten, gemeinsamen

---

936 *Pache* in: Schulze/Zuleeg/Kadelbach, Europarecht, § 10 Rn. 54; vgl. zur Entwicklung im Umweltschutz *Ludwigs* in: Ruffert, Sektorales Wirtschaftsrecht, § 5 Rn. 45 ff.

937 *EuGH*, Rs. 120/78 (Cassis-de-Dijon) Slg. 1979, 649 Rn. 8 ff.

938 Vgl. beispielweise die Übersichten bei *Dauses/Brigola* in: Dauses, EU-Wirtschaftsrecht, C. I. Rn. 263 ff.; *Schroeder* in: Streinz, EUV/AEUV, Art. 36 Rn. 41 ff.; *Becker* in: Ehlers, Grundrechte und Grundfreiheiten, § 9 Rn. 51; *Forsthoff* in: Grabitz/Hilf/Nettesheim, Recht der EU, Art. 45 AEUV Rn. 380.

939 EuGH, Rs. 240/83 (ADBHU) Slg 1985, 531 Rn. 15.

940 EuGH, Rs. C-379/87 (Groener) Slg. 1989, 3967 Rn. 19.

941 EuGH, Rs. C-120/95 (Decker) Slg. 1998, I-1831 Rn. 40.

942 EuGH, Rs. C-176/96 (Lehonen) Slg. 2000, I-2681 Rn. 53.

943 *Leible/Streinz* in: Grabitz/Hilf/Nettesheim, Das Recht der EU, Art. 34 AEUV Rn. 112; *Frenz*, Europarecht I, Rn. 559.

944 Dazu siehe bspw. *Ludwigs* in: Ruffert, Sektorales Wirtschaftsrecht, § 5 Rn. 50.

Grundsätzen ergeben kann.[945] Insgesamt können somit sämtliche Aufgaben- und Zielbestimmungen der Union sowie Grundrechte der Europäischen Menschenrechtskonvention, der Grundrechtecharta oder der gemeinsamen Verfassungstraditionen der Mitgliedstaaten als Quellen herangezogen werden.[946] Die Gründe müssen jedoch nicht zwingend auch Ziele der Europäischen Union sein.[947] Eine Verankerung in einer primär- oder sekundärrechtlichen Regelung hilft jedoch bei der Identifizierung und gibt Hinweise auf den Stellenwert des jeweiligen Grunds.[948] Teilweise wird auch darauf verwiesen, dass der Grund in der Union anerkannt sein muss.[949]

Die Unionsgrundrechte werden zum Teil als eigene Kategorie von Rechtfertigungsgründen angesehen.[950] Es wird jedoch der Rechtsprechung des Gerichtshofs eher gerecht,[951] wenn sämtliche Quellen der zwingenden Erfordernisse in einer Kategorie – den ungeschriebenen Rechtfertigungsgründen – zusammengefasst werden.[952] Insgesamt ist dabei unstrittig, dass die Unionsgrundrechte zur Rechtfertigung einer Grundfreiheitsbeschränkung herangezogen werden können.[953] Eine eigene Kategorie ist jedoch schon deshalb nicht nötig, weil im Rahmen der Verhältnismäßigkeitsprüfung die Wertigkeit der einzelnen Gründe überprüft wird. Die Unionsgrundrechte können in dieser Prüfung mit ihrem vollen Gewicht eingebracht werden. Gerade in der Abwägung zwischen den Grundrechten und anderen zwingenden Erfordernissen auf der einen Seite und den Grundfreiheiten auf der anderen zeigt sich die immer tiefere Integration der Europäischen Union – weg von einer reinen Freihandelszone, hin zu einem staatsähnlichen Gebilde.

cc.) Irrelevante Gründe

Ausgeschlossen werden sämtliche reinen Individualinteressen, weil diese keine zwingenden Erfordernisse des Allgemeinwohls darstellen.[954] Weiter können rein administrative Probleme keinen Rechtfertigungsgrund darstellen.[955] Andernfalls wäre die Missbrauchsgefahr durch die Mitgliedstaaten sehr groß. Sie könnten ihre diskriminierenden oder beschränkenden Maßnahmen so ausgestalten, dass es administrativ nicht möglich ist, auch ausländische Unionsbürger in die Maßnahme

945 *Frenz*, Europarecht I, Rn. 559.
946 Vgl. zu den unterschiedlichen Herleitungen der Unionsgrundrechte vgl. in diesem Kapitel C. II.
947 *Forsthoff*, Niederlassungsfreiheit für Gesellschaften, S. 78 f.
948 *Frenz*, Europarecht I, Rn. 560.
949 *Leible/Streinz* in: Grabitz/Hilf/Nettesheim, Das Recht der EU, Art. 34 AEUV Rn. 102.
950 *Ehlers* in: ders., Grundrechte und Grundfreiheiten, § 7 Rn. 98.
951 Zum Beispiel EuGH, Rs. C-71/02 (Karner) Slg. 2004, I-3025 Rn. 48.
952 Frenz, Europarecht I, Rn. 573. Vgl. auch die Rechtsprechungsanalyse bei *Forsthoff* in: Grabitz/Hilf/Nettesheim, Das Recht der EU, Art. 45 AEUV Rn. 333 ff.
953 *Forsthoff* in: Grabitz/Hilf/Nettesheim, Das Recht der EU, Art. 45 AEUV Rn. 340.
954 *Frenz*, Europarecht I, Rn. 559.
955 EuGH, Rs. C-58/98 (Corsten) Slg. 2000, I-7919, Rn. 42.

einzubeziehen. Deshalb gilt der ausnahmslose Grundsatz: Ist eine Beschränkung materiell nicht zu rechtfertigen, kann sich etwas anderes auch nicht aufgrund von Durchsetzungsproblemen ergeben.[956] Gerade solche Durchsetzungsprobleme werden jedoch häufig zur Rechtfertigung der Nichteinbeziehung im Ausland arbeitender Arbeitnehmer in die deutsche Unternehmensmitbestimmung herangezogen.[957]

Ausfluss des Sinn und Zwecks der Grundfreiheiten ist außerdem, dass rein wirtschaftliche Erwägungen eines Mitgliedstaats keine Rechtfertigungsgründe darstellen können.[958] Durch die Grundfreiheiten sollen vor allem die nationalen Märkte geöffnet werden. Deshalb können diese nationalen wirtschaftlichen Erwägungen nicht als Rechtfertigungsgründe zur Abschottung der eigenen Märkte herangezogen werden.[959] Neben dem Schutz der eigenen Wirtschaft ist auch der Schutz der eigenen Steuereinnahmen oder der Erhaltung eines angemessenen Auskommens der Erwerbstätigen eines Mitgliedstaats kein zwingendes Erfordernis.[960] Diese Gründe haben allesamt gemeinsam, dass sie lediglich protektionistische Motive enthalten, darüber hinaus aber keine weitergehenden Gründe zum Wohle der Allgemeinheit vorhanden sind. Sie schützen somit nur vor dem Wettbewerb. Allerdings ist es nicht immer einfach zwischen ‚rein' wirtschaftlichen Gründen und nur teilweise wirtschaftlichen Gründen zu trennen.[961]

c.) Anwendbarkeit der verschiedenen Gründe

Bisher wurde herausgearbeitet, welche Gründe zur Rechtfertigung einer Beeinträchtigung der Grundfreiheiten in Betracht kommen. Wichtig ist daneben, welche Gründe auf welche Beeinträchtigungskategorie anwendbar sind. Gerade hinsichtlich dieser Kategorisierung stehen einer inkonsistenten Rechtsprechung[962] die unterschiedlichsten Systematisierungsversuche der Literatur gegenüber. Dies ist durch die weitgehende Rechtsschöpfung des Gerichtshofs in diesem Bereich bedingt. Während zunächst lediglich direkte Diskriminierungen und geschriebene Rechtfertigungsgründe anerkannt waren, wurden anschließend die indirekten Diskriminierungen und schließlich die Beschränkungen entwickelt. Deshalb und aufgrund der verschiedensten hinzugetretene Zielsetzungen und Querschnittsklauseln in den europäischen Verträgen gab es einen Bedarf an weiteren Rechtfertigungsgründen.

---

956 *Forsthoff* in: Grabitz/Hilf/Nettesheim, Recht der EU, Art. 45 AEUV Rn. 386; *Steinke*, Übertragbarkeit der Keck-Rechtsprechung, S. 159; *Eidenmüller* in: ders, Ausländische Gesellschaften, § 3 Rn. 22;

957 Vgl. dazu ausführlich in Kapitel 5 IV. 2.) c.).

958 *Pache* in: Schulze/Zuleeg/Kadelbach, Europarecht, § 10 Rn. 1; *Frenz*, Europarecht I, Rn. 561.

959 *Dauses/Brigola* in: Dauses, EU-Wirtschaftsrecht, C. I. Rn. 267.

960 *Roth* in: Dauses, EU-Wirtschaftsrecht, E. I. Rn. 100.

961 *Forsthoff* in: Grabitz/Hilf/Nettesheim, Recht der EU, Art. 45 AEUV Rn. 382.

962 Dazu *Nowak/Schnitzler*, EuZW 2000, S. 627 (628 ff.).

aa.) Ältere Ansichten

Teilweise wird angenommen, dass zwischen Diskriminierungen einerseits und Beschränkungen andererseits unterschieden werden muss. Während Diskriminierungen nur durch geschriebene Rechtfertigungsgründe zu rechtfertigen seien, können Beschränkungen auch durch ungeschriebene Gründe gerechtfertigt werden. Für diese Ansicht spricht, dass die Grundfreiheiten ursprünglich als Diskriminierungsverbote konzipiert wurden. Spiegelbildlich zur Ausweitung hin zu Beschränkungsverboten wurde den Mitgliedstaaten auch ein umfassenderer Katalog von Gründen zur Rechtfertigung dieser Beschränkungen zur Verfügung gestellt.

Eine andere Ansicht sieht die Grenze zwischen direkten Diskriminierungen und sonstigen Beeinträchtigungen verlaufen.[963] Dafür lässt sich anführen, dass die Verträge seit jeher gerade gegenüber direkten Diskriminierungen besonders restriktiv eingestellt sind. Zudem sind indirekte Diskriminierungen kaum von bloßen Beschränkungen zu trennen, sodass hier auch bezüglich der Möglichkeiten zur Rechtfertigung nicht unterschieden werden sollte.[964] Die Abgrenzung der direkten von den indirekten Diskriminierungen ist hingegen weniger problematisch.[965] Allerdings gibt es immer wieder Kritik an der Rechtsprechung des Gerichtshofs,[966] der anstatt der nicht bzw. nur sehr schwer zu rechtfertigenden direkten Diskriminierungen teilweise auch nur eine indirekte Diskriminierung oder Beschränkung angenommen hat, um anschließend im Rahmen der Prüfung der Erforderlichkeit zu einem billigen Ergebnis zu kommen.[967]

bb.) Neuere Ansicht

Eine im Vordringen befindliche Ansicht sieht aufgrund der beschriebenen Probleme und der uneinheitlichen Rechtsprechung beide Einteilungsversuche für wenig sinnvoll an.[968] Eine Unterscheidung zwischen geschriebenen und ungeschriebenen Rechtfertigungsründen erfolgt letztlich nur aus historischen

---

963 *Ehlers* in: ders., Grundrechte und Grundfreiheiten, § 7 Rn. 96, 102; *Müller-Graff* in: Streinz, EUV/AEUV, Art. 49 AEUV Rn. 84; *Forsthoff* in: Grabitz/Hilf/Nettesheim, Recht der EU, Art. 45 Rn. 327 f.; *Ress/Ukrow* in: Grabitz/Hilf/Nettesheim, Recht der EU, Art. 63 Rn. 189; *Leible/Streinz* in: Grabitz/Hilf/Nettesheim, Recht der EU, Art. 34 Rn. 95. Wobei letztere von Ausnahmen für direkte Diskriminierungen in Ausnahmefällen akzeptieren.

964 *Ehlers* in: ders., Grundrechte und Grundfreiheiten, § 7 Rn. 102; *Pache* in: Schulze/Zuleeg/Kadelbach, Europarecht, § 10 Rn. 55; *Nowak/Schnitzler*, EuZW 2000, 627 (631).

965 Vgl. dazu in diesem Kapitel unter B. II. 2.) a.).

966 Statt Aller *Kingreen in*: Calliess/Ruffert, EUV/AEUV, Art. 34–36 AEUV Rn. 84 f.; *Epiney* in: Ehlers, Grundrechte und Grundfreiheiten, § 8 Rn. 67.

967 *Körber*, Grundfreiheiten und Privatrecht, S. 97 f.

968 *Schroeder* in: Streinz, EUV/AEUV, Art. 36 AEUV, Rn. 34; *Sedlaczek/Zuger* in: Streinz, EUV/AEUV, Art. 65 AEUV Rn. 27; *Kingreen* in: Calliess/Ruffert, EUV/AEUV, Art. 34–36 AEUV Rn. 84 f; *Epiney* in: Ehlers, Grundrechte und Grund-

Gründen. Die Unionsverträge müssen aber mittlerweile als Ganzes betrachtet werden. Der geschriebene Grundrechtskatalog, die Querschnittsklauseln und die Vielzahl an Zielen der Europäischen Union zeigen, dass es in der aktuellen Phase der Integration einen Gleichklang zwischen dem Binnenmarktziel und anderen, wie beispielsweise sozialen oder umweltpolitischen Zielen, gibt. Diese Ziele können jedoch nur dann in einen Einklang gebracht werden, wenn sie in die Dogmatik der Grundfreiheiten miteinbezogen werden. Insofern ist es zweckdienlich, sämtliche zwingenden Erfordernisse als Rechtfertigungsgründe anzuerkennen und diese sodann in einer Verhältnismäßigkeitsprüfung im Einzelfall miteinander auszutarieren.

Dogmatisch gibt es zwei Möglichkeiten einer Umsetzung dieser letztgenannten Ansicht. Einerseits können sämtliche Rechtfertigungsgründe auf eine Ebene gestellt werden, ohne dass es einen konkreten Anknüpfungspunkt im jeweiligen Abschnitt der Grundfreiheit im Vertrag gibt.[969] Diese Herangehensweise folgt der bisherigen Rechtsprechung des Gerichtshofs zu den ungeschriebenen Rechtfertigungsgründen. Die zweite Möglichkeit besteht darin, den Rechtfertigungsgrund der öffentlichen Ordnung und Sicherheit – ähnlich dem deutschen Recht – als Auffangkategorie anzusehen und somit als ‚Einfallstor' für die weiteren Wertungen der Verträge fruchtbar zu machen.[970]

cc.) Stellungnahme

Den Rechtfertigungsgrund der öffentlichen Ordnung und Sicherheit als Auffangtatbestand heranzuziehen entspricht zwar nicht der bisherigen Rechtsprechung zu den geschriebenen Rechtfertigungsgründen,[971] doch ist diese Rechtsprechung meiner Einschätzung nach als überholt anzusehen. Zwar werden die Rechtfertigungsgründe als Ausnahmen von den Grundfreiheiten aufgrund des gewichtigen Binnenmarktziels eng ausgelegt.[972] Allerdings zeigen die Verträge der Europäischen Union beispielweise durch die gleichrangig neben dem Ziel des Binnenmarkts stehenden Zielsetzungen in Art. 3 EUV und durch die Querschnittsklauseln gem. Art. 8 ff. AEUV,[973] dass hier ein Umdenken geboten ist. Zudem muss auch zwischen den Unionsgrundrechten und den Grundfreiheiten ein Ausgleich im Rahmen der praktischen Konkordanz geschaffen werden, weil es keinen grundsätzlichen Vorrang

---

freiheiten, § 8 Rn. 67; *Schorkopf*, EuR 2009, S. 645 (658); *Dauses/Brigola* in: Dauses: EU-Wirtschaftsrecht, C. I. Rn. 276 ff.

969 *Epiney* in: Ehlers, Grundrechte und Grundfreiheiten, § 8 Rn. 67; *Dauses/Brigola* in: Dauses: EU-Wirtschaftsrecht, C. I. Rn. 276 ff.

970 *Sedlaczek/Zuger* in: Streinz, EUV/AEUV, Art. 65 AEUV Rn. 27; *Kingreen* in: Calliess/Ruffert, EUV/AEUV, Art. 34–36 AEUV Rn. 84 f.

971 EuGH, Rs. 72/83 (Campus Oil) Slg. 1984, 2727 Rn. 33 f.

972 *Pache* in: Schulze/Zuleeg/Kadelbach, Europarecht, § 10 Rn. 53.

973 Ruffert in: Callies/ders., EUV/AEUV, Art. 3 Rn. 13; *Terhechte* in: Grabitz/Hilf/Nettesheim, Das Recht der EU, Art. 3 EUV Rn. 22.

zugunsten der Grundfreiheiten gibt.[974] Insofern wäre eine derartige Anpassung der Rechtfertigungsdogmatik sinnvoll und angemessen.

Zudem kann festgehalten werden, dass sowohl nach der aktuellen Rechtsprechung des Gerichtshofs als auch der überwiegenden Meinung in der Literatur zumindest indirekte Diskriminierungen durch ungeschriebene Gründe gerechtfertigt werden können.[975] Es erscheint zudem sinnvoll, sämtliche Rechtfertigungsgründe bei allen Beeinträchtigungen – unabhängig von ihrer Diskriminierungswirkung – anzuwenden. Die Abgrenzung zwischen Beeinträchtigung, indirekten und direkten Diskriminierung sollte vielmehr lediglich bei der Verhältnismäßigkeitsprüfung mit Blick auf die Gewichtung der einzelnen Gründe eine Rolle spielen.[976]

Für das weitere Vorgehen kann an dieser Stelle konstatiert werden, dass die deutschen Regelungen zur Unternehmensmitbestimmung keine Anknüpfungen an die Staatsangehörigkeit der Arbeitnehmer vornehmen,[977] sodass keine direkte Diskriminierung vorliegt. Damit können in den nachfolgenden Prüfungen sowohl nach der hier vertretenen Ansicht als auch nach der überwiegenden Ansicht in der Literatur und der Ansicht der Rechtsprechung sämtliche Rechtfertigungsgründe herangezogen werden.

4.) Schranken der Rechtfertigung

Um den schon angesprochenen Ausgleich zwischen den verschiedenen Zielen der Union zu erreichen, gibt es wiederum Schranken der Rechtfertigungsgründe. Durch die Rechtfertigungsschranken werden die Grundfreiheitsverpflichteten in ihrer Rechtfertigungsmöglichkeit von Grundfreiheitsbeeinträchtigungen eingeschränkt. Es wird geprüft, ob die Mitgliedstaaten mit ihrem schon festgestellten, legitimen Rechtfertigungsgrund auch zu Recht die Grundfreiheiten beeinträchtigt haben. Der Gerichtshof führt dazu aus, dass in diesem Prüfungspunkt die „allgemeinen Rechtsgrundsätze und insbesondere [die] Grundrechte"[978] mit abzuwägen sind.

a.) Verhältnismäßigkeit

Einer der zentralen allgemeinen Rechtsgrundsätze ist das Verhältnismäßigkeitsprinzip.[979] In diesem werden die verschiedenen Ziele in Einklang gebracht. Dabei müssen die Maßnahmen zur Verfolgung legitimer Rechtfertigungsgründe geeignet

974 Dazu ausführlich in diesem Kapitel C. III 2.) b.).

975 *Dauses/Brigola* in: Dauses, EU-Wirtschaftsrecht, Kapitel C. I. Rn. 276 f.; *Frenz*, Europarecht I, Rn. 491; *Forsthoff* in: Grabitz/Hilf/Nettesheim, Das Recht der EU, Art. 45 AEUV Rn. 328.

976 Ebenso *Dauses/Brigola* in: Dauses, EU-Wirtschaftsrecht, Kapitel C. I. Rn. 281.

977 Vgl. dazu in Kapitel 2 C. I. 1.) b.) bb.).

978 EuGH, C-368/95 (Familiapress) Slg 1997, I-3689 Rn. 24.

979 *Müller-Graff* in: Streinz, EUV/AEUV, Art. 36 Rn. 50; *Kingreen* in: Calliess/Ruffert, EUV/AEUV, Art. 34–36 AEUV Rn. 88; *Ehlers* in: ders., Grundrechte und Grundfreiheiten, § 7 Rn. 109. Grundlegend *Pache*, NVwZ 1999, S. 1033 ff.; *Kischel*, EuR

und erforderlich sein.[980] Problematisch ist jedoch der Aufbau der Prüfung. Es gibt Stimmen in der Literatur, welche zunächst einen legitimen Zweck, dann dessen Geeignetheit und zum Schluss dessen Erforderlichkeit prüfen.[981] Andere möchten hingegen, wie im deutschen Recht üblich, noch eine Angemessenheitsprüfung als vierte Stufe vornehmen.[982]

Der Gerichtshof prüft weitgehend in einem dreistufigen Aufbau und macht nur ausnahmsweise Ausführungen zur Angemessenheit.[983] Dies rührt jedoch daraus, dass Fragen der Angemessenheit nach der Kompetenzverteilung von den vorlegenden Gerichten oftmals selbst zu prüfen sind, weil es sich zumeist um konkrete Umstände und deren Würdigung handelt.[984] Insbesondere verbleibt den Mitgliedstaaten auch bei moralischen und kulturellen Gründen ein erheblicher Beurteilungsspielraum.[985] Hierdurch soll das Gleichgewicht der Kompetenzverteilung zwischen der Union und den Mitgliedstaaten gewahrt werden.

aa.) Legitime Ziele

Dieser erste Prüfungspunkt sammelt die bisher diskutierten Rechtfertigungsgründe. Denn nur solche können legitime Ziele darstellen.[986] Wichtig ist an dieser Stelle, sämtliche Rechtfertigungsgründe und deren Einschränkungen herauszuarbeiten, weil der Gerichtshof in der Verhältnismäßigkeitsprüfung eine Gesamtschau aller Gründe vornimmt.[987] Teilweise wird den Mitgliedstaaten vom Gerichtshof bei der Bestimmung des Schutzniveaus dieser Ziele ein relativ großer Beurteilungsspielraum zugebilligt.[988] Vor allem bei sozialen und grundrechtssensiblen Themen reagiert der Gerichtshof zurückhaltend.[989] Allerdings prüft der Gerichtshof im Rahmen der Erforderlichkeitsprüfung auch in diesen Bereichen Alternativmodelle, sodass sich dieser Spielraum wieder relativiert.[990]

2000, S. 380 ff.; aktuell ausführlich *Saurer*, JZ 2014, S. 281 ff.; *von Arnauld*, EuR 2008, Beiheft1, S. 41 ff.

980 Vgl. beispielsweise EuGH, Rs. C-55/94 (Gebhard) Slg. 1995, I-4165 Rn. 37; EuGH, C-415/93 (Bosman) Slg 1995, I-4921 Rn. 104.

981 *Kischel*, EuR 2000, S. 380 (383); *Forsthoff* in: Grabitz/Hilf/Nettesheim, Recht der EU, Art. 45 AEUV Rn. 382.

982 *Kingreen* in: Calliess/Ruffert, EUV/AEUV, Art. 34–36 AEUV Rn. 89; *Schroeder* in: Streinz, EUV/AEUV, Art. 36 AEUV Rn. 51;

983 *Frenz*, Europarecht I, Rn. 587.

984 *Pache* in: Ehlers, Grundrechte und Grundfreiheiten, § 11 Rn. 74.

985 *Ehlers* in: ders., Grundrechte und Grundfreiheiten, § 7 Rn. 110.

986 *Kingreen* in: Calliess/Ruffert, EUV/AEUV, Art. 34–36 AEUV Rn. 90.

987 *Forsthoff* in: Grabitz/Hilf/Nettesheim, Recht der EU, Art. 45 AEUV Rn. 374.

988 *Schroeder* in: Streinz, EUV/AEUV, Art. 36 AEUV Rn. 52.

989 *Forsthoff* in: Grabitz/Hilf/Nettesheim, Recht der EU, Art. 45 AEUV Rn. 393 f.

990 *Schroeder* in: Streinz, EUV/AEUV, Art. 36 AEUV Rn. 52.

bb.) Geeignetheit

Die Geeignetheit umfasst die äußerste Grenze der Zielerreichung. Deshalb scheitern die Prüfungen des Gerichtshofs auch selten an der Geeignetheit einer Maßnahme.[991] Er spricht dann von einer ungeeigneten Regelung, wenn diese ihr Anliegen nur sehr unzureichend verwirklicht oder ihr keine hinreichende Konsequenz innewohnt.[992] Für eine unzureichende Verwirklichung kann die Bosman-Entscheidung herangezogen werden.[993] Hier wurden Regelungen zur Einschränkung von Spielertransfers als ungeeignet angesehen, um die Vereine zur Ausbildung eigener Talente anzuhalten. Durch eine vage Aussicht auf etwaige Transfererlöse bilden die Vereine nicht mehr junge Spieler aus, als sie ohnehin ausbilden würden.[994]

In den letzten Jahren wurden einige interessante Entscheidungen zum Bereich der Geeignetheit getroffen,[995] welche unter dem Begriff der fehlenden Kohärenz, also der unzureichenden Konsequenz der mitgliedstaatlichen Regelungen, zusammengefasst werden.[996] Paradebeispiel für eine solche unzureichende Konsequenz ist das staatliche Glücksspielmonopol, das mit dem Ziel der Suchtprävention begründet wird. Oftmals wird nur unzureichend vor der Suchtgefahr gewarnt und zudem ein Schwerpunkt auf die Werbung für das Glücksspiel gelegt, sodass das eigentliche Ziel, die Glücksspielprävention, nicht konsequent verfolgt wird. Die Maßnahmen sind damit inkohärent ausgestaltet.[997] Allerdings prüft der Gerichtshof diese Fallgruppe unterschiedlich scharf.[998] Hier sollten, wie bei der Geeignetheitsprüfung allgemein, keine zu großen Hürden aufgebaut werden. Vielmehr kann der Gerichtshof auch in der Abwägung innerhalb der Erforderlichkeitsprüfung widersprüchliches Verhalten des Mitgliedstaats berücksichtigen.

Bei der Ausgestaltung der Unternehmensmitbestimmung de lege lata muss hinterfragt werden, ob das Ziel der Mitbestimmung durch eine Ausklammerung der im Ausland arbeitenden Arbeitnehmer noch konsequent verfolgt wird. Die Unternehmensmitbestimmung möchte die Arbeitnehmer an den Unternehmensent-

---

991 Vgl. einige ältere Beispiele bei *Müller-Graff* in: von der Groeben/Schwarze, EU-/EG-Vertrag, Art. 30 EG Rn. 130 ff.

992 *Leible/Streinz*: in: Grabitz/Hilf/Nettesheim, Das Recht der EU, Art. 34 AEUV Rn. 117.

993 EuGH, C-415/93 (Bosman) Slg 1995, I-4921.

994 EuGH, C-415/93 (Bosman) Slg 1995, I-4921 Rn. 109.

995 Beispielsweise EuGH, verb. Rs. C-171/07 und C-172/07 (Doc Morris) Slg. 2009, I-4171; EuGH, Rs. C-258/08 (Ladbrokes) Slg. 2010, I-4757.

996 *Forsthoff* in: Grabitz/Hilf/Nettesheim, Das Recht der EU, Art. 45 AEUV Rn. 402.

997 *Dederer*, EuZW 2010, S. 771 ff.; *Gundel*, ZUM 2010, S. 955 (955); *Klöck/Klein*, NVwZ 2011, S. 22 (23 f.); *Schorkopf*, DÖV 2011, S. 260 (261 ff.); teilweise wird dieses Kohärenzprinzip als eigenes Prinzip neben der Verhältnismäßigkeitsprüfung geprüft *Lippert*, EuR 2012, S. 90 (91 f.).

998 Vgl. die Beispiele bei *Forsthoff* in: Grabitz/Hilf/Nettesheim, Recht der EU, Art. 45 AEUV Rn. 403.

scheidungen teilhaben lassen.[999] Werden nun bestimmte Arbeitnehmer von dieser Teilhabe ausgeschlossen, könnte darin eine inkonsequente Verfolgung des Ziels der Mitbestimmung gesehen werden. Im späteren Verlauf muss deshalb näher betrachtet werden, inwieweit die Mitbestimmung als Teil des Arbeitnehmerschutzes durch die Nichteinbeziehung im Ausland arbeitender Arbeitnehmer in die deutsche Unternehmensmitbestimmungnoch geradlinig verfolgt wird bzw. ob eine sinnvolle Differenzierung vorliegt.[1000]

cc.) Erforderlichkeit

Die Erforderlichkeit bildet den Schwerpunkt der Verhältnismäßigkeitsprüfung.[1001] Der Gerichtshof prüft an dieser Stelle, ob der legitime Zweck auch durch eine Maßnahme erreicht werden kann, die die Grundfreiheit weniger beschränkt.[1002] Dabei prüft er auch fiktive alternative Gestaltungsmöglichkeiten. Von mehreren geeigneten Mitteln muss der Mitgliedstaat sodann das mildeste wählen.[1003] Grundsätzlich verbleibt den Mitgliedstaaten dabei aber eine gewisse Einschätzungsprärogative, ob und wie sie im konkreten Fall vorgehen möchten. Diese verschiebt sich noch weiter zu Gunsten der Mitgliedstaaten, wenn die Sozialpolitik oder die Grundrechte betroffen sind.[1004] Teilweise berücksichtigt der Gerichtshof auch noch weitere Aspekte. So wird im Bereich der Unternehmensmitbestimmung vermutet, dass hier nicht mit der „gleichen Konsequenz“[1005] entschieden würde, wie bei den bisherigen Entscheidungen im europäischen Gesellschaftsrecht, weil es sich um eine sehr heterogene und sensible Teilmaterie handelt.[1006]

dd.) Angemessenheit

Neben der Prüfung eines milderen Mittels muss in Einzelfällen[1007] auch noch eine Abwägung zwischen der Schwere der Beschränkung auf der einen Seite und der Bedeutung des Schutzguts auf der anderen Seite erfolgen. Hier muss ein angemessenes Verhältnis bestehen.[1008] Der Gerichtshof prüft die Angemessenheit teils als

---

999 Vgl. dazu in Kapitel 2 D.

1000 Vgl. dazu in Kapitel 5 IV. 1.) a.).

1001 *Leible/Streinz*: in: Grabitz/Hilf/Nettesheim, Das Recht der EU, Art. 34 AEUV Rn. 118; *Schroeder* in: Streinz, EUV/AEUV, Art. 36 Rn. 54; *Kingreen* in: Calliess/Ruffert, EUV/AEUV, Art. 34–36 AEUV Rn. 93.

1002 Mit zahlreichen Rechtsprechungsnachweisen *Schroeder* in: Streinz, EUV/AEUV, Art. 36 Rn. 54 f.; *Kingreen* in: Calliess/Ruffert, EUV/AEUV, Art. 34–36 AEUV Rn. 93.

1003 *Frenz*, Europarecht I, Rn. 593.

1004 *Forsthoff*, Niederlassungsfreiheit für Gesellschaften, S. 104 f., der auch die die Gesetze der Unternehmensmitbestimmung in diesem Sozialbereich sehen würde.

1005 *Forsthoff*, Niederlassungsfreiheit für Gesellschaften, S. 82

1006 Vgl. dazu beispielsweise in Kapitel 3 B. I. 1.).

1007 So auch *Kisker*, Unternehmensmitbestimmung in Auslandsgesellschaften, S. 201 f.

1008 *Kingreen* in: Calliess/Ruffert, EUV/AEUV, Art. 34–36 AEUV Rn. 98.

eigenständigen Punkt in der Verhältnismäßigkeit, teilweise im Rahmen der Erforderlichkeit und zum Teil geht er auf das angemessene Verhältnis gar nicht ein.[1009] Vor allem wenn Unionsgrundrechte als Rechtfertigungsgründe in Betracht kommen, kommt es jedoch häufig zu einer Angemessenheitsprüfung.[1010] Hierbei müssen möglichst alle Rechte im Sinne einer praktischen Konkordanz zu einem schonenden Ausgleich gebracht werden.[1011]

b.) Unionsgrundrechte

Die Unionsgrundrechte können nicht nur als Quelle für ungeschriebene Rechtfertigungsgründe herangezogen werden, sondern auch die Grundfreiheiten verstärken.[1012] Sie haben dabei eine einschränkende Wirkung auf die Rechtfertigungsgründe der Mitgliedstaaten und unterstützen somit die Grundfreiheiten.[1013] Da jedoch die Unionsgrundrechte auch hier nicht schrankenlos gelten, wird ebenfalls ein Ausgleich im Rahmen der praktischen Konkordanz vorgenommen.[1014]

Als verstärkende Grundrechte kommen in der nachfolgenden Überprüfung der Nichteinbeziehung im Ausland arbeitender Arbeitnehmer in die deutsche Unternehmensmitbestimmung diverse Grundrechte in Betracht: die Berufsfreiheit gem. Art. 15 GRC, die unternehmerische Freiheit gem. Art. 16 GRC, das Eigentumsrecht gem. Art. 17 GRC oder die Freizügigkeit gem. Art. 45 GRC. Da diese Grundrechte jedoch ohnehin alle dieselbe Stoßrichtung wie die Grundfreiheiten aufweisen, setzen diese Grundrechte kaum neue inhaltliche Impulse in der Rechtfertigungsprüfung.[1015]

III. Zusammenfassung

Die Grundfreiheiten sind das ‚Herzstück' der europäischen Verträge. Sie bilden zusammen mit den Wettbewerbsregeln gem. Art. 101 ff. AEUV die Werkzeuge, durch die die Europäische Union den europäischen Binnenmarkt vor Eingriffen der Mitgliedstaaten schützen kann. Grundsätzlich gibt es eine Strukturidentität der Grundfreiheiten, welche jedoch keine völlige Konvergenz nach sich zieht. Vielmehr muss immer wieder hinterfragt werden, ob einzelne Prüfungspunkte dem Ziel eines

1009 *Frenz,* Europarecht I, Rn. 597 f.

1010 *Kingreen* in: Calliess/Ruffert, EUV/AEUV, Art. 34–36 AEUV Rn. 98; *Frenz,* Europarecht I, Rn. 600.

1011 *Frenz,* Europarecht I, Rn. 565.

1012 *Forsthoff* in: Grabitz/Hilf/Nettesheim, Das Recht der EU, Art. 45 AEUV Rn. 342 ff.; *Streinz* in: FS Rudolf, S. 199 (216); Vgl. zu dieser Rechtsprechung und Teils deutlichen Kritik der Literatur in diesem Kapitel unter C. III. 2.) b.).

1013 *Ehlers* in: ders., Grundrechte und Grundfreiheiten, § 7 Rn. 105; *Kingreen* in: Calliess/Ruffert, EUV/AEUV, Art. 34–36 AEUV Rn. 99.

1014 *Frenz,* NVwZ 2011, S. 961 (964 f.); *Jarass,* EuR 2013, S. 29 (30 f.).

1015 *Ruffert* in: Calliess/ders., EUV/AEUV, Art. 15 GRC Rn. 26 f.; *Kluth* in: Calliess/Ruffert, EUV/AEUV, Art. 45 GRC Rn. 1. A.A. *Jarass,* GR-Charta, Art. 15 GRC Rn. 19.

Binnenmarkts standhalten. So kann an den Beispielen des grenzüberschreitenden Bezugs, der Diskriminierungen aufgrund fehlender Harmonisierungen und des Beschränkungsbegriffs immer wieder das Merkmal des Zugangs zu nationalen Märkten als Gemeinsamkeit hervorgehoben werden.

Demgegenüber stehen vor allem seit der Weiterentwicklung der Europäischen Union zu einem staatenähnlichen Gebilde neue Zielsetzungen, welche die Mitgliedstaaten als Rechtfertigungsgründe für Einschränkungen in den Binnenmarkt nutzen können. Hier nehmen die sogleich darzustellenden Unionsgrundrechte eine zentrale Rolle ein. Insgesamt werden deshalb auch die Rechtfertigungsschranken, mit Hilfe derer der Gerichtshof den Ausgleich der verschiedenen Ziele vornimmt, eine immer größere Rolle spielen. Bei allen Systematisierungsversuchen ist die Rechtsprechung des Gerichtshofs allerdings nur schwer vorhersehbar,[1016] was auch an der steten Orientierung des Gerichtshofs an einer sachgerechten Lösung im Einzelfall liegt. Dies geht zulasten der dogmatischen Strukturen.[1017] Hilfreich können jedoch Entscheidungslinien sein, die in den folgenden Kapiteln näher dargestellt werden.

C. Unionsgrundrechte

Neben den Grundfreiheiten kennt das Unionsrecht die bereits angesprochenen Unionsgrundrechte, welche die Unionsbürger schützen. Da die Wurzeln der Europäischen Union in einer Wirtschaftsgemeinschaft liegen, hat sich der Grundrechtsschutz erst langsam entwickelt. Durch die fortlaufende Weiterentwicklung der europäischen Integration, insbesondere durch die Rechtsprechung des Gerichtshofs,[1018] wurde der Grundrechtsschutz auf Unionsebene jedoch immer weiter intensiviert.[1019]

Zunächst werden deshalb die verschiedenen Grundrechtsquellen dargestellt. Da sowohl Grundrechte als auch Grundfreiheiten – zumindest auf den ersten Blick – eine ähnliche Schutzrichtung haben, wird anschließend eine Abgrenzung der Grundrechte von den Grundfreiheiten vorgenommen. Abschließend werden verschiedene Konstellationen diskutiert, in denen die Grundrechtsbindung der Mitgliedstaaten im Allgemeinen sowie in Bezug auf die Unternehmensmitbestimmung im Besonderen eine Rolle spielen kann.

I. Verschiedene Grundrechtsquellen

Aufgrund der Diskrepanz zwischen dem Wortlaut der Grundrechtecharta und der bisherigen Rechtsprechung des Gerichtshofs hinsichtlich der Anwendbarkeit der

---

1016 *Forsthoff* in: Grabitz/Hilf/Nettesheim, Recht der EU, Art. 45 AEUV Rn. 382.
1017 So auch *Forsthoff*, Niederlassungsfreiheit für Gesellschaften, S. 81.
1018 *Schilling*, EuGRZ 2000, S. 3 (6 ff.); *Schmidt*, Unternehmerische Freiheit, S. 17 ff.
1019 Vgl. dazu ausführlich *Pache* in: Heselhaus/Nowak, HdB Europäische Grundrechte, § 4, Rn. 93 ff.; *Walter* in: Ehlers, Grundrechte und Grundfreiheiten, § 1 Rn. 25 ff.; *Ehlers* in: ders., Grundrechte und Grundfreiheiten, § 14 Rn. 2 ff.

Unionsgrundrechte auf nationale Regelungen müssen die verschiedenen Quellen der Unionsgrundrechte und deren Verhältnis zueinander geklärt werden. Dies spielt im Rahmen der Anwendbarkeit der Grundrechte auf die nationalen Unternehmensmitbestimmungsgesetze eine erhebliche Rolle.

1.) Richterliche Rechtsfortbildung

Zunächst enthielten die Verträge der Europäischen Gemeinschaften keine Grundrechte, weshalb solche durch richterliche Rechtsfortbildung hergeleitet wurden.[1020] Dabei waren die gemeinsamen Verfassungsüberlieferungen der Mitgliedstaaten und später völkerrechtliche Verträge die einzigen Rechtserkenntnisquellen.[1021] Sie galten als ungeschriebene Grundsätze des Unionsrechts und füllten damit die Lücke, die in den Europäischen Gemeinschaften hinsichtlich des Grundrechtsschutzes bestand.[1022]

Der Europäischen Menschenrechtskonvention kam dabei von Anfang an eine hervorgehobene Stellung zu, weil diese als ein Mindeststandard angesehen wurde.[1023] Die Verfassungsüberlieferungen der Mitgliedstaaten als zweite wichtige Rechtserkenntnisquelle bildeten auf der anderen Seite den „relativen Maximalstandard"[1024]. Danach muss, auch wenn nur ein Mitgliedstaat einen gewissen grundrechtlichen Schutz in seiner Verfassung garantiert, dieser auf Unionsebene angemessen berücksichtigt werden. Der Grad der Berücksichtigung wächst dabei, je nachdem wie viele Mitgliedstaaten in welcher Intensität einen ähnlichen Schutz bieten.[1025] Im Jahr 2000 kam sodann als dritte Rechtserkenntnisquelle die Charta der Grundrechte der Europäischen Union hinzu.[1026] Insgesamt besteht Einigkeit darin, dass der Gerichtshof hinsichtlich der Gewährleistung eines Grundrechtsschutzes in der Union „viel zu lange alleine gelassen"[1027] wurde.

1020 *Kingreen* in: Calliess/Ruffert, EUV/AEUV, Art. 6 EUV Rn. 1, 4.

1021 *Streinz* in: ders., EUV/AEUV, Art. 6 EUV Rn. 25; *Kingreen* in: Calliess/Ruffert, EUV/AEUV, Art. 6 EUV Rn. 6 f.; *Kokott/Sobotta*, EuGRZ 2010, 265 (266 f.); *Schmahl*, EuR 2008, Beiheft 1, S. 7 (8 ff.).

1022 Vgl. zur Rechtsprechung des Bundesverfassungsgerichts *Ehlers* in: ders., Grundrechte und Grundfreiheiten, § 14 Rn. 18 f.

1023 *Streinz* in: ders., EUV/AEUV, Art. 6 EUV Rn. 25.

1024 *Streinz* in: ders., EUV/AEUV, Art. 6 EUV Rn. 26.

1025 *Streinz* in: ders., EUV/AEUV, Art. 6 EUV Rn. 26.

1026 *Ludwig*, EuR 2011, S. 715 (717); *Kingreen* in: Calliess/Ruffert, EUV/AEUV, Art. 6 EUV Rn. 9 ff. Diese war jedoch noch nicht rechtsverbindlich. Zur Verabschiedung der Grundrechtecharta vgl. *Schorkopf* in: Grabitz/Hilf/Nettesheim, Recht der EU, Art. 6 EUV Rn. 4 ff.; *Tettinger*, NJW 2001, S. 1010 ff.; *Pache*, EuR 2001, S. 475 ff.

1027 Dies stellte Staatssekretär *Lersch-Mense* aus dem Bundesministerium für Arbeit du Soziales auf dem 6. Europarechtlichen Symposion beim Bundesarbeitsgericht fest: vgl. *Klose/Strauß*, RdA-Beil. 2009, 48 (51).

2.) *Charta der Grundrechte*

Seit dem Vertrag von Lissabon ist die Charta der Grundrechte der Europäischen Union in ihrer Fassung aus dem Jahr 2007 durch Art. 6 Abs. 3 EUV als dritte, gleichberechtigte Primärrechtsquelle neben den Vertrag über die Europäische Union und dem Vertrag über die Arbeitsweise der Europäischen Union getreten.[1028] Somit sind nun sowohl gem. Art. 6 Abs. 1 EUV die Grundrechtserkenntnisquellen aus den nationalen Verfassungsüberlieferungen und aus der Europäischen Menschenrechtskonvention als auch gem. Art. 6 Abs. 3 EUV die Grundrechtecharta als verbindliche Grundrechtsquelle prinzipiell nebeneinander anwendbar.[1029] Problematisch ist jedoch aufgrund des unterschiedlichen Schutzniveaus dieser drei Quellen deren Verhältnis zueinander.[1030] Dabei ist zu beachten, dass die Europäische Union durch den Vertrag von Lissabon den Beitritt zur Europäischen Menschenrechtskonvention gem. Art. 6 Abs. 2 EUV als Ziel aufgenommen hat; der Beitritt aktuell aber noch nicht vollzogen ist.[1031] Insbesondere sieht der Gerichtshof einen solchen Beitritt unter den aktuellen rechtlichen Gegebenheiten äußerst kritisch.[1032]

Das Verhältnis der Rechtserkenntnisquellen zur Grundrechtecharta ist dabei noch nicht abschließend geklärt. Teilweise wird angenommen, dass die Grundrechtecharta eine Mindestgrenze des Grundrechtsschutzes in der Europäischen Union festsetzt.[1033] Andere Kommentatoren gehen vom Vorrang der Charta gegenüber den Verfassungstraditionen der Mitgliedstaaten und der Menschenrechtskonvention als bloße Rechtserkenntnisquellen aus. Diese Auffassung sieht die Grundrechte der Charta zudem hinsichtlich ihres Gewährleistungsgehalts als abschließend an, wobei darüber hinaus noch weitere Grundrechte aus den Verfassungsüberlieferungen neben sie treten können.[1034] Eine solche teleologische Reduktion des Art. 6 Abs. 3 EUV wird damit begründet, dass ansonsten die Grundrechtecharta ihrem Hauptzweck, der Sichtbarkeit und Strukturierung der Grundrechte,[1035] nicht

---

1028 ABl. 2007 C 303/1. Dazu *Pache/Rösch*, EuR 2009, S. 769 (771 ff.); *Nowak*, Europarecht nach Lissabon, S. 137 ff.

1029 *Streinz* in: ders., EUV/AEUV, Art. 6 EUV Rn. 35 f.; *Jarass*, Charta der Grundrechte, Einl. Rn. 32.; *Pache/Rösch*, EuR 2009, S. 769 (772, 787 f.); *Jarass*, EuR 2013, S. 29 (29 f.); kritisch *Kingreen* in: Calliess/Ruffert, EUV/AEUV, Art. 6 EUV Rn. 17 f.

1030 *Ludwig*, EuR 2011, S. 715 (717 ff.).

1031 Vgl. zu den Beitrittsbemühungen *Streinz/Michel* in: Streinz, EUV/AEUV, Art. 6 EUV Rn. 10 ff.; *Meyer-Ladewig* in: ders., Europäische Menschenrechtskonvention, Einl. Rn. 54 ff

1032 EuGH, Gutachten vom 18.12.2014, C-2/13, Celex-Nr. 62013CV0002; vgl. dazu wiederum kritisch Streinz, JuS 2015, S. 567 ff.

1033 *Krebber* RdA 2009, S. 224 (230 f); in diese Richtung auch *Streinz* in: ders., EUV/AEUV, Art. 6 EUV Rn. 35 f.; *Wehlau/Lutzhöft*, EuZW 2012, S. 45 (47 f.).

1034 *Kokott/Sobotta*, EuGRZ 2010, S. 265 (267).

1035 *Ludwig*, EuR 2011, S. 715 (726 f.).

gerecht werden kann.[1036] Insgesamt muss wohl noch abgewartet werden, wie der Gerichtshof die verschiedenen Grundrechtsquellen miteinander anwenden wird.[1037] Bei aller Uneinigkeit muss die Grundrechtecharta gem. Art. 52 Abs. 4 GRC jedoch, soweit die in ihr verbürgten Rechte auch Ergebnis der nationalen Verfassungsüberlieferungen sind, im Lichte dieser Traditionen und der bisherigen Rechtsprechung ausgelegt werden.[1038]

Des Weiteren muss noch erwähnt werden, dass es gerade hinsichtlich des für die Unternehmensmitbestimmung wichtigen Abschnitts der sozialen Grundrechte Ausnahmen hinsichtlich der Anwendbarkeit dieser Rechte gegenüber einzelnen Mitgliedstaaten gibt.[1039] Allerdings greift keine dieser Ausnahmen für Deutschland ein, sodass hier die Grundrechtecharta im vollen Umfang angewendet werden kann.

II. Abgrenzung zu den Grundfreiheiten

Im Primärrecht der Europäischen Union sind nach der bisherigen Darstellung sowohl Grundfreiheiten und als auch Grundrechte verbürgt. Auch wenn der Gerichtshof die Begriffe ‚Grundfreiheiten' und ‚Grundrechte' nicht immer klar unterscheidet,[1040] gibt es vor allem zwei für die weitere Prüfung entscheidende Unterscheidungsmerkmale: die Funktion der jeweiligen Rechte und daraus ableitend ihre jeweiligen Verpflichteten.

1.) Unterschiedliche Funktionen

Die Grundfreiheiten sind, wie bereits beschrieben, vor allem gem. Art. 26 Abs. 2 AEUV auf die Schaffung eines Binnenmarkts ausgerichtet.[1041] Sie schützen somit den zwischenstaatlichen Wirtschaftsverkehr in der Europäischen Union und unter-

---

1036 *Kingreen* in: Calliess/Ruffert, EUV/AEUV, Art. 6 EUV Rn. 17; *Ludwig*, EuR 2011, S. 715 (732 f.); *Schorkopf* in: Grabitz/Hilf/Nettesheim, Recht der EU, Art. 6 EUV Rn. 56; a.A. wohl *Jarass*, Charta der Grundrechte, Einl. Rn. 32 f.

1037 *Pache/Rösch*, EuR 2009, S. 769 (787 f.).

1038 *Streinz* in: ders., EUV/AEUV, Art. 6 EUV Rn. 35 f.; *Kingreen* in: Calliess/Ruffert, EUV/AEUV, Art. 6 EUV Rn. 18; *Ludwig*, EuR 2011, S. 715 (732 ff.); *Kokott/Sobotta*, EuGRZ 2010, 265(271). Weiterführend zu Grundrechten im Dreieck EU, EMRK und nationalem Recht vgl. *Schmahl*, EuR 2008, Beiheft 1, S. 7 ff.; *Schmahl* in: 42. Fachtagung der Wissenschaftlichen Mitarbeiterinnen und Mitarbeiter der Fachrichtung „Öffentliches Recht", S. 163 ff.

1039 So haben sich das Vereinigte Königreich, Polen und Tschechischen teilweise freigezeichnet, vgl. *Streinz/Michel* in: Streinz, EUV/AEUV, Art. 51 GR-Charta Rn. 16; *Schorkopf* in: Grabitz/Hilf/Nettesheim, Recht der EU, Art. 6 EUV Rn. 25; *Meyer/Bernsdorff*, EuZW 2009, S. 793. Wobei der EuGH diesem Protokoll nur wenig Bedeutung beimisst EuGH, verb. Rs. C-411/10 u. C-493/10, NVwZ 2012, S. 417. Rn. 119 f. Dazu *Weiß*, EuZW 2012, S. 201 (202).

1040 Vgl. beispielsweise die Analyse bei *Schmidt*, Unternehmerische Freiheit, S. 36 f.

1041 Vgl. in diesem Kapitel unter B. I. 2.).

binden damit sämtliche Zugangsschranken zu Märkten anderer Mitgliedstaaten.[1042] Damit ist jedoch kein umfassendes Recht auf wirtschaftliche Freiheit in der Union geschaffen.

Ein solches Recht bleibt den Grundrechten vorbehalten.[1043] Grundrechte gewährleisten individuelle Freiheit und Gleichheit gegenüber Hoheitsträgern.[1044] Zwar ist die Europäische Union kein Staat, doch übt sie supranationale Gewalt gegenüber ihren Bürgern aus.[1045] Es ist nur folgerichtig, dass mit der immer weiteren Integration der Union der Schutz der Unionsbürger durch die Sicherung ihrer Grundrechte einhergeht. Je mehr Eingriffsmöglichkeiten für die Union in grundrechtssensible Bereiche bestehen, desto besser müssen die Unionsbürger vor diesen Eingriffen geschützt werden.[1046] Die unterschiedlichen Funktionen manifestieren sich zum Beispiel darin, dass für die Eröffnung des Anwendungsbereichs der Grundrechte kein grenzüberschreitender Sachverhalt notwendig ist.[1047]

Allerdings können sich die Anwendungsbereiche der Grundfreiheiten und Grundrechte auch überschneiden. Gerade aufgrund der unterschiedlichen Funktionen wäre ein Vorrang der Grundfreiheiten gegenüber den Grundrechten nicht zu rechtfertigen, weil beide Regelungskomplexe im Primärrecht der Union auf einer Stufe stehen.[1048] Es wird auch davon gesprochen, dass erst ihr Zusammenspiel „ein Gesamtsystem wirtschaftlicher Freiheit"[1049] gewährleistet. Überschneiden sich die Anwendungsbereiche der Grundrechte und der Grundfreiheiten, so führt dies entweder zu einer Verstärkung beider Rechte oder zu einem Konflikt der Anwendungsbereiche, welcher im Wege der praktischen Konkordanz aufgelöst werden muss.[1050]

2.) Unterschiedliche Verpflichtete

Neben dieser ungleichen Funktion gibt es auch einen erheblichen Unterschied hinsichtlich der jeweiligen Verpflichteten. Während die Grundfreiheiten hauptsächlich an die Mitgliedstaaten gerichtet sind, binden die Grundrechte vor allem die Organe der Union selbst.

1042 *Pache* in: Heselhaus/Nowak, HdB Europäische Grundrechte, § 4 Rn. 57; *Blanke* in: Tettinger/Stern, Europäische Grundrechte-Charta, Art. 15 GRC Rn. 6; *Möstl*, EuR 2002, S. 327 (328).

1043 Vgl. beispielsweise die Berufs- und die unternehmerische Freiheit gem. Art. 15 f. GRC. Siehe zur Rechtsprechung bzgl. dieser beiden Grundrechte die Nachweise bei *Stumpf* in: Schwarze, EU-Kommentar, Art. 6 EUV Rn. 23.

1044 *Ehlers* in: ders., Grundrechte und Grundfreiheiten, § 14 Rn. 1.

1045 *Schorkopf* in: Grabitz/Hilf/Nettesheim, Recht der EU, Art. 6 EUV Rn. 12.

1046 *Schorkopf* in: Grabitz/Hilf/Nettesheim, Recht der EU, Art. 6 EUV Rn. 14 ff.

1047 *Streinz* in: ders., EUV/AEUV, Art. 6 EUV Rn. 34.

1048 *Ehlers* in: ders., Grundrechte und Grundfreiheiten, § 14 Rn. 13; *Schorkopf* in: Grabitz/Hilf/Nettesheim, Recht der EU, Art. 6 EUV Rn. 28 f.

1049 *Frenz*, Europarecht I, Rn. 64.

1050 *Ehlers* in: ders., Grundrechte und Grundfreiheiten, § 14 Rn. 13.

Diese Unterscheidung ist auch Ausfluss der soeben dargestellten unterschiedlichen Funktionen. Die Grundfreiheiten sollen den Binnenmarkt vor ungerechtfertigten Beschränkungen schützen. Eine Gefahr für den Binnenmarkt geht dabei zuvorderst von den Mitgliedstaaten aus.[1051] Eher seltener wird die Union Rechtsakte erlassen, welche eine Beschränkung des Binnenmarkts bewirken. Die positive Integration durch die Rechtssetzung und die negative Integration durch die Grundfreiheiten bilden die zwei Seiten der ‚Binnenmarktmedaille'.[1052]

Obgleich die Regelungen der Union weniger Beeinträchtigungspotential bieten wie die der Mitgliedstaaten, können auch sie Beschränkungen oder Diskriminierungen aufweisen. Insofern geht die Mehrheit der Autoren[1053] und auch der Gerichtshof[1054] zu Recht davon aus, dass das sekundäre Unionsrecht an den Grundfreiheiten zu messen ist.[1055] Hauptargument ist dabei, dass das Primärrecht dem Sekundärrecht vorgeht.[1056] Unterschiedliche Ansichten bestehen nunmehr lediglich hinsichtlich der Intensität der Bindung der Unionsgesetzgeber an die Grundfreiheiten. Teilweise wird hier eine schwächere,[1057] teilweise eine ebenso starke Bindung[1058] wie bei den Mitgliedstaaten angenommen.

Anders verhält es sich dagegen bei den Unionsgrundrechten. Diese sollen gem. Art. 51 Abs. 1 GRC die Unionsbürger vor der supranationalen Gewalt der Europäischen Union schützen. Vor nationalen Rechtsakten schützen die jeweiligen nationalen Grundrechte.[1059] Insofern sind die Unionsgrundrechte Abwehrrechte gegen die supranationale Gewalt der Union. Diese muss sie bei Erlass von Sekundärrecht und sonstigen Handlungen beachten.[1060]

Die Regelungen zur Unternehmensmitbestimmung sind nationale Gesetze. Dich auch die Mitgliedstaaten können in verschiedenen Konstellationen an die Unionsgrundrechte gebunden sein. Der Gerichtshof spricht in diesen Konstellationen davon, dass die Mitgliedstaaten sich „im Anwendungsbereich des Gemeinschafts-

---

1051 *Frenz*, Europarecht I, Rn. 313 ff.

1052 *Cremer*, EuR 2007, Beiheft 1, S. 75 ff.

1053 *Ehlers* in: ders., Grundrechte und Grundfreiheiten, § 7 Rn. 49 ff., *Teichmann*, in: FS Scheuing, S. 735 (745 ff.); *Schroeder* in: Streinz, EUV/AEUV, Art. 34 AEUV Rn. 29; *Becker* in: Schwarze, EU-Kommentar, Art. 34 AEUV Rn. 101 ff.; *von Bogdandy*, JZ 2001, S. 157 (166). A.A. *Kingreen* in: Calliess/Ruffert, EUV/AEUV, Art. 34–36 AEUV Rn. 110; *Cremer* in: Schulze-Fielitz/Müller, Europäisches Klimaschutzrecht, S. 121 (132 f.).

1054 EuGH, Rs. 15/83 (Denkavid) Slg. 1984, 2171 Rn. 15.

1055 Vgl. zum Ganzen ausführlich *Kahles*, Kooperative Mechanismen, S. 241 ff.

1056 *Becker* in: Schwarze, EU-Kommentar, Art. 34 AEUV Rn. 101.

1057 *Teichmann* in: FS Scheuing, S. 753 (746 ff.); *Becker* in: Schwarze, EU-Kommentar, Art. 34 AEUV Rn. 102; *Schroeder* in: Streinz, EUV/AEUV, Art. 34 Rn. 29.

1058 *Ehlers* in: ders., Grundrechte und Grundfreiheiten, § 7 Rn. 49 ff; *Leible/Streinz* in: Grabitz/Hilf/Nettesheim, EU-Recht, Art. 34 AEUV Rn. 36.

1059 *Borowsky* in: Meyer, Charta der Grundrechte, Art. 51 Rn. 1 f.; *Kirchhoff*, NJW 2011, S. 3681 (3684 f.);

1060 *Ehlers* in: ders., Grundrechte und Grundfreiheiten, § 14 Rn. 47; *Kingreen* in: Calliess/Ruffert, EUV/AEUV, Art. 51 EU-GRCharta, Rn. 4 ff.

rechts“[1061] befinden.[1062] Auch die Grundrechtecharta spricht in Art. 51 Abs. 1 von der „Durchführung des Rechts der Union“. Wann diese Anwendung bzw. Durchführung des Unionsrechts durch die Mitgliedstaaten gegeben ist und an welchen Stellen dies bei der Überprüfung der deutschen Unternehmensmitbestimmung relevant wird, wird in den folgenden Abschnitten näher betrachtet.

III. Relevanz der Grundrechte bei mitgliedstaatlichen Maßnahmen

Unionsgrundrechte spielen sowohl beim Primär- und Sekundärrecht als auch bei Rechtsakten, die auf die Union zurückgehen, eine wichtige Rolle. Die deutschen Gesetze zur Unternehmensmitbestimmung sind zwar rein nationale Regelungen, doch gibt es trotzdem Konstellationen, in denen die Unionsgrundrechte für die Überprüfung der Nichteinbeziehung im Ausland arbeitender Arbeitnehmer in die deutsche Unternehmensmitbestimmung relevant sind.

Diese Konstellationen werden im Folgenden näher dargelegt. Zum einen können die Unionsgrundrechte als Rechtfertigungsgründe einer Grundfreiheitsbeeinträchtigung eine Rolle spielen. Zum anderen werden die verschiedenen Konstellationen, bei denen die Mitgliedstaaten durch die Unionsgrundrechte verpflichtet werden, angesprochen. In diesen beiden Konstellationen erfüllen die Grundrechte damit völlig unterschiedliche Funktionen. Während in ersterer die Mitgliedstaaten von den Unionsgrundrechten ‚profitieren‘, werden sie in der zweiten Konstellation selbst durch die Unionsrundrechte gebunden.

1.) Rechtfertigungsgründe für die Mitgliedstaaten

Bei der Prüfung der Grundfreiheiten werden – wie oben angedeutet –[1063] im Rahmen der Rechtfertigungsgründe auch Unionsgrundrechte berücksichtigt. Die Europäische Union ist durch die Unionsgrundrechte verpflichtet.[1064] Deshalb verfolgt „ein Mitgliedstaat, der versucht, ein gemeinschaftsrechtlich anerkanntes Grundrecht zu schützen, automatisch ein legitimes Ziel.“[1065] Dieser Satz von Generalanwalt *Jacobs* ist nur konsequent, weil die Rechtfertigungsgründe für Beschränkungen der Grundfreiheiten unionsweit einheitlich und damit unabhängig von den Mitgliedstaaten auszulegen sind.[1066]

1061 EuGH, Rs. C-260/89 (ERT) Slg. 1991, I-2925 Rn. 42; EuGH, Rs. C-71/02 (Karner) Slg. 2004, I-3025 Rn. 49; grundlegend EuGH, verb. Rs. 60/84 (Cinéthèque) Slg. 1985, 2605 Rn. 26. Kritisch zu dieser Formel und den Auswirkungen beispielsweise *Huber*, NJW 2011, S. 2385 (2386 f.).

1062 Zu den historischen Hintergründen *Schmahl*, EuR 2008, Beiheft 1, S. 7 (11 f.).

1063 Vgl. in diesem Kapitel unter B. II. 3.).

1064 Vgl. in diesem Kapitel unter C. I. 2.).

1065 GA *Jacobs*, Schlussanträge zu EuGH, Rs. C-112/00 (Schmidberger) Slg. 2003, I-5659 Rn. 102.

1066 *Streinz/Michel* in: Streinz, EUV/AEUV, Art. 51 GR-Charta, Rn. 11 m.N. aus der Rechtsprechung.

a.) *Gleichwertigkeit von Grundrechten und Grundfreiheiten*

Sowohl Grundfreiheiten als auch Grundrechte zählen zu den fundamentalen Grundsätzen der Union.[1067] Die Unionsgrundrechte werden in dieser Konstellation jedoch nicht als eigenständige Tatbestände geprüft, was ansonsten zu einer unmittelbaren Bindung der Mitgliedstaaten an die Unionsgrundrechte führen würde. Vielmehr werden die Grundrechte im Rahmen der Rechtfertigung der Grundfreiheiten geprüft.

In der Literatur wurde diese Vorgehensweise des Gerichtshofs kritisiert, weil dadurch eine gewisse Wertigkeit zwischen den Grundfreiheiten und den Grundrechte entstehen würde. Deshalb nahm der Präsident des Gerichtshofs *Skouris* zum Verhältnis zwischen Grundfreiheiten und Grundrechten Stellung.[1068] Insbesondere gibt es aus seiner Sicht keinerlei Rangverhältnis zwischen den Grundfreiheiten und den Grundrechten. Vielmehr wird die Prüfungsreihenfolge durch andere Tatsachen, wie die Eröffnung des Anwendungsbereichs, vorgegeben und beinhaltet keine Wertung.[1069] Als Beispiel sei hier die Entscheidung Schmidberger genannt,[1070] in welcher aufgrund einer Demonstration auf einer Autobahn die Warenverkehrsfreiheit der Spediteure auf der einen und die Grundrechtspositionen der Demonstrierenden auf der anderen Seite gegenübergestellt wurden.

Der Gerichtshof prüft die Grundrechte dabei als eine Art „Gegenkontrolle"[1071] zu den Grundfreiheiten,[1072] was die Idee der praktischen Konkordanz verwirklicht.[1073] Am Ende wird also ein Ausgleich zwischen den Interessen desjenigen, der sich auf die Grundfreiheit beruft und desjenigen, der sich dadurch in seinen Grundrechten verletzt sieht, geschaffen. Insgesamt ist somit kein Gegeneinander, sondern ein Miteinander der verschiedenen Grundfreiheiten und Grundrechte gegeben.[1074]

b.) *Relevanz in Bezug auf die Unternehmensmitbestimmung*

Die Unionsgrundrechte können innerhalb der Grundfreiheitsprüfung hinsichtlich der Gewährung des Wahlrechts für im Ausland arbeitenden Arbeitnehmer eine Rolle spielen. Voraussetzung dafür ist, dass die Grundfreiheiten durch die deutschen Unternehmensmitbestimmungsgesetze beeinträchtigt werden. Hierzu wird in den folgenden Kapiteln 5 und 6 ausführlich Stellung genommen.[1075]

An dieser Stelle kann für sämtliche nachfolgenden Prüfungen jedoch schon gemeinsam festgestellt werden, dass die Arbeitnehmermitbestimmung selbst nicht

---

1067 *Skouris*, RdA-Beil. 2009, S. 25 (30).
1068 *Skouris*, RdA-Beil. 2009, S. 25 ff.;
1069 *Skouris*, RdA-Beil. 2009, S. 25 (27, 30).
1070 EuGH, Rs. C-112/00 (Schmidberger) Slg. 2003, I-5659.
1071 *Skouris*, RdA-Beil. 2009, S. 25 (26).
1072 Zum Beispiel EuGH, Rs. C-245/01 (RTL Television) Slg. 2003, I-12489 Rn. 67.
1073 *Kadelbach/Petersen*, EuGRZ 2003, S. 693 (696 ff.).
1074 *Skouris*, RdA-Beil. 2009, S. 25 (30).
1075 Vgl. dazu Kapitel 5 A. III, B. II, C. III. sowie in Kapitel 6 A. III., B. III.

als umfassendes Unionsgrundrecht angesehen wird. Im Bereich der Arbeitnehmermitbestimmung gibt es aber einzelne Grundrechtspositionen, die betroffen sein könnten. Dabei kommen insbesondere Art. 27 f. GRC in Betracht.[1076] Während Art. 27 GRC die betriebliche Mitbestimmung im Blick hat, findet sich im Art. 28 GRC das Grundrecht auf Kollektivverhandlungen und -maßnahmen.[1077] Allerdings ist aktuell noch keine klare Linie in der Rechtsprechung des Europäischen Gerichtshofs zu den sozialen Grundrechten zu erkennen, sodass der Arbeitnehmerschutz durch diese Grundrechte keine Aufwertung erfahren hat.[1078] Die Unternehmensmitbestimmung selbst ist in der Grundrechtecharta nicht genannt und auch nicht durch den Europäischen Gerichtshof als Grundrecht herausgearbeitet worden.[1079]

2.) Bindung der Mitgliedstaaten

Neben der Möglichkeit der Mitgliedstaaten, die Grundrechte als Rechtfertigungsgründe für Grundfreiheitsbeeinträchtigungen anzubringen, gibt es in bestimmten Konstellationen auch eine Bindung der Mitgliedstaaten selbst. In den letzten Jahren weitete der Gerichtshof seine Rechtsprechung zur Bindung der Mitgliedstaaten an die Unionsgrundrechte tendenziell aus, ohne jedoch eine Bindung ohne jegliche Beziehung zum Unionsrecht vorzunehmen.[1080]

Ein solcher Bezug muss schon deshalb gefordert werden, weil ansonsten für die nationalen Grundrechte kein Raum mehr wäre. So hat *Huber* treffend formuliert: „Anzunehmen, dass die bloße Vermehrung der Schutzregime auch zu einem effektiven Schutzniveau für das in Rede stehende Interesse führte, wäre naiv."[1081] Vielmehr würde die durch die verschiedenen, anwendbaren Grundrechtsebenen entstehende Rechtsunsicherheit zu Lasten der Grundrechtsträger führen.[1082] Solange die Europäische Union als Staatenverbund und die Mitgliedstaaten als eigenständige Völkerrechtssubjekte bestehen, müssen diese an ihre jeweiligen eigenen Grundrechte gebunden sein.[1083] Wobei darauf hingewiesen werden muss, dass sich sowohl das Grundrechtsregime der Europäischen Union als auch das ihrer Mitgliedstaaten

---

1076 Vgl. zu den Arbeitnehmergrundrechten insgesamt *Wißmann* in: ErfKom, Vorbem. zum AEUV Rn. 4 ff.; *Krebber*, EuZA 2013, S. 188 (190 f.); *Seifert*, EuZA 2013, S. 205 ff.; *Willemsen/Sagan*, NZA 2011, S. 258 ff.; *Zachert*, NZA 2001, S. 1041 ff.

1077 Vgl. zur Koalitionsfreiheit im Unionsrecht *Zwanziger*, RdA-Beil. 2009, S. 10 (15 ff.)

1078 *Krebber*, RdA 2009, S. 224 (236).

1079 *Seifert*, EuZA 2013, S. 205 (220); *Zachert*, NZA 2001, S. 1041 ff. Vgl. zu den verfassungsrechtlichen Gewährleistungen in einigen Mitgliedstaaten, *Heuschmid*, Mitentscheidung durch Arbeitnehmer, S. 119 ff.

1080 *Scheuing*, EuR 2005, S. 162 (176); *Ruffert*, EuR 2004, S. 165 (169 ff.).

1081 *Huber*, NJW 2011, S. 2385 (2385).

1082 *Kirchhoff*, NJW 2011, S. 3681 (3682); *Huber*, NJW 2011, S. 2385 (2385 ff.).

1083 Vgl. dazu *Schorkopf* in: Grabitz/Hilf/Nettesheim, Recht der EU, Art. 6 EUV Rn. 15.

der Europäischen Menschrechtskonvention angeglichen haben, sodass von einem weitgehenden Gleichlauf auszugehen ist.[1084]

Bei der Anwendung der Unionsgrundrechte auf Handlungen der Mitgliedstaaten sind zwei Konstellationen zu trennen: die Durchführung des Unionsrechts und die Einschränkung der Grundfreiheiten.[1085]

a.) Durchführungskonstellation

Zunächst wird die ‚Durchführungskonstellation' bei mitgliedstaatlichen Maßnahmen dargestellt und sodann auf die deutschen Gesetze zur Unternehmensmitbestimmung angewendet.

aa.) Umsetzung von Sekundärrecht

Als erstes wurde vom Gerichtshof die ‚Durchführungskonstellation' entwickelt, welche von der Literatur auch weitgehend anerkannt ist.[1086] Sie umfasst sowohl die legislative als auch die administrative Durchführung beispielsweise bei der Umsetzung von Richtlinien oder Beschlüssen.[1087] In dieser Konstellation setzt der Mitgliedstaat Vorgaben aus der Europäischen Union um. Teilweise wird diese Konstellation deshalb auch als „Auftragssituation"[1088] bezeichnet. Da es keinen Unterschied machen kann, ob die Union selbst eine Verordnung erlässt oder nur die Richtlinien zur Umsetzung durch die Mitgliedstaaten vorgibt, sind die Mitgliedstaaten bei dieser Umsetzung ebenfalls an die Unionsgrundrechte gebunden.[1089] Inhaltlich wird auch bei der Richtlinienumsetzung die Europäische Union tätig, sodass es aus Sicht der Bürger eine Bindung der umsetzenden Mitgliedstaaten an die Unionsgrundrechte geben muss. Andernfalls könnte sich der Mitgliedstaat bei Grundrechtsverstößen hinter der verpflichtenden Richtlinie verstecken, welche als Unionsrecht, den nationalen Grundrechten vorgeht. Es würde mithin ein grundrechtsfreier Raum entstehen.

Beachtet man, dass wohl bei über 80 Prozent der neu erlassenen Gesetze in Deutschland mittlerweile der Ursprung in der Europäischen Union liegt,[1090] zieht diese Konstellation auch eine erhebliche Relevanz nach sich. Offen ist jedoch, ob die Mitgliedstaaten auch dann an die Unionsgrundrechte gebunden sind,

---

1084 *Schorkopf* in: Grabitz/Hilf/Nettesheim, Recht der EU, Art. 6 EUV Rn. 57.

1085 *Borowsky* in: Meyer, Charta der Grundrechte, Art. 51 Rn. 24 ff.

1086 EuGH, Rs. 5/88 (Wachauf) Slg. 1989, 2609 Rn. 19; EuGH, Rs. C-351/92 (Graff) Slg. 1994, I-3361 Rn. 17. Aktuell EuGH, Rs. C-617/10 (Åkerberg Fransson), NVWZ 2013, S. 561 f. Vgl. aus der Literatur zum Beispiel *Scheuing*, EuR 2005, S. 162 (163).

1087 *Ehlers*, in: ders., Grundrechte und Grundfreiheiten, § 14, Rn. 50; *Streinz/Michel* in: Streinz, EUV/AEUV, Art. 51 GR-Charta, Rn. 7; *Schmahl* in: Härtel, HdB Föderalismus, Bd. IV, S. 411 (415 f.).

1088 *Schilling*, EuGRZ 2000, S. 3 (9).

1089 *Schmahl*, EuR 2008, Beiheft 1, S. 7 (13 f.).

1090 So beispielsweise *Hoppe*, EuZW 2009, S. 168 f.

wenn das Unionsrecht dem nationalen Gesetzgeber einen Ermessensspielraum einräumt.[1091] Zumindest bei einem Ermessenspielraum für nationale Behörden, welcher aus einer Unionsverordnung herrührt, hat dies der Gerichtshof dem Anwendungsbereich der Unionsgrundrechte zugeordnet.[1092] Eine vermittelnde Ansicht spricht davon, dass sich die Mitgliedstaaten auch bei ihrer gesetzgeberischen Ermessensausübung von dem jeweiligen Unionsgrundrecht leiten lassen sollen.[1093]

bb.) Relevanz in Bezug auf die Unternehmensmitbestimmung

Bei der Überprüfung der Unionsrechtskonformität der Nichteinbeziehung im Ausland arbeitender Arbeitnehmer in die deutsche Unternehmensmitbestimmung kommen grundsätzlich die Gleichbehandlungsgrundsätze gem. Art. 20, 21 Abs. 2 GRC in Betracht. Für dessen Anwendbarkeit müssten sich die Unternehmensmitbestimmungsgesetze im Anwendungsbereich des Unionsrechts befinden. Die Durchführungskonstellation ist gegeben, sofern die Mitgliedstaaten mit den Unternehmensmitbestimmungsgesetzen Unionsrecht umgesetzt haben. Wie die vorherigen Kapitel zeigen, gibt es keine Richtlinie, welche die Unternehmensmitbestimmung umfassend regelt. Ein Teilbereich ist in der Verschmelzungsrichtlinie, ein anderer in den Richtlinien zu den supranationalen Gesellschaftsformen geregelt. Für Gesetze der deutschen Unternehmensmitbestimmung nationaler Kapitalgesellschaftsformen gelten diese Richtlinien jedoch nicht. Vielmehr wurden hierfür separate Umsetzungsgesetze erlassen.[1094]

Allerdings verlangt der Gerichtshof zur Anwendbarkeit der Unionsgrundrechte nicht, dass ein Verstoß gegen die Richtlinie selbst oder deren konkreten Umsetzungsgegenstand erfolgt. Die Rechtsprechung lässt es ausreichen, dass das jeweilige Gesetz durch den Unionszusammenhang infiziert wurde.[1095] Hat eine rein nationale Regelung eines teilweise zur Umsetzung einer Richtlinie erlassenen Gesetzes diskriminierende Wirkung, kann dies trotzdem zu einer Überprüfung durch den Gerichtshof führen.

1091 Dagegen *Kingreen* in: Calliess/Ruffert, EUV/AEUV, Art. 51 EU-GRCharta Rn. 11 ff.; *Wernsmann*, NZG 2011, S. 1241 (1244); *Ziegenhorn*, NVwZ 2010, S. 803 (807 f.); *Calliess*, JZ 2009, S. 113 (120 f.) dafür hingegen *Streinz/Michel* in: Streinz, EUV/AEUV, Art. 51 GR-Charta, Rn. 8, *Sauer*, EuGRZ 2011, S. 195 (196); *Ehlers*, in: ders., Grundrechte und Grundfreiheiten, § 14, Rn. 50 f.; *Schmahl*, EuR 2008, Beiheft 1, S. 7 (16 ff.), *Lindner*, EuZW 2007, S. 71 (73). Vgl. zur Rechtsprechung des EuGH und des BVerfG ausführlich *Calliess*, JZ 2009, S. 113 (115 ff.).

1092 EuGH, verb. Rs. C-411/10 u. C-493/10, NVwZ 2012, S. 417. Rn. 65 f. Dazu *Weiß*, EuZW 2012, S. 201 (201).

1093 *Kirchhoff*, NJW 2011, S. 3681 (3684.). Vgl. zu den Unterschieden in der deutschen und der Unionstradition zu den Grundrechten *Classen*, EuR 2008, S. 627 ff.

1094 Vgl. dazu in Kapitel 3 unter B. I. 1.), II. 3.).

1095 EuGH, Rs. C-555/07 (Kücükdeveci) Slg. 2010, I-365; EuGH, Rs. C-617/10 (Åkerberg Fransson), NVWZ 2013, S. 561 f. Vgl. dazu auch *Epiney*, NVwZ 2014, S. 1059 (1060).

Diesen Gedanken weiter gedacht, wird teilweise davon ausgegangen, dass nicht das (Umsetzungs-) Gesetz selbst, sondern auch sämtliche im Richtlinienzweck befindlichen Normen überprüft werden können. Dies gilt auch dann, wenn die Richtlinie in einem anderen Gesetz umgesetzt wurde. Ansonsten könnten die Mitgliedstaaten über ihre Regelungstechnik zur Umsetzung einer Richtlinie die Reichweite der Unionsgrundrechte bestimmen.[1096] Ob eine solche Ausweitung tatsächlich möglich ist, wird von der überwiegenden Literatur kritisch gesehen, weil damit wiederum eine Ausweitung der Kompetenzen der Unionsgerichte einhergehen würde,[1097] die mit der engen Formulierung der ‚Durchführung' von Unionsrecht nur schwer in Einklang zu bringen ist.[1098] Folgt man der weiten Ansicht, würde der Gerichtshof tatsächlich zur „Superrevisionsinstanz"[1099] werden.

In den Richtlinien der Union zur Unternehmensmitbestimmung kommt das Ziel der Einbeziehung sämtlicher Arbeitnehmer eines Unternehmens deutlich zum Ausdruck.[1100] Dieser Gedanke könnte im Zusammenspiel mit den Gleichheitsgrundrechten auf sämtliche Gesetze zur Unternehmensmitbestimmung übertragbar sein.[1101] Doch müsste selbst nach der Ansicht, die eine umfassende Prüfungskompetenz des Gerichtshofs bevorzugt, zumindest der Regelungsbereich der Richtlinie betroffen sein. Dieser war bei sämtlichen Richtlinien mit Bezug zur Unternehmensmitbestimmung jedoch nicht die Unternehmensmitbestimmung an sich, sondern lediglich die grenzüberschreitende Verschmelzung von Gesellschaften bzw. die Schaffung von supranationalen Gesellschaften,[1102] in deren Zusammenhang auch die Anwendbarkeit der jeweiligen Unternehmensmitbestimmungsgesetze mitgeregelt wurde.

Allein daraus eine umfassende Anwendbarkeit der Unionsgrundrechte auf die nationalen Unternehmensmitbestimmungsgesetze zu konstruieren, wäre selbst für den Europäischen Gerichtshof doch sehr weitgehend. Vielmehr hat die Europäische Union im Bereich der Unternehmensmitbestimmung bisher nicht von ihrer Regelungskompetenz Gebrauch gemacht,[1103] sodass die deutschen Regelungen zu nationalen Kapitalgesellschaftsformen nicht auf Unionsrecht zurückzuführen und folglich auch nicht anhand der Unionsgrundrechte zu prüfen sind.

1096 *Mörsdorf*, ZIP 2009, S. 1491 (1495).

1097 Kritisch auch *Thüsing*, ZIP 2010, S. 199 (200); *Willemsen/Sagan*, NZA 2011, S. 258 (262); *Thüsing/Traut*, RdA 2012, S. 65 (69).

1098 *Bauer/von Medem*, ZIP 2010, S. 449 (451). Vgl. dazu ausführlich sogleich in diesem Kapitel unter C. III. 2.) b.).

1099 *Hailbronner*, NZA 2006, S. 811 (816).

1100 *Rieble/Latzel*, EuZA 2011, S. 146 (162).

1101 Vgl. zu einem ähnlichen Versuch einen allgemeinen Rechtsgrundsatz zur Gleichbehandlung von Aktionären auf nationales Recht anzuwenden ablehnend EuGH, Rs. C-101/08 (Audiolux) Slg. 2009 I-9823. Der Entscheidung zustimmend *Habersack/Tröger*, NZG 2010, S. 1 (4 f.); *Bayer/Schmidt*, BB 2010, S. 387 (393).

1102 Vgl. dazu in Kapitel 3 unter B. I. 1.), II. 3.).

1103 Vgl. dazu in Kapitel 3 unter B. 5.).

b.) Einschränkungskonstellation

Die zweite Fallgruppe bei deren Vorliegen die Mitgliedstaaten an die Unionsgrundrechte gebunden sind, liegt bei der sogenannten „Einschränkungskonstellation“[1104] bzw. „Vorbehaltssituation“[1105] vor. Im Folgenden wird diese umstrittene Konstellation dargestellt, kritisch beleuchtet und anschließend auf die deutschen Unternehmensmitbestimmungsgesetze angewendet.

aa.) Darstellung der Rechtsprechung und Kritik der Literatur

Diese Konstellation ist gegeben, wenn Mitgliedstaaten unional garantierte Rechte, beispielsweise Grundfreiheiten, beeinträchtigen und diese Beeinträchtigung dann zu rechtfertigen versuchen.[1106] Innerhalb dieser Rechtfertigung sind die Mitgliedstaaten an die Unionsgrundrechte gebunden.[1107] Somit können die Unionsgrundrechte nicht nur Einschränkungen der Grundfreiheiten rechtfertigen, sondern auch die von den Mitgliedstaaten vorgebrachten Rechtfertigungsgründe können wiederum durch andere Unionsgrundrechte zurückgedrängt werden.[1108] Dabei wird auch von einer zweiten „Schranken-Schranke der Grundfreiheiten“[1109] oder von den Grundfreiheiten als „Transmissionsriemen für das Hineinwirken der Unionsgrundrechte in die nationale Sphäre“[1110] gesprochen. Hier verstärken die Grundrechte die Grundfreiheiten und sichern so die volle Geltung eines Grundrechts.[1111] Dies kommt vor allem bei einem stark personalen Gehalt des Grundrechts in Frage.[1112] Als Beispiel kann hier die Entscheidung Carpenter genannt werden,[1113] in welcher die Dienstleistungsfreiheit durch den Schutz der Familie verstärkt wurde.[1114] Der Gerichtshof spricht dann davon, dass sich die nationale Regelung durch die Beschränkung der Grundfreiheit ‚im Anwendungsbereich‘ des Unionsrecht befindet,[1115] sodass damit auch die Mitgliedstaaten durch die Unionsgrundrechte verpflichtet werden.

Diese vom Europäischen Gerichtshof praktizierte Vorgehensweise sieht sich jedoch der Kritik aus der Literatur ausgesetzt.[1116] Insbesondere wird sie als unver-

---

1104 *Scheuing*, EuR 2005, S. 162 (164).

1105 *Schilling*, EuGRZ 2000, S. 3 (9); *Schmahl* in: Härtel, HdB Föderalismus, Bd. IV, S. 411 (416).

1106 EuGH, Rs. C-260/89 (ERT) Slg. 1991, I-2925, Rn. 43.

1107 *Scheuing*, EuR 2005, S. 162 (163 f.).

1108 *Kingreen* in: Calliess/Ruffert, EUV/AEUV, Art. 51 EU-GRCharta Rn. 13.

1109 *Kingreen/Störmer*, EuR 1998, S. 263 (S. 281 f.)

1110 *Kingreen* in: Calliess/Ruffert, EUV/AEUV, Art. 51 EU-GRCharta Rn. 14.

1111 Vgl. dazu schon in diesem Kapitel unter B. II. 4.) b.).

1112 *Forsthoff*, Niederlassungsfreiheit für Gesellschaften, S. 119 ff.

1113 EuGH, Rs. C-60/00 (Carpenter) Slg. 2002, I-6279.

1114 Kritisch zu dieser Entscheidung *Mager*, JZ 2003, S. 204 ff.

1115 EuGH, Rs. C-260/89 (ERT) Slg. 1991, I-2925, Rn. 43.

1116 Vgl. nur *von Bogdandy/Kottmann/Antpöhler/Dickschen/Hentrei/Smrkolj*, ZaöRV 2012, S. 45 (56 f.); *Huber*, EuR 2008, S. 190 (193 ff.); *Cremer*, NVwZ 2003, S. 1452 (1453 ff).

einbar mit dem Wortlaut des seit dem Vertrag von Lissabon verbindlichen Art. 51 Abs. 1 S. 1 GRC gehalten.[1117] Dieser Artikel spricht davon, dass Mitgliedsaaten nur bei ‚Durchführung des Unionsrechts' an die Unionsgrundrechte gebunden sind. Wenn Mitgliedstaaten die Grundfreiheiten beschränkende Maßnahmen einführen, könne dies nicht mehr als eine ‚Durchführung des Unionsrechts' gem. Art. 51 Abs. 1 S. 1 GRC verstanden werden.[1118]

bb.) Stellungnahme

Der Gerichtshof hat in den letzten Jahrzehnten seine Grundrechtsdogmatik immer weiter ausgeweitet. Dabei ist auch die Frage der Bindung der Mitgliedstaaten an die Unionsgrundrechte nicht verschont geblieben. Einer weiteren Ausweitung wollte der Grundrechtekonvent mit der engeren Formulierung in der Grundrechtecharta entgegentreten.[1119] Hätte der Konvent die Formulierung des Gerichtshofs ‚im Anwendungsbereich' übernommen, wäre eine Ausdehnung auf weitere Bereiche des nationalen Rechts durchaus möglich gewesen. Der Gerichtshof muss sich nun aufgrund der engeren Formulierung in Art. 51 Abs. 1 S. 1 GRC auf die bisherigen Bereiche beschränken. Eine Einschränkung dieser Rechtsprechung wollte die Grundrechtscharta jedoch ausweislich deren Erläuterungen des Präsidiums des Verfassungskonvents[1120] ebenfalls nicht vornehmen.[1121] Deshalb ist der Ansicht zuzustimmen, die die bisherige Rechtsprechung stützt.

Greift ein Mitgliedstaat in den Anwendungsbereich der Grundfreiheiten ein und versucht dieses Vorgehen zu rechtfertigen, ist es nur konsequent, dass in diesem Fall die Unionsgrundrechte einschlägig sind.[1122] In der Rechtfertigungsprüfung sollten am Ende sämtliche Belange der Mitgliedstaaten und der Union gegeneinander abgewogen werden, um dann im Rahmen der praktischen Konkordanz zu einem Ergebnis zu kommen, das sowohl den Binnenmarkt als auch die sonstigen Ziele der Union sowie die Kompetenzen der Mitgliedstaaten und die Grundrechte der Unionsbürger beachtet. Wenn die Unionsgrundrechte als Rechtfertigungsgrund gegen die Grundfreiheiten in Stellung gebracht werden können, sollte somit auch eine Unterstützung der Grundfreiheiten durch die Unionsgrundrechte möglich sein.

1117 *Bauer/von Medem*, ZIP 2010, S. 449 (451).

1118 *Cremer*, NVwZ 2003, S. 1452 (1453); *Borowsky* in: Meyer, Charta der Grundrechte, Art. 51 Rn. 29 f.; *Kingreen*, EuGRZ 2004, S. 570 (576).

1119 *Streinz/Michel* in: Streinz, EUV/AEUV, Art. 51 GR-Charta, Rn. 14. Vgl. zu einem „umkehrten Solange Konzept" *von Bogdandy/Kottmann/Antpöhler/Dickschen/Hentrei/Smrkolj*, ZaöRV 2012, S. 45 ff.

1120 *Präsidium des Europäischen Konvents*, Erläuterungen zur Charta der Grundrechte, ABl. C 2007 Nr. 303 S. 17 ff.

1121 *Streinz/Michel* in: Streinz, EUV/AEUV, Art. 52 GR-Charta Rn. 32.

1122 *Ehlers* in: ders., Grundrechte und Grundfreiheiten, § 14, Rn. 52 f.; *Hatje* in: Schwarze, EU-Kommentar, Art. 51 GRC Rn. 18 f.

Dies sollte jedoch nur insoweit gelten, als tatsächlich eine die Grundfreiheiten beschränkende Maßnahme der Mitgliedstaaten vorliegt und diese vom Mitgliedstaat gerechtfertigt werden muss. Die bisher – soweit ersichtlich – einmalige Ausweitung des Gerichtshofs zur Prüfung der Grundrechte bei lediglich eröffnetem Anwendungsbereichs einer Grundfreiheit, ohne dass beschränkende Maßnahmen gegeben sind,[1123] ist dagegen deutlich abzulehnen.[1124] Erst bei Vorliegen einer Diskriminierung oder Beschränkung hat der Mitgliedstaat in Unionsrecht tatsächlich eingegriffen, sodass auch erst dann der Anwendungsbereich für die Grundrechtsprüfung eröffnet ist.

Die reine Anwendbarkeit der Grundfreiheiten ohne Vorliegen einer Beschränkung kann keine Grundrechtsprüfung nach sich ziehen. Ansonsten wären sämtliche Sachverhalte, die einen wirtschaftlichen und zugleich grenzüberschreitenden Bezug haben, auch grundrechtsrelevante Sachverhalte. Zudem muss an dieser Stelle kein Ausgleich zwischen verschiedenen Positionen gefunden werden, weil in die Grundfreiheiten ja gerade noch nicht eingegriffen worden ist.

cc.) Exkurs: Relevanz in Bezug auf die Berechnung der Schwellenwerte bei der Unternehmensmitbestimmung

Inwieweit die Grundrechte bei der Überprüfung der Nichteinbeziehung im Ausland arbeitender Arbeitnehmer in die deutsche Unternehmensmitbestimmung in Bezug auf das Wahlrecht im Ausland arbeitender Arbeitnehmer eine Rolle spielen, wird in den beiden folgenden Kapiteln 5 und 6 ausführlich beleuchtet. Dort wird diese Regelung anhand der Grundfreiheiten überprüft und in diesem Zusammenhang werden im Rahmen der Rechtfertigung auch die Grundrechte entsprechend gewürdigt.

An dieser Stelle wird nun die Anwendbarkeit der Unionsgrundrechte auf die Berechnungsweise der Schwellenwerte betrachtet. Die Unternehmensmitbestimmungsregelungen sind in Deutschland nur anwendbar, wenn – je nach Gesetz – die Schwellenwerte von 500, 1.000 oder 2.000 Arbeitnehmer überschritten werden. Bei der Schwellenwertberechnung zählen jedoch nur die im Inland arbeitenden Arbeitnehmer mit. Im Ausland arbeitende Arbeitnehmer werden hier – de lege lata – nicht berücksichtigt.[1125]

1123 EuGH, Rs. C-71/02 (Karner) Slg. 2004, I-3025 Rn. 48 ff. Allerdings war zu diesem Zeitpunkt die Grundrechtecharta noch nicht rechtsverbindlich, sodass der Gerichtshof sich noch nicht einschränken musste.

1124 Ebenso *Kingreen* in: Calliess/Ruffert, EUV/AEUV, Art. 51 GRC Rn. 16; *Jarass*, GR-Charta, Art. 51 Rn. 21; *Schaller*, JZ 2005, S. 193 (194 f.), *Faßbender*, GRUR Int. 2006, S. 965 (973 f.); kritisch auch *Epiney*, NVwZ 2006, S. 407 (412 f.); *Weyer*, EuZW 2004, S. 455 (457), sieht in diesem Urteil hingegen eher einen Fall der Durchführungskonstellation.

1125 Vgl. zum Ganzen in Kapitel 2 C. I. 1.) b.) aa.). Sowie zu einer etwaigen Europarechtskonformität auch OLG Frankfurt, Beschluss vom 17. Juni 2016–21 W 91/15; *Monz/Wendler*, BB 2017, S. 1788.

(1) Keine Beschränkung einer Grundfreiheit

Zunächst muss festgestellt werden, dass insbesondere die Niederlassungsfreiheit gem. Art. 49 AEUV grundsätzlich anwendbar ist.[1126] Bei den mitbestimmten Gesellschaften handelt sich um Gesellschaften mit Sitz in einem Mitgliedstaat der Union, die somit in den Anwendungsbereich der Niederlassungsfreiheit gem. Art. 49, 54 AEUV fallen. Auch ein grenzüberschreitender Bezug ist gegeben, sofern diese mitbestimmten Gesellschaften in einem anderen Mitgliedstaat neue Standorte gründen möchten.[1127]

Nach der deutschen Unternehmensmitbestimmung werden deutsche Gesellschaften, die nur wenige Arbeitnehmer im Inland beschäftigen, gegenüber deutschen Gesellschaften, die auch allein in Deutschland über den Schwellenwerten liegen, unterschiedlich behandelt. Allerdings ist die angesprochene Ungleichbehandlung unionsrechtlich nicht relevant. In diesem Sachverhalt ist keine Einschränkung – weder eine Diskriminierung noch eine Beschränkung – der Niederlassungsfreiheit zu sehen.[1128] Eine Diskriminierung aufgrund der Staatsangehörigkeit liegt an dieser Stelle nicht vor, weil sämtliche mitbestimmte Gesellschaften deutsche Gesellschaften, d. h. Gesellschaften mit Satzungssitz in Deutschland, sind und somit keine Differenzierung nach deren Staatsangehörigkeit gegeben ist.[1129]

Eine beschränkende Wirkung der Niederlassungsfreiheit ist an dieser Stelle ebenfalls nicht gegeben. Selbst wenn die Unternehmensmitbestimmung an sich als beschränkende Maßnahme anzusehen wäre,[1130] führt eine Verlagerung der Standorte nach aktueller Auslegung dazu, dass die Gesellschaft von der Mitbestimmung ‚befreit' würde. Die in den ausländischen Standorten arbeitenden Arbeitnehmer dürfen nicht mehr zur Schwellenwertberechnung herangezogen werden. Insofern wird eine grenzüberschreitende Tätigkeit, insbesondere eine Verlagerung der Niederlassungen in andere Mitgliedstaaten, durch die Nichteinbeziehung der im Ausland arbeitenden Arbeitnehmer in die Schwellenwertberechnung eher gefördert als beschränkt.[1131]

1126 *Bungert/Leyendecker-Langer*, DB 2014, S. 2031 (2032 f.) untersuchen die Frage, ob die Nichteinbeziehung der im Ausland arbeitenden Arbeitnehmer in die Schwellenwertberechnung gegen Art. 18 AEUV oder Art. 45 AEUV verstößt. Sie kommen zum aus meiner Sicht richtigen, vielleicht sogar offensichtlichen Ergebnis, dass im Rahmen der Schwellenwertberechnung hier keine Diskriminierung oder Beschränkung in Bezug auf die Arbeitnehmer vorliegt.

1127 Vgl. zum Anwendungsbereich der Niederlassungsfreiheit ausführlich in Kapitel 5 C. II. und in Kapitel 6 A. II.

1128 A.A. LG Frankfurt, Beschluss vom 16. Februar 2015–3-16 O 1/14 – Rn. 15; kritisch dazu *Schmid*, Der Konzern 2015, S. 208 (211).

1129 Vgl. dazu in Kapitel 3 unter C. I.

1130 Vgl. zu dieser Fragestellung in Kapitel 6 B. IV.

1131 Vgl. zur Standortverlagerung ins Ausland *Hartmann*, Offshoring in deutschen Unternehmen, S. 9 ff.; *Ziegler*, WSI-Diskussionspapiere, No. 162, passim.

(2) Einschlägigkeit des Gleichheitssatzes

Es könnte nun der allgemeine Gleichheitssatz gem. Art. 20 GRC herangezogen werden. Dieser wird auch auf juristische Personen angewendet.[1132] Hiernach muss eine ungerechtfertigte Ungleichbehandlung vorliegen.[1133] Eine Ungleichbehandlung liegt immer dann vor, wenn zwei vergleichbare Sachverhalte von einem Hoheitsträger unterschiedlich behandelt werden.[1134] Die Inländergleichbehandlung spielt an dieser Stelle keine Rolle, weil der deutsche Staat nicht inländische und ausländische Gesellschaften unterschiedlich behandelt,[1135] sondern eine Differenzierung innerhalb der inländischen Gesellschaften vornimmt. Eine Kapitalgesellschaft mit 1.000 Arbeitnehmern im Inland und 1.000 Arbeitnehmern im europäischen Ausland dürfte mit einer Kapitalgesellschaft mit 2.000 Arbeitnehmern im Inland durchaus vergleichbar sein. Insbesondere sind die Maßstäbe an die Vergleichbarkeit der Sachverhalte nicht besonders hoch anzusetzen.[1136] Eine Rechtfertigung dieser Ungleichbehandlung könnte sodann durch sachliche Gründe erfolgen.[1137]

(3) Anwendbarkeit des Gleichheitssatzes

Problematisch ist jedoch, ob der Gleichheitssatz an dieser Stelle überhaupt anwendbar ist. Grundsätzlich sind durch die Unionsgrundrechte nur die Organe der Europäischen Union gebunden. Die Mitgliedstaaten werden zunächst einmal nur insoweit gebunden, wie diese das Unionsrecht durchführen.[1138] Richtlinien oder Verordnungen sind in diesem Bereich bisher nicht erlassen worden.[1139] Insofern stellt sich hier die im letzten Abschnitt erörterte Frage, ob der Gerichtshof schon die Bejahung des Anwendungsbereichs einer Grundfreiheit ausreichen lassen kann, um anschließend noch den Gleichheitssatz zu prüfen oder ob die Einschränkungskonstellation nur dann vorliegt, wenn auch tatsächlich eine Beeinträchtigung des Anwendungsbereichs einer Grundfreiheit vorliegt.

Es wurde aufgezeigt, dass der Gerichtshof einer Ausweitung im Sinne der ersten Alternative zwar grundsätzlich positiv entgegenstand und im Fall Karner bei bloßer Eröffnung des Anwendungsbereichs der Grundfreiheit eine Grund-

---

1132 *Frenz*, Europarecht IV, Rn. 3189.

1133 *Hölscheidt* in: Meyer, Grundrechtecharta, Art. 20 Rn. 14a.

1134 *Hölscheidt* in: Meyer, Grundrechtecharta, Art. 20 Rn. 15; *Frenz*, Europarecht IV, Rn. 3201.

1135 Die Inländergleichbehandlung wird ansonsten auch im Rahmen der Art. 20, 21 GRC grundsätzlich als zulässig erachtet. Vgl. *Rossi* in: Calliess/Ruffert, EUV/AEUV, Art. 20 GRC Rn. 15; *Jarass*, GR-Charta, Art. 20 GRC Rn. 3.

1136 *Frenz*, Europarecht IV, Rn. 3197.

1137 Wobei der genaue Umfang strittig ist, vgl. *Hölscheidt* in: Meyer, Grundrechtecharta, Art. 20 Rn. 16.

1138 Vgl. dazu in diesem Kapitel C. III. 2.) b.) aa.).

1139 Vgl. dazu in diesem Kapitel C. III. 2.) b.) bb.).

rechtsprüfung angeschlossen hat.[1140] Allerdings ist dieser Entscheidung bisher noch keine weitere Entscheidung gefolgt, sodass davon auszugehen ist, dass zumindest seit Inkrafttreten der Grundrechtecharta auch an dieser Stelle eine beschränkende Wirkung zu fordern ist.[1141] Andernfalls ist in den Gewährleistungsgehalt der Grundfreiheiten nicht eingegriffen und somit keine Möglichkeit zu einer Abwägung mit den Grundrechten gegeben. Eine solch beschränkende Wirkung ist – wie gerade aufgezeigt – bei der Nichtberücksichtigung im Ausland arbeitender Arbeitnehmer bei der Schwellenwertberechnung jedoch gerade nicht gegeben.

Somit muss an diese Stelle konstatiert werden, dass eine Überprüfung der Nichteinbeziehung im Ausland arbeitender Arbeitnehmer bei den Schwellenwerten zwar unter Umständen rechtspolitisch wünschenswert ist,[1142] doch unionsrechtlich nicht gefordert wird. Hier besteht also kein Reformdruck aus Europa.

3.) Zusammenfassung

Die Unionsgrundrechte und die Grundfreiheiten haben unterschiedliche Schutzrichtungen und Anwendungsbereiche. Insbesondere kommt bei der Überprüfung nationalen Rechts eine direkte Prüfung der Unionsgrundrechte nicht in Frage. Bei der Ausgrenzung der im Ausland arbeitenden Arbeitnehmer bei der Schwellenwertberechnung liegt keine Beeinträchtigung der Niederlassungsfreiheit vor, sodass kein Ausgleich im Rahmen der Rechtfertigungsprüfung vorzunehmen ist. Insoweit ist hier der Anwendungsbereich der Unionsgrundrechte nicht eröffnet. Auch die Umsetzung von Sekundärrechtsakten muss in den folgenden Prüfungen nicht direkt berücksichtigt werden, weil nur einzelne hier nicht relevante Bereiche durch Richtlinien der Europäischen Union geregelt wurden.

Die Unionsgrundrechte können jedoch im Rahmen der nachfolgenden Grundfreiheitsprüfung hinsichtlich der Ausgrenzung der im Ausland arbeitenden Arbeitnehmer beim Wahlrecht berücksichtigt werden. Hierbei kommen die Grundrechte als Rechtfertigungsgrund für eine Beschränkung der Grundfreiheiten in Betracht. Insbesondere im Rahmen der Cassis-Rechtsprechung ist diese Anwendung unproblematisch möglich und wird allgemein befürwortet. Die Europäische Union ist an die Grundrechte und an die Grundfreiheiten gebunden und muss – soweit sich beide gegenüber stehen – eine Abwägung vornehmen. Außerdem könnten die Grundrechte als Einschränkungen der Rechtfertigungsgründe geprüft werden. Hierbei sollte die Bindung der Mitgliedstaaten durch

---

1140 EuGH, Rs. C-71/02 (Karner) Slg. 2004, I-3025 Rn. 48 ff. Allerdings folgenden diese Entscheidung keine weiteren Entscheidungen nach und ist zudem vor dem Inkrafttreten der Grundrechtecharta ergangen. Vgl. kritisch auch aktuell *Jarass*, NVwZ 2012, S. 457 (460).

1141 Vgl. dazu in diesem Kapitel C. III. 2.) b.) bb.).

1142 Vgl. dazu ausführlich in Kapitel 3 C. IV.

die Unionsgrundrechte kritisch begleitet werden. Doch muss davon ausgegangen werden, dass der Gerichtshof auch weiterhin im Rahmen der praktischen Konkordanz einen Ausgleich zwischen Grundfreiheiten und Grundrechten vornehmen wird.[1143]

1143 Statt Vieler *Frenz*, NVwZ 2011, S. 961 (964).

Kapitel 5: Unionsrechtskonformität aus Sicht der Beschäftigten

Um die Jahrtausendwende wurde in der Diskussion um die Unionsrechtskonformität der Unternehmensmitbestimmung zumeist die Niederlassungsfreiheit in den Vordergrund gerückt. In diesen Untersuchungen wurde überprüft, ob die Möglichkeit einer Ausweitung der deutschen Regelungen zur Unternehmensmitbestimmung auf ausländische Gesellschaften, die in Deutschland ihre Geschäftstätigkeit, insbesondere ihren Verwaltungssitz, haben, besteht.[1144] In diesem Kapitel stehen nun nicht die ausländischen Gesellschaften, sondern die Arbeitnehmer ausländischer Niederlassungen oder Tochtergesellschaften im Vordergrund. Während bei den Gesellschaften die Frage einer Einbeziehung ausländischer Gesellschaftsformen aus Unionssicht kritisch gesehen wurde, wird bei den Arbeitnehmern gerade die Nichteinbeziehung der im Ausland arbeitenden Arbeitnehmer in die Unternehmensmitbestimmung problematisiert.[1145]

Um eine sorgfältige Prüfung der deutschen Unternehmensmitbestimmung zu gewährleisten, müssen die verschiedenen Aspekte der deutschen Regelungen differenziert betrachtet werden. Im ersten Abschnitt dieses Kapitels wird überprüft, ob die im Ausland arbeitenden Arbeitnehmer einer unter das Mitbestimmungsgesetz fallenden Gesellschaft ungerechtfertigterweise diskriminiert werden und welche Rechtsfolgen sich aus einer etwaigen Diskriminierung ergeben.

Im zweiten Abschnitt stehen dann die im Inland arbeitenden Arbeitnehmer im Fokus. Dabei wird untersucht, ob deren Freizügigkeitsrechte innerhalb der Union durch den Verlust des Wahlrechts unzulässigerweise eingeschränkt werden. Im dritten Abschnitt wird sodann die Freizügigkeit der Arbeitnehmervertreter im Aufsichtsrat näher beleuchtet.

In diesem Kapitel werden die Regelungen des Mitbestimmungsgesetzes analysiert. Auf gegebenenfalls abweichende Ergebnisse hinsichtlich des Drittelbeteiligungsgesetzes oder des Montanmitbestimmungsgesetzes wird eingegangen, sofern dies notwendig erscheint. Zudem beziehen sich sämtliche Überlegungen auf Unternehmen, welche auch Arbeitnehmer im Unionsausland angestellt haben. Auch wenn von im ‚Ausland' arbeitenden Arbeitnehmern gesprochen wird, ist damit immer nur der in den Mitgliedstaaten der Union arbeitende Teil der Arbeitnehmer gemeint.

A. Freizügigkeit der im Ausland arbeitenden Arbeitnehmer

Die im Ausland arbeitenden Arbeitnehmer eines deutschen Unternehmens sind weder aktiv noch passiv bei den Wahlen der Arbeitnehmervertreter im Aufsichtsrat wahlberechtigt.[1146] Hierdurch werden diese Arbeitnehmer – vereinfacht dargestellt –

1144 Vgl. dazu ausführlich in Kapitel 3 C. I.
1145 Vgl. beispielsweise *Müller-Graff*, EWS 2009, S. 489 (497).
1146 Vgl. dazu ausführlich in Kapitel 3 C. II.

zunächst einmal schlechter gestellt, als ihre in Deutschland arbeitenden Kollegen und zwar unabhängig davon, ob sie in einer unselbständigen Niederlassung oder einer selbständigen Tochtergesellschaft arbeiten.

In diesem Abschnitt wird nun näher beleuchtet, ob diese Schlechterstellung der im Ausland arbeitenden Arbeitnehmer eine nach Unionsrecht unzulässige Diskriminierung darstellt und welche Rechtsfolgen sich aus einer etwaigen Diskriminierung ergeben würden.

I. Freiheiten der Arbeitnehmer in der Union

Eine Diskriminierung von Arbeitnehmern wird innerhalb der Europäischen Union zunächst einmal umfassend durch die Arbeitnehmerfreizügigkeit gem. Art. 45 AEUV geschützt. Es gibt jedoch auch zahlreiche Sekundärrechtsakte, welche diese Freiheit konkretisieren und flankieren. Im Folgenden werden die Schlechterstellung der Arbeitnehmer selbst und die verschiedenen Rechte gegen eine solche Schlechterstellung dargestellt. Bevor die Arbeitnehmerfreizügigkeit geprüft wird, werden deshalb die zu stellenden Fragen aufgezeigt und die verschiedenen Gewährleistungsgehalte der Arbeitnehmerfreizügigkeit sowie das hierzu ergangene Sekundärrecht näher beleuchtet.

1.) Problemaufriss

In deutschen Unternehmen arbeiten viele Beschäftigte im europäischen und außereuropäischen Ausland.[1147] Bei den der Unternehmensmitbestimmung unterfallenden Unternehmen ist die Zahl der außerhalb Deutschland beschäftigten Mitarbeiter besonders hoch, weil es sich dabei oft um weltweit agierende Konzerne handelt.[1148] Aber auch mittelständische Unternehmen sind mittlerweile immer mehr durch eigene Standorte im Ausland aktiv.[1149] Die neuen Standorte werden dabei bevorzugt in den Mitgliedstaaten der Europäischen Union gegründet.[1150] Schon in diesen knappen

---

1147 Vgl. die Übersicht des Manager Magazins abrufbar unter: www.manager-magazin.de/unternehmen/artikel/0,2828,718850,00.html (27.02.2013). Selbst bei Familienunternehmen sind rund ein Viertel der Beschäftigten im Ausland angesiedelt. Vgl. dazu BDI/Deutsche Bank, die größten familienunternehmen in Deutschland, S. 10 ff.; 22 abrufbar unter: www.kfw.de/kfw/de/KfW-Konzern/Research/Aktuelles/PDF-Dokumente_Research/STB_Internationalisierung_1108_RZ_Internet.pdf (31.07.2012).

1148 *Statistisches Bundesamt*, Verflechtung deutscher Unternehmen, S. 18 abrufbar unter: www.destatis.de/DE/PresseService/Presse/Pressekonferenzen/2009/Verflechtung/begleitheft_verflechtung.pdf?__blob=publicationFile (27.02.2013).

1149 Ca. 23 % der Mittelständler erzielen Umsätze im Ausland. Vgl. www.kfw.de/kfw/de/KfW-Konzern/Research/Aktuelles/PDF-Dokumente_Research/STB_Internationalisierung_1108_RZ_Internet.pdf (31.07.2012).

1150 *Statistisches Bundesamt*, Verflechtung deutscher Unternehmen, S. 17 abrufbar unter: www.destatis.de/DE/PresseService/Presse/Pressekonferenzen/2009/Verflechtung/begleitheft_verflechtung.pdf?__blob=publicationFile (27.02.2013).

Ausführungen wird deutlich, dass die Untersuchung der Unionsrechtswidrigkeit der deutschen Unternehmensmitbestimmungsregelungen eine erhebliche praktische Relevanz aufweist. Handelt es sich tatsächlich um eine durch Unionsrecht verbotene Diskriminierung der im Ausland arbeitenden Arbeitnehmer, könnten dadurch die vielfach geforderten Reformen, insbesondere die Einbeziehung der im Ausland arbeitenden Arbeitnehmer in die deutsche Unternehmensmitbestimmung, Wirklichkeit werden.[1151]

Die Arbeitnehmer der ausländischen Niederlassungen oder Tochtergesellschaften sind von der Wahl ihrer Vertreter im Aufsichtsrat des Unternehmens vollständig ausgeschlossen und können somit weder wählen noch selbst gewählt werden. In der Literatur wurde die Frage der Unionsrechtswidrigkeit dieser nationalen Introvertiertheit zwar diskutiert[1152] und gewisse Parallelen zu den Entscheidungen des Gerichtshofs in den Rechtssachen ASTI I[1153] und Korn[1154] festgestellt.[1155] Allerdings waren in den Sachverhalten dieser Entscheidungen ausländische Unionsbürger aufgrund ihrer Nationalität bei den Wahlen zu Berufs- bzw. Arbeitskammern nicht wahlberechtigt. Insofern lag damals eindeutig eine direkte Diskriminierung vor, die auch nicht zu rechtfertigen war. Inwieweit diese Rechtsprechung, insbesondere im Hinblick auf die Vergleichbarkeit einer Mitgliedschaft in Arbeitskammern mit derjenigen in einem Aufsichtsrat einer Kapitalgesellschaft übertragbar ist, muss in diesem Kapitel näher untersucht werden.

2.) Arbeitnehmerfreizügigkeit

Die Arbeitnehmerfreizügigkeit stellt als Personenverkehrsfreiheit die Person, genauer den Arbeitnehmer, in den Vordergrund. Sie gewährleistet, dass Wanderarbeitnehmer eine Berufswahl unabhängig vom Standort vornehmen können und mobilisiert dadurch den Faktor Arbeit.[1156] Die Arbeitnehmerfreizügigkeit und die Niederlassungsfreiheit, als ihr Gegenstück für Selbständige und Unternehmer, stellen die unbeschränkte Mobilität von Personen innerhalb des Binnenmarkts sicher.[1157] Aufgrund dieser Grundfreiheiten bewegen sich Millionen von Menschen wegen eines Arbeitsplatzes von einem Mitgliedstaat in einen anderen.[1158] Die Arbeitnehmerfreizügigkeit schützt dabei sämtliche Arbeitnehmer vor Diskriminierungen aufgrund ihrer Staatsangehörigkeit und vor Beschränkungen ihrer Freizügigkeit zwischen verschiedenen Mitgliedstaaten. Allerdings müssen vor der Prüfung der

---

1151 Vgl. dazu in Kapitel 3 C. III. 2.).
1152 Vgl. Nachweise bei *Oetker* in: ErfKom, Einl. MitbestG Rn. 6.
1153 EuGH, Rs. C-213/90 (ASTI I) Slg. 1991, I-3507.
1154 EuGH, Rs. C-465/01 (Korn) Slg. 2004, I-8291.
1155 *Kisker*, Unternehmensmitbestimmung in Auslandsgesellschaften, S. 181.
1156 *Körber*, Grundfreiheiten und Privatrecht, S. 256.
1157 *Pache* in: Schulze/Zuleeg/Kadelbach, Europarecht, § 10 Rn. 96.
1158 Vgl. *Franzen* in: Streinz, EUV/AEUV, Art. 45 AEUV Rn. 8 f.; kritisch dazu *Fuchs/Marhold*, Europäisches Arbeitsrecht, S. 36.

Freiheit deren Gewährleistungsgehalte in den verschiedenen Absätzen und die Rolle des Sekundärrechts herausgearbeitet werden.

a.) Verhältnis der einzelnen Absätze

Die ersten drei Absätze des Artikels 45 AEUV befassen sich mit dem Gewährleistungsgehalt der Arbeitnehmerfreizügigkeit. Dabei ist in der vorliegenden Konstellation vor allem Absatz 2, der sich mit der Schlechterstellung von ausländischen Arbeitnehmern beschäftigt, von zentraler Bedeutung.

Aufgrund des Wortlauts der Arbeitnehmerfreizügigkeit und der Reihenfolge der Absätze könnte angenommen werden, dass Absatz 1 des Artikels 45 AEUV das Beschränkungsverbot, Absatz 2 das Diskriminierungsverbot und Absatz 3 das Aufenthaltsrecht in der Union gewährleistet.[1159] Während Absatz 1 jedoch jede Beschränkung der Freizügigkeit verbietet, sollen nach Absatz 2 lediglich Ungleichbehandlungen „in Bezug auf Beschäftigung, Entlohnung und sonstige Arbeitsbedingungen" abgeschafft werden. Auch in Absatz 3 werden nur ganz bestimmte Rechte, beispielsweise die Bewegungsfreiheit der Arbeitnehmer in der Union, aufgezählt. Es wird darauf verwiesen, dass der Vergleich dieser Absätze eine enge Auslegung des Diskriminierungsverbots nach Absatz 2 nahelege.[1160]

Allerdings führt diese Auffassung dazu, dass das Diskriminierungsverbot der Arbeitnehmerfreizügigkeit einen engeren Anwendungsbereich aufweisen würde, als das Beschränkungsverbot. Dies würde dazu führen, dass bei diskriminierenden Maßnahmen hinsichtlich Arbeitnehmer unter Umständen das Diskriminierungsverbot aufgrund der Staatsangehörigkeit gem. Art. 18 Abs. 1 AEUV einschlägig wäre.[1161] Hätte die gleiche Maßnahme jedoch keine diskriminierende, sondern nur eine beschränkende Wirkung, wäre der Anwendungsbereich des Art. 45 Abs. 1 AEUV eröffnet. Da es inhaltlich dem Sinn und Zweck der Vorschrift zuwiderläuft, wenn Arbeitnehmer vor Diskriminierungen in geringerem Maße geschützt werden als vor bloßen Beschränkungen,[1162] ist bei der einengenden Formulierung des Art. 45 Abs. 2 AEUV von einem historischen Relikt zu sprechen.[1163] Dieses stammt noch aus der Zeit bevor die Arbeitnehmerfreizügigkeit zum Beschränkungsverbot erweitert wurde.[1164]

Die Absätze 2 und 3 sind deshalb als besondere Konkretisierungen der Arbeitnehmerfreizügigkeit anzusehen, welche besonders wichtige Aspekte innerhalb der

---

1159 Kritisch zum Wortlaut beispielsweise *Frenz*, Europarecht I, Rn. 1399; *Forsthoff* in: Grabitz/Hilf/Nettesheim, Recht der EU, Art. 45 AEUV Rn. 236.

1160 *Brechmann* in: Calliess/Ruffert, EUV/AEUV, Art. 45 AEUV Rn. 6.

1161 Vgl. zur Abgrenzung ausführlich in diesem Kapitel unter C. II. 2.) b.).

1162 In diesem Fall wäre es insgesamt zwar kein geringerer Schutz, da die Arbeitnehmer unter das Diskriminierungsverbot gem. Art. 18 Abs. 1 AEUV fallen würden. Allerdings ist nicht ersichtlich, warum an dieser Stelle nicht die Spezialvorschrift einschlägig sein sollte.

1163 *Forsthoff* in: Grabitz/Hilf/Nettesheim, Recht der EU, Art. 45 AEUV Rn. 234.

1164 Vgl. dazu in Kapitel 4 B. II. 2.) b.) aa.).

Freizügigkeit hervorheben: die Diskriminierung aufgrund der Staatsangehörigkeit und das Aufenthaltsrecht.[1165] Gerade zu Beginn der Europäischen Gemeinschaften mussten diese Gewährleistungen erkämpft werden, sodass überhaupt erst ein Binnenmarkt der Arbeitskräfte entstehen konnte.[1166] Im Zusammenhang mit Absatz 1 wird dabei vom ‚Obersatz' der Arbeitnehmerfreizügigkeit gesprochen, welcher durch die beiden folgenden Absätze hinsichtlich seiner Gleichheits- und Freiheitsdimension konkretisiert wird.[1167] Insgesamt wird in der Literatur die Arbeitnehmerfreizügigkeit somit einheitlich angewendet[1168] und auch in der Rechtsprechung des Gerichtshofs ist eine deutliche Tendenz zur einheitlichen Anwendung erkennbar.[1169]

b.) Die Rolle des Sekundärrechts

Neben den primärrechtlichen Gewährleistungen gibt es auch sekundärrechtliche Regelungen, die den Arbeitnehmern bestimmte Rechte verleihen. Hierzu gehören die Verordnung (EU) Nr. 492/2011 (FreizügigkeitsVO)[1170] sowie die Verordnung (EG) Nr. 883/2004[1171] und die Richtlinie 2004/38/EG[1172]. Diese Sekundärrechtsakte gehen teilweise über den Gewährleistungsgehalt des Art. 45 AEUV hinaus, teilweise bleiben sie aber auch hinter diesem zurück.[1173] Für die Frage der Unionsrechtskonformität der deutschen Unternehmensmitbestimmung ist vor allem die FreizügigkeitsVO von Bedeutung.[1174]

1165 *Frenz*, Europarecht I, Rn. 1401 ff.; *Becker* in: Ehlers, Grundrechte und Grundfreiheiten, § 9 Rn. 20; in diese Richtung auch *Schneider/Wunderlich* in: Schwarze, EU-Kommentar, Art. 45 AEUV Rn. 2.

1166 *Forsthoff* in: Grabitz/Hilf/Nettesheim, Recht der EU, Art. 45 AEUV Rn. 235 f.

1167 *Franzen* in: Streinz, EUV/AEUV, Art. 45 AEUV Rn. 3.

1168 *Frenz*, Europarecht I, Rn. 1880; *Forsthoff* in: Grabitz/Hilf/Nettesheim, Recht der EU, Art. 45 AEUV Rn. 240.

1169 *Brechmann* in: Calliess/Ruffert, EUV/AEUV, Art. 45 AEUV Rn. 6; *Forsthoff* in: Grabitz/Hilf/Nettesheim, Recht der EU, Art. 45 AEUV Rn. 242 f.

1170 Verordnung (EU) Nr. 492/2011 des Europäischen Parlaments und des Rates vom 5. April 2011 über die Freizügigkeit der Arbeitnehmer innerhalb der Union, ABl. 2011 Nr. L 141/1.

1171 Richtlinie 2004/38/EG des Europäischen Parlaments und des Rates vom 29. April 2004 über das Recht der Unionsbürger und ihrer Familienangehörigen, sich im Hoheitsgebiet der Mitgliedstaaten frei zu bewegen und aufzuhalten, ABl. 2004 Nr. L 158/77, gesamte Vorschrift ber. ABl. 2004 Nr. L 229/35.

1172 Verordnung (EG) Nr. 883/2004 des Europäischen Parlaments und des Rates vom 29. April 2004 zur Koordinierung der Systeme der sozialen Sicherheit, ABl. 2004 Nr. L 166 /1, ber. ABl. 2004 Nr. L 200/1 und ABl. 2007 Nr. L 204/30.

1173 *Becker* in: Ehlers, Grundrechte und Grundfreiheiten, § 9 Rn. 3. Vgl. zu weiteren sekundärrechtlichen Regelungen *Schneider/Wunderlich* in: Schwarze, EU-Kommentar, Art. 45 AEUV Rn. 3. Vgl. auch *Basedow*, IPrax 2011, S. 110 (111).

1174 Vgl. Zum Verhältnis der anderen Sekundärrechtsakte zum Primärrecht beispielsweise *Husmann*, ZESAR 2010, S. 97 (98 ff.).

Den bisherigen Entscheidungen des Gerichtshofs ist jedoch nicht zu entnehmen, inwieweit die FreizügigkeitsVO den Gewährleistungsgehalt der Arbeitnehmerfreizügigkeit nur ausgestaltet oder aus dieser in ihrem Anwendungsbereich eine Sperrwirkung gegenüber dem Primärrecht resultiert. Der Gerichtshof prüft des Öfteren das Primär- und das Sekundärrecht parallel, ohne in der Prüfung auf die genaue Rechtsgrundlage einzugehen. Er spricht beispielsweise in der älteren Rechtssache Royer davon, dass das Recht der Arbeitnehmerfreizügigkeit „unmittelbar aus dem Vertrag [fließt] oder, je nach Sachlage, aus den zu seiner Durchführung ergangenen Bestimmungen."[1175] Aktuell verwendet er die Formulierung „Dieser Grundsatz [die Arbeitnehmerfreizügigkeit] wird in verschiedenen Einzelbestimmungen der Verordnung Nr. 1612/68, u. a. in den Artikeln 7 und 8, wiederholt."[1176]

Das Schrifttum ist hinsichtlich dieser Frage ebenfalls gespalten. Teilweise wird das Sekundärrecht als vorrangig,[1177] teilweise nur als Konkretisierung angesehen[1178] und ein anderer Teil unterlässt mit Verweis auf den Gerichtshof jegliche Abgrenzung.[1179] Insgesamt spricht zwar die Verfahrensökonomie für das pragmatische Vorgehen des Gerichtshofs, doch sollte auch bei der Arbeitnehmerfreizügigkeit nicht von der allgemeinen Vorgehensweise bzw. der Normhierarchie abgewichen werden.[1180] Sofern das Sekundärrecht einschlägig ist, wird zunächst die Vereinbarkeit mit diesem überprüft. Damit wird der Gewährleistungsgehalt der unmittelbar anwendbaren Arbeitnehmerfreizügigkeit jedoch nicht eingeschränkt,[1181] weil die Vereinbarkeit mit dieser anschließend ebenfalls noch geprüft werden kann und muss.[1182]

3.) Rechte aus der FreizügigkeitsVO

In diesem Zusammenhang stellt sich nun die Frage, ob die FreizügigkeitsVO im vorliegenden Fall einschlägig ist.[1183] In Betracht kommen Art. 8 FreizügigkeitsVO, der Diskriminierungen hinsichtlich der Arbeitnehmermitbestimmung untersagt, und Art. 7 FreizügigkeitsVO, welcher unter anderem Diskriminierungen bezüglich der Beschäftigungs- und Arbeitsbedingungen verbietet.

1175 EuGH, Rs. 48/75 (Royer) Slg. 1976, 497 Rn. 31 ff.

1176 EuGH, Rs. C-465/01 (Korn) Slg. 2004, I-8294 Rn. 26 ff. Die Verordnung (EG) 1612/68 war die Vorgängerverordnung zur Verordnung (EU) 492/2011.

1177 In diese Richtung *Frenz*, Europarecht I, Rn. 1874.

1178 *Brechmann* in: Calliess/Ruffert, EUV/AEUV, Art. 45 AEUV Rn. 4; *Hellwig/Behme*, AG 2009, S. 261 (264 f.).

1179 *Forsthoff* in: Grabitz/Hilf/Nettesheim, Recht der EU, Art. 45 AEUV Rn. 233. Allerdings zieht der Gerichtshof gerade in den jüngeren Entscheidungen immer mehr nur den Art. 45 AEUV als Prüfungsmaßstab heran. Vgl. *Forsthoff* in: Grabitz/Hilf/Nettesheim, Recht der EU, Art. 45 AEUV Rn. 238; *Epiney*, NVwZ 2006, S. 407 (413).

1180 Vgl. dazu in Kapitel 4 B. 1.) c.) aa.).

1181 So aber *Brechmann* in: Calliess/Ruffert, EUV/AEUV, Art. 45 AEUV Rn. 4.

1182 Vgl. dazu in Kapitel 4 B. 1.) c.) aa.).

1183 *Franzen* in: Streinz, EUV/AEUV, Art. 45 AEUV Rn. 12.

a.) Artikel 8 der FreizügigkeitsVO

Die kollektivrechtlichen Arbeitsbedingungen werden unter Art. 8 der FreizügigkeitsVO gefasst. Während sich Satz 1 und 2 mit gewerkschaftlichen Rechten und der Teilhabe an der Verwaltung von Körperschaften des öffentlichen Rechts beschäftigen, wird in Satz 3 von der „Wählbarkeit zu den Organen der Arbeitnehmervertretungen in den Betrieben" gesprochen. Teilweise wurde in der älteren Literatur auch die Arbeitnehmerbeteiligung im Aufsichtsrat unter die Formulierung in Satz 3 gefasst.[1184] Allerdings ist die Unternehmensmitbestimmung nicht Teil der betrieblichen Mitbestimmung und weist zudem eine andere Zielrichtung auf.[1185] Auch wird in anderen Richtlinien der Union zwischen dem Betrieb einerseits und dem Unternehmen andererseits getrennt.[1186] Insofern ist Art. 8 S. 3 FreizügigkeitsVO nicht einschlägig.

Allerdings könnte Art. 8 S. 1 FreizügigkeitsVO anwendbar sein. Hiernach haben Unionsbürger in anderen Mitgliedstaaten einen „Anspruch auf gleiche Behandlung hinsichtlich der Zugehörigkeit zu Gewerkschaften und der Ausübung gewerkschaftlicher Rechte, einschließlich des Wahlrechts sowie des Zugangs zur Verwaltung oder Leitung von Gewerkschaften." Der Gerichtshof fasste beispielsweise das aktive und passive Wahlrecht zu den Berufskammern unter diese gewerkschaftlichen Rechte.[1187] Allerdings wurde in den Rechtssachen ASTI und Korn nur entschieden, „dass diese Bestimmung für das aktive und passive Wahlrecht zu Einrichtungen wie Berufskammern gilt, denen die Arbeitnehmer kraft Rechtsvorschrift zugehören, an die sie Beiträge zu entrichten haben, die mit der Verteidigung und Vertretung der Interessen der Arbeitnehmer betraut sind und die eine beratende Funktion im Bereich der Gesetzgebung ausüben."[1188] Die Berufs- bzw. Arbeitskammern in Luxemburg und Österreich sind demnach kaum mit der Unternehmensmitbestimmung in Deutschland vergleichbar.[1189] Die Arbeitnehmervertreter im Aufsichtsrat sollen weder die Interessen der Arbeitnehmer verteidigen, noch haben die Aufsichtsräte als Organe eine beratende Funktion in der Gesetzgebung inne.

Somit werden in Art. 8 der FreizügigkeitsVO nur die Mitbestimmungsformen geregelt, welche die Arbeitnehmervertretung als Ziel haben. Nicht genannt werden die Teilhabemöglichkeiten in den Organen einer Gesellschaft, die sich am Un-

---

1184 *Wölker/Grill* in: von der Groeben/Schwarze, EUV/EGV, Art. 39 EGV Rn. 87; *Birk*, RIW 1989, S. 6 (12).

1185 Vgl. dazu in Kapitel 2 D. II.

1186 Vgl. *Latzel*, Gleichheit in der Unternehmensmitbestimmung, Rn. 119 f., der insbesondere die Anhörungsrichtlinie 2002/14/EG, die Betriebsübergangsrichtlinie 2001/23/EG und die Massenentlassungsrichtlinie 98/59/EG benennt.

1187 EuGH, Rs. C-465/01 (Korn) Slg. 2004, I-8291 Rn. 28; EuGH, Rs. C-213/90 (ASTI I) Slg. 1991, I-3507 Rn. 16 f.

1188 EuGH, Rs. C-465/01 (Korn) Slg. 2004, I-8291 Rn. 28.

1189 Vgl. zu Arbeitnehmerkammern in Deutschland *Link* in: Schaub, Arbeitsrecht, § 1 Rn. 22 ff. Zum Kammersystem in Österreich *Junker*, RdA-Beil. 2009, S. 4 (6 f.).

ternehmensinteresse orientieren müssen.[1190] Da die Verordnung im Jahr 2011 neu erlassen wurde und der Problemkreis zuvor schon bekannt war,[1191] hätte es – falls auch die Unternehmensmitbestimmung einzubeziehen wäre – einer klarstellenden Formulierung hinsichtlich der Arbeitnehmer im Aufsichtsrat durch den Unionsgesetzgeber bedurft.

b.) Artikel 7 der FreizügigkeitsVO

Da die Unternehmensmitbestimmung somit nicht unter die in Art. 8 FreizügigkeitsVO geregelte Arbeitnehmervertretung fällt, kommt eine Subsumtion unter die Beschäftigungs- und Arbeitsbedingungen in Art. 7 Abs. 1 FreizügigkeitsVO in Betracht. Hiernach müssen Unionsbürger „hinsichtlich der Beschäftigungs- und Arbeitsbedingungen, insbesondere im Hinblick auf Entlohnung, Kündigung und, falls er arbeitslos geworden ist, im Hinblick auf berufliche Wiedereingliederung oder Wiedereinstellung" gleichgestellt werden. Unter diese Beispiele kann die Unternehmensmitbestimmung ersichtlich nicht gefasst werden. Durch die Verwendung des Worts ‚insbesondere' ist jedoch klargestellt, dass die Aufzählung nicht abschließend ist.

Was darüber hinaus unter diese Bedingungen fällt, ist allerdings umstritten. Der Gerichtshof fasst unter solche Arbeitsbedingungen sämtliche Vergünstigungen unabhängig davon, ob sie auf einer gesetzlichen oder vertraglichen Verpflichtung beruhen sowie solche, die vom Arbeitgeber freiwillig erbracht werden.[1192] Die Unternehmensmitbestimmung als gesetzliche Verpflichtung könnte somit unter Art. 7 Abs. 1 FreizügigkeitsVO fallen. Ob sie zugleich auch eine Arbeitsbedingung darstellt, ist damit jedoch noch nicht geklärt.

Teilweise wird auf eine „Arbeitnehmerrelevanz"[1193] der Unternehmensmitbestimmung hingewiesen und daraus ihre Zugehörigkeit zu den Arbeitsbedingungen geschlossen. Diese Relevanz besagt, dass die Unternehmensmitbestimmung an das Arbeitsverhältnis der Arbeitnehmer anknüpft und deshalb eine Arbeitsbedingung darstellt.[1194] Es ist dabei zuzugeben, dass die Unternehmensmitbestimmung hinsichtlich des Wahlrechts auf den Arbeitnehmerbegriff verweist.[1195] Die sonstigen Arbeitsbedingungen müssen sich jedoch zumindest an den vorgegebenen

---

1190 *Hellwig/Behme*, AG 2009, S. 161 (264); *Latzel*, Gleichheit in der Unternehmensmitbestimmung, Rn. 117 ff.

1191 Siehe nur EuGH, Rs. C-465/01 (Korn) Slg. 2004, I-8291 Rn. 28; *Hellwig/Behme*, AG 2009, S. 261 (264 f.).

1192 EuGH, Rs. 152/73 (Sotiglu) Slg. 1974, 153; vgl. *Brechmann* in: Calliess/Ruffert, EUV/AEUV, Art. 45 AEUV Rn. 60.

1193 *Latzel*, Gleichheit in der Unternehmensmitbestimmung, Rn. 138.

1194 *Latzel*, Gleichheit in der Unternehmensmitbestimmung, Rn. 138 f., der jedoch keine Unterscheidung zwischen den primärrechtlich und sekundärrechtlich geschützten Arbeitsbedingungen vornimmt.

1195 Vgl. dazu in Kapitel 3 C. II. 1.) a.) bb.).

Insbesondere-Beispielen des Art. 7 Abs. 1 FreizügigkeitsVO orientieren. Es liegt deshalb der Schluss nahe, dass nur individualarbeitsrechtliche Bedingungen unter Art. 7 Abs. 1 der FreizügigkeitsVO subsumiert werden können.[1196] Dies wird auch durch den 6. Erwägungsgrund der FreizügigkeitsVO gestützt. Dieser sieht eine Erstreckung auf alles vor, „was mit der eigentlichen Ausübung einer Tätigkeit im Lohn- oder Gehaltsverhältnis [...] im Zusammenhang steht". Die bisherigen Beispiele wie die Vergabe befristeter Arbeitsverträge sowie schlechtere Aufstiegschancen, Trennungsentschädigungs- oder Kündigungsschutzregelungen zeigen, dass ein konkreter Bezug zur Ausübung der Tätigkeit vorhanden sein muss.[1197] Ein solcher Bezug ist weder beim aktiven und passiven Wahlrecht noch bei der Aufsichtsratstätigkeit an sich gegeben.

Dieses Ergebnis wird auch dadurch gestützt, dass es ansonsten Art. 8 FreizügigkeitsVO nicht bedurft hätte. Würden nicht nur individualarbeitsrechtliche Bedingungen unter Art. 7 Abs. 1 FreizügigkeitsVO fallen, wären auch die betriebliche und gewerkschaftliche Mitbestimmung unter den Begriff der Arbeitsbedingungen zu fassen.

II. Anwendungsbereich

Wie gerade aufgezeigt wurde, gibt es sowohl zwischen den einzelnen Absätzen des Art. 45 AEUV als auch im Verhältnis zum sekundären Unionsrecht Abgrenzungsschwierigkeiten. Der Gewährleistungsgehalt der Arbeitnehmerfreizügigkeit selbst ist, wie auch bei den anderen Grundfreiheiten, einheitlich zu bestimmen. Daher kann das Diskriminierungsgebot in Absatz 2 keine Einschränkungen gegenüber dem Beschränkungsverbot in Absatz 1 aufstellen. Vielmehr ist Absatz 2 im Lichte des Absatzes 1 weit auszulegen.[1198] Da auch keine einschlägige Sekundärrechtsregelung vorhanden ist, muss im Folgenden die Anknüpfung der aktiven und passiven Wählbarkeit gem. § 3 Abs. 1 und § 7 Abs. 2, 3 MitbestG an die deutsche Betriebszugehörigkeit des Arbeitnehmers an der Arbeitnehmerfreizügigkeit gem. Art. 45 AEUV gemessen werden.

1.) Persönlicher Anwendungsbereich

An dieser Stelle handelt es sich um eine Schlechterstellung von Arbeitnehmern eines Unternehmens gegenüber anderen Arbeitnehmern desselben Unternehmens und damit ausschließlich um natürliche Personen. Insofern ist der persönliche Anwendungsbereich des Art. 45 AEUV eröffnet. Allerdings ist fraglich, inwieweit auch Nichtunionsbürger von der Arbeitnehmerfreizügigkeit umfasst werden. In

1196 *Hellwig/Behme*, AG 2009, S. 261 (265).

1197 Vgl. zu diesen Beispielen *Schneider/Wunderlich* in: Schwarze, EU-Kommentar, Art. 45 AEUV Rn. 72.

1198 Ebenso *Frenz*, Europarecht I, Rn. 1882; *Forsthoff* in: Grabitz/Hilf/Nettesheim, Recht der EU, Art. 45 AEUV Rn. 237.

den ausländischen Niederlassungen und Tochtergesellschaften arbeiten nicht nur Unionsbürger, sondern auch Personen aus Drittstaaten.

a.) Unionsbürger

Zunächst einmal schützt Art. 45 AEUV sämtliche natürliche Personen, die die Unionsbürgerschaft nach Art. 20 AEUV besitzen.[1199] Diese Einschränkung auf Unionsbürger ist zwar dem Wortlaut des Art. 45 Abs. 1 AEUV nicht direkt zu entnehmen, wird aber durch zwei Überlegungen deutlich: Zum einen spricht das Diskriminierungsverbot in Art. 45 Abs. 2 AEUV von den „Arbeitnehmern der Mitgliedstaaten" und zum anderen schützen auch die Niederlassungsfreiheit in Art. 49 Abs. 1 AEUV durch die Formulierung „von Staatsangehörigen eines Mitgliedstaats" sowie die Dienstleistungsfreiheit in Art. 56 Abs. 1 AEUV durch „Angehörige der Mitgliedstaaten" nur Unionsbürger.[1200] Strukturell sind diese drei Grundfreiheiten sehr ähnlich.[1201]

Außerdem gibt es einige Assoziierungsabkommen mit Drittstaaten über die Ausdehnung der Arbeitnehmerfreizügigkeit auf Angehörige dieser Staaten.[1202] Hierdurch haben insbesondere Staatsangehörige der Türkei,[1203] der Schweiz[1204] und über das Abkommen des Europäischen Wirtschaftsraumes Staatsangehörige aus Lichtenstein, Norwegen und Island[1205] Arbeitnehmerfreizügigkeitsrechte aus den jeweiligen Abkommen.[1206] Solche Abkommen ergeben aber nur dann Sinn, wenn die Freizügigkeit auf Unionsbürger begrenzt ist.[1207] Auch auf die Präambel des Vertrags über die Arbeitsweise der Europäischen Union, die als Ziel die „stetige Besserung der Lebens- und Beschäftigungsbedingungen ihrer Völker" anstrebt, wird als Argument für die Beschränkung auf Unionsbürger herangezogen.[1208] Der Gerichtshof wendet die Arbeitnehmerfreizügigkeit ebenfalls grundsätzlich nur auf Unionsbürger an.[1209] Unschädlich ist allerdings, falls ein Unionsbürger zusätzlich eine Staatsangehörig-

---

1199 *Pache* in: Schulze/Zuleeg/Kadelbach, Europarecht, § 10 Rn. 106; *Frenz*, Europarecht I, Rn. 1538 ff.; *Brechmann* in: Calliess/Ruffert, EUV/AEUV, Art. 45 Rn. 26.

1200 *Franzen* in: Streinz, EUV/AEUV, Art. 45 AEUV Rn. 38.

1201 *Frenz*, Europarecht I, Rn. 1539.

1202 Vgl. dazu allgemein in Kapitel 4 B. II. 1.) a.) cc.).

1203 Dazu ausführlich *Forsthoff* in: Grabitz/Hilf/Nettesheim, Recht der EU, Art. 45 AEUV Rn. 36 ff.; *Brechmann* in: Calliess/Ruffert, EUV/AEUV, Art. 45 AEUV Rn. 29 f.

1204 *Brechmann* in: Calliess/Ruffert, EUV/AEUV, Art. 45 AEUV Rn. 39.

1205 *Brechmann* in: Calliess/Ruffert, EUV/AEUV, Art. 45 AEUV Rn. 38.

1206 *Forsthoff* in: Grabitz/Hilf/Nettesheim, Recht der EU, Art. 45 AEUV Rn. 33 f.; Zu weiteren Abkommen vgl. *Brechmann* in: Calliess/Ruffert, EUV/AEUV, Art. 45 AEUV Rn. 40 f.; *Franzen* in: Streinz, EUV/AEUV, Art. 45 AEUV Rn. 49 ff.

1207 *Frenz*, Europarecht I, Rn. 1539.

1208 *Schneider/Wunderlich* in: Schwarze, EU-Kommentar, Art. 45 AEUV Rn. 21.

1209 Beispielsweise EuGH, Rs. 238/83 (Meade) Slg. 1984, 2631 Rn. 7; EuGH, Rs. C-230/97 (Awoyemi) Slg. 1998, I6781 Rn. 29.

keit aus einem Drittstaat aufweist.[1210] Nachfolgende Ausführungen gelten somit für sämtliche Arbeitnehmer, die die Unionsbürgerschaft nach Art. 20 AEUV besitzen.[1211]

b.) Familienangehörige unabhängig ihrer Staatsangehörigkeit

Zudem werden Familienangehörige der Unionsbürger in den Anwendungsbereich miteinbezogen.[1212] Zu den Familienangehörigen gehören gem. Art. 2 Nr. 2 RL 2004/38/EG die Verwandten des Arbeitnehmers und seines Ehegatten bzw. eingetragenen Lebenspartners in auf- und absteigender Linie.[1213] Es ist jedoch strittig, ob die Familienangehörigen schon durch den primärrechtlichen Anwendungsbereich der Arbeitnehmerfreizügigkeit oder erst durch das umfangreiche Sekundärrecht geschützt werden.[1214] Für die letztere Ansicht spricht, dass die Familienangehörigen in den Art. 45 ff. AEUV kaum angesprochen werden. Für eine Einbeziehung ins Primärrecht spricht hingegen, dass die Arbeitnehmerfreizügigkeit ohne die Einbeziehung der engsten Familienangehörigen nicht ihre volle Wirkung entfalten kann.[1215] Kaum ein Arbeitnehmer wird eine Arbeit in einem anderen Mitgliedstaat annehmen, wenn er seine Familie nicht mitnehmen darf. Hinzu kommt, dass auch das Grundrecht auf Achtung des Familienlebens gem. Art. 33 GRC eher für eine Einbeziehung der Familienangehörigen ins Primärrecht spricht.[1216] Somit sind die Familienangehörigen an dieser Stelle in den Anwendungsbereich miteinbezogen. Familienangehörige von Unionsbürgern haben demnach ebenfalls das Recht eine Arbeit aufzunehmen und dürfen dabei nicht diskriminiert werden.

2.) Sachlicher Anwendungsbereich

Hinsichtlich des sachlichen Anwendungsbereichs der Arbeitnehmerfreizügigkeit muss sowohl ein Arbeitnehmer betroffen als auch ein grenzüberschreitender Sachverhalt gegeben sein. Strittig ist, inwieweit zum Merkmal des Arbeitnehmers noch weitere Abgrenzungsmerkmale, insbesondere ein Bezug des Sachverhalts zum Ar-

---

1210 *Franzen* in: Streinz, EUV/AEUV, Art. 45 AEUV Rn. 39.

1211 Die Übergangsregelungen nach der EU-Osterweiterung sind weitgehend ausgelaufen. Nur für Bulgarien und Rumänien gibt es Einschränkungsmöglichkeiten für die Mitgliedstaaten bis zum 31.12.2013. Danach sind sämtliche Unionsbürger hinsichtlich der Arbeitnehmerfreizügigkeit gleichgestellt. Vgl. *Frenz*, Europarecht I, Rn. 1544 ff.; *Brechmann* in: Calliess/Ruffert, EUV/AEUV, Art. 45 AEUV Rn. 27 f.

1212 *Pache* in: Schulze/Zuleeg/Kadelbach, Europarecht, § 10 Rn. 106; *Franzen* in: Streinz, EUV/AEUV, Art. 45 AEUV Rn. 41; *Brechmann* in: Calliess/Ruffert, EUV/AEUV, Art. 45 AEUV Rn. 29 ff.

1213 Vgl. zur genauen Beschreibung *Frenz*, Europarecht I, Rn. 1606 ff.

1214 Offen lassend *Forsthoff* in: Grabitz/Hilf/Nettesheim, Recht der EU, Art. 45 AEUV Rn. 125.

1215 *Frenz*, Europarecht I, Rn. 1604

1216 *Brechmann* in: Calliess/Ruffert, EUV/AEUV, Art. 45 AEUV Rn. 29.

beitsverhältnis, hinzutreten müssen. Dabei handelt es sich um Abgrenzungsprobleme zwischen dem speziellen Diskriminierungsverbot der Arbeitnehmerfreizügigkeit und dem Diskriminierungsverbot nach Art. 18 AEUV.

a.) Arbeitnehmereigenschaft

Ein einheitlicher Arbeitnehmerbegriff ist weder zwischen nationalem Recht und Unionsrecht noch innerhalb der einzelnen Rechtsakten der Union vorhanden.[1217] Zunächst wird deshalb der Arbeitnehmerbegriff des Art. 45 AEUV skizziert und auf die im Ausland arbeitenden Beschäftigten angewendet. Weiter wird in einem zweiten Schritt die Frage geklärt, ob der Arbeitnehmerbegriff des nationalen Mitbestimmungsgesetzes unter den Unionsbegriff fällt. Denn nur die Beschäftigten, die sowohl unter den Arbeitnehmerbegriff der Arbeitnehmerfreizügigkeit als auch unter den des Mitbestimmungsgesetzes fallen, können durch die inländische Betriebszugehörigkeit diskriminiert werden. Diese Schnittmenge zwischen den beiden Arbeitnehmerbegriffen soll aufgrund des thematischen Zusammenhangs nicht erst bei der Frage des Vorliegens einer Diskriminierung, sondern schon an dieser Stelle geklärt werden.

Als Beispiel für eine fehlende Überschneidung können Ehegatten genannt werden. Auch wenn die Ehegatten eines Organmitgliedes von einem Unternehmen beschäftigt werden, sind diese gem. § 5 Abs. 2 Nr. 5 BetrVG in Verbindung mit. § 3 Abs. 1 S. 2 MitbestG keine Arbeitnehmer im Sinne des Mitbestimmungsgesetzes,[1218] sodass diese unabhängig ihrer inländischen Betriebszugehörigkeit kein Wahlrecht haben. Im Ausland beschäftigte Strafgefangene können somit nicht durch ihr fehlendes Wahlrecht diskriminiert werden.

aa.) Unionsbegriff

Der Arbeitnehmerbegriff ist für den Anwendungsbereich der Arbeitnehmerfreizügigkeit von zentraler Bedeutung.[1219] Jedoch wird er weder in den Art. 45 ff. AEUV noch in der FreizügigkeitsVO definiert.[1220] Der Arbeitnehmerbegriff muss, wie alle unionsrechtlichen Begriffe, selbständig und damit autonom von den mitgliedstaatlichen Begriffen bestimmt werden.[1221] Andernfalls würde gerade keine Einheitlichkeit im Binnenmarkt erreicht werden und die Missbrauchsgefahr durch die Mitglied-

---

1217 *Rebhahn*, EuZA 2012, S. 3 (4 ff.); zu den verschiedenen Arbeitnehmerbegriffen der Mitgliedstaaten *Rebhahn*, RdA 2009, S. 154 ff.

1218 *Wißmann* in: ders./Kleinsorge/Schubert, Mitbestimmungsrecht, § 3 MitbestG Rn. 25.

1219 Vgl. nur *Colneric* in: FS Rodríguez Iglesias, S. 385 ff.; *Rebhahn*, EuZA 2012, S. 3 (8 ff.).

1220 *Schneider/Wunderlich* in: Schwarze, EU-Kommentar, Art. 45 AEUV Rn. 10.

1221 Zum Beispiel EuGH, Rs. C-337/97 (Meussen) Slg. 1999, I-3289 Rn. 13; EuGH, Rs. C-116/06 (Kiiski) Slg. 2007, I7643 Rn. 25 Vgl. dazu auch *Franzen* in: Streinz: EUV/AEUV, Art. 45 AEUV Rn. 15; *Brechmann* in: Calliess/Ruffert, EUV/AEUV, Art. 45 AEUV Rn. 11; *Becker* in: Ehlers, Grundrechte und Grundfreiheiten, § 9

staaten wäre erheblich. Deshalb können die Definitionen in den deutschen Gesetzen nicht zu einer Bestimmung des Arbeitnehmerbegriffs gem. Art. 45 AEUV herangezogen werden.[1222]

Hinsichtlich des Arbeitnehmerbegriffs des Freizügigkeitsrechts muss zudem festgestellt werden, dass dieser weit auszulegen ist, um dem Recht der Europäischen Union zu einer möglichst umfassenden Geltung zu verhelfen.[1223] Dabei muss beachtet werden, dass es auch im Unionsrecht keinen einheitlichen Arbeitnehmerbegriff gibt.[1224] Vielmehr muss dieser immer anhand der jeweiligen Regelung und deren Zweck ausgelegt werden.[1225] In der vorliegenden Arbeit ist nur der Arbeitnehmerbegriff des Art. 45 AEUV von Bedeutung.[1226]

Insgesamt ist der Arbeitnehmerbegriff des Art. 45 AEUV unionsrechtlich weitgehend geklärt.[1227] Die Diskussionen am Randbereich spielen zumindest in diesem Unterkapitel keine entscheidende Rolle.[1228] Der Gerichtshof definiert den Arbeitnehmerbegriff wie folgt: „Arbeitnehmer ist jeder, der eine tatsächliche und echte Tätigkeit ausübt, wobei Tätigkeiten außer Betracht bleiben, die einen so geringen Umfang haben, dass sie sich als völlig untergeordnet und unwesentlich darstellen. Das wesentliche Merkmal des Arbeitsverhältnisses besteht nach dieser Rechtsprechung darin, dass jemand während einer bestimmten Zeit für einen anderen nach dessen Weisung Leistungen erbringt, für die er als Gegenleistung eine Vergütung erhält."[1229]

Rn. 5. Vgl. zur Kritik an der Vorgehensweise des Gerichtshofs im europäischen Arbeitsrecht *Kaiser*, NZA 2000, S. 1144 ff.

1222 Vgl. zu den verschiedenen Arbeitnehmerbegriffen in den Mitgliedstaaten *Rebhahn*, RdA 2009, S. 154 (159 f.).

1223 *Becker* in: Ehlers, Grundrechte und Grundfreiheiten, § 9 Rn. 5; *Frenz*, Europarecht I, Rn. 1425; *Rebhahn*, EuZA 2012, S. 3 (11 f.).

1224 *Forsthoff* in: Grabitz/Hilf/Nettesheim, Das Recht der EU, Art. 45 AEUV Rn. 66 f. Ausführlich zu den unterschiedlichen Begriffen *Rebhahn*, EuZA 2012, S. 3 ff.; *Lunk/Rodenbusch*, GmbHR 2012, S. 188 ff.; *Colneric* in: FS Rodríguez Iglesias, S. 385 (397).

1225 *Rebhahn*, EuZA 2012, S. 3 (4 ff.); *Lunk/Rodenbusch*, GmbHR 2012, S. 187 (189); ausführlich *Ziegler*, Arbeitnehmerbegriffe, S. 489 ff. Zur Bedeutung des Sinn und Zwecks bei der Auslegung im Unionsrecht vgl. in Kapitel 4 A. II.

1226 Zu den anderen (beiden) unionsrechtlichen Arbeitnehmerbegriffen vgl. *Fuchs* in: ders./Mangold, Europäisches Arbeitsrecht, S. 43 ff.; *Rebhahn*, EuZA 2012, S. 3 (18 ff.); *Colneric* in: FS Rodríguez Iglesias, S. 385 (394 ff.).

1227 *Forsthoff* in: Grabitz/Hilf/Nettesheim, Das Recht der EU, Art. 45 AEUV Rn. 67; *Wank*, EuZA 2008, S. 172 (178 ff.); *Rebhahn*, EuZA 2012, S. 3 (9 f.).

1228 Vgl. beispielsweise zum Verlust der Arbeitnehmereigenschaft *Forsthoff* in: Grabitz/Hilf/Nettesheim, Das Recht der EU, Art. 45 AEUV Rn. 101 ff. oder zum Profisport *Frenz*, Europarecht I, Rn. 1459 ff.

1229 EuGH, Verb. Rs. C-22/08 und C-23/08 (Vatsouras und Koupatantze) Slg. 2009, I-4585, Rn. 26; ständige Rechtsprechung vgl. schon EuGH, Rs. 66/85 (Lawrie-Blum) Slg. 1986, 2121, Rn. 16 ff. Vgl. zu den einzelnen Merkmalen genauer in diesem Kapitel

Sowohl das Merkmal der Dauerhaftigkeit als auch das der Vergütung sind nur selten nicht gegeben und auch die Weisungsabhängigkeit wird in aktuellen Entscheidungen des Gerichtshofs deutlich schneller bejaht als noch vor einigen Jahren.[1230] Zudem muss der Arbeitnehmer einer Tätigkeit im Wirtschaftsleben nachgehen, wobei dies grundsätzlich durch die Vergütung indiziert wird.[1231] Somit fallen sämtliche Beschäftigte eines Unternehmens, die diese Kriterien erfüllen, unter die Arbeitnehmerfreizügigkeit.

bb.) Vergleich mit dem mitbestimmungsrechtlichen Arbeitnehmerbegriff

Für das deutsche Mitbestimmungsgesetz ist gem. § 3 Abs. 1 MitbestG weitestgehend der Arbeitnehmerbegriff des Betriebsverfassungsgesetzes relevant. Hiernach sind sowohl die Arbeitnehmer im Sinne des § 5 Abs. 1 BetrVG als auch die leitenden Angestellten gem. § 5 Abs. 3 BetrVG Arbeitnehmer im Sinne des Mitbestimmungsgesetzes. Lediglich die Gesellschafter, Organmitglieder oder deren Familienangehörige sowie Personen, deren Beschäftigung nicht in erster Linie ihrem Erwerb dient, sondern vorwiegend durch Beweggründe karitativer oder religiöser Art bestimmt ist oder die vorwiegend zu ihrer Heilung, Wiedereingewöhnung, sittlichen Besserung oder Erziehung beschäftigt werden, sind gem. § 3 Abs. 1 S. 2 MitbestG in Verbindung mit § 5 Abs. 2 BetrVG ausgenommen.[1232]

Allerdings ist auch der deutsche Arbeitnehmerbegriff in § 5 Abs. 1 S. 1 BetrVG nur rudimentär definiert:[1233] „Arbeitnehmer (Arbeitnehmerinnen und Arbeitnehmer) im Sinne dieses Gesetzes sind Arbeiter und Angestellte einschließlich der zu ihrer Berufsausbildung Beschäftigten, unabhängig davon, ob sie im Betrieb, im Außendienst oder mit Telearbeit beschäftigt werden." Wie der Europäische Gerichtshof beim unionsrechtlichen Begriff hat das Bundesarbeitsgericht den deutschen Arbeitnehmerbegriff umfassend herausgearbeitet.[1234] Hiernach muss ein Arbeitnehmer zur Arbeit und nicht zu einem bestimmten Erfolg durch einen privatrechtlichen Vertrag

---

unter B. I. 1.) sowie ausführlich *Ziegler,* Arbeitnehmerbegriffe im Unionsrecht, S. 133 ff.

1230 *Rebhahn,* EuZA 2012, S. 3 (17).

1231 *Franzen* in: Streinz, EUV/AEUV, Art. 45 AEUV Rn. 28; *Frenz,* Europarecht I, Rn. 1453.

1232 *Wißmann* in: ders./Kleinsorge/Schubert, Mitbestimmungsrecht, § 3 MitbestG Rn. 20 ff.

1233 Mit deutlicher Kritik an dieser Definition *Richardi* in: ders., BetrVG, § 5 BetrVG Rn. 6 f.

1234 Vgl. die BAG-Entscheidungen in: Hueck/Nipperdey/Dietz, Arbeitsrechtliche Praxis, Nr. 1, 3 zu § 611 BGB; zur Grundlage des Begriffs *Weber,* Das aufgespaltene Arbeitsverhältnis, S. 214 ff. Mit der Gesetzesänderung zum 1. April 2017 in § 611a BGB sollten keine inhaltlichen Änderungen einhergehen, sondern lediglich die bisherige Rechtsprechung des Bundesarbeitsgerichtes kodifiziert werden. Vgl. zur Definition *Preis* in: ErfKom, § 611a BGB Rn. 8 ff.; kritisch bspw. *Weigert,* ArbRAktuell 2017, S. 557 ff.

verpflichtet sein.[1235] Zudem muss der Arbeitnehmer im Dienste eines anderen seine Arbeit erbringen, was sowohl die Weisungsgebundenheit als auch die persönliche Abhängigkeit beinhaltet.[1236] Insgesamt kann bis auf die soeben dargestellten gesetzlichen Ausnahmen als Arbeitnehmer im Sinne des Mitbestimmungsgesetzes bezeichnet werden, „wer im Dienst eines anderen unselbständige und fremdbestimmte Arbeit leistet."[1237]

Ohne auf die Einzelheiten des Begriffs einzugehen, kann somit festgestellt werden, dass der deutsche Arbeitnehmerbegriff enger ausgelegt wird als der Unionsbegriff. Er orientiert sich jedoch ebenfalls an den Merkmalen der entgeltlichen und weisungsgebundenen Leistungserbringung auf eine bestimmte Dauer.[1238] Da die Merkmale des unionsrechtlichen Arbeitnehmerbegriffs niedrigere Schwellen erfordern, sind sämtliche Arbeitnehmer im Sinne des § 3 Abs. 1 MitbestG auch Arbeitnehmer im Sinne des Art. 45 AEUV.[1239]

b.) Abgrenzung zum Diskriminierungsverbot

Hinter dieser Abgrenzungsproblematik zwischen dem Diskriminierungsverbot aufgrund der Staatsangehörigkeit gem. Art. 18 AEUV und der Arbeitnehmerfreizügigkeit steht nicht nur die Frage, welches Diskriminierungsverbot anwendbar ist. Vielmehr bestimmt sich dadurch auch die Reichweite der Beeinträchtigung. Während die Arbeitnehmerfreizügigkeit zu einem Beschränkungsverbot ausgeweitet wurde, ist das Diskriminierungsverbot gem. Art. 18 AEUV weiterhin nur ein Diskriminierungsverbot.[1240]

aa.) Arbeitnehmerfreizügigkeit als lex specialis

Das Diskriminierungsverbot aufgrund der Staatsangehörigkeit ist nach seinem Wortlaut „unbeschadet besonderer Bestimmungen der Verträge" nur einschlägig, sofern nicht eine der zahlreichen Konkretisierungsvorschriften vorliegen.[1241] Im

---

1235 *Richardi* in: ders., BetrVG, § 5 BetrVG Rn. 13 f. Vgl. zum nun eingeführten § 611a BGB auch aktuell *Richardi*, NZA 2017, S. 36 ff.

1236 *Kloppenburg* in: Düwell, BetrVG, § 5 BetrVG Rn. 5; zur persönlichen Abhängigkeit ausführlich *Richardi* in: ders., BetrVG, § 5 BetrVG Rn. 15 ff.

1237 *Raiser/Jacobs* in: dies./Veil, MitbestG/DrittelbG, § 3 MitbestG Rn. 5. Vgl. auch ausführlich *Wißmann* in: ders./Kleinsorge/Schubert, Mitbestimmungsrecht, § 3 MitbestG Rn. 4 ff.; *Henssler* in: Ulmer/Habersack/ders., Mitbestimmungsrecht, § 3 MitbestG Rn. 8 ff.

1238 In diese Richtung auch *Lunk/Rodenbusch*, GmbHR 2012, S. 188 (189).

1239 *Lunk/Rodenbusch*, GmbHR 2012, S. 188 (189); *Ziegler*, Arbeitnehmerbegriffe im Unionsrecht, S. 141 ff., 485; in diese Richtung auch *Thüsing/Siebert*, ZESAR 2011, S. 124 (124 f.).

1240 *Holoubek* in: Schwarze, EU-Kommentar, Art. 18 AEUV Rn. 20.; *von Bogdandy* in: Grabitz/Hilf/Nettesheim, Recht der EU, Art. 18 Rn. 19.

1241 *Epiney* in: Calliess/Ruffert, EUV/AEUV, Art. 18 AEUV Rn. 3.

vorliegenden Fall kommt Art. 45 Abs. 2 AEUV als lex specialis in Betracht. Während dieses lex specialis-Verhältnis geklärt ist,[1242] ist die konkrete Reichweite des Diskriminierungsverbots gem. Art. 45 Abs. 2 AEUV jedoch umstritten. Der Gerichtshof lässt diese Abgrenzungsfragen häufig offen und entscheidet pragmatisch nach einer Gesamtschau aller potentiell einschlägigen Bestimmungen.[1243] Allerdings ist in den letzten Jahren eine Tendenz zum speziellen Art. 45 Abs. 2 AEUV erkennbar.[1244]

bb.) Das Arbeitsverhältnis als Abgrenzungskriterium

Nach der herrschenden Ansicht sind bei Vorliegen eines Arbeitnehmers und eines grenzüberschreitenden Sachverhalts keine weiteren Voraussetzungen für das Vorliegen des sachlichen Anwendungsbereichs des Art. 45 AEUV von Nöten.[1245] Problematisch erscheint dies jedoch bei den sogenannten „Umfeldregelungen“[1246], welche keinen direkten Bezug zur tatsächlichen Arbeit des Arbeitnehmers haben. Deshalb sollten nach einer Ansicht diese Umfeldregelungen nur bei tatsächlichen Diskriminierungen und nicht bei Beschränkungen gelten. Dadurch ergäbe sich keine Ausweitung des Schutzgehalts, weil Diskriminierungen ansonsten auch über Art. 18 AEUV überprüft werden könnten.[1247]

Bei der Abgrenzung der beiden Diskriminierungsverbote könnte jedoch meiner Ansicht nach auch der Wortlaut des Art. 45 Abs. 2 AEUV herangezogen werden. Hiernach fällt jede Diskriminierung aufgrund der „Beschäftigung, Entlohnung oder sonstiger Arbeitsbedingungen“ unter die Arbeitnehmerfreizügigkeit. Durch eine weite Auslegung des Begriffs der Arbeitsbedingung dahingehend, dass zumindest ein Bezug zum Arbeitsverhältnis bestehen muss, könnte schon auf der Ebene des Anwendungsbereichs ein wirksames Abgrenzungskriterium gefunden werden. Dies würde zum einen zu einem Gleichlauf der Absätze 1 und 2 des Art. 45 AEUV führen[1248] und zum anderen könnte eine sinnvolle Abgrenzung zum Diskriminierungs-

---

1242 EuGH, Rs. 175/78 (Saunders) Slg. 1978, 1129 Rn. 9; *Forsthoff* in: Grabitz/Hilf/Nettesheim, Recht der EU, Art. 45 AEUV Rn. 242 f., 445; *Franzen* in: Streinz, EUV/AEUV, Art. 45 AEUV Rn. 5.; *von Bogdandy* in: Grabitz/Hilf/Nettesheim, Das Recht der EU, Art. 18 AEUV Rn. 58; *Epiney* in: Calliess/Ruffert, EUV/AEUV, Art. 18 AEUV Rn. 6. Vgl. auch schon allgemein in Kapitel 4 B. I. 4.) 1.).

1243 *Körber*, Grundfreiheiten und Privatrecht, S. 105 f. unter Verweis auf EuGH, Rs. C-151/96, Slg. 1997, I-3327 Rn. 12 ff.; EuGH, Rs. 36/74 (Walrave) Slg. 1974, 1405 Rn. 16 ff.

1244 Vgl. die Nachweise bei *Forsthoff* in: Grabitz/Hilf/Nettesheim, Recht der EU, Art. 45 AEUV Rn. 242.

1245 *Schneider/Wunderlich* in: Schwarze, EU-Kommentar, Art. 45 AEUV Rn. 9 ff; *Franzen* in: Streinz, EUV/AEUV, Art. 45 AEUV Rn. 15 ff.; *Becker* in: Ehlers, Grundrechte und Grundfreiheiten, § 9 Rn. 4 ff.

1246 *Forsthoff* in: Grabitz/Hilf/Nettesheim, Recht der EU, Art. 45 AEUV Rn. 244, 288; *Epiney*, NVwZ 2006, S. 407 (414).

1247 *Forsthoff* in: Grabitz/Hilf/Nettesheim, Recht der EU, Art. 45 AEUV Rn. 244.

1248 Vgl. dazu schon in diesem Kapitel unter A. I. 3.).

verbot gem. Art. 18 AEUV vorgenommen werden. Jede Beeinträchtigung, welche einen Bezug zum Arbeitsverhältnis aufweist, fiele hiernach unter das Beschränkungsverbot des Art. 45 AEUV. Weist die Beeinträchtigung keinen solchen Bezug auf, ist das Diskriminierungsverbot gem. Art. 18 AEUV einschlägig.

Allerdings erachtet der Gerichtshof wiederum auch einen nur mittelbaren Bezug zum Arbeitsverhältnis für ausreichend.[1249] So stellen zum Beispiel die Verwendung der eigenen Sprache vor Gericht[1250] oder auch bloße Freizeitbeschäftigungen eine Folgeerscheinung der Freizügigkeit dar.[1251] Nach dieser Rechtsprechung können somit sämtliche Beschränkungen eines Unionsbürgers, der als Arbeitnehmer in einen anderen Mitgliedstaat wechselt, unter die Arbeitnehmerfreizügigkeit fallen. Auch hier hält der Gerichtshof an seinem ‚Dogma' der weiten Auslegung des Anwendungsbereichs der Grundfreiheiten fest.[1252]

Die Unternehmensmitbestimmung setzt am Arbeitsverhältnis an, weil dieses eine Voraussetzung für das Wahlrecht der Arbeitnehmer ist.[1253] Somit ist sowohl nach der hier vertretenen Ansicht als auch nach Ansicht des Gerichtshofs die Arbeitnehmerfreizügigkeit als lex specialis einschlägig.[1254]

c.) Grenzüberschreitender Bezug

Sämtliche Grundfreiheiten setzen einen Sachverhalt mit grenzüberschreitendem Bezug voraus.[1255] Im Folgenden wird zwischen den beiden Konstellationen unterschieden, ob es sich um einen ausländischen oder um einen inländischen Staatsangehörigen handelt. Während in der ersten Konstellation die Diskriminierung von ausländischen Unionsbürgern zu prüfen ist, erinnert die zweite Konstellation an die sogenannten „Rückkehrfälle"[1256] eines Inländers, bei denen die Frage der Inländerdiskriminierung eine entscheidende Rolle spielt.

aa.) Ausländische Arbeitnehmer

Die typischen grenzüberschreitenden Fälle der Arbeitnehmerfreizügigkeit sind immer dann gegeben, wenn sich ein fremder Staatsangehöriger in eine Volkswirtschaft

---

1249 *Frenz*, Europarecht I, Rn. 1881.

1250 EuGH, Rs. 137/84 (Mutsch) Slg. 1985, 2681 Rn. 16.

1251 EuGH, Rs. C-334/94, Slg. 1996, I-1307 Rn. 21. Diese Entscheidung erging allerdings allgemein zu den Personenverkehrsfreiheiten. Weitere Beispiele bei *Forsthoff* in: Grabitz/Hilf/Nettesheim, Recht der EU, Art. 45 AEUV Rn. 242.

1252 Vgl. dazu in Kapitel 4 A. II.

1253 Im Ergebnis ebenso *Latzel*, Gleichheit in der Unternehmensmitbestimmung, Rn. 138 ff.; *Rieble/Latzel*, EuZA 2011, S. 145 (156).

1254 Vgl. EuGH, Rs. C-566/15 (Erzberger), Celex-Nr. 62015CJ0566, Rn. 27; GA *Saugmandsgaard Øe*, Schlussanträge zu EuGH, Rs. C-566/15 (Erzberger), Celex-Nr. 62015CC0566, Rn. 39.

1255 Vgl. dazu in Kapitel 4 B. II. 1.) c.) bb.).

1256 *Frenz*, Europarecht I, Rn. 1553.

eines anderen Mitgliedstaats integriert.[1257] Im hier zu prüfenden Fall arbeitet ein ausländischer Arbeitnehmer im Ausland für eine deutsche Gesellschaft bzw. im Konzern zumindest mittelbar für eine deutsche Muttergesellschaft. Allerdings arbeitet er dabei grundsätzlich in seinem eigenen Staat und integriert sich nicht vollständig in die deutsche Volkswirtschaft. Er muss seinen Mitgliedstaat nicht einmal verlassen.

Für das Vorliegen eines grenzüberschreitenden Sachverhalts muss der Arbeitnehmer die Freizügigkeit jedoch nur in Anspruch genommen haben oder zumindest tatsächlich in Anspruch nehmen wollen.[1258] Es wird im Folgenden untersucht, ob der Arbeitnehmer von seiner Freizügigkeit Gebrauch gemacht hat. Dabei muss zwischen Arbeitnehmern unselbständiger Niederlassungen und selbständiger Tochtergesellschaften unterschieden werden.

(1) In einer ausländischen Niederlassung

Ausgangspunkt ist die in dieser Untersuchung hergeleitete Feststellung, dass der Gerichtshof grundsätzlich auch geringfüge grenzüberschreitende Bezüge für ausreichend erachtet.[1259] Im vorliegenden Fall ist nun ein ausländischer Arbeitnehmer bei einer deutschen Gesellschaft im Ausland angestellt. Diese Konstellation ist vom Gerichtshof noch nicht ausdrücklich entschieden worden.[1260]

Der Gerichtshof hat jedoch in zahlreichen Entscheidungen festgestellt, dass das Auseinanderfallen des Wohn- und des Arbeitsorts in den Anwendungsbereich der Arbeitnehmerfreizügigkeit fällt.[1261] In diesen Konstealltionen integriert sich der Arbeitnehmer aber auch nicht in eine andere Volkswirtschaft, sondern pendelt jeden Tag zu seinem Arbeitsort. Schon dies hat der Gerichtshof für ausreichend erachtet. In der hier vorliegenden Konstellation hat der Arbeitnehmer jedoch sowohl seinen Arbeits- als auch seinen Wohnort im selben Mitgliedstaat, sodass der Arbeitnehmer die Grenze nicht jeden Tag aufs Neue überquert, um zu seinem Arbeitsort zu gelangen. Insofern wird deshalb vertreten, dass ein grenzüberschreitender Bezug insgesamt fehle.[1262]

Der ‚Grenzübertritt' könnte hier jedoch schon mit Abschluss des Arbeitsvertrages erfolgt sein. Die Tatsache, dass die Tätigkeit des Arbeitnehmers in seinem eigenen

1257 *Franzen* in: Streinz, EUV/AEUV, Art. 45 AEUV Rn. 33; *Forsthoff* in: Grabitz/Hilf/Nettesheim, Recht der EU, Art. 45 AEUV Rn. 117; *Frenz*, Europarecht I, Rn. 1451.

1258 *Hailbronner* in: Dauses, EU-Wirtschaftsrecht, D. I. Rn. 58; *Dashwoods/Dougan/Rodger/Spaventa/Wyatt*, European Union Law, S. 501.

1259 Vgl. dazu in Kapitel 4 B. II. 1.) c.) bb.).

1260 Ausdrücklich offenlassend GA *Saugmandsgaard Øe*, Schlussanträge zu EuGH, Rs. C-566/15 (Erzberger), Celex-Nr. 62015CC0566, Rn. 35 sowie dem folgend auch EuGH, Rs. C-566/15 (Erzberger), Celex-Nr. 62015CJ0566, Rn. 23. Vgl. dazu ausführlich in Kapitel 8.

1261 *Forsthoff* in: Grabitz/Hilf/Nettesheim, Recht der EU, Art. 45 AEUV Rn. 54; *Wißmann* in: ErfKom, Art. 45 AEUV Rn. 14.

1262 So *Wißmann* in: ders./Kleinsorge/Schubert, Mitbestimmungsrecht, Vorbem MitbestG Rn. 71, der jedoch keine detaillierte Begründung hierfür angibt.

Mitgliedstaat ausgeübt wird, kann diesem grenzüberschreitenden Element, das schon durch Abschluss des Arbeitsverhältnisses zustande kommt und durch die Erbringung der Arbeitsleistung manifestiert, damit nicht entgegengehalten werden. Zwar ist es richtig, dass ein französischer Arbeitnehmer, der in einer französischen Niederlassung tätig ist, zunächst einmal rein tatsächlich keine Grenze übertritt. In den Entscheidungen Bosman und Steen stellte der Gerichtshof jedoch klar, dass lediglich ein Element der Betätigung des Arbeitnehmers grenzüberschreitend sein muss.[1263] Dieses Element ist meiner Ansicht nach im vorliegenden Fall schon der Abschluss des Arbeitsverhältnisses. Der französische Arbeitnehmer schließt mit einer deutschen Gesellschaft einen Arbeitsvertrag über eine Beschäftigung in Frankreich ab, was zu einem ‚grenzüberschreitenden Arbeitsverhältnis' führt. Es muss aber abgewartet werden, ob der Gerichtshof dieses grenzüberschreitende Element für ausreichend erachten wird, um insgesamt einen grenzüberschreitenden Bezug anzunehmen.[1264]

(2) In ausländischen Tochtergesellschaften

Problematischer und mittlerweile durch den Gerichtshof in der Angelegenheit Erzberger geklärt ist jedoch der Fall, wenn der Arbeitnehmer nicht nur bei einer ausländischen Niederlassung arbeitet, sondern bei einer ausländischen Tochtergesellschaft angestellt ist. Hier hat nun beispielsweise ein französischer Arbeitnehmer mit einer französischen Gesellschaft ein Arbeitsverhältnis abgeschlossen und arbeitet für diese auf französischem Staatsgebiet. Zunächst ist hier kein grenzüberschreitender Bezug zu entdecken.[1265] Nach dem Sinn und Zweck, die Arbeitnehmer vor Diskriminierungen aufgrund der Staatsangehörigkeit zu schützen, könnte jedoch auch am Verhältnis des Arbeitnehmers zur Muttergesellschaft angesetzt werden.[1266] Dies gerade deshalb, weil der Gerichthof oftmals auch einen sehr geringen grenzüberschreitenden Bezug als ausreichend erachtet hat.[1267] Der Arbeitnehmer, der bei einem ausländischen Arbeitgeber im Ausland arbeitet, wird mittelbar durch die Beherrschung der Tochtergesellschaft der Muttergesellschaft hinzugerechnet. Insofern könnte argumentiert werden, dass es für den einzelnen Arbeitnehmer keinen Unterschied machen darf, ob das Unternehmen mit ausländischen Tochtergesellschaften oder mit ausländischen Niederlassungen operiert. Somit könnte konsequenterweise auch im Verhältnis des Arbeitnehmers einer Tochtergesellschaft

---

1263 EuGH, Rs. C-332/90 (Steen I) Slg. 1992, I-341 Rn. 9; EuGH, Rs. C-415/93 (Bosman) Slg. 1995, I-4921 Rn. 89 f.

1264 Vgl. dazu ausführlich in Kapitel 8 unter C. I.

1265 *Nienerza*, Mitbestimmung in grenzüberschreitenden Unternehmen, S. 63.

1266 Vgl. dazu in diesem Kapitel unter A. II. 2.) c.) aa.) (1).

1267 EuGH, Rs. C-108/96 (Mac Quen) Slg. 2001, I-837 Rn. 15 f.; EuGH, Rs. C-208/05 (ITC) Slg. 2007, I-181 Rn. 29 f.; *Epiney*, NVwZ 2008, S. 736 (742). Bei der Unionsbürgerschaft verzichtet der Gerichtshof teilweise sogar auf das Merkmal des Grenzübertrittes EuGH, Rs. C-34/09 (Zambrano) NJW 2011, S. 2033 f. Vgl. dazu aber zurückhaltend *Hailbronner/Thym*, NJW 2011, S. 2008 ff.; *Frenz*, ZAR 2011, S. 221 ff

zur Konzernmuttergesellschaft ein grenzüberschreitender Sachverhalt angenommen werden.[1268]

Ein solch bloß mittelbarer grenzüberschreitender Sachverhalt reicht jedoch nach der erfolgten Entscheidung des Gerichthofes in der Angelegenheit Erzberger gerade nicht mehr aus, um einen grenzüberschreitenden Bezug herzustellen.[1269] Dies vor allem deshalb, weil der bloße Wechsel des Gesellschafters einen externen Faktor darstellt, der keinen Bezug zur Tätigkeit des Arbeitnehmers aufweist.[1270]

bb.) Rückkehrfälle deutscher Arbeitnehmer

Bei deutschen Arbeitnehmern kommt zusätzlich das Problem der Inländerdiskriminierung hinzu.[1271] Ein Mitgliedstaat kann für seine eigenen Staatsbürger strengere Vorgaben machen als für Unionsbürger aus anderen Mitgliedstaaten. In der vorliegenden Konstellation bedeutet dies, dass ein ausländischer Unionsbürger, der im Ausland für ein deutsches Unternehmen arbeitet, einen Unionssachverhalt darstellt. Arbeitet hingegen ein Deutscher für dasselbe deutsche Unternehmen im Ausland stellt dies keinen grenzüberschreitenden Sachverhalt dar.

Allerdings sind hier die sogenannten „Rückkehrfälle"[1272] als Ausnahme von der Inländerdiskriminierung zu prüfen.[1273] Die Rückkehrfälle sind immer dann gegeben, wenn sich der Inländer gegenüber seinem Heimatmitgliedstaat in derselben Situation befindet wie ein Ausländer.[1274] Beispielsweise ist diese Situation gegeben, wenn ein Inländer im Ausland Qualifikationen erworben hat und anschließend wieder im Inland arbeiten möchte.[1275] Er soll jedoch nicht dadurch benachteiligt werden, dass er von seiner Freizügigkeit durch die ausländische Qualifizierung Gebrauch gemacht hat.[1276] In dieser Konstellation befindet sich der Inländer aufgrund der ausländischen Qualifikation in der Rolle eines Ausländers. Deshalb wird der Inländer in diesen Fällen nach denselben Maßstäben wie ein Ausländer behandelt.[1277]

1268 Im Ergebnis so auch *Latzel*, Gleichheit in der Unternehmensmitbestimmung, Rn. 103 ff.

1269 EuGH, Rs. C-566/15 (Erzberger), Celex-Nr. 62015CJ0566, Rn. 29; so auch schon Nienerza, Mitbestimmung in grenzüberschreitenden Unternehmen, S. 63; GA *Saugmandsgaard Øe*, Schlussanträge zu EuGH, Rs. C-566/15 (Erzberger), Celex-Nr. 62015CC0566, Rn. 49 ff. Vgl. hierzu ausführlich in Kapitel 8.

1270 So GA *Saugmandsgaard Øe*, Schlussanträge zu EuGH, Rs. C-566/15 (Erzberger), Celex-Nr. 62015CC0566, Rn. 54. Vgl. ausführlich hierzu in Kapitel 8 unter B. I.

1271 *Epiney* in: Calliess/Ruffert, EUV/AEUV, Art. 18 AEUV Rn. 28.

1272 *Frenz*, Europarecht I, Rn. 1553.

1273 Vgl. dazu in Kapitel 4 B. II. 1.) c.). bb.).

1274 *von Bogdandy* in: Grabitz/Hilf/Nettesheim, Das Recht der EU, Art. 18 AEUV Rn. 51; *Frenz*, Europarecht I, Rn. 1553.

1275 *Schneider/Wunderlich* in: Schwarze, EU-Kommentar, Art. 45 AEUV Rn. 31; *Franzen* in: Streinz, EUV/AEUV, Art. 45 AEUV Rn. 33.

1276 *Forsthoff* in: Grabitz/Hilf/Nettesheim, Das Recht der EU, Art. 45 AEUV Rn. 59.

1277 *Forsthoff* in: Grabitz/Hilf/Nettesheim, Das Recht der EU, Art. 45 AEUV Rn. 120.

In der vorliegenden Prüfung arbeitet der deutsche Arbeitnehmer für dasselbe deutsche Unternehmen wie der ausländische Arbeitnehmer und hat aufgrund seiner Zuordnung zu einem ausländischen Betrieb ebenfalls kein Wahlrecht im deutschen Unternehmen. Er befindet sich hierdurch in derselben Lage wie die ausländischen Arbeitnehmer, die im ausländischen Betrieb arbeiten. Dadurch dass der deutsche Arbeitnehmer ins Ausland gewechselt ist und damit dem ausländischen Betrieb zugeordnet wird, hat er von seiner Freizügigkeit Gebrauch gemacht. Er darf aus Unionssicht für diese Ingebrauchnahme der Freizügigkeit nicht schlechter gestellt werden als die ausländischen Arbeitnehmer, die im ausländischen Betrieb arbeiten. Ein grenzüberschreitender Bezug liegt in dieser Konstellation damit auch bei deutschen Arbeitnehmern vor.

3.) Räumlicher Anwendungsbereich

Grundsätzlich erstreckt sich die Arbeitnehmerfreizügigkeit auf das Gebiet der Europäischen Union.[1278] Neben den allgemeinen Ausführungen zum räumlichen Anwendungsbereich der Grundfreiheiten gibt es bei der Arbeitnehmerfreizügigkeit eine weitere Ausnahme. Der zentrale Anknüpfungspunkt der Freiheit ist die Arbeitnehmereigenschaft, welche jedoch nicht in dem Gebiet der Mitgliedstaaten ausgeübt werden muss. Es muss nur ein hinreichend enger Bezug zur Europäischen Union bestehen.[1279] Hieraus kann jedoch nicht geschlussfolgert werden, dass es ausreicht, dass der Arbeitnehmer einer deutschen Gesellschaft oder deutschen Muttergesellschaft in irgendeiner Weise zugeordnet werden kann. Vielmehr müssen Kriterien, wie beispielsweise ein Gerichtsstand in der Europäischen Union oder auf das Arbeitsverhältnis anwendbares Recht eines Mitgliedstaats, gegeben sein.[1280] Dies wird bei Arbeitnehmern, welche Niederlassungen oder Tochtergesellschaften außerhalb der Europäischen Union zugeordnet sind, selten der Fall sein.

III. Diskriminierung

Die Arbeitnehmerfreizügigkeit ist, wie die anderen Grundfreiheiten, ein Diskriminierungs- und Beschränkungsverbot.[1281] Im Fokus dieses Abschnitts liegt der Gehalt der Arbeitnehmerfreizügigkeit hinsichtlich ihrer Gleichheitsfunktion, welche durch Art. 45 Abs. 2 AEUV zum Ausdruck kommt. Die im Ausland arbeitenden Arbeitnehmer möchten nicht von ihrer Freizügigkeit Gebrauch machen, indem sie in einen anderen Mitgliedstaat ziehen.[1282] Vielmehr haben sie durch den Abschluss

1278 Vgl. dazu in Kapitel 4 B. II. 1.) b.).

1279 *Brechmann* in: Calliess/Ruffert, EUV/AEUV, Art. 45 AEUV Rn. 10.

1280 EuGH, Rs. C-214/94 (Boukhalfa), Slg. 1996, I-2253 Rn. 16. Vgl. zu weiteren Indizien *Franzen* in: Streinz, EUV/AEUV, Art. 45 AEUV Rn. 78.

1281 *Frenz*, Europarecht I, Rn. 1870; *Becker* in: Ehlers, Grundrechte und Grundfreiheiten, § 9 Rn. 41 f.; *Pache* in: Schulze/Zuleeg/Kadelbach, §10 Rn. 111.

1282 Vgl. zu dieser Konstellation in diesem Kapitel unter B.

des Arbeitsvertrags bei einer ausländischen Gesellschaft von ihrer Freizügigkeit Gebrauch gemacht und möchten nun gegenüber den im Inland arbeitenden Arbeitnehmern dieser Gesellschaft nicht schlechter gestellt werden. Eine Diskriminierung liegt vor, wenn zwei gleiche Tatbestände unterschiedlich behandelt werden und der Betroffene hierdurch benachteiligt wird.[1283]

1.) Direkte Diskriminierung

Das Diskriminierungsverbot nach Art. 45 Abs. 2 AEUV verbietet grundsätzlich eine Diskriminierung aufgrund der Staatsangehörigkeit. Beispielhaft für eine solche Diskriminierung kann nochmals die Entscheidung Korn genannt werden.[1284] In dieser wurde entschieden, dass eine Diskriminierung vorliegt, wenn ausländische Arbeitnehmer vom passiven Wahlrecht zu den österreichischen Arbeiterkammern ausgeschlossen werden. Ebenso verhielt es sich schon beim aktiven und passiven Wahlrecht zu den Berufskammern in Luxemburg.[1285]

Das Mitbestimmungsgesetz setzt jedoch nicht unmittelbar am Merkmal der Staatsangehörigkeit an.[1286] § 3 Abs. 1 MitbestG verweist unter anderem auf § 5 Abs. 1 BetrVG, welcher ausländischen Arbeitnehmern jedoch nicht das Wahlrecht entzieht. Es fallen beispielsweise sogar ausländische Personen, die keine Aufenthaltsgenehmigungserlaubnis besitzen, unter diesen Arbeitnehmerbegriff.[1287] Vielmehr wird an die Betriebszugehörigkeit des Arbeitnehmers angeknüpft.[1288] Ein italienischer Ingenieur, der bei einem deutschen Unternehmen in Deutschland angestellt ist, ist nach dem Mitbestimmungsgesetz sowohl aktiv als auch passiv wahlberechtigt. Eine direkte Diskriminierung aufgrund der Staatsangehörigkeit liegt somit nicht vor.

2.) Indirekte Diskriminierung

Nach ständiger Rechtsprechung des Gerichtshofs reicht jedoch auch eine indirekte Diskriminierung aus.[1289] Indirekte Diskriminierungen sind im Arbeits- und Sozialrecht häufig anzutreffen, weil diese Rechtsgebiete durch eine nationale Ausrichtung, insbesondere durch eine territoriale Eingrenzung, geformt sind.[1290]

1283 Vgl. dazu ausführlich in Kapitel 4 B. II. 2.) a.).

1284 EuGH, Rs. C-465/01 (Korn) Slg. 2004, I-8294.

1285 EuGH, Rs. C-213/90 (ASTI) Slg. 1991, I-3507. Entgegen dem Tenor ging es hierbei sowohl um das aktive als auch um das passive Wahlrecht. Vgl. die Folgeentscheidung EuGH, Rs. C-118/92 (ASTI II) Slg. 1994, I-1891 Rn. 1.

1286 *Henssler* in: Ulmer/Habersack/ders., § 3 MitbestG Rn. 36; *Richardi* in: ders, BetrVG, § 5 BetrVG Rn. 80.

1287 *Koch* in: ErfKom, § 5 BetrVG Rn. 2.

1288 Vgl. dazu in Kapitel 3 C. II.

1289 Beispielsweise EuGH, Rs. 152/73 (Sotgiu) Slg. 1974, 153; EuGH, Rs. C-350/96 (Clean Car) Slg. 1998, I-2521; vgl. dazu auch in Kapitel 4 B II. 2.) a.) bb.).

1290 *Becker* in: Ehlers, Grundrechte und Grundfreiheiten, § 9 Rn. 38. Vgl. auch *Koch/ Nguyen*, EuR 2010, S. 364 (366 f.).

Eine solche liegt vor, wenn das Differenzierungskriterium typischerweise an die Staatsangehörigkeit anknüpft.[1291] Das wichtigste Kriterium zur Feststellung einer mittelbaren Diskriminierung ist die quantitative Beurteilung. Sind von einem Kriterium im Wesentlichen oder ganz überwiegend ausländische Staatsangehörige ausgeschlossen,[1292] hat es dieselbe Wirkung wie eine unmittelbare Anknüpfung an die Staatsangehörigkeit.[1293]

In der zu prüfenden Konstellation gibt es 2 Ansatzpunkte für indirekte Diskriminierungen: die Betriebszugehörigkeit und das Vorschlagsrecht der Gewerkschaften. Durch die Verweisungen auf das Betriebsverfassungsgesetz knüpft das Mitbestimmungsgesetz hinsichtlich des Wahlrechts der Arbeitnehmer an deren Betriebszugehörigkeit an.[1294] Somit kann nur ein einem inländischen Betrieb zugeordneten Arbeitnehmer die Arbeitnehmervertreter im Aufsichtsrat wählen bzw. selbst für dieses Gremium kandidieren.[1295] Hinsichtlich des passiven Wahlrechts muss jedoch beachtetet werden, dass dies nur für die Wahlen der unternehmensangehörigen Arbeitnehmervertreter gilt.[1296]

Bei den Gewerkschaftsvertretern gibt es eine solche Beschränkung nicht, weil die Gewerkschaften auch Teile der ausländischen Belegschaft auf diese Wahlvorschläge setzen können.[1297] Allerdings besteht hier eine Einschränkung hinsichtlich des Vorschlagsrechts. Zwar können hier Arbeitnehmer aus fremden Betrieben auf die Liste gesetzt werden, doch geschieht dies nur durch die nationalen Gewerkschaften. Im Folgenden werden diese beiden Aspekte hinsichtlich einer mittelbaren Diskriminierung untersucht.

a.) Inländische Betriebszugehörigkeit

Bei der Betriebszugehörigkeit der unternehmensangehörigen Arbeitnehmervertreter ist eine Wirkung wie bei einer unmittelbaren Anknüpfung an die Staatsangehörigkeit durchaus möglich, da deutsche Arbeitnehmer eher in Deutschland arbeiten und ausländische Arbeitnehmer eher im jeweiligen Ausland. Selbst nach

1291 Dies dürfte sogar unter die zurückhaltende Auffassung von *Epiney*, Umgekehrte Diskriminierungen, S. 105 f. und *Körber*, Grundfreiheiten und Privatrecht, S. 102 f. zu fassen sein.

1292 EuGH, Rs. C-212/05 (Hartmann) Slg. 2007, I-6303 Rn. 30.

1293 Vgl. dazu in Kapitel 4 B II. 2.) a.) bb.) sowie EuGH, Rs. 167/07, Rn. 53. Ebenfalls für diesen engen Diskriminierungsbegriff, nach welchem keine potentiellen Wirkungen eingeschlossen sind *Wernsmann* in: Schulze/Zuleeg/Kadelbach, Europarecht, § 30 Rn. 88. Zum weiten Diskriminierungsbegriff vgl. *Frenz*, Europarecht I, Rn. 1896 f.

1294 *Richardi* in: ders, BetrVG, § 1 BetrVG Rn. 5; *Kloppenburg* in: Düwell, BetrVG, § 1 BetrVG Rn. 12.

1295 *Wißmann* in: ders./Kleinsorge/Schubert, Mitbestimmungsrecht, § 3 Rn. 27 ff.

1296 Vgl. zur Unterscheidung in Kapitel 2 C. I. 2.) a.) aa.) und in Kapitel 3 C. III. 2.).

1297 Vgl. zum Beispiel *DaimlerChrysler AG* in Kapitel 3 C. II. 1.) a.) bb.) (3).

Öffnung der europäischen Grenzen und der zunehmend globalisierten Welt[1298] arbeiten in deutschen Betrieben weniger ausländische Arbeitnehmer als in den Betriebsstätten, die in anderen Mitgliedstaaten liegen.[1299]

Ein Vergleich mit dem typischen indirekt diskriminierenden Anknüpfungsmerkmal, dem Wohnsitz, bestätigt diese Einschätzung.[1300] So hat der Gerichtshof hinsichtlich des Merkmals Wohnsitz schon mehrfach auf die indirekt diskriminierende Wirkung verwiesen.[1301] Unterschiede zwischen Wohnsitz und Betriebsort sind meiner Ansicht nach jedoch kaum erkennbar. Ganz überwiegend wohnen die Arbeitnehmer eines inländischen Betriebs auch im Inland und die Arbeitnehmer eines ausländischen Betriebs im Ausland. Einzig in grenznahen Betrieben können hier Verschiebungen vorhanden sein. Da die allermeisten Betriebe nicht direkt an der Grenze zu anderen Staaten liegen, kann der Wohnsitz und der Betriebsort somit gleichgestellt werden.[1302] Zudem reicht es dem Gerichtshof aus, wenn die Gefahr besteht, dass die Regelung ausländische Arbeitnehmer besonders benachteiligt.[1303]

Weiterhin spricht für eine Gleichstellung der beiden Merkmale, dass auch andere „geographische Anknüpfungspunkte“[1304] wie der Geburtsort, der Herkunftsort oder der Ort des Qualifikationserwerbs bisher regelmäßig zum Vorliegen einer indirekten Diskriminierung geführt haben.[1305] Einen Nachweis durch umfangreiche Statistiken fordert der Gerichtshof an dieser Stelle regelmäßig nicht.[1306] Es wäre aber sicherlich

---

1298 Vgl. die Beiträge in *Fischer/Gossel*, Migration in internationaler Perspektive, passim.

1299 *Kisker*, Unternehmensmitbestimmung bei Auslandsgesellschaften, S. 182 f.; *Hellwig/Behme*, AG 2009, S. 261 (265); *Rieble/Latzel*, EuZA 2011, S. 145 (151 f.).

1300 *Franzen* in: Streinz, EUV/AEUV, Art. 45 AEUV Rn. 83; *Frenz*, Europarecht I, Rn. 1892, 1898; *Wißmann* in: ErfKom, Art. 45 AEUV Rn. 47. Vgl. im Steuerrecht auch *Wernsmann* in: Schulze/Zuleeg/Kadelbach, Europarecht, § 30 Rn. 87.

1301 Beispielsweise EuGH, Rs. C-269/07 (Riester-Förderung) Slg. 2009, I-7811; EuGH, Rs. C-350/96 (Clean Car) Slg. 1998, I-2521; EuGH, Rs. C-35/97, Slg. 1993, I-817; EuGH, Rs. C-266/95 (Garcia) Slg. 1997, I-3279. Vgl. auch *Forsthoff* in: Grabitz/Hilf/Nettesheim, Recht der EU, Art. 45 AEUV Rn. 257.

1302 *Kisker*, Unternehmensmitbestimmung bei Auslandsgesellschaften, S. 182 f.

1303 EuGH, Rs. C-269/07 (Riester-Förderung) Slg. 2009, I-7811 Rn. 54.; EuGH, Rs. C57/96 (Meints) Slg. 1997, I6689 Rn. 48; EuGH, Rs. C237/94 (O´Flynn) Slg. 1996, I-2617 Rn. 21. Vgl. *Brechmann* in: Calliess/Ruffert, EUV/AEUV, Art. 45 AEUV Rn. 47; *Forsthoff* in: Grabitz/Hilf/Nettesheim, Das Recht der EU, Art. 45 AEUV Rn. 253; *Franzen* in: Streinz, EUV/AEUV, Art. 45 AEUV Rn. 83; *Epiney*, NVwZ 2011, S. 976 (982).

1304 *Wißmann* in: ErfKom, Art. 45 AEUV Rn. 48

1305 EuGH, Rs. C-258/04, Slg. 2005, I-8275 Rn. 27 f.; EuGH, Rs. C-281/98 (Angonese) Slg. 2000, I-4139 Rn. 39 ff. Vgl. auch die Beispiele bei *Forsthoff* in: Grabitz/Hilf/Nettesheim, Das Recht der EU, Art. 45 AEUV Rn. 257; *Frenz*, Europarecht I, Rn. 1902 f.

1306 EuGH, Rs. C237/94 (O´Flynn) Slg. 1996, I-2617 Rn. 21. Früher zumindest bei mittelbaren Geschlechterdiskriminierungen noch anders vgl. *Schlechter/Seifert* in: Schulze/Zuleeg/Kadelbach, Europarecht, § 39 Rn. 15.

nicht schwer in ausländischen Betrieben den schon an anderer Stelle für ausreichend befundenen 75prozentigen Ausländeranteil zu erreichen.[1307] Insofern liegt in der Betriebszugehörigkeit ein indirekt diskriminierendes Merkmal vor.

b.) Vorschlagsrecht der inländischen Gewerkschaften

Auch das Vorschlagsrecht der inländischen Gewerkschaften könnte eine indirekte Diskriminierung der ausländischen Arbeitnehmer darstellen. Nur Gewerkschaften, die im Unternehmen vertreten sind, dürfen Vorschläge für die Gewerkschaftsvertreter im Aufsichtsrat einreichen.[1308] Eine Legaldefinition der Gewerkschaft fehlt zwar, doch kann diese nach den allgemeinen arbeitsrechtlichen Grundsätzen als privatrechtliche Vereinigung in der Form eines rechtsfähigen oder nicht rechtsfähigen Vereins, die auf der Basis des freiwilligen Zusammenschlusses von Arbeitnehmern gegnerfrei mit dem Ziel organisiert ist, die arbeitsrechtlichen Beziehungen zwischen Arbeitnehmern und Arbeitgebern kollektiv zu gestalten, angesehen werden.[1309]

Eine direkte Diskriminierung der ausländischen Gewerkschaften liegt an dieser Stelle nicht vor.[1310] Gewerkschaften selbst können zwar Verpflichtete der Grundfreiheiten sein, sich aber nicht auf diese berufen,[1311] weil sie keine wirtschaftliche Tätigkeit im Sinne des Art. 54 AEUV, sondern lediglich berufliche Interessen ihrer Mitglieder verfolgen.[1312]

Die Tatsache, dass ausländische Gewerkschaften gegenüber inländischen schlechter gestellt werden, ist aber meiner Ansicht nach ebenfalls als eine indirekte Diskriminierung der im Ausland arbeitenden Arbeitnehmer zu qualifizieren.[1313] Diese indirekte Diskriminierung erfolgt durch die Tatsache, dass inländische Gewerkschaften hauptsächlich Mitglieder ihrer Gewerkschaft berufen.[1314] Diese Mit-

---

1307 EuGH, Rs. C-90/96, Slg. 1997, I-6527 Rn. 57. Dazu *Riesenhuber*, Europäisches Arbeitsrecht, § 3 Rn. 34.

1308 *Oetker* in: ErfKom, § 7 MitbestG Rn. 4; *Henssler* in: Ulmer/Habersack/ders., Mitbestimmungsrecht, § 7 MitbestG Rn. 70; *Raiser/Jacobs* in: dies./Veil, MitbestG/DrittelbG, § 7 MitbestG Rn. 19.

1309 *Henssler* in: Ulmer Habersack/ders., Mitbestimmungsrecht, § 7 MitbestG Rn. 57 ff.; *Raiser/Jacobs* in: dies./Veil, MitbestG/DrittelbG, § 7 MitbestG Rn. 15 ff. Weitergehend zum Gewerkschaftsbegriff *Richardi* in: ders., BetrVG, § 2 Rn. 39 ff.

1310 Ausführlich dazu *Latzel*, Gleichheit in der Unternehmensmitbestimmung, Rn. 154 ff.

1311 Vgl. beispielsweise *Pießkalla*, NZA 2007, S. 1144 (1145 ff.).

1312 *Jung* in: Schwarze, EU-Kommentar, Art. 54 AEUV Rn. 7; *Pache* in: Schulze/Zuleeg/Kadelbach, § 10 Rn. 38.

1313 In diese Richtung auch *Latzel*, Gleichheit in der Unternehmensmitbestimmung, Rn. 161.

1314 Vgl. zur Ausnahme bei der *DaimlerChrysler AG* in Kapitel 3 C. II. 1.) a.) bb.) (3) sowie zu den Abführungsregelungen *Sünner*, AG 2012, S. 265 (273); *Fischer/Theuner*, AuR 2011, S. 466 ff.

glieder sind wiederum ganz überwiegend inländische Staatsangehörige.[1315] Damit liegt auch hier eine indirekte Diskriminierung vor.

3.) Ungleichbehandlung durch den deutschen Hoheitsträger

Die gerade dargestellten Ungleichbehandlungen müssen auch durch denselben Rechtsträger geschehen. Die Tatsache, dass ein Arbeitnehmer in einem Mitgliedstaat weniger Rechte besitzt als in einem anderen Mitgliedstaat, stellt noch keine Diskriminierung im Sinne des Art. 45 Abs. 2 AEUV dar.[1316] Paradebeispiel für diesen Fall sind die unterschiedlichen Steuersysteme der Mitgliedstaaten. Es stellt keine Diskriminierung dar, dass eine Person in einem Mitgliedstaat höhere Steuern zahlen muss als in einem anderen.[1317] Insofern wird argumentiert, dass Arbeitnehmer in einem Mitgliedstaat mehr Rechte haben können als in einem anderen. So gilt im Individual- und Kollektivarbeitsrecht auch nach ersten Harmonisierungsversuchen durch den Unionsgesetzgeber weitgehend das jeweilige nationale Arbeitsrecht.[1318]

Dieser Einwand gilt meiner Ansicht nach jedoch nicht bei der Unternehmensmitbestimmung.[1319] Nur der deutsche Gesetzgeber kann die Verfassung für deutsche Gesellschaften regeln. Zu dieser gehört insbesondere auch die Corporate Governance der jeweiligen Gesellschaftsform.[1320] Ein anderer Hoheitsträger könnte keine umfassende Mitbestimmung in deutschen Gesellschaftsformen und deren Organen implementieren, weil dies gegen die Niederlassungsfreiheit verstoßen würde.[1321] Anders ist dies hingegen bei der betrieblichen Mitbestimmung, da diese außerhalb des Gesellschaftsrechts stattfindet und insofern auch nicht in die jeweilige Unternehmensverfassung eingreift.[1322]

Gegen eine solche Möglichkeit der Implementierung durch den ausländischen Gesetzgeber spricht auch, dass dieser die Wählbarkeit anderer Aufsichtsratsmit-

---

1315 *Latzel*, Gleichheit in der Unternehmensmitbestimmung, Rn. 161.

1316 *von Bogdandy* in: Grabitz/Hilf/Nettesheim, Recht der EU, Art. 18 AEUV Rn. 9; *Epiney* in: Calliess/Ruffert, EUV/AEUV, Art. 18 AEUV Rn. 9 f.; *Holoubek* in: Schwarze, EU-Kommentar, Art. 18 AEUV Rn. 9 f.

1317 *Wernsmann* in: Schulze/Zuleeg/Kadelbach, Europarecht, § 30 Rn. 89.

1318 Vgl. zu den Harmonisierungsversuchen in Kapitel 3 B. II.

1319 A. A. aber wohl im Rahmen der Prüfung eines Rechtfertigungsgrundes GA Saugmandsgaard Øe, Schlussanträge zu EuGH, Rs. C-566/15 (Erzberger), Celex-Nr. 62015CC0566, Rn. 106.

1320 Vgl. zur Gründungstheorie in Kapitel 3 C. I. 1.).

1321 Selbst die Autoren, die eine Implementierungsmöglichkeit durch den fremden Hoheitsträger befürworten, sehen hier nur eingeschränkte Möglichkeiten, beispielsweise bei Briefkastengesellschaften. Vgl. dazu in Kapitel 3 C. I. 2.), insbesondere die Nachweise in Fn. 521.

1322 Auch der Gerichtshof sieht in der Unternehmensmitbestimmung sowohl Elemente des Arbeitsrechts als auch des Gesellschaftsrechts. Vgl. EuGH, Rs. C-566/15 (Erzberger), Celex-Nr. 62015CJ0566, Rn. 38.

glieder ebenfalls nicht nur auf Personen beschränken könnte, welche die deutsche Staatsangehörigkeit besitzen, in Deutschland ihren Wohnsitz haben oder zumindest in einer gewissen Weise in Deutschland verwurzelt sind. Bei anderen Organmitgliedern einer Gesellschaft hat der Gerichtshof ein Wohnsitzerfordernis schon als indirekte Diskriminierung angesehen.[1323] Somit wird die Ungleichbehandlung zwischen Arbeitnehmern mit Betriebszugehörigkeit in Deutschland und Arbeitnehmern mit Betriebszugehörigkeit im Ausland vom selben Hoheitsträger vorgenommen.

Dies würde im Übrigen sowohl für unselbständige Niederlassungen einer deutschen Gesellschaft als auch für Konzernsachverhalte gelten, da auch bei diesen lediglich die Gesellschaftsverfassung der deutschen Muttergesellschaft betroffen ist.[1324] Ob die ausländischen Rechtsordnungen für die ausländischen Tochtergesellschaften ein entgegenstehendes sogenanntens Negativggesetz erlassen können, ist keine Frage der Diskiminierung oder der Beschränkung der Arbeitnehmerfreizügigkeit, sondern eine Frage der Rechtfertigung einer solchen.[1325]

IV. Rechtfertigung

Wie im vorherigen Kapitel herausgearbeitet, können indirekte Diskriminierungen durch geschriebene und ungeschriebene Gründe gerechtfertigt werden.[1326] Geschriebene Rechtfertigungsgründe sind jedoch nicht einschlägig.[1327] In der Literatur werden die im Folgenden angesprochenen Rechtfertigungsgründe für die Diskriminierung der im Ausland arbeitenden Arbeitnehmer genannt. Dabei wird an dieser Stelle nach den inhaltlichen Rechtfertigungsgründen und der lediglich formal als Rechtfertigungsgrund einzuordnenden völkerrechtlichen Unmöglichkeit differenziert.

1.) Inhaltliche Rechtfertigungsgründe

Inhaltliche Gründe können sowohl der Arbeitnehmerschutz als auch die Koalitionsfreiheit darstellen. Der Arbeitnehmerschutz wird dabei hinsichtlich der indirekten Diskriminierung aufgrund der Betriebszugehörigkeit diskutiert. Die Koalitionsfreiheit soll die indirekte Diskriminierung aufgrund des ausschließlichen Vorschlagsrechts der deutschen Gewerkschaften rechtfertigen.

1323 EuGH, Rs. C-350/96 (Clean Car) Slg. 1998, I-2521, Rn. 30.

1324 Vgl. in diese Richtung auch GA *Saugmandsgaard Øe*, Schlussanträge zu EuGH, Rs. C-566/15 (Erzberger), Celex-Nr. 62015CC0566, Rn. 96.

1325 Zur Regelungsmöglichkeit des Gesetzgebers vgl. deshalb in diesem Kapitel unter A. IV. 2.).

1326 Zur Arbeitnehmerfreizügigkeit *Frenz*, Europarecht I, Rn. 2053; *Schneider/Wunderlich* in: Schwarze EU-Kommentar, Art. 45 AEUV Rn. 44.

1327 Vgl. dazu Kapitel 4 II. 3.) a.).

a.) *Arbeitnehmerschutz*

Ein allgemeines Grundrecht auf Mitbestimmung gibt es in der Union nicht. Art. 27 GRC gewährleistet zwar Anhörungs- und Unterrichtungsrechte,[1328] aber keine tatsächliche Mitbestimmung.[1329] Der Schutz der Arbeitnehmer wird aber vom Gerichtshof als ungeschriebener Rechtfertigungsgrund anerkannt.[1330] Die Arbeitnehmermitbestimmung als Teil dieses Schutzes kann somit grundsätzlich als ein zwingender Grund des Allgemeinwohls angesehen werden.[1331] Dieses Ergebnis wird auch durch die primärrechtlichen[1332] und sekundärrechtlichen Regelungen[1333] gestützt, welche die Mitbestimmung der Arbeitnehmer in der Europäischen Union als schützenswert ansehen.[1334]

Teilweise wird jedoch diskutiert, dass die Unternehmensmitbestimmung nicht Teil der Arbeitnehmermitbestimmung sei und deshalb nicht als zwingender Grund des Allgemeininteresses angesehen werden könne.[1335] Diese Art der Mitbestimmung zielt nicht in erster Linie auf den Schutz des einzelnen Arbeitnehmers ab. Die Arbeitnehmervertreter müssen sich am Unternehmensinteresse orientieren.[1336] Daher soll die Unternehmensmitbestimmung eher mit dem Mindestkapital zum Gläubigerschutz vergleichbar sein.[1337] Beides zielt auf einen objektiven Schutz bestimmter Interessen ab. Andererseits wohnt auch der Unternehmensmitbestimmung im Kern der Schutz der Arbeitnehmer inne. Auch wenn die Vertreter nach objektiven Kriterien entscheiden müssen, sind sie Teil des Schutzes der Arbeitnehmerinteressen.[1338]

1328 *Jarass* in: ders, Grundrechtscharta, Art. 27 GRC Rn. 7; *Riedel* in: Meyer, Grundrechtscharta, Art. 27 GRC Rn. 22 f.

1329 *Krebber* in: Calliess/Ruffert, EUV/AEUV, Art. 27 GRC Rn. 15.

1330 EuGH, Rs. C-279/00, Slg. 2002, I-1425, Rn. 19; EuGH, Rs. C-208/00 (Überseering) Slg. 2002, I-9919 Rn. 92.

1331 Statt vieler *Kieninger*, ZGR 1999, S. 724 (744); *Kindler*, NJW 2003, S. 1073 (1079); *Thüsing*, ZIP 2004, S. 381 (385 ff.); *Heuschmid*, Mitentscheidung durch Arbeitnehmer, S. 66 ff.; a.A. *Sandrock*, AG 2004, S. 57 (65 f.); *Hammen*, WM 1999, S. 2487 (2495).

1332 Vgl. *Krebber* in: Calliess/Ruffert, EUV/AEUV, Art. 153 AEUV Rn. 20.

1333 Vgl. *Benecke* in: Grabitz/Hilf/Nettesheim, Das Recht der Europäischen Union, Art. 153 AEUV Rn. 88 sowie ausführlich zu den verschiedenen Richtlinien in Kapitel 3 B.

1334 *Weiss/Seifert*, ZGR 2009, S. 542 (552 ff.); *Forsthoff*, Niederlassungsfreiheit für Gesellschaften, S. 184 ff.; *Kersting*, NZG 2003, S. 9 (10). Vgl. zum Grundrechtsschutz in diesem Bereich in Kapitel 4 C. III. 1.) b.).

1335 *Eidenmüller*, ZIP 2002, S. 2233 (2242); *Bock*, Mitbestimmung und Niederlassungsfreiheit, S. 146 ff.; *Schockenhoff*, AG 2012, S. 185 (189). Zur Diskussion *Rehberg* in: Eidenmüller, Ausländische Kapitalgesellschaften, § 6 Rn. 40 ff.; *Weiss/Seifert*, ZGR 2009, S. 542 (557);

1336 Vgl. dazu in Kapitel 2 D. III.

1337 *Schockenhoff*, AG 2012, S. 185 (189).

1338 *Kisker*, Unternehmensmitbestimmung bei Auslandsgesellschaften, S. 191 f.; *Thüsing*, ZIP 2004, S. 381 (385).

Zudem hat der Gerichtshof in der VW-Entscheidung ausdrücklich festgestellt, dass die deutsche Unternehmensmitbestimmung auch dem Arbeitnehmerschutz dient.[1339]

Die gerade dargestellte Diskussion zum Arbeitnehmerschutz wurde jedoch im Rahmen der Niederlassungs- und Kapitalverkehrsfreiheit geführt.[1340] Hier wurden Einschränkungen der Mitgliedstaaten hinsichtlich der Freiheiten von Gesellschaften und Anlegern mit Arbeitnehmerschutzinteressen gerechtfertigt. Im vorliegenden Fall soll jedoch die Einschränkung der Arbeitnehmerfreizügigkeit mit Arbeitnehmerschutzinteressen anderer Arbeitnehmer gerechtfertigt werden. Ein solch differenzierter Arbeitnehmerschutz ist nur bei unterschiedlichen Schutzniveaus der jeweiligen Gruppen möglich. Der legitime Zweck liegt dabei darin, dass das Schutzniveau der Schutzbedürftigkeit der jeweiligen Arbeitnehmergruppe angepasst wird.[1341] Somit müsste an dieser Stelle ein unterschiedliches Schutzbedürfnis zwischen im Ausland arbeitenden Arbeitnehmern und im Inland arbeitenden Arbeitnehmern vorhanden sein. Allerdings haben die im Ausland arbeitenden Arbeitnehmer ein ebenso großes Interesse an der Mitbestimmung in ‚ihrem' Unternehmen wie ihre inländischen Kollegen.[1342] Gerade bei Unternehmensverlagerungen ist dieses Bedürfnis offensichtlich.[1343] Beide Gruppen sind beim selben Unternehmen angestellt und möchten in diesem an den Entscheidungen partizipieren. Insofern kann dieser Grund die Diskriminierung nicht rechtfertigen.

b.) Koalitionsfreiheit

Beim Vorschlagsrecht inländischer Gewerkschaften könnte die Koalitionsfreiheit in Verbindung mit Art. 153 Abs. 5 AEUV als Rechtfertigungsgrund in Betracht gezogen werden.[1344] Die Koalitionsfreiheit alleine kommt als Rechtfertigungsmöglichkeit nicht in Betracht. Die Koalitionsfreiheit gewährleistet gem. Art. 12 GRC nur die Rechte der Arbeitnehmer zum Zugang und der Gründung von Gewerkschaften.[1345] Insofern läge hier nur eine Verstärkung des Schutzniveaus der ausländischen Ar-

1339 EuGH, Rs. C-112/05 (VW-Gesetz) Slg. 2007, I-8995 Rn. 75 f. Vgl. auch *Kilian*, NJW 2007, S. 3469 (3470).

1340 Vgl. zu diesen Grundfreiheiten ausführlich in Kapitel 5 C. und Kapitel 6.

1341 *van Medem*, NZA 2009, S. 1072 (1074). Vgl. zu zulässigen Differenzierungsgründen beispielsweise *Wiedemann/Thüsing*, NZA 2002, S. 1234 (1237 ff.).

1342 *Heuschmid*, Mitentscheidung durch Arbeitnehmer, S. 236 ff. Dies verkennt *Lubitz*, Modernisierung der Unternehmensmitbestimmung, S. 129.

1343 Vgl. dazu in Kapitel 6 A. III.

1344 Grundsätzlich ist Art. 153 Abs. 5 als Bereichsausnahme schon beim sachlichen Anwendungsbereich zu prüfen. Durch die inhaltliche Nähe mit dem Rechtfertigungsgrund der Koalitionsfreiheit wird dies jedoch an dieser Stelle gemeinsam abgehandelt.

1345 *Jarass*, Grundrechtscharta, Art. 12 GRC Rn. 24; *Ruffert* in: Calliess/ders., EUV/AEUV, Art. 12 GRC Rn. 15; *Bernsdorff* in: Meyer, Grundrechtscharta, Art. 12 GRC Rn. 17.

beitnehmer und keine Rechtfertigungsmöglichkeit der Ausgrenzung vor.[1346] Die im Ausland arbeitenden Arbeitnehmer haben jedoch das Recht, einer deutschen Gewerkschaft beizutreten, sodass hier überhaupt kein Eingriff in das Grundrecht der Vereinigungsfreiheit besteht. Ebenfalls nicht einschlägig ist an dieser Stelle Art. 28 GRC, der lediglich das Recht auf Kollektivmaßnahmen beinhaltet.[1347] Ein ausschließliches Recht inländischer Gewerkschaften wird hierdurch nicht eingeräumt.

Doch auch in Verbindung mit Art. 153 Abs. 5 AEUV ist die Koalitionsfreiheit nicht einschlägig. Diese Bereichsausnahme nimmt zwar die originären gewerkschaftlichen Rechte vom Unionsrecht aus; die bloße Einbeziehung der Gewerkschaften in die Unternehmensmitbestimmung macht die Unternehmensmitbestimmung an sich jedoch nicht zu gewerkschaftlichen Rechten.[1348] Die Mitbestimmung in Unternehmen ist zudem unter Art. 153 Abs. 1 f) AEUV zu fassen, sodass die Union hier Handlungsmöglichkeiten besitzt.[1349] Insofern kann die ausschließliche Einbeziehung der im Inland arbeitenden Arbeitnehmer in die deutsche Unternehmensmitbestimmung nicht durch die Koalitionsfreiheit gerechtfertigt werden und ist auch nicht von der Bereichsausnahme erfasst.[1350]

c.) Ergebnis

Somit kann festgestellt werden, dass die Mitgliedstaaten gegenüber der Diskriminierung von im Ausland arbeitenden Arbeitnehmern keine inhaltlichen Rechtfertigungsgründe vorbringen können.[1351] Weder der Arbeitnehmerschutz im Allgemeinen, noch die Bereichsausnahme zur Koalitionsfreiheit im Besonderen ist einschlägig. Die Ausgestaltung der Unternehmensmitbestimmung soll die deutschen Arbeitnehmer gegenüber ihren im Ausland arbeitenden Kollegen privilegieren. Gerade ein solcher Schutz gegenüber ausländischen Arbeitnehmern ist jedoch im Sinne eines europäischen Arbeitsmarkts nicht wünschenswert.

2.) Völkerrechtliche Unmöglichkeit

Aufgrund der fehlenden inhaltlichen Rechtfertigungsgründe wird von vielen Autoren das Territorialitätsprinzip als durchschlagskräftigstes Argument zur Rechtferti-

---

1346 Vgl. dazu in Kapitel 4 III. 3.) b.) bb.).

1347 *Jarass*, Grundrechtscharta, Art. 28 GRC Rn. 6 f.; *Riedel* in: Meyer, Grundrechtscharta, Art. 28 GRC Rn. 22 ff.

1348 Vgl. dazu in Kapitel 2 D. II.

1349 *Krebber* in: Calliess/Ruffert, EUV/AEUV, Art. 153 AEUV Rn. 20; *Benecke* in: Grabitz/Hilf/Nettesheim, Recht der EU, Art. 153 AEUV Rn. 88.

1350 *Latzel*, Gleichheit in der Unternehmensmitbestimmung, Rn. 161.

1351 Auch der Generalanwalt in der Angelegenheit Erzberger sieht lediglich im aktuellen Stand des Unionsrechts einen Rechtfertigungsgrund und damit ebenfalls keinen inhaltlichen. Vgl. GA Saugmandsgaard Øe, Schlussanträge zu EuGH, Rs. C-566/15 (Erzberger), Celex-Nr. 62015CC0566, Rn. 101. Vgl. dazu ausführlich in Kapitel 8 unter C. II. 2.).

gung der Diskriminierung der im Ausland arbeitenden Arbeitnehmer angesehen.[1352] Dieses Prinzip soll dem deutschen Gesetzgeber verbieten, Regelungen für die im Ausland arbeitenden Arbeitnehmer zu treffen. Wenn dieser keine Regelungen erlassen kann, welche die im Ausland arbeitenden Arbeitnehmer einbeziehen, stellt dies ebenfalls einen Rechtfertigungsgrund dar.

Schon seit den Siebzigerjahren ist die Frage, ob dieses Prinzip die Einbeziehung der im Ausland arbeitenden Arbeitnehmer in die deutsche Unternehmensmitbestimmung verbietet, heftig umstritten.[1353] Allerdings belassen es die meisten Autoren bei einem bloßen Verweis auf das Prinzip, ohne es näher darzustellen. Im Folgenden wird deshalb zunächst das Territorialitätsprinzip völkerrechtlich hergeleitet und eingebettet. Anschließend ist die bisher knappe Rechtsprechung zu diesem Themenkomplex zu analysieren sowie der Meinungsstand in der Literatur darzustellen. Abschließend wird zur grundsätzlichen Anwendbarkeit und Reichweite des Territorialitätsprinzips außerhalb und innerhalb der Union Stellung genommen.

Bei der zu behandelnden Fragestellung muss beachtet werden, dass sich die Diskussion bezüglich des Territorialitätsprinzips oftmals um Auslegungsfragen des geltenden Mitbestimmungsgesetzes drehte. Das hierbei gefundene Ergebnis, dass nach herrschender Ansicht de lege lata keine im Ausland arbeitenden Arbeitnehmer einbezogen werden,[1354] kann an dieser Stelle nicht weiterhelfen. Bei der Frage, ob das Territorialitätsprinzip als Rechtfertigungsgrund einer Diskriminierung gelten kann, geht es um die potentielle Regelungskompetenz des deutschen Gesetzgebers und nicht um die davon zu trennende Auslegung des geltenden Rechts.[1355]

a.) Vorüberlegungen und Herleitung des Territorialitätsprinzips

Die Staaten, insbesondere auch Deutschland,[1356] haben sich zur Einhaltung von Völkergewohnheitsrecht und völkerrechtlicher Verträge verpflichtet.[1357] Deshalb werden nun die wichtigsten Prinzipien für die Anwendbarkeit nationaler Normen im Ausland dargestellt. Die nachfolgend skizzierte Diskussion um das Verhältnis einer Ausweitung der deutschen Unternehmensmitbestimmung zum völkerrecht-

---

1352 Vgl. nur *Schwark*, AG 2004, S. 172 (174 f.); *Ulmer*, ZHR 2002, S. 271 (274); *Hoffmann/Lehmann/Weidmann*, MitbestG, § 1 Rn. 41.

1353 Vgl. beispielsweise *Grasmann*, ZGR 1973, S. 317 (327 f.); *Däubler*, RabelsZ 1975, S. 444 (453 f.); *Bayer*, ZGR 1977, S. 173 (177 f.); *Lutter*, ZGR 1977, S. 195 (208); *Duden*, ZHR 1977, S. 145 (182 f.); *Steindorff*, ZHR 1977, S. 457 (459 f.).

1354 Vgl. dazu ausführlich in Kapitel 3 C. II.

1355 So schon *Kisker*, Unternehmensmitbestimmung bei Auslandsgesellschaften, S. 248. Vgl. auch GA *Saugmandsgaard Øe*, Schlussanträge zu EuGH, Rs. C-566/15 (Erzberger), Celex-Nr. 62015CC0566, Rn. 99.

1356 *von Arnauld*, Völkerrecht, Rn. 503 ff.

1357 *Aden*, Internationales Wirtschaftsrecht, S. 11, 27 ff.; ausführlich *Bleckmann*, Völkerrecht, Rn. 195 ff.; Rn. 278 ff.; *Fischer/Köck*, Völkerrecht, Rn. 141 ff. Zum Verhältnis der deutschen Rechtsordnung und Völkerrecht *Schmahl*, JuS 2013, S. 961 ff.

lichen Territorialitätsprinzip kann nicht geführt werden, ohne dass dieses Prinzip und dessen völkerrechtliches Umfeld bestimmt wird.

aa.) Staatsmacht

Grundsätzlich umfasst die Staatsmacht nach völkerrechtlichen Grundsätzen sowohl die Gebiets- als auch die Personalhoheit.[1358] Die Gebietshoheit besagt, dass ein Staat seine Staatsmacht auf seinem Staatsgebiet ausüben darf.[1359] Die Personalhoheit umfasst die Staatsmacht gegenüber seinen Staatsangehörigen innerhalb und außerhalb des Staatsgebiets.[1360] Dabei enthält die Staatsmacht grundsätzlich sowohl die Regelungs- als auch die Überprüfungs- und Durchsetzungskompetenz.[1361] Allerdings ist der Staat nur auf seinem Staatsgebiet zur Überprüfung und Durchsetzung seiner Regelungen berechtigt.[1362] Hierunter ist die Vornahme sämtlicher Hoheitsakte zu verstehen.[1363] Während es somit bei diesen beiden Kompetenzen zu keinen Überschneidungen mit anderen Staaten kommen kann, gibt es bei der Regelungskompetenz von Sachverhalten, welche einen Staatsangehörigen des Staats A auf dem Staatsgebiet des Staats B betreffen, oftmals Überschneidungen.[1364] Besonders deutlich wird dies im Strafrecht, in dem beispielweise in Staat A ein Verhalten einer Person unter Strafe gestellt ist und dasselbe Verhalten von Staat B sanktionslos bleibt.[1365]

bb.) Prinzipien des Völkerrechts

Als Ausfluss der Gebietshoheit kann das Territorialitätsprinzip angesehen werden: „Danach kann ein Staat Rechte und Pflichten für Personen begründen, die sich auf seinem Staatsgebiet aufhalten, sowie den Status von Personen und Sachen auf seinem Staatsgebiet regeln. Daneben kann ein Staat in bestimmtem Umfang ein Verhalten außerhalb seines Staatsgebiets seinem Recht unterwerfen, um bestimmte staatliche Interessen zu schützen. Das im Sinne der heutigen Staatenpraxis weit zu

---

1358 *Stein/von Buttlar/Kotzur*, Völkerrecht, Rn. 534 ff.; *Herdegen*, Völkerrecht, §§ 23, 25.

1359 *Stein/von Buttlar/Kotzur*, Völkerrecht, Rn. 536.; *Bleckmann*, Völkerrecht, Rn. 446 ff.; *Aden*, Internationales Wirtschaftsrecht, S. 41 f; Ipsen, Völkerrecht, § 5 Rn. 59 ff.

1360 *Stein/von Buttlar/Kotzur*, Völkerrecht, Rn. 560, *Bleckmann*, Völkerrecht, Rn. 459 ff.; *Ipsen*, Völkerrecht, § 5 Rn. 78 ff. Vgl. zur Personalhoheit der Europäischen Union *Schmahl* in: FS Hailbronner, S. 339 ff.

1361 *Stein/von Buttlar/Kotzur*, Völkerrecht, Rn. 536; *Drohla* in: Heintschel von Heinegg, Völkerrecht, Rn. 474.

1362 *Stein/von Buttlar/Kotzur*, Völkerrecht, Rn. 609; *Kau* in: Vitzthum, Völkerrecht, 3. Abschnitt Rn. 154; *von Arnauld*, Völkerrecht, Rn. 335; *Kempen/Hillgruber*, Völkerrecht, § 18 Rn. 25; *Zimmer*, Internationales Gesellschaftsrecht, S. 153.

1363 Vgl. ein Beispiel bei *Herdegen*, Völkerrecht, § 23 Rn. 3.

1364 *Knobbe-Keuk*, ZHR 1990, S. 325 (348 f.).

1365 *Kempen/Hillgruber*, Völkerrecht, § 18 Rn. 25; vgl. dazu ausführlich *Bleckmann*, Völkerrecht, Rn. 509 ff.

verstehende Territorialitätsprinzip gestattet es auch, Vorgänge in anderen Staaten mit Auswirkungen auf das eigene Staatsgebiet zu regeln (Wirkungsprinzip)."[1366] Nach dieser Definition umfasst das Territorialitätsprinzip zunächst einmal die Hoheit auf seinem eigenen Gebiet.[1367]

Interessant ist jedoch der letzte Satz der Definition, da ein Staat damit auch Sachverhalte außerhalb seines Gebietes regeln darf, sofern diese Auswirkungen auf das eigene Staatsgebiet aufweisen. Hier stellt sich die Frage, welche Vorgänge unter dieses Wirkungsprinzip zu fassen sind. Teilweise werden hierunter sämtliche Vorgänge mit irgendwie gearteten Auswirkungen auf das eigene Staatsgebiet verstanden, teilweise werden zumindest direkte, vorhersehbare und spürbare Auswirkungen verlangt.[1368] Allgemein handelt es sich beim Wirkungsprinzip um eine besondere Ausformung der sachlichen Verknüpfung eines Sachverhalts mit einem ausländischen Staat als Ausnahme zur Gebietshoheit.[1369] Wirkt sich eine Sache in einem anderen Staat aus, beispielsweise Emissionen im Umweltschutz, darf auch der betroffene Staat Regelungen erlassen.[1370] So kann etwa auch ein Import- oder Verkaufsverbot für Thunfische, die nicht nach bestimmten Umweltkriterien gefangen wurden, auch auf andere Staaten erheblich auswirken.[1371]

Auswirkungen auf das Inland können aber auch durch die Anknüpfung an die inländische Staatsangehörigkeit entstehen.[1372] Diese Anknüpfung wird mit dem aktiven Personalitätsprinzip umschrieben.[1373] Es ist Ausfluss der Personalhoheit und beinhaltet die Regelungsgewalt bezüglich des Verhaltens der eigenen Staatsangehörigen auch im Ausland.[1374] Allerdings kann dies nur für die eigenen natürlichen und juristischen Personen gelten.[1375] Bei ausländischen Personen sind die Auswirkungen indirekter. Umstritten ist dabei beispielsweise, ob auch ausländische Tochtergesellschaften einer inländischen Konzernmutter vom Personalitätsprinzip umfasst werden.[1376] Dies wird zumeist mit dem Verweis auf die ansonsten damit

1366 *Herdegen*, Völkerrecht, § 23 Rn. 5.

1367 *Stein/von Buttlar/Kotzur*, Völkerrecht, Rn. 535; *von Arnauld*, Völkerrecht, Rn. 334.

1368 Vgl. dazu *Herdegen*, Völkerrecht, § 26 Rn. 5 ff.; *Stein/von Buttlar/Kotzur*, Völkerrecht, Rn. 601 ff.; kritisch *Kropholler*, Internationales Privatrecht, S. 53.

1369 *Aden*, Internationales Wirtschaftsrecht, S. 41.

1370 *Kempen/Hillgruber*, Völkerrecht, § 18 Rn. 26; *Aden*, Internationales Wirtschaftsrecht, S. 42; *Gramlich*, Internationales Wirtschaftsrecht, S. 197.

1371 Vgl. der Tuna-Dolphin-Fall, abrufbar unter: www.wto.org/english/tratop_e/envir_e/edis04_e.htm (27.02.2013).

1372 *Herdegen*, Völkerrecht, § 26 Rn. 9; *Aden*, Internationales Wirtschaftsrecht, S. 41; siehe auch *Kress/Herbst*, RIW 1997, S. 630 (634).

1373 *Stein/von Buttlar/Kotzur*, Völkerrecht, Rn. 617.

1374 *Herdegen*, Völkerrecht, § 26 Rn. 9; *Stein/von Buttlar/Kotzur*, Völkerrecht, Rn. 617.

1375 Zur „Staatsangehörigkeit" von juristischen Personen vgl. *Herdegen*, Völkerrecht, § 25 Rn. 9; *Stein/von Buttlar/Kotzur*, Völkerrecht, Rn. 571; *Bleckmann*, Völkerrecht, Rn. 473.

1376 *Tietje*, Internationales Wirtschaftsrecht, § 1 Rn. 118 f.

einhergehende Einschränkung der Gebiets- und Personalhoheit des anderen Staats verneint.[1377] Allerdings können aus dem Zusammenspiel des Wirkungs- und Personalitätsprinzips durchaus Ausnahmen zu machen sein, welche noch darzustellen sind.[1378]

cc.) Regelungen mit Bezügen zu unterschiedlichen Staaten

Für die weitere Prüfung kann festgehalten werden, dass es sich bei der Einbeziehung der im Ausland arbeitenden Arbeitnehmer um einen Sachverhalt handelt, welcher Bezüge zu unterschiedlichen Staaten aufweist. So hat ein Staat ein Regelungsbedürfnis hinsichtlich ‚seiner' Gesellschaften. Ebenso möchte ein ausländischer Staat, auf dessen Gebiet die Gesellschaft tätig wird, diese Tätigkeit unter sein Recht stellen. So bezahlen Unternehmen beispielsweise Steuern, handeln mit Waren und gründen Niederlassungen oder Tochtergesellschaften in verschiedenen Staaten und beschäftigen dort auch Arbeitnehmer. Besonders kompliziert wird es, wenn in internationalen Unternehmen eine Konzernstruktur aufgebaut wurde, weil hier der Staat der Muttergesellschaft ebenso ein Regelungsbedürfnis hinsichtlich der Tochtergesellschaften hat. Aufgrund dieser internationalen Verflechtungen von Unternehmen wird vertreten, dass das Territorialitätsprinzip mittlerweile an seine Grenzen stößt.[1379] Tatsächlich muss in der Diskussion beachtet werden, dass international agierende Unternehmen heutzutage nur schwer einem bestimmten Staat zugeordnet werden können.[1380] Eine Aufgabe der obigen Prinzipien muss damit aber nicht einhergehen.

b.) Territorialitätsprinzip in der Rechtsprechung

In der Rechtsprechung gab es zunächst nur wenige Fälle, welche sich mit der Frage der Einbeziehung im Ausland arbeitender Arbeitnehmer beschäftigten. Diese Entscheidungen des Landgerichts Düsseldorf und des Landgerichts Landau bzw. in zweiter Instanz des Oberlandesgerichts Zweibrücken werden im Folgenden dargestellt. Zudem wird die Rechtsprechung des Bundesarbeitsgerichts beleuchtet und die dortigen Ausführungen zur territorialen Begrenzung des Betriebsverfassungsgesetzes für die Debatte in der Unternehmensmitbestimmung fruchtbar gemacht.

aa.) Landgericht Düsseldorf

Das Landgericht Düsseldorf führt in seinem Beschluss aus dem Jahr 1979 aus, dass durch eine Einbeziehung der im Ausland arbeitenden Arbeitnehmer zumindest ein

1377 *Herdegen*, Völkerrecht, § 26 Rn. 10; *Stein/von Buttlar/Kotzur*, Völkerrecht, Rn. 619.
1378 Vgl. dazu ausführlich *Meng*, Extraterritoriale Jurisdiktion, S. 509 ff.
1379 *Zimmer*, Internationales Gesellschaftsrecht, S. 152; kritische dazu auch *Fischer*, RdA 2002, S. 160 (162 ff.).
1380 Vgl. dazu *von Arnauld*, Völkerrecht, Rn. 906 ff.

mittelbarer Eingriff in die Souveränität ausländischer Staaten vorläge.[1381] Deutschland würde so seine sozialpolitischen Ideen in einen anderen Staat tragen und den ausländischen Tochtergesellschaften Pflichten auferlegen.[1382]

Allerdings kann dieser Beschluss das Problem aus heutiger Sicht nicht umfassend klären. Zum einen beschäftigte er sich nur mit Konzernverhältnissen, sodass nach dieser Rechtsprechung zumindest für im Ausland arbeitende Arbeitnehmer aus unselbständigen Niederlassungen andere Maßstäbe gelten könnten. Zum anderen ruft dieser Beschluss bereits im Jahre 1979 die Gesetzgeber in Deutschland und Europa auf, diesen von ihm festgestellten „unbefriedigenden Rechtszustand"[1383] zu überdenken.

Über 30 Jahre nach diesem Beschluss muss deshalb auch die fortgeschrittene europäische Integration[1384] zur Klärung hinzugezogen werden. Der europäische Gesetzgeber ist mittlerweile der vom Gericht angesprochenen Forderung nachgekommen,[1385] eine supranationale Gesellschaft zu schaffen,[1386] um solche Ungleichbehandlungen zu verhindern.[1387] Darüber hinaus wurden das Diskriminierungsverbot aufgrund der Staatsangehörigkeit und die Grundfreiheiten immer weiter ausgebaut, um dadurch neben der vom Gericht geforderten sekundärrechtlichen, positiven Harmonisierung ein zweites, wirksames Mittel zur Bekämpfung der Ungleichbehandlungen zu bilden.[1388] Insofern lassen sich aus diesem landgerichtlichen Beschluss keine weiterführenden Rückschlüsse auf die Frage der Einbeziehungsmöglichkeit im Ausland arbeitender Arbeitnehmer ziehen.

bb.) Landgericht Landau und Oberlandesgericht Zweibrücken

Das Landgericht Landau beschäftigte sich im Jahr 2013 mit der Frage, ob die Tatsache, dass nur in Deutschland arbeitende Arbeitnehmer wahlberechtigt sind, gegen Unionsrecht verstößt.[1389] Das Landgericht kam hierbei zum Schluss, dass der deutsche Gesetzgeber nicht in die Rechtsordnungen anderer Mitgliedstaaten eingreifen könne und somit auch keine im Ausland arbeitenden Arbeitnehmer einbezogen werden können.[1390] Eine tiefergehende Begründung fehlt diesem Beschluss jedoch.[1391] Besonders schade ist, dass das Landgericht zwar die umfangreiche Diskussion im Schrifttum gesehen hat, aber trotzdem keine Veranlassung

1381 LG Düsseldorf, DB 1979, S. 1451 f.
1382 LG Düsseldorf, DB 1979, S. 1451 (1451 f.).
1383 LG Düsseldorf, DB 1979, S. 1451 (1452).
1384 Ausführlich zur Integration *Schorkopf*, JZ 2014, S. 421 ff.
1385 LG Düsseldorf, DB 1979, S. 1451 (1452).
1386 Vgl. zu den verschiedenen supranationalen Gesellschaften in Kapitel 3 B. I.
1387 Ähnlich *Kisker*, Unternehmensmitbestimmung bei Auslandsgesellschaften, S. 250.
1388 Vgl. zur Entwicklung der Grundfreiheiten in Kapitel 4 B. II.
1389 LG Landau, NZG 2014, S. 229 f.
1390 LG Landau, NZG 2014, S. 229 (229).
1391 Sehr kritisch zum Beschluss *Wansleben*, NZG 2014, S. 213 ff.

zur Vorlage an den Gerichthof sah.[1392] Dieses Vorgehen des Landgerichts Landau bestätigt wohl die Ansicht, dass deutsche Gerichte eine allgemeine Zurückhaltung zur Vorlage entsprechender Fragen an den Europäischen Gerichtshof haben.[1393]

Das Oberlandesgericht Zweibrücken nimmt in 2. Instanz zur Frage, ob die nationale Introvertiertheit der Unternehmensmitbestimmung gegen Unionsrecht verstößt, in seinem Beschluss aus dem Jahre 2014 hingegen keine Stellung.[1394] Der Senat kommt zum Schluss, dass diese Frage im vorliegenden Verfahren keine Relevanz innehat und deshalb weder entschieden noch dem Europäischen Gerichtshof vorgelegt werden muss.[1395] Das Oberlandesgericht stellte jedoch fest, dass der Wortlaut des Mitbestimmungsgesetzes eine Einbeziehung im Ausland arbeitender Arbeitnehmer grundsätzlich zulassen würde. Zudem sieht das Oberlandesgericht bei Vorliegen der Unionsrechtswidrigkeit nicht die Unternehmensmitbestimmung an sich in Frage gestellt. Nach seiner Ansicht müssten die im Ausland arbeitenden Arbeitnehmer in die Mitbestimmung einbezogen werden.[1396]

Insgesamt können auch aus diesem aktuellen Verfahren wenige Rückschlüsse gezogen werden. Das Landgericht setzt sich in seinem Beschluss kaum mit den Fragen des Territorialitätsprinzips auseinander, sieht es aber als verletzt an, sofern im Ausland arbeitende Arbeitnehmer berücksichtigt werden würden. Das Oberlandesgericht nimmt zu dieser Frage – mangels Relevanz – überhaupt keine Stellung.

cc.) Landgericht Frankfurt und Landgericht München

Das Landgericht Frankfurt war im Jahr 2015 sondann der Ansicht, dass die im Ausland beschäftigten Mitarbeiter eines Tochterunternehmens an der Wahl der Arbeitnehmervertreter zum Aufsichtsrat zumindest bei der Anzahl der für die Anwendung des Mitbestimmungsgesetzes maßgeblichen Arbeitnehmer zu berücksichtigen sind.[1397] Diese Entscheidung stützte sich insbesondere darauf, dass der Wortlaut des Mitbestimmungsgesetzes im Ausland arbeitende Arbeitnehmer nicht ausdrücklich ausnimmt. Sie sind aus Sicht des Landgerichts deshalb bei der Ermittlung der für die Anwendung des Mitbestimmungsgesetzes maßgeblichen Arbeitnehmerzahl zu berücksichtigen. Die Entscheidung ist jedoch noch nicht rechtskräftig, da das Verfahren von der 2. Instanz ausgesetzt wurde.[1398] Hintergrund des Ausset-

---

1392 LG Landau, NZG 2014, S. 229 (230).

1393 Kritisch dazu *Hellwig*, ZGR 2013, S. 216 (217 ff.).

1394 OLG Zweibrücken, NZG 2014, S. 740 f.

1395 OLG Zweibrücken, NZG 2014, S. 740 (740 f.). Vgl. dazu *Fischer*, NZG 2014, S. 737 (738).

1396 OLG Zweibrücken, NZG 2014, S. 740 (740 f.). Hierzu ausführlich in diesem Kapitel unter A. V.

1397 LG Frankfurt, Beschluss vom 16. Februar 2015–3-16 O 1/14. Vgl. kritisch dazu bspw. Schmid, Der Konzern 2015, S. 208 (211)

1398 OLG Frankfurt, Beschluss vom 17. Juni 2016–21 W 91/15.

zungsbeschlusses war die Vorlageentscheidung des Kammergerichts Berlin in der Anlegenheit Erzberger vom November 2015.[1399]

Das Landgericht München war jedoch entgegen dem Langericht Frankfurt im Jahr 2015 der Ansicht, dass die Nichteinbeziehung der im Ausland arbeitenden Arbeitnehmer nicht gegen das Unionsrecht verstößt.[1400] Auch diese Entscheidung ist jedoch noch nicht rechtskräftig, da hiergegen Berufung eingelegt wurde und auch das Oberlandesgericht München aufgrund der Vorlageentscheidung des Kammergerichts Berlin in der Angelegenheit Erzberger das Verfahren ausgesetzt hat.[1401]

dd.) Bundesarbeitsgericht

Die Unternehmensmitbestimmung hat, wie auch die betriebliche Mitbestimmung, ihre Ursprünge im Betriebsrätegesetz der Weimarer Republik.[1402] Dieses wurde damals vom Reichsarbeitsgericht als öffentlich-rechtlich qualifiziert,[1403] weshalb dieses Gesetz nicht auf Auslandssachverhalte angewendet wurde.[1404] Auch das Bundesarbeitsgericht nimmt beim Betriebsverfassungsgesetz eine territoriale Begrenzung an,[1405] obwohl dieses Gesetz unstrittig zum Privatrecht zu zählen ist.[1406] Das Territorialitätsprinzip kann im Privatrecht jedoch keine ebenso starke Geltung beanspruchen wie im öffentlichen Recht. Begründet wird die Vorgehensweise des Bundesarbeitsgerichts damit, dass das Betriebsverfassungsrecht „tief in den organisatorischen Aufbau der Betriebe“ eingreife, „mit der deutschen Wirtschaftsverfassung eng verknüpft“[1407] sei und sich „als ein Stück der allgemeinen Lebensordnung“[1408] darstelle. Aufgrund der Auswirkungen auf den Arbeitsmarkt und auf die Volkswirtschaft solle an dieser Stelle nicht die herkömmliche Einteilung von öffentlichem und privatem Recht gelten.[1409] Vielmehr sollen im Betriebsver-

---

1399 Vgl. zur Vorlage des Kammergerichts und zur Entscheidung des EuGH ausführlich in Kapitel 8.

1400 LG München I, Beschluss vom 27. August 2015–5 HKO 20285/14.

1401 OLG München, Beschluss vom 20. Februar 2017–3 Wx 321/15.

1402 Vgl. dazu in Kapitel 2 A. I. 1.) sowie für das Betriebsverfassungsgesetz *Richardi* in: ders., BetrVG, Einl. Rn. 10 f.

1403 Vgl. *Däubler*, RabelsZ 1975, S. 444 (449); *Rein*, Grenzüberschreitendes Arbeitsverhältnis, S. 104; ebenso *Zilias*, NJW 1957, S. 325 (325), der nur aufgrund dieser Zuordnung zu einem Ausschluss der im Ausland arbeitenden Arbeitnehmer kommt.

1404 RAGE 8, 195, 196.

1405 BAGE 30, 266, 268. Vgl. dazu *Richardi* in: ders. BetrVG, Einl. Rn. 66 ff.

1406 *Richardi* in: ders. BetrVG, Einl. Rn. 130 ff.; *Fitting*, BetrVG, § 1 BetrVG, Rn. 262; *Bernstein/Koch*, ZHR 1979, S. 522 (526); *Däubler*, RabelsZ 1975, S. 444 (449). Vgl. zur Diskussion im Betriebsverfassungsrecht ausführlich *Hauß*, Grenzüberschreitende Betriebsverfassung, S. 44 ff.; *Rein*, Grenzüberschreitendes Arbeitsverhältnis, S. 104 ff.

1407 BAGE 30, 266, 268.

1408 BAGE 30, 266, 269.

1409 *Bernstein/Koch*, ZHR 1979, S. 522 (526).

fassungsrecht ähnliche Grundsätze wie im öffentlichen Recht gelten. Dies bedeutet insbesondere, dass nach dieser Auffassung ein Vorrang des Territorialitätsprinzips vor dem Personalitätsprinzips besteht.

Allerdings hat die Rechtsprechung selbst einige Ausnahmen, wie beispielweise die Ausstrahlungsfälle, dieser rein nationalen Anschauung zugelassen.[1410] In diesen durchbricht das Bundesarbeitsgericht seine gerade dargestellte Rechtsprechung zum Territorialitätsprinzip, um im Ausland arbeitende Arbeitnehmer, welche einem deutschen Betrieb zugeordnet werden, in das Betriebsverfassungsrecht einzubeziehen.[1411] Hierbei wird eine Konstruktion gewählt, welche einerseits den räumlichen Anwendungsbereich auf das deutsche Staatsgebiet beschränkt, aber andererseits den persönlichen Anwendungsbereich auch auf Personen ausdehnt, die im Ausland arbeiten und einem inländischen Betrieb zugeordnet werden.[1412] Es wird kritisch davon gesprochen, dass als Folge dieser Rechtsprechung der persönliche den räumlichen Anwendungsbereich „aushebeln"[1413] würde. Deshalb wird teilweise angenommen, dass dieses Territorialitätsprinzip kollisionsrechtlicher und nicht völkerrechtlicher Art ist.[1414] Wenn jedoch das Prinzip nur aus dem deutschen Kollisionsrecht und nicht dem übergeordneten Völkerrecht zu entnehmen ist, kann es an dieser Stelle nicht zur Rechtfertigung einer Diskriminierung herangezogen werden.

Selbst wenn das völkerrechtliche Territorialitätsprinzip im Betriebsverfassungsrecht ausschließlich gelten würde, wäre diese Rechtsprechung nicht ohne weiteres auf die Unternehmensmitbestimmung übertragbar, weil die Unternehmensmitbestimmung sowohl Bezüge zum Arbeitsrecht als auch zum Gesellschaftsrecht aufweist.[1415] Teilweise wird die Unternehmensmitbestimmung sogar ausschließlich dem Gesellschaftsrecht zugeordnet.[1416] Ein Grund hierfür ist sicherlich, dass auch die Arbeitnehmervertreter im Aufsichtsrat nicht nur Arbeitnehmerinteressen, sondern

---

1410 *Bernstein/Koch*, ZHR 1979, S. 522 (527); ausführlich *Rein*, Grenzüberschreitendes Arbeitsverhältnis, S. 106 ff.

1411 BAGE, 94, 144.

1412 Vgl. *Koch* in: ErfKom, § 1 BetrVG Rn. 4; *Richardi* in: ders. BetrVG, Einl. Rn. 74. Ausführlich zum aktiven und passiven Wahlrecht zum Betriebsrat *Nimmerjahn*, ArbRAktuell 2013, S. 97 ff.

1413 *Rein*, Grenzüberschreitendes Arbeitsverhältnis, S. 110; *Richardi* in: ders. BetrVG, Einl. Rn. 75.

1414 *Bernstein/Koch*, ZHR 1979, S. 522 (527).

1415 Vgl. dazu in Kapitel 2 D. Vgl. dazu auch *Wißmann* in: ders./Kleinsorge/Schubert, Mitbestimmungsrecht, Vorbem. Rn. 57; *Ulmer* in: ders./Habersack/Henssler, Mitbestimmungsrecht, Einl. Rn. 50 ff.; *Raiser* in: ders./Veil/Jacobs, MitbestG/DrittelbG, Einl. MitbestG Rn. 39.

1416 *Schmidt*, Gesellschaftsrecht, S. 17; *Hanau*, ZGR 1977, S. 397 (398); *Weller* in: FS Hommelhoff, S. 1275 (1285); *Merkt*, ZIP 2011, S. 1237 (1239); *Richardi* in: ders., Betriebsverfassungsrecht, § 1 BetrVG Rn. 6; *Sprahlinger/Wegen* in: dies., Internationales Gesellschaftsrecht, Rn. 300.

sämtliche Interessen des Unternehmens im Blick haben müssen.[1417] Dadurch sind völlig andere Anknüpfungspunkte gegeben.[1418] Die Belegenheit des Betriebs spielt bei der Unternehmensmitbestimmung nur aufgrund der Ausgestaltung des Wahlverfahrens in den deutschen Mitbestimmungsgesetzen eine Rolle. Ob sich daraus eine Rechtfertigung ergibt, muss in den folgenden Abschnitten näher untersucht werden.

c.) Anknüpfungspunkte der Literatur

Da sich die Rechtsprechung bisher nur in geringem Umfang mit der Problematik befassen musste bzw. keine Vorlagen an den Europäischen Gerichtshof erfolgten, haben sich zahlreiche Autoren zur Zulässigkeit der Einbeziehung im Ausland arbeitender Arbeitnehmer geäußert. Diese Ansichten werden nun systematisiert. Teilweise lassen sich die Beiträge einzelner Autoren zwar nicht vollständig einer der nachfolgenden Kategorien zuordnen, weil deren Beiträge nur Teilbereiche der Einbeziehung erfassen, doch verfahren die Autoren zumeist nach den nachfolgend genannten Grundprinzipen – ohne diese jedoch ausdrücklich zu nennen.

Zunächst wird nach den unterschiedlichen Anknüpfungspunkten differenziert. Stellt die erste Auffassung auf den Ort der Wahldurchführung ab, sieht die zweite Ansicht die Gesellschaft und deren Sitz im Vordergrund. Letztere Ansicht muss wiederum unterteilt werden. Die Varianten dieser Ansicht setzen zwar alle an der Gesellschaft als zentralem Anknüpfungspunkt an, beziehen aber nur teilweise auch Konzernsachverhalte ein. Außerdem wird versucht durch Einbeziehung der Verhandlungslösung oder eines vorrangigen Negativgesetzes einen schonenden Ausgleich zwischen den verschiedenen völkerrechtlichen Prinzipien zu schaffen. Die dritte Ansicht lehnt hingegen eine völkerrechtliche Grenze und damit das völkerrechtliche Territorialitätsprinzip im Privatrecht grundsätzlich ab.

aa.) Ort der Durchführung

Die noch herrschende Ansicht sieht im Territorialitätsprinzip eine absolute Grenze für die Unternehmensmitbestimmung.[1419] Der deutsche Gesetzgeber kann hiernach keine Regelungen für ausländische Betriebe oder ausländische Tochtergesellschaf-

---

1417 *Koberski* in: Wlotzke/Wißmann/ders./Kleinsorge, Mitbestimmungsrecht, § 25 Rn. 76; *Ulmer/Habersack* in: dies./Henssler, Mitbestimmungsrecht, § 25 Rn. 93; ausführlich *Velten*, Gewerkschaftsvertreter, S. 79 ff.

1418 *Bernstein/Koch*, ZHR 1979, S. 522 (528).

1419 *Krause*, AG 2012, S. 485 (493 f.); *Seyboth/Thannisch*, AiB 2012, S. 25 (28 f.); *Koberski* in: Wlotzke/Wißmann/ders./Kleinsorge, Mitbestimmungsrecht, § 3 MitbestG Rn. 31a.; *Braun*, Sicherung der Unternehmensmitbestimmung, S. 146 f.; *Schwark*, AG 2004, S. 173 (174 f.); *Bayer*, ZGR 1977, S. 173 (177 f.); *Hoffmann/Lehmann/Weidmann*, MitbestG, § 1 Rn. 41; unter Verweis auf die h.M. auch *Henssler* in: Ulmer/Habersack/ders., Mitbestimmungsrecht, § 3 MitbestG Rn. 37; LG Landau, NZG 2014, S. 229 f.

ten und deren Arbeitnehmer treffen.[1420] Gleiches dürfte nach dieser Ansicht für ausländische Gewerkschaften gelten. Der deutsche Gesetzgeber solle sich um seine Arbeitnehmer kümmern und der französische Gesetzgeber um die seinen.[1421] In dieser Argumentation liegt der Schwerpunkt ersichtlich auf der ausländischen Betriebszugehörigkeit der Arbeitnehmer.[1422] Das betrieblich verfestigte Wahlverfahren findet dabei auf fremdem Staatsterritorium statt.[1423] Ein Anknüpfungspunkt im Inland wird de lege lata verneint. Doch auch bei anderen Wahlverfahren bliebe immer das Problem, dass der deutsche Gesetzgeber ein Verfahren für ausländische Strukturen schaffen müsse. Bei den unterschiedlich ausgestalteten arbeitsrechtlichen Strukturen in den Mitgliedstaaten sei dies nicht möglich.[1424]

Problematisch an dieser Ansicht ist, dass selbst von deren Vertretern teilweise angenommen wird, dass die Unternehmensmitbestimmung, anders als die betriebliche Mitbestimmung,[1425] nicht zwangsläufig an das Territorialitätsprinzip gebunden ist.[1426] Allerdings kann das Territorialitätsprinzip nur dann als Rechtfertigungsgrund fungieren, wenn es eine Ausweitung der Unternehmensmitbestimmung unmöglich macht. Dieser Umstand wird oftmals verkannt.

bb.) Gesellschaftssitz

Eine andere Ansicht hält nicht nur das Territorialitätsprinzip, sondern auch das Personalitätsprinzip für einschlägig, weil sie an die inländische Gesellschaft anknüpft. Innerhalb dieser Ansicht gibt es wiederum unterschiedliche Meinungen, wie die beiden Prinzipien ausgeglichen werden sollen.

(1) Ausschließliche Einbeziehung von ausländischen Niederlassungen

Eine Ansicht differenziert zwischen den im Ausland arbeitenden Arbeitnehmern dahingehend, ob diese in unselbständigen Niederlassungen oder in selbständigen Tochtergesellschaften arbeiten.[1427] Bei Arbeitnehmern von unselbständigen Niederlassungen sind

---

1420 *Krause*, AG 2012, S. 485 (493).

1421 *Götz*, AG 2002, S. 552 (553 f.).

1422 Vgl. *Bayer*, ZGR 1977, S. 173 (177 f.); *Ulmer*, ZHR 2002, S. 271 (274).

1423 *Koberski* in: Wlotzke/Wissmann/ders./Kleinsorge, Mitbestimmungsrecht, § 3 MitbestG Rn. 29 f.; unter Verweis auf die h.M. auch *Henssler* in: Ulmer/Habersack/ders., Mitbestimmungsrecht, § 3 MitbestG Rn. 37.

1424 *Krause*, AG 2012, S. 485 (493).

1425 *Fitting*, BetrVG, § 1 BetrVG Rn. 12 f. Auch hier kritisch *Trümmer* in: Däubler/Kittner/Klebe/Wedde, BetrVG, § 1 BetrVG Rn. 27 f.; *Fischer*, RdA 2002, S. 160 (162 f.).

1426 *Koberski* in: Wlotzke/Wissmann/ders./Kleinsorge, Mitbestimmungsrecht, § 3 MitbestG Rn. 28.

1427 *Lutter*, ZGR 1977, S. 195 (205 ff.); *Henssler*, RdA 2005, S. 330 (331), wobei sich letzterer auch offen für Konzernsachverhalte zeigt. Vgl. so schon zum § 76 BetrVG 1952 *Fitting/Auffarth/Kaiser*, BetrVG, 11. Aufl., Anh. § 76 BetrVG 1952 Rn. 19.

die Arbeitnehmer direkt der deutschen Gesellschaft zugeordnet.[1428] Mit der Zulassung der Gründung von Niederlassungen ausländischer Gesellschaften akzeptiert der ausländische Gesetzgeber auch die Bindung an die deutsche Gesellschaft.[1429]

Bei Konzernverhältnissen hingegen sind die Arbeitnehmer einer ausländischen Tochtergesellschaft dieser zugeordnet und können über diese nur mittelbar einer deutschen Muttergesellschaft zugerechnet werden. Das Arbeitsverhältnis zwischen im Ausland arbeitenden Arbeitnehmern und der ausländischen Gesellschaft fällt jedoch in die Regelungshoheit des ausländischen Staats.[1430] Insofern sieht diese Ansicht bei Konzernverhältnissen auch einen Eingriff in das Territorium des ausländischen Staats, was zur Rechtfertigung der indirekten Diskriminierung führen würde.

(2) Konzernverhältnis als Anknüpfungspunkt

Die weitgehendste Ansicht sieht auch die Konzernzugehörigkeit eines im Ausland arbeitenden Arbeitnehmers zu einer deutschen Muttergesellschaft als ausreichenden Anknüpfungspunkt an.[1431] Die Verbindung zwischen Tochter- und Muttergesellschaft ist nach dieser Ansicht in einem Konzern so eng, dass auch diese Anbindung für ausreichend befunden wird.[1432] Dabei wird nicht an die ausländische Gesellschaft, sondern die Konzernleitungsmacht der inländischen Gesellschaft angeknüpft,[1433] weil die Tochtergesellschaft auch nach der Einbeziehung der im Ausland arbeitenden Arbeitnehmer weiterhin mitbestimmungsfrei bleibt.[1434] Die Arbeitnehmer im Ausland werden nur der Muttergesellschaft in Deutschland zugerechnet. Diese muss für sämtliche Kosten, die Durchführung und sonstige Unannehmlichkeiten in Bezug auf die Wahlen aufkommen. Die Muttergesellschaft soll diese Kosten dann wieder auf die Tochtergesellschaft abwälzen können. Dies müsse in einem Konzernverhältnis hingenommen werden, da sich die Tochtergesellschaften in eine Abhängigkeit begeben haben.

(3) Verhandlungslösung als Kompromiss

Teilweise wird aber bezweifelt, dass eine solche Pflicht zur Durchführung von Wahlen in die Konzernleitungsmacht fällt.[1435] Deshalb sieht eine zwischen den beiden bisher dargestellten Meinungen vermittelnde Ansicht zunächst im Territorialitäts-

---

1428 *Lutter*, ZGR 1977, S. 195 (207).

1429 *Lutter*, ZGR 1977, S. 195 (207).

1430 *Lutter*, ZGR 1977, S. 195 (206).

1431 *Grasmann*, ZGR 1973, S. 317 (327 f.); *Kisker*, Unternehmensmitbestimmung bei Auslandsgesellschaften, S. 249 f.; *Hellwig/Behme*, AG 2009, S. 261 (265 f.); *Heuschmid*, Mitentscheidung durch Arbeitnehmer, S. 239 ff.; in diese Richtung auch *Raiser* in: ders./Veil/Jacobs, MitbestG/DrittelbG, § 5 MitbestG Rn. 29 („folgt nicht so sehr aus dem Territorialitätsprinzip").

1432 *Kisker*, Unternehmensmitbestimmung bei Auslandsgesellschaften, S. 250.

1433 *Hellwig/Behme*, AG 2009, S. 261 (266 f.).

1434 *Forsthoff*, Niederlassungsfreiheit für Gesellschaften, S. 243.

1435 *Habersack*, ZIP 2009, Beilage Heft 49, S. 1 (3).

prinzip die Grenze bei der Einbeziehung von Arbeitnehmern ausländischer Tochtergesellschaften.[1436] Insofern sollen nur die Arbeitnehmer von unselbständigen Niederlassungen in die Unternehmensmitbestimmung einbezogen werden können. Ausländische Tochtergesellschaften können zwar durch eine deutsche Regelung nicht zur Durchführung einer Wahl gezwungen werden. Doch soll es durch eine Verhandlungslösung nach dem Vorbild der Unionsregelungen – beispielsweise bei der Societas Europaea – möglich sein, eine Unternehmensmitbestimmung im Tochterunternehmen einzuführen.[1437] Begründet wird dies damit, dass die festgestellte Diskriminierung auf das nötige Maß beschränkt werden muss.[1438]

Eine andere Ansicht sieht in dieser Einführung der Verhandlungslösung sogar eine umfassende Grenze für die Einbeziehung der im Ausland arbeitenden Arbeitnehmer sowohl für in Niederlassungen als auch in Tochtergesellschaften angestellten Arbeitnehmern.[1439] Zwar regelt auch nach diesem Vorschlag der deutsche Gesetzgeber die Möglichkeit einer Einbeziehung, doch entscheiden die Arbeitnehmer letztlich selbst über deren Einführung, sodass ähnlich wie bei der Ansicht, welche die freiwilligen Einbeziehungsmöglichkeiten im Konzern als Grenze des Territorialitätsprinzips ansieht, die Interessen der beiden Staaten durch die autonome Entscheidung der Arbeitnehmer gewahrt werden.

Bei dieser Kompromisslösung muss jedoch hinterfragt werden, ob hier nicht das Ergebnis im Vordergrund steht. Die Verhandlungslösung wird in der Literatur rechtspolitisch mittlerweile ganz überwiegend positiv beurteilt. So enthalten fast alle Reformideen unter anderem auch die Öffnung der deutschen Regelungen für die Verhandlungslösung.[1440] Ob jedoch eine Entscheidung der jeweiligen Arbeitnehmer die völkerrechtlichen Interessen der Staaten beeinflussen kann, muss zumindest in Frage gestellt werden.

(4) Vorbehalt eines Negativgesetzes oder Anerkennungsvorbehalt

Zum Teil wird den bisher dargestellten Ansichten, die an die Gesellschaft anknüpfen, auch ein Vorbehalt eines Negativgesetzes durch einen anderen Staat hinzugefügt.[1441] Erlässt Mitgliedstaat B ein Gesetz, welches jede Form der Mitwirkung an Wahlen zur Unternehmensmitbestimmung anderer Mitgliedstaaten untersagt, darf Mitgliedstaat A seinen Gesellschaften nicht die Pflicht zur Durchsetzung der Wah-

1436 *Habersack*, AG 2007, S. 614 (648); *Habersack*, ZIP 2009, Beilage Heft 49, S. 1 (3). *Raiser*, 66. DJT, B. 94 f. Vgl. zur Zulässigkeit der freiwilligen Einbeziehung auch *Raiser* in: ders./Veil/Jacobs, MitbestG/DrittelbG, § 5 MitbestG Rn. 30.

1437 *Habersack*, ZIP 2009, Beilage Heft 49, S. 1 (3 f.).

1438 *Habersack*, ZIP 2009, Beilage Heft 49, S. 1 (3 f.).

1439 *Arbeitskreis Unternehmensmitbestimmung*, ZIP 2009, S. 885 (894 f.); *Hommelhoff*, ZIP 2009, S. 1785 (1786 f.). Kritisch dazu jedoch *Hanau*, ZIP 2009, Beilage Heft 48, S. 6 (6); *Teichmann*, ZIP 2009, Beilage Heft 48, S. 10 (15).

1440 Vgl. dazu in Kapitel 3 C. III. 1.).

1441 *Hommelhoff*, ZIP 2009, S. 1785 (1787); *Lutter*, ZGR 1977, S. 195 (207).

len durch ihre gesellschaftsrechtlichen Kompetenzen auferlegen. Ausreichen soll hierfür teilweise auch schon eine implizite Ablehnung des ausländischen Staats, die dadurch ausgedrückt werden soll, dass dieser Staat für seine eigenen Gesellschaften keine Unternehmensmitbestimmung eingeführt hat.[1442] Teilweise wird auch eine Öffnungsklausel des deutschen Gesetzgebers unter Anerkennungsvorbehalt des ausländischen Staats befürwortet.[1443]

Diese Ansichten haben den Versuch gemeinsam, einen schonenden Ausgleich zwischen dem Territorialitäts- auf der einen und Personalitätsprinzip auf der anderen Seite zu suchen. Allerdings muss beachtet werden, dass dieses Vorgehen – je nach der konkreten Ausgestaltung – zu einer erheblichen Rechtsunsicherheit führen kann. Sollte beispielsweise eine implizite Ablehnung der Unternehmensmitbestimmung im Staat A ausreichen, müssen Kriterien gefunden werden, die eine solche implizite Ablehnung darstellen. Reicht hierfür ein Schweigen des Gesetzgebers im Staat A aus oder muss dieser sich zumindest in irgendeiner Form geäußert haben. Zudem muss für jeden Staat geklärt werden, welches Organ eine relevante Äußerung treffen kann; zumeist dürften hier nur die Gesetzgebungsorgane in Betracht kommen.

cc.) Unanwendbarkeit des Völkerrechts

Die bisher dargestellten Ansätze halten allesamt das völkerrechtliche Territorialitätsprinzip für anwendbar und versuchen innerhalb des Völkerrechts einen Ausgleich zwischen diesem und dem Personalitätsprinzip zu schaffen. Lediglich hinsichtlich ihrer Gewichtung weichen diese Ansichten voneinander ab. Während bisher somit immer innerhalb des Völkerrechts argumentiert wurde, sieht die Gegenansicht das Völkerrecht im vorliegenden Fall für unanwendbar an.[1444]

Provokativ hat *Steindorff* formuliert: „Daß [...] die Behauptung eines Territorialitätsprinzips keine Lösungen ergeben, braucht man für den Kenner des Kollisionsrechts nicht mehr zu begründen. Trotzdem erscheinen solche ‚Ladenhüter' der Argumentation immer wieder in der Diskussion."[1445] Die völkerrechtlichen Prinzipien werden an dieser Stelle nicht angewendet, weil nicht die Durchführung deutscher Hoheitsakte auf fremdem Staatsgebiet betroffen ist.[1446] Im Internationalen Gesellschaftsrecht bestehe keine Verpflichtung zur Einhaltung des Territorialitäts-

---

1442 *Hommelhoff*, ZGR 2010, S. 48 (63). Vgl. die Darstellung der verschiedenen Mitbestimmungsmöglichkeiten in den Mitgliedstaaten in Kapitel 3 A. II.

1443 *Lubitz*, Modernisierung der Unternehmensmitbestimmung, S. 144 f.

1444 *Däubler*, RabelsZ 1975, S. 444 (454); *Duden*, ZHR 1977, S. 145 (183); *Steindorff*, ZHR 1977, S. 457 (459 f.); *Bellstedt*, BB 1977, S. 1326 (1327); *Bernstein/Koch*, ZHR 1979, S. 522 (528); *Ebenroth/Sura*, ZHR 1980, S. 610 (615); *Latzel*, Gleichheit in der Unternehmensmitbestimmung, Rn. 359 f.

1445 *Steindorff*, ZHR 1977, S. 457 (459 f.).

1446 *Ebenroth/Sura*, ZHR 1980, S. 610 (615).

prinzips.[1447] Insbesondere bestehe keine Verpflichtung immer das sachnächste Recht anzuwenden.[1448]

d.) Völkerrechtliche Stellungnahme

Bei der Frage der Einbeziehungsmöglichkeit der im Ausland arbeitenden Arbeitnehmer stellt sich somit die Frage, wie weit die deutsche Staatsmacht völkerrechtlich reichen kann. Im Folgenden wird nun der allgemeine völkerrechtliche Rahmen bestimmt, an den sich der deutsche Regelungsgeber bei Erlass von Privatrecht zu halten hat, und sodann die unterschiedlichen Möglichkeiten dargelegt. Es sei nochmals betont, dass nur die völkerrechtliche Unmöglichkeit der Einbeziehung der im Ausland arbeitenden Arbeitnehmer tatsächlich ein Rechtfertigungsgrund der vorliegenden Diskriminierung darstellen kann.

aa.) Anwendbarkeit des Völkerrechts

Das Völkerrecht kann nur als Grenze herangezogen werden, wenn dieses im Internationalen Privatrecht[1449] anwendbar ist. Grundsätzlich begrenzt das Völkerrecht den Staat hinsichtlich der Durchsetzung und Überprüfungskompetenz im Ausland.[1450] Bei der Regelungskompetenz gehen die Ansichten jedoch auseinander. Während eine Ansicht im Internationalen Privatrecht keine Einschränkungen vornehmen möchte, sieht die andere Ansicht eine Einschränkung der Regelungskompetenz auch im Privatrecht für gegeben an und versucht einen Ausgleich der verschiedenen Interessen zu finden.

(1) Völkerrecht als weiter Kontrollrahmen

Im Privatrecht muss nach erster Ansicht – anders als im öffentlichen Recht – kein Ausgleich des Konflikts von Auslandssachverhalten gefunden werden. Das Völkerrecht stellt hiernach für das Internationale Privatrecht nur einen sehr weiten Kontrollrahmen dar.[1451] Der konkrete Kontrollrahmen selbst sei jedoch schwer zu bestimmen.[1452] Der Staat darf zumindest nicht die Anwendung ausländischen Rechts grundsätzlich ausschließen.[1453] Es gibt jedoch keinen völkerrechtlich zwin-

1447 *Däubler*, RabelsZ 1975, S. 444 (453 f.); *Bernstein/Koch*, ZHR 1979, S. 522 (528).

1448 *Bellstedt*, BB 1977, S. 1326 (1327).

1449 Vgl. zu den Begriffen ‚Internationales Privatrecht‘ und ‚Kollisionsrecht‘, die in dieser Arbeit synonym verwendet werden, in Kapitel 3 C. I. 1.) a.).

1450 Vgl. dazu in diesem Kapitel unter A. IV. 2.) a.).

1451 *Kropholler*, Internationales Privatrecht, S. 51; *Schurig* in: Leible/Ruffert, Völkerrecht und IPR, S. 55 (61).

1452 *Schurig* in: Leible/Ruffert, Völkerrecht und IPR, S. 55 (60 ff.)

1453 *Kropholler*, Internationales Privatrecht, S. 52; *Lorenz* in: Bamberger/Roth, BeckOK BGB, Int. PrivatR, Einl. Rn. 3.

genden Grundsatz, das sachnächste Recht anzuwenden.[1454] Auch andere völkergewohnheitsrechtlich anerkannte Grundsätze sind in Bezug auf das Internationale Privatrecht nicht vorhanden.[1455] Bei der Frage der zulässigen Anknüpfungspunkte ist jedoch nur die völkerrechtliche Sichtweise relevant. Somit ist hiernach weitgehend der Ansicht zuzustimmen, welche das Territorialitätsprinzip für nicht einschlägig erachtet.

(2) Regelungsinteresse der Staaten

Bei grenzüberschreitenden Sachverhalten und insbesondere bei Fragen der Diskriminierung ausländischer Staatsangehöriger kommt es jedoch ersichtlich zu Konflikten der oben dargestellten völkerrechtlichen Prinzipien.[1456] Sowohl das Wirkungs- als auch das Personalprinzip knüpfen an einen bestimmten Inlandsbezug eines zu regelnden Sachverhalts im Ausland an und schränken damit das Territorialitätsprinzip ein. Insofern kann schon an dieser Stelle klargestellt werden, dass auch nach dieser Ansicht kein allgemeiner völkerrechtlicher Grundsatz existiert, welcher eine Anknüpfung nationaler Regelungen an Auslandssachverhalte verbietet.[1457]

Andererseits gibt es auch keine völlige Freiheit, Sachverhalte außerhalb der eigenen Grenzen zu regeln.[1458] Bei Konflikten mit ausländischen Regelungen muss vielmehr ein schonender Ausgleich geschaffen werden,[1459] welcher insbesondere die Prüfung beinhaltet, welcher Staat ein größeres Interesse an der Regelung des jeweiligen Sachverhalts hat.[1460] Im öffentlichen Recht wird hierbei zumeist zugunsten des Territorialitätsprinzips entschieden, weil der jeweilige Staat auf seinem Staatsgebiet auch den jeweiligen öffentlich-rechtlichen Rechtsrahmen erlassen kann.[1461] Im Internationalen Privatrecht ändert sich die Gewichtung jedoch deutlich zu Gunsten der Auslandsanknüpfung.[1462] Der jeweilige Staat muss lediglich deutlich machen, dass der Auslandsbezug mit einem Sachverhalt im Inland verknüpft ist.[1463]

1454 *Kropholler*, Internationales Privatrecht, S. 52 f.; *Bellstedt*, BB 1977, S. 1326 (1327). Zu den völkerrechtlichen Abkommen vgl. *Rauscher*, Internationales Privatrecht, Rn. 93 ff.

1455 *Mansel* in: Leible/Ruffert, Völkerrecht und IPR, S. 89 (111 ff.).

1456 Vgl. *Bleckmann*, Völkerrecht, Rn. 440; 469 ff.

1457 Vgl. nur *Herdegen*, Völkerrecht, § 26 Rn. 6; *Stein/von Buttlar/Kotzur*, Völkerrecht, Rn. 619 ff.

1458 *Kempen/Hillgruber*, Völkerrecht, § 20 Rn. 36 f.; *Stein/von Buttlar/Kotzur*, Völkerrecht, Rn. 606.

1459 *Stein/von Buttlar/Kotzur*, Völkerrecht, Rn. 628 f.

1460 *Herdegen*, Völkerrecht, § 26 Rn. 19; *Delbrück/Wolfrum*, Völkerrecht I/2, S. 103.

1461 *Bleckmann*, Völkerrecht, Rn. 475; *von Arnauld*, Völkerrecht, Rn. 335.

1462 *von Arnauld*, Völkerrecht, Rn. 345 f.

1463 *Stein/von Buttlar/Kotzur*, Völkerrecht, Rn. 608.

(3) Stellungnahme

Beide Ansichten sind nicht so weit voneinander entfernt, wie es zunächst scheint. Sie fassen lediglich den Kontrollrahmen des Völkerrechts unterschiedlich eng. Während die erstere Ansicht im Privatrecht nur den völligen Ausschluss ausländischen Rechts für völkerrechtswidrig ansieht, fordert die andere Ansicht einen hinreichend engen Anknüpfungspunkt im Inland. Zuzugeben ist der ersten Ansicht, dass jeder Staat eine umfassende Regelungskompetenz besitzt, in die möglichst wenig eingegriffen werden soll. Allerdings hat er, wie die zweite Ansicht beschreibt, nur dann ein Interesse einen Sachverhalt zu regeln, wenn dieser Auswirkungen auf sein Staatsgebiet oder seine Staatsangehörigen hat. Da bei grenzüberscheitenden Sachverhalten von Gesellschaften immer mindestens zwei Staaten ein berechtigtes Interesse an der Ausübung ihrer Hoheitsgewalt haben, sollte der Weg des schonenden Ausgleichs gesucht werden.

bb.) Ausgleich bei unterschiedlichen Anknüpfungspunkten

Dieser schonende Ausgleich wird durch die unterschiedlichen Anknüpfungspunkte hergestellt. Im Folgenden wird dargelegt, welche Anknüpfungspunkte möglich sind und welcher den schonendsten Ausgleich schafft. Hierbei wird zunächst der Ausgleich bei einer Gesellschaft mit ausländischen Niederlassungen und sodann im Konzernverhältnis gesucht.

Teilweise wird von den Autoren eine Unterscheidung hinsichtlich der abstrakten Regelungshoheit und der konkreten Durchführungsmöglichkeit im Ausland unternommen. Auch hier wird untersucht, ob der deutsche Gesetzgeber zumindest hinsichtlich der Wahldurchführung völkerrechtlich gehindert sein kann.

(1) Innerhalb der Gesellschaft

Der Bezug zum Inland besteht bei der Einbeziehung der im Ausland arbeitenden Arbeitnehmer durch die inländische Gesellschaft. Die deutsche Staatsgewalt hat die Personalhoheit über sämtliche deutsche Gesellschaften. Diese Personalhoheit enthält nach dem aktiven Personalitätsprinzip auch das Auslandsverhalten der Gesellschaft. In der vorliegenden Konstellation handelt es sich somit nicht nur um ausländische Arbeitnehmer auf ausländischem Gebiet, sondern um deutsche Gesellschaften, welche auf ausländischem Staatsgebiet operieren. Es sollen dabei keine ausländischen Gesellschaften zu einem bestimmten Verhalten gezwungen werden, sondern nur die inländischen Gesellschaften. Eine solche Einbeziehung unselbständiger Niederlassungen ist völkerrechtlich akzeptiert.[1464] Bei der Einbeziehung der im Ausland arbeitenden Arbeitnehmer soll die deutsche Gesellschaft dafür sorgen, dass sämtliche Arbeitnehmer der Gesellschaft an den Wahlen zum Aufsichtsrat teilnehmen können.

1464 *Tietje*, Internationales Wirtschaftsrecht, § 1 Rn. 118; *Kisker*, Unternehmensmitbestimmung bei Auslandsgesellschaften, S. 206.

Auch ein ausländisches Negativgesetz dürfte an dieser Einschätzung nichts ändern. Der deutsche Gesetzgeber ist dazu berechtigt, den Rahmen für seine Gesellschaften vorzugeben.[1465] Völkerrechtlich darf ein anderer Staat einem fremden Staatsangehörigen, in diesem Fall der deutschen Gesellschaft, seine Pflichten nicht unmöglich machen. Zudem kann an dieser Stelle auch festgehalten werden, dass ein ausländischer Staat sowohl Vorteile als auch Nachteile aus einer solchen Einbeziehung hat. Der ausländische Staat hat einerseits ein Interesse daran, dass die Arbeitnehmer, die auf seinem Staatsgebiet arbeiten, in der ausländischen Gesellschaft mitbestimmen können. Nur so können auch diese Arbeitnehmer die Unternehmenspolitik beeinflussen und damit beispielweise die ausländischen Standorte erhalten.[1466] Andererseits dürften gerade die Staaten, die eine Unternehmensmitbestimmung grundsätzlich ablehnen, dazu neigen, diese Rechte auch nicht für die Arbeitnehmer ausländischer Gesellschaften zu gewähren. Insofern bliebe abzuwarten, ob viele Staaten ein solches ‚Schutzgesetz' erlassen würden.

(2) Innerhalb des Konzerns

Im Konzernverhältnis muss wiederum die deutsche Muttergesellschaft als Anknüpfungspunkt im Inland angesehen werden.[1467] Dieser wird die Pflicht auferlegt, durch ihre Konzernleitungsmacht dafür Sorge zu tragen, dass nicht nur die Arbeitnehmer in unselbständigen Niederlassungen, sondern auch diejenigen in selbständigen Tochtergesellschaften an den Wahlen teilnehmen. Insofern ist auch hier wiederum das Personalitätsprinzip in Bezug auf die inländische Gesellschaft einschlägig.

Zwar könnte hinsichtlich der Einbeziehung der bei einer ausländischen Tochtergesellschaft arbeitenden Arbeitnehmer sowohl die ausländische Gebietshoheit über die im Ausland arbeitenden Arbeitnehmer als auch die ausländische Personalhoheit über die Tochtergesellschaft in die Abwägung einbezogen werden. Insofern könnte diese Kombination einen weitergehenden Eingriff in die ausländische Staatsmacht darstellen. Doch betrachtet diese Sichtweise gerade nicht die tatsächlichen Auswirkungen auf die Gesellschaften. In der ausländischen Tochtergesellschaft wird keine eigene Unternehmensmitbestimmung implementiert.[1468] Vielmehr bekommen lediglich die dort arbeitenden Arbeitnehmer ein Recht bei den Wahlen zum Aufsichtsrat der Muttergesellschaft mitzustimmen. Insofern kann es auf die Personalhoheit bezüglich der ausländischen Tochtergesellschaft nicht ankommen, sodass es auch im Konzernverhältnis bei dem innerhalb der Gesellschaft gefundenen Ergebnis bleibt.

1465 *Kempen/Hillgruber*, Völkerrecht, § 19 Rn. 29.

1466 Vgl. zu den Kompetenzen in Kapitel 2 B. und zu den Problemen im Zusammenhang mit Standortverlagerungen in Kapitel 6 A.

1467 *Grasmann*, ZGR 1973, S. 317 (328).

1468 In diese Richtung auch GA *Saugmandsgaard Øe*, Schlussanträge zu EuGH, Rs. C-566/15 (Erzberger), Celex-Nr. 62015CC0566, Rn. 96.

(3) Sonderproblem der Durchführungsmöglichkeit von Wahlen

Selbst wenn kein schonender Ausgleich zwischen dem Personalitäts- und dem Territorialitätsprinzip gesucht, sondern ausschließlich auf letzteres abgestellt wird, kann keine völkerrechtliche Unmöglichkeit angenommen werden. Teilweise wird besonders auf die Durchführung der Wahlen abgestellt, die ausschließlich auf fremdem Staatsgebiet stattfindet.[1469] Der deutsche Gesetzgeber könne eine Einbeziehung der im Ausland arbeitenden Arbeitnehmer anordnen, an der tatsächlichen Durchführung der Wahlen jedoch völkerrechtlich gehindert sein. Auch die herrschende Ansicht und die Ansicht, die einen Vorbehalt eines Negativgesetzeses fordert, legen auf diese Durchführungsmöglichkeiten der Wahlen einen deutlichen Schwerpunkt.[1470] Probleme bestehen zum Beispiel bei der ‚Implementierung' der Unternehmensmitbestimmung in den ausländischen Betrieben. An dieser Stelle muss jedoch darauf hingewiesen werden, dass die Durchführung nur hinsichtlich des aktiven Wahlrechts problematisch ist. Das passive Wahlrecht könnte den im Ausland arbeitenden Arbeitnehmern auch nach dieser Ansicht völkerrechtlich zugestanden werden.[1471]

Doch auch schon das Territorialitätsprinzip selbst beinhaltet, dass der deutsche Gesetzgeber Regelungen erlassen kann, die direkte, vorhersehbare und spürbare Auswirkungen in seinem eigenen Staatsgebiet haben.[1472] Hierbei muss zunächst unterschieden werden, ob sich der Verwaltungssitz der deutschen Gesellschaft auf deutschem Staatsgebiet befindet oder lediglich der Registersitz in Deutschland ist. Im ersten Fall würde sich die Einbeziehung der im Ausland arbeitenden Arbeitnehmer zu den Wahlen im Aufsichtsrat direkt auf ein Organ auf deutschem Hoheitsgebiet auswirken, weil der Aufsichtsrat hierdurch anders gewählt wird und sich dadurch vermutlich auch anders zusammensetzt. Im zweiten Fall wäre ebenfalls eine direkte Auswirkung, die Eintragung im deutschen Handelsregister, auf deutschem Staatsgebiet vorhanden. Auch wenn die genauen Trennlinien nur schwer ausgemacht werden können,[1473] kann somit auf jeden Fall von direkten, vorhersehbaren und spürbaren Auswirkungen ausgegangen werden.

Bei der obigen Argumentation wird zudem übersehen, dass der Gesetzgeber auch die Möglichkeit hat, einen von den ausländischen Betrieben unabhängigen Wahlmodus zu wählen.[1474] Insbesondere könnte im Extremfall eine Teilnahme durch Briefwahl ermöglicht werden. Schon *Grasmann* stellte 1973 plakativ fest, dass deutsche Staatsangehörige, die im Ausland leben, durch Briefwahl an den Bundestagswahlen

---

1469 *Lubitz*, Modernisierung der Mitbestimmung, S. 142 f.; in diese Richtung auch *Wißmann*, GS Zachert, S. 687 (694 f.).

1470 Vgl. dazu in diesem Kapitel unter A. IV. 2.) c.).

1471 Soweit ersichtlich nehmen die Autoren dieser Ansicht eine solche Differenzierung jedoch nicht vor. Vgl. beispielsweise *Mitbestimmungskommission II*, Bericht der wissenschaftlichen Mitglieder der Kommission, S. 37 f.

1472 Vgl. dazu in diesem Kapitel unter A. IV. 2.) a.) bb.).

1473 Vgl. dazu in diesem Kapital unter A. IV. 2.) a.) bb.).

1474 *Latzel*, Gleichheit in der Unternehmensmitbestimmung, Rn. 363; *Grasmann*, ZGR 1973, S. 317 (328); a.A. *Lubitz*, Modernisierung der Mitbestimmung, S. 143.

teilnehmen können. Warum solle dies nicht auch bei im Ausland arbeitenden Arbeitnehmern einer Gesellschaft oder Muttergesellschaft funktionieren?[1475]

Gegen eine fehlende Durchführungsmöglichkeit ist außerdem anzuführen, dass es den Gesellschaften möglich ist, Arbeitnehmer aufgrund der Ausstrahlungstheorie an einen inländischen Betrieb zu binden. Dieser Arbeitnehmer arbeitet jedoch ebenfalls außerhalb der Grenzen Deutschlands. Wäre eine Anbindung nicht möglich, wäre auch die Ausstrahlungstheorie des Bundesarbeitsgerichts[1476] völkerrechtswidrig. Unabhängig davon wird die Ausstrahlungstheorie aktuell praktiziert, sodass davon ausgegangen werden kann, dass auch Durchführungsmöglichkeiten der Teilnahme an den Wahlen gegeben sind. Somit besteht auch bei einer Anknüpfung an die Durchführungsmöglichkeit des deutschen Gesetzgebers kein Rechtfertigungsgrund.[1477]

(4) Durchführungsmöglichkeit von Wahlen im Konzern

Auch im Konzern können meiner Ansicht nach grundsätzlich Wahlen durchgeführt werden. Allerdings muss beachtet werden, dass die ausländische Tochtergesellschaft nicht uneingeschränkt dazu verpflichtet werden kann, die Wahlen durchzuführen. Insofern kommt es auf das jeweils einschlägige nationale Gesellschaftsrecht an. Auch wenn das ‚deutsche Konzernrecht' an dieser Stelle nicht als repäsentativ für das Gesellschaftsrecht in den anderen Mitgliedstaaten der Europäischen Union angesehen werden kann,[1478] wäre zumindest nach diesem eine Weisung an die Tochtergesellschaften zur Durchführung von Wahlen zulässig.

Das Weisungsrecht der Muttergesellschaft bezieht sich zumindest im Vertrags- und im Eingliederungskonzern auf den gesamten Leitungsbereich der Tochtergesellschaft.[1479] Das Weisungsrecht umfasst insbesondere auch die Einberufung einer Hauptversammlung.[1480] Hiermit vergleichbar ist die Weisung, die angesprochenen Wahlen durchzuführen. Selbst wenn man davon ausgehen würde, dass eine solche Weisung für das Tochterunternehmen nachteilig, weil kostenverursachend ist, dürfte die Weisung aufgrund der Pflicht der Muttergesellschaft für den Konzern insgesamt vorteilhaft sein.[1481] Auch in anderen Konzernverhältnissen ist eine Durchführung meiner Ansicht nach möglich, deren Nachteile müssten aber nach § 311

1475 *Grasmann*, ZGR 1973, S. 317 (328).

1476 Vgl. dazu in diesem Kapitel unter A. IV. 2.) b.) bb.).

1477 So auch GA *Saugmandsgaard Øe*, Schlussanträge zu EuGH, Rs. C-566/15 (Erzberger), Celex-Nr. 62015CC0566, Rn. 91.

1478 Teichmann, AG 2013, S. 184 (197). Vgl. zur aktuellen Reformdiskussion in Bezug auf das Weiungsrecht im Konzern auf der Ebene der Europäischen Union Schüßler, NZG 2017, S. 1046 ff.; Bayer/Schmidt, BB 2017, S. 2114 (2119 f.).

1479 *Emmerich* in: ders./Habersack, Konzernrecht, § 308 AktG Rn. 36; *Veil* in: Spindler/Stilz, AktG, § 308 Akt Rn. 20; *Altmeppen* in: MüKo AktG, § 308 AktG Rn. 83.

1480 *Emmerich* in: ders./Habersack, Konzernrecht, § 308 AktG Rn. 40; *Veil* in: Spindler/Stilz, AktG, § 308 Akt Rn. 21.

1481 *Emmerich* in: ders./Habersack, Konzernrecht, § 308 AktG Rn. 45 ff.

AktG ausgeglichen werden. Die Weisung an eine Tochtergesellschaft, Wahlen durchzuführen, dürfte zwar als eine für die abhängige Gesellschaft nachteilige, aber dem Konzerninteresse dienende Einflussnahme gestattet sein, sofern der Vermögensnachteil ausgeglichen wird.[1482]

Lediglich eine direkte Weisung des Vorstands der Konzernmutter an die Arbeitnehmer der Tochter ist – zumindest ohne Zustimmung des Vorstands der Tochtergesellschaft – nicht möglich.[1483] Eine solche direkte Weisung der Muttergesellschaft ist jedoch zur Durchführung der Wahlen nicht nötig, weil der Vorstand der Tochtergesellschaft damit betraut werden kann.

cc.) Ergebnis

Der deutsche Gesetzgeber hat im Internationalen Gesellschaftsrecht die Regelungshoheit über die deutschen Gesellschaften. Das Völkerrecht steckt im Privatrecht nur einen weiten Rahmen ab, welcher einen Anknüpfungspunkt im Inland fordert. Der Bezug zum Inland ist dadurch gegeben, dass es sich in sämtlichen Konstellationen um Aufsichtsratswahlen inländischer Gesellschaften handelt. Insofern begrenzt das Völkerrecht den deutschen Gesetzgeber grundsätzlich nicht hinsichtlich der Einbeziehung der im Ausland arbeitenden Arbeitnehmer.

Selbst wenn nur auf die Durchführung der Wahlen abgestellt wird, ändert sich am Ergebnis nichts. Auch diese wirken sich auf die deutsche Gesellschaft aus. Im Rahmen des schonenden Ausgleichs verschiedener Interessen steht sodann zwar die Frage im Raum, ob der deutsche Gesetzgeber es bei der bisherigen Ausgestaltung der Wahlen belassen sollte,[1484] doch spielt dies im Rahmen der Rechtfertigung einer Diskriminierung keine Rolle.[1485] Eine völkerrechtliche Unmöglichkeit liegt damit nicht vor, sodass auch kein Rechtfertigungsgrund gegeben ist.

e.) Unionsrechtlicher Ansatz

Neben dem gerade dargestellten, völkerrechtlichen Ansatz könnte sich die Zulässigkeit der Ausdehnung der Unternehmensmitbestimmung auf im Ausland arbeitende Arbeitnehmer auch direkt aus dem Unionsrecht ergeben. Der Diskriminierungsschutz des Art. 45 AEUV gilt nur für Arbeitnehmer, die innerhalb der Europäischen Union beschäftigt sind. Insofern muss es auch nur zulässig sein, dass Deutschland die Arbeitnehmer einbezieht, die in den Mitgliedstaaten beschäftigt sind. Arbeitnehmer aus Drittstaaten sind aus Sicht der Arbeitnehmerfreizügigkeit ohne Bedeutung.[1486]

1482 *Habersack* in: Emmerich/ders., Konzernrecht, § 311 AktG Rn. 77.

1483 *Emmerich* in: ders./Habersack, Konzernrecht, § 308 AktG Rn. 18.

1484 Zur bisherigen Ausgestaltung vgl. in Kapitel 3 C. II.

1485 So auch GA *Saugmandsgaard Øe*, Schlussanträge zu EuGH, Rs. C-566/15 (Erzberger), Celex-Nr. 62015CC0566, Rn. 99.

1486 Vgl. dazu in diesem Kapitel unter A. II. 1.).

Zwar gilt das Völkerrecht auch innerhalb der Europäischen Union,[1487] doch geht das Unionsrecht bei Binnenstreitigkeiten zwischen den Mitgliedstaaten dem Völkerrecht als lex specialis vor.[1488] Das Unionsrecht muss dabei völkerrechtskonform ausgelegt werden[1489] und falls keine Unionsregelungen vorliegen sollten, wird wiederum das allgemeine Völkerrecht angewendet.[1490] Dieses Zusammenspiel ist Ausfluss der Tatsache, dass die Mitgliedstaaten der Europäischen Union einerseits noch souveräne Staaten sind, das Unionsrecht jedoch eine umfassende eigenständige Rechtsordnung darstellt, auf die eine Vielzahl staatlicher Kompetenzen übertragen wurde.[1491] Insgesamt ist gerade im Verhältnis des Völkerrechts zum Internationalen Privatrecht eine Entwicklung weg von den Staaten hin zu übergeordneten Gemeinschaften, wie der Europäischen Union, zu erkennen.[1492]

Im Folgenden wird untersucht, ob das Unionsrecht selbst Regelungen enthält, welche die oben diskutierten völkerrechtlichen Prinzipien, insbesondere das Territorialitätsprinzip überlagern bzw. verdrängen.

aa.) Folgerungen aus dem bisher erlassenen Sekundärrecht

Das unionsrechtliche Sekundärrecht regelt zahlreiche grenzüberschreitende Sachverhalte im Mitbestimmungsrecht. Als Beispiele können die Mitbestimmung bei supranationalen Gesellschaften oder der Europäische Betriebsrat genannt werden.[1493] Diese Regelungen zeigen einerseits, dass es grundsätzlich rein faktisch möglich ist, Gremien in Unternehmen mit Arbeitnehmern aus unterschiedlichen Mitgliedstaaten zu besetzen und die Wahlen in verschiedenen Mitgliedstaaten stattfinden zu lassen.[1494] Andererseits kann auch argumentiert werden, dass die jeweiligen Regelungen zeigen, dass es für diese Verfahren zur Besetzung von Gremien aus unterschiedlichen Mitgliedstaaten gerade unionseinheitlicher Regelungen bedarf. Insofern können aus der bloßen Existenz dieser Regelungen allein noch keine Rückschlüsse auf eine Zulässigkeit einer solchen nationalen Regelung gezogen werden.

Problematisch erscheint auch die These, dass die Unionsregelungen das Territorialitätsprinzip verdrängen.[1495] Das Unionsrecht kann grenzüberschreitende Sachverhalte aufgrund einer Kompetenzübertragung durch die Mitgliedstaaten an

---

1487 *Terhechte* in: Schwarze, EU-Kommentar, Art. 47 EUV Rn. 18.

1488 *Dörr* in: Grabitz/Hilf/Nettesheim, Recht der EU, Art. 47 EUV Rn. 104; *Terhechte* in: Schwarze, EU-Kommentar, Art. 47 EUV Rn. 19, *Schurig* in: Leible/Ruffert, Völkerrecht und IPR, S. 55 (61).

1489 *Terhechte* in: Schwarze, EU- Kommentar, Art. 47 EUV Rn. 19.

1490 *Dörr* in: Grabitz/Hilf/Nettesheim, Recht der EU, Art. 47 EUV Rn. 105.

1491 *Dashwood/Dougan/Roger/Spaventa/Wyatt*, European Law, S. 65 f. Vgl. zur Zulässigkeit der Übertragung solcher Hoheitsrechte *Kempen/Hillgruber*, Völkerrecht, § 18 Rn. 21.

1492 *Jayme* in: Leible/Ruffert, Völkerrecht und IPR, S. 23 (39 f.).

1493 Vgl. dazu ausführlich in Kapitel 3 B. I. 1.) b.), II. 2.).

1494 *Rieble/Latzel*, EuZA 2011, S. 145 (161 f.).

1495 In diese Richtung *Rieble/Latzel*, EuZA 2011, S. 145 (162).

die Union regeln.[1496] Insofern können Unionsregelungen – zumindest auf dem Unionsgebiet – nicht mit dem Territorialitätsprinzip kollidieren. Vergleichbar ist dies mit der völkerrechtlichen Möglichkeit von Staaten ein Abkommen zur gegenseitigen Anerkennung bestimmter Hoheitsakte auf dem jeweils anderen Hoheitsgebiet zu schließen.[1497] Sämtliche Mitgliedstaaten der Union haben der Kompetenzübertragung zugestimmt, sodass die Union Regelungen für sämtliche Mitgliedstaaten treffen kann.[1498] Dadurch hat jedoch nicht jeder einzelne Mitgliedstaat die Möglichkeit – sofern die Union ihren Kompetenztitel nicht wahrnimmt – an deren Stelle zu handeln.[1499] Gesetzgeberisches Handeln ist ihm weiterhin nur nach den oben dargestellten völkerrechtlichen Grundsätzen möglich.

Damit haben die bisher erlassenen sekundärrechtlichen Regelungen keine Berührungspunkte mit dem völkerrechtlichen Territorialitätsprinzip.[1500] Die Union hat zwar die Möglichkeit einen Sekundärrechtsakt zu erlassen, welcher eine Einbeziehung im Ausland arbeitender Arbeitnehmer erlaubt. Allerdings ist dies in naher Zukunft unwahrscheinlich.[1501] Solange sie keinen solchen umfassenden Rechtsakt erlässt, bleibt die Unternehmensmitbestimmung von nationalen Gesellschaften weitgehend in nationaler Hand.

bb.) Ansätze in der Rechtsprechung des Gerichtshofs

Da es noch kein umfassendes Sekundärrecht zum Internationalen Gesellschaftsrecht gibt,[1502] geben vor allem die Grundfreiheiten bzw. deren Auslegung durch den Gerichtshof den Rahmen des Internationalen Gesellschaftsrechts in der Union vor.[1503] Diese binden nicht nur den deutschen Staat hinsichtlich der diskriminierungsfreien Ausgestaltung der Unternehmensmitbestimmung, sondern auch die übrigen Mitgliedstaaten bei der Anerkennung eines diskriminierungsfreien Kollisionsrechts. Das Unionsrecht widerspräche sich selbst, wenn es den einen Mitgliedstaat zu etwas verpflichten würde, beispielsweise der Einbeziehung ausländischer Arbeitnehmer, den anderen Mitgliedstaaten jedoch die Möglichkeit bieten würde die Einbeziehung versperren zu können. Über eine solche Situation hilft der Grundsatz der loyalen Zusammenarbeit hinweg. Gem. Art. 4 Abs. 3 EUV sind hiernach auch die Mitgliedstaaten untereinander dazu verpflichtet, sich gegenseitig zu unterstützen.[1504]

1496 *Calliess* in: ders./Ruffert, EUV/AEUV, Art. 1 EUV Rn. 59.

1497 *Stein/von Buttlar/Kotzur*, Völkerrecht, Rn. 545, 606 f.

1498 Vgl. *Calliess* in: ders./Ruffert, EUV/AEUV, Art. 1 EUV Rn. 60.

1499 Vgl. auch *Teichmann*, ZIP 2009, Beilage Heft 48, S. 10 (15).

1500 Ebenso *Krause*, AG 2012, S. 485 (493).

1501 Vgl. nur die Diskussion zur SPE in Kapitel 3 B I. 2.).

1502 *Grundmann*, Europäisches Gesellschaftsrecht, Rn. 169; *Sprahlinger* in: ders./*Wegen*, Internationales Gesellschaftsrecht, Rn. 136 ff.

1503 *Kropholler*, Internationales Privatrecht, S. 73 ff.; *Mansel* in: Leible/Ruffert, Völkerrecht und IPR, S. 89 (116).

1504 *Kahl* in: Calliess/Ruffert, EUV/AEUV, Art. 4 AEUV Rn. 111 ff.; *Hatje* in: Schwarze, EU-Kommentar, Art. 4 EUV Rn. 24.

Eine wichtige Komponente ist dabei die Unterstützung bei der Verwirklichung des Binnenmarkts, im vorliegenden Fall der Arbeitnehmerfreizügigkeit.[1505]

Der Gerichtshof hat diesen Gedanken ebenfalls, ohne explizit auf Art. 4 Abs. 3 EUV zu verweisen, in diversen Entscheidungen angewendet. Die reine Abstinenz von Sekundärrecht darf nach Ansicht des Gerichtshofs nicht dazu führen, dass die Grundfreiheiten nicht durchgesetzt werden. Beispielhaft kann hierfür die Sevic-Entscheidung angeführt werden: „Wenn gemeinschaftliche Harmonisierungsvorschriften zur Erleichterung grenzüberschreitender Verschmelzungen auch gewiss hilfreich wären, so sind sie doch keine Vorbedingung für die Durchführung der in den Artikeln 43 EG und 48 EG verankerten Niederlassungsfreiheit."[1506] Die Union garantiert durch die Niederlassungsfreiheit die grenzüberschreitende Verschmelzung. Allerdings war die Verschmelzungsrichtlinie zu diesem Zeitpunkt noch nicht verabschiedet,[1507] sodass die Umsetzungsschwierigkeiten einer grenzüberschreitenden Verschmelzung zwischen den Mitgliedstasten als Argument ins Feld geführt wurden. Dieses Argument wurde vom Gerichtshof jedoch nicht akzeptiert.[1508] In dieselbe Richtung weist die Entscheidung Vale.[1509] Auch hier müssen die Mitgliedstaaten nun Voraussetzungen schaffen, um grenzüberschreitende Umwandlungen zu ermöglichen.[1510]

Dieses Ergebnis passt zudem in die bisherige Rechtsprechungslinie des Gerichtshofs zu nationalen Gesellschaftsformen.[1511] Die Mitgliedstaaten müssen die Rechtsformen anderer Mitgliedstaaten auf ihrem Territorium anerkennen und dürfen keine weitergehenden Vorgaben machen, es sei denn diese werden durch einen inhaltlich zwingenden Grund des Allgemeinwohls gerechtfertigt.[1512] Im vorliegenden Fall liegt aber gerade kein solch inhaltlicher Rechtfertigungsgrund vor. Somit müssen die anderen Mitgliedstaaten auch die zur Unternehmensverfassung gehörende Unternehmensmitbestimmung in ihren Niederlassungen akzeptieren.

Ein Kontrollbeispiel zeigt zudem deutlich, warum in der Union die völkerrechtliche Unmöglichkeit der Einbeziehung im Ausland arbeitender Arbeitnehmer nicht als Rechtfertigungsmöglichkeit gelten kann:[1513] Eine deutsche Aktiengesellschaft hat

---

1505 *Kahl* in: Calliess/Ruffert, EUV/AEUV, Art. 4 AEUV Rn. 112.

1506 EuGH, Rs. C-411/03 (Sevic) Slg. 2005, I-10805 Rn. 26. In diese Richtung schon EuGH, Rs. C-204/90 (Bachmann) Slg. 1992, I-249 Rn. 11

1507 Vgl. dazu in Kapitel 3 B. II. 3.).

1508 Vgl. dazu auch *Roth* in: Dauses, EU-Wirtschaftsrecht, E. I. Rn. 114; zu einem weiteren Beispiel innerunionaler Zusammenarbeit vgl. *Latzel*, Gleichheit in der Unternehmensmitbestimmung, Rn. 364.

1509 EuGH, Rs. C-378/10 (Vale), BB 2012, S. 2069 ff.

1510 *Teichmann*, DB 2012, S. 2085 (2091); *Bungert/de Reat*, DB 2014, S. 761 ff.

1511 Vgl. knapp *Just*, Limited, Rn. 20; vgl. dazu in Kapitel 3 C. I. b.).

1512 EuGH, Rs. C-167/01 (Inspire Art) Slg. 2003, I-10155.

1513 Vgl. zur Liberalisierung in Deutschland *Däubler/Heuschmid*, NZG 2009, S. 493 ff., wobei der Erlass des MoMiGs keine Unionsrechtsverpflichtung war. Zum MoMiG vgl. auch in Kapitel 3 C. II. 1.) a.) bb.) (2).

ihren Verwaltungssitz in Frankreich und die Arbeitnehmer in unterschiedlichen Niederlassungen und Tochtergesellschaften in verschiedenen Mitgliedstaaten der Union, wobei 2.500 Arbeitnehmer in Deutschland arbeiten. Aufsichtsratssitzungen werden in dieser Gesellschaft voraussichtlich in Frankreich stattfinden. Wählen die Aufsichtsratsmitglieder einen Vorstand, werden diese Wahlen somit auf französischem Territorium durchgeführt. Obwohl es nach französischem Recht keine Unternehmensmitbestimmung gibt, dürfen die Arbeitnehmervertreter im Aufsichtsrat einer deutschen Aktiengesellschaft selbstverständlich mit abstimmen. Die Wahl findet in Frankreich und somit auf fremdem Staatsgebiet aber nach deutschem Recht statt. Selbiges gilt auch für den Verwaltungsrat einer englischen ‚Briefkasten-Limited', deren Gesellschafter in Deutschland den Verwaltungsrat wählen.

Es wird jedoch ersichtlich nicht gefordert, dass diese Wahl des Vorstands gegen das Territorialitätsprinzip verstoßen solle. Genau diese Wahldurchführung auf fremdem Staatsgebiet wird jedoch bei der Wahl der Arbeitnehmervertreter als unüberwindbare Hürde angesehen.

3.) Zusammenfassung und Ausblick

Insgesamt kann somit festgehalten werden, dass keiner der bisher diskutierten Rechtfertigungsgründe einschlägig ist. Der soziale Aspekt kann keinen Rechtfertigungsgrund darstellen, weil es im vorliegenden Fall gerade um eine Ausweitung der Arbeitnehmerrechte für Unionsbürger handelt. Insofern können auch die sozialen Unionsgrundrechte hier keine Rechtfertigung der Diskriminierung bewirken. Auch die von vielen Autoren angesprochene völkerrechtliche Begrenzung der Einbeziehung im Ausland arbeitender Arbeitnehmer kann keine Rechtfertigung darstellen. Zu Recht wird hier vom Gerichtshof eine Unmöglichkeit gefordert, welche im vorliegenden Fall aufgrund Alternativmöglichkeiten des deutschen Gesetzgebers nicht vorliegt. Ansonsten könnten Mitgliedstaaten allzu leicht ihre nationalen protektionistischen Regelungen unter dem Hinweis des unvollkommenen Binnenmarkts rechtfertigen, was diesen wiederum zementieren würde.

Der deutsche Gesetzgeber hat durch Erlass der entsprechenden Regelungen die Möglichkeit die im Ausland arbeitenden Arbeitnehmer einzubeziehen, sodass die unter dem Stichwort des Territorialitätsprinzips diskutierte völkerrechtliche Unmöglichkeit ebenfalls keinen Rechtfertigungsgrund darstellt. Dies gilt erst recht innerhalb der Europäischen Union, da diese von einer ‚kooperativen Souveränitätsausübung' geprägt ist. Außerdem ist nicht davon auszugehen, dass sich der Gerichtshof bei der Durchsetzung der unionsrechtlichen Rechte vom Völkerrecht abschrecken lassen wird.[1514] Allerdings muss berücksichtigt werden, dass der Generalanwalt in seinen Schlussanträgen in der Angelegenheit Erzberger es als Rechtfertigungsgrund angesehen hat, dass es nach dem aktuellen Stand des Unionsrechts den Mitgliedstaaten obliege, die organisatorische Ausgestaltung der Mitwirkungs-

---

1514 Vgl. dazu *Mansel* in: Leible/Ruffert, Völkerrecht und IPR, S. 89 (116).

rechte zur Wahrnehmung legitimer wirtschafts- und sozialpolitischer Entscheidungen vorzunehmen.[1515] Dies führt meiner Ansicht nach jedoch bei diskriminierenden Maßnahmen nicht zu einem Rechtfertigungsgrund und damit zu keinem anderen Ergebnis.[1516]

Neben diesen rechtlichen Argumenten gegen das Territorialitätsprinzip, sind auch die politischen Argumente nicht einschlägig. Andere Staaten, auch wenn diese selbst der Unternehmensmitbestimmung kritisch gegenüber stehen, dürften der Einbeziehung der Arbeitnehmer, die in ihrem Staat arbeiten, eher positiv entgegenstehen. Zum einen wird durch diese Ausweitung der deutschen Unternehmensmitbestimmung noch keine eigene Gesellschaftsform zur Unternehmensmitbestimmung gezwungen und zum anderen können durch diese Ausweitung die Arbeitnehmer bei den deutschen Unternehmen mitbestimmen. Die Arbeitsplätze im eigenen Land werden somit gestärkt. Ein deutsches Unternehmen könnte nicht mehr aufgrund der Rücksichtnahme gegenüber den in Deutschland arbeitenden Arbeitnehmern, die im Aufsichtsrat vertreten sind, statt des deutschen Betriebs den ausländischen Betrieb stilllegen.[1517]

V. Rechtsfolgen

Dem Europäischen Gerichtshof musste bzw. muss nach dem hier gefundenen Ergebnis die Frage nach Art. 267 AEUV vorgelegt werden, ob das Unionsrecht einer nationalen Regelung entgegensteht, welche die im Ausland arbeitenden Arbeitnehmer aus der Unternehmensmitbestimmung ausgrenzt.[1518] Dies hat das Landgericht Landau in seinem Beschluss aus dem Jahre 2013[1519] versäumt, weil es nach eigener Auffassung die Frage selbst entscheiden konnte.[1520] Das Kammergericht Berlin hat dies jedoch anders beurteilt und im Jahr 2015 die hier untersuchte Fragestellung dem Gerichtshof vorgelegt.[1521] Da in diesem Fall jedoch lediglich ein Konzernverhältnis in Frage stand, musste der Gerichtshof auch nur zu dieser Frage Stellung nehmen.[1522]

1515 GA Saugmandsgaard Øe, Schlussanträge zu EuGH, Rs. C-566/15 (Erzberger), Celex-Nr. 62015CC0566, Rn. 101 ff. Vgl. dazu anschaulich auch *Schanze*, AG 2017, S. 573 (575).

1516 Vgl. dazu in Kapitel 8 unter C. II. 2.).

1517 In diese Richtung auch schon *Grasmann*, ZGR 1973, S. 317 (328).

1518 Zur Ausgestaltung einer Vorlagefrage siehe näher *Kerwer*, Gemeinschaftsrecht und deutsche Arbeitsgerichte, S. 595 ff.

1519 LG Landau, NZG 2014, S. 229 (230). Vgl. dazu in diesem Kapitel unter A. IV. 2.) b.) bb.).

1520 Kritisch dazu *Wansleben*, NZG 2014, S. 213 (215).

1521 KG Berlin, EuGH-Vorlage vom 16. Oktober 2015–14 W 89/15. Auch das OLG München, Beschluss vom 20. Februar 2017–3 Wx 321/15 hat aufgrund von Zweifeln an der Europarechtskonformität ein entsprechendes Verfahren aufgrund des Vorlagebeschlusses des Kammergerichts Berlin ausgesetzt.

1522 EuGH, Rs. C-566/15 (Erzberger), Celex-Nr. 62015CJ0566. Ausdrücklich offenlassend für unselbständige Niederlassungen deshalb auch GA *Saugmandsgaard Øe*,

Im Folgenden wird ein Ausblick darauf gegeben, wie sich eine Entscheidung des Gerichtshofs bezüglich der noch offenen Fragestellung hinsichtlich unselbständiger Niederlassungen auswirken wird und welche Umsetzungsmöglichkeiten dem Mitgliedstaat bleiben. Abschließend wird die Frage erörtert, ob eine Frist zur Umsetzung der Entscheidung die sachgerechteste Lösung bieten würde.

1.) Entscheidung des Gerichtshofs und dessen Auswirkungen

Nach der vorliegenden Untersuchung wird der Gerichtshof zum Schluss kommen, dass der Ausschluss der in ausländischen unselbständigen Niederlassungen arbeitenden Arbeitnehmer gegen die Arbeitnehmerfreizügigkeit verstößt. Offen ist jedoch noch die Frage, was nach der Beantwortung der Vorlagefrage geschehen wird. Insofern werden nun die Auswirkungen des Anwendungsvorrangs und die Wirkungsweise der Entscheidung des Gerichtshofs näher erläutert und sodann in einem zweiten Schritt auf die vorliegende Fallgestaltung angewendet.

a.) Verhältnis von Unionsrecht und mitgliedstaatlichem Recht

Die Auswirkungen dieser Entscheidung können nur dargestellt werden, wenn das grundsätzliche Verhältnis des Unionsrechts zum mitgliedstaatlichen Recht erläutert wurde. Das mitgliedstaatliche Recht und das Unionsrecht sind grundsätzlich zwei verschiedene Rechtsordnungen, die sich jedoch in vielen Bereichen überlagern. Das Unionsrecht genießt dabei Anwendungsvorrang gegenüber den mitgliedstaatlichen Rechtsordnungen.[1523] Wie jedoch vorhandene Kollisionen zwischen den beiden Rechtsebenen vermieden oder aufgelöst werden können, ist mit dem Hinweis auf den Vorrang des Unionsrechts noch nicht geklärt.

(1) Unionsrechtskonforme Auslegung

Bevor von einer Kollision zwischen mitgliedstaatlichen Recht und Unionsrecht gesprochen werden kann, muss versucht werden, das mitgliedstaatliche Recht unionskonform auszulegen.[1524] Dies entspricht der Pflicht zur verfassungskonformen Auslegung von einfachem Recht in Deutschland.[1525] Da die deutschen Regelungen zur Unternehmensmitbestimmung nicht auf einer Richtlinie beruhen oder in den

---

Schlussanträge zu EuGH, Rs. C-566/15 (Erzberger), Celex-Nr. 62015CC0566, Rn. 35. Vgl. ausführlich zu dieser Entscheidung in Kapitel 8 unter A.

1523 EuGH, Rs. 6/64 (Costa/ENEL) Slg. 1964, 1253; *Stettner* in: Dauses, EU-Wirtschaftsrecht, A. IV. Rn. 25 ff.; vgl. rechtsvergleichend *Weber*, JZ 2010, 157 ff.; grundlegend *Zweigert*, RabelsZ 1964, S. 601 ff.

1524 *Ruffert* in: Calliess/ders., EUV/AEUV, Art. 1 EUV Rn. 24.; *Beljin*, EuR 2002, S. 351 (358). Zu den rechtlichen Grundlagen der unionsrechtskonformen Auslegung *Borchardt* in: Schulze/Zuleeg/Kadelbach, Europarecht, § 15 Rn. 73 ff.

1525 *Ehlers* in: Schulze/Zuleeg/Kadelbach, Europarecht, § 11 Rn. 34.

Anwendungsbereich einer Verordnung fallen, kommt als Auslegungshilfe nur das Primärrecht, insbesondere die Grundfreiheiten, in Betracht.

(2) Anwendungsvorrang

Ist eine unionsrechtskonforme Auslegung nicht möglich, genießt das Unionsrecht Anwendungsvorrang. Das bedeutet, dass die nationale Norm bei grenzüberschreitenden Sachverhalten nicht mehr angewendet werden darf.[1526] Anders als eine Verfassungswidrigkeit[1527] führt die Unionsrechtswidrigkeit aber nicht zur allgemeinen Nichtigkeit der Norm.

Mit dem Anwendungsvorrang werden zwei Ziele verfolgt: die möglichst weitgehende Durchsetzung des Unionsrechts und die Wahrung der Kompetenzverteilung zugunsten der Mitgliedstaaten. Die Ziele der europäischen Verträge wären in Gefahr, wenn die Mitgliedstaaten einseitig vom Unionsrecht abweichen könnten. Insofern muss das Unionsrecht dem jeweiligen mitgliedstaatlichen Recht vorgehen.[1528] Zwar behält sich das Bundesverfassungsgericht vor, sämtliche Unionsrechtsakte zu kontrollieren.[1529] Verstöße gegen nationale Grundrechte werden aber erst wieder geprüft, wenn die Union keinen hinreichenden Grundrechtsschutz mehr bietet.[1530] Dies dürfte spätestens seit dem Lissabonner Vertrag und der damit einhergehenden Verbindlichkeit der geschriebenen Grundrechtecharta kaum noch möglich sein.[1531] Zudem werden Kompetenzverstöße erst bei hinreichender Qualifizierung überprüft. Nachdem das Bundesverfassungsgericht jedoch auch in der Mangold-Entscheidung[1532] des Europäischen Gerichtshofs keinen solchen hinreichend qualifizierten Verstoß gesehen hat,[1533] wird diese Hürde von den Organen der Europäischen Union kaum übersprungen werden.

Neben dieser Sicherungsfunktion des Unionsrechts schützt der Anwendungsvorrang auch die Kompetenzverteilung zwischen den Mitgliedstaaten und der Union, insbesondere zugunsten der Mitgliedstaaten.[1534] Würden nationale Vorschriften, wie beispielweise ein Wahlrechtsausschluss für Ausländer, für ungültig erklärt, weil es eine unionsrechtliche Verpflichtung zur Zulassung sämtlicher Unionsbürger mit Wohnsitz im entsprechenden Mitgliedstaat gäbe, hätte eine Ungültigkeitserklärung verheerende Auswirkungen: Die Vorschrift würde nicht

---

1526 *Ruffert* in: Calliess/ders., EUV/AEUV, Art. 1 EUV Rn. 18; *Stettner* in: Dauses, EU-Wirtschaftsrecht, A. IV. Rn. 25.

1527 *Bethge* in: Maunz/Schmidt-Bleibtreu/Klein/ders., BVerfGG, § 78 Rn. 7. Weitergehend zu Fällen ohne Nichtigkeitserklärung *Heußner*, NJW 1982, S. 257 ff.

1528 *Pache* in: Schulze/Zuleeg/Kadelbach, Europarecht, § 10 Rn. 10.

1529 Vgl. zur Übersicht der Verfassungsgerichtsbarkeiten anderer Mitgliedstaaten *Ehlers* in: Schulze/Zuleeg/Kadelbach, Europarecht, § 11 Rn. 29.

1530 BVerfGE 102, 147; BVerfGE 73, 339.

1531 Vgl. dazu in Kapitel 4 C. II. 2.).

1532 EuGH, Rs. C-144/04 (Mangold), Slg. 2005, I-9981.

1533 Vgl. *Schmahl*, EuR 2008, Beiheft 1, S. 7 (33 f.).

1534 Zu diesem Verhältnis vgl. insbesondere *Wieland*, NJW 2009, S. 1841 ff.

mehr gelten, sodass sämtliche Ausländer, unabhängig vom Wohnsitz oder der Unionsbürgerschaft, wahlberechtigt wären. Somit könnten sämtliche Arbeitnehmer, also auch Arbeitnehmer, die in Drittstaaten arbeiten, die Arbeitnehmervertreter im Aufsichtsrat wählen. Dieses Ergebnis ist zur Durchsetzung des Unionsrechts jedoch weder nötig noch gewollt.[1535] Die Vorschrift nicht auf Unionsbürger anzuwenden, ist in dieser Konstellation zur Durchsetzung des Unionsrechts daher vollkommen ausreichend.

(3) Sonderproblem: Diskriminierung

Auch eine diskriminierende und deshalb unionsrechtswidrige Norm wird zunächst nicht angewendet. Schrifttum und Rechtsprechung sind sich einig, dass es nach der Feststellung der diskriminierenden Wirkung einer Regelung grundsätzlich dem Gesetzgeber überlassen bleibt, wie er den Unionsrechtsverstoß beseitigt.[1536] Bei einer diskriminierenden Regelung gibt es zwei Vergleichsgruppen, bei der die eine gegenüber der anderen benachteiligt bzw. bevorzugt wird. Dabei hat der Gesetzgeber sowohl die Möglichkeit, eine Vergleichsgruppe entsprechend der jeweils anderen zu behandeln oder eine völlig neue, diskriminierungsfreie Regelung zu schaffen.[1537]

Allerdings würde sich die Vorschrift vom Zeitpunkt der Feststellung der diskriminierenden Wirkung an durch den Gerichtshof bis zur Neuregelung durch den Gesetzgeber zunächst einmal in einer Art ‚Schwebezustand' befinden. Deshalb muss der Gerichtshof in seinen Entscheidungen darauf hinweisen, wie bis zur Neuregelung durch den Gesetzgeber mit der diskriminierenden Vorschrift umzugehen ist. Über die Möglichkeiten des Gerichtshofs herrscht dabei im Schrifttum Uneinigkeit.

Eine Ansicht differenziert danach, ob die Vorschrift belastend oder begünstigend ist. Bei einer belastenden Vorschrift wird die Norm schlichtweg nicht mehr angewendet.[1538] Ist die Norm begünstigend, gibt es hiernach theoretisch zwei Möglichkeiten: Einerseits kann die Begünstigung durch Nichtanwendung der einen Gruppe entzogen werden. Anderseits kann die Begünstigung der anderen Gruppe ebenfalls gewährt werden.[1539] Allerdings ist diese Unterscheidung praktisch kaum durchzuführen, weil eine diskriminierende Maßnahme begriffsnotwendig immer für die eine Vergleichsgruppe belastend und für die andere begünstigend wirkt. Deshalb

---

1535 *Ehlers* in: Schulze/Zuleeg/Kadelbach, Europarecht, § 11 Rn. 40.

1536 EuGH, Rs. 300/86 (Landschoot), Slg. 1988, 3443; *Jarass*, Charta der Grundrechte, Art. 20 Rn. 4; *Sachs* in: Tettinger/Stern, Europäische Grundrechte-Charta, Art. 20 GRC Rn. 26; *Höscheidt* in: Mayer, Charta der Grundrechte, Art. 20 Rn. 18; *Kischel*, EuGRZ 1997, S. 1 (9); *Classen*, EuR 2008, S. 627 (642); *Kingreen* in: Ehlers, Grundrechte und Grundfreiheiten, § 13 Rn. 26.

1537 *Höscheidt* in: Mayer, Charta der Grundrechte, Art. 20 Rn. 17.

1538 *Latzel*, Gleichheit in der Unternehmensmitbestimmung Rn. 740 f.

1539 *Kischel*, EuGRZ 1997, S. 1 (9).

wird von dieser Ansicht versucht eine Differenzierung nach dem Schwerpunkt der Regelung vorzunehmen.[1540]

Aufgrund dieser erheblichen Abgrenzungsschwierigkeiten wird auch die Ansicht vertreten, dass sämtliche Regelungen ‚nach oben' angepasst werden müssen.[1541] Der Gerichtshof wendet diese Methode ebenfalls in ständiger Rechtsprechung zur Geschlechtergleichstellung an.[1542] Diese Rechtsprechung basiert auf dem Zusammenspiel des Diskriminierungsverbots mit Art. 151 AEUV, welcher die „Verbesserung der Lebens- und Arbeitsverhältnisse" als Ziel der Europäischen Union vorgibt.[1543] Ob diese auch auf andere Diskriminierungsverbote ausgedehnt werden kann, ist in der Literatur noch nicht abschließend geklärt.[1544] Der Gerichtshof nimmt jedoch in seiner Rechtsprechung zum allgemeinen Gleichbehandlungsgrundsatz Bezug auf die Entscheidungen zur Geschlechtergleichstellung und gleicht ebenfalls ‚nach oben' an.[1545] Zudem gleicht der Gerichtshof auch bei der Altersdiskriminierung grundsätzlich ‚nach oben' an.[1546]

Eine dritte Ansicht lässt dem Gerichtshof die freie Wahl, wie er bis zur Neuregelung durch den Gesetzgeber verfahren möchte.[1547] Diese Ansicht wird ebenfalls teilweise durch die gerade angesprochene Rechtsprechung gedeckt, die beispielweise davon spricht, „dass der Grundsatz der Gleichheit bei einer *derartigen* Diskriminierung nur dadurch gewahrt werden kann, dass die Vergünstigungen, die die Mitglieder der begünstigten Gruppe erhalten, bis zur ordnungsgemäßen Umsetzung der Richtlinie auf die Mitglieder der benachteiligten Gruppe erstreckt werden."[1548] Wenn es ‚derartige' Diskriminierungen gibt, muss es aber auch andersartige Dis-

1540 Vgl. am Beispiel der Unternehmensmitbestimmung *Latzel*, Gleichheit in der Unternehmensmitbestimmung Rn. 742.

1541 *Jarass*, Charta der Grundrechte, Art. 20 Rn. 4; *Classen*, EuR 2008, S. 627 (642); *Rengeling/Szczekalla*, Grundrechte in der Union, Rn. 882.

1542 Vgl. die Rechtsprechung zu den Rechtsfolgen einer Ungleichbehandlung beim Arbeitsentgelt für Männer und Frauen EuGH, Rs. C-408/92 (Avdel Systems) Slg. 1994, I-4435 Rn. 16; EuGH, Rs. C-184/89 (Nimz) Slg. 1991, I-297 Rn. 21. Dazu *Colneric*, EuZA 2008, S. 212 (224); *Langenfeld* in: Grabitz/Hilf/Nettesheim, Das Recht der EU, Art. 157 AEUV Rn. 72.

1543 *Langenfeld* in: Grabitz/Hilf/Nettesheim, Das Recht der EU, Art. 157 AEUV Rn. 72.

1544 Bejahend *Classen*, EuR 2008, S. 627 (642); *Colneric*, EuZA 2008, S. 212 (226); zurückhaltender *Kischel*, EuGRZ 1997, S. 1 (9); *Latzel*, Gleichheit in der Unternehmensmitbestimmung Rn. 740.

1545 EuGH, Rs. C-442/00 (Rodrigez Caballero) Slg. 2002, I-11915 Rn. 42 f.; EuGH, Rs. C-81/05 (Codero Alsonso) Slg. 2006, I-7569 Rn. 45.

1546 EuGH. Rs C-18/95 (Terhoeve) Slg. 1999, I-345 Rn. 57; EuGH, Rs. C-399/09 (Landtová) Slg. 2011, I-5596 Rn. 51; EuGH, Rs. C-501/12 (Specht) NVwZ 2014, S. 1294 Rn. 95. Wobei der Gerichtshof in letzterer Entscheidung in Rn. 57 eine Ausnahme von der Angleichung ‚nach oben' macht, wenn ein Bezugssystem fehlt. Der Grundsatz der Angleichung ‚nach oben' wird aber auch in dieser Entscheidung bestätigt.

1547 *Streinz* in: ders., EUV/AEUV, Art. 20 AEUV Rn. 12.

1548 EuGH, Rs. C-246/06 (Navarro) Slg. 2008, I-105 Rn. 38.

kriminierungen geben. Allerdings billigt diese Ansicht dem Gerichtshof einen sehr weitreichenden Entscheidungsspielraum zu, was zumindest aus Aspekten der Rechtssicherheit kritisch gesehen werden muss.

Insgesamt kann somit zumindest festgestellt werden, dass bis zu einer Neuregelung der diskriminierenden Maßnahme durch den Gesetzgeber der Gerichtshof die Möglichkeit hat, die Diskriminierung ‚nach oben' oder ‚nach unten' anzupassen. In der Regel wird er dabei eine Anpassung nach oben vornehmen.

b.) Die Nichteinbeziehung im Ausland arbeitender Arbeitnehmer in die deutsche Unternehmensmitbestimmung

Bei der Unionsrechtswidrigkeit der Nichteinbeziehung im Ausland arbeitender Arbeitnehmer in die deutsche Unternehmensmitbestimmung liegt eine solche diskriminierende Vorschrift nach der bisherigen Untersuchung vor.[1549] Deshalb werden die bisherigen Diskussionen zu diskriminierenden Regelungen für diese Fragestellung fruchtbar gemacht und anschließend die Probleme im Zusammenhang mit der tatsächlichen Umsetzung diskutiert.

(1) Diskriminierende Vorschrift – Angleichung nach ‚oben'

Bei der Ausklammerung im Ausland arbeitender Arbeitnehmer in der deutschen Unternehmensmitbestimmung wird teilweise eine völlige Abschaffung der Unternehmensmitbestimmung und somit eine Angleichung ‚nach unten' gefordert.[1550] Die Gegenansicht bezeichnet diese Rechtsfolge aufgrund der Unanwendbarkeit einer einzelnen Vorschrift als „sinnwidrig"[1551] und erachtet folglich eine Angleichung ‚nach oben' für notwendig, weil die Unternehmensmitbestimmung den Arbeitnehmern die Möglichkeit eröffnen soll, an der Unternehmensführung mitzuwirken.[1552]

Vergleicht man diese zwei Ansichten mit dem gerade dargestellten Meinungsstand zum Umgang mit diskriminierenden Vorschriften, kann nur eine Angleichung ‚nach oben' überzeugen. Nach der ersten Meinung muss die Norm in die Kategorien belastend oder begünstigend eingeteilt werden. Aufgrund der Einräumung eines (Wahl-) Rechts kann dabei sicherlich nur von einer begünstigenden Regelung ausgegangen werden. Während die zweite Meinung sodann immer ‚nach oben' angleicht, sucht die dritte Meinung nach dem „Normalfall"[1553] im Gesetz. In Deutschland erscheint es dabei als ‚normal', dass den Arbeitnehmern eine Mitbestimmung in Organen großer

1549 Vgl. in diesem Kapitel unter A III., IV.

1550 *Hellwig/Behme* in: FS Hommelhoff, S. 343 (356); *Hellwig/Behme*, AG 2009, S. 261 (270 f.). In diese Richtung auch *Wansleben*, NZG 2014, S. 213 (215).

1551 *Teichmann*, ZIP 2009, Beilage Heft 48, S. 10 (12).

1552 *Teichmann*, ZIP 2009, Beilage Heft 48, S. 10 (12); *Latzel*, Gleichheit in der Unternehmensmitbestimmung, Rn. 743; OLG Zweibrücken, NZG 2014, S. 740 (740 f.).

1553 Vgl. zum Terminus des ‚Normalfalls' *Sachs* in: Tettinger/Stern, Europäische Grundrechte-Charta, Art. 20 GRC Rn. 35.

Unternehmen gewährt wird,[1554] sodass dieser Normalfall auch auf die im Ausland arbeitenden Arbeitnehmer ausgedehnt werden muss. Der Schutzzweck der Unternehmensmitbestimmung ist, den Arbeitnehmern die Möglichkeit zu geben, an der Unternehmensführung mitzuwirken.[1555] Eine völlige Abschaffung würde diesem Zweck diametral entgegenstehen und damit nicht gerecht werden. Deshalb ist es unwahrscheinlich, dass der Gerichtshof – entgegen seiner grundsätzlichen Tendenz – die Unternehmensmitbestimmung völlig aussetzen würde. Vielmehr wäre dieses Ergebnis wohl auch aus Sicht des Gerichtshofs sinnwidrig.[1556] Somit kommen an dieser Stelle sämtliche vorgenannten Ansichten zur Angleichung der Diskriminierung ‚nach oben'.

(2) Umsetzungsprobleme für nationale Gerichte

Steht damit eine Angleichung ‚nach oben' fest, obliegt es den nationalen Gerichten die nationalen Unternehmensmitbestimmungsgesetze in der Form anzuwenden, dass diese keine diskriminierende Wirkung mehr entfalten.[1557] Die nationalen Gerichte müssen bei der Angleichung ‚nach oben' darauf achten, dass den im Ausland arbeitenden Arbeitnehmern die Teilnahme an der Unternehmensmitbestimmung ermöglicht wird. Diese zunächst einfach festzustellende Tatsache ist in der tatsächlichen Umsetzung jedoch mit diversen Problemen behaftet.

Soweit dies möglich ist, muss das nationale Mitbestimmungsgesetz unionsrechtskonform ausgelegt werden. Nach dem Oberlandesgericht Zweibrücken wäre eine solche Auslegung des Mitbestimmungsgesetzes durchaus möglich.[1558] Die unionsrechtskonforme Auslegung findet jedoch ihre Grenze im Wortlaut des nationalen Gesetzes.[1559] Ist die Auslegung nicht mehr möglich, darf die diskriminierende Vorschrift nicht mehr angewendet werden. Teilweise wird vertreten, dass der Wortlaut des Mitbestimmungsgesetzes de lege lata keine Einbeziehungsmöglichkeiten im Ausland arbeitender Arbeitnehmer bietet.[1560]

Diese Fragen und Umsetzungsprobleme führen jedoch nicht dazu, dass das bisher gefundene Ergebnis der Unionsrechtswidrigkeit nachträglich in Frage gestellt wird.[1561] Der Gerichtshof hat beispielweise in den aktuellen Entscheidungen Sevic und Vale besonders anschaulich gezeigt, dass er sich von einem materiell-rechtlich gefundenen Ergebnis nicht durch Praktikabilitätsprobleme ‚umstimmen' lässt.[1562]

1554 Vgl. dazu ausführlich in Kapitel 2 A., C.
1555 Vgl. dazu in Kapitel 2 D. III.
1556 Vgl. zur Sinnfrage *Teichmann*, ZIP 2009, Beilage Heft 48, S. 10 (12); *Teichmann*, ZIP 2010, S. 874 f.
1557 Zur Anwendung nationalen Rechts nach einer Vorlagefrage vgl. *Kerwer*, Gemeinschaftsrecht und nationale Arbeitsgerichte, S. 731 ff.
1558 OLG Zweibrücken, NZG 2014, S. 740 (740).
1559 *Borchardt* in: Schulze/Zuleeg/Kadelbach, Europarecht, § 15 Rn. 85 f.
1560 *Fischer*, NZG 2014, S. 737 (738).
1561 So aber *Krause*, AG 2012, S. 485 (497).
1562 Anders wäre es nur, wenn eine Umsetzung ausnahmsweise unmöglich wäre. In EuGH, Rs. C-501/12 (Specht) NVwZ 2014, S. 1294 Rn. 96 war es nach Ansicht des

In der Entscheidung Sevic stellte der Gerichtshof die Zulässigkeit der grenzüberschreitenden Verschmelzung fest[1563] und hat die ebenfalls problematische Umsetzung sodann den nationalen Gerichten überlassen.[1564] In der Entscheidung Vale wiederum sah der Gerichtshof die grenzüberschreitende Umwandlung als Modalität der Niederlassungsfreiheit an[1565] und überlässt die Umsetzung nun wiederum den Mitgliedstaaten.[1566]

Allerdings hatte das vorlegende nationale Gericht in der Vale-Entscheidung auch danach gefragt, wie die Durchführung der grenzüberschreitenden Umwandlung geschehen solle, sodass der Gerichtshof befugt war einige Grundlinien hierzu zu skizzieren.[1567] Auch bei der hier beleuchtenden Vorlagefrage sollte von dieser Möglichkeit Gebrauch gemacht werden. Dies sollte ein nationales Gericht berücksichtigen, wenn es die Frage der Nichtanwendbarkeit der Unternehmensmitbestimmung auf im Ausland arbeitende Arbeitnehmer einer unselbständigen Niederlassung vorlegt. Nichtsdestoweniger muss die Frage der Umsetzung letzendlich von den nationalen Gerichten entschieden werden. Daher werden nun die verschiedenen Handlungsmöglichkeiten auf nationaler Ebene skizziert.

2.) Umsetzungsmöglichkeiten der nationalen Gerichte

Es wurden in der Literatur de lege ferenda schon einige Umsetzungsmöglichkeiten aufgezeigt,[1568] welche sich die nationalen Gerichte bei ihrer Auslegung als ‚Vorbild' nehmen können. Auch hierzu sind wiederum Parallelen zur Entscheidung Sevic zu erkennen. Zum Zeitpunkt der Sevic-Entscheidung gab es sogar bereits Entwürfe

---

Gerichtshofs wegen eines fehlenden Bezugssystems unmöglich die Altersdiskriminierung aufgrund von Besoldungsgruppen in der Bundesrepublik Deutschland für die Vergangenheit ‚nach oben' anzugleichen. Vgl. jedoch zum Ausnahmecharakter dieser Entscheidung *Dingemann*, EuZW 2014, S. 755 (755 f.); *Pechstein*, NVwZ 2014, S. 1301 (1302). Für die Zukunft wird auch in diesem Urteil eine Angleichung ‚nach oben' gefordert. Vgl. *Löwisch/Becker*, EuZA 2015, S. 85 (91).

1563 EuGH, Rs. C-411/03 (Sevic) Slg. 2005, I-10805. Dies gilt zumindest soweit eine Verschmelzung zweier inländischer Gesellschaften erlaubt ist. Insofern ist dies mit dem vorliegenden Sachverhalt der Einbeziehung im Ausland arbeitender Arbeitnehmer vergleichbar.

1564 *Teichmann*, ZIP 2006, S. 355 (360 f.); *Geyrhalter/Weber*, DStR 2006, S. 146 (148 ff.). Vgl. zur Umsetzung OLG Zweibrücken, Beschluss vom 28.01.2008, AZ 3 W 181/06, S. 6 ff. Zu den aktuellen Problemen *Gutkès* in: Sagasser/Bula/Brünger, Umwandlungen, § 12 Rn. 15.

1565 EuGH, Rs. C-378/10 (Vale), BB 2012, S. 2069 ff. Vgl. dazu *Behme*, NZG 2012, S. 936 (939); *Bötticher/Kraft*, NJW 2012, S. 2701 (2703 f.); *Messenzehl/Schwarzfischer*, BB 2012, S. 2072 f.; *Teichmann*, DB 2012, S. 2085 ff.

1566 Beispielhaft OLG Nürnberg, NZG 2014, S. 349 ff.

1567 *Teichmann*, DB 2012, S. 2085 (2089 ff.); zu den praktischen Auswirkungen insbesondere auch *Kindler*, EuZW 2012, S. 888 (890); *Wöhlert/Degen*, GWR 2012, S. 432 ff.

1568 Vgl. dazu in Kapitel 3 C. III. sowie aktuell *Fischer*, NZG 2014, S. 737 (739).

einer Richtlinie zur grenzüberschreitenden Verschmelzung,[1569] die sodann von den nationalen Gerichten genutzt werden konnten, bis die Richtlinie tatsächlich verabschiedet und in mitgliedstaatliches Recht umgesetzt wurde.[1570]

Es steht fest, dass in den mitbestimmten Gesellschaften nach der Feststellung der Unionsrechtswidrigkeit die Aufsichtsratssitze der Arbeitnehmervertreter unter sämtlichen Arbeitnehmern aufgeteilt werden müssen, die innerhalb der Union beschäftigt sind.[1571] Die jeweiligen Mitgliedstaaten müssen die Durchführung dulden bzw. diese auch aktiv unterstützen.[1572] Insofern sind sämtliche Arbeitnehmer aktiv und passiv wahlberechtigt, welche die Merkmale des bisherigen deutschen mitbestimmungsrechtlichen Arbeitnehmerbegriffs umfassen; selbstverständlich mit Ausnahme der Zugehörigkeit zu einem inländischen Betrieb. Problematisch ist jedoch, wie die Verteilung der Aufsichtsratssitze vorzunehmen ist. In der tatsächlichen Umsetzung müssen im Zusammenspiel zwischen den Gesellschaften und den nationalen Gerichten Richtlinien entwickelt werden, an die sich die mitbestimmten Gesellschaften halten können.[1573] Im Folgenden sollen einige Anregungen zur weiteren Diskussion gegeben werden.

Grundsätzlich muss auch weiterhin das jeweils einschlägige Gesetz angewendet werden – also entweder das Mitbestimmungsgesetz, das Drittelbeteiligungsgesetz, das Montanmitbestimmungsgesetz oder das Montanmitbestimmungsergänzungsgesetz. Es müssen fortan jedoch sämtliche im Unternehmen vertretenen in- und ausländischen Gewerkschaften innerhalb der Union Listen für Gewerkschaftsvertreter einreichen dürfen. Gleiches gilt für die Einreichung der Listen der unternehmensangehörigen Arbeitnehmervertreter. Auch diese können nun von sämtlichen Arbeitnehmern innerhalb der Union eingereicht werden. Über diese Vorschlagslisten haben sodann sämtliche Arbeitnehmer eines Unternehmens, die innerhalb der Union arbeiten, abzustimmen. Allerdings ist dabei zu erwarten, dass die Vorschlagslisten und das Wahlverhalten durchaus national geprägt bleiben.

Die tatsächliche Handhabung der Einbeziehung sämtlicher im Unionsausland arbeitenden Arbeitnehmer dürfte vor allem am Anfang einige Probleme bereiten. Gerade die Wahrung des Gleichgewichts zwischen unternehmensangehörigen Arbeitnehmervertretern und Gewerkschaftsvertretern ist hierbei schwierig.[1574] Außerdem könnte es gerade bei schon gewählten Aufsichtsratsmitgliedern zu erheblichen Problemen kommen.[1575] Durch diese Probleme wird sich der Druck auf den Gesetz-

1569 Vgl. dazu in Kapitel 3 B. II. 3.).

1570 Vgl. zur jetzigen Rechtslage Decker in: *Henssler/Strohn*, Gesellschaftsrecht, § 1 UmwG Rn.

1571 *Latzel*, Gleichheit in der Unternehmensmitbestimmung, Rn. 747.

1572 Vgl. dazu in diesem Kapitel unter A. IV. 2.) d.)/e.) sowie *Latzel*, Gleichheit in der Unternehmensmitbestimmung, Rn. 365 ff.

1573 *Latzel*, Gleichheit in der Unternehmensmitbestimmung, Rn. 746.

1574 Vgl. dazu *Latzel*, Gleichheit in der Unternehmensmitbestimmung, Fn. 1345.

1575 Vgl. dazu ausführlich *Latzel*, Gleichheit in der Unternehmensmitbestimmung, Rn. 749 ff.

geber deutlich erhöhen, sodass eine gesetzliche Regelung zumindest nicht lange auf sich warten lassen dürfte. Es ist den deutschen Unternehmen nicht zuzumuten, sich für längere Zeit in einem solch unsicheren Zustand zu bewegen.[1576]

Eine andere Möglichkeit wäre es hinsichtlich der Sitzverteilung die bisherigen Regelungen zu supranationalen Gesellschaften, insbesondere der Societas Europaea, oder die Regelungen zur grenzüberschreitenden Verschmelzung anzuwenden.[1577] Der Vorteil wäre, dass Arbeitnehmer sämtlicher vertretener Mitgliedstaaten am Ende im Aufsichtsrat vertreten werden. Allerdings rechtfertigt eine dadurch entstehende Europäisierung des Aufsichtsrats für sich genommen jedoch noch keine Analogie. Vielmehr müssten eine planwidrige Regelungslücke und eine vergleichbare Interessenslage vorliegen.[1578] Sollten die nationalen Gerichte der Ansicht sein, dass es, wie im vorstehenden Absatz dargelegt, auch ohne die Anwendung dieser Bestimmungen möglich ist, die Unternehmensmitbestimmungsgesetze unionsrechtskonform anzuwenden, ist meiner Ansicht nach keine solche planwidrige Regelungslücke vorhanden.[1579] Sollten die nationalen Gerichte hier anderer Ansicht sein, wäre die analoge Anwendung dieser schon vorhandenen Regelungen aus Aspekten der Rechtsicherheit vorzugswürdig. Dabei müsste jedoch auch entschiedenen werden, ob § 36 Abs. 2 SEBG oder § 25 Abs. 2 MgVG heranzuziehen wäre. Ein pragmatischer Ansatz wäre dabei, dies von den jeweiligen Unternehmen selbst entscheiden zu lassen.

3.) Fristsetzung als Königsweg?

Ein solcher Druck könnte vom Gerichtshof durch eine Fristsetzung ebenfalls ausgeübt werden, ohne jedoch die gerade angesprochenen Unsicherheiten im regelungsfreien Raum überbrücken zu müssen. Teilweise wird deshalb die Fristsetzung als ideale Möglichkeit angesehen,[1580] die Durchsetzung des Unionsrechts einerseits und die Rechtssicherheit andererseits zu einem schonenden Ausgleich zu bringen. Bisher ist die Fristsetzung jedoch im Unionsrecht vom Gerichtshof selten angewendet worden.

Im Folgenden ist deshalb zu prüfen, ob eine solche Frist durch den Gerichtshof in dieser besonderen Konstellation zulässig und angebracht ist. Hierfür muss die Wirkungsweise der Entscheidungen des Europäischen Gerichtshofs in den verschiedenen Verfahrensarten und die Anwendung der Fristsetzung in diesen Verfahren beleuchtet werden.

1576 Ebenso zur grenzüberschreitenden Umwandlung *Teichmann*, DB 2012, S. 2085 (2091).

1577 Vgl. dazu in Kapitel B. I. 1.) b.), II. 3.).

1578 Vgl. zur Analogie bei der Einbeziehung ausländischer Rechtsformen in Kapitel 3 C. I. 2.) a.).

1579 *Hellwig/Behme*, AG 2009, S. 261 (271).

1580 Vgl. beispielsweise *Krause*, AG 2012, S. 485 (497).

a.) Wirkungsweise der Entscheidung des Gerichtshofs

Die Vorlagefrage der Unionsrechtswidrigkeit der Nichteinbeziehung im Ausland arbeitender Arbeitnehmer in den deutschen Unternehmensmitbestimmungsgesetzen wird vom Gerichtshof im Rahmen eines Vorabentscheidungsverfahrens in Form eines Auslegungsverfahrens gem. Art. 267 lit. a.) AEUV erörtert werden. In diesem Verfahren wird die Auslegung des Vertrags dahingehend festgestellt, dass dieser einer nationalen Regelung entgegensteht, welche im Ausland arbeitenden Arbeitnehmer ausgrenzt. Ob eine Bindungswirkung über den Einzelfall hinaus entsteht, ist zwar nicht vollständig geklärt, wird aber überwiegend angenommen.[1581] Der Gerichtshof entscheidet in den Vorabentscheidungsverfahren gerade nicht den konkreten Rechtsstreit, sondern nur über die Auslegung des Unionsrechts.[1582] Hätte diese Auslegung nur für den Einzelfall Bestand, wäre die einheitliche Auslegung des Unionsrechts gefährdet[1583] und der Gerichtshof würde mit Vorlagefragen überhäuft. Es ist deshalb davon auszugehen, dass die Entscheidungen zwar zunächst nur inter partes gelten, doch aufgrund ihrer Leitfunktion einen „erga omnes-Effekt“[1584] haben.[1585]

Die Entscheidungen im Auslegungsverfahren wirken grundsätzlich ex tunc.[1586] Dies bedeutet, dass die jeweilige Regelung seit ihrem Inkrafttreten im Sinne der Entscheidung ausgelegt werden muss.[1587] Aufgrund der gerade beschriebenen Umsetzungsprobleme wird teilweise gefordert, dass der Gerichtshof dem nationalen Gesetzgeber eine Umsetzungsfrist zugestehen solle.[1588] Im nationalen Recht kann hierfür das Bundesverfassungsgericht als Vorbild herangezogen werden. Es gibt dem Gesetzgeber teilweise die Möglichkeit, ein mit der Verfassung nicht zu vereinbarendes Recht innerhalb von einer bestimmten Frist verfassungskonform auszugestalten.[1589] Diese Tenorierungsform wurde unter anderem auch deshalb entwickelt, weil ein rechtsfreier Raum oftmals nicht besser ist als ein verfas-

---

1581 *Schwarze* in: ders., EU-Kommentar, Art. 267 AEUV Rn. 71; *Ehricke* in: Streinz, EUV/AEUV, Art. 267 AEUV Rn. 69; *Dauses* in: ders. EU-Wirtschaftsrecht, Kapitel P. II. Rn. 237 ff.; *Karpenstein* in: Grabitz/Hilf/Nettesheim, Art. 267 AEUV Rn. 101.

1582 *Thiele*, Europäisches Prozessrecht,§ 9 Rn. 100 ff.

1583 *Ehricke* in: Streinz, EUV/AEUV, Art. 267 AEUV Rn. 69.

1584 *Dauses* in: ders. EU-Wirtschaftsrecht, Kapitel P. II. Rn. 237.

1585 *Pechstein*, EU -Prozessrecht, Rn. 864.

1586 *Classen* in: Schulze/Zuleeg/Kadelbach, Europarecht, § 4 Rn. 79; *Schwarze* in: ders., EU-Kommentar, Art. 267 AEUV Rn. 72; *Ehricke* in: Streinz, EUV/AEUV, Art. 267 AEUV Rn. 74; *Thiele*, Europäisches Prozessrecht, § 9 Rn. 114.

1587 *Dauses* in: ders. EU-Wirtschaftsrecht, Kapitel P. II. Rn. 225.; *Karpenstein* in: Grabitz/Hilf/Nettesheim, Art. 267 AEUV Rn. 108, *Thiele*, Europäisches Prozessrecht, § 9 Rn. 114. Es ist folglich nicht die Entscheidung selbst, welche gestaltend wirkt vgl. *Kokett/Henze*, NJW 2006, S. 177 (178).

1588 *Krause*, AG 2012, S. 485 (497); allgemein *Schwarze*, EU-Wirtschaftsrecht, Rn. 740.

1589 *Bethge* in: Maunz/Schmidt-Bleibtreu/Klein/ders., BVerfGG, § 31 Rn. 206 ff.; *Heusch* in: Umbach/Clemens/Dollinger, BVerfGG, § 31 Rn. 82.

sungswidriger.[1590] Sie wird vom Bundesverfassungsgericht gerade bei Gleichheitsverstößen angewendet.[1591] Daher besteht eine gewisse Nähe zum vorliegenden Verstoß gegen den Gleichbehandlungsgrundsatz der Arbeitnehmerfreizügigkeit gem. Art. 48 Abs. 2 AEUV. Im Folgenden werden die Möglichkeiten des Gerichtshofs zu einer zeitlichen Begrenzung der Entscheidungswirkung dargestellt und insbesondere eine Fristeinräumung im vorliegenden Fall diskutiert.

b.) Zeitliche Begrenzung der Wirkungsweise

Nicht nur in den nationalen Rechtsordnungen der Mitgliedstaaten gibt es Fristsetzungen der Verfassungsgerichte für den parlamentarischen Gesetzgeber, sondern auch der Europäische Gerichtshof hat grundsätzlich die Möglichkeit, eine solche Frist zu gewähren oder zumindest die Wirkung auf den Zeitpunkt des Erlasses der Entscheidung zu begrenzen. Hierbei muss jedoch nach den verschiedenen Verfahrensarten differenziert werden.

(1) Andere Verfahrensarten

Gem. Art. 264 Abs. 1 AEUV erklärt der Gerichtshof bei einer Nichtigkeitsklage den angefochtenen Rechtsakt grundsätzlich für nichtig.[1592] Diese grundsätzliche ex tunc-Wirkung der Nichtigkeitsklage kann der Gerichtshof aufgrund Art. 264 Abs. 2 AEUV ausnahmsweise auch aussetzen und somit unionsrechtswidriges Recht aufrechterhalten. Gründe für ein solches Vorgehen können in der Rechtssicherheit, im Vertrauensschutz oder in überragenden öffentlichen Interessen liegen.[1593]

Der Gerichtshof wendet den Art. 264 Abs. 2 AEUV zudem bei den Vorabentscheidungsverfahren in Form des Gültigkeitsverfahrens analog an.[1594] Der Gleichlauf zur Nichtigkeitsklage ist geboten, weil sich beide Verfahrensarten mit der Gültigkeit von Unionsrechtsakten beschäftigen. Andernfalls würde die zeitliche Wirkung der Entscheidung über einen Unionsrechtsakt davon abhängen, in welcher Form diese Regelung angegriffen wird. Somit kann auch beim Gültigkeitsverfahren von einer grundsätzlichen ex tunc-Wirkung ausgegangen werden,[1595]

1590 *Bethge* in: Maunz/Schmidt-Bleibtreu/Klein/ders., BVerfGG, § 31 Rn. 206. Vgl. zur Rechtslage in anderen Mitgliedstaaten *Schmitz/Krasniqi*, EuR 2010, S. 189 (196 ff.).

1591 *Heusch* in: Umbach/Clemens/Dollinger, BVerfGG, § 31 Rn. 81 f.

1592 *Classen* in: Schulze/Zuleeg/Kadelbach, Europarecht, § 4 Rn. 38.

1593 *Schwarze* in: ders., EU-Kommentar, Art. 264 AEUV Rn. 8. *Cremer* in: Calliess/Ruffert, EUV/AEUV, Art. 264 AEUV Rn. 6 sieht die Fristsetzung hingegen nur bei formellen Fehlern als geeignete Maßnahme an. Vgl. auch *Waldhoff*, Rückwirkung von EuGH-Entscheidungen, S. 31 f.

1594 *Cremer* in: Calliess/Ruffert, EUV/AEUV, Art. 264 AEUV Rn. 6; *Waldhoff*, EuR 2006, S. 615 (631).

1595 *Wegener* in: Calliess/Ruffert, EUV/AEUV, Art. 267 AEUV Rn. 50; *Thiele*, Europäisches Prozessrecht, § 9 Rn. 118.

die dann zu einer ex nunc-Wirkung oder sogar zur Setzung einer Übergangsfrist führen kann.[1596]

(2) Auslegungsverfahren

Im Rahmen eines hier vorliegenden Vorabentscheidungsverfahren in Form eines Auslegungsverfahrens verzichtet der Gerichtshof auf eine solche Analogie,[1597] weil in diesem Verfahren keine Unionsregelungen, sondern die Auslegung der Unionsregelungen im Hinblick auf die Vereinbarkeit von mitgliedstaatlichen Regelungen überprüft werden.[1598] Doch macht der Gerichtshof auch hier aufgrund des Vertrauensschutzes oder der Rechtssicherheit Ausnahmen von der ex tunc-Wirkung.[1599] Die Rechtssicherheit hat in diesen Ausnahmefällen Vorrang gegenüber der Rechtmäßigkeit.[1600]

Aktuell sind die Kriterien für eine solche Fristsetzung im Auslegungsverfahren noch nicht genau umrissen.[1601] Sicher ist jedoch, dass der Zustand der Rechtsunsicherheit durch ein Handeln der Union entstanden sein muss.[1602] Im vorliegenden Fall sind keine Handlungen der Union ersichtlich, welche zur Rechtmäßigkeit des Ausschlusses im Ausland arbeitender Arbeitnehmer herangezogen werden können.[1603] Anders wäre dies nur, wenn aus Entscheidungen der Gerichte oder zumindest aus Mitteilungen der Kommission eine solche Unsicherheit entstanden wäre. Einzig die Tatsache, dass die Union in ihren Richtlinien zur Unternehmensmitbestimmung als Auffanglösung auf die jeweiligen nationalen

1596 *Schwarze* in: ders., EU-Kommentar, Art. 267 AEUV Rn. 72; *Wegener* in: Calliess/Ruffert, EUV/AEUV, Art. 267 AEUV Rn. 50; *Karpenstein* in: Grabitz/Hilf/Nettesheim, Recht der EU, Art. 267 AEUV Rn. 114.

1597 *Schwarze* in: ders., EU-Kommentar, Art. 267 AEUV Rn. 72; *Waldhoff*, EuR 2006, S. 615 (630 f.)

1598 *Wegener* in: Calliess/Ruffert, EUV/AEUV, Art. 267 AEUV Rn. 8 ff.; *Karpenstein* in: Grabitz/Hilf/Nettesheim, Recht der EU, Art. 267 AEUV Rn. 20 f.

1599 *Schwarze* in: ders., EU-Kommentar, Art. 267 AEUV Rn. 72; *Karpenstein* in: Grabitz/Hilf/Nettesheim, Art. 267 AEUV Rn. 109; *Thiele*, Europäisches Prozessrecht, § 9 Rn. 116; dazu ausführlich *Schaer*, Rechtssicherheit und Vertrauensschutz, S. 44 ff.; 108 f.

1600 *Thiele*, Europäisches Prozessrecht, § 9 Rn. 116. Dies gilt aufgrund des effektiven Rechtschutzes nicht für schon anhängige Verfahren. Dazu *Pechtsein*, EU-/EG-Prozessrecht, Rn. 864.

1601 Vgl. ausführlich *Waldhoff*, Rückwirkung von EuGH-Entscheidungen, S. 33 ff.; *Schwarze*, EU-Wirtschaftsrecht, Rn. 739 ff.

1602 *Schwarze*, EU-Wirtschaftsrecht, Fn. 1544; *Ehricke* in: Streinz, EUV/AEUV, Art. 267 AEUV Rn. 75; *Wegener* in: Calliess/Ruffert, EUV/AEUV, Art 267 AEUV Rn. 51; *Schaer*, Rechtssicherheit und Vertrauensschutz, S. 108. Vgl. dazu auch die Schlussanträge von Generalanwalt *Tizzano* in EuGH, Rs. C-292/04 (Meilicke), Slg. 2007, I-1835 Rn. 34 ff.

1603 *Latzel*, Gleichheit in der Unternehmensmitbestimmung, Rn. 746.

Unternehmensmitbestimmungsgesetze verweist,[1604] kann jedoch keinen solchen unklaren Sachverhalt erzeugen.

Teilweise wird gefordert, dass neben der Rechtsunsicherheit zudem die Gefahr schwerwiegender Störungen der öffentlichen Gesundheit oder Sicherheit[1605] oder eine Gefahr schwerwiegender wirtschaftlicher Auswirkungen besteht.[1606] Beides dürfte an dieser Stelle ebenfalls nicht vorhanden sein. Es muss weiterhin beachtet werden, dass selbst, wenn diese Voraussetzungen vorliegen würden, zunächst nur eine ex nunc-Wirkung gerechtfertigt wäre.[1607] Eine Fristsetzung müsste darüber hinaus auch einen unsicheren Rechtszustand in der Zukunft voraussetzen. Bloße Schwierigkeiten in der Umsetzung reichen hierfür nicht aus. Zwar gibt es immer wieder Forderungen im Schrifttum zur Ausweitung dieser Rechtsprechung,[1608] doch hat dies noch keinen Widerhall in den Entscheidungen des Gerichtshofs gefunden.[1609]

c.) Stellungnahme

Es kann somit festgestellt werden, dass es auch im Unionsrecht eine Form der Fristsetzung gibt. Eine Übergangsfrist muss aber immer ausdrücklich durch den Gerichtshof in der jeweiligen Entscheidung selbst erklärt werden.[1610] Die Fristsetzung durch den Gerichtshof ist meiner Ansicht nach eine sinnvolle Möglichkeit, die mittlerweile sehr weitgehende Rechtsprechung einzuschränken, ohne dadurch die Durchsetzung des Unionsrechts wesentlich zu schwächen.[1611] Die Praktikabilitätsprobleme im Rahmen der Einbeziehung der im Ausland arbeitenden Arbeitnehmer

---

1604 Vgl. dazu in Kapitel 3 B. 1.) b.) bb.).

1605 *Karpenstein* in: Grabitz/Hilf/Nettesheim, Art. 267 AEUV Rn. 111; *Schaer*, Rechtssicherheit und Vertrauensschutz, S. 63 ff.

1606 Vgl. Generalanwalt *Tizzano* in EuGH, Rs. C-292/04 (Meilicke), Slg. 2007, I-1835 Rn. 34, 42.

1607 Vgl. zu den Problemen bei einer Rückwirkenden Entscheidung *Latzel*, Gleichheit in der Unternehmensmitbestimmung, Rn. 749 ff.; zur unsicheren Lage bei Wahlanfechtungen allgemein *Schroeder/Pussar*, BB 2011, S. 1930 ff.; *Vetter*, ZIP 2012, S. 701 ff.

1608 *Schwarze*, EU-Wirtschaftsrecht, Rn. 736 ff.; *Waldhoff*, Rückwirkung von EuGH-Entscheidungen, S. 38 ff.; *Schwarze*, EuR 1977, S. 44 (49); in diese Richtung auch *Ehrike* in: Streinz, EUV/AEUV, Art. 267 AEUV Rn. 75.

1609 Aktuell beispielsweise EuGH, Rs. 409/06 (Wiener Wetten), NVwZ 2010, S. 1419; Rn. 66 f. Vgl. ferner beispielsweise die Entscheidungen EuGH, Rs. C-411/03 (Sevic) Slg. 2005, I-10805; EuGH, Rs. C-378/10 (Vale), BB 2012, S. 2069 ff., in denen die Fristsetzung überhaupt nicht thematisiert wurde. So auch schon früher *Kokott/Henze*, NJW 2006, S. 177 (183); *Schwarze*, EU-Wirtschaftsrecht, Rn. 738.

1610 *Schwarze* in: ders., EU-Kommentar, Art. 267 AEUV Rn. 72; vgl. beispielsweise EuGH, Rs. C-409/06 (Winner Wetten) NVwZ 2010, S. 1419; Rn. 67.

1611 In diese Richtung schon *Schwarze*, EuR 1977, S. 44 (49); zur zeitlichen Begrenzung auch *Weiß*, EuR 1995; S. 377 (390 f.).

kommen – wie die teils fehlende Akzeptanz hinsichtlich der Entscheidungen des Gerichtshofs insgesamt – auch deshalb zustande, weil sich dieser immer mehr vom ‚Motor der Integration' zum ‚Quasi-Rechtssetzer' entwickelt. Gerade unter Rechtsstaatsgesichtspunkten ist dies jedoch überaus kritisch zu sehen.[1612] Auch wenn die Frage der Gewaltenteilung hier nicht näher diskutiert werden kann, muss zumindest darauf hingewiesen werden, dass der Vertrauensschutz der Bürger und Unternehmen in mitgliedstaatliche Rechtsnormen nicht völlig außer Acht gelassen werden darf.[1613] Die Fristsetzung spielt den Ball an den nationalen Gesetzgeber zurück, der im Kompetenzgeflecht zwischen Union und Mitgliedstaaten auch die tatsächliche Regelungskompetenz besitzt.

So sinnvoll deshalb eine solche Fristsetzung im vorliegenden Fall erscheinen mag,[1614] so unwahrscheinlich ist diese. Der Gerichtshof hat beispielsweise in der Mangold-Entscheidung von einer zeitlichen Begrenzung der Wirkung abgesehen,[1615] obwohl dadurch zahlreiche Arbeitsverträge beeinträchtigt waren.[1616] Natürlich ist jeder Fall anders und die Auswirkungen auf die Unternehmen – bis hin zur Unwirksamkeit sämtlicher Entscheidungen – dürften zumindest für eine ex nunc-Wirkung der Entscheidung sprechen. Ob jedoch der Gerichtshof sich von solchen Auswirkungen beeinflussen lassen wird und deshalb von seinem Dogma der größtmöglichen Durchsetzung des Unionsrechts abbringen lässt, muss bezweifelt werden.[1617] Insbesondere ist kein vertrauensschützender Tatbestand, der auf Handlungen der Unionsorgane beruht, erkennbar.

VI. Ergebnis

Die Nichteinbeziehung im Ausland arbeitender Arbeitnehmer in die deutsche Unternehmensmitbestimmungin Deutschland verstößt somit – zumindest bezüglich der in unselbständigen Niederlassungen arbeitenden Arbeitnehmer – gegen die Arbeitnehmerfreizügigkeit.[1618] Im Unionsausland arbeitende Arbeitnehmer dürfen weder aktiv noch passiv an der Wahl der Arbeitnehmervertreter im Aufsichtsrat teilnehmen. Hierdurch entsteht eine indirekte Diskriminierung durch das Anknüpfungsmoment des Betriebsorts. Außerdem werden im Ausland arbeitende Arbeitnehmer indirekt durch das Vorschlagsrecht der deutschen Gewerkschaften diskriminiert. Rechtfertigungsgründe bestehen für diese Diskriminierungen nicht, insbesondere sind völkerrechtliche Vorbehalte nicht einschlägig und werden zudem vom vorrangigen Unionsrecht überlagert.

1612 Vgl. dazu in Kapitel 4 A. I., III.

1613 *Weiß*, EuR 1995, S. 377 (391); *Schaer*, Rechtssicherheit und Vertrauensschutz, S. 221.

1614 Ebenso *Schwarze*, EU-Wirtschaftsrecht, Rn. 738.

1615 EuGH, Rs. C-144/04 (Mangold), Slg. 2005, I-9981.

1616 *Schwarze*, EU-Wirtschaftsrecht, Rn. 746 f.

1617 Ebenso *Latzel*, Gleichheit in der Unternehmensmitbestimmung, Rn. 746.

1618 Vgl. für Konzernsachverhalte die in Kapitel 8 besprochene Entscheidung EuGH, Rs. C-566/15 (Erzberger), Celex-Nr. 62015CJ0566.

Aufgrund dieser diskriminierenden Wirkung dürfen die Vorschriften, welche die im Ausland arbeitenden Arbeitnehmer aus der deutschen Unternehmensmitbestimmung ausklammern, nicht mehr in dieser Form angewendet werden. Dies müsste der Europäische Gerichtshof bei einer entsprechenden Vorlagefrage feststellen. Allerdings führt dies dann nicht dazu, die Unternehmensmitbestimmungsgesetze in Deutschland insgesamt in Frage zu stellen. Die Diskriminierung wird vielmehr dadurch aufgelöst, dass sämtliche Arbeitnehmer, die innerhalb der Europäischen Union arbeiten, in die Unternehmensmitbestimmungsgesetze einbezogen werden. Um Umsetzungsprobleme nationaler Gerichte bei einer solchen Angleichung ‚nach oben' und die dadurch entstehende Rechtsunsicherheit zu vermeiden, sollte der Europäische Gerichtshof bei solchen Fragestellungen mit Fristsetzungen für die nationalen oder unionalen Gesetzgeber arbeiten. Da der Europäische Gerichtshof von dieser Möglichkeit jedoch nur in seltenen Fällen Gebrauch macht, sollte die Vorlagefrage an den Gerichtshof zumindest so gefasst werden, dass dieser den nationalen Gerichten, wie in der Vale-Entscheidung, Richtlinien zur Umsetzung an die Hand gibt.

B. Freizügigkeit der im Inland arbeitenden Arbeitnehmer

Die Tatsache, dass nur die im Inland arbeitenden Arbeitnehmer aktiv und passiv wahlberechtigt sind, ist jedoch nicht nur aus Sicht der im Ausland arbeitenden Arbeitnehmer, sondern auch aus Sicht der im Inland arbeitenden Arbeitnehmer kritisch zu beleuchten. Nach aktueller Auslegung des Mitbestimmungsgesetzes kann ein deutscher Arbeitnehmer nicht innerhalb eines Unternehmens in einen ausländischen Betrieb wechseln, ohne gem. § 24 Abs. 1 MitbestG sein aktives und passives Wahlrecht bzw. sogar seine Stellung als Aufsichtsratsmitglied zu verlieren.[1619] Dieser Umstand könnte deshalb gegen die Arbeitnehmerfreizügigkeit gem. Art. 45 AEUV des im Inland arbeitenden Arbeitnehmers verstoßen, weil dieser durch den Wechsel in einen ausländischen Betrieb eventuell in seiner Freiheit beschränkt wird.

Im Folgenden wird es um den Wechsel innerhalb eines Unternehmens oder eines Konzerns gehen. Insofern sind auch die angesprochenen Unternehmen nur solche, die auch Beschäftigte im Unionsausland angestellt haben. Ob diese bei unselbständigen Niederlassungen oder selbständigen Tochtergesellschaften angestellt sind, ist dabei zunächst unbeachtlich. An den entscheidenden Stellen wird dieser Unterschied dann jeweils näher ausgeführt.

I. Anwendungsbereich

Bei dieser Konstellation kann hinsichtlich des Anwendungsbereichs der Arbeitnehmerfreizügigkeit weitgehend auf den vorherigen Abschnitt verwiesen werden.

1619 *Hellwig/Behme*, AG 2009, S. 261 (268). Aus dem Aufsichtsrat scheidet er jedoch nur aus, sofern er nicht als Gewerkschaftsvertreter in den Aufsichtsrat gewählt wurde. Vgl. dazu in Kapitel 2 C.

Die im Inland arbeitenden Arbeitnehmer müssen Unionsbürger sein.[1620] Familienangehörige sind an dieser Stelle jedoch nicht einbezogen, da diese zwar mitziehen dürfen und sich gegen den neuen Staat auf die Arbeitnehmerfreizügigkeit berufen können.[1621] Eine eigene Wegzugsmöglichkeit haben sie indes nicht. Der Einbezug in den Anwendungsbereich der Freizügigkeit besteht, weil der Unionsbürger ansonsten in seiner eigenen Freizügigkeit beschränkt wird. Ein Wegzug der Familienangehörigen vom die Freizügigkeit vermittelnden Arbeitnehmer ist damit nicht umfasst.[1622]

Der sachliche Anwendungsbereich der Arbeitnehmerfreizügigkeit setzt wiederum die Arbeitnehmereigenschaft und ein grenzüberschreitendes Element voraus. In diesen Bereichen ergeben sich jedoch aus der Sichtweise der im Inland arbeitenden Arbeitnehmer andere Problemstellungen.

1.) Arbeitnehmereigenschaft

Oben wurde der Begriff des Arbeitnehmers schon in seinen Grundzügen angesprochen.[1623] Während bei den im Ausland arbeitenden Arbeitnehmern dieser Begriff wenig brisant war, muss an dieser Stelle genauer auf die Frage der Arbeitnehmereigenschaft im Sinne des Art. 45 AEUV, insbesondere von Organmitgliedern, eingegangen werden. Der Gerichtshof legt den Begriff des Arbeitnehmers dabei weit aus.[1624] „Arbeitnehmer ist jeder, der eine tatsächliche und echte Tätigkeit ausübt, wobei Tätigkeiten außer Betracht bleiben, die einen so geringen Umfang haben, dass sie sich als völlig untergeordnet und unwesentlich darstellen. Das wesentliche Merkmal des Arbeitsverhältnisses besteht nach dieser Rechtsprechung darin, dass jemand während einer bestimmten Zeit für einen anderen nach dessen Weisung Leistungen erbringt, für die er als Gegenleistung eine Vergütung erhält".[1625]

Als entgeltlich gilt jede Leistung an den Arbeitnehmer, die einer Vergütung gleichkommt, also auch Sachleistungen.[1626] Dabei reicht eine geringe Entlohnung aus, weil hierdurch die Lebenshaltung des Arbeitnehmers verbessert wird.[1627] Die Weisungsgebundenheit wird je nach Einzelfall entschieden. Die Kriterien sind dabei vor allem der Grad der Beteiligung an den wirtschaftlichen Risiken und

---

1620 Vgl. dazu in diesem Kapitel unter A. II. 1.).

1621 *Frenz*, Europarecht I, Rn. 1613 ff.

1622 Ausnahmen bestehen teilweise bei Kindern. Vgl. dazu *Frenz*, Europarecht I, Rn. 1616 ff.

1623 Vgl. dazu in diesem Kapitel unter A. II. 2.) a.).

1624 EuGH, Rs. 66/85 (Lawrie-Blum) Slg. 1986, 2121, Rn. 12.

1625 EuGH, Rs. 197/86 (Brown) Slg. 1988, 3205, Rn. 21; EuGH, Rs. C-107/94 (Asscher) Slg. 1996, I-3089 Rn. 25; EuGH, Rs. C-456/02 (Trojani) Slg. 2004, I-7573, Rn. 15.

1626 *Brechmann* in: Callies/Ruffert, EUV/AEUV, Art. 45 AEUV Rn. 16; *Schneider/Wunderlich* in: Schwarze, EU-Kommentar, Art. 45 AEUV Rn. 15 ff.

1627 *Franzen* in: Streinz, EUV/AEUV, Art. 45 AEUV Rn. 26.

die freie Entscheidungsmöglichkeit der eigenen Arbeitszeit.[1628] Dies kann gerade bei Führungspersonen zu Abgrenzungsproblemen mit der Niederlassungsfreiheit führen.[1629]

Im Folgenden werden zunächst die Arbeitnehmerstellung von Organmitgliedern im Allgemeinen und der Aufsichtsratsmitgliedern im Besonderen betrachtet. In einem zweiten Schritt muss sodann das Verhältnis der Arbeitnehmereigenschaft als Beschäftigter des Unternehmens einerseits und der Rechtsstellung als Aufsichtsratsmitglied andererseits untersucht werden.

a.) Organmitglieder

Problematisch ist zunächst die Arbeitnehmerstellung der Aufsichtsratsmitglieder in ihrer Funktion als Aufsichtsratsmitglied und somit in der Organstellung. Deshalb muss aufgezeigt werden, ob auch Organmitglieder einer Gesellschaft unter den unionsrechtlichen Arbeitnehmerbegriff im Sinne des Art. 45 AEUV fallen. Während beim nationalen Arbeitnehmerbegriff in Deutschland mit ganz überwiegender Mehrheit die Arbeitnehmereigenschaft eines Organmitglieds verneint wird,[1630] war die Frage beim unionalen Arbeitnehmerbegriff aufgrund diverser Entscheidungen des Gerichtshofs offen.

Im Folgenden werden die Mitglieder der unterschiedlichen Organe der Aktiengesellschaft und GmbH im Hinblick auf eine solche Arbeitnehmereigenschaft betrachtet. Dabei muss beachtet werden, dass die Entscheidungen des Gerichtshofs ausschließlich zu Geschäftsführern einer GmbH erfolgten und somit die Diskussion im Schrifttum ebenfalls vor allem um diese Organmitglieder geführt wird. Somit muss für die anderen Organmitgliedschaften versucht werden, diese ‚Geschäftsführerrechtsprechung' fruchtbar zu machen. Nach der Darstellung dieser Rechtsprechung und der dazu geführten Diskussion in der Literatur werden dann in einem zweiten Schritt die dort gefundenen Ergebnisse auch für die Mitglieder des Aufsichtsrats fruchtbar gemacht.

aa.) Geschäftsführer und Vorstandsmitglieder

Zu GmbH-Geschäftsführern hat der Gerichtshof in den letzten Jahren in einigen Entscheidungen Stellung genommen. Diese Entscheidungen werden nachgezeichnet und auf die Vorstandsmitglieder von Aktiengesellschaften übertragen.

1628 *Brechmann* in: Callies/Ruffert, EUV/AEUV, Art. 45 AEUV Rn. 16; *Franzen* in: Streinz, EUV/AEUV, Art. 45 AEUV Rn. 18.

1629 *Schneider/Wunderlich* in: Schwarze, EU-Kommentar, Art. 45 AEUV Rn. 14.

1630 *Richardi* in: MüKo HdB ArbeitsR, § 17 Rn¨53 ff.; *Preis* in: ErfKom, § 611a BGB Rn. 88; *Zeißig* in: Hansen/Kelber/ders./Breezmann/Confurius, Rechtsstellung der Führungskräfte, A. Rn. 7 ff.; anders ist dies, sofern der Arbeitnehmerbegriff in nationalen Gesetzen auf Sekundärrechtsakten der Union beruht vgl. dazu *Bauer/Göpfert/Krieger*, AGG, § 6 Rn. 35a.

(1) Einordnung der Entscheidungen des Gerichtshofs

Die unterschiedlichen Entscheidungen des Gerichtshofs zur Frage der Arbeitnehmereigenschaft von Geschäftsführern einer GmbH wirken auf den ersten Blick uneinheitlich. Der Geschäftsführer wurde in diesen teilweise dem Anwendungsbereich der Arbeitnehmerfreizügigkeit[1631] und teilweise der Niederlassungsfreiheit[1632] bzw. Dienstleistungsfreiheit[1633] zugeordnet.[1634] Das Abgrenzungskriterium zwischen der Arbeitnehmerfreizügigkeit und den anderen beiden Grundfreiheiten ist gerade das Vorliegen der Arbeitnehmereigenschaft,[1635] die hinsichtlich der Geschäftsführer nicht einheitlich beurteilt wird. Der Gerichtshof hat nun in der Danosa-Entscheidung festgestellt, dass die Tatsache Mitglied eines Organs der Unternehmensleitung zu sein, die Arbeitnehmereigenschaft zumindest nicht grundsätzlich ausschließt.[1636] Vielmehr kommt es darauf an, wie diese Stellung konkret ausgestaltet ist. Bei genauerem Betrachten der vorherigen Entscheidungen passt die Danosa-Entscheidung ins Bild.

In der Entscheidung, in der der Gerichtshof die Niederlassungs- und die Dienstleistungsfreiheit prüfte, handelte es sich um ein Wohnsitzerfordernis für Geschäftsführer und Direktoren spanischer Sicherheitsunternehmen.[1637] Während er bei der ersten Vorlagefrage bezüglich des Sicherheitspersonals noch die Arbeitnehmerfreizügigkeit prüfte, wurde beim Geschäftsführer bzw. den Direktoren der Unternehmen die Niederlassungs- und Dienstleistungsfreiheit angesprochen. Ähnlich hatte sich der Gerichtshof schon in einer Entscheidung geäußert, in der es um die „Eigentümer, Charterer, Manager und Betreiber des Schiffes sowie im Falle einer Gesellschaft die Anteilseigner und Geschäftsführer“[1638] ging. Zudem spricht der Gerichtshof in der Rechtssache C-355/98, in der es um ein Wohnsitzerfordernis von Beschäftigten eines belgischen Sicherheitsunternehmens geht, über einen Verstoß gegen die Niederlassungsfreiheit und die Arbeitnehmerfreizügigkeit: „Das den Führungskräften und dem Personal der Bewachungsunternehmen und internen Bewachungsdienste mit Ausnahme der Bediensteten, die für administrative oder logistische Zwecke verwendet werden, auferlegte Wohnsitzerfordernis behindert sowohl die Niederlassungsfreiheit [...] als auch die Freizügigkeit der Arbeitnehmer [...].“[1639]

1631 EuGH, Rs. C-350/96 (Clean Car) Slg 1998, I-2521 Rn. 26, 30.

1632 EuGH, Rs. 107/94 (Asscher) Slg. 1996, I-3089 Rn. 26.

1633 EuGH, Rs. C-114/97, Slg. 1998, I-6717, Rn. 44. In dieser Entscheidung wurde der Geschäftsführer sowohl der Niederlassungs- als auch der Dienstleistungsfreiheit zugeordnet.

1634 Vgl. *Eßer/Baluch*, NZG 2007, S. 321 (324).

1635 *Schneider/Wunderlich* in Schwarze, EU-Kommentar, Art. 45 AEUV Rn. 14.

1636 EuGH, C-232/09 (Danosa) NJW 2011, S. 2343 Rn. 47; dazu ausführlich *Preis/Sagan*, ZGR 2013, S. 26 (32 ff.). Vgl. zur Frage, ob der Fall auch auf den deutschen GmbH-Geschäftsführer übertragbar ist, die Vorlage des ArbG Verden, NZA 2014, S. 665 (666 ff.). Bejahend beispielsweise *Hohenstatt/Naber*, NZA 2014, S. 637 (638).

1637 EuGH, Rs. C-114/97, Slg. 1998, I-6717 Rn. 44 ff.

1638 EuGH, Rs. C-221/89 (Factortame) Slg. 1991, I-3905 Rn. 32.

1639 EuGH, Rs. C-355/98, Slg. 2000, I-1221 Rn. 31;

In einigen der Vorgängerentscheidungen zur Rechtssache Danosa musste der Gerichtshof somit keine Abgrenzung zwischen den einzelnen Grundfreiheiten vornehmen, weil sich der Sachverhalt sowohl um das Führungspersonal als auch um die Beschäftigten eines Unternehmens drehte.[1640] Es ist übliche Praxis des Gerichtshofs, die Entscheidung über die einschlägige Grundfreiheit offen zu lassen, sofern diese aufgrund der Strukturidentität der Grundfreiheiten zum selben Ergebnis kommen.[1641] Dies ist gerade bei den „weitgehend parallelen Gewährleistungsgehalten"[1642] der Niederlassungsfreiheit einerseits und der Arbeitnehmerfreizügigkeit andererseits der Fall.[1643] In den Entscheidungen, in denen sich der Gerichtshof festgelegt hat, sind entscheidende Unterschiede im Sachverhalt zu erkennen. Während es sich bei der Anwendung der Niederlassungsfreiheit um einen Alleingesellschaftergeschäftsführer handelte,[1644] war es bei der Anwendung der Arbeitnehmerfreizügigkeit ein Fremdgeschäftsführer.[1645]

Insofern muss bei Mitgliedern eines Leitungsorgans einer Gesellschaft, wie bei anderen Führungskräften, eine Abgrenzung vor allem über das Merkmal der Weisungsgebundenheit erfolgen.[1646] Kriterien für die Abgrenzung wurden vom Gerichtshof in der Entscheidung Danosa entwickelt: „Zu prüfen sind nämlich die Bedingungen, unter denen das Mitglied der Unternehmensleitung bestellt wurde, die Art der ihm übertragenen Aufgaben, der Rahmen, in dem diese Aufgaben ausgeführt werden, der Umfang der Befugnisse des Betroffenen und die Kontrolle, der es innerhalb der Gesellschaft unterliegt, sowie die Umstände, unter denen es abberufen werden kann."[1647]

(2) Diskussion im Schrifttum

In der Literatur wurde das Thema ‚Organmitglied als Arbeitnehmer' und insbesondere der GmbH-Geschäftsführer ebenfalls ausführlich diskutiert.[1648] Gerade im Anschluss an die Danosa Entscheidung kam es wiederum zu einer Diskussion, die sich auch auf Vorstandsmitglieder einer Aktiengesellschaft ausweitete. In der

---

1640 In EuGH, Rs. C-221/89 (Factortame) Slg. 1991, I-3905 Rn. 33 wurde zwar die Niederlassungsfreiheit geprüft, doch wird durch den Wortlaut der Entscheidung klar, dass der Gerichtshof die anderen Grundfreiheiten nicht ausschließen wollte: „Einem Mitgliedstaat ist es mithin nach dem Gemeinschaftsrecht, insbesondere nach Artikel 52 EWG-Vertrag, untersagt, [...]".

1641 Vgl. dazu beispielsweise in Kapitel 6 A. II. 2.), B. II. 3.).

1642 *Forsthoff* in: Grabitz/Hilf/Nettesheim, Recht der EU, Art. 49 AEUV Rn. 51.

1643 *Rebhahn*, EuZA 2012, S. 3 (11).

1644 EuGH, Rs. 107/94 (Asscher) Slg. 1996, I-3089 Rn. 26.

1645 EuGH, Rs. C-350/96, Slg 1998, I-2521 Rn. 26, 30; EuGH, C-232/09 (Danosa) NJW 2011, S. 2343 Rn. 56.

1646 *Franzen* in: Streinz, EUV/AEUV, Art. 45 AEUV Rn. 17.; *Leopold*, ZESAR 2011, S. 362 (364).

1647 EuGH, C-232/09 (Danosa) NJW 2011, S. 2343 Rn. 47.

1648 Vgl. für einen aktuellen Überblick beispielsweise *Ginal/Heinemann-Diehl*, GWR 2014, S. 408 ff.; *Schubert*, ZEASAR 2013, S. 5 ff.

Danosa-Entscheidung wird ein Organmitglied, das seine Tätigkeit unter Weisung oder unter Aufsicht eines anderen Organs ausübt sowie jederzeit abberufen werden kann, als Arbeitnehmer angesehen.[1649] In der Literatur wird diese Entscheidung begrüßt und ebenfalls eine Abgrenzung am Beispiel des GmbH-Geschäftsführers vorgenommen.[1650] Ein Fremdgeschäftsführer einer GmbH kann gem. § 38 Abs. 1 GmbHG abberufen werden[1651] und ist gem. § 37 GmbHG an die Weisungen bzw. Beschlüsse der Gesellschafterversammlung gebunden.[1652] Ein mit bestimmendem Einfluss ausgestatteter Gesellschafter-Geschäftsführer hingegen ist nicht als Arbeitnehmer anzusehen, da dieser nur von sich selbst Weisungen entgegennehmen muss.[1653] Bei Minderheitsgesellschafter-Geschäftsführern ist deshalb wiederum von einer Arbeitnehmereigenschaft auszugehen.[1654] Eine Minderheitsbeteiligung sichert dem Minderheitsgesellschafter-Geschäftsführer zwar eine Mitsprache in der Gesellschafterversammlung. Er kann jedoch keinen bestimmenden Einfluss ausüben. Insofern kommen die Weisungen maßgeblich von dritten Personen.

Die Rechtsstellung der Vorstandsmitglieder einer Aktiengesellschaft ist jedoch von der eines GmbH-Geschäftsführers zu unterscheiden,[1655] weil diese gem. §§ 76 Abs. 1, 84 Abs. 3 AktG eigenverantwortlich handeln und auch nicht ohne weiteres abberufen werden können.[1656] Von einer Ansicht wird dies in Frage gestellt, da auch Vorstandsmitglieder vom Aufsichtsrat kontrolliert und teilweise sogar Zustimmungen zu Entscheidungen eingeholt werden müssen.[1657] Allerdings zeigt eine bloße Kontrolle der Unternehmensführung in Verbindung mit einer eingeschränkten Abberufungsmöglichkeit, dass gerade keine Weisungen des Aufsichtsrats ergehen können, sodass die Vorstandsmitglieder nicht als Arbeitnehmer anzusehen sind.[1658] Dies wird teilweise dahingehend verallgemeinert, dass nicht eine grundsätzliche Rechenschaftspflicht, sondern eine Einzelweisungsbefugnis gegenüber den Organ-

---

1649 EuGH, C-232/09 (Danosa) NJW 2011, S. 2343 Rn. 47.

1650 *Reufels/Molle*, NZA-RR 2011, S. 281 ff.; *Oberthür*, NZA 2011, S. 253 ff.; *Schubert*, EuZA 2011, S. 362 ff.; kritisch hingegen *Kort*, NZG 2013, S. 601 ff.

1651 *Terlau* in: Michalski, GmbHG, § 38 GmbHG Rn. 3 ff.

1652 *Reufels/Molle*, NZA-RR 2011, S. 281 (282 f.); *Oberthür*, NZA 2011, S. 253 (254); *Schubert*, EuZA 2011, S. 362 (364 f.); *Lenz* in: Michalski, GmbHG, § 37 GmbHG Rn. 16 ff. ausführlich dazu *Wank* in: FS Wiedemann S. 587 ff.

1653 *Junker*, NZA 2011, S. 950 (951); *Schubert*, EuZA 2011, S. 362 (364 f.).

1654 *Schubert*, EuZA 2011, S. 362 (366).

1655 Vgl. dazu in Kapitel 2 B. I. 2.), II. 2.).

1656 *Weber* in: Hölters, AktG, § 84 AktG Rn. 69 ff.; *Hohenstatt/Naber*, NZA 2014, S. 637 (638); *Bauer/Arnold*, ZIP 2012, S. 597 (599); *Reufels/Molle*, NZA-RR 2011, S. 281 (283); zurückhaltender *von Medem*, ArbRAktuell 2010, S. 654.

1657 *Ziemonis*, KSzW 2013, S. 19 (20 f); *Leopold*, ZESAR 2011, S. 362 (366), wobei Letzterer im Ergebnis von einer Arbeitnehmereigenschaft Abstand nimmt.

1658 *Bauer/Arnold*, ZIP 2012, S. 597 (599); *Reufels/Molle*, NZA-RR 2011, S. 281 (283); *Leopold*, ZESAR 2011, S. 362 (366); *Reinhard/Bitsch*, ArbRB 2011, S. 241 (243); *Baeck/Winzer*, NZG 2011, S. 101.

mitgliedern bestehen muss, um die Arbeitnehmereigenschaft zu bejahen.[1659] Eine Ausnahme besteht eventuell, sofern es sich um Vorstandsmitglieder einer Tochtergesellschaft handelt, die damit gem. § 308 AktG einem herrschenden Unternehmen unterworfen[1660] oder sogar bei der Muttergesellschaft angestellt sind.[1661] Die konkreten Folgen der Danosa-Entscheidung sind zwar „noch nicht absehbar, sie sind allerdings erheblich."[1662]

(3) Stellungnahme

Entscheidend ist somit bei Organmitgliedern, wie bei sämtlichen Beschäftigten einer Gesellschaft, die Frage ihrer Weisungsgebundenheit. Wenn diese vorliegt, sind auch Organmitglieder Arbeitnehmer im Sinne des Art. 45 AEUV. Entscheidend an der Danosa-Rechtsprechung ist, dass die Weisungsgebundenheit auch gesellschaftsrechtlich begründet sein kann.[1663] Hat die Gesellschafterversammlung oder der Aufsichtsrat ein Weisungsrecht gegenüber der Leitung der Gesellschaft, ist dies einem arbeitsrechtlichen Weisungsrecht gleichzusetzen. Entscheidend für den Gerichtshof ist, dass sich der Arbeitnehmer in einer ähnlichen, des sozialen Schutzes bedürfenden Situation befindet. Eine Ausnahme besteht deshalb dann, wenn der gesellschaftsrechtlich Weisungsgebundene gleichzeitig das Organ kontrolliert, das ihm Weisungen erteilt. Ein Mehrheitsgesellschaftergeschäftsführer kann frei entscheiden, weil er sowohl die Geschäfte der Gesellschaft führt als auch in der Gesellschafterversammlung eine Mehrheit innehat. Eine Aufspaltung der beiden Organmitgliedschaften hat der Gerichtshof nicht vorgenommen. Ein Mehrheitsgesellschaftergeschäftsführer ist somit nicht als Arbeitnehmer anzusehen.

Vorstandsmitglieder sind aus Unterordnungsgesichtspunkten zwischen dem Fremdgeschäftsführer und dem Mehrheitsgesellschafter-Geschäftsführer einer GmbH einzuordnen. Zum einen können sie die Gesellschaft frei von Weisungen, insbesondere Einzelweisungen, leiten und unterliegen somit nur einer gewissen Kontrolle durch den Aufsichtsrat. Zum anderen erfolgt eine Abberufung nur aus wichtigem Grund. Gem. § 84 Abs. 3 S. 2 AktG ist dieser insbesondere bei einer groben Pflichtverletzung, der Unfähigkeit zur ordnungsmäßigen Geschäftsführung oder bei einem Vertrauensentzug durch die Hauptversammlung gegeben.[1664] Gerade die Einführung eines wichtigen Grunds sollte es den Vorstandsmitgliedern ermög-

---

1659 *Bauer/Arnold*, ZIP 2008, S. 993 (995); vgl. auch *Forsthoff* in: Grabitz/Hilf/Nettesheim, Recht der EU, Art. 45 AEUV Rn. 71.

1660 In diese Richtung *Oberthür*, NZA 2011, S. 253 (254); a. A. *Bauer/Arnold*, ZIP 2012, S. 597 (Fn. 13); *Reinhard/Bitsch*, ArbRB 2011, S. 241 (243). Offen lassend *Junker*, NZA 2011, S. 950 (951).

1661 *Leopold*, ZESAR 2011, S. 362 (366).

1662 *Reufels/Molle*, NZA-RR 2011, S. 281 (283).

1663 EuGH, Rs. C-232/09 (Danosa) NJW 2011, S. 2343 Rn. 56.; kritisch dazu *Schubert*, EuZA 2011, S. 362 (365).

1664 Vgl. dazu *Fleischer* in: Spindler/Stilz, AktG, § 84 AktG Rn. 103 ff.

lichen, die Gesellschaft ohne Einflussnahme vom Aufsichtsrat zu führen.[1665] Somit ist auch ein Vorstandsmitglied einer Aktiengesellschaft nicht als Arbeitnehmer im Sinne des Art. 45 AEUV einzustufen, wobei eine solche Einordnung durch die bisherige Unionsrechtsprechung noch nicht zwingend vorgegeben ist.

Des Weiteren könnte auch der Geschäftsführer einer mitbestimmten GmbH entsprechend einem Vorstandsmitglied einer Aktiengesellschaft eingeordnet werden. Dieser Geschäftsführer kann gem. § 31 Abs. 1 MitbestG i.V.m. §§ 84 f. AktG nicht durch die Gesellschafterversammlung, sondern nur vom Aufsichtsrat und lediglich aus wichtigem Grund abberufen werden,[1666] weil § 31 MitbestG insoweit § 38 Abs. 1 GmbHG verdrängt.[1667] Insofern ist ein Geschäftsführer einer mitbestimmten GmbH zwar in der Leitung der Gesellschaft freier als der Geschäftsführer einer nicht-mitbestimmten GmbH, doch kann er trotzdem nicht mit einem Vorstandsmitglied gleichgestellt werden, da die Gesellschafter auch in der mitbestimmten GmbH ihr Weisungsrecht nicht vollständig verlieren, sondern die Ausübung dieses Rechts nur mit weiteren Hürden verbunden ist.[1668] Somit ist auch der Geschäftsführer einer mitbestimmten GmbH als Arbeitnehmer einzustufen, sofern er kein Mehrheitsgesellschafter ist.[1669]

bb.) Aufsichtsratsmitglieder

In einem zweiten Schritt muss nun geklärt werden, ob auch Aufsichtsratsmitglieder als Arbeitnehmer angesehen werden können. Entscheidungen des Gerichtshofs sind zur Stellung von Aufsichtsratsmitgliedern noch nicht ergangen[1670] und auch in der Literatur wurde diese Frage bisher kaum beachtet.[1671] Im Folgenden werden deshalb zunächst die allgemeinen Merkmale der Arbeitnehmereigenschaft und sodann deren Konkretisierung für Organmitglieder in der Danosa-Entscheidung dargelegt. Wichtig ist dabei vor allem die Frage, ob sich die Mitglieder des Aufsichtsrats einem Unterordnungsverhältnis befinden. Der Gerichtshof führt zum Unterordnungsverhältnis allgemein aus: „Die Frage, ob ein Unterordnungsverhältnis im Sinne der oben angeführten Definition des Arbeitnehmerbegriffs vorliegt, ist in jedem Einzelfall nach Maßgabe aller Gesichtspunkte und aller Umstände zu

---

1665 *Fleischer* in: Spindler/Stilz, AktG, § 84 AktG Rn. 99.

1666 *Preis/Sagan*, ZGR 2013, S. 23 (45).

1667 Vgl. dazu in Kapitel 2 B. II. 2.).

1668 Vgl. dazu in Kapitel 2 B. II. 1.).

1669 A.A. *Preis/Sagan*, ZGR 2013, S. 23 (45).

1670 Insbesondere geht der Gerichtshof in der Angelegenheit Erzberg überhaupt nicht auf diese Differenzierung ein. Vgl. EuGH, Rs. C-566/15 (Erzberger), Celex-Nr. 62015CJ0566, Rn. 40. Vgl. dazu in Kapitel 8 unter B. II.

1671 Vgl. beispielsweise *Reufels/Molle*, NJW-RR 2011, S. 281 (282 f.); *Bauer/Göpfert/Krieger*, AGG, § 6 Rn. 35a f. Eine Ausnahme bildet *Latzel*, Gleichheit in der Mitbestimmung, Rn. 178 ff. Allerdings konnte er die Danosa-Entscheidung noch nicht berücksichtigen.

beantworten, die die Beziehungen zwischen den Beteiligten kennzeichnen."[1672] Im Folgenden werden nur Aufsichtsratsmitglieder eines obligatorischen Aufsichtsrats beachtet, weil hierdurch ein weitgehender Gleichlauf bei mitbestimmten GmbHs und Aktiengesellschaften erfolgt.

Dabei stellt sich zunächst die Frage, ob die unterschiedlichen Gruppen im Aufsichtsrat – Anteilseigner-, Gewerkschafts- und unternehmensangehörigen Arbeitnehmervertreter – unterschiedlich behandelt werden müssen. Die Aufsichtsratsmitglieder werden zwar nach ihrer jeweiligen Gruppenzugehörigkeit anders bestellt und abberufen, doch sind sie in ihren Aufgaben, Zuständigkeiten und Pflichten vollkommen gleichgestellt.[1673] Insofern können im Folgenden sämtliche Aufsichtsratsmitglieder zusammen behandelt werden. Sofern Ausnahmen dieses Grundsatzes zu machen sind, wird ausdrücklich darauf hingewiesen.

(1) Arbeitsverhältnis sui generis

Zunächst einmal kann die Tatsache, dass zwischen dem Aufsichtsratsmitglied und der Gesellschaft kein vertragliches Anstellungsverhältnis, sondern nur ein gesetzliches Schuldverhältnis[1674] oder korporationsrechtliches Verhältnis[1675] besteht, die Arbeitnehmerschaft der Aufsichtsratsmitglieder nicht per se ausschließen. Der Gerichtshof sieht in ständiger Rechtsprechung auch nationale Arbeitsverhältnisse sui generis als unschädlich an.[1676] Dies ist Ausfluss des unionsrechtlich zu bestimmenden Arbeitnehmerbegriffs. Könnten die Mitgliedstaaten hier durch bestimmte Regelungen Arbeitsverhältnisse dem Arbeitnehmerbegriff im Unionsrecht entziehen, würde dies einer Durchsetzung des Unionsrechts entgegenstehen.[1677]

Auch in der Danosa-Entscheidung hat der Gerichtshof deshalb beim Geschäftsführer nicht nach den beiden Verhältnissen zur Gesellschaft – Bestellung und Anstellung –[1678] differenziert,[1679] sodass dies kein Grund sein kann, das Aufsichtsratsmitglied grundsätzlich als Arbeitnehmer auszuschließen.

1672 EuGH, Rs. C-232/09 (Danosa) NJW 2011, S. 2343 Rn. 46.
1673 Vgl. dazu in Kapitel 2 C. I. 2.) a.).
1674 *Hoffmann-Becking* in: MüHdB GesellR, § 33 Rn. 10.
1675 *Habersack* in: MüKo AktG, § 101 AktG Rn. 67; *Spindler* in: ders./Stilz, AktG, § 101 AktG Rn. 8 f.; *Koch* in: Hüffner,/Koch AktG, § 101 Rn. 2.
1676 EuGH, Rs. C-188/00 (Kurz) Slg. 2002, I-10691 Rn. 32; EuGH, C-116/06 (Kiiski) Slg. 2007, I-7643 Rn. 26.
1677 Vgl. dazu in diesem Kapitel A. II. 2.).
1678 *Stephan/Tieves* in: MüKo GmbHG, § 35 GmbHG Rn. 39.
1679 EuGH, Rs. C-232/09 (Danosa) NJW 2011, 2343 Rn. 40 ff. Zwar handelte es sich in der Entscheidung nicht um eine deutsche, sondern eine lettischen GmbH, doch sind diese beiden Gesellschaftsformen insgesamt und in dieser Frage weitgehend identisch. Dazu *Schubert*, EuZA 2011, S. 362 (365); ausführlich *Klauberg*, Gesellschaftsrecht in Estland, Lettland und Litauen, S. 37 ff.

(2) Leistungserbringung gegen Vergütung

Das Mitglied des Aufsichtsrats erbringt eine Leistung für das Unternehmen, für welche es eine Vergütung erhält. Die Aufsichtsratstätigkeit ist zwar nur eine Nebentätigkeit,[1680] doch spielt die Höhe oder Art der Tätigkeit für den unionsrechtlichen Arbeitnehmerbegriff keine Rolle. Einzig bleiben solche Tätigkeiten außer Betracht, „die einen so geringen Umfang haben, daß sie sich als völlig untergeordnet und unwesentlich darstellen."[1681]

Die Vergütungshöhe dürfte bei Aufsichtsratsmitgliedern – selbst von ‚kleinen' Gesellschaften – deutlich über diesem Niveau liegen.[1682] Auch ist es für die Gesellschaft nicht von Bedeutung, ob das jeweilige Aufsichtsratsmitglied einen Teil seiner Vergütung aufgrund einer Gewerkschaftsvereinbarung wieder abführen muss. Zum einen sind diese Vereinbarungen für die Gesellschaft als außenstehende Dritte nicht von Bedeutung[1683] und zum anderen verbleibt dem jeweiligen Aufsichtsratsmitglied auch nach der Abführung durchaus noch ein Entgelt in relevanter Höhe.[1684]

(3) Unterordnungsverhältnis

Somit sind sämtliche Mitglieder des Aufsichtsrats als Arbeitnehmer anzusehen, sofern das Merkmal der Weisungsgebundenheit nicht entgegensteht. An dieser Stelle muss nochmals betont werden, dass nicht das arbeitsrechtliche Weisungsrecht aus dem Arbeitsvertrag eine Rolle spielen kann, sondern nur das aufgrund der gesellschaftsrechtlichen Stellung innehabende Weisungsrecht.[1685] In der folgenden Prüfung muss dabei der „Grad der Unterordnung"[1686] festgestellt werden. Für alle Mitglieder des Aufsichtsrats gilt zunächst einmal, dass diese nicht weisungsgebunden, sondern ausschließlich dem Unternehmenswohl verpflichtet sind.[1687]

Allerdings reicht diese ‚vordergründige' Weisungsfreiheit noch nicht aus, vielmehr müssen die in der Danosa-Entscheidung aufgestellten Kriterien: die Bestellung, die Aufgaben und Befugnisse, die Aufsicht oder Weisung sowie die Abberufung

---

1680 *Ulmer/Habersack* in: dies./Henssler, Mitbestimmungsrecht, § 25 MitbestG Rn. 97.

1681 EuGH, Rs. C-337/97 (Meussen) Slg. 1999, I-3289 Rn. 13.

1682 Zu den Höhen der Aufsichtsratsvergütungen der Dax-Unternehmen *Hambloch-Gesinn/Gesinn* in: Hölters, AktG, § 113 AktG Rn. 8 f.; sowie für mittelständische Unternehmen *Helm*, DB 2003, S. 2718 ff. Weiterführend auch von *Preen/Pacher/Bannas*, DB 2014, S. 1633 ff.

1683 *Spindler* in: MüKo GmbH, § 52 GmbHG Rn. 213.

1684 *Habersack* in: MüKo AktG, § 113 AktG Rn. 5.

1685 *Hohenstatt/Naber*, NZA 2014, S. 637 (639). Kritisch ArbG Verden, NZA 2014, S. 665 (667 f.).

1686 *Schubert*, EuZA 2011, S. 362 (365).

1687 *Ulmer/Habersack* in: dies./Henssler, Mitbestimmungsrecht, § 25 MitbestG Rn. 78; *Heidel*, NZG 2012, S. 48 (54); *Habersack* in: MüKo AktG, § 111 AktG Rn. 136; ausführlich auch *Raiser*, ZGR 1978, S. 391 (396 ff.). Vgl. auch *Kropff* in: FS Huber, S. 841 ff.; vgl. dazu auch in Kapitel 2 D. III.

für die einzelnen Gruppen im Aufsichtsrat geprüft werden.[1688] Die Umstände der Bestellung sowie die Aufgaben und Befugnisse des Aufsichtsratsmitglieds stellen dabei den Integrationsgrad in die Gesellschaft dar. Die Aufsichtsmöglichkeiten und die Umstände der Abberufung sind Teil der Kontrolle der Gesellschaft über das Aufsichtsratsmitglied.[1689] Die verschiedenen Kriterien müssen in einer Gesamtschau gewürdigt werden. Insgesamt muss das Organmitglied, in diesem Fall das Aufsichtsratsmitglied, nach diesen Kriterien dem persönlichen Abhängigkeitsverhältnis eines Arbeitnehmers gleichkommen.[1690]

(a) Integration in die Gesellschaft

Der Integrationsgrad der jeweiligen Person in eine Gesellschaft wird zum Teil durch die Art und Weise der Bestellung und zum anderen durch deren Aufgaben und Befugnisse bestimmt. Bei der Bestellung eines Aufsichtsratsmitglieds muss nach der jeweiligen Gruppenzugehörigkeit unterschieden werden.

Die Anteilseignervertreter werden gem. § 101 Abs. 1 AktG durch die Hauptversammlung gewählt. Nur ausnahmsweise besteht gem. § 101 Abs. 2 AktG ein Entsenderecht einzelner Aktionäre, wobei diese Unterscheidung an dieser Stelle nicht von Belang ist. Weiter werden die Aufsichtsratsmitglieder gem. § 102 Abs. 1 AktG zumeist auf 5 Jahre bestellt, soweit weder die Satzung noch ein Hauptversammlungsbeschluss eine kürzere Dauer vorsehen. In der Regel nutzen die Unternehmen diese gesetzliche Höchstdauer für die Bestellung vollständig aus.[1691]

Diese Dauer gilt aus Gründen der Gleichwertigkeit und der jeweiligen Verweisungsnormen in den Unternehmensmitbestimmungsgesetzen auch für die Arbeitnehmervertreter im Aufsichtsrat sowohl einer GmbH als auch einer Aktiengesellschaft.[1692] Die Arbeitnehmervertreter werden jedoch von Arbeitnehmern, zum Teil auf Vorschlag der Gewerkschaften, gewählt und sodann bestellt.[1693]

Dieses Merkmal der Danosa-Entscheidung zielt auf die Integration der Mitglieder des Aufsichtsrats in die Gesellschaft. Sowohl durch die Dauer als auch durch die umfassende Bestellung sind die Aufsichtsratsmitglieder integriert. Der Aufsichtsrat hat umfassende Aufgaben und Befugnisse in der Gesellschaft.[1694] Hierdurch ist er überwachender und beratender Bestandteil der Gesellschaft, was gerade die Ab-

---

1688 EuGH, Rs. C-232/09 (Danosa), NJW 2011, S. 2343 Rn. 48 unter Verweis auf Generalanwalt *Bot* in Schlussanträge zu EuGH, Rs. C-232/09 (Danosa), BeckRS 2010, 91028 Rn. 77 ff.

1689 *Borelli*, AuR 2011, S. 472 (474).

1690 *Schubert*, EuZA 2011, S. 362 (365).

1691 *Simons* in: Hölters, AktG, § 102 AktG Rn. 3.

1692 *Habersack* in: MüKo AktG, § 102 AktG Rn. 3 f. Allerdings darf hier die Dauer nur durch die Satzung und nicht durch einen Beschluss der Hauptversammlung verkürzt werden.

1693 Vgl. dazu in Kapitel 2 C. I. 2.) a.) aa.).

1694 Vgl. dazu in Kapitel 2 B. I. 3.), II. 3.).

grenzung zum bloß beauftragten Dritten, beispielsweise des Abschlussprüfers, zeigt. Auch die Arbeitnehmervertreter haben dabei dieselbe Rechtsstellung inne wie die Anteilseignervertreter.[1695] Somit kann zunächst einmal festgestellt werden, dass der Aufsichtsrat kein bloßer externer Dienstleister des Unternehmens darstellt, sondern eine Führungsfunktion im Unternehmen wahrnimmt, durch welche er ausreichend in die Gesellschaft integriert ist.

(b) Kontrolle

Neben der Abgrenzung zum bloßen Dienstleister müssen Arbeitnehmer auch der Kontrolle durch die Gesellschaft unterliegen. Dieses Merkmal wird wiederum durch das Zusammenspiel der Weisung oder der Aufsicht der Gesellschaft und deren Möglichkeit zur Abberufung des Aufsichtsratsmitglieds bestimmt. Ob die Aufsichtsratsmitglieder einer Kontrolle unterliegen, ist dabei nur schwer zu beantworten. Grundsätzlich ist das einzelne Aufsichtsratsmitglied weisungsfrei. Dabei ist zunächst einmal die Ungebundenheit an die jeweilige Gruppe – Anteilseigner, Gewerkschaft und Belegschaft – gemeint; aber auch jedwede andere Interessenvereinigung.[1696] Eine Einzelweisungsbefugnis wird auch nicht durch das Arbeitsverhältnis mit dem Unternehmen oder mit den Gewerkschaften begründet.[1697] Vielmehr ist das Mitglied nur dem Unternehmensinteresse verpflichtet.[1698]

Allerdings werden die Aufsichtsratsmitglieder durchaus in gewisser Weise von der Haupt- bzw. der Gesellschafterversammlung kontrolliert. Diese Aufsicht, die sich insbesondere in der Entlastung manifestiert, beinhaltet jedoch nicht die Kontrolle der tatsächlichen Arbeit des Aufsichtsrats.[1699] Auch die Kompetenz, über den Katalog an Zustimmungsvorbehalte zu entscheiden, ist nur in sehr begrenztem Maße gegeben,[1700] sodass das Merkmal der Kontrolle bei Aufsichtsratsmitgliedern einer Aktiengesellschaft nicht gegeben ist. Auch bei Aufsichtsratsmitgliedern einer mitbestimmten GmbH sind hiernach keine Unterschiede zu machen.[1701] Zwar können die Gesellschafter in der GmbH leichter Einfluss auf das vertretungs-

---

1695 Vgl. dazu in Kapitel 2 D. III.

1696 *Wißmann* in: ders./Kleinsorge/Schubert, Mitbestimmungsrecht, § 4 Montan-MitbestG Rn. 5 ff.; ausführlich *Raiser*, ZGR 1978, S. 391 (393 ff.). Unter die Weisungsfreiheit fallen jedoch nicht bloße Einflussnahmen Dritter, solange diese für das Aufsichtsratsmitglied nicht bindend sind: *Gach* in: MüKo AktG, § 25 MitbestG Rn. 24.

1697 *Raiser*, ZGR 1978, S. 391 (399 f.).

1698 Vgl. dazu in Kapitel 2 D. III.

1699 *Schüppen/Unsöld* in: Schüppen/Schaub, Anwaltshandbuch Aktienrecht, § 23 Rn. 3 f.

1700 Vgl. dazu in Kapitel 2 B. I. 3.) b.).

1701 Vgl. *Spindler* in: MüKo, GmbHG, § 52 GmbHG Rn. 244 f. der aber problematisiert, ob der Aufsichtsrat die Gesellschafter überwacht.

berechtigte Organ nehmen, doch ergeben sich kaum Unterschiede im Verhältnis zum Aufsichtsrat einer Aktiengesellschaft.[1702]

Durch einen Beschluss einer Dreiviertelmehrheit kann ein Aufsichtsrat von der Hauptversammlung gem. § 103 Abs. 1 AktG abberufen werden. Auch bei entsandten Aufsichtsratsmitgliedern ist eine Abberufung durch den Entsendenden gem. § 103 Abs. 2 AktG jederzeit möglich. Soweit in der Satzung keine weiteren Erfordernisse bestehen, müssen für beide Abberufungen keinerlei Gründe angegeben werden. Diese auf dem „Goodwill"[1703] beruhende Abberufung kann durchaus zu einer Abhängigkeit der Anteilseignervertreter im Aufsichtsrat gegenüber den Anteilseignern führen. Ob dies auch als ausreichend erachtet werden kann, um die Danosa-Kriterien zu erfüllen, ist noch nicht geklärt.

Eine Besonderheit ist beim neutralen Mitglied in der Montanmitbestimmung gegeben.[1704] Dieses kann gem. § 11 Abs. 3 MontanMitbestG nur auf Antrag von mindestens drei Aufsichtsratsmitgliedern durch das Gericht aus wichtigem Grund abberufen werden. Insofern haben die Anteilseigner über ihre Vertreter im Aufsichtsrat zwar mittelbar die Möglichkeit einen solchen Antrag zu stellen, doch entscheidet sodann das zuständige Registergericht über das Vorliegen eines wichtigen Grunds.[1705] Insofern dürften die Danosa-Kriterien bei diesem Mitglied nicht gegeben sein.

Auch die Arbeitnehmervertreter können gem. § 23 MitbestG abberufen werden. Je nachdem, um welche Gruppenzugehörigkeit es sich bei diesem Mitglied handelt, ist die jeweilige Gruppe – Arbeitnehmer, leitende Angestellte oder die Gewerkschaften – gem. § 23 Abs. 1 S. 2 MitbestG antragsberechtigt. Über den Antrag befinden dann wiederum die Arbeitnehmer des Unternehmens bzw. deren gewählte Delegierte. Hierzu ist gem. § 23 Abs. 2 S. 2 bzw. Abs. 3 S. 2 MitbestG ebenfalls ein Beschluss einer ¾-Mehrheit notwendig. Insofern ist die Abberufung von Arbeitnehmervertretern zwar aufwendiger, aber doch ebenfalls ohne wichtigen Grund möglich.

Allerdings hat bei den Arbeitnehmervertretern nicht die Gesellschafterversammlung, sondern die Gesamtheit der Arbeitnehmer die Kompetenz zur Abberufung.[1706] Eine Abberufungsmöglichkeit könnte nur mittelbar über das Weisungsrecht des Arbeitgebers gegeben sein. Jedoch sind Weisungen hinsichtlich der Abberufung der Arbeitnehmervertreter im Aufsichtsrat unzulässig.[1707] Eine Abberufungsmöglichkeit der Gesellschaft selbst besteht nur über den Umweg einer gerichtlichen Abberufung

---

1702 Vgl. dazu in Kapitel 2 B. II. 3.).

1703 *Simons* in: Hölters, AktG, § 103 AktG Rn. 1.

1704 Zu diesem vgl. ausführlich in Kapitel 2 C. III. 2.). a.).

1705 *Wißmann* in: ders./Kleinsorge/Schubert, Mitbestimmungsrecht, § 11 MontanMitbestG Rn. 4.

1706 Bei Abweichungen im Einzelnen gilt dieser Grundsatz auch beim Drittelbeteiligungsgesetz vgl. *Henssler* in: Ulmer/Habersack/ders., Mitbestimmungsrecht, § 12 DrittelbG, Rn. 4 f.

1707 *Raiser*, ZGR 1978, S. 391 (396 ff.).

gem. § 103 Abs. 3 AktG. Diese kann wiederum nur aus wichtigem Grund und nur auf Antrag des Aufsichtsrats erfolgen. Sie ist vor allem dazu da, eine Gesellschaft aus einer Notlage zu befreien.[1708] Insofern haben auch hier die Anteilseigner keinen direkten Einfluss auf die Arbeitnehmervertreter im Aufsichtsrat.

(4) Stellungnahme

Wie oben festgestellt wurde, besteht kein konkretes Weisungsrecht der Gesellschaft gegenüber den Aufsichtsratsmitgliedern. Dies allein reicht jedoch nicht aus um das Merkmal der Weisungsgebundenheit abzulehnen. Bei den Kriterien der Danosa-Entscheidung zur Beurteilung der Weisungsgebundenheit ist eine differenzierte Betrachtung von Nöten. Die Mitglieder des Aufsichtsrats sind durchaus in die Gesellschaft integriert und unterliegen auch einer gewissen Kontrolle durch die weitgehende Abberufungsbefugnis eines anderen Organs – Gesellschafter- oder Hauptversammlung – bzw. der Gesamtheit der Arbeitnehmer der Gesellschaft. Allerdings bestehen nur rudimentäre Aufsichtsrechte der Gesellschaft gegenüber dem Aufsichtsrat, sodass das Element der Kontrolle sich fast ausschließlich auf die Abberufungsmöglichkeit stützen kann.

Problematisch ist an dieser Stelle, dass das Verhältnis der Kontrollmerkmale, also die Verbindung zwischen der Aufsicht auf der einen und der Abberufung auf der anderen Seite, aus der Danosa-Entscheidung nicht klar ersichtlich ist.[1709] Eine Abberufungsbefugnis, die jederzeit ohne Gründe erfolgen kann, wirkt faktisch wie ein Weisungs- bzw. Aufsichtsrecht.[1710] Gerade an dieser Stelle muss deshalb genau zwischen Anteilseigner- und Arbeitnehmervertreter unterschiedenen werden.

Für ein Unterordnungsverhältnis von Anteilseignervertretern im Aufsichtsrat spricht, dass die Haupt- bzw. Gesellschafterversammlung die Aufsichtsratsmitglieder jederzeit ohne Angabe von Gründen abberufen kann. Allerdings muss beachtet werden, dass hierfür zum einen – mit Ausnahme der Entsendeten – eine Dreiviertelmehrheit notwendig ist. Zum anderen kommt zu dieser relativ hohen Hürde hinzu, dass keinerlei Einzelweisungs- oder Kontrollrechte gegenüber den Aufsichtsratsmitgliedern vorhanden sind. Zudem werden in der Praxis zumindest in den Aktiengesellschaften mit Streubesitz kaum Aufsichtsratsmitglieder abberufen. Insgesamt kann somit nicht mit Sicherheit prognostiziert werden, ob die Anteilseignervertreter vom Gerichthof als Arbeitnehmer im Sinne des Art. 45 AEUV eingeordnet werden würden.

Bei den Arbeitnehmervertretern ist hingegen eine Abberufung lediglich durch die Arbeitnehmer, leitenden Angestellten oder Gewerkschaft gem. § 23 MitbestG möglich. Ein direkter Einfluss der Anteilseigner ist nicht gegeben. Insofern sind Arbeitnehmervertreter im Aufsichtsrat, unabhängig davon, ob Gewerkschafts- oder

1708 Vgl. dazu *Habersack* in: MüKo AktG, § 103 AktG Rn. 39 ff.; *Spindler* in: ders./Stilz, AktG, § 103 AktG Rn. 33 ff.

1709 *Wank*, EWiR 2011, S. 27 (28).

1710 *Reiserer*, DB 2011, S. 2262 (2264).

unternehmensangehörige Vertreter, einer geringeren Kontrolle als die Vorstandsmitglieder einer Aktiengesellschaft unterworfen – zumindest in Bezug zu den Anteilseignern. Deshalb stehen die Arbeitnehmervertreter im Aufsichtsrat in keinem Unterordnungsverhältnis gegenüber den Anteilseignern einer Kapitalgesellschaft und somit auch keine Arbeitnehmer im Sinne des Art. 45 AEUV. Selbiges gilt hinsichtlich des neutralen Mitglieds in der Montanmitbestimmung, weil auch hier eine Abberufung nur durch das Gericht aus wichtigem Grund erfolgen kann.

Nach der bisherigen Analyse könnte die bisherige Unionsrechtsprechung dazu führen, dass eine Gruppe der Mitglieder des Aufsichtsrats als Arbeitnehmer eingestuft wird und die andere Gruppe nicht. Während nach dieser Auffassung gerade die Arbeitnehmervertreter im Aufsichtsrat keine Arbeitnehmer darstellen würden, unterfielen die Anteilseignervertreter unter Umständen der Arbeitnehmerdefinition. Schon dieses Ergebnis zeigt, dass die Kriterien der Danosa-Entscheidung noch nicht gänzlich ausgereift sind. Der Gerichtshof wird seine Rechtsprechung meiner Ansicht nach dahingehend klarzustellen haben,[1711] dass sämtliche Mitglieder des Aufsichtsrats nicht als Arbeitnehmer einzustufen sind. Nichtsdestoweniger haben der Gerichtshof und der Generalanwalt meiner Ansicht nach der Literatur durch die Herausarbeitung der Danosa-Kriterien eine ‚Richtschnur' an die Hand gegeben, die im Unterschied zur bisherigen Rechtsprechung zu Organmitgliedern eine tatsächliche Auslegungshilfe für zukünftige Sachverhalte darstellt.

b.) Wechselwirkung der verschiedenen Rechtsstellungen im Unternehmen

Nun muss untersucht werden, inwieweit sich die Stellung des Aufsichtsratsmitglieds auf die sonstigen Rechtsstellungen im Unternehmen auswirkt. Beschäftigte des Unternehmens, die unter das Mitbestimmungsgesetz fallen, werden zunächst einmal durch den nationalen Arbeitnehmerbegriff gem. § 5 BetrVG bestimmt.[1712] Wer diesen deutschen, betriebsverfassungsrechtlichen Arbeitnehmerstatus innehat, ist damit aktiv und passiv wahlberechtigt. Da dieser enger zu verstehen ist, als der Unionsarbeitnehmerbegriff, fallen diese Arbeitnehmer allesamt unter den Arbeitnehmerbegriff des Art. 45 AEUV.[1713]

Für die Gruppe der unternehmensangehörigen Arbeitnehmervertreter ergibt sich hierdurch eine ambivalente Situation. Sie fallen zunächst einmal als Beschäftigte des Unternehmens in den Anwendungsbereich der Arbeitnehmerfreizügigkeit. Problematisch wird das Vorliegen der Arbeitnehmereigenschaft jedoch nach der Wahl in den Aufsichtsrat. Die unternehmensangehörigen Arbeitnehmervertreter sind – wie gerade dargestellt wurde – in ihrer Stellung als Aufsichtsratsmitglied zunächst nicht als Arbeitnehmer zu qualifizieren. Noch nicht geklärt ist hierdurch,

---

1711 Vgl. im Nachgang der Danosa-Entscheidung für GmbH-Geschäftsführer bspw. nochmals EuGH, Rs. C-229/14 (Balkaya), Celex-Nr. 62014CJ0229.

1712 Vgl. zur Abgrenzung der Arbeitnehmereigenschaft im Mitbestimmungsgesetz *Henssler* in: Ulmer/Habersack/ders., Mitbestimmungsrecht, § 3 MitbestG Rn. 8 ff.

1713 Vgl. dazu in diesem Kapitel A. II. 2.) a.) bb.).

ob sie im Rahmen ihrer Stellung als Beschäftigter des Unternehmens weiter als Arbeitnehmer anzusehen sind oder ob sich die Stellung als Aufsichtsratsmitglied auch auf die Arbeitnehmereigenschaft als Beschäftigter auswirkt.

Im Folgenden muss wiederum zwischen den drei verschiedenen Gruppen im Aufsichtsrat unterschieden werden: die Anteilseignervertreter, die Gewerkschaftsvertreter und die unternehmensangehörigen Arbeitnehmervertreter.[1714]

aa.) Unternehmensangehörige Arbeitnehmervertreter

Eingangs muss untersucht werden, ob das Arbeitsverhältnis und die Organmitgliedschaft im Aufsichtsrat unabhängig voneinander bestehen. Es wirkt zunächst einmal merkwürdig, dass ein Arbeitnehmer, der aufgrund seiner weisungsgebundenen Tätigkeit im Unternehmen Rechte und Pflichten besitzt, seine Arbeitnehmereigenschaft und damit sein Recht auf Arbeitnehmerfreizügigkeit durch die Nutzung seines passiven Wahlrechts verwirken soll. Allerdings gibt es auch andere Beispiele, in denen ein Arbeitnehmer seinen Status durch die Inanspruchnahme bestimmter Rechte verliert. Beispiele hierfür sind die Kündigung oder der Aufhebungsvertrag. Nach Ausübung dieser Rechte verliert der Beschäftigte seinen Status als Arbeitnehmer.[1715] Auch ist ein rechtmäßig gekündigter Arbeitnehmer gem. § 7 Abs. 2 MitbestG nicht mehr wählbar oder verliert gem. § 24 Abs. 1 MitbestG die Mitgliedschaft im Aufsichtsrat.[1716]

Ein Verlust der Arbeitnehmereigenschaft wäre auch vor dem Hintergrund der möglichst weitgehenden Durchsetzung der Rechte des Unionsrechts unproblematisch, weil die Person hierdurch nicht sämtliche Freizügigkeitsrechte verliert, sondern nur einer anderen Grundfreiheit zugeordnet werden würde.[1717] Für eine Abhängigkeit der beiden Tätigkeiten spricht zudem, dass die unternehmensangehörigen Arbeitnehmervertreter nur deshalb in den Aufsichtsrat gewählt werden konnten, weil sie Arbeitnehmer des Unternehmens waren. Insofern kann die Verknüpfung des Arbeitsverhältnisses und der Wahl in den Aufsichtsrat nicht bestritten werden.

Allerdings wirkt sich das Arbeitsverhältnis nur auf die Wahlberechtigung für den Aufsichtsrat und nicht auf die spätere Tätigkeit selbst aus. Der Aufsichtsrat ist vollwertiges Mitglied eines Organs. In dieser Tätigkeit ist er an keine Weisungen seiner Vorgesetzten gebunden. Auf der anderen Seite ist der Beschäftigte in seiner Eigenschaft als Arbeitnehmer weiterhin dem Direktionsrecht seines Arbeitgebers unterstellt. Die Weisungsungebundenheit als Aufsichtsrat hat somit keinerlei Auswirkungen auf die Gebundenheit als Beschäftigter aus seinem Arbeitsverhältnis. Vielmehr wird zwar kritisiert, dass der Arbeitnehmervertreter durch seine Funktion im Aufsichtsrat seine eigenen Vorgesetzten, beispielsweise den Vorstand einer

1714 Vgl. zur gesetzlichen Aufteilung dieser Gruppen *Henssler* in: Ulmer/Habersack/ders., Mitbestimmungsrecht, § 7 MitbestG Rn. 14 ff. sowie in Kapitel 2 C. I. 2.) aa.).

1715 Vgl. jedoch zu den Ausnahmen bei Arbeitssuchende in diesem Kapitel unter A. I. 3.) b.).

1716 *Henssler* in: Ulmer/Habersack/ders., Mitbestimmungsrecht, § 7 MitbestG Rn. 35 ff.

1717 Vgl. dazu in diesem Kapitel unter C. II. 1.)

Aktiengesellschaft, kontrollieren und diesen so vielleicht auch im Unterordnungsverhältnis beeinflussen kann.[1718] Dies sind jedoch nur praktische Auswirkungen und keine rechtlichen Veränderungen. Der Arbeitnehmer behält sämtliche Rechte und Pflichten aus dem Arbeitsvertrag. Auch entstehen anders als bei der Wahl in den Betriebsrat[1719] keinerlei Freistellungen aufgrund der Mitgliedschaft im Aufsichtsrat.[1720] Insbesondere besitzen Aufsichtsratsmitglieder auch keinen absoluten Kündigungsschutz hinsichtlich ihres Arbeitsverhältnisses.[1721] Der relative Kündigungsschutz gem. § 26 MitbestG spricht sogar für die Trennung der beiden Tätigkeiten. Dieser Paragraph stellt fest, dass einem im Unternehmen beschäftigter Arbeitnehmer nicht aufgrund einer Pflichtverletzung im Rahmen der Aufsichtsratstätigkeit das Arbeitsverhältnis gekündigt werden darf.[1722]

Insgesamt muss deshalb konstatiert werden, dass Arbeitnehmer ihren Status auch nach der Wahl in den Aufsichtsrat behalten. Die beiden Tätigkeiten im Unternehmen müssen unabhängig voneinander betrachtet werden. Der neue Status kommt nur hinzu; es wird also kein vollständiger Statuswechsel vorgenommen.[1723] Die Wahl als Arbeitnehmervertreter in den Aufsichtsrat beendet das Arbeitnehmerverhältnis nicht, sodass der Arbeitnehmer auch weiterhin in seiner Stellung als Beschäftigter des Unternehmens unter die Arbeitnehmerfreizügigkeit fällt.

bb.) Gewerkschafts- und Anteilseignervertreter

Die Arbeitnehmervertreter im Aufsichtsrat, die über die Liste der Gewerkschaften in den Aufsichtsrat gewählt wurden, zählen nach den bisherigen Ausführungen nicht als Arbeitnehmer gem. Art. 45 AEUV.[1724] Insbesondere ist die Unternehmenszugehörigkeit keine Wahlvoraussetzung. Die Gewerkschaftsvertreter sind somit grundsätzlich, wie die Anteilseignervertreter, keine Beschäftigten des Unternehmens, sondern sollen vom Unternehmen unabhängigen Sachverstand in das Kontrollgremium einbringen.[1725]

Allerdings können die Gewerkschaftsvertreter und die Anteilseignervertreter im Unternehmen beschäftigt sein. Bei Anteilseignervertretern ist dies in der Praxis zwar nicht häufig anzutreffen, doch werden gerade in nicht mitbestimmten Unternehmen

---

1718 Vgl. dazu in Kapitel 2 D. II.

1719 Vgl. dazu beispielsweise *Koch* in: ErfKom, § 37 BetrVG Rn. 2 ff.; *Thüsing* in: Richardi, BetrVG, § 37 BetrVG Rn. 14 ff.

1720 *Greiner* in: Ascheid/Preis/Schmidt, Kündigungsrecht, § 26 MitbestG Rn. 7; *Henssler* in: Ulmer/Habersack/ders., Mitbestimmungsrecht, § 26 MitbestG Rn. 8.

1721 *Oetker* in: ErfKom, § 111 AktG Rn. 20; *Henssler* in: Ulmer/Habersack/ders., MitbestR, § 26 MitbestG Rn. 13.

1722 *Oetker* in: ErfKom, § 26 MitbestG Rn. 7; *Henssler* in: Ulmer/Habersack/ders., MitbestR, § 26 MitbestG Rn. 12.

1723 Zum Verlust durch Statuswechsel: *Forsthoff* in: Grabitz/Hilf/Nettesheim, Das Recht der EU, Art. 45 AEUV Rn. 103 f.

1724 Vgl. zum Arbeitnehmerbegriff ausführlich in diesem Kapitel unter B. I. 1.).

1725 Vgl. dazu in Kapitel 2 C. I. 2.) a.), D. II. 1.).

teilweise ein oder zwei Arbeitnehmer auch von den Anteilseignern in den Aufsichtsrat gewählt. In ferner Zukunft könnte es zudem durch Mitarbeiterbeteiligungsmodelle dazu kommen, dass auch die Arbeitnehmer mit einem Aufsichtsratsmitglied auf der Anteilseignerseite bedacht werden.[1726] Inwieweit dies im System des Mitbestimmungsgesetzes zu einer Überparität der Arbeitnehmer und somit zu einem etwaigen Verstoß gegen das Grundgesetz oder die Niederlassungs- bzw. Kapitalverkehrsfreiheit führt, muss an anderer Stelle geklärt werden.[1727] Es besteht jedoch keine rechtliche Verknüpfung zwischen den beiden Tätigkeiten, sodass kein Verlust der Arbeitnehmereigenschaft droht.

Auch bei Gewerkschaftsvertretern gibt es weniger Arbeitnehmervertreter, die gleichzeitig im Unternehmen beschäftigt sind.[1728] Dies führt dazu, dass einerseits gut ausgebildete Gewerkschaftsfunktionäre in den Unternehmen sitzen, welche zu einer Professionalisierung der Aufsichtsratsarbeit beitragen.[1729] Auf der anderen Seite können so Interessenskonflikte zwischen Unternehmenswohl und Gewerkschaftsaufgaben entstehen.[1730] Bei den Anteilseigner- und Gewerkschaftsvertretern gibt es jedoch ebenfalls keine Verknüpfungen hinsichtlich ihres Arbeitnehmerstatus aus einem etwaigen Arbeitsverhältnisses, sodass die Wahl in den Aufsichtsrat keinen Verlust der Arbeitnehmereigenschaft gem. Art. 45 AEUV nach sich zieht.

c.) Folgen für die weitere Prüfung

Somit kann hier der Schluss gezogen werden, dass es sich bei den wahlberechtigten Beschäftigten eines Unternehmens um Arbeitnehmer im Sinne des Art. 45 AEUV handelt. Diese Arbeitnehmer verlieren ihren Status auch nicht durch die Wahl in den Aufsichtsrat, da der Arbeitnehmerstatus durch das Arbeitsverhältnis mit der Gesellschaft begründet wird. Aufgrund der Unabhängigkeit dieser beiden Rechtsbeziehungen zur Gesellschaft muss in den folgenden Untersuchungen beachtet werden, dass nur Diskriminierungen und Beschränkungen, die aufgrund des Arbeitsverhältnisses der Arbeitnehmer erfolgen, beachtet werden können.

Die Arbeitnehmervertreter im Aufsichtsrat einer Gesellschaft können nicht als Arbeitnehmer eingeordnet werden, weil diese weisungsunabhängig handeln und somit mit Vorstandsmitgliedern vergleichbar sind. Die Tätigkeit als Arbeitnehmervertreter im Aufsichtsrat einer Gesellschaft eröffnet damit zwar nicht den Anwendungsbereich der Arbeitnehmerfreizügigkeit, könnte aber im Rahmen der Niederlassungsfreiheit relevant werden.[1731]

1726 *Hirdina*, NZA 2010, S. 683 ff.; *John/Stachel*, BB 2009, Beilage 1, S. 17 ff.

1727 Vgl. dazu teilweise in Kapitel 6 sowie Latzel, Gleichheit in der Unternehmensmitbestimmung, passim.

1728 *Velten*, Gewerkschaftsvertreter, S. 28; dazu auch *Henssler* in: Ulmer/Habersack/ders., Mitbestimmungsrecht, § 7 Rn. 78.

1729 Zur Professionalisierung sämtlicher Aufsichtsratsmitglieder vgl. *Cahn* in: Veil, Reformdiskussion Unternehmensrecht, S. 139 ff.

1730 Vgl. dazu in Kapitel 2 D. II. 1.).

1731 Insofern ungenau *Hellwig/Behme*, AG 2009, S. 261 (268).

2.) Grenzüberschreitender Bezug

Weitgehend unproblematisch ist in dieser Konstellation das Vorliegen eines grenzüberschreitenden Sachverhalts. Das grenzüberschreitende Element ist vorhanden, wenn der Arbeitnehmer sich in die Volkswirtschaft eines anderen Mitgliedstaats begibt.[1732] Im vorliegenden Fall möchte ein in einem deutschen Betrieb arbeitender Arbeitnehmer innerhalb einer Gesellschaft bzw. innerhalb eines Konzerns in einen ausländischen Betrieb wechseln. Insofern handelt es sich gegenüber den Unionsbürgern, welche nicht die deutsche Staatsangehörigkeit haben, um einen grenzüberschreitenden Bezug.

Mit Schwierigkeiten ist die Frage der in Deutschland arbeitenden deutschen Arbeitnehmer verbunden, weil hier ein Fall der zulässigen Inländergleichbehandlung einschlägig sein könnte.[1733] Allerdings handelt es sich im vorliegenden Fall um die jeder Grundfreiheit inhärente Wegzugsfreiheit.[1734] Ein Arbeitnehmer kann sich auch gegenüber dem Heimatstaat auf die Arbeitnehmerfreizügigkeit berufen, wenn dieser den grenzüberschreitenden Verkehr behindert.[1735] Es wird dabei auch vom Recht des Arbeitnehmers seinen Heimatstaat zu verlassen gesprochen.[1736] So können hier insbesondere die Rechtssachen Bosman und Graf angebracht werden, in denen ein Inländer eine Tätigkeit in einem anderen Mitgliedstaat aufnehmen wollte, von seinem Heimatstaat jedoch daran gehindert wurde.[1737] In diesen Fällen ist ein grenzüberschreitender Sachverhalt darin zu erkennen, dass die im Inland arbeitenden Arbeitnehmer ins europäische Ausland wechseln, um dort einer abhängigen Beschäftigung nachzugehen.[1738]

II. Beeinträchtigung

Im Folgenden wird dargestellt, ob der Anwendungsbereich der Arbeitnehmerfreizügigkeit auch bei im Inland arbeitenden Arbeitnehmern beeinträchtigt ist, wenn diese auf eine Stelle in einer ausländischen Niederlassung wechseln wollen. Dabei werden an dieser Stelle nur Beeinträchtigungen durch den Verlust des aktiven und passiven Wahlrechts geprüft. Der Verlust der Mitgliedschaft im Aufsichtsrat ist hiervon zu trennen.[1739]

1732 *Becker* in: Ehlers, Grundrechte und Grundfreiheiten, § 9 Rn. 19; *Forsthoff* in: Grabitz/Hilf/Nettesheim, Recht der EU, Art. 45 AUEV Rn. 117.

1733 Vgl. dazu in Kapitel 4 B. II. 1.) c.) bb.).

1734 *Forsthoff* in: Grabitz/Hilf/Nettesheim, Recht der EU, Art. 45 AEUV Rn. 58.

1735 *Forsthoff* in: Grabitz/Hilf/Nettesheim, Recht der EU, Art. 45 AEUV Rn. 118; *Frenz*, Europarecht I, Rn. 1547 ff.; *Becker* in: Ehlers, Grundrechte und Grundfreiheiten, § 9 Rn. 19.

1736 *Frenz*, Europarecht I, Rn. 1548.

1737 EuGH, Rs. C-415/93 (Bosman) Slg. 1995, I-4921; EuGH, Rs. C-190/98 (Graf) Slg. 2000, I-493. Vgl. Zu weiteren Rechtsprechungsnachweisen *Forsthoff* in: Grabitz/Hilf/Nettesheim, Recht der EU, Art. 45 AEUV Rn. 58.

1738 *Franzen* in: Streinz, EUV/AEUV, Art. 45 AEUV Rn. 33.

1739 Vgl. zum Verlust des Aufsichtsratsmandats in diesem Kapitel unter C.

Eine Diskriminierung gem. Art. 45 Abs. 2 AEUV liegt an dieser Stelle weder in offener noch in versteckter Form vor, weil der im Inland arbeitende Arbeitnehmer lediglich eine Vergünstigung verliert, welche die im Ausland arbeitenden Arbeitnehmer der Gesellschaft bzw. des Konzerns ebenfalls nicht erhalten. Es kommt jedoch eine Beschränkung der Freizügigkeit der im Inland arbeitenden Arbeitnehmer in Betracht.

Die Arbeitnehmerfreizügigkeit wurde vom Gerichtshof zu einem Beschränkungsverbot erweitert.[1740] Damit werden auch nichtdiskriminierende Maßnahmen erfasst, wenn der Arbeitnehmer durch diese in seinen Rechten aus Art. 45 AEUV behindert wird oder diese Rechte weniger attraktiv gemacht werden.[1741] Dies hat zu einer erheblichen Ausweitung des Prüfungsumfangs aufseiten des Gerichtshofs geführt, da viele nationale Vorschriften seitdem am Maßstab des Art. 45 AEUV überprüft werden können.[1742] Ausreichend hierfür ist zunächst die Möglichkeit, dass die jeweilige Regelung den Unionsbürger davon abhält von seiner Freizügigkeit Gebrauch zu machen.[1743] Oberflächlich betrachtet, könnte vorschnell der Schluss gezogen werden, dass ein Arbeitnehmer aufgrund des Verlusts des Wahlrechts einem Wechsel in einen ausländischen Betrieb oder in eine ausländische Tochtergesellschaft nicht zustimmen würde.

Allerdings wurden aufgrund der Ausweitung zum Beschränkungsverbot immer wieder Versuche unternommen, den Prüfungsumfang einzuschränken.[1744] Dabei steht im Vordergrund, dass nicht jede Beeinträchtigung der Freizügigkeit, sondern nur solche eine Beschränkung darstellen, die tatsächlich der Verwirklichung des Binnenmarkts entgegenstehen.[1745] Ein abschließendes Meinungsbild ist bei den vielfältigen Ansichten immer noch nicht zu erkennen, doch lassen sich Tendenzen herausarbeiten,[1746] die sodann als Leitlinien für die Beurteilung der beschränkenden Wirkung der Unternehmensmitbestimmung, insbesondere hinsichtlich des Wahlrechtsverlusts, dienen können.

1740 EuGH, Rs. C-415/93 (Bosman) Slg. 1995, I-4921, Rn. 96; EuGH, Rs. C-190/98 (Graf) Slg. 2000, I-493, Rn. 18; vgl. zur Bosmann Entscheidung *Hilf/Pache*, NJW 1996, S. 1169 ff.; *Weth/Kerwer*, JuS 2000, S. 425 (428); zur Rechtsprechung des Gerichtshofs insgesamt *Forsthoff* in: Grabitz/Hilf/Nettesheim, Recht der EU, Art. 45 AEUV Rn. 264 ff.; *Frenz*, Europrecht I, Rn. 1907 ff.; kritisch zur Rechtsprechung *Becker* in: Ehlers, Grundrechte und Grundfreiheiten, § 9 Rn. 41.

1741 Vgl. dazu allgemein in Kapitel 4 B. II. 2.) b.).

1742 *Schneider/Wunderlich* in: Schwarze, EU-Kommentar, Art. 45 AEUV Rn. 45; vgl. aktuell die Rechtsprechungsübersichten bei *Junker*, RIW 2012, S. 177 ff.; *Epiney*, NVwZ 2012, S. 930 (932 ff.).

1743 *Franzen* in: Streinz, EUV/AEUV, Art. 45 AEUV Rn. 86; *Pache* in: Schulze/Zuleeg/Kadelbach, Europarecht, § 10 Rn. 111; *Riesenhuber*, Europäisches Arbeitsrecht, § 3 Rn. 37.

1744 *Forsthoff* in: Grabitz/Hilf/Nettesheim, Recht der EU, Art. 45 AEUV Rn. 188, 273; *Frenz*, Europrecht I, Rn. 1915.

1745 Vgl. zum Ziel der Grundfreiheiten in Kapitel 3 B. I. 2.).

1746 Vgl. dazu in Kapitel 3 B. II. 2.) b.) bb.).

1.) Einschränkung des Beschränkungsbegriffs

Würde der uneingeschränkte Beschränkungsbegriff gelten, wäre fast jede nationale Regelung unter Rechtfertigungsdruck. Damit hätte der Gerichtshof das Recht und die Pflicht über die Sinnhaftigkeit dieser Regelungen entscheiden zu müssen, weil das Merkmal des ‚Abhaltens' von oder der ‚geringeren Attraktivität' der Freizügigkeit fast immer gegeben wäre. Aus der Sicht der Arbeitnehmerfreizügigkeit dürften sodann in einem Mitgliedstaat nicht weniger Wohltaten als in einem anderen Mitgliedstaat vorhanden sein. Für einen Arbeitnehmer ist es weniger attraktiv, wenn er beispielsweise seinen hohen Kündigungsschutz oder Urlaubsanspruch durch einen Wechsel in einen anderen Mitgliedstaat verliert. Damit würde es schlussendlich eine einheitliche Rechtsordnung in den Mitgliedstaaten geben, welche, insbesondere im Bereich des Arbeitsrechts, nicht gewollt ist.[1747] Deshalb muss der Beschränkungsbegriff, vor allem zur Wahrung der nationalen Kompetenzen, eingeschränkt werden.

Bisher wird die Rechtsprechung zur Reichweite des Beschränkungsverbots gerade bei der Arbeitnehmerfreizügigkeit noch als „sehr einzelfallbezogen"[1748] bezeichnet. Wie bei sämtlichen Grundfreiheiten lassen sich die Systematisierungsversuche des Schrifttums hinsichtlich der Einschränkung des Beschränkungsbegriffs jedoch auch bei der Arbeitnehmerfreizügigkeit unter dem Stichwort der ‚Relevanzregel' und der Einschränkung in Bezug auf den ‚Zugang zur Beschäftigung' zusammenfassen.[1749] Beide Rechtsprechungslinien werden vom Gerichtshof parallel nebeneinander angewendet und müssen nicht kumulativ vorliegen. Erstere schließt sämtliche Regelungen aus, welche zu ungewiss sind sowie zu indirekt wirken, und Letztere diejenigen, die nicht den Grenzübertritt an sich erschweren.

a.) Relevanzregel

Zur Definition der Relevanzregel, welche insbesondere durch die Rechtssache Graf auf die Arbeitnehmerfreizügigkeit angewendet wurde,[1750] verwendete der Gerichtshof folgende Formel zur Einschränkung des Beschränkungsbegriffs: „Ein derartiges Ereignis wäre jedoch zu ungewiß und wirkte zu indirekt, als daß eine Regelung, die an die Beendigung des Arbeitsverhältnisses durch den Arbeitnehmer selbst ausdrücklich nicht dieselbe Rechtsfolge knüpft wie an eine Beendigung, die er weder herbeigeführt noch zu vertreten hat, die Freizügigkeit der Arbeitnehmer beein-

---

1747 *Krause*, AG 2012, S. 485 (491) Vgl. zu den verschiedenen Mindestharmonisierungsrichtlinien in Kapitel 3 B. II. 2.).

1748 *Schneider/Wunderlich* in: Schwarze, EU-Kommentar, Art. 45 AEUV Rn. 47.

1749 *Franzen* in: Streinz, EUV/AEUV, Art. 45 Rn. 89 f.; *Schneider/Wunderlich* in: Schwarze, EU-Kommentar, Art. 45 AEUV Rn. 47; *Becker* in: Ehlers, Grundrechte und Grundfreiheiten, § 9 Rn. 43. Zu den anderen Abgrenzungsversuchen vgl. *Schulte Westenberg*, Keck-Rechtsprechung für die Arbeitnehmerfreizügigkeit, S. 18 ff.

1750 EuGH, Rs. C-190/98 (Graf) Slg. 2000, I-493 Rn. 24 f.

trächtigen könnte"[1751]. Die beschränkende Wirkung der Rechtsfolge muss hiernach direkt durch die in Frage stehende Norm eintreten. Das Eintreten des Ereignisses darf nicht zu ‚ungewiss' sein oder ‚zu indirekt' wirken.

Die Relevanzregel bezieht sich jedoch nicht auf die Frage, ob einzelne Arbeitnehmer sich von der Ausübung der Arbeitnehmerfreizügigkeit abhalten lassen, sondern stellt nur auf die Rechtsfolgen der Regelung ab. Insbesondere liegt hierin keine quantitative Grenze, welche auch bei der Arbeitnehmerfreizügigkeit einhellig abgelehnt wird.[1752] In der Rechtssache Graf wurde eine Regelung angegriffen, welche dem Arbeitnehmer bei Beendigung des Arbeitsverhältnisses durch den Arbeitgeber einen Abfindungsanspruch gewährte, bei Kündigung durch den Arbeitnehmer hingegen nicht.[1753] Der Arbeitnehmer kündigte sein Arbeitsverhältnis, um in einem anderen Mitgliedstaat ein Arbeitsverhältnis einzugehen und machte somit von seiner Arbeitnehmerfreizügigkeit Gebrauch.[1754] Im fehlenden Abfindungsanspruch könnte eine Beschränkung der Arbeitnehmerfreizügigkeit gesehen werden. Doch hing der Abfindungsanspruch nach Auffassung des Gerichtshofs von einem zu ungewissen zusätzlichen Ereignis ab, der Beendigung des Arbeitsverhältnisses durch den Arbeitgeber.[1755] Hätte der Arbeitnehmer seinen Arbeitsplatz nicht gewechselt, hätte er trotzdem keine Abfindung erhalten. Vielmehr hätte er auf eine Kündigung des Arbeitgebers ‚hoffen' müssen.

Bei der Ausgrenzung im Ausland arbeitender Arbeitnehmer ist die Relevanzregel jedoch nicht einschlägig. Mit der Wahrnehmung der Arbeitnehmerfreizügigkeit, also dem Wechsel innerhalb des Unternehmens ins Ausland, erlischt die inländische Betriebszugehörigkeit und damit auch das Wahlrecht bezüglich der Arbeitnehmervertreter im Aufsichtsrat gem. § 24 Abs. 1 MitbestG direkt.[1756] Wechselt der Arbeitnehmer hingegen nicht, bleibt ihm das Recht erhalten.[1757] Ein ungewisses Ereignis oder eine bloß indirekte Wirkung liegt an dieser Stelle gerade nicht vor.

b.) Zugang zur Beschäftigung

Das Kriterium des Zugangs bildet die Basis der Einschränkungen aller Grundfreiheiten.[1758] Durch dieses Kriterium wird auf der einen Seite der freie Binnenmarkt weitest

---

1751 EuGH, Rs. C-190/98 (Graf) Slg. 2000, I-493 Rn. 25; st. Rspr. vgl. EuGH, Rs. C-69/88 (Krantz) Slg. 1990, I-583 Rn. 11; EuGH, Rs. C-44/98 (BASF) Slg. 1999, I-6269 Rn. 16; EuGH, Rs. C-285/01 (Burband) Slg. 2003, I-8219 Rn. 101.

1752 *Thomas*, NVwZ 2009, S. 1202 (1203 ff.); *Epiney*, NVwZ 2009, S. 1139 (1143); *Deckert/Schroeder*, JZ 2001, S. 88 (90). Vgl. dazu auch in Kapitel 4 B. II. 2.) b.) bb.).

1753 EuGH, Rs. C-190/98 (Graf) Slg. 2000, I-493.

1754 *Deckert/Schroeder*, JZ 2001, S. 88 (88 f.).

1755 EuGH, Rs. C-190/98 (Graf) Slg. 2000, I-493 Rn. 24 f. Dazu *Deckert/Schroeder*, JZ 2001, S. 88 (89 f.); *Thomas*, NVwZ 2009, S. 1202 (1206 f.); *Franzen* in: Streinz, EUV/AEUV, Art. 45 AEUV Rn. 89.

1756 *Raiser* in: ders./Veil/Jacobs, MitbestG/DrittelbG, § 6 MitbestG Rn. 28.

1757 Insofern ungenau *Wißmann* in: ders./Kleinsorge/Schubert, Mitbestimmungsrecht, Vorbem MitbestG Rn. 71.

1758 Vgl. dazu in Kapitel 4 B. II. 2.) b.) bb.).

möglich verwirklicht und auf der anderen Seite wird so wenig wie möglich in die mitgliedstaatliche Souveränität eingegriffen.[1759] Demnach sind nur Beschränkungen der Arbeitnehmerfreizügigkeit, die tatsächlich den Zugang zu einem Arbeitsmarkt verstellen, geeignet, den Arbeitnehmer von der Inanspruchnahme seiner Freizügigkeit zu beeinträchtigen. Eine solche Einschränkung würde für die Arbeitnehmerfreizügigkeit bedeuten, dass die jeweilige Maßnahme die Aufnahme einer Tätigkeit in einem anderen Mitgliedstaat behindern muss. Der Zugang zur Beschäftigung ist dabei nicht betroffen, wenn die Vorschriften lediglich die Art und Weise regeln.[1760]

Im Folgenden werden nun die Besonderheiten dieses Kriteriums bei den Personenverkehrsfreiheiten dargestellt, das Abgrenzungskriterium des unmittelbaren Zugangs diskutiert, mit der bisherigen Rechtsprechung des Gerichtshofs abgeglichen und dieses sodann auf die nationale Betriebszugehörigkeit bei der Unternehmensmitbestimmung angewendet.

aa.) Besonderheiten bei den Personenverkehrsfreiheiten

Die Abgrenzung durch das Merkmal des Zugangs ist bei den Personenverkehrsfreiheiten besonders wichtig, aber auch besonders schwierig.[1761] Ein der Warenverkehrsfreiheit unterliegendes Produkt ist immer nur von einem geringen Teil der inländischen Regelungen betroffen. Eine Person hingegen hat, nachdem sie in einen anderen Staat gewechselt ist, sämtliche Regelungen dieses Staats zu beachten.[1762] Ein umfassendes Beschränkungsverbot würde deshalb bei den Personenverkehrsfreiheiten zu einer ‚Gleichmacherei' innerhalb der Europäischen Union führen, welche nicht gewollt ist.[1763] Es ist nicht Ziel der Europäischen Union, dass die für den Arbeitnehmer günstigen Regelungen Bestand haben, die ungünstigen jedoch ‚aus dem Weg geräumt' werden.[1764] Vielmehr müssen die Kompetenzgrenzen der Union sowie deren tatsächliche Ausübung im Rahmen der positiven Harmonisierung beachtet werden.[1765] Teilweise wird deshalb vertreten, dass die Personenverkehrsfreiheiten hinsichtlich der Kriterien zur Einschränkung des Beschränkungsbegriffs anders zu behandeln sind als die Produktverkehrsfreiheiten.[1766]

1759 *Forsthoff* in: Grabitz/Hilf/Nettesheim, Recht der EU, Art. 45 AEUV Rn. 204.

1760 *Frenz*, Europarecht I, Rn. 1923; *Pache* in: Schulze/Zuleeg/Kadelbach, Europarecht, § 10 Rn. 114; *Franzen* in: Streinz, EUV/AEUV, Art. 45 Rn. 90; *Körber*, Grundfreiheiten und Privatrecht, S. 272 ff.

1761 *Schneider/Wunderlich* in: Schwarze, EU-Kommentar, Art. 45 AEUV Rn. 46 f.

1762 *Franzen* in: Streinz, EUV/AEUV, Art. 45 AEUV Rn. 86.

1763 *Forsthoff* in: Grabitz/Hilf/Nettesheim, Recht der EU, Art. 45 AEUV Rn. 207 ff.; *Krause*, AG 2012, S. 485 (491).

1764 Beispielsweise EuGH, Rs. C-387/01 (Weigel), Slg. 2004, I-4981 Rn. 55; *Nettesheim*, NVwZ 1996, S. 342 (344); *Forsthoff* in: Grabitz/Hilf/Nettesheim, Recht der EU, Art. 45 AEUV Rn. 210.

1765 *Forsthoff* in: Grabitz/Hilf/Nettesheim, Recht der EU, Art. 45 AEUV Rn. 212 ff.

1766 So beispielsweise *Forsthoff* in: Grabitz/Hilf/Nettesheim, Recht der EU, Art. 45 AEUV Rn. 205 ff.

Natürlich ist der Entschluss für eine Person, in einen anderen Mitgliedstaat zu wechseln und sich dort zu integrieren, weitreichender als dort lediglich Produkte oder Dienstleistungen anzubieten.[1767] Dies bedeutet im Umkehrschluss jedoch nicht, dass das Kriterium zur Einschränkung anders ausgestaltet werden muss. Vielmehr ist das Abgrenzungskriterium des Zugangs noch wichtiger, weil die Arbeitnehmer zwar mannigfaltigen Vorschriften ausgesetzt sind, doch diese zumeist nur die Art und Weise des Lebens und Arbeitens in einem anderen Mitgliedstaat bestimmen. Die Anzahl an tatsächlich relevanten Zugangshindernissen dürfte sich bei Personenverkehrsfreiheiten nur geringfügig von denen der Produktverkehrsfreiheiten oder der Dienstleistungsfreiheit unterscheiden.

bb.) Unmittelbarkeit bei der Arbeitnehmerfreizügigkeit

Das Kriterium des Zugangs selbst ist jedoch noch recht unspezifisch. Eine sinnvolle Präzisierung wird über das Kriterium der Unmittelbarkeit erreicht.[1768] Dies bedeutet, dass nur solche Beschränkungen auch Zugangsbeschränkungen darstellen, welche den Übertritt, also den unmittelbaren Zugang, des Arbeitnehmers in einen fremden Arbeitsmarkt versperren. Entscheidend für die Einordnung der jeweiligen Regelung ist deren Wirkung.[1769] Unmittelbare Zugangshindernisse versperren den Unionsbürgern – bildlich gesprochen – den Weg über die Grenze. Das plakativste Beispiel für eine Zugangsbeschränkung ist das Verbot einer Tätigkeit.[1770]

Wie sich der Arbeitnehmer nach dem Grenzübertritt hingegen verhalten muss, beispielsweise ein Tempolimit auf Autobahnen, ein Rauchverbot in Gaststätten oder die Anzahl an Urlaubstagen eines Arbeitnehmers, spielt bei der Beschränkung der Arbeitnehmerfreizügigkeit dann keine Rolle mehr.[1771] Diese zweite Kategorie wird mit den Begriffen ‚Beschäftigungsmodalitäten', ‚Berufsausübungsregeln' oder auch mit ‚allgemeinem Rechtsrahmen' umschrieben, wobei sich noch kein einheitlicher Gegenbegriff zum unmittelbaren Zugang herausgebildet hat.[1772]

1767 Allerdings gibt es auch sogenannte Grenzgänger, die in ihrem Mitgliedstaat verbleiben und nur zur Arbeit über die Grenze in einen anderen Mitgliedstaat wechseln. Vgl. dazu *Brechmann* in: Calliess/Ruffert, EUV/AEUV, Art. 45 AEUV Rn. 17.

1768 *Brechmann* in: Calliess/Ruffert, EUV/AEUV, Art. 45 AEUV Rn. 51; *Forsthoff* in: Grabitz/Hilf/Nettesheim, Recht der EU, Art. 45 AEUV Rn. 227 (‚spezifisch').

1769 *Frenz*, Europarecht I, Rn. 1923. Sehr weitgehend *Franzen* in: Streinz, EUV/AEUV, Art. 45 AEUV Rn. 90, der sogar die Wirkung als Marktzugangssperre für notwendig erachtet.

1770 *Forsthoff* in: Grabitz/Hilf/Nettesheim, Recht der EU, Art. 45 AEUV Rn. 274.

1771 *Forsthoff* in: Grabitz/Hilf/Nettesheim, Recht der EU, Art. 45 AEUV Rn. 226; *Frenz*, Europarecht I, Rn. 1930.

1772 *Frenz*, Europarecht I, Rn. 1929; *Franzen* in: Streinz, EUV/AEUV, Art. 45 AEUV Rn. 90. Es ist auch nicht zwingend notwendig einen Gegenbegriff zu finden. Diese Suche stammt vor allem aus der Herleitung des Zugangskriteriums aus der Keck-Dogmatik, welche das Begriffspaar produktbezogene Regelungen und Verkaufs-

Dieser allgemeine Rechtsrahmen muss jedoch selbstverständlich nichtdiskriminierend ausgestaltet sein.[1773]

cc.) Vergleich mit Beispielen aus der Rechtsprechung

Der Arbeitnehmer eines Mitgliedstaats soll nach der Rechtsprechung seinen Beruf auch in einem anderen Mitgliedstaat ausüben können.[1774] Eine besonders starke Beziehung zum unmittelbaren Zugang zeigen die Genehmigungs- oder Qualifikationserfordernisse bzw. Bedarfsregelungen.[1775] Der Übertritt in einen anderen Mitgliedstaat wird dem Arbeitnehmer bei diesen Standardbeispielen versperrt bzw. erschwert. Möchte der Arbeitnehmer in einem anderen Staat arbeiten, muss er eine Genehmigung vorzeigen oder eine Qualifikation erwerben. Diese sind somit als unmittelbare Zugangshindernisse zu qualifizieren.[1776]

Aber auch bei anderen Sachverhalten hat sich der Gerichtshof an die Abgrenzung über den unmittelbaren Zugang angelehnt. Beispielsweise wurde eine Regelung überprüft, welche die staatliche Erstattung eines privaten Arbeitsvermittlers daran knüpfte, dass der vermittelte Arbeitsplatz im Ausland sozialversicherungspflichtig sein musste, während die Vermittlungskosten im Inland auch bei einer Vermittlung in nicht sozialversicherungspflichtige Arbeit übernommen wurden.[1777] In dieser Sache stellte der Gerichtshof fest, dass auch die Vermittlung von Arbeit in einem anderen Mitgliedstaat den unmittelbaren Zugang zum ausländischen Arbeitsmarkt beeinträchtigt und nicht nur eine nach der Grenze befindliche Modalitäten darstellt.

In der Entscheidung Olympique Lyonnais wurde ebenfalls an den unmittelbaren Zugang angeknüpft. Hier mussten Nachwuchsfußballer einen Schadensersatz an ihren Ausbildungsverein zahlen, wenn sie nicht mit diesem, sondern mit einem Verein aus einem anderen Mitgliedstaat einen Profivertrag abschlossen.[1778] Dieser Sachverhalt zeigt ebenfalls deutlich, dass der Grenzübertritt und damit der Zugang zu einem anderen Mitgliedstaat versperrt werden sollte. In den genannten Fällen wird deshalb auch von einem Wegzugshindernis gesprochen.[1779]

Kein solches unmittelbares Zugangshindernis stellten hingegen beispielsweise die Einkommensteuerpflicht sowie Sicherheits- oder auch Arbeitszeitregelungen dar, weil diese für sämtliche Arbeitnehmer des Mitgliedstaats gelten und damit nur

---

modalitäten beinhaltet. Vgl. *Leible/Streinz* in: Grabitz/Hilf/Nettesheim, Recht der EU, Art. 28 AEUV Rn. 75 ff.

1773 Vgl. dazu in Kapitel 4 B. II. 2.) a.).

1774 Vgl. *Frenz*, Europarecht I, Rn. 1932.

1775 Vgl. zu zahlreichen Beispielen *Forsthoff* in: Grabitz/Hilf/Nettesheim, Recht der EU, Art. 45 AEUV Rn. 276 ff.

1776 *Forsthoff* in: Grabitz/Hilf/Nettesheim, Recht der EU, Art. 45 AEUV Rn. 279 ff.

1777 EuGH, Rs. C-208/05 (ITC) Slg. 2007, I-181 Rn. 35 f.

1778 EuGH, Rs. C-325/08 (Olympique Lyonnais) Slg. 2010, I-2177. Vgl. zur Entscheidung *Dahm*, EuZW 2010, S. 345 f.

1779 *Brechmann* in: Calliess/Ruffert, EUV/AEUV, Art. 45 AEUV Rn. 50; *Forsthoff* in: Grabitz/Hilf/Nettesheim, Recht der EU, Art. 45 AEUV Rn. 224.

das Zusammenleben regeln.[1780] Mit diesen Regelungen ist auch die Unternehmensmitbestimmung vergleichbar. Der Arbeitnehmer kann ohne Beschränkung innerhalb des Unternehmens wechseln. Es gibt keine besonderen Erfordernisse, die er zu erfüllen hat. Zwar werden ihm Rechte durch die Inanspruchnahme der Arbeitnehmerfreizügigkeit entzogen,[1781] doch stellen solche Rechte nur Modalitäten dar, die das ‚Wie' der Arbeit kennzeichnen.[1782] Insbesondere geht es an dieser Stelle nur um die Wahlrechte und nicht um die Aufsichtsratstätigkeit selbst. Soweit die Europäische Union von ihrer Kompetenz zur Harmonisierung des Gesellschaftsrechts nicht Gebrauch gemacht hat,[1783] müssen diese Regelungen auch nicht zugunsten sämtlicher Unionsbürger im In- und Ausland einschlägig sein.[1784] Ähnliches gilt beispielsweise im Steuerrecht.[1785]

c.) Ausnahme: Die Rechtsprechunglinie zu sozialen Vergünstigungen

Es muss jedoch geklärt werden, wie die Entscheidung Casteels in diese beiden Einschränkungsversuche einzuordnen ist. In dieser Rechtssache ging es um Vergünstigungen eines Tarifvertrags, die ein Arbeitnehmer nur erhält, wenn er für dasselbe Unternehmen eine bestimmte Anzahl von Jahren im Inland gearbeitet hat.[1786] Auch für den vorliegenden Fall könnte diese Entscheidung relevant sein, weil es in dieser um eine Schlechterstellung derjenigen Arbeitnehmer geht, welche innerhalb eines Unternehmens zwischen Mitgliedstaaten der Union gewechselt sind und somit von ihrer Freizügigkeit Gebrauch gemacht haben. Hiernach ist eine Benachteiligung von „Arbeitnehmern, die von ihrem Recht auf Freizügigkeit Gebrauch machen, insofern, als sie finanzielle Verluste und eine Schmälerung ihrer Ansprüche auf eine Zusatzrente erleiden“[1787], eine Beschränkung der Arbeitnehmerfreizügigkeit. „Die Aussicht auf eine derartige Benachteiligung kann Arbeitnehmer wie Herrn Casteels davon abschrecken, von der in einem Mitgliedstaat befindlichen Betriebsstätte ihres Arbeitgebers in eine Betriebsstätte desselben Arbeitgebers in einem anderen Mitgliedstaat zu wechseln.“[1788]

Zunächst einmal scheint die Entscheidung den gerade dargestellten Einschränkungsmöglichkeiten zu widersprechen, weil sie nicht den unmittelbaren Zugang zum ausländischen Arbeitsmarkt betrifft. Allerdings ist diese Entscheidung in den

1780 *Frenz*, Europarecht I, Rn. 1930; *Forsthoff* in: Grabitz/Hilf/Nettesheim, Recht der EU, Art. 45 AEUV Rn. 226.
1781 *Hellwig/Behme*, AG 2009, S. 261 (269).
1782 In diese Richtung auch LG Landau, NZG 2014, S. 229 (229).
1783 Vgl. dazu in Kapitel 3 B. II.
1784 EuGH, Rs. C-387/01 (Weigel) Slg. 2004, I-4981 Rn. 55 (bei fehlender Kompetenz). In diese Richtung auch *Krause*, AG 2012, S. 485 (491).
1785 Vgl. *Franzen* in: Streinz, EUV/AEUV, Art. 45 AEUV Rn. 109.
1786 EuGH, Rs. C-379/09 (Casteels) NZA 2011, S. 561. Dazu *Junker*, RIW 2012, S. 177 (177 f.).
1787 EuGH, Rs. C-379/09 (Casteels) NZA 2011, S. 561 Rn. 29.
1788 EuGH, Rs. C-379/09 (Casteels) NZA 2011, S. 561 Rn. 29.

Problemkreis des Verlusts sozialer Vergünstigungen einzuordnen.[1789] Diese Entscheidungen haben gemeinsam, dass soziale Vergünstigungen nur gewährt werden, sofern eine Person einen bestimmten Mindestzeitraum in einem Mitgliedstaat gearbeitet hat. Auslandsjahre werden hierbei nicht berücksichtigt.[1790] In diesen Entscheidungen wird der Wechsel in einen anderen Mitgliedstaat gleich behandelt wie andere Ausscheidungsgründe.[1791]

Allerdings wird diese Rechtsprechungslinie vom Schrifttum – unabhängig von der vom Gerichtshof gewählten Terminologie – zu Recht unter der Überschrift der indirekten Diskriminierung diskutiert,[1792] weil von dieser Beeinträchtigung vor allem ausländische Staatsangehörige betroffen sind. Auch in der Entscheidung Casteels wurde vom Gerichtshof zwar explizit eine unterschiedslose Beschränkung angenommen, doch ist offensichtlich, dass typischerweise ausländische Arbeitnehmer von diesen Regelungen betroffen sind. Insofern handelt es sich bei dieser Rechtsprechungslinie nicht um eine Ausnahme der Einschränkungen des Beschränkungsbegriffs, sondern um einen Spezialfall der indirekten Diskriminierung.

Für das Vorgehen des Gerichtshofs gibt es zwei Erklärungen. Zum einen unterscheidet er in den letzten Jahren immer weniger zwischen indirekten Diskriminierungen und Beschränkungen, da diese einerseits schwer abzugrenzen sind und andererseits keine Unterschiede hinsichtlich der Rechtfertigungsmöglichkeiten bestehen.[1793] Zum anderen muss jedoch auch die Mehrschichtigkeit einer Maßnahme beachtet werden. So wurde beispielsweise von der Generalanwältin *Kokott* in anderem Zusammenhang ausgeführt, dass Maßnahmen auch dann unter dem Begriff der Beschränkung diskutiert werden sollen, wenn die Maßnahme zwar ‚auch' eine indirekte Diskriminierung darstelle, aber von ihr zudem weitere negative Auswirkungen auf den Binnenmarkt ausgehen.[1794] Andernfalls könne der Gerichtshof nicht sämtliche Aspekte der Maßnahme berücksichtigen, weil nicht alle Aspekte tatsächlich indirekte Diskriminierungen darstellen.[1795] Diese Herangehensweise des Generalanwalts passt zu den Entscheidungen des Gerichtshofs, der ebenfalls alle Aspekte einer Maßnahme in seine Prüfung einbezieht. Gerade bei sozialen Vergünstigungen spielen dabei viele unterschiedliche Aspekte eine Rolle.[1796]

1789 *Brechmann* in: Calliess/Ruffert, EUV/AEUV, Art. 45 AEUV Rn. 67 ff.

1790 EuGH, Rs. C-224/01 (Köbler) Slg. 2003, I-10239, Rn. 73 f. Weitere Beispiele siehe bei *Forsthoff* in: Grabitz/Hilf/Nettesheim, Recht der EU, Art. 45 AEUV Rn. 261.

1791 *Krause*, AG 2012, S. 485 (491).

1792 *Forsthoff* in: Grabitz/Hilf/Nettesheim, Recht der EU, Art. 45 AEUV Rn. 261; *Frenz*, Europarecht I, Rn. 1898; *Franzen* in: Streinz, EUV/AEUV, Art. 45 AEUV Rn. 103 ff.

1793 Vgl. dazu in Kapitel 4 B. II. 3.) c.).

1794 GA *Kokott*, Schlussanträge zu EuGH, Rs. C-222/07 (UTECA) Slg. 2009, I-1407 Rn. 76 f.

1795 GA *Kokott*, Schlussanträge zu EuGH, Rs. C-222/07 (UTECA) Slg. 2009, I-1407 Rn. 76.

1796 Vgl. *Junker*, RIW 2012, S. 177 (177 f.).

2.) *Zusammenfassung*

Zwar gibt es – besonders in der deutschsprachigen Literatur – die dargestellten Systematisierungsversuche hinsichtlich des Beschränkungsbegriffs, doch bleibt das Unionsrecht oftmals Fallrecht des Gerichtshofs. Die Systematisierung ist zwar wichtig, um Grundlinien des Unionsrechts herauszuarbeiten und damit auch Prognosen hinsichtlich künftiger Einzelfallentscheidungen treffen zu können. Gerade in den Randbereichen des Beschränkungsbegriffs kann die Rechtsprechung des Gerichtshofs jedoch nur schwer prognostiziert werden.

Im vorliegenden Fall der Einbeziehung im Inland arbeitender Arbeitnehmer kann die erste Rechtsprechungslinie, die sich an der Relevanzregel orientiert, nicht fruchtbar gemacht werden. Hierzu wirken die Mitbestimmungsgesetze zu direkt und sind von keinem ungewissen Ereignis abhängig. Anders sieht es bei der zweiten Rechtsprechungslinie, die das Vorliegen einer unmittelbaren Zugangsschranke prüft, aus. Eine solche dürfte nicht vorliegen, da es sich lediglich um die Ausgestaltung der Rechte innerhalb eines Mitgliedstaats handelt.[1797]

Der Gerichtshof hat sich ebenfalls gegen das Vorliegen einer Beschränkung der im Inland arbeitenden Arbeitnehmer entschieden.[1798] Dies ist auch konsequent, weil in diesem Fall lediglich Arbeitnehmerrechte, die aus dem Arbeitsverhältnis herrühren, beachtet werden dürfen. Insofern ist – wie oben beschrieben – keine Unterscheidung zwischen dem Wahlrecht des Arbeitnehmers innerhalb der Unternehmensmitbestimmung und anderen Arbeitnehmerrechten vorzunehmen. Die Unternehmensmitbestimmung ist somit Teil der Ausübungsregeln, die den Zugang nicht beschränken.

III. Ergebnis

Es können sich somit weder die Arbeitnehmervertreter im Aufsichtsrat noch die im Inland arbeitenden Arbeitnehmer auf die Arbeitnehmerfreizügigkeit berufen. Bei den Arbeitnehmervertretern im Aufsichtsrat liegt meiner Ansicht nach der Anwendungsbereich jedenfalls kraft ihrer Organstellung nicht vor, weil diese insoweit keine Arbeitnehmer im Sinne des Art. 45 AEUV darstellen. Zwar haben die unternehmensangehörigen Arbeitnehmervertreter im Aufsichtsrat auch ein Arbeitsverhältnis mit dem jeweiligen Unternehmen, doch ist dieses Arbeitsverhältnis gerade nicht die Grundlage für die Tätigkeit als Aufsichtsratsmitglied.[1799] Insofern sind diese Aufsichtsratsmitglieder selbständige Führungskräfte eines Unternehmens und werden – wie Vorstandsmitglieder oder Gesellschaftergeschäftsführer – als Unternehmer angesehen. Insofern muss hier im Folgenden die Niederlassungsfreiheit geprüft werden.

1797 So auch GA *Saugmandsgaard Øe*, Schlussanträge zu EuGH, Rs. C-566/15 (Erzberger), Celex-Nr. 62015CC0566, Rn. 74 ff.

1798 EuGH, Rs. C-566/15 (Erzberger), Celex-Nr. 62015CJ0566, Rn. 31 ff. Zur Bewertung dieser Entscheidung vgl. unten in Kapitel 8 unter B. II.

1799 Vgl. zur Ansicht des Gerichtshofes in Kapitel 8 unter B. II.

Die im Inland arbeitenden Arbeitnehmer sind zwar Arbeitnehmer im Sinne des Art. 45 AEUV und sie möchten auch grenzüberschreitend tätig werden, doch wirkt der Ausschluss des aktiven und passiven Wahlrechts auf diese Arbeitnehmer weder diskriminierend noch beschränkend. Das Wahlrecht im Rahmen der Unternehmensmitbestimmung stellt lediglich eine allgemeine Beschäftigungsmodalität im deutschen Arbeitsmarkt dar, welche nicht den unmittelbaren Zugang zu einem anderen Arbeitsmarkt betrifft.

C. Freizügigkeit der Arbeitnehmervertreter im Aufsichtsrat

Die Gewerkschaftsvertreter und die unternehmensangehörigen Arbeitnehmervertreter im Aufsichtsrat befinden sich in dieser Funktion meiner Ansicht nach nicht im Anwendungsbereich der Arbeitnehmerfreizügigkeit, weil kein Unterordnungsverhältnis zu den Anteilseignern einer Gesellschaft beststeht. Die Gewerkschaftsvertreter erfahren zudem auch keinerlei Beeinträchtigung ihrer Freizügigkeit in der Union, da sie nur die allgemeinen aktienrechtlichen Voraussetzungen erfüllen müssen.[1800] Darüber hinaus müssen die vorgeschlagenen Personen weder Mitglied einer inländischen Gewerkschaft noch mit einem inländischen Betrieb verbunden sein.[1801] Insofern sind diese Arbeitnehmervertreter auch an dieser Stelle nicht weiter zu prüfen.

Anders verhält es sich bei den unternehmensangehörigen Arbeitnehmervertretern. Diese müssen auch nach der Wahl und Bestellung in den Aufsichtsrat weiterhin einem inländischen Betrieb zugehören. Wechseln diese Aufsichtsratsmitglieder zu einem ausländischen Betrieb innerhalb derselben Gesellschaft oder desselben Konzerns, verlieren sie ihr Aufsichtsratsmandat.[1802] Diese Verknüpfung wird nun durch die Niederlassungsfreiheit auf ihre Unionsrechtskonformität hin überprüft.

I. Bedeutung der Niederlassungsfreiheit für Gesellschaften

Die Niederlassungsfreiheit sichert gemeinsam mit der Arbeitnehmerfreizügigkeit und der Dienstleistungsfreiheit die Mobilität der Personen im europäischen Binnenmarkt. Bei Kapitalgesellschaften hat diese Freiheit drei Aspekte: Die Niederlassung der Gesellschaft sowie ihrer Führungskräfte und Gesellschafter. An dieser Stelle wird die Mobilität der Führungskräfte einer Gesellschaft die Hauptrolle spielen. Im sechsten Kapitel stehen sodann die Gesellschaft selbst und deren Gesellschafter im Vordergrund. Diese drei Anwendungsbereiche zeigen, dass die Niederlassungsfreiheit sämtliche Aspekte der Mobilität einer Gesellschaft gewährleisten soll, wodurch sie eine erhebliche wirtschaftliche Bedeutung erhält.[1803]

1800 Vgl. dazu in Kapitel 2 C. I. 2.) a.) aa.).
1801 *Henssler* in: Ulmer/Habersack/ders., Mitbestimmungsrecht, § 8 MitbestG Rn. 77 f.
1802 Vgl. dazu in Kapitel 2 C. I. 2.) a.) aa.).
1803 *Schlag* in: Schwarze, EU-Kommentar, Art. 49 AEUV Rn. 4.

Die Niederlassungsfreiheit hat zwar nicht so hohe Fallzahlen wie die Arbeitnehmerfreizügigkeit; sie ist deshalb aber nicht weniger wichtig für die Mobilität der Personen innerhalb der Union.[1804] An einer Verlagerung einer Niederlassung hängen weitaus mehr Faktoren als bei einem Arbeitnehmerwechsel. Nicht nur der Niederlassende selbst, sondern sein gesamtes Unternehmen oder zumindest Teile davon überschreiten dabei die Grenze. Auch gewährleistet die Niederlassungsfreiheit, dass die Unternehmen in verschiedenen Mitgliedstaaten operieren können, sodass hierdurch der Binnenmarkt besonders stark geprägt wird.[1805]

Auch im Bereich der Niederlassungsfreiheit gibt es zahlreiches Sekundärrecht der Union.[1806] Allerdings sind sämtliche Versuche, den Bereich der Führungskräfte von Kapitalgesellschaften, insbesondere bei Aufsichtsratsmitgliedern, zu harmonisieren, fehlgeschlagen.[1807] Sonstiges Sekundärrecht, welches nationale Beschränkungen von Führungskräften verbietet, ist ebenfalls nicht vorhanden. Deshalb ist im Folgenden ausschließlich die primärrechtliche Niederlassungsfreiheit zu prüfen.

II. Anwendungsbereich

Hinsichtlich des Anwendungsbereichs gibt es beträchtliche Überschneidungen zu den beiden vorherigen Prüfungen. Auch die Arbeitnehmervertreter im Aufsichtsrat müssen Unionsbürger sein.[1808] Der räumliche Anwendungsbereich weist ebenfalls keine Besonderheiten auf.[1809] Zudem wurde bereits festgestellt, dass es sich bei den Arbeitnehmervertretern im Aufsichtsrat, sofern es sich um die Aufsichtsratstätigkeit an sich handelt, um keine Arbeitnehmer im Sinne des Art. 45 AEUV handelt. Insofern muss im Folgenden geprüft werden, ob die Niederlassungs- oder die Dienstleistungsfreiheit einschlägig ist, was insbesondere am Merkmal der Niederlassung zu prüfen ist. Zudem stellt sich das Vorliegen eines grenzüberschreitenden Sachverhalts problematisch dar.

1.) Aufsichtsratstätigkeit als Niederlassung

Die Tätigkeit im Aufsichtsrat eines Unternehmens muss als Niederlassung im Sinne des Art. 49 AEUV zu qualifizieren sein. Dabei ist zunächst zu beachten, dass verschiedene Tätigkeiten einer Person durchaus in unterschiedliche Anwendungsbereiche der Grundfreiheiten fallen können. Beispielsweise kann eine Person als Beschäftigter eines Unternehmens eine Tätigkeit selbständig sowie eine andere

---

1804 *Frenz*, Europarecht I, Rn. 2138.

1805 *Müller-Graff* in: Streinz, EUV/AEUV, Art. 49 AEUV Rn. 5.

1806 *Pache* in: Schulze/Zuleeg/Kadelbach, § 10 Rn. 196 ff.

1807 Vgl. zur Strukturrichtlinie in Kapitel 3 B. II. 1.).

1808 *Bröhmer* in: Calliess/Ruffert, EUV/AEUV, Art. 49 AEUV Rn. 7 f.; *Forsthoff* in: Grabitz/Hilf/Nettesheim, Recht der EU, Art. 49 AEUV Rn. 11; zu Abkommen mit Drittstaaten im Bereich der Niederlassungsfreiheit vgl. *Schlag* in: Schwarze, EU-Kommentar, Art. 49 AEUV Rn. 28; *Frenz*, Europarecht I, Rn. 2271 ff.

1809 *Forsthoff* in: Grabitz/Hilf/Nettesheim, Recht der EU, Art. 49 AEUV Rn. 9.

weisungsgebunden ausführen und somit unter die Dienstleistungsfreiheit und die Arbeitnehmerfreizügigkeit fallen.[1810] Eine solche Doppelrolle kommt auch bei den unternehmensangehörigen Arbeitnehmervertretern im Aufsichtsrat in Betracht. Zum einen haben sie eine arbeitsvertraglich fixierte Tätigkeit, welche sie weisungsgebunden ausführen, zum anderen die korporationsrechtliche Aufsichtsratstätigkeit, in der sie keinerlei Weisungen unterliegen.[1811]

Die Niederlassungsfreiheit umfasst gem. Art. 49 Abs. 2 AEUV „die Aufnahme und Ausübung selbständiger Erwerbstätigkeiten sowie die Gründung und Leitung von Unternehmen". Eine Selbständigkeit oder eine Gründung eines Unternehmens liegt an dieser Stelle ersichtlich nicht vor.[1812] Somit stellt sich die Frage, ob ein Mitglied des Aufsichtsrats zur Unternehmensleitung gehört.[1813] Zur Arbeitnehmerfreizügigkeit wird die Leitung des Unternehmens – wie oben geschehen – dadurch abgegrenzt, dass diese weisungsfrei erfolgen muss. Die Arbeitnehmervertreter im Aufsichtsrat können ihr Aufsichtsratsmandat ohne arbeitsrechtliche oder gesellschaftsrechtliche Weisungen ausüben.[1814] Zudem erfolgt auch eine unternehmerische Erwerbstätigkeit, die durch das Entgelt gem. Art. 103 AktG zumindest indiziert ist.[1815]

Fraglich ist jedoch, ob die Arbeitnehmervertreter in den Anwendungsbereich der Dienstleistungs- oder Niederlassungsfreiheit fallen. Die Abgrenzung zwischen diesen beiden Freiheiten erfolgt über das Merkmal der Integration in eine andere Volkswirtschaft.[1816] Während der Niederlassende sich vollständig in eine andere Volkswirtschaft begibt, erbringt der Dienstleister nur eine Dienstleistung in einem anderen Mitgliedstaat und kehrt anschließend in seinen Heimatstaat zurück.[1817] Teilweise überquert auch nur die Dienstleistung und nicht der Dienstleistende selbst die Grenze. Die Integration in eine andere Volkswirtschaft umfasst dabei die Merkmale der Dauerhaftigkeit, der festen Einrichtung und den örtlichen Schwerpunkt der Tätigkeit.[1818] Es kommt dabei auf das Zusammenspiel der Merkmale an.[1819] Allein eine

1810 *Forsthoff* in: Grabitz/Hilf/Nettesheim, Recht der EU, Art. 45 AEUV Rn. 69.

1811 *Latzel*, Gleichheit in der Unternehmensmitbestimmung, Rn. 181.

1812 Vgl. zur Niederlassungsfreiheit ausführlich in Kapitel 6 A.

1813 *Schlag in:* Schwarze, EU-Kommentar, Art. 49 AEUV Rn. 24.

1814 *Raiser*, ZGR 1978, S. 391 (396 ff.). Vgl. dazu auch in diesem Kapitel unter B. I. a.) bb.) (3).

1815 *Müller-Graff* in: Streinz, EUV/AEUV, Art. 49 AEUV Rn. 13; *Pache* in: Schulze/Zuleeg/Kadelbach, § 10 Rn. 167. Vgl. ausführlich zur Erwerbstätigkeit in diesem Kapitel unter B. I. 1.) a.) bb.) (2).

1816 *Forsthoff* in: Grabitz/Hilf/Nettesheim, Recht der EU, Art. 49 AEUV Rn. 26 ff.; *Frenz*, Europarecht I, Rn. 2227 ff.; *Pache* in: Schulze/Zuleeg/Kadelbach, § 10 Rn. 168; *Calliess/Korte*, Dienstleistungsrecht in der EU, § 3 Rn. 45 ff.

1817 *Schlag in:* Schwarze, EU-Kommentar, Art. 49 AEUV Rn. 16; *Frenz*, Europarecht I, Rn. 2227.

1818 *Schlag in:* Schwarze, EU-Kommentar, Art. 49 AEUV Rn. 16 ff.; *Müller-Graff* in: Streinz, EUV/AEUV, Art. 49 AEUV Rn. 16 ff.

1819 *Müller-Graff* in: Streinz, EUV/AEUV, Art. 49 AEUV Rn. 17.

feste Einrichtung kann beispielsweise noch keine Integration bedeuten.[1820] Prägend ist dabei das Merkmal der Dauerhaftigkeit.[1821]

Grundsätzlich kann bei der Aufsichtsratstätigkeit von einer dauerhaften Tätigkeit gesprochen werden. Zwar ist sie gem. § 102 Abs. 1 AktG zunächst befristet auf maximal fünf Jahre,[1822] doch ist das Aufsichtsratsmitglied in die Organisationsform des Unternehmens eingebunden. Dies spricht – beispielsweise im Vergleich zum Abschlussprüfer – ebenfalls für eine Integration und nicht nur für eine von außen kommende Dienstleistung. Auch gibt es eine Vielzahl der Aufsichtsratsmitglieder, die sich zur Wiederwahl stellen.[1823]

Des Weiteren kann die Leitung und damit Eingliederung ins Unternehmen nicht dadurch ausgeschlossen werden, dass das Aktiengesetz die Leitung des Unternehmens dem Vorstand übergibt. Wie sämtliche Unionsbegriffe kann auch die Leitung nicht durch eine Legaldefinition im nationalen Gesetz definiert werden. Vielmehr muss der Begriff im Anwendungsbereich der Grundfreiheiten weit ausgelegt werden. Es wurde schon auf die weitgehenden Befugnisse des Aufsichtsrats über die bloße Überwachung hin zur Mitentscheidung bei Strategieentscheidungen, insbesondere Vetorechten, hingewiesen.[1824] Es wird deshalb auch davon gesprochen, dass die Aufsichtsratsmitglieder eine „unternehmergleiche Führungsposition"[1825] inne haben. Somit fallen die Arbeitnehmervertreter im Aufsichtsrat unter die Niederlassungsfreiheit.

2.) Grenzüberschreitender Sachverhalt

Weiter muss wiederum ein grenzüberschreitender Sachverhalt vorliegen.[1826] Problematisch erscheint zunächst, dass sich die Arbeitnehmervertreter im Aufsichtsrat nicht als Aufsichtsratsmitglied in einem anderen Mitgliedstaat niederlassen möchten, sondern lediglich an einer anderen Tätigkeit im Unternehmen gehindert werden. Die Niederlassung als Aufsichtsrat in Deutschland ist jedoch nur dann weiterhin möglich, wenn die Arbeitnehmervertreter keinen Grenzübertritt hinsichtlich einer anderen Tätigkeit vornehmen. Insofern ist der grenzüberschreitende Sachverhalt, insbesondere der Zusammenhang zwischen dem Grenzübertritt und der

1820 *Müller-Graff* in: Streinz, EUV/AEUV, Art. 49 AEUV Rn. 16; *Calliess/Korte*, Dienstleistungsrecht in der EU, § 3 Rn. 46.

1821 *Bröhmer* in: Calliess/Ruffert, EUV/AEUV, Art. 49 AEUV Rn. 12 ff; *Pache* in: Schulze/Zuleeg/Kadelbach, § 10 Rn. 168.

1822 Vgl. das Beispiel bei Habersack in MüKo AktG, § 112 AktG Rn. 7.

1823 Vgl. zur Zulässigkeit *Simons* in: Hölters, AktG, § 102 AktG Rn. 13; *Habersack* in: MüKo AktG, § 102 AktG Rn. 20.

1824 Vgl. dazu in Kapitel 2 B I. 3.).

1825 *Latzel*, Gleichheit in der Unternehmensmitbestimmung, Rn. 177. Zum Begriff allgemein *Schlag in:* Schwarze, EU-Kommentar, Art. 49 AEUV Rn. 24.

1826 *Frenz*, Europarecht I, Rn. 2240; *Schlag* in: Schwarze, EU-Kommentar, Art. 49 AEUV Rn. 42.

Niederlassung, an dieser Stelle überaus kritisch zu sehen. Beispielswiese hat der Gerichtshof eine bloße Wohnsitznahme eines Unternehmers im Unionsausland noch nicht als grenzüberschreitende Niederlassung angesehen.[1827]

Bei ausländischen Unionsbürgern kann der grenzüberschreitende Bezug jedoch darin gesehen werden, dass die Führungsperson und die Gesellschaft zu unterschiedlichen Mitgliedstaaten gehören.[1828] Bei deutschen Arbeitnehmervertretern in einer deutschen Gesellschaft könnte der grenzüberschreitende Bezug nur dadurch vermittelt werden, dass sich Niederlassungen bzw. die Tochtergesellschaften im Ausland befinden.[1829] Diese vage Verknüpfung dürfte meiner Ansicht nachzu weit gefasst sein.[1830] Einerseits legt der Gerichtshof auch das Merkmal des grenzüberschreitenden Sachverhalts weit aus, um den Anwendungsbereich auszudehnen,[1831] anderseits wird diese Verknüpfung des passiven Wahlrechts mit dem Arbeitsverhältnis schon durch die Arbeitnehmerfreizügigkeit geschützt.[1832] Meiner Ansicht nach muss deshalb aufgrund der Trennung von Arbeitsverhältnis und Aufsichtsratsmandat an dieser Stelle schon der grenzüberschreitende Bezug und damit der Anwendungsbereich der Grundfreiheit verneint werden.[1833]

III. Beschränkung

Die Niederlassungsfreiheit war ebenfalls ursprünglich als Diskriminierungsverbot konzipiert.[1834] Doch auch sie wurde im Laufe der Jahre, als Letzte der Grundfreiheiten, vom Gerichtshof zum allgemeinen Beschränkungsverbot fortentwickelt.[1835] Es muss somit überprüft werden, ob eine Beschränkung der Niederlassungsfreiheit durch die Verknüpfung der Aufsichtsratstätigkeit und der inländischen Betriebszugehörigkeit vorliegt.

1827 EuGH, Rs. C-112/91 (Werner) Slg. 1993, I-429 Rn. 16 f.

1828 *Frenz*, Europarecht I, Rn. 2241.

1829 Vgl. zum grenzüberschreitenden Bezug bei internationalen Konzernen *Frenz*, Europarecht I, Rn. 2244.

1830 Vgl. zu einer ähnlichen Konstellation aber *Frenz*, Europarecht I, Rn. 2252.

1831 Vgl. dazu in Kapitel 4 B. II. c.) bb.).

1832 Vgl. dazu in diesem Kapitel unter B. I. b.) aa.).

1833 Anders aufgrund fehlender Diffenzierung zwischen Arbeitnehmereigenschaft und Aufsichtsratstätigkeit EuGH, Rs. C-566/15 (Erzberger), Celex-Nr. 62015CJ0566. Vgl. dazu in Kapitel 8 unter B. II.

1834 EuGH, Rs. 2/74 (Reyners) Slg. 1974, 631 Rn. 15 ff.; zur Diskriminierung im Rahmen der Niederlassungsfreiheit beispielsweise *Müller-Graff* in: Streinz, EUV/AEUV, Art. 49 AEUV Rn. 40 ff.

1835 EuGH, Rs. C-19/92 (Kraus) Slg 1993, I-1663 Rn. 32; EuGH, Rs. C-55/94 (Gebhard) Slg. 1995, I-4165 Rn. 37; *Forsthoff* in: Grabitz/Hilf/Nettesheim, Das Recht der EU, Art. 49 AEUV Rn. 88. Zum Verlauf der Rechtsprechungsentwicklung *Schlag* in: Schwarze, EU-Kommentar, Art. 49 AEUV Rn. 45 ff.; *Müller-Graff* in: Streinz, EUV/AEUV, Art. 49 AEUV Rn. 39; *Bröhmer* in: Calliess/Ruffert, EUV/AEUV, Art. 49 AEUV Rn. 23 ff.

1.) Prüfung

Unternehmensangehörige Arbeitnehmervertreter müssen ein Arbeitsverhältnis mit dem jeweiligen Unternehmen haben, was nach allgemeiner Meinung mit der Arbeitnehmereigenschaft nach § 3 MitbestG gleichzusetzen ist.[1836] Dies beinhaltet somit die Zuordnung zu einem inländischen Betrieb.[1837] Hierin wird nun zum Teil eine Beschränkung der Niederlassungsfreiheit der Arbeitnehmervertreter im Aufsichtsrat gesehen. Zunächst kann, wie bei der Arbeitnehmerfreizügigkeit, argumentiert werden, dass die Regelungen weiterhin nicht zu indirekt wirken oder von einem ungewissen Ereignis abhängen.[1838] Wechselt der Aufsichtsrat in einen ausländischen Betrieb erlischt sein Mandat automatisch.[1839]

Problematisch ist wiederum die Beschränkung des Zugangs zu einem anderen Mitgliedstaat. Zwar wird der Zugang zum Aufsichtsrat durch den Wechsel ins Ausland zunächst unmittelbar und vollständig verbaut. Doch ist damit nicht die Niederlassung in einem anderen Mitgliedstaat gemeint, sondern die Anstellung als Arbeitnehmer. In seiner Eigenschaft als Aufsichtsrat möchte sich der Arbeitnehmervertreter in keinem anderen Mitgliedstaat niederlassen. Somit kann hierin keine Beschränkung der Niederlassungsfreiheit gesehen werden.

2.) Kontrollüberlegung

Allerdings muss an dieser Stelle hinterfragt werden, ob es mit den Grundfreiheiten vereinbar ist, dass die Verknüpfung der inländischen Arbeitnehmerschaft und des Aufsichtsratsmandats nun weder von der Arbeitnehmerfreizügigkeit noch von der Niederlassungsfreiheit beanstandet wird. Bei der Arbeitnehmerfreizügigkeit wurde gesagt, dass nur die beschränkende Wirkung durch den Verlust des Wahlrechts beachtet werden kann, da der Verlust der Mitgliedschaft im Aufsichtsrat nicht in den Anwendungsbereich fällt. Im Rahmen der Niederlassungsfreiheit wird wiederum die Verknüpfung nicht berücksichtigt, weil der Aufsichtsrat sich nicht in einem anderen Mitgliedstaat niederlassen möchte. Allerdings sollen die Personenverkehrsfreiheiten die umfassende Mobilität der Personen im europäischen Binnenmarkt sichern.[1840]

Die Zugehörigkeit zu einem inländischen Betrieb als Zugangsberechtigung für Arbeitnehmervertreter im Aufsichtsrat wurde dabei jedoch schon umfassend und hinreichend im Rahmen der Arbeitnehmerfreizügigkeit gewürdigt. Im Ausland arbeitende Arbeitnehmer werden durch diese Regelung diskriminiert, im Inland

---

1836 *Henssler* in: Ulmer/Habersack/ders., Mitbestimmungsrecht, § 6 MitbestG Rn. 35; *Wißmann* in: ders./Kleinsorge/Schubert, Mitbestimmungsrecht, § 7 MitbestG Rn. 28.

1837 Vgl. dazu in Kapitel 3 C. II.

1838 Vgl. dazu ausführlich in diesem Kapitel unter B. II. 1.) a.).

1839 Vgl. *Raiser/Jacobs* in: dies./Veil, MitbestG/DrittelbG, § 7 MitbestG Rn. 9 f.

1840 Vgl. dazu in diesem Kapitel unter A. I. 1.).

arbeitende Aufsichtsratsmitglieder jedoch nicht in ihrer Tätigkeit beschränkt.[1841] Teilweise wird deshalb auch von einer „Konsumtion durch die Arbeitnehmerfreizügigkeit"[1842] gesprochen. Insgesamt ist somit eine umfassende Kontrolle durch die Grundfreiheiten gewährleistet.

IV. Ergebnis

Die unternehmensangehörigen Arbeitnehmervertreter werden somit nicht in ihrer Niederlassungsfreiheit beschränkt. Meiner Ansicht nach liegt schon kein grenzüberschreitender Sachverhalt vor, weil zumindest bei deutschen Aufsichtsratsmitgliedern in deutschen Gesellschaften kein solcher grenzüberschreitender Bezug vorhanden scheint und eine Verknüpfung zur Arbeitnehmerstellung gerade nicht vorhanden ist. Unabhängig davon liegt jedoch zumindest keine Diskriminierung aufgrund der Staatsangehörigkeit oder Beschränkung des Zugangs zur Tätigkeit als Aufsichtsratsmitglied vor. Insbesondere beschränkt die Verknüpfung der Betriebszugehörigkeit der unternehmensangehörigen Arbeitnehmervertreter die Tätigkeit als Aufsichtsratsmitglied nicht. Der Zugang wird aufgrund dieser speziellen Verknüpfungsform schon durch die Arbeitnehmerfreizügigkeit geschützt.

1841 *Latzel*, Gleichheit in der Unternehmensmitbestimmung, Rn. 181.
1842 *Latzel*, Gleichheit in der Unternehmensmitbestimmung, Vor Rn. 181.

Kapitel 6: Unionsrechtskonformität aus Sicht der Unternehmen und des Kapitals

In diesem Kapitel wird die andere Seite der Medaille betrachtet. Hier stehen nicht die Arbeitnehmer, sondern die Unternehmen und deren Gesellschafter im Vordergrund. Zum einen kommt eine Beeinträchtigung der Unternehmen selbst in Betracht. Diese könnten durch das Zusammenspiel der Nichteinbeziehung im Ausland arbeitender Arbeitnehmer in die deutsche Unternehmensmitbestimmungund der Zustimmungsvorbehalte im Aufsichtsrat bei Standortverlagerungen beschränkt werden. Zum anderen wird im Schrifttum immer wieder eine Beschränkung ausländischer Investoren durch die inländischen Arbeitnehmervertreter angesprochen. Als Beispiel aus der Finanz- und Wirtschaftskrise können die Aussagen und Sanierungsschritte in der ‚Opel-Rettung' dienen: Zunächst wurde die Sicherung der deutschen Standorte proklamiert und sodann das Werk in Antwerpen geschlossen.[1843] Im Folgenden muss deshalb näher untersucht werden, ob der beschriebene Mechanismus gegen die Niederlassungs- oder Kapitalverkehrsfreiheit verstößt.

A. Unternehmensverlagerungen

Die Vereinbarkeit der Unternehmensmitbestimmung mit der Niederlassungsfreiheit gem. Art. 49 AEUV muss nicht nur im Hinblick auf die einzelnen Aufsichtsratsmitglieder, sondern auch aus Sicht der Unternehmen geprüft werden. Diese dürfen sich ebenfalls innerhalb des Binnenmarkts der Union frei bewegen.[1844] Die Tatsache, dass nur in Deutschland arbeitende Arbeitnehmer im Aufsichtsrat repräsentiert sind, könnte eine Beschränkung dieser Freiheit darstellen. Der Aufsichtsrat einer Gesellschaft muss bei einer Verlagerung eines Standorts gem. Art. 111 Abs. 4 S. 2 AktG häufig seine Zustimmung erteilen.[1845] Da im Aufsichtsrat nur in Deutschland arbeitende Arbeitnehmer sitzen, wird angenommen, dass bei diesen Aufsichtsratsmitgliedern mit einem grundsätzlichen ‚Nein' zu Standortverlagerungen ins europäische Ausland zu rechnen ist.[1846] Ob ein solches potentielles Abstimmungsverhalten jedoch als Beschränkung der Niederlassungsfreiheit anzusehen ist, wird im Folgenden geprüft.

1843 Vgl. unter www.wiwo.de/unternehmen-maerkte/gm-will-alle-standorte-in-deutschland-erhalten-415102/ (27.02.2013). Wobei hier keine Wertung enthalten ist, ob dies aus Unternehmenssicht auch ohne Unternehmensmitbestimmung sinnvoll gewesen wäre.

1844 Vgl. dazu in Kapitel 5 C. I.

1845 Vgl. zur präventiven Überwachung in Kapitel 2 B. 3.).

1846 *Hellwig/Behme*, AG 2009, S. 261 (270).

I. Unternehmen im Binnenmarkt

Die Niederlassungsfreiheit garantiert den Unternehmen eine freie Standortwahl, weil hierdurch eine wirtschaftliche Verflechtung der Mitgliedstaaten gefördert wird.[1847] Auch sie zählt zu den fundamentalen Grundsätzen der Union. Durch diese können Personen innerhalb des Binnenmarkts unternehmerisch tätig werden.[1848] Die Entscheidung, an welchem Ort eine Niederlassung erfolgt, soll allein von ökonomischen Faktoren geleitet werden.[1849] Interessant ist an dieser Grundfreiheit, dass sie sowohl eine Personenverkehrsfreiheit darstellt als auch starke Bezüge zur Kapitalverkehrsfreiheit hat. Denn bei jeder Unternehmensverlagerung wird auch Kapital grenzüberschreitend tätig.

Während in Art. 49 Abs. 1 AEUV das Beschränkungsverbot geregelt ist, wird in Art. 49 Abs. 2 AEUV eine unvollständige Definition der Niederlassung mit Beispielsfällen gegeben.[1850] Die Niederlassungsfreiheit umfasst sowohl die Gründung und Verlagerung einer unternehmerischen Tätigkeit als auch die Gründung von Tochtergesellschaften oder Niederlassungen.[1851] Es wird dabei auch von einer Voll- und Teilintegration in die entsprechenden Märkte gesprochen.[1852] Die Voraussetzungen hierfür weichen jedoch teilweise voneinander ab.[1853]

Auch wenn sekundäres Unionsrecht an dieser Stelle wünschenswert wäre, wurde der Bereich der grenzüberschreitenden Unternehmensverlagerung bisher nur rudimentär geregelt.[1854] Die Sitzverlegungsrichtlinie lässt noch auf sich warten[1855] und die Zweigniederlassungsrichtlinie regelt nur Publizitätsanforderungen,[1856] welche an dieser Stelle nicht von Bedeutung sind. Allerdings kommt die Richtlinie 2006/123/EG (Dienstleistungsrichtlinie)[1857] in Betracht, da diese Anforderungen im Bereich der Niederlassungsfreiheit enthält. Insbesondere deren Artikel 9 bis 15 stellen eine sekundärrechtliche Bestätigung der bisherigen Rechtsprechung zur Niederlassungsfreiheit dar.[1858]

1847 *Pache* in: Schulze/Zuleeg/Kadelbach, Europarecht, § 10 Rn. 166; *Müller-Graff* in: Streinz, EUV/AEUV, Art. 49 AEUV Rn. 5.

1848 *Brechmann* in: Calliess/Ruffert, EUV/AEUV, Art. 49 AEUV Rn. 1.; *Schlag* in: Schwarze, EU-Kommentar, Art. 49 AEUV Rn. 2.

1849 *Tietje* in: Ehlers, Grundrechte und Grundfreiheiten, § 10 Rn. 2; *Müller-Graff* in: Streinz, EUV/AEUV, Art. 49 AEUV Rn. 5.

1850 *Forsthoff* in: Grabitz/Hilf/Nettesheim, Recht der EU, Art. 49 AEUV Rn. 6 f.

1851 *Schlag* in: Schwarze, EU-Kommentar, Art. 49 AEUV Rn. 2.

1852 *Pache* in: Schulze/Zuleeg/Kadelbach, Europarecht, § 10 Rn. 166.

1853 *Roth* in: Dauses, EU-Wirtschaftsrecht, Kapitel E. I. Rn. 53 f.

1854 Vgl. dazu in Kapitel 3 B. II. 3.), 5.).

1855 Vgl. dazu in Kapitel 3 B. II. 4.).

1856 *Grundmann*, Europäisches Gesellschaftsrecht, Rn. 815 ff.

1857 Richtlinie 2006/123/EG des Europäischen Parlaments und des Rates vom 12. Dezember 2006 über Dienstleistungen im Binnenmarkt, ABl. 2006 Nr. L 376/36.

1858 *Müller-Graff* in: Streinz, EUV/AEUV, Art. 49 AEUV Rn. 7.

Diese Richtlinie regelt zum einen gem. Art. 9 ff. DienstleistungsRL den zulässigen Rahmen für Genehmigungen einer Niederlassung. Bei den Zustimmungsvorbehalten im Aufsichtsrat handelt es sich jedoch nicht um Genehmigungen eines Mitgliedstaats. Es könnten jedoch besondere Anforderungen gem. Art. 14 f. DienstleistungsRL einschlägig sein. Diese werden in Art. 4 Nr. 7 DienstleistungsRL näher definiert als: „alle Auflagen, Verbote, Bedingungen oder Beschränkungen, die in den Rechts- oder Verwaltungsvorschriften der Mitgliedstaaten festgelegt sind [...]". Der Zustimmungsvorbehalt im Aufsichtsrat könnte somit eine ‚Anforderung' darstellen. Allerdings sind keine der Alternativen in Art. 14 DienstleistungsRL gegeben, insbesondere auch nicht Art. 14 Nr. 3 DienstleistungsRL, welcher von Beschränkungen der Wahlfreiheit zwischen Haupt- und Zweigniederlassungen spricht.

Auch wenn die Dienstleistungsrichtlinie nicht einschlägig ist, gilt der Grundsatz, dass das Sekundärecht nicht den Inhalt des Primärrechts bestimmen kann,[1859] sodass die primärrechtliche Niederlassungsfreiheit weiterhin zu prüfen ist.[1860] Die Richtlinie stellt gerade keine abschließende Regelung dar.

II. Anwendungsbereich der Niederlassungsfreiheit

Die Niederlassungsfreiheit berechtigt Personen, eine dauerhafte selbständige Tätigkeit zu denselben Bedingungen wie Inländer auszuüben. Im Unterschied zum vorangegangenen Kapitel muss in diesem Zusammenhang vor allem dargestellt werden, inwieweit auch Gesellschaften in den persönlichen Anwendungsbereich der Niederlassungsfreiheit einbezogen sind. Während im räumlichen Anwendungsbereich keine Besonderheiten zu beachten sind,[1861] müssen im sachlichen Anwendungsbereich sowohl die Niederlassung in einem anderen Mitgliedstaat, die sekundäre Niederlassungsfreiheit als auch der grenzüberschreitende Bezug des Sachverhalts erörtert werden.

1.) Anwendbarkeit auf Gesellschaften

In den Schutzbereich der Niederlassungsfreiheit fallen gem. Art. 49 Abs. 1 AEUV die Gesellschafter, die Gesellschaft sowie die Leitung der Gesellschaft. In diesem Anwendungsfall handelt es sich jedoch nicht um natürliche Personen, sondern um die Gesellschaft selbst, die sich auf eine Grundfreiheit berufen möchte. Gerade die Niederlassungsfreiheit gilt gem. Art. 54 Abs. 1 AEUV umfassend auch für Gesellschaften.[1862] Dabei muss es sich jedoch bei den Gesellschaftsformen, die unter

---

1859 *Müller-Graff* in: Streinz, EUV/AEUV, Art. 49 AEUV Rn. 20. Vgl. dazu allgemein in Kapitel 4 B. II. 1.) c.) aa.).

1860 *Frenz*, Europarecht I, Rn. 2196; *Müller-Graff* in: Streinz, EUV/AEUV, Art. 49 AEUV Rn. 83.

1861 *Brechmann* in: Calliess/Ruffert, EUV/AEUV, Art. 49 AEUV Rn. 7; *Tietje* in: Ehlers, Grundrechte und Grundfreiheiten, § 10 Rn. 13 f.

1862 *Müller-Graff* in: Streinz, EUV/AEUV, Art. 49 AEUV Rn. 29; *Bröhmer* in: Calliess/Ruffert, EUV/AEUV, Art. 49 AEUV Rn. 8; *Teichmann*, ZGR 2011, S. 639 (658 ff.).

die Mitbestimmungsgesetze fallen, um Gesellschaften im Sinne des Art. 54 AEUV handeln.

Der Unionsbegriff der Gesellschaft ist weit zu verstehen[1863] und umfasst gem. Art. 54 Abs. 2 AEUV sämtliche „Gesellschaften des bürgerlichen Rechts und des Handelsrechts einschließlich der Genossenschaften und die sonstigen juristischen Personen des öffentlichen und privaten Rechts mit Ausnahme derjenigen, die keinen Erwerbszweck verfolgen." Insbesondere der Erwerbszweck gilt als Klammer für die verschiedenen Formen von Gesellschaften.[1864] Dabei fallen sämtliche Gesellschaften der Unternehmensmitbestimmungsgesetze[1865] unproblematisch unter den Unionsbegriff der Gesellschaft.[1866]

Als weitere Voraussetzungen für die Anwendung der Niederlassungsfreiheit muss die Gesellschaft gem. Art. 54 AEUV sowohl nach den Rechtsvorschriften eines Mitgliedstaats gegründet worden sein als auch entweder den Satzungssitz, die Hauptniederlassung oder die Hauptverwaltung in einem Mitgliedstaat haben.[1867] Hierdurch wird sichergestellt, dass die Gesellschaft eine Verbindung zur Europäischen Union vorweist.[1868] Da den Unternehmensmitbestimmungsgesetzen nur nach deutschem Recht wirksam gegründete Gesellschaften unterfallen,[1869] sind diese gem. Art. 54 Abs. 1 AEUV wirksam gegründet. Außerdem haben diese Gesellschaften zwingend den Satzungssitz im Inland. Deshalb spielt es keine Rolle, dass die GmbH und die Aktiengesellschaft ihre Hauptverwaltung und Hauptniederlassung auch außerhalb der Europäischen Union haben können.[1870]

Sind die beiden gerade aufgezeigten Voraussetzungen gegeben, stellt Art. 54 Abs. 1 AEUV diese Gesellschaften den natürlichen Personen gleich.[1871] Somit erhalten sie die gleichen Rechte und Pflichten und können sich auf die Niederlassungsfreiheit berufen.

2.) Standortverlagerung als Niederlassung

Für die Eröffnung des sachlichen Anwendungsbereichs muss die Gesellschaft eine dauerhafte, selbständige Erwerbstätigkeit in einem anderen Mitgliedstaat als dem

---

1863 *Forsthoff* in: Grabitz/Hilf/Nettesheim, EUV/AEUV, Art. 54 AEUV Rn. 3; *Teichmann*, ZGR 2011, S. 639 (659).

1864 *Bröhmer* in: Calliess/Ruffert, EUV/AEUV, Art. 49 AEUV Rn. 2; *Forsthoff* in: Grabitz/Hilf/Nettesheim, EUV/AEUV, Art. 54 AEUV Rn. 4 ff.; *Frenz*, Europarecht I, Rn. 2290; *Teichmann*, ZGR 2011, S. 639 (660 f.).

1865 Vgl. zu diesen in Kapitel 2 C. I. 1.) a.).

1866 *Jung* in: Schwarze, EU-Kommentar, Art. 54 AEUV Rn. 3.

1867 *Forsthoff* in: Grabitz/Hilf/Nettesheim, EUV/AEUV, Art. 54 AEUV Rn. 9 ff.

1868 *Bröhmer* in: Calliess/Ruffert, EUV/AEUV, Art. 49 AEUV Rn. 5. Ausführlich dazu *Teichmann*, ZGR 2011, S. 639 (661 ff.).

1869 Vgl. dazu in Kapitel 3 C. I. 2.) c.).

1870 Vgl. seit dem MoMiG dazu auch Kapitel 3 C. II. 1.) a.) bb.) (2) sowie Kapitel 5 A. IV. 2.) e.) bb.).

1871 *Forsthoff* in: Grabitz/Hilf/Nettesheim, EUV/AEUV, Art. 54 AEUV Rn. 19 f.; ausführlich *Teichmann* in: FS Hommelhoff, S. 1213 (1215 ff.).

Herkunftsstaat ausüben.[1872] Die Niederlassungsfreiheit wird vom Gerichtshof wiederum weit ausgelegt.[1873] Das Merkmal der Dauerhaftigkeit grenzt die Niederlassungsfreiheit zur Dienstleistungsfreiheit gem. Art. 56 AEUV ab.[1874] Für die vorliegende Frage, ob das Abstimmungsverhalten der Arbeitnehmer im Aufsichtsrat zu einer ‚Quasiblockade' führen würde, ist eine solche Niederlassung vorhanden. Es handelt sich um Standortverlagerungen, die sowohl eine gewisse Dauer und Kontinuität haben als auch eine feste Einrichtung im anderen Mitgliedstaat umfassen sollen.[1875]

Allerdings muss an dieser Stelle die Niederlassungsfreiheit auch zur Kapitalverkehrsfreiheit abgegrenzt werden. Zwar lässt sich die Gesellschaft zunächst in einem anderen Mitgliedstaat durch die Standortverlagerung nieder, dadurch kommt es aber auch zwangsweise zu einer Kapitalverschiebung.[1876]

a.) Direktinvestition als Kapitalverkehr

Der Gerichtshof konkretisiert die primärrechtliche Kapitalverkehrsfreiheit anhand sekundärer Rechtsakte der Union.[1877] Zur Konkretisierung verwendet der Gerichtshof insbesondere die Durchführungsrichtlinie 88/361/EWG.[1878] Teilweise wird die Anwendung dieser Richtlinie in der Literatur kritisiert, weil sie noch aufgrund der Art. 69, 70 Abs. 1 EWGV erlassen wurde.[1879] Eine Richtlinie, die keine Rechtsgrundlage habe, hänge nur noch im Raum und könne somit keinerlei Rechtswirkungen entfalten.[1880] Allerdings ist andererseits keine ausdrückliche Aufhebung dieser Richtlinie erfolgt.[1881] Es wird angenommen, dass das Sekundärrecht auch über die Geltung der einzelnen Fassungen der primärrechtlichen Verträge hinaus gilt.[1882] Da das Sekundärrecht sowieso nur Auslegungshilfe sein kann,[1883] ist dies an dieser

---

1872 *Forsthoff* in: Grabitz/Hilf/Nettesheim, EUV/AEUV, Art. 54 AEUV Rn. 16; *Schlag* in: Schwarze, EU-Kommentar, Art. 49 AEUV Rn. 15; *Frenz*, Europarecht I, Rn. 2199.

1873 EuGH, Rs. C-470/04 (Amelo) Slg. 2006, I-7409 Rn. 26.

1874 *Schlag* in: Schwarze, EU-Kommentar, Art. 49 AEUV Rn. 15.

1875 Zu den Merkmalen ausführlich *Forsthoff* in: Grabitz/Hilf/Nettesheim, EUV/AEUV, Art. 54 AEUV Rn. 17 ff.; *Schlag* in: Schwarze, EU-Kommentar, Art. 49 AEUV Rn. 16 ff.; *Frenz*, Europarecht I, Rn. 2200 ff.

1876 *Frenz*, Europarecht I, Rn. 2146.

1877 *Sedlaczek/Züger* in: Streinz, EUV/AEUV, Art. 63 AEUV Rn. 18

1878 Richtlinie 88/361/EWG des Rates vom 24. Juni 1988 zur Durchführung von Artikel 67 des Vertrages, ABl. 1988 Nr. L 178/5, Anhang I, vor Rubrik I. EuGH, Rs. C-256/06 (Jäger), Slg 2008, I-123 Rn. 24; *Sedlaczek/Züger* in: Streinz, EUV/AEUV, Art. 63 AEUV Rn. 18

1879 Diese Regelungskompetenz ist in den neuen Verträgen in dieser Form nicht mehr vorhanden. Vgl. *Honrath*, Umfang der Freiheit des Kapitalverkehrs, S. 24.

1880 *Honrath*, Umfang der Freiheit des Kapitalverkehrs, S. 24 f.

1881 *Ohler*, WM 1996, S. 1801 (1801).

1882 *Ohler*, Europäische Kapital- und Zahlungsverkehrsfreiheit, Art. 56 Rn. 19; *Kleinschmit*, VW-Gesetz und Kapitalverkehrsfreiheit, S. 43.

1883 *Bröhmer* in Calliess/Ruffert, EUV/AEUV, Art. 63 AEUV Rn. 12.

Stelle nicht weiter problematisch.[1884] Der Gerichtshof wendet die Richtlinie deshalb weiterhin als Auslegungshilfe mit „Hinweischarakter"[1885] an, sodass sowohl aufgrund der vorstehenden Argumente als auch der Rechtswirklichkeit im Folgenden von der Anwendbarkeit der Richtlinie ausgegangen werden kann.[1886]

Die Richtlinie 88/361/EWG listet in der Nomenklatur ihres Anhangs I verschiedene Investitionsarten als Kapitalverkehr auf. Dabei werden in Nr. I insbesondere Direktinvestitionen als Kapitalverkehr aufgezählt. Bei Direktinvestitionen handelt es sich danach erstens um die „Gründung und Erweiterung von Zweigniederlassungen oder neuen Unternehmen, die ausschließlich dem Geldgeber gehören" und zweitens um eine „vollständige Übernahme bestehender Unternehmen sowie die Beteiligung an neuen oder bereits bestehenden Unternehmen zur Schaffung oder Aufrechterhaltung dauerhafter Wirtschaftsbeziehungen". Hiermit sind also Investitionen gemeint, die nicht vornehmlich zur Renditeerzielung getätigt werden, sondern auch Mitspracherechte in Unternehmen sichern sollen.[1887] Eine Verlagerung oder Gründung von Standorten fällt demnach in die Nomenklatur des Anhang I.

b.) Abgrenzung der beiden Freiheiten

Nach den bisherigen Ausführungen fällt die Gründung oder Verlagerung von Niederlassungen oder Tochtergesellschaften sowohl in den Anwendungsbereich der Niederlassungsfreiheit als auch in Form einer Direktinvestition in den der Kapitalverkehrsfreiheit. Der enge Bezug der beiden Grundfreiheiten wird auch durch die Vorbehaltsklauseln in Art. 49 Abs. 2 AEUV bzw. Art. 65 Abs. 2 AEUV nochmals deutlich,[1888] wobei diese keine Aussagen zum Rangverhältnis machen.[1889] Gerade die Abgrenzung zur Kapitalverkehrsfreiheit ist von erheblicher Bedeutung, weil der persönliche Anwendungsbereich bei der Kapitalverkehrsfreiheit deutlich erweitert ist.[1890]

Grundsätzlich wurde festgestellt, dass die Grundfreiheiten gleichrangig nebeneinander anwendbar sind.[1891] Hat die Maßnahme jedoch einen Schwerpunkt, entscheidet dieser über die anzuwendende Freiheit.[1892] Liegt eine Kontrollbeteiligung vor, wird allgemein ein Schwerpunkt zugunsten der Niederlassungsfreiheit

1884 *Kömpf*, Staatseinfluss auf VW, Fn. 1087.

1885 Ständige Rechtsprechung EuGH, Rs. C-503/99 (Goldene Aktien Belgien) Slg. 2002, I-4809 Rn. 37; EuGH, Rs. C-256/06 (Jäger) Slg 2008, I-123 Rn. 24.

1886 *Sedlaczek/Züger* in: Streinz, EUV/AEUV, Art. 63 AEUV Rn. 18.

1887 *Kömpf*, Staatseinfluss auf VW, S. 206.

1888 *Kleinschmit*, VW-Gesetz und Kapitalverkehrsfreiheit, S. 49.

1889 *Glaesner* in: Schwarze, EU-Kommentar, Art. 63 AEUV Rn. 11; *Sedlaczek/Züger* in: Streinz, EUV/AEUV, Art. 63 AEUV Rn. 32.

1890 Vgl. dazu ausführlich in diesem Kapitel unter B. II. 3.).

1891 Vgl. dazu in Kapitel 4 B. II. 1.) c.) cc.) (1).

1892 Vgl. dazu in Kapitel 4 B. II. 1.) c.) cc.) (2), speziell zur Niederlassungsfreiheit und Kapitalverkehrsfreiheit *Germelmann*, EuZW 2008, S. 565 (600).

angenommen, da dann nicht nur Kapital, sondern quasi das Unternehmen die Grenze überquert.[1893] Dies ist der Fall, wenn ein „sicherer Einfluss“[1894] auf die Gesellschaft vorhanden ist. Angenommen wurde ein solcher beispielsweise bei einer Beteiligung von 25 Prozent,[1895] allerdings muss hierbei immer der Einzelfall betrachtet werden.[1896] Im vorliegenden Fall einer Niederlassung in einem anderen Mitgliedstaat kann die Kapitalverschiebung als bloße Notwendigkeit und deshalb als ‚völlig zweitrangig‘ angesehen werden.[1897] Der Schwerpunkt der unternehmerischen Entscheidung liegt in der Niederlassung in einem anderen Mitgliedstaat. Insofern ist nach der Schwerpunkttheorie des Gerichtshofs hier nur die Niederlassungsfreiheit einschlägig.

3.) Ansässigkeitserfordernis

Zu unterscheiden ist innerhalb des Art. 49 Abs. 1 AEUV außerdem die primäre und die sekundäre Niederlassungsfreiheit. Die primäre Niederlassungsfreiheit schützt gem. Art. 49 Abs. 1 S. 1 AEUV die Sitznahme oder Sitzverlegung einer Gesellschaft in einem anderen Mitgliedstaat.[1898] Die sekundäre Niederlassungsfreiheit umfasst gem. Art. 49 Abs. 1 S. 2 AEUV die Gründung von Agenturen, Zweigniederlassungen und Tochtergesellschaften.[1899] Im zweiten Fall bleibt der Schwerpunkt der unternehmerischen Tätigkeit der Gesellschaft im bisherigen Heimatstaat. Sie übt die Niederlassungsfreiheit durch Gründungen von selbständigen Tochtergesellschaften oder unselbständigen Niederlassungen in anderen Mitgliedstaaten aus.[1900] Der Gewährleistungsgehalt der primären und sekundären Niederlassungsfreiheit ist jedoch deckungsgleich.[1901] Einziger Unterschied besteht darin, dass eine Person, die ihre sekundäre Niederlassungsfreiheit ausüben möchte, in einem Mitgliedstaat ansässig sein muss.[1902] Gesellschaften sind dann

---

1893 *Sedlaczek/Züger* in: Streinz, EUV/AEUV, Art. 63 AEUV Rn. 34; *Ress/Ukrow* in: Grabitz/Hilf/Nettesheim, Recht der EU, Art. 63 AEUV Rn. 229 f.; *Haslehner*, IStR 2008, S. 565 (574 f.).

1894 EuGH, Rs. C-326/07 (Goldene Aktien Italien) Slg. 2009, I-2291, Rn. 34; EuGH, Rs. C-282/07 (Truck Center) Slg. 2008, I-10767 Rn. 25.

1895 EuGH, Rs. C-492/04 (Lasertec) Slg. 2007, I-3775 Rn. 21.

1896 *Ress/Ukrow* in: Grabitz/Hilf/Nettesheim, Recht der EU, Art. 63 AEUV Rn. 231.

1897 *Frenz*, Europarecht I, Rn. 2146; *Sedlaczek/Züger* in: Streinz, EUV/AEUV, Art. 63 AEUV Rn. 34; *Bröhmer* in: Calliess/Ruffert, EUV/AEUV, Art. 63 AEUV Rn. 29.

1898 *Schlag* in: Schwarze, EU-Kommentar, Art. 49 AEUV Rn. 19.

1899 *Schlag* in: Schwarze, EU-Kommentar, Art. 49 AEUV Rn. 20; *Forsthoff* in: Grabitz/Hilf/Nettesheim, Recht der EU, Art. 54 AEUV Rn. 55.

1900 *Schlag* in: Schwarze, EU-Kommentar, Art. 49 AEUV Rn. 20; *Jung in: Schwarze,* EU-Kommentar, Art. 54 AEUV Rn. 17; *Frenz*, Europarecht I, Rn. 2235.

1901 *Forsthoff* in: Grabitz/Hilf/Nettesheim, Das Recht der EU, Art. 49 AEUV Rn. 53. Vgl. Einteilung näher *Kieninger*, ZGR 1999, S. 724 (729 ff.).

1902 *Forsthoff* in: Grabitz/Hilf/Nettesheim, Das Recht der EU, Art. 49 AEUV Rn. 54 f.; *Schlag* in: Schwarze, EU-Kommentar, Art. 49 AEUV Rn. 29; *Frenz*, Europarecht I, Rn. 2300.

in der Union ansässig, wenn sie ihre Hauptniederlassung bzw. Hauptverwaltung in einem Mitgliedstaat haben.[1903]

Die Gesellschaft muss somit, sofern es sich bei den Standortverlagerungen um die sekundäre Niederlassungsfreiheit handelt, auch in einem Mitgliedstaat ansässig sein. Die meisten mitbestimmten Gesellschaften haben ihren Verwaltungssitz in Deutschland. Von den Gesellschaften mit ausländischem Verwaltungssitz dürften fast alle lediglich innerhalb der Mitgliedstaaten der Union umgezogen sein. Nur die Gesellschaften, die ihre Hauptniederlassung tatsächlich außerhalb der Union haben, sind demnach nicht in den Anwendungsbereich der Niederlassungsfreiheit einbezogen.

4.) Grenzüberschreitender Bezug

Eine Gesellschaft möchte ihren Hauptstandort, einzelne Niederlassungen bzw. Tochtergesellschaften verlegen oder in einem anderen Mitgliedstaat gründen.[1904] Dies bedeutet, dass sich die Gesellschaft in die Volkswirtschaft des anderen Mitgliedstaats integrieren möchte, sodass ein typischer Fall des grenzüberschreitenden Bezugs vorliegt.[1905] Unbeachtlich ist, dass es sich dabei um eine inländische Gesellschaft handelt. Die Inländergleichbehandlung ist an dieser Stelle nicht einschlägig, weil es sich um den Spezialfall der Wegzugsfreiheit handelt.[1906] Für einen solchen Wegzug reichen konkrete Planungen aus.[1907] Solche Planungen sind im Falle einer Abstimmung im Aufsichtsrat auf jeden Fall gegeben. Die Abstimmung im Aufsichtsrat erfolgt im Rahmen eines Zustimmungsvorbehalts. Das operative Geschäft liegt beim Vorstand oder der Geschäftsführung und ist bei Vorlage im Aufsichtsrat zumeist schon weit fortgeschritten.[1908]

III. Beschränkung

Weiter muss die Tatsache, dass nur die im Inland arbeitenden Arbeitnehmer im Aufsichtsrat vertreten sind, eine Beschränkung darstellen. Dabei gilt die Ausweitung

1903 *Tietje* in: Ehlers, Grundrechte und Grundfreiheiten, § 10 Rn. 35; *Forsthoff* in: Grabitz/Hilf/Nettesheim, Das Recht der EU, Art. 49 AEUV Rn. 58; *Roth* in: Dauses, EU-Wirtschaftsrecht, Kapitel E. I. Rn. 74 f.

1904 Vgl. Dazu schon EuGH, Rs. C-212/97 (Centros) Slg. 1999, I-1459 Rn. 17. Vgl. dazu *Teichmann* in: FS Hommelhoff, S. 1213 (1215 f.).

1905 *Schlag* in: Schwarze, EU-Kommentar, Art. 49 AEUV Rn. 42; *Frenz*, Europarecht I, Rn. 2242.

1906 *Schlag* in: Schwarze, EU-Kommentar, Art. 49 AEUV Rn. 44; *Frenz*, Europarecht I, Rn. 2256; *Roth* in: Dauses, EU-Wirtschaftsrecht, Kapitel E. I. Rn. 89; ausführlich *Jung* in: Schwarze, EU-Kommentar, Art. 54 AEUV Rn. 40 ff.; *Bock*, Mitbestimmung und Niederlassungsfreiheit, S. 100 ff. Ausführlich zur Wegzugsfreiheit *Teichmann* in: FS Hommelhoff, S. 1213 (1229 ff.)

1907 *Frenz*, Europarecht I, Rn. 2259.

1908 Vgl. dazu in Kapitel 2 B. I. 3.) b.), II. 3.) b.).

der Niederlassungsfreiheit zum Beschränkungsverbot auch für Gesellschaften.[1909] Ein solches liegt vor, wenn eine staatliche Maßnahme die Niederlassungsfreiheit behindert oder weniger attraktiv macht.[1910] Der Aufsichtsrat wird zur Hälfte mit Vertretern der Arbeitnehmer besetzt. Dieser muss bei Gesellschaften häufig bei Standortverlagerungen gem. Art. 111 Abs. 4 S. 2 AktG seine Zustimmung erteilen. Deshalb sieht ein Teil der Literatur darin eine Beschränkung der Niederlassungsfreiheit, weil die in Deutschland arbeitenden Arbeitnehmer, den Standortverlagerungen grundsätzlich nicht zustimmen würden.[1911] Somit könnte hier durch die Nichteinbeziehung im Ausland arbeitender Arbeitnehmer in die deutsche Unternehmensmitbestimmung eine Behinderung der Niederlassungsfreiheit vorliegen.

Allerdings müssen auch an dieser Stelle die Einschränkungen des Beschränkungsbegriffs beachtet werden. Zum einen wird deshalb nun genauer untersucht, ob das generelle ‚Nein' der Arbeitnehmervertreter tatsächlich eine Behinderung des Zugangs darstellt und ob hier ein zu ungewisses Ereignis oder eine zu indirekte Wirkung im Sinne der Relevanzregel vorliegt.

1.) Zugang

Bei der Niederlassungsfreiheit ist die Beeinträchtigung des unmittelbaren Zugangs ebenfalls die wichtigste Einschränkung des Beschränkungsbegriffs.[1912] Hiernach wird die Gesellschaft erst behindert, wenn es sich um konkrete Zugangshindernisse handelt; bloße Standortbedingungen reichen hierfür nicht aus. Bei der Arbeitnehmerfreizügigkeit der im Ausland arbeitenden Arbeitnehmer wurde schon festgestellt, dass die Unternehmensmitbestimmung nur ein Recht ist, das einen allgemeinen Rechtsrahmen bzw. Berufsausübungsmodalitäten darstellt.[1913] Allerdings kann diese Feststellung nicht einfach übertragen werden. Während bei der Arbeitnehmerfreizügigkeit das Wahlrecht aus Sicht des Arbeitnehmers lediglich ein Mitbestimmungsrecht darstellt, steht hier für das Unternehmen die tatsächliche Verhinderung der Verlagerung eines Standorts in Frage.

Der Zugang wird dadurch beschränkt, dass der tatsächliche Übertritt der Gesellschaft erschwert wird.[1914] Dies ist durch die Tatsache, dass Arbeitnehmer tendenziell mit ‚Nein' stimmen, durchaus der Fall. Der Zustimmungsvorbehalt des Aufsichtsrats kann somit mit einer Genehmigung verglichen werden, die sich eine Gesellschaft

---

1909 *Jung in: Schwarze*, EU-Kommentar, Art. 54 AEUV Rn. 20.

1910 EuGH, Rs. C-55/94 (Gebhard) Slg 1995, I-4165 Rn. 37

1911 Im Ergebnis dann ablehnend *Hellwig/Behme*, AG 2009, S. 261 (270).

1912 *Forsthoff*, Niederlassungsfreiheit für Gesellschaften, S. 71; *Müller-Graff* in: Streinz, EUV/AEUV, Art. 49 AEUV Rn. 58; *Roth* in: Dauses, EU-Wirtschaftsrecht, Kapitel E. I. Rn. 89; *Teichmann* in: FS Hommelhoff, S. 1213 (1225); *Schön* in: FS Hommelhoff, S. 1037 (1046); kritisch hingegen *Schlag* in: Schwarze, EU-Kommentar, Art. 49 AEUV Rn. 56.

1913 Vgl. dazu in Kapitel 5 B. II. b.).

1914 *Forsthoff* in: Grabitz/Hilf/Nettesheim, Recht der EU, Art. 49 AEUV Rn. 96.

einholen muss, bevor sie sich in einem anderen Mitgliedstaat niederlassen darf. Auch können die Arbeitnehmer hier beispielsweise einen solchen Preis für ihr ‚Ja' verlangen, dass die Standortverlagerung unrentabel wird.[1915] Somit ist hier nicht die Unternehmensmitbestimmung an sich, sondern wiederum deren Ausgestaltung und deren Wirkung relevant. Die Nichteinbeziehung im Ausland arbeitender Arbeitnehmer in die deutsche Unternehmensmitbestimmung ist somit eine auf den unmittelbaren Zugang zu einem anderen Mitgliedstaat gerichtete Maßnahme.

2.) Wegzugshindernisse

Grundsätzlich umfasst das Beschränkungsverbot auch Wegzughindernisse.[1916] Die Unternehmensmitbestimmungsgesetze sind Regelungen, die die Standortverlagerung von Tochtergesellschaften oder Niederlassungen in einem fremden Staat erschweren und damit den Wegzug behindern. Auch bezüglich solcher Wegzughindernisse gilt das umfassende Beschränkungsverbot.[1917]

Bei der Verlegung der Hauptverwaltung müssen jedoch einige Besonderheiten beachtet werden.[1918] Da es sich bei den Unternehmensmitbestimmungsgesetzen um Gesetze des Gründungstaats handelt, könnte lediglich ein lockererer Prüfungsrahmen zu beachten sein.[1919] Erschwerungen des Gründungsstaats bei Verwaltungssitzverlagerungen sind beim Wegzug anders als bei bloßen Standortverlagerungen in engen Grenzen zulässig.[1920] So muss der Gründungsstaat eine solche Verlagerung unter Beibehaltung des eigenen Gesellschaftsstatuts nicht ermöglichen.[1921] Es wird auch davon gesprochen, dass der Gründungsstaat die Vorfrage, ob seine Gesellschaften auch den Verwaltungssitz im Inland haben müssen, klären darf.[1922]

Hat der Mitgliedstaat jedoch entschieden, dass die jeweilige Gesellschaftsform keinen Verwaltungssitz im Inland vorweisen muss, darf er den Grenzübertritt ebenfalls nicht ungerechtfertigt beschränken.[1923] Die deutschen Gesellschaften

---

1915 Zu Kollektivmaßnahmen EuGH, Rs. C-438/05 (Viking Line) Slg. 2007, I-10779, Rn. 86 ff.

1916 *Müller-Graff* in: Streinz, EUV/AEUV, Art. 49 AEUV Rn. 69; *Roth* in: Dauses, EU-Wirtschaftsrecht, Kapitel E. I. Rn. 114; *Forsthoff* in: Grabitz/Hilf/Nettesheim, Recht der EU, Art. 49 AEUV Rn. 116 f.

1917 *Forsthoff* in: Grabitz/Hilf/Nettesheim, Recht der EU, Art. 49 AEUV Rn. 117; *Roth* in: Dauses, EU-Wirtschaftsrecht, Kapitel E. I. Rn. 114.

1918 EuGH, Rs. C-210/06 (Cartesio) Slg. 2008, I-9641 Rn. 104 ff. Dazu *Kindler*, NZG 2009, S. 130 ff.; *Teichmann*, ZIP 2009, S. 393 ff.; *Grohmann*, DZWIR 2009, S. 322 (327 ff.); vgl. ferner *Behme*, NZG 2012, S. 936 ff.

1919 *Teichmann*, ZIP 2009, S. 393 (394).

1920 *Forsthoff* in: Grabitz/Hilf/Nettesheim, Recht der EU, Art. 49 AEUV Rn. 117; *Frenz*, Europarecht I, Rn. 2542.

1921 EuGH, Rs. C-210/06 (Cartesio) Slg. 2008, I-9641 Rn. 108.

1922 *Behme*, NZG 2012, S. 936 (937).

1923 *Forsthoff* in: Grabitz/Hilf/Nettesheim, Recht der EU, Art. 49 AEUV Rn. 117.

müssen gem. § 4a GmbHG bzw. § 5 AktG nur noch einen satzungsmäßigen Sitz im Inland aufweisen. Das Zustimmungserfordernis im Aufsichtsrat wäre somit auch nach dem Prüfungsrahmen für die Wegzugsfreiheit als Beschränkung anzusehen.

3.) Spürbarkeit

Die unterschiedlichen Mitbestimmungsintensitäten in den verschiedenen Unternehmensmitbestimmungsgesetzen lassen hier ebenfalls keine unterschiedliche Bewertung zu. Zwar variieren diese zwischen Drittel-, Quasi- und paritätischer Mitbestimmung,[1924] sodass die Auswirkungen eines ‚Neins' der Arbeitnehmervertreter bei Gesellschaften, die dem Drittelbeteiligungsgesetz unterfallen, deutlich geringer sind als bei Gesellschaften im Anwendungsbereich des Montanmitbestimmungsgesetzes. Im ersten Fall können die Arbeitnehmervertreter nur hoffen, dass auch mehrere andere Aufsichtsratsmitglieder gegen die Standortverlagerung stimmen, im zweiten Fall reicht die Überzeugung des neutralen Mitglieds aus. Ist eine qualifizierte Mehrheit beim Zustimmungsvorbehalt im Aufsichtsrat notwendig, können sie den Standortwechsel sogar alleine verhindern. Allerdings handelt es sich hierbei lediglich um die Intensität der Beschränkung und somit um die Spürbarkeit der beschränkenden Wirkung. Doch wird ein solches Spürbarkeitskriterium auch bei der Niederlassungsfreiheit einhellig abgelehnt.[1925] Die Intensität der Maßnahme spielt erst im Rahmen der Rechtfertigung eine Rolle.[1926]

4.) Relevanzregel

Insofern kommt als einzig verbleibende Einschränkungsmöglichkeit die Relevanzregel in Betracht. Problematisch erscheint dabei die Tatsache, dass aufgrund von Annahmen zu einem etwaigen Abstimmungsverhalten der handelnden Personen eine Beschränkungswirkung hergestellt wird. Teilweise wird an dieser Argumentationslinie kritisiert, dass aufgrund einer internen Unternehmensentscheidung eines Gremiums keine Beschränkung vorliegen kann.[1927] Zunächst einmal können nur staatliche Maßnahmen die Grundfreiheiten einschränken. Allerdings hat der Gerichtshof entschieden, dass auch Kollektivmaßnahmen als solche einzuordnen sind.[1928] Bloße unternehmerische Entscheidungen können jedoch keine solche Ein-

---

1924 Vgl. dazu in Kapitel 2 C.

1925 *Müller-Graff* in: Streinz, EUV/AEUV, Art. 49 AEUV Rn. 61; *Altmeppen/Ego* in: MüKo AktG, Europäische Niederlassungsfreiheit, Rn. 116. Dies verkennen *Hellwig/Behme*, AG 2009, S. 261 (270). Vgl. zum Spürbarkeitskriterium allgemein in Kapitel 4 B. II. 2.) b.) bb.) (3).

1926 Vgl. dazu in Kapitel 4 B II 4.) a.) cc.)/dd.).

1927 *Krause*, AG 2012, S. 485 (496).

1928 EuGH, Rs. C-438/05 (Viking Line) Slg. 2007, I-10779, Rn. 86 ff.; dazu *Schubert*, RdA 2008, S. 289 (290).

schränkung darstellen. Handlungen Dritter können immer dann herangezogen werden, wenn diese Kollektivverträge aushandeln können und somit eine ähnliche Stellung wie der Staat haben.[1929]

An dieser Stelle kommt wiederum der Unterschied zwischen Kollektivmaßnahmen und der Unternehmensmitbestimmung zum Tragen.[1930] Während Erstere nur die Arbeitnehmerinteressen durch Gewerkschaften und damit von außen durchsetzen, werden im Aufsichtsrat interne unternehmerische Entscheidungen gefällt, die allein nach dem Unternehmensinteresse getroffen werden.[1931] Insofern sind diese beiden auf die Mitbestimmung der Arbeitnehmer gerichteten Maßnahmen nicht vergleichbar. Deshalb können an dieser Stelle nur die Unternehmensmitbestimmungsgesetze selbst und nicht die interne Entscheidung als Maßstab herangezogen werden. Daher könnte hier die auch auf die Niederlassungsfreiheit anzuwendende Relevanzregel einschlägig sein.[1932]

Nach dieser muss die behindernde Wirkung direkt durch die Unternehmensmitbestimmungsgesetze eintreten. Keine Beschränkung ist hiernach gegeben, wenn ein ungewisses Ereignis oder eine zu indirekte Wirkung vorliegt. Ein solch weiteres ungewisses Ereignis könnte jedoch die Aufnahme der Standortverlagerungen in den Katalog zustimmungspflichtiger Geschäfte darstellen. Dies geschieht durch Beschluss des Aufsichtsrats oder durch eine Aufnahme in die Satzung durch die Anteilseignerversammlung. Allerdings dürfte dies aufgrund der Gesetzesänderung im Aktienrecht und für börsennotierte Aktiengesellschaften durch den Deutschen Corporate Governance Kodex zum Normalfall werden.[1933] Die Organe sämtlicher Gesellschaften müssen einen solchen Katalog zustimmungspflichtiger Geschäfte aufstellen und börsennotierte Aktiengesellschaften zusätzlich erklären, warum sie Standortverlagerung nicht zum Katalog hinzugefügt haben. Insofern haben durch die staatlichen Maßnahmen viele mitbestimmte Gesellschaften eine Zustimmungspflicht für Standortverlagerungen im Aufsichtsrat, wodurch man unter Umständen auch die Aufnahme von Standortverlagerungen noch als Maßnahme des Staats zuordnen könnte.

Allerdings hängt das Abstimmungsverhalten im Aufsichtsrat von vielen weiteren Faktoren ab. Ähnlichkeiten bestehen deshalb zur Entscheidung BASF. Der Gerichtshof musste hier abwägen, wie sich der grenzüberschreitende Warenverkehr durch die Inanspruchnahme eines Patents verändert. Es stand in Frage, wie sich die Regelung, dass sämtliche Patente auch auf Deutsch eingereicht werden müssen, auf den deutschen Markt auswirken wird.[1934] Hierzu hat der Gerichtshof ausgeführt:

1929 *Schubert*, RdA 2008, S. 289 (291 f.).
1930 Vgl. dazu in Kapitel 4 B. II. 4.) a.).
1931 Vgl. dazu in Kapitel 2 D. II. 3.).
1932 EuGH, Rs. C-418/93 (Semeraro Casa Uno) Slg. 1996, I-2975 Rn. 32; *Altmeppen/Ego* in: MüKo AktG, Europäische Niederlassungsfreiheit, Rn. 115; *Roth* in: GS Knobbe-Keuk, S. 729 (739).
1933 Vgl. zum Ganzen in Kapitel 2 B. I. 3.) b.).
1934 EuGH, Rs. C-44/98 (BASF) Slg. 1999, I-6269 Rn. 11 ff.

„Wie sich ein Wettbewerb auf den nicht geschützten Märkten auf den innergemeinschaftlichen Handel auswirkt, hängt nämlich vor allem von den konkreten, nicht vorhersehbaren Entscheidungen ab, die die betroffenen Wirtschaftsteilnehmer im Licht der wirtschaftlichen Bedingungen der einzelnen Märkte treffen."[1935] Solche Abwägungen bzw. Prognosen sind nach dieser Entscheidung jedoch zu ungewiss und zu indirekt, als dass diesen eine Beschränkungswirkung einzuräumen wäre.[1936]

Auch bei den Abwägungen der Aufsichtsratsmitglieder kann nicht von einer Beschränkungswirkung ausgegangen werden. Zumindest kann nicht aus den letzten Jahrzehnten abgeleitet werden, dass es keine Niederlassungen oder Tochtergesellschaften deutscher Gesellschaften im Unionsausland geben würde.[1937] Auch ist es schwer zu prognostizieren, ob es noch mehr solcher Niederlassungen geben würde, wenn diese Mitbestimmungsform nicht nur den im Inland arbeitenden Arbeitnehmer vorbehalten wäre. Selbst wenn eine gewisse Wahrscheinlichkeit dafür sprechen würde, kann diese im Rahmen der Relevanzregel nicht ausreichen.[1938] Anders ist dies beispielsweise bei einer steuerlichen Belastung von Standortverlagerungen. Während nicht sicher vorausgesagt werden kann, wie ein Markt reagiert oder Arbeitnehmervertreter sich im Aufsichtsrat verhalten, wirkt sich eine andere Besteuerung von Standortverlagerungen direkt aus und wurde deshalb als Beschränkung angesehen.[1939]

IV. Ergebnis

Abschließend lässt sich somit sagen, dass Unternehmensverlagerungen durch die Unternehmensmitbestimmung im Aufsichtsrat sicherlich kontroverser beraten werden. Auch kann die eine oder andere Standortverlagerung in der Union nicht zustande kommen, weil den im Inland arbeitenden Arbeitnehmern eine stärkere Priorität zukommen soll. Doch sind sämtliche Mitglieder im Aufsichtsrat gesetzlich auf das Unternehmensinteresse verpflichtet, sodass zwar andere Blickwinkel in die Diskussion eingebracht werden, das Ergebnis aber immer am Unternehmen selbst ausgerichtet werden muss.

Soweit die Behauptung einer faktischen oder tatsächlichen Beschränkungswirkung im Raum steht, wirkt diese zu indirekt und ist überdies von zu ungewissen Ereignissen abhängig. Kritisch ist schon, dass die Zustimmungspflicht durch Satzung oder vom Aufsichtsrat beschlossen wird und deshalb nicht als staatliche Maßnahme anzusehen ist. Entscheidend ist jedoch, dass der Entscheidungsprozess selbst nicht durch den Staat beschränkt wird.

1935 EuGH, Rs. C-44/98 (BASF) Slg. 1999, I-6269 Rn. 20.

1936 EuGH, Rs. C-44/98 (BASF) Slg. 1999, I-6269 Rn. 22.

1937 Vgl. zu den Gründen von Standortverlagerungen *Ahlers/Öz/Ziegler*, Standortverlagerung in Deutschland, S. 19, zu Studien *ebenda*, S. 35 ff.

1938 *Thomas*, NVwZ 2009, S. 1202 (1206).

1939 EuGH, Rs. C-196/04 (Cadbury Schweppes) Slg. 2006, I-7995 Rn. 46.

B. Potentielle Kapitalanleger

Die Tatsache, dass nur in Deutschland arbeitende Arbeitnehmer im Aufsichtsrat sitzen, könnte die potentiellen Gesellschafter der mitbestimmten Gesellschaften in deren Kapitalverkehrsfreiheit beschränken. Anleger aus dem Ausland könnten durch die deutschen Arbeitnehmervertreter im Aufsichtsrat abgeschreckt werden, weil durch diese Arbeitnehmer eine besondere Sicherung der deutschen Standorte stattfindet.[1940] Dabei wird im Schrifttum teilweise ein Vergleich zu den Goldenen-Aktien-Entscheidungen des Gerichtshofs gezogen.[1941]

Eine Goldene Aktie bedeutet, dass dem Staat durch ein Gesetz oder in bestimmten Konstellationen auch durch die Satzung ein Sonderrecht eingeräumt wird.[1942] Diese Sonderrechte müssen jedoch nicht unbedingt an eine Aktie gekoppelt sein. Zum Problemkreis ‚Goldene Aktien' gehören auch Sonderrechte des Staats, die dieser ohne Kauf eines Geschäftsanteils erhält.[1943] In Deutschland ist das prominenteste Beispiel für solche Sonderrechte das VW-Gesetz,[1944] das vom Gerichtshof überprüft und zumindest teilweise für unanwendbar erklärt wurde.[1945] Es wird nun die Nichteinbeziehung im Ausland arbeitender Arbeitnehmer in die deutsche Unternehmensmitbestimmunghinsichtlich ihrer Wirkungsweise mit diesen Sonderrechten des Staats verglichen. Auch in der Unternehmensmitbestimmung haben die deutschen Arbeitnehmer Einfluss auf die Besetzung des Aufsichtsrats ohne Gesellschafter zu sein.

I. Kapitalverkehr in der Union

Bei der Kapitalverkehrsfreiheit gem. Art. 63 AEUV stehen nicht, wie beim bisher geprüften Unionsrecht, die natürlichen oder juristischen Personen im Vordergrund,

---

1940 Vgl. dazu schon in diesem Kapitel unter A. III.

1941 *Meilicke*, GmbHR 2003, S. 793 (805); differenzierend nach verschiedenen Konstellationen *Latzel*, Gleichheit in der Unternehmensmitbestimmung, Rn. 211 ff., 516, 689 ff. kritisch *Hellwig/Behme*, AG 2009, S. 261 (270).

1942 Grundlegend *Grundmann/Möslein*, ZVglRWiss 2003, S. 289 ff. Vgl. die Rechtsprechungsübersicht bei *Frenz*, Europarecht I, Rn. 3874 ff.; beispielhaft aus der jüngeren Literatur ebenso *Stöber*, NZG 2010, S. 977 ff.; *Lübke*, EWS 2010, S. 407 ff.; *Holle*, AG 2010, S. 14 ff.

1943 *Grundmann/Möslein*, BKR 2002, S. 758 (759).

1944 Gesetz über die Überführung der Anteilsrechte an der Volkswagenwerk Gesellschaft mit beschränkter Haftung in private Hand (VW-Gesetz) in der im Bundesgesetzblatt Teil III, Gliederungsnummer 641–1-1, veröffentlichten bereinigten Fassung, das zuletzt durch Artikel 14c des Gesetzes vom 30. Juli 2009 (BGBl. I S. 2479) geändert worden ist.

1945 Vgl. EuGH, Rs. C-112/05 (VW-Gesetz) Slg. 2007, I-8995. Dazu *Kömpf*, Staatlicher Einfluss bei VW, S. 278 f.; *Teichmann/Heise*, BB 2007, S. 2577 ff. Vgl. zum Folgeverfahren *Kalss*, EuZW 2013, S. 948 f.; *Stiegler*, DB 2014, S. 525 (525); *Behme*, AG 2014, S. 841 ff.

sondern das Kapital. Auch der freie Kapitalfluss ist ein wichtiger Teil der europäischen Integration.[1946] Zudem gewinnt das Kapital durch die immer weiter voranschreitende technische Entwicklung an Bedeutung.[1947] Durch diese Grundfreiheit soll das Kapital so verteilt werden, dass es grundsätzlich den größtmöglichen Ertrag erzielt und somit der Volkswirtschaft als Ganzes am meisten nutzt.[1948] Dieses allgemeine Ziel steht den individuellen Interessen der einzelnen Mitgliedstaaten entgegen, welche ‚ihre Unternehmen' vor Übernahmen schützen möchten.[1949] Insofern kann wiederum von einem Spannungsverhältnis zwischen staatlicher Souveränität auf der einen und dem europäischen Binnenmarkt auf der anderen Seite gesprochen werden.[1950]

Zwar gibt es im Bereich der Kapitalverkehrsfreiheit sekundärrechtliche Vorschriften,[1951] doch befinden sich diese vor allem im Bereich des Banken- und Börsenrechts.[1952] Im für die Goldenen Aktien relevanten Bereich sind keine sekundärrechtlichen Harmonisierungen vorgenommen worden.[1953] Insoweit gibt es kein vorrangig zu prüfendes Sekundärrecht.

II. Anwendungsbereich

Auch bei der Kaptalverkehrsfreiheit gibt es hinsichtlich des räumlichen Anwendungsbereichs beim Erwerb von Geschäftsanteilen keine Besonderheiten.[1954] Hinsichtlich des persönlichen Anwendungsbereichs ist die Einbeziehung von Drittstaatsangehörigen besonders zu untersuchen.[1955] Im sachlichen Anwendungsbereich müssen grenzüberschreitende Kapitalbewegungen vorhanden sein und eine umfassende Abgrenzung zur Niederlassungsfreiheit vorgenommen werden.

1946 *Frenz*, Europarecht I, Rn. 3576; *Sedlaczek/Züger* in: Streinz, EUV/AEUV, Art. 63 AEUV Rn. 1; ausführlich *Ress/Ukrow* in: Grabitz/Hilf/Nettesheim, Das Recht der EU, Art. 63 AEUV Rn. 7 ff.

1947 *Bröhmer* in: Callies/Ruffert, EUV/AEUV, Art. 63 AEUV Rn. 4.

1948 *Frenz*, Europarecht I, Rn. 3577; *Ress/Ukrow* in: Grabitz/Hilf/Nettesheim, Das Recht der EU, Art. 63 AEUV Rn. 8; *Bröhmer* in: Callies/Ruffert, EUV/AEUV, Art. 63 AEUV Rn. 4.

1949 Tatsächlich handelt es sich bei Beschränkungen der Kapitalverkehrsfreiheit um ehemalige staatliche Unternehmen, bei denen im Rahmen der Privatisierung der Staat mit Sonderrechten ausgestattet wurde. Vgl. zum Beispiel zur Privatisierung der Volkswagen AG oder der Lufthansa AG: *Kömpf*, Staatlicher Einfluss bei VW, S. 47 ff.

1950 *Kleinschmit*, VW-Gesetz und Kapitalverkehrsfreiheit, S. 21.

1951 Vgl. *Pache* in: Schulze/Zuleeg/Kadelbach, Europarecht, § 10 Rn. 231 ff.

1952 Vgl. *Ress/Ukrow* in: Grabitz/Hilf/Nettesheim, Das Recht der EU, Art. 63 Rn. 246 ff.

1953 Vgl. dazu die Rechtsprechungsübersicht bei *Frenz*, Europarecht I, Rn. 3875 ff.

1954 *Ress/Ukrow* in: Grabitz/Hilf/Nettesheim, Das Recht der EU, Art. 63 Rn. 88 ff.

1955 Dazu ausführlich *von Brocke* in: FS Spiegelberger, S. 1671 (1674 ff.).

1.) Drittstaatsangehörige

Der persönliche Anwendungsbereich der Kapitalverkehrsfreiheit umfasst sämtliche natürliche und juristische Personen der Union. Zusätzlich werden jedoch auch Personen aus Drittstaaten einbezogen.[1956] Diese Drittstaatsangehörigen müssen zudem nicht in der Union ansässig sein, weshalb auch von einem „Fremdkörper im Vertragsgefüge“[1957] gesprochen wird.

Teilweise soll dieser weite Anwendungsbereich eingeschränkt werden. Eine Möglichkeit wäre es, für Drittstaatsangehörige eine Gebietsansässigkeit in der Union zu fordern.[1958] Einerseits würde so die Beziehung des Kapitals bzw. dessen Anlegers zur Europäischen Union gestärkt. Andererseits muss beachtet werden, dass gerade das Kapital an sich geschützt werden soll und nicht dessen Anleger.[1959] Aufgrund des eindeutigen Wortlauts ist deshalb davon auszugehen, dass sich nicht nur gebietsansässige Drittstaatsangehörige, sondern sämtliche Personen aus Drittstaaten auf die Kapitalverkehrsfreiheit berufen können.[1960] Der Gerichtshof hat diese Frage aber noch nicht abschließend geklärt.[1961]

Somit kommen in der vorliegenden Fallgestaltung sämtliche Anleger in Betracht, die in deutsche mitbestimmungspflichtige Gesellschaften investieren möchten. Diese könnten durch die Tatsache, dass nur im Inland arbeitende Arbeitnehmer im Aufsichtsrat sitzen in ihrer Kapitalverkehrsfreit eingeschränkt sein.

2.) Grenzüberschreitender Kapitalverkehr

Des Weiteren muss es sich um grenzüberschreitenden Kapitalverkehr handeln. Der Kapitalverkehr gem. Art. 63 Abs. 1 AEUV ist die Übertragung oder Begründung eines Werts in Form von Geld- oder Sachkapital.[1962] Der zentrale Begriff ist somit das Kapital, das im europäischen Primärrecht nicht legaldefiniert ist.[1963] Der Begriff

1956 *Ress/Ukrow* in: Grabitz/Hilf/Nettesheim, Das Recht der EU, Art. 63 AEUV Rn. 102; *Pache* in: Schulze/Zuleeg/Kadelbach, Europarecht, § 10 Rn. 211; *Glaesner* in: Schwarze, EU-Kommentar, Art. 63 AEUV Rn. 18.

1957 *Wunderlich/Blaschke*, IStR 2008, S. 754 (755).

1958 *Bröhmer* in: Callies/Ruffert, EUV/AEUV, Art. 63 AEUV Rn. 7.

1959 *Sedlaczek/Züger* in: Streinz, EUV/AEUV, Art. 63 AEUV Rn. 4.

1960 *Ress/Ukrow* in: Grabitz/Hilf/Nettesheim, Das Recht der EU, Art. 63 AEUV Rn. 102; *Pache* in: Schulze/Zuleeg/Kadelbach, Europarecht, § 10 Rn. 211; *Glaesner* in: Schwarze, EU-Kommentar, Art. 63 AEUV Rn. 18; *Sedlaczek/Züger* in: Streinz, EUV/AEUV, Art. 63 AEUV Rn. 17.

1961 *Bröhmer* in: Callies/Ruffert, EUV/AEUV, Art. 63 AEUV Rn. 7.

1962 EuGH, Rs. C-256/06 (Jäger) Slg. 2008, I-123 Rn. 24.

1963 *Sedlaczek/Züger* in: Streinz, EUV/AEUV, Art. 63 AEUV Rn. 18; *Pache* in: Schulze/Zuleeg/Kadelbach, Europarecht, § 10 Rn. 231 ff. Vgl. zum Begriff des Kapitals in der Volkswirtschafts- und Betriebswirtschaftslehre *Kleinschmit*, VW-Gesetz und Kapitalverkehrsfreiheit, S. 23 f.

des Kapitals umfasst dabei sämtliche Vermögenswerte.[1964] Insofern ist der Kapitalverkehr jede Werteübertragung in Form von Kapital.[1965] Beispiele hierfür sind der Erwerb von Grundstücken, der Aktienerwerb oder Erbschaften.[1966] Somit handelt es sich sowohl bei Aktien als auch bei Gesellschaftsanteilen einer GmbH um Kapital im Sinne der Kapitalverkehrsfreiheit.

Der Kapitalverkehr muss grenzüberschreitend sein.[1967] Ausreichend für den grenzüberschreitenden Bezug ist jedoch auch, wenn ein Ausländer in Deutschland Geschäftsanteile erwirbt.[1968] In dieser Konstellation überschreitet das Eigentum am Kapital die Grenze.[1969] Dabei muss beachtet werden, dass an dieser Stelle Drittstaaten ebenfalls einbezogen sind und nicht nur der grenzüberschreitende Verkehr in der Union.[1970] Bei einem deutschen Investor einer deutschen Gesellschaft dürfte der grenzüberschreitende Bezug indes nicht mehr vorhanden sein, auch wenn das Unternehmen international aufgestellt ist.[1971]

3.) Abgrenzung zur Niederlassungsfreiheit

Problematisch ist gerade bei den vorliegenden Unternehmensbeteiligungen die Abgrenzung zur Niederlassungsfreiheit.[1972] Deshalb muss im Folgenden untersucht werden, ob der Gerichtshof bei jeglichem Erwerb von Geschäftsanteilen eines Unternehmens von Kapitalerwerb oder teilweise auch von einer Niederlassung ausgeht. Problematisch ist dabei insbesondere der Erwerb von Geschäftsanteilen, durch den der Inhaber in den Besitz von Kontrollrechten in der Gesellschaft gelangt.[1973]

Die Richtlinie 88/361/EWG listet in der Nomenklatur ihres Anhangs I verschiedene Investitionsarten als Kapitalverkehr auf.[1974] Dabei werden in Nr. I

1964 *von Wilmowsky* in: Ehlers, Grundfreiheiten, § 12, Rn. 2; *Pache* in: Schulze/Zuleeg/Kadelbach, Europarecht, Rn. 203.

1965 *Glaesner* in: Schwarze, EU-Kommentar, Art. 63 AEUV Rn. 7; *Bröhmer* in: Calliess/Ruffert, EUV/AEUV, Art. 63 AEUV Rn. 8; *Follak* in: Dauses, EU-Wirtschaftsrecht, Kapitel F. II. , R. 6.

1966 Weitere Beispiele bei *Sedlaczek/Züger* in: Streinz, EUV/AEUV, Art. 63 AEUV Rn. 19.

1967 *Frenz*, Europarecht I, Rn. 3604; *von Wilmowsky* in: Ehlers, Grundfreiheiten, § 12, Rn. 4; *Pache* in: Schulze/Zuleeg/Kadelbach, Europarecht, Rn. 209 f.

1968 *Sedlaczek/Züger* in: Streinz, EUV/AEUV, Art. 63 AEUV Rn. 26.

1969 *Frenz*, Europarecht I, Rn. 3606.

1970 *Ress/Ukrow* in: Grabitz/Hilf/Nettesheim, Recht der EU, Art. 63 AEUV Rn. 115 ff.; *Frenz*, Europarecht I, Rn. 3606; *von Wilmowsky* in: Ehlers, Grundfreiheiten, § 12, Rn. 5.

1971 *Ress/Ukrow* in: Grabitz/Hilf/Nettesheim, Recht der EU, Art. 63 AEUV Rn. 114; *Sedlaczek/Züger* in: Streinz, EUV/AEUV, Art. 63 AEUV Rn. 27; in diese Richtung auch *Pache* in: Schulze/Zuleeg/Kadelbach, Europarecht, Rn. 210.

1972 *Pache* in: Schulze/Zuleeg/Kadelbach, Europarecht, Rn. 206.

1973 Vgl. dazu schon in diesem Kapitel unter A. II. 2.).

1974 Zur Anwendbarkeit der Richtlinie zur Bestimmung des Begriffs ‚Kapitalverkehr' vgl. in diesem Kapitel unter A. II. 2.).

insbesondere Direktinvestitionen als Kapitalverkehr aufgezählt. Auch Portfolioinvestitionen, der Erwerb von Wertpapieren ohne den Erwerb von Einflussnahme, fallen gem. Anhang I Nr. III A Nr. 1–4 der Richtlinie in den Schutzbereich der Kapitalverkehrsfreiheit. Somit ist sowohl der Erwerb von Aktien oberhalb als auch unterhalb der Schwelle der Direktinvestitionen als Kapitalverkehr anzusehen.[1975] Der Erwerb von Geschäftsanteilen eines mitbestimmten Unternehmens kann also beide Investitionsarten umfassen. In diesem Fall liegt auch kein Schwerpunkt der Handlung vor, sodass die Grundfreiheiten parallel anwendbar sind.[1976] Im Folgenden wird zunächst in Übereinstimmung mit dem Gerichtshof die Kapitalverkehrsfreiheit geprüft.[1977] Der Hauptgrund dafür liegt dabei im erweiterten persönlichen Anwendungsbereich der Kapitalverkehrsfreiheit, der weltweite Investitionen und nicht nur solche aus der Europäischen Union umfasst. Sollten sich aus der Sicht der Niederlassungsfreiheit weitergehende Aspekte ergeben, werden diese am Ende ebenfalls behandelt.

Somit lässt sich feststellen, dass der Anwendungsbereich der Kapitalverkehrsfreiheit eröffnet ist. Die Investoren könnten durch die Arbeitnehmervertreter im Aufsichtsrat in ihrer Freiheit Gesellschaftsanteile von mitbestimmten Gesellschaftsanteilen zu zeichnen beschränkt sein. Ob diese mit ihren Investitionen nur fiskalische oder auch strategische Ziele verfolgen, ist in der weiteren Prüfung unbeachtlich.

III. Beschränkung

Eine Diskriminierung der potentiellen Investoren liegt an dieser Stelle nicht vor. Allerdings ist auch die Kapitalverkehrsfreiheit als umfassendes Beschränkungsverbot ausgestaltet.[1978] Dieses Verbot umfasst jede Maßnahme, die den Erwerb von Geschäftsanteilen der betreffenden Unternehmen behindert oder Investoren anderer Mitgliedstaaten davon abschreckt, in das Kapital dieser Unternehmen zu investieren.[1979] Allerdings gibt es auch bei der Kapitalverkehrsfreiheit Einschränkun-

---

1975 *Kömpf*, Staatseinfluss auf VW, S. 206.

1976 *Ress/Ukrow* in: Grabitz/Hilf/Nettesheim, Recht der EU, Art. 63 AEUV Rn. 233; *Sedlaczek/Züger* in: Streinz, EUV/AEUV, Art. 63 AEUV Rn. 35. Vgl. allgemein in Kapitel 4 B. II. 1.) c.) cc.).

1977 *Glaeser* in: Schwarze, EU-Kommentar, Art. 63 AEUV Rn. 11; *Ress/Ukrow* in: Grabitz/Hilf/Nettesheim, Recht der EU, Art. 63 AEUV Rn. 225.

1978 *Frenz*, Europarecht I, Rn. 3706; *von Wilmowsky* in: Ehlers, Grundfreiheiten, § 12, Rn. 7; *Pache* in: Schulze/Zuleeg/Kadelbach, Europarecht, § 10 Rn. 215.

1979 EuGH, Rs. C-282 und 283/04 (Goldene Aktie Niederlande) Slg. 2006, I-9141 Rn. 20; EuGH, Rs. C-174/04, (Goldene Aktie Italien) Slg. 2005, I-4933, Rn. 3 f., EuGH, Rs. C-265/04 (Bouanich) Slg. 2006, I-923, Rn. 34 f.; vgl. auch ausführlich *Ress/Ukrow* in: Grabitz/Hilf/Nettesheim, Das Recht der EU, Art. 63 AEUV Rn. 134; *Bröhmer* in: Calliess/Ruffert, EUV/AEUV, Art. 63 AEUV Rn. 44 ff.

gen des Beschränkungsbegriffs.[1980] Hier kommen wiederum das Zugangskriterium und die Relevanzregel in Betracht.[1981] Einige Stimmen in der Literatur sehen in der Ausgrenzung der im Ausland arbeitenden Arbeitnehmer eine Beschränkung der Kapitalverkehrsfreiheit.[1982] Es wird hierbei eine Parallele zur Goldenen-Aktien-Rechtsprechung gezogen.[1983]

1.) Goldene Aktien Entscheidungen

Die Goldene-Aktien-Entscheidungen des Gerichtshofs beschäftigen sich alle mit einer besonderen oder überproportionalen Machtfülle des Staats in einem Unternehmen,[1984] obwohl dieser nicht die dafür nötigen Mehrheiten der Anteile besitzt.[1985] Diese Sonderrechte des Staats stellen eine Beschränkung des Kapitalanlegers dar, weil dieser nicht die seinen Anteilen entsprechende Macht im Unternehmen erlangen kann, wie dies bei einem anderen Unternehmen der Fall wäre.[1986]

Die Sonderrechte können dabei unmittelbar durch Gesetz oder in einem Aktienanteil verbrieft sein. Der Name Goldene Aktien stammt von der zweiten Variante, da hier der Staat tatsächlich besondere und somit ‚goldene' Aktien in seinem Eigentum hält.[1987] Mittlerweile werden aber beide Gruppen unter den Begriff der Goldenen Aktien gefasst, weil die Unterscheidung der beiden Fallgruppen „vorrangig technisch"[1988] ist und inhaltlich zumeist keinen Unterschied macht. Wichtig ist nur, dass es sich um Sonderregelungen zugunsten des Staats handelt.[1989] Mittlerweile wurden Goldene Aktien umfassend in zahlreichen Ent-

---

1980 *Sedlaczek/Züger* in: Streinz, EUV/AEUV, Art. 65 AEUV Rn. 2; *Bröhmer* in: Calliess/Ruffert, EUV/AEUV, Art. 63 AEUV Rn. 62; *Ress/Ukrow* in: Grabitz/Hilf/Nettesheim, Das Recht der EU, Art. 63 AEUV Rn. 138.

1981 *Pache* in: Schulze/Zuleeg/Kadelbach, Europarecht, § 10 Rn. 216 f.

1982 *Meilicke*, GmbHR 2003, S. 793 (805); *Hirte* in: ders./Bücker, Grenzüberschreitende Gesellschaften, § 1 Rn. 51.

1983 *Meilicke*, GmbHR 2003, S. 793 (805).

1984 Grundlegend *Grundmann/Möslein*, ZGR 2003, S. 317 ff. Vgl. auch die Darstellung der Entscheidungen bei *Frenz*, Europarecht I, Rn. 3874; *Bayer/Schmidt*, BB 2012, S. 3 (10 ff.).

1985 Eigentlich dürfte nur bei der AG und der SE von ‚Goldenen Aktien' gesprochen werden, ansonsten müsste es genauer ‚Sonderrechte des Staates' heißen. Allerdings hat sich dieser Begriff eingebürgert und wird deshalb auch im Weiteren verwendet. Vgl. *Czigler*, Golden Shares, S. 5.

1986 Vgl. zu den verschiedenen Ausformungen der Goldenen Aktien in den Mitgliedstaaten der Union rechtsvergleichend *Weiss*, Goldene Aktien, S. 58 ff.

1987 *Habersack/Verse*, Europäisches Gesellschaftsrecht, § 3 Rn. 33. Im Englischen: Special, Master oder Golden Share; im Französischen action spécifique. Im Deutschen wird außerdem teilweise der Ausdruck „Spezialaktien" verwendet. Näher zu den verschiedenen Begriffen *Ruge*, EuZW 2002, S. 421.

1988 *Grundmann/Möslein*, BKR 2002, S. 758 (759).

1989 *Grundmann/Möslein*, BKR 2002, S. 758 (759).

scheidungen des Gerichtshofs und einer umfassenden Analyse des Schrifttums gewürdigt.[1990]

Grundsätzlich entstanden die Goldenen Aktien in den allermeisten Fällen durch Privatisierungen von Staatsbetrieben. Noch bis in die 80er Jahre des letzten Jahrhunderts wurden viele Unternehmen verstaatlicht.[1991] Dieser Trend zur Verstaatlichung drehte sich in den 90er Jahren in eine Privatisierungswelle um. Zumeist wurden die Privatisierungen vorgenommen, um die Staatsfinanzen zu konsolidieren,[1992] insbesondere auch um die Konvergenzkriterien des Maastrichter Vertrags einzuhalten.[1993] Bei diesen Sanierungsbemühungen wollte der Staat jedoch seinen Einfluss auf die privatisierten Unternehmen weiterhin sichern. Zunächst verliert zwar auch der Staat als Gesellschafter insoweit an Einfluss, wie er die Anteile an einer Gesellschaft verkauft.[1994] Doch sicherte er sich deshalb Sonderrechte innerhalb der jeweiligen Gesellschaft. Eine zweite Verstaatlichungswelle im Zuge der weltweiten Finanz- und Wirtschaftskrise ist vielleicht auch aufgrund der Kapitalmarktregelungen der Union in den Mitgliedstaaten nicht im selben Maße erfolgt wie in anderen Staaten der Welt.[1995]

2.) Rechtliche Parallelen zur Unternehmensmitbestimmung

Die rechtlichen Parallelen zwischen den Goldenen Aktien und der Nichteinbeziehung im Ausland arbeitender Arbeitnehmer in die deutsche Unternehmensmitbestimmung werden nun unter dem Stichwort der Einschränkungen zum Beschränkungsbegriff diskutiert. Die Unternehmensmitbestimmung ist am ehesten mit einem staatlichen Entsenderecht in den Aufsichtsrat vergleichbar. In beiden Fällen dürfen Dritte ohne Einfluss der Anteilseigner Personen in ein Organ der Gesellschaft entsenden. Allerdings ist hierbei problematisch, ob dadurch tatsächlich eine spezifische Zugangsbeschränkung vorliegt.

1990 Vgl. nur die beispielhafte Auswahl an monographischer Aufarbeitung *Pießkalla*, Goldene Aktien, passim; *Kömpf*, Staatseinfluss auf VW, passim; *Kleinschmit*, VW-Gesetz und Kapitalverkehrsfreiheit, passim; *Weiss*, Goldene Aktien, passim.

1991 *Grundmann/Möslein*, ZVglRWiss 2003, S. 289 (296); *Weis*, NJW 1982, S. 1910 (1910).

1992 Zu weiteren Gründen von Privatisierungen vgl. rechtsvergleichend *Grundmann/Möslein*, ZVglRWiss 2003, S. 289 (300 f.).

1993 Zur damaligen Rechtslage: *Selmayr*, EuZW 1998, S. 101 ff.; heute *Häde* in: Callies/Ruffert, EUV/AEUV, Art. 140 AEUV Rn. 16.

1994 *Kömpf*, Staatseinfluss auf VW, S. 68.

1995 *Bremmer*, Handelsblatt 2011, Nr. 37, S. 48 (48 f.); vgl. zur Konflikt des Staatskapitalismus und der freien Marktwirtschaft nach der Krise *Bremmer*, Das Ende des freien Marktes, passim; zu den europarechtlichen Vorgaben bei Übernahmen von Staatsfonds *Nettesheim*, ZHR 2008, S. 729 ff.

a.) Entsenderechte als Zugangsbeschränkung

Zunächst einmal sind Entsenderechte ein Teil des in Deutschland allgemein geltenden gesellschaftsrechtlichen Rahmens. Mit Entsenderechten kann der Inhaber von Gesellschaftsanteilen seine Rechte innerhalb der Gesellschaft ausüben. Doch hat der Gerichtshof zumindest bei staatlichen Entsenderechten entschieden, dass hier Zugangsbeschränkungen vorliegen können.[1996] Der Zugang soll hiernach immer dann betroffen sein, wenn Anteilsinhaber ihre Geschäftsanteile nicht mehr voll nutzen können.[1997] So wurden in einer der VW-Entscheidungen auch Entsenderechte des Staats in den Aufsichtsrat einer Gesellschaft als Zugangsbeschränkung angesehen.[1998] Allerdings kam in dieser Entscheidung hinzu, dass nicht nur diese staatlichen Entsenderechte, sondern auch noch weitere Einschränkungen der Anteileigner vorlagen.[1999] Es wird in diesem Zusammenhang auch von einer „Anteilszugangserschwerung"[2000] gesprochen. Dies bedeutet, dass der Investor zwar Anteile kaufen kann, aber ihm der Zugang zur Kontrolle über die Gesellschaft versperrt wird.[2001]

Selbiges könnte auch bei der Unternehmensmitbestimmung vorliegen. Auch diese schränkt die Macht des Investors im Aufsichtsrat ein. Allerdings handelt es sich hierbei um die über das Thema der Nichteinbeziehung im Ausland arbeitender Arbeitnehmer in die deutsche Unternehmensmitbestimmung hinausgehende Frage der beschränkenden Wirkung gesetzlich verordneter Sonderrechte von Privatrechtssubjekten im allgemeinen Gesellschaftsrecht.[2002] Diese Frage hat der Gerichtshof noch nicht abschließend entschieden.[2003] Eine umfassende Würdigung ist an dieser Stelle nicht vorzunehmen, weil in dieser Untersuchung lediglich die Nichteinbeziehung im Ausland arbeitender Arbeitnehmer und nicht die Unternehmensmitbestimmung als solche überprüft wird. So macht es aber für den Investor zur Sicherung seiner Kontrolle im Unternehmen keinen Unterschied, ob 50 Prozent der Aufsichtsratsmitglieder von im Inland arbeitenden Arbeitnehmern oder von aus sämtlichen Mitgliedstaaten der Union arbeitenden Arbeitnehmern gewählt wurden. Der Investor hat jeweils gleich viele Rechte bzw. Einschränkungen in der Gesellschaft.

1996 EuGH, Rs. C-112/05 (VW Gesetz) Slg. 2007, I-8995 Rn. 59 ff.

1997 *Grundmann*, Europäisches Gesellschaftsrecht, Rn. 651; *Frenz,* EWS 2011, S. 125 (130).

1998 *Habersack/Verse*, Europäisches Gesellschaftsrecht, § 33 Rn. 33.

1999 *Teichmann/Heise*, BB 2007, S. 2577 (2578).

2000 *Grundmann*, Europäisches Gesellschaftsrecht, Rn. 651.

2001 *Grundmann*, Europäisches Gesellschaftsrecht, Rn. 651; *Teichmann/Heise*, BB 2007, S. 2577 (2579).

2002 Vgl. dazu kritisch *Grundmann*, Europäisches Gesellschaftsrecht, Rn. 653; *Habersack/Verse*, Europäisches Gesellschaftsrecht, § 33 Rn. 36; *Teichmann/Heise*, BB 2007, S. 2577 (2581); speziell zur Unternehmensmitbestimmung *Müller-Graff*, EWS 2009, S. 489 (497); *Säcker*, AG 2008, S. 17 (19).

2003 *Habersack/Verse*, Europäisches Gesellschaftsrecht, § 33 Rn. 36; *Nettesheim*, ZHR 2008, S. 729 (746 f.)

b.) Arbeitnehmerentscheidungen unter dem Blickwinkel der Relevanzregel

Einige Stimmen in der Literatur vergleichen jedoch auch die Nichteinbeziehung im Ausland arbeitender Arbeitnehmer in die deutsche Unternehmensmitbestimmung mit den Goldenen-Aktien-Entscheidungen des Gerichtshofs.[2004] Dabei könnte ein direkter Vergleich zwischen dem deutschen Staat und den ‚deutschen' Arbeitnehmervertretern gezogen werden. Die in Deutschland arbeitenden Arbeitnehmer haben beispielsweise bei Standortverlagerungen lediglich die in Deutschland befindlichen Arbeitsplätze im Blick und sind in ihrem Handeln deshalb mit nationalen Regierungen gleichzusetzen. Beide Gruppen beachten vornehmlich die Standortsicherheit der eigenen Wählerschaft.

Bei diesem Vergleich ist jedoch wiederum die Relevanzregel besonders problematisch. Auch die Kapitalverkehrsfreiheit kann nur durch eine staatliche Maßnahme beschränkt werden. Es handelt sich im Kern auch bei diesem Vergleich um die schon im Rahmen der Niederlassungsfreiheit der Gesellschaft behandelte Frage, ob die deutschen Arbeitnehmervertreter dem deutschen Staat quasi zugerechnet werden können. Wie schon im Rahmen der Niederlassungsfreiheit, stellt das potentielle Abstimmungsverhalten jedoch ein ungewisses Ereignis dar, sodass aufgrund der Relevanzregel die Nichteinbeziehung im Ausland arbeitender Arbeitnehmer in die deutsche Unternehmensmitbestimmungzu indirekt wirkt, um als Beschränkung zu gelten.[2005]

IV. Ergebnis

Auch die Anleger einer mitbestimmten Gesellschaft werden also nicht durch die Nichteinbeziehung im Ausland arbeitender Arbeitnehmer in die deutsche Unternehmensmitbestimmung beschränkt. Das Abstimmungsverhalten der Arbeitnehmer wirkt zu indirekt bzw. stellt ein solch ungewisses Ereignis dar, dass dies dem Beschränkungsbegriff nicht genügt. Die gegebenenfalls parallel anzuwendende Niederlassungsfreiheit würde zu keinem anderen Ergebnis führen, weil hier ebenfalls derselbe Aspekt, das Abstimmungsverhalten der Arbeitnehmer, im Rahmen der Relevanzregel zu beachten wäre.[2006]

An dieser Stelle muss beachtet werden, dass bei dieser Prüfung nur die Nichteinbeziehung im Ausland arbeitender Arbeitnehmer in die deutsche Unternehmensmitbestimmung untersucht wurde und nicht die Wirkungen der Unternehmensmitbestimmung an sich. Die Unternehmensmitbestimmung an sich könnte gegebenenfalls eine Beschränkung der Kapitalverkehrsfreiheit darstellen, weil sie eine Ausnahme zum allgemeinen Gesellschaftsrecht ist. Andererseits gilt die Unternehmensmitbestimmung für sämtliche Gesellschaften, die in den Anwendungsbereich der Gesetze fallen. Der Gerichtshof hatte – soweit ersicht-

---

2004 Beispielsweise *Meilicke*, GmbHR 2003, S. 793 (805).

2005 Vgl. ausführlich in diesem Kapitel A. III. 4.).

2006 Vgl. dazu auch in diesem Kapitel unter A. III. 4.).

lich – insofern noch nicht zu entscheiden, ob die Rechtsprechung zu den Goldenen Aktien auch auf private Unternehmen übertragbar ist. Hierbei stellt sich die Frage, ob der Privatrechtsgesetzgeber im Gesellschaftsrecht Regelungen, die als Sonderrecht des Staats gegen die Kapitalverkehrsfreiheit verstoßen, im allgemeinen Gesellschaftsrecht den Privatrechtssubjekten ermöglichen darf. Einerseits wirkt es im Rahmen des Binnenmarkts noch stärker, wenn der Gesetzgeber einen solchen gesellschaftsrechtlichen Rahmen schafft und nicht nur einige wenige Rechte in ehemals staatlichen Unternehmen sichert.[2007] Andererseits trifft diese Verpflichtung sämtliche Gesellschaften, die in den Anwendungsbereich des jeweiligen Gesetzes fallen, gleich, sodass diese gerade kein Sonderrecht eines bestimmten Anteilseigners darstellen. Jedenfalls dürfte diese eventuelle Beschränkung zumindest durch den zwingenden Grund der Arbeitnehmerinteressen gerechtfertigt sein.[2008]

2007 *Grundmann*, Europäisches Gesellschaftsrecht, Rn. 653.
2008 Vgl. zu diesem Rechtfertigungsgrund in Kapitel 5. A. IV. 1.) a.).

Kapitel 7: Zusammenfassung der Ergebnisse

Die wesentlichen Ergebnisse dieser Untersuchung werden im Folgenden nochmals zusammengestellt. Diese umfassen sowohl das Ziel eines konsistenten Systems der Unternehmensmitbestimmung in Deutschland und Europa als auch die Ergebnisse zur Frage der Unionsrechtswidrigkeit der Nichteinbeziehung im Ausland arbeitender Arbeitnehmer in die deutsche Unternehmensmitbestimmung, inklusive der möglichen Rechtsfolgen einer solchen Diskriminierung, sowie weitere primärrechtliche Erkenntnisse.

A. Konsistentes Unternehmensmitbestimmungssystem

Das deutsche Unternehmensmitbestimmungssystem ist reformbedürftig. Mittlerweile gibt es für Unternehmen mit dem Montanmitbestimmungsgesetz, dem Montanmitbestimmungsergänzungsgesetz, dem Mitbestimmungsgesetz, dem Drittelbeteiligungsgesetz, dem SE-Beteiligungsgesetz und dem Gesetz über die Mitbestimmung der Arbeitnehmer bei einer grenzüberschreitenden Verschmelzung sechs Gesetze, die bezüglich ihrer Intensität und den Wahlverfahren deutlich voneinander abweichen. Zumindest unter den Unternehmen in Deutschland sollte meiner Ansicht nach jedoch eine vergleichbare Mitbestimmung gewährleistet sein. Dies würde dadurch erreicht, dass das ‚europäische Modell' der Verhandlung mit der ‚deutschen' Auffanglösung auch bei nationalen Gesellschaftsformen angewendet wird. Sämtliche Unternehmen ab einer bestimmten Schwellengrenze müssten sodann über die Mitbestimmung im Unternehmen verhandeln, wobei als Auffangregelung bei Scheitern der Verhandlungen das Mitbestimmungsgesetz und das Drittelbeteiligungsgesetz gelten könnten. Die Montanmitbestimmung sollte aufgrund der historisch bedingten Sonderrolle in Europa und der geringen Praxisrelevanz gänzlich abgeschafft werden. Insgesamt hätten somit die Unternehmen in Deutschland wieder einheitliche Ausgangsbedingungen und die Arbeitnehmer vergleichbare Einflussmöglichkeiten.

Außerdem sollten bei sämtlichen Formen der Unternehmensmitbestimmung auch die im Unionsausland arbeitenden Arbeitnehmer einbezogen werden. Dies fordert innerhalb einer Gesellschaft nach dieser Untersuchung nicht nur die Arbeitnehmerfreizügigkeit, sondern gebietet auch die Konsistenz im System der Unternehmensmitbestimmung. Es ist nicht ersichtlich, warum im Ausland arbeitende Arbeitnehmer nicht an Unternehmensentscheidungen teilhaben sollen bzw. warum Unternehmen, deren Arbeitnehmer hauptsächlich in ausländischen Standorten arbeiten, bevorzugt werden. Die Gesetze bezüglich der supranationalen Gesellschaftsformen oder grenzüberschreitend verschmolzenen Gesellschaften zeigen, dass dies durchaus auch möglich ist. Zudem wird hierdurch tatsächlich die ganze europäische Belegschaft eines Unternehmens beteiligt und der Austausch der Belegschaftsvertreter führt zu einem weiteren, wenn auch kleinen Schritt hin zu einer tieferen europäischen Integration.

B. Unionsrechtswidrigkeit der Nichteinbeziehung im Ausland arbeitender Arbeitnehmer

Die zentralen Erkenntnisse dieser Arbeit sind im Rahmen der Frage hinsichtlich der Unionsrechtswidrigkeit der Nichteinbeziehung im Ausland arbeitender Arbeitnehmer in die deutsche Unternehmensmitbestimmunggewonnen worden. Hier wurden sowohl die Wirkungen auf die im Ausland arbeitenden Arbeitnehmer und die im Inland arbeitenden Arbeitnehmer als auch auf Unternehmen und Investoren beleuchtet.

I. Im Ausland arbeitende Arbeitnehmer

Das ausschließliche Wahlrecht der im Inland arbeitenden Arbeitnehmer verstößt aus Sicht der im Ausland arbeitenden Arbeitnehmer – zumindest innerhalb einem Unternehmen – gegen die Arbeitnehmerfreizügigkeit. Die Überprüfung des ausschließlichen Wahlrechts der im Inland arbeitenden Arbeitnehmer hat gezeigt, dass eine diskriminierende Wirkung der im Ausland arbeitenden Arbeitnehmer vorliegt. Im Anwendungsbereich ist vor allem das Vorliegen eines grenzüberschreitenden Sachverhalts problematisch. Da die Arbeitnehmer jedoch im Ausland arbeiten, aber bei einem deutschen Arbeitgeber angestellt sind, ist der Anwendungsbereich meiner Ansicht nach eröffnet.

Die Diskriminierung aufgrund der Staatsangehörigkeit erfolgt indirekt durch das Merkmal des Arbeitsorts. Zum einen werden die im Ausland arbeitenden Arbeitnehmer durch das fehlende aktive und passive Wahlrecht bei den unternehmensangehörigen Arbeitnehmervertretern diskriminiert. Zum anderen liegt auch bei den Gewerkschaftsvertretern eine indirekte Diskriminierung vor, weil nur inländische Gewerkschaften vorschlagsberechtigt sind.

Eine Rechtfertigung dieser Diskriminierung ist nicht möglich. Der Schutz der im Inland arbeitenden Arbeitnehmer kann nicht als Rechtfertigungsgrund herangezogen werden, weil sie aus Unionssicht keine besonders zu schützende Personengruppe innerhalb der Arbeitnehmerschaft sind. Auch das viel diskutierte Territorialitätsprinzip stellt keine Rechtfertigungsmöglichkeit dar. Dies wäre nur der Fall, wenn es völkerrechtlich nicht möglich wäre, die Unternehmensmitbestimmung nichtdiskriminierend auszugestalten. Allerdings gibt es im Privatrecht kein völkerrechtliches Verbot einer Einbeziehung ausländischer Arbeitnehmer. Weder die Gewährung des passiven noch des aktiven Wahlrechts dieser Arbeitnehmergruppe greift in die nationale Souveränität des ausländischen Mitgliedstaats ein. Dies gilt schon zwischen unabhängigen Staaten aufgrund allgemeiner völkerrechtlicher Prinzipien. Zwischen den Mitgliedstaaten der Europäischen Union gilt zudem das Prinzip der kooperativen Souveränitätsausübung, welches das in dieser Arbeit völkerrechtlich gefundene Ergebnis stützt und dessen Argumentationslinie innerhalb der Mitgliedstaaten der Europäischen Union sogar noch verstärkt.

Diese Diskriminierung hat zur Folge, dass nun sämtliche Arbeitnehmer deutscher Gesellschaften, die in Mitgliedstaaten der Europäischen Union arbeiten, bei den Wahlen für die Arbeitnehmervertreter im Aufsichtsrat aktiv und passiv wahlberechtigt sind. Eine solche Angleichung ‚nach oben' gebietet die bisherige Unionsrechtsprechung. Ob der Gerichtshof dabei seine bisher zurückhaltende Anwendung einer Umsetzungsfrist für den nationalen Gesetzgeber aufrechterhalten wird, bleibt abzuwarten. Wahrscheinlicher als eine Umsetzungsfrist ist jedoch, dass es nach Feststellung der Unionswidrigkeit der Nichteinbeziehung im Ausland arbeitender Arbeitnehmer in die deutsche Unternehmensmitbestimmung durch den Gerichtshof zunächst Sache der nationalen Gerichte sein wird, einen Weg zur Umsetzung der Einbeziehung sämtlicher Arbeitnehmer zu finden. Es bleibt zu hoffen, dass der nationale bzw. unionale Gesetzgeber dann möglichst schnell tätig wird, um für Unternehmen und Arbeitnehmer wieder Rechtssicherheit herzustellen.

II. Im Inland arbeitende Arbeitnehmer

Bei den im Inland arbeitenden Arbeitnehmern muss zunächst zwischen der Beschäftigung im Unternehmen und der Tätigkeit im Aufsichtsrat unterschieden werden. Die im Inland arbeitenden Arbeitnehmer werden weder diskriminiert noch in ihrer Arbeitnehmerfreizügigkeit beschränkt. Die Arbeitnehmer würden durch den Wechsel in einen ausländischen Betrieb oder in eine ausländische Tochtergesellschaft innerhalb desselben Unternehmens zwar das Wahlrecht verlieren. Der Verlust dieses Rechts kann jedoch nicht als Beschränkung im Sinne der Grundfreiheiten angesehen werden. Nach der Rechtsprechung des Gerichtshofs muss die nationale Maßnahme eine den Zugang beschränkende Wirkung aufweisen. Das Wahlrecht ist jedoch bloßer Bestandteil der Beschäftigungsmodalitäten innerhalb eines Mitgliedstaats. Der Zugang zum ausländischen Arbeitsmarkt wird durch den Verlust eines Rechts im Inland nicht beeinträchtigt.

Der Verlust der Aufsichtsratsmitgliedschaft stellt ebenfalls keine Beschränkung der Grundfreiheiten dar. Das Aufsichtsratsmitglied selbst ist kein Arbeitnehmer, sondern gehört zur Leitung der Gesellschaft und fällt damit unter die Niederlassungsfreiheit. Den Aufsichtsratsmitgliedern fehlt das Merkmal der Weisungsabhängigkeit, das insbesondere auch bei den Arbeitnehmervertretern im Aufsichtsrat nicht gegeben ist. Diese Aufsichtsratsmitglieder werden von den Arbeitnehmern gewählt und unterliegen keinerlei Weisungen durch Organe oder Anteilseigner der Gesellschaft. Auch die Arbeitnehmer selbst oder die Gewerkschaften dürfen ihren Vertretern im Aufsichtsrat keine Einzelweisungen erteilen. Insofern agieren diese als weisungsfreie Führung der Gesellschaft. Bei einem Wechsel der im Inland arbeitenden Arbeitnehmer in einen ausländischen Betrieb oder eine ausländische Tochtergesellschaft verlieren die Arbeitnehmervertreter zwar ihre Mitgliedschaft im Aufsichtsrat, doch kann dieser Verlust grundfreiheitlich nicht berücksichtigt werden, weil sich die Arbeitnehmervertreter nicht als Aufsichtsratsmitglied, sondern als Arbeitnehmer eines Unternehmens in einem anderen Mitgliedstaat niederlassen. Eine Verknüpfung zwischen diesen beiden Tätigkeiten ist an dieser Stelle nicht vorhanden.

III. Unternehmen und Investoren

Die deutschen Unternehmen werden durch das fehlende Wahlrecht der im Ausland arbeitenden Arbeitnehmer in ihrer Niederlassungsfreiheit ebenfalls nicht beschränkt. Zunächst einmal fallen auch Gesellschaften in den Anwendungsbereich der Niederlassungsfreiheit, wenn diese ihren Verwaltungssitz oder einen sonstigen Standort in einen anderen Mitgliedstaat verlagern möchten. Problematisch ist jedoch wiederum das Vorliegen einer Beschränkung. Zwar können Standortverlagerungen durch Zustimmungsvorbehalte im Aufsichtsrat oftmals verhindert werden, was den Zugang der Gesellschaft in den anderen Mitgliedstaat beeinträchtigt. Doch muss neben der Einschränkung des Zugangs an dieser Stelle als weitere Einschränkung des Beschränkungsbegriffs die Relevanzregel beachtet werden. Die staatliche Maßnahme in Form des jeweiligen Unternehmensmitbestimmungsgesetzes verbietet oder beschränkt selbst noch keinen Standortwechsel. Vielmehr wird die Niederlassung in einem anderen Mitgliedstaat erst durch die Zustimmungsvorbehalte in den Satzungen der Gesellschaften und durch das potentielle Abstimmungsverhalten der Aufsichtsratsratsmitglieder, insbesondere der Arbeitnehmervertreter, verhindert. Deshalb ist die Wirkung der Unternehmensmitbestimmungsgesetze an dieser Stelle zu indirekt und von zu ungewissen Entscheidungen der Arbeitnehmer abhängig, um eine beschränkende Wirkung zu entfalten.

Auch die Investoren werden durch die Nichteinbeziehung im Ausland arbeitender Arbeitnehmer in die deutsche Unternehmensmitbestimmung nicht beeinträchtigt. Da die Investoren sowohl Kleinanleger als auch strategische Anleger umfassen, sind die Niederlassungsfreiheit und die Kapitalverkehrsfreiheit parallel anwendbar. Allerdings liegt auch hier keine beschränkende Wirkung der Unternehmensmitbestimmungsgesetze vor. Teilweise wurde versucht eine Parallele zwischen den Goldenen-Aktien-Entscheidungen und der Nichteinbeziehung im Ausland arbeitender Arbeitnehmer in die deutsche Unternehmensmitbestimmung zu ziehen. Doch können die ‚deutschen' Arbeitnehmervertreter an dieser Stelle nicht mit dem deutschen Staat gleichgesetzt werden. Ein Investor schreckt vielleicht vor einer Anlage in einem mitbestimmten Unternehmen ab, weil er die Kontrolle über den Aufsichtsrat nicht vollständig erlangen kann. Doch hat die Tatsache, dass nur im Inland arbeitende Arbeitnehmer in diesem Aufsichtsrat sitzen, keine besondere Auswirkungen. Die Unternehmensmitbestimmung an sich könnte zwar die Grundfreiheiten gegebenenfalls beschränken. Diese Beschränkung würde dann aber voraussichtlich durch den Arbeitnehmerschutz gerechtfertigt werden.

C. Weitere primärrechtliche Erkenntnisse

Die weiteren primärrechtlichen Erkenntnisse umfassen drei zentrale Fragen des Unionsrechts: den Beschränkungsbegriff, die Rechtfertigungsmöglichkeiten von Diskriminierungen bzw. Beschränkungen sowie den Anwendungsumfang der Unionsgrundrechte bei mitgliedstaatlichen Maßnahmen. Die ersten beiden Fragestellungen sind im Zusammenhang mit der Herstellung des unionsweiten Binnenmarkts von erheblicher Bedeutung. Bei der dritten Problematik steht die für ein Staatengebilde, wie die Europäischen Union, zentrale Frage der Kompetenzverteilung zwischen Mitgliedstaaten einerseits und Europäischer Union andererseits im Vordergrund.

I. Beschränkungsbegriff

Hinsichtlich des Beschränkungsbegriffs wird deutlich, dass ein Gleichlauf der Grundfreiheiten sinnvoll und vom Gerichtshof gewünscht ist. Der Europäische Gerichtshof gibt vor, dass sämtliche nationale Maßnahmen Beschränkungen sind, sofern sie die Ausübung der durch den Vertrag garantierten grundlegenden Freiheiten behindern oder weniger attraktiv machen. Dieser weite Beschränkungsbegriff muss dabei insbesondere hinsichtlich des Ausgleichs zwischen dem Ziel eines europäischen Binnenmarkts und den Rechtssetzungskompetenzen der Mitgliedstaaten eingeschränkt werden. Die Einschränkungsmöglichkeiten – das Zugangskriterium auf der einen und die Relevanzregel auf der anderen Seite – sind dabei handhabbare Instrumente, die im Einzelfall zu sinnvollen Ergebnissen kommen.

Das Kriterium des Zugangs löst das Spannungsverhältnis zwischen Binnenmarkt und mitgliedstaatlichen Kompetenzen zweckmäßig auf. Nur wenn der Grenzübertritt tatsächlich beschränkt wird, ist der Binnenmarkt in Gefahr. Den Rechtsrahmen nach Eintritt in den entsprechenden Markt kann der Mitgliedstaat wiederum selbst regeln. Genau aus diesem Grund wird auch eine Spürbarkeitsgrenze abgelehnt. Wird der Zugang beschränkt, ist der Binnenmarkt unvollkommen und der Eingriff in diesen muss gerechtfertigt werden. Die Intensität der Beschränkung kann dann im Rahmen der Rechtfertigung berücksichtigt werden.

Die Relevanzregel wiederum setzt an der staatlichen Maßnahme und deren tatsächlichen Auswirkungen an. Wirkt die staatliche Maßnahme zu indirekt oder ist noch ein zu ungewisses Ereignis zwischengeschaltet, liegt keine Beschränkung vor. Die Maßnahme selbst beschränkt in diesem Fall den Binnenmarkt nicht, da noch andere Akteure oder Maßnahmen eine Rolle spielen, die den Mitgliedstaaten nicht zugerechnet werden können. Insofern kann dem Mitgliedstaat dann aber auch kein Beschränkungsvorwurf gemacht werden.

II. Rechtfertigungsgründe

Bei den Rechtfertigungsgründen ist vom Gerichtshof ein Gleichlauf zwischen mittelbaren Diskriminierungen und Beschränkungen weitgehend hergestellt. Dies ist auch sinnvoll, weil diese Beeinträchtigungsformen einerseits schwer voneinander abzugrenzen sind und andererseits haben sich die Ziele der Union in den letzten Jahrzehnten deutlich gewandelt, sodass die ursprünglich geschriebenen Gründe keine gesteigerte Bedeutung mehr haben können.

Auch eine umfassende Rechtfertigungsmöglichkeit der direkten Diskriminierungen ist ehrlicher, weil die Mitgliedstaaten andernfalls andere Abgrenzungskriterien finden, die das Staatsangehörigkeitskriterium ersetzen. Die Auswirkungen für den

Binnenmarkt sind dadurch aber oftmals kaum geringer. Die unterschiedlichen Beeinträchtigungsformen sollten allesamt durch geschriebene und ungeschriebene Gründe gerechtfertigt werden können. Die Beeinträchtigungsform kann dann aber wiederum im Rahmen der Verhältnismäßigkeitsprüfung berücksichtigt werden.

III. Anwendung der Unionsgrundrechte

Anders als die Grundfreiheiten gelten die Unionsgrundrechte zunächst einmal nur für Unionsmaßnahmen. Für nationale Maßnahmen sind wiederum die nationalen Grundrechte anwendbar. Unionsgrundrechte können jedoch auch dann angewendet werden, wenn mitgliedstaatliches Recht das Unionsrecht durchführt. Paradebeispiel sind dabei die Umsetzungsgesetze von Richtlinien. Der Gerichtshof zieht die Unionsgrundrechte zudem bei der Rechtfertigung von Grundfreiheitsbeeinträchtigungen heran. Dies führt dazu, dass das Spannungsverhältnis zwischen den Grundfreiheiten auf der einen und den Grundrechten auf der anderen Seite im Rahmen der praktischen Konkordanz aufgelöst werden muss. Diese beiden Konstellationen sind mittlerweile in mehreren Entscheidungen des Gerichtshofs bestätigt und im Schrifttum anerkannt.

Problematisch ist jedoch die Frage, ob der Gerichtshof mittlerweile eine weitere Ausweitung der Anwendbarkeit der Unionsgrundrechte vorgenommen hat. In der Entscheidung Karner hat der Gerichtshof keine Beschränkungswirkung der nationalen Maßnahme festgestellt und trotzdem anschließend die Vereinbarkeit dieser Maßnahme mit den Unionsgrundrechten geprüft. Allerdings ist bisher keine weitere Entscheidung in diese Richtung ergangen. Inhaltlich wäre eine solche Ausweitung aufgrund der Kompetenzverteilung zwischen der Union und den Mitgliedstaaten auch nicht angebracht. Die Verabschiedung der Grundrechtecharta hat gezeigt, dass die Mitgliedstaaten keine weitere Ausweitung in diesem Bereich und der damit einhergehenden Kompetenzübertragung vornehmen möchten.

Kapitel 8: Entscheidung Erzberger

Im Juli 2017 ist mit der lange erwarteten Entscheidung des Europäischen Gerichtshofs in der Angelegenheit Erzberger[2009] die Frage der Unionsrechtskonformität der Nichteinbeziehung im Ausland arbeitender Arbeitnehmer in die deutsche Unternehmensmitbestimmung teilweise geklärt worden. In diesem Kapitel werden zunächst der Sachverhalt und die wesentlichen Gründe der Entscheidung dargestellt und diese anschließend kurz bewertet. Zum Abschluss dieses Kapitels wird sodann ein Ausblick auf die weitere Diskussion gegeben. Dabei muss berücksichtigt werden, dass schon der Generalanwalt Saugmandsgaard Øe[2010] und dem folgend auch der Gerichtshof[2011] ausdrücklich erklärt haben, dass ihre Ausführungen nur für Arbeitnehmer gelten, die im Ausland für ebenfalls im Ausland ansässige, selbständige Tochtergesellschaften arbeiten. Insofern verbleiben auch nach der Entscheidung Erzberger noch offene Fragen, die im Lichte dieser Entscheidung beleuchtet werden müssen.

A. Sachverhalt und Verfahrensgang

Ein Touristikunternehmen, die TUI AG, beschäftigte innerhalb seines Konzerns in Deutschland etwas mehr als 10.000 und innerhalb der Europäischen Union ungefähr 50.000 Arbeitnehmer. Da der Konzern damit in Deutschland regelmäßig über 2.000 Arbeitnehmer beschäftigte, wurde sein Aufsichtsrat aufgrund des Mitbestimmungsgesetzes zur Hälfte mit Vertretern der Arbeitnehmer besetzt.[2012] Im Rahmen eines Statusverfahrens machte ein Aktionär der TUI AG geltend, dass die Wahl der Arbeitnehmervertreter im Aufsichtsrat nicht ordnungsgemäß erfolgt sei. Es wurden zwar 10 der insgesamt 20 Aufsichtsratsmitglieder durch die Arbeitnehmer bzw. Gewerkschaften bestimmt.[2013] Die Arbeitnehmervertreter seien jedoch nur von in Deutschland arbeitenden Arbeitnehmern gewählt worden und nicht von sämtlichen Arbeitnehmern, die innerhalb der Europäischen Union arbeiteten. Insofern machte der Antragsteller geltend, dass die Vorschriften des Mitbestimmungsgesetzes gegen das Unionsrecht verstießen.[2014]

2009 EuGH, Rs. C-566/15 (Erzberger), Celex-Nr. 62015CJ0566. Vgl. dazu knapp *Einfeldt*, ArbRB 2017, S. 268 f.; *Teigelkötter*, DB 2017, S. 1705; kritisch zur Entscheidung insbesondere *Habersack*, NZG 2017, S. 1021 ff.

2010 GA *Saugmandsgaard Øe*, Schlussanträge zu EuGH, Rs. C-566/15 (Erzberger), Celex-Nr. 62015CC0566, Rn. 35.

2011 EuGH, Rs. C-566/15 (Erzberger), Celex-Nr. 62015CJ0566, Rn. 23.

2012 Vgl. zum Mitbestimmungsgesetz in Kapitel 2 C. I.

2013 Vgl. zur Zusammensetzung im Rahmen des Mitbestimmungsgesetzes in Kapitel 2 C. I. 2.) a.).

2014 EuGH, Rs. C-566/15 (Erzberger), Celex-Nr. 62015CJ0566, Rn. 15.

Das Kammergericht Berlin legte sodann die Frage, ob das Mitbestimmungsgesetz mit Unionsrecht vereinbar ist, dem Europäischen Gerichtshof vor.[2015] Das Kammergericht hielt es für möglich, dass das Mitbestimmungsgesetz gegen Unionsrecht verstoße, da nur die in Deutschland tätigen Arbeitnehmer wahlberechtigt seien.[2016] Hierdurch könnten die Mitarbeiter, die in anderen Mitgliedstaaten der Europäischen Union arbeiten, diskriminiert werden. Diese Mitarbeiter können weder die Arbeitnehmervertreter im Aufsichtsrat wählen noch sich für diese Positionen zur Wahl stellen. Darüber hinaus könnte nach Ansicht des Kammergerichts die Arbeitnehmerfreizügigkeit der inländischen Arbeitnehmer beeinträchtigt sein.[2017] Diese in Deutschland arbeitenden Arbeitnehmer verlören beispielsweise durch einen beruflichen Wechsel in einen ausländischen Betrieb ebenfalls ihr aktives und passives Wahlrecht. Hierdurch könnten sich diese Arbeitnehmer von einem Wechsel in einen anderen Mitgliedstaat abhalten lassen, was die Freizügigkeit innerhalb der Union behindern könnte.

Erwähnenswert ist am weiteren Verlauf des Verfahrens[2018] vor dem Gerichtshof noch, dass die Europäische Kommission eine „Kehrtwende“[2019] vollzogen hat. Zunächst vertrat sie die Ansicht, dass ein Verstoß gegen Unionsrecht vorliege. In der mündlichen Verhandlung vom 24. Januar 2017 hielt sie die Beschränkung der Arbeitnehmerfreizügigkeit jedoch für gerechtfertigt.[2020] Der Generalanwalt sah sodann in seinen Schlussanträgen schon keine Beeinträchtigung der Arbeitnehmerfreizügigkeit oder des allgemeinen Diskriminierungsverbotes für gegeben,[2021] hilfsweise seien diese aber zumindest gerechtfertigt.[2022]

B. Entscheidungsgründe und Kurzbewertung

Der Europäische Gerichtshof hat sodann am 18. Juli 2017 entschieden, dass Art. 45 AEUV dahingehend auszulegen ist, *„dass er einer Regelung eines Mitgliedstaats*

2015 KG Berlin, EuGH-Vorlage vom 16. Oktober 2015–14 W 89/15; vgl. dazu ausführlich in Kapitel 5 A. V. 1.).

2016 So auch mittlerweile das OLG München, Beschluss vom 20. Februar 2017–3 Wx 321/15, welches das Verfahren aufgrund des Vorlagebeschlusses des Kammergerichts Berlin ausgesetzt hat.

2017 Vgl. in Kapitel 2 B. 3.).

2018 Vgl. zum Verfahrensgang insgesamt auch *Wansleben*, WM 2017, S. 785 (785).

2019 *Kainer*, NJW 2017, S. 2603 (2605).

2020 https://ec.europa.eu/germany/news/eu-kommission-verteidigt-mitbestimmungsrechte-von-deutschen-arbeitnehmern-vor-dem-eugh_de (26. Dezember 2017). Vgl. hierzu bspw. auch *Kainer*, NJW 2017, S. 2603 (2605); Antwort der Bundesregierung auf eine Kleine Anfrage unter BTag-Drucks. 18/10448.

2021 GA *Saugmandsgaard Øe*, Schlussanträge zu EuGH, Rs. C-566/15 (Erzberger), Celex-Nr. 62015CC0566, Rn 42 ff.

2022 GA *Saugmandsgaard Øe*, Schlussanträge zu EuGH, Rs. C-566/15 (Erzberger), Celex-Nr. 62015CC0566, Rn 86 ff.

wie der im Ausgangsverfahren fraglichen nicht entgegensteht, wonach die bei den inländischen Betrieben eines Konzerns beschäftigten Arbeitnehmer das aktive und passive Wahlrecht bei den Wahlen der Arbeitnehmervertreter im Aufsichtsrat der in diesem Mitgliedstaat ansässigen Muttergesellschaft des Konzerns sowie gegebenenfalls das Recht auf Ausübung oder weitere Ausübung eines Aufsichtsratsmandats verlieren, wenn sie ihre Stelle in einem solchen Betrieb aufgeben und eine Stelle bei einer in einem anderen Mitgliedstaat ansässigen Tochtergesellschaft dieses Konzerns antreten."[2023]

Insofern liegt nach Ansicht des Gerichtshofs bei im Ausland beschäftigten Arbeitnehmern einer Tochtergesellschaft keine Diskriminierung oder Beschränkung der Arbeitnehmerfreizügigkeit vor. Er hat jedoch ausdrücklich klargestellt, dass es sich bei dem hier vorliegenden Sachverhalt nur um Arbeitnehmer handele, die bei ausländischen Tochtergesellschaften im Ausland arbeiten. Es gebe bei dem vorliegenden Unternehmen keine unselbständigen Niederlassungen im Ausland. Insofern wurde diese Konstellation ausdrücklich nicht berücksichtigt und damit auch nicht entschieden.[2024] Im Anschluss an diese Einschränkung der Reichweite der Entscheidung hat der Gerichthof in seinen Gründen danach unterschieden, ob es sich um im Ausland arbeitende oder im Inland arbeitende Arbeitnehmer handelt.[2025]

I. Im Ausland arbeitende Arbeitnehmer

Das Vorliegen einer Beeinträchtigung der im Ausland arbeitenden Arbeitnehmer des Konzerns wurde ausschließlich anhand der Arbeitnehmerfreizügigkeit gem. Art. 45 AEUV geprüft, da diese das speziellere Diskriminierungsverbot darstelle. Das Diskriminierungsverbot aufgrund der Staatsangehörigkeit gem. Art 18 AEUV sei insofern nicht einschlägig.[2026] Die im Ausland arbeitenden Arbeitnehmer fallen jedoch nach Ansicht des Gerichtshofs schon nicht unter die Arbeitnehmerfreizügigkeit, weil keine Berührung mit einem grenzüberschreitenden Sachverhalt vorhanden sei. Insbesondere reiche die bloße Tatsache, dass die Vertragsarbeitgeberin als ausländische Tochtergesellschaft eine deutsche Muttergesellschaft habe, nicht aus.[2027] Der Gerichtshof hat an dieser Stelle deshalb keine Aussagen zu einer etwaigen Diskriminierung oder Beschränkung treffen müssen, sondern den Anwendungsbereich der Grundfreiheit allein deshalb verneint, weil ein grenzüberschreitender Bezug fehle.[2028]

2023 EuGH, Rs. C-566/15 (Erzberger), Celex-Nr. 62015CJ0566, Rn. 41.
2024 EuGH, Rs. C-566/15 (Erzberger), Celex-Nr. 62015CJ0566, Rn. 23.
2025 Vgl. dazu Kapitel 5 sowie auch KG Berlin, EuGH-Vorlage vom 16. Oktober 2015–14 W 89/15.
2026 EuGH, Rs. C-566/15 (Erzberger), Celex-Nr. 62015CJ0566, Rn. 25 f.; so auch oben in Kapitel 5. A. I.
2027 EuGH, Rs. C-566/15 (Erzberger), Celex-Nr. 62015CJ0566, Rn. 29. Vgl. dazu auch *Heuschmid/Videbaek Munkholm*, EuZW 2017, S. 419 (419 f.).
2028 EuGH, Rs. C-566/15 (Erzberger), Celex-Nr. 62015CJ0566, Rn. 29 f.

Auch wenn dies nach den früheren Entscheidungen des Gerichtshofs nicht unbedingt zu erwarten war,[2029] ist es grundsätzlich zu begrüßen, dass das bloße Vorliegen eines multinationalen Konzerns in Bezug auf das einzelne Arbeitsverhältnis nach Ansicht des Gerichtshofes für einen grenzüberschreitenden Sachverhalt noch nicht ausreichend ist. Insbesondere wird mit dieser Entscheidung das Verhältnis zwischen Binnenmarktfreiheiten und nationaler Souveränität wieder sinnvoll austariert.[2030] Daran anschließend stellt sich nun jedoch die Frage, ob auch für in unselbständigen Niederlassungen tätige Arbeitnehmer kein grenzüberschreitender Bezug in diesem Sinne vorhanden ist und falls doch, welche Auswirkungen dies für die weitere Prüfung einer Beeinträchtigung der Arbeitnehmerfreizügigkeit haben könnte. Hierauf wird deshalb im sogleich folgenden Ausblick näher eingegangen.[2031]

Darüber hinaus stellt sich die Frage, ob aufgrund des fehlenden grenzüberschreitenden Bezugs bei der Arbeitnehmerfreizügigkeit doch wieder das Diskriminierungsverbot aufgrund der Staatsangehörigkeit einschlägig gewesen wäre.[2032] Zunächst ist der Entscheidung des Gerichtshofs dahingehend zuzustimmen, dass Art. 45 AEUV grundsätzlich spezieller und damit vorrangig zu prüfen ist.[2033] Allerdings ist es – soweit ersichtlich – ständige Rechtsprechung des Gerichtshofs, dass das Diskriminierungsverbot aufgrund der Staatsangehörigkeit gem. Art. 18 AEUV nach dem Grundsatz der Spezialität nur dann unanwendbar ist, wenn der Sachverhalt auch tatsächlich in den Anwendungsbereich einer Grundfreiheit fällt.[2034] Wenn jedoch – wie vorliegend – keine Grundfreiheit auf den maßgeblichen Sachverhalt – also in Bezug auf die im Ausland arbeitenden Arbeitnehmer – einschlägig ist, wäre nach meiner Ansicht durchaus wieder auf das Diskriminierungsverbot gem. Art. 18 AEUV zurückzugreifen gewesen.[2035] Nur wenn der Anwendungsbereich eines spezielleren Tatbestands vollständig gegeben ist, hätte dies das Diskriminierungsverbot nach Art. 18 AEUV gesperrt. Das Merkmal des grenzüberschreitenden Bezugs gehört aber nach der hier vertretenden Auffassung zum Anwendungsbereich einer Grundfreiheit.[2036] Insofern hätte geprüft werden müssen, ob gegen das Dis-

---

2029 So auch *Kainer*, NJW 2017, Seite 2603 (2605); zum „früheren EuGH" ebenso *Lutter*, EuZW 2017, S. 665 (665); *Schanze*, AG 2017, S. 573 (576).

2030 So auch *Kainer*, NJW 2017, Seite 2603 (2605); *Schanze*, AG 2017, S. 573 ff.

2031 Vgl. dazu in diesem Kapitel unter C.

2032 So auch Kainer, NJW 2017, Seite 2603 (2605).

2033 Vgl. dazu Kapitel 4 B. I. 4.) a.) sowie *Heuschmid/Videbaek Munkholm*, EuZW 2017, S. 419 (419 f.).

2034 Vgl. Rossi, EuR 2000, 197 (206); Kainer, NJW 2017, Seite 2603 (2605).

2035 Ebenso *Kainer*, NJW 2017, Seite 2603 (2605); a.A. *Heuschmid/Videbaek Munkholm*, EuZW 2017, S. 419 (419 f.); GA *Saugmandsgaard Øe*, Schlussanträge zu EuGH, Rs. C-566/15 (Erzberger), Celex-Nr. 62015CC0566, Rn. 39 ff.; *Bauer*, NZA-Beilage 2017, S. 85 (88 f.).

2036 Vgl. zum Meinungsstand *Streinz* in ders., EUV/AEUV, § 18 Rn. 19 ff.

kriminierungsverbot nach Art. 18 AEUV verstoßen wurde. Dies hat der Gerichtshof vorliegend jedoch anders beurteilt.[2037]

II. Im Inland arbeitende Arbeitnehmer und Aufsichtsratsmandat

Der Gerichtshof hat weiter festgestellt, dass die Situation der bislang im Inland arbeitenden Arbeitnehmer keine Beeinträchtigung der Arbeitnehmerfreizügigkeit darstellt. Der Gerichtshof prüfte unter diesem Gesichtspunkt sowohl den Verlust des aktiven und passiven Wahlrechts als auch des Rechts auf Ausübung eines Aufsichtsratsmandats. Die Arbeitnehmerfreizügigkeit sei in diesen Konstellationen grundsätzlich anwendbar, weil die Arbeitnehmer hier innerhalb eines Konzerns in einen anderen Mitgliedstaat wechseln möchten.[2038] Allerdings liege hierin weder eine Diskriminierung noch eine Beschränkung dieser Freizügigkeit. Vielmehr garantiere das Unionsrecht nicht, dass ein Umzug in einen anderen Mitgliedstaat in sozialer Hinsicht völlig neutral sei.[2039] Dabei stützte der Gerichtshof diese Entscheidung auch darauf, dass der Europäischen Union bisher keine Harmonisierungs- oder Koordinierungsmaßnahmen in diesem Bereich gelungen seien, sodass der Anwendungsbereich einer Norm von den Mitgliedstaaten bestimmt werden kann, solange diese nicht diskriminierend sind.[2040] Insoweit dürfe ein Mitgliedstaat auch Maßnahmen der kollektiven Vertretung von Arbeitnehmerinteressen daran knüpfen, dass diese Vorschriften nur auf Arbeitnehmer in den Betrieben des jeweiligen Mitgliedstaates gelten.[2041]

Für den Bereich der im Inland arbeitenden Arbeitnehmer ist die Diskussion mit dieser Entscheidung beendet, da diese Argumentation meiner Ansicht nach sowohl für selbständige Tochtergesellschaften als auch für unselbständige Niederlassungen gilt. Die im Inland arbeitenden Arbeitnehmer werden durch die aktuelle Auslegung des Gesetzes und die damit verbundene Einschränkung auf die inländischen Betriebe nicht in ihrer Freizügigkeit beschränkt. Dies gilt sowohl im Hinblick auf das aktive und passive Wahlrecht als auch in Bezug auf die Ausübung des Mandats. Insofern folgt der Gerichtshof in weiten Teilen den in dieser Untersuchung gefundenen Erkenntnissen, insbesondere sieht er hier keine Beschränkung der Arbeitnehmerfreizügigkeit.[2042]

Meiner Ansicht nach hätte der Gerichtshof jedoch noch näher auf den Anwendungsbereich eingehen und weiter differenzieren müssen, da in Bezug auf die Wahrnehmung des Aufsichtsratsmandats gerade keine Arbeitnehmerstellung vorliegt und insofern der Anwendungsbereich der Arbeitnehmerfreizügigkeit schon nicht

---

2037 EuGH, Rs. C-566/15 (Erzberger), Celex-Nr. 62015CJ0566, Rn. 32.
2038 EuGH, Rs. C-566/15 (Erzberger), Celex-Nr. 62015CJ0566, Rn. 33.
2039 EuGH, Rs. C-566/15 (Erzberger), Celex-Nr. 62015CJ0566, Rn. 34.
2040 EuGH, Rs. C-566/15 (Erzberger), Celex-Nr. 62015CJ0566, Rn. 36, 28.
2041 EuGH, Rs. C-566/15 (Erzberger), Celex-Nr. 62015CJ0566, Rn. 37.
2042 Vgl. dazu Kapitel 5 B II.

eröffnet ist. Der Gerichtshof knüpft dieses Recht zur Wahrnehmung des Aufsichtsratsmandats zwar an die Arbeitnehmerstellung, was aber lediglich bei unternehmensangehörigen Arbeitnehmervertretern im Aufsichtsrat überhaupt möglich sein könnte. Darüber hinaus reicht auch diese Verknüpfung nach der hier vertretenen Auffassung gerade nicht aus, damit der Anwendungsbereich des Art. 45 AEUV eröffnet ist.[2043] Der Arbeitnehmer wird hier nicht aufgrund seiner arbeitsvertraglichen Pflichten tätig, sondern aufgrund einer hiervon isoliert zu betrachtenden Wahl in den Aufsichtsrat eines Unternehmens.

Insofern hätte in Bezug auf die Ausübung des Aufsichtsratsmandats die Niederlassungsfreiheit geprüft werden müssen. Eine Beschränkung wäre dann aber ebenfalls zu verneinen gewesen,[2044] sodass diese fehlende Differenzierung des Gerichtshofs auf das Ergebnis keine Auswirkungen hat. Jedenfalls ist meiner Ansicht nach auch nach dieser Entscheidung weiter davon auszugehen, dass Aufsichtsratsmitglieder keine Arbeitnehmer im unionsrechtlichen Sinne sind.[2045]

III. Aus Sicht der Unternehmen und der potentiellen Anleger

Auch wenn sich der Gerichtshof nicht dazu geäußert hat, kann entsprechend dieser Untersuchung ebenfalls weiter davon ausgegangen werden, dass die deutsche Unternehmensmitbestimmung auch aus Sicht der Unternehmen und der potentiellen Kapitalanleger nicht gegen die Niederlassungsfreiheit gem. Art. 49 AEUV oder gegen die Kapitalverkehrsfreiheit gem. Art. 63 AEUV verstößt.[2046] Teilweise wird vertreten, dass sich der Gerichtshof – wie schon bei der Beschränkung auf den Konzernsachverhalt – auch in Bezug auf die weitere Prüfung lediglich auf die konkrete Vorlagefrage beschränkt hat, die auf die Vereinbarkeit mit der Arbeitnehmerfreizügigkeit und der Diskriminierung aufgrund der Staatsangehörigkeit bezogen war.[2047]

Dem ist zwar insoweit zuzustimmen, als der Gerichtshof sich in diesem politisch aufgeladenen Rechtsgebiet[2048] auf den vorliegenden Sachverhalt beschränkt hat und auch deshalb wohl kein obiter dictum abgeben wollte. Allerdings können meiner Ansicht nach aus den Ausführungen des Gerichtshofs, dass er die Unternehmensmitbestimmung sowohl zum kollektiven Arbeitsrecht als auch zum Gesellschaftsrecht zählt,[2049] keine weiteren Rückschlüsse auf einen etwaigen Verstoß gegen die Niederlassungsfreiheit oder die Kapitalverkehrsfreiheit gezogen werden.[2050] Dies gilt jedenfalls für die Frage der Unionsrechtskonformität der Nichteinbeziehung

2043 Vgl. dazu Kapitel 5. B. I. 1.) b.).
2044 Vgl. dazu Kapitel 5 C. III.
2045 Vgl. dazu Kapitel 5 B I. 1.).
2046 Vgl. dazu Kapitel 6.
2047 *Wienbracke*, NZA 2017, S. 1036 (1039).
2048 Vgl. dazu aktuell *Schanze*, AG 2017, S. 573 (574).
2049 EuGH, Rs. C-566/15 (Erzberger), Celex-Nr. 62015CJ0566, Rn. 38.
2050 In diese Richtung aber *Wienbracke*, NZA 2017, S. 1036 (1039).

der im Ausland arbeitenden Arbeitnehmer. Aber auch die in der Literatur vereinzelt vertretene Auffassung, dass die Unternehmensmitbestimmung an sich gegen die Kapitalverkehrsfreiheit verstoßen könnte, dürfte nach dieser Entscheidung weiter abzulehnen sein.[2051] Insbesondere hat der Gerichtshof die deutsche Unternehmensmitbestimmung, in Form des Mitbestimmungsgesetzes, durch die Entscheidung Erzberger nicht grundsätzlich in Frage gestellt.[2052]

C. Ausblick

Es wird nun vielfach davon ausgegangen, dass nach der Entscheidung Erzberger die deutsche Unternehmensmitbestimmung den „Europa-Test"[2053] bestanden hat.[2054] Wie schon dargelegt, ist aufgrund der ausdrücklichen Einschränkung auf Konzernsachverhalte jedoch weiterhin offen, ob die Nichteinbeziehung der im Unionsausland arbeitenden Arbeitnehmer in die deutsche Unternehmensmitbestimmung gegen Unionsrecht verstößt, sofern diese Arbeitnehmer in unselbständigen Niederlassungen im Unionsausland arbeiten.[2055]

I. Vorliegen eines grenzüberschreitenden Bezugs

In Kapitel 5 wurde ausführlich dargelegt, dass in Bezug auf die in einer unselbständigen Niederlassung im Ausland arbeitenden Arbeitnehmer eine mittelbare Diskriminierung aufgrund der Staatsangehörigkeit vorliegt. Dieses Ergebnis wird durch die Entscheidung Erzberger nicht berührt. Insbesondere muss in diesem Zusammenhang beachtet werden, dass der Gerichtshof in Bezug auf den zu prüfenden Konzernsachverhalt schon allein deshalb den Anwendungsbereich verneint, weil kein grenzüberschreitender Bezug vorhanden war. Hiernach ist beispielsweise bei einem französischen Arbeitnehmer, der für eine französische Tochtergesellschaft in Frankreich arbeitet, nicht nur deshalb ein grenzüberschreitender Bezug vorhanden, weil die französische Tochtergesellschaft einer deutschen Muttergesellschaft gehört. Die einzige grenzüberschreitende Verknüpfung in dieser Konstellation ist, dass der Gesellschafter der ausländischen Tochtergesellschaft in Deutschland sitzt.

2051 Vgl. dazu Kapitel 6 B. IV.

2052 Vgl. dazu EuGH, Rs. C-566/15 (Erzberger), Celex-Nr. 62015CJ0566, Rn. 37 f.

2053 *Bauer*, NZA-Beilage 2017, S. 85 (89).

2054 Vgl. bspw. *Oetker* in: Erfurter Kommentar, Einl. MitbestG Rn. 6; *Bauer*, NZA-Beilage 2017, S. 85 (89); *Schilha*, EWiR 2017, S. 489 (490). Vgl. zur Diskussion bzgl. der Einbeziehung der im Ausland arbeitenden Arbeitnehmer in die Schwellenwerte der Unternehmensmitbestimmung aktuell OLG Frankfurt, Beschluss vom 17. Juni 2016–21 W 91/15 sowie in Kapitel 3 C. III. 2.) a.) aa.) (1) und in Kapitel 4 C. III. 2.) b.) cc.). Hierzu hat sich der Gerichtshof nicht geäußert. Vgl. dazu *Monz/Wendler*, BB 2017, S. 1788; *Fuchs/Grimm*, EWiR 2017, S. 457 (458); *Schilha*, EWiR 2017, S. 489 (490); *Wienbracke*, NZA 2017, S. 1036 (1039).

2055 Vgl. auch *Fuchs/Grimm*, EWiR 2017, S. 457 (458).

Dies ist jedoch im Falle eines Arbeitnehmers, der in einer unselbständigen Niederlassung im Ausland für eine deutsche Gesellschaft arbeitet, unter Umständen anders zu beurteilen.[2056] In dieser Konstellation arbeitet der oben genannte französische Arbeitnehmer für einen deutschen Arbeitgeber in einem Betrieb in Frankreich. Insofern wird von diesem Arbeitnehmer ein Arbeitsverhältnis mit einem im Ausland befindlichen Arbeitgeber eingegangen. Das grenzüberschreitende Element besteht somit nicht erst in der gesellschaftsrechtlichen Konzernverbindung zwischen Muttergesellschaft und Tochtergesellschaft, sondern direkt zwischen dem Arbeitnehmer und dem Arbeitgeber. Insoweit kann meiner Ansicht nach von einem ‚grenzüberschreitenden Arbeitsverhältnis' gesprochen werden. Allerdings muss beachtet werden, dass der Arbeitnehmer selbst keine Grenze überschreitet, um in einem anderen Mitgliedstaat zu arbeiten. Er wird damit nicht in einer anderen Volkswirtschaft tätig, wie es typischerweise für die Eröffnung des Anwendungsbereichs der Arbeitnehmerfreizügigkeit gefordert wird.[2057]

Deshalb muss nun untersucht werden, welche Argumentation zum Ausschluss des Merkmals grenzüberschreitender Bezug in der Entscheidung Erzberger geführt hat. Der GA Saugmandsgaard Øe betont in seinen Schlussanträgen, dass gerade deshalb kein grenzüberschreitender Bezug vorliege, weil sich dieser lediglich aus dem Konzernverhältnis hätte ergeben können, dieses jedoch keinen direkten Einfluss auf das jeweilige Arbeitsverhältnis habe.[2058] Der Gerichtshof stellt ebenfalls ausdrücklich auf diese Argumentation des GA Saugmandsgaard Øe ab.[2059] Dabei spielt meiner Ansicht nach eine erhebliche Rolle, dass ein Arbeitsverhältnis des jeweiligen im Ausland tätigen Arbeitnehmers nur mit einer ebenfalls im Ausland ansässigen Tochtergesellschaft besteht und dieses Arbeitsverhältnis keinen direkten Bezug zur deutschen Muttergesellschaft aufweist. Insbesondere könnte beispielsweise die Tochtergesellschaft veräußert werden, ohne dass hierdurch das Arbeitsverhältnis unmittelbar tangiert wäre. Dieses würde weiterhin mit der ausländischen Tochtergesellschaft bestehen bleiben. Auch kann die Muttergesellschaft beispielsweise keine Kündigung gegenüber einem Arbeitnehmer der Tochtergesellschaft aussprechen.

Diese Argumentation ist jedoch auf Arbeitnehmer, die in unselbständigen Niederlassungen im Ausland arbeiten, nicht uneingeschränkt anwendbar.[2060] Hier schließt der deutsche Arbeitgeber mit dem im Ausland arbeitenden Arbeitnehmer einen Arbeitsvertrag ab, versetzt diesen im Rahmen des Direktionsrechtes oder kündigt das Arbeitsverhältnis. Insofern liegt hier ein grenzüberschreitendes Arbeitsverhältnis zwischen dem im Ausland befindlichen Arbeitnehmer und dem im Inland ansässigen Arbeitgeber vor. Dieses grenzüberschreitende Arbeitsverhältnis

---

2056 Vgl. dazu in Kapitel 5 A. II 2.) c.) aa.) (1).

2057 Vgl. dazu in Kapitel 5 A. II 2.) c.) aa.).

2058 GA *Saugmandsgaard Øe d*, Schlussanträge zu EuGH, Rs. C-566/15 (Erzberger), Celex-Nr. 62015CC0566, Rn. 55 f.

2059 EuGH, Rs. C-566/15 (Erzberger), Celex-Nr. 62015CJ0566, Rn. 29.

2060 Ebenso *Wienbracke*, NZA 2017, S. 1036 (1038).

erfüllt deshalb meiner Ansicht nach das Merkmal des grenzüberschreitenden Bezugs, weil eine Entscheidung des inländischen Arbeitgebers eine direkte Auswirkung auf das Arbeitsverhältnis des im Ausland befindlichen Arbeitnehmers hat.[2061]

Ob dies jedoch auch vom Gerichtshof als ausreichend erachtet wird, um einen grenzüberschreitenden Bezug anzuerkennen, bleibt abzuwarten. Er könnte ähnlich zur Argumentation bei Tochtergesellschaften darauf abstellen, dass die ‚Arbeitgeberfunktion' oftmals von einem ebenfalls im Ausland befindlichen Niederlassungsleiter ausgeübt wird und der im Ausland arbeitende Arbeitnehmer – gerade bei Unternehmen mit vielen Betrieben – nur relativ wenige Entscheidungen der deutschen Geschäftsleitung direkt ‚bemerken' wird. Dieser Umstand spielt meiner Ansicht nach jedoch nur eine untergeordnete Rolle, da der Vorgesetzte zwar die oben genannten Handlungen durchführt, dies aber gerade in Vertretung für den im Ausland befindlichen Arbeitgeber.

Nach meiner Ansicht spricht deshalb viel dafür, dass auch der Gerichtshof in dieser Konstellation einen grenzüberschreitenden Bezug annehmen wird. Einerseits gibt es kaum eine direktere Auswirkung auf ein Arbeitsverhältnis als der Abschluss, die inhaltliche Ausformung oder die Beendigung. Bei allen diesen Auswirkungen sind jedoch sowohl der im Ausland arbeitende Arbeitnehmer als auch der inländische Arbeitnehmer beteiligt. Selbst wenn der Arbeitgeber durch einen im Ausland befindlichen Niederlassungsleiter vertreten wird, sind die Entscheidungen im Ergebnis direkt dem deutschen Arbeitgeber zuzurechnen bzw. könnte die deutsche Geschäftsführung die oben genannten Willenserklärungen jederzeit auch direkt gegenüber dem Arbeitnehmer aussprechen. Dies ist im Konzernverhältnis gerade nicht möglich. Auch wenn der Arbeitnehmer selbst nicht in eine andere Volkswirtschaft wechselt, wird er trotzdem von den Entscheidungen des in dieser anderen Volkswirtschaft befindlichen Arbeitgebers direkt berührt. Zum anderen hat der Gerichtshof seine Entscheidung Erzberger explizit auf Konzernsachverhalte beschränkt. Müsste nach seiner Ansicht auch in Bezug auf unselbständige Niederlassungen keine andere Bewertung erfolgen, wäre diese Beschränkung zwar möglich, aber nicht notwendig gewesen.

Insofern ist der Anwendungsbereich der Arbeitnehmerfreizügigkeit in Bezug auf den in ausländischen unselbständigen Niederlassungen arbeitenden Arbeitnehmer meiner Ansicht nach eröffnet. Die weiteren Voraussetzungen des Anwendungsbereichs lagen nach Ansicht des Gerichtshofs auch beim Konzernsachverhalt vor.[2062] Im Hinblick auf eine Diskriminierung ergeben sich durch die Entscheidung Erzberger keine neuen Überlegungen,[2063] da der Gerichtshof sich hierzu nicht äußern musste und auch der Generalanwalt Saugmandsgaard Øe in

2061 Insofern kann die Argumentation bei der Ausstrahlung herangezogen werden. Vgl. dazu in Kapitel 3 C II 2.) b.) sowie Kapitel 5 IV 2.) b.) dd.).

2062 EuGH, Rs. C-566/15 (Erzberger), Celex-Nr. 62015CJ0566, Rn. 24 ff.

2063 A. A. *Schanze*, AG 2017, S. 573 (577).

seinen Schlussanträgen hierzu keine ausdrückliche Stellung genommen hat. Es kann deshalb weiter davon ausgegangen werden, dass eine indirekte Diskriminierung vorliegt.[2064]

II. Rechtfertigungsmöglichkeiten einer Diskriminierung

Zu den Rechtfertigungsmöglichkeiten musste der Gerichthof ebenfalls keine Stellung nehmen,[2065] sodass sich aus der Entscheidung selbst keine neuen Erkenntnisse ergeben. Allerdings hat der Generalanwalt Saugmandsgaard Øe in seinen Schlussanträgen hilfsweise auch hierzu ausgeführt. Dabei muss jedoch beachtet werden, dass diese Ausführungen in Bezug auf die in Betracht kommende Beschränkung hinsichtlich der im Inland arbeitenden Arbeitnehmer und nicht bezüglich der schon dem Anwendungsbereich nicht unterfallenden im Ausland arbeitenden Arbeitnehmer getroffen wurden.[2066] Nichtsdestoweniger sind hiervon – zumindest in gewissen Maße – Ableitungen möglich.

1.) Territorialitätsprinzip

Zunächst hat der Generalanwalt festgestellt, dass das Territorialitätsprinzip nur dann als Rechtfertigung herangezogen werden kann, wenn keine andere Regelungsmöglichkeit für den nationalen Gesetzgeber besteht. Insofern wurde in den Schlussanträgen jedoch festgehalten, dass – wenn überhaupt – nur die tatsächliche Ausgestaltung der deutschen Unternehmensmitbestimmung und nicht eine fehlende Rechtssetzungskompetenz gegen ein Wahlrecht der im Ausland arbeitenden Arbeitnehmer spricht. Gerade eine solche fehlende Rechtsetzungskompetenz wäre jedoch notwendig, damit ein Rechtfertigungsgrund vorliegt.[2067] Insofern kann an dieser Stelle auf die Ausführungen in dieser Untersuchung umfassend verwiesen werden, die vom Generalanwalt ‚bestätigt' wurden.[2068] Darüber hinaus sei nochmals darauf hingewiesen, dass es schon heute Staaten in Europa gibt, die eine Einbeziehung im Ausland arbeitender Arbeitnehmer – zumindest in engen Grenzen – zulassen,[2069] was ebenfalls gegen ein Fehlen der Rechtssetzungskompetenz spricht.

2064 Vgl. dazu in Kapitel 5 A. III. 2.).

2065 Vgl. *Wienbracke*, NZA 2017, S. 1036 (1039).

2066 GA *Saugmandsgaard Øe*, Schlussanträge zu EuGH, Rs. C-566/15 (Erzberger), Celex-Nr. 62015CC0566, Rn. 70, 86.

2067 GA *Saugmandsgaard Øe*, Schlussanträge zu EuGH, Rs. C-566/15 (Erzberger), Celex-Nr. 62015CC0566, Rn. 96 ff.; zustimmend insofern Habersack, NZG 2017, S. 1021 (1022). Vgl. ausführlich hierzu in Kapitel 5 A. IV. 2.).

2068 Vgl. mit weiteren Verweisungen auf den aktuellen Meinungsstand in der Literatur *Kort*, NZG 2017, S. 703 (704).

2069 Vgl. zu Norwegen und Dänemark bspw. *Heuschmid/Videbaek Munkholm*, EuZW 2017, S. 419 (421).

2.) *Einklang mit den nationalen Besonderheiten*

Im Anschluss an diese Feststellung diskutiert der Generalanwalt unter der Überschrift „*Mitwirkung der Arbeitnehmer in der Gesellschaft im Einklang mit den nationalen sozialen, wirtschaftlichen und kulturellen Besonderheiten*" einen weiteren potentiellen Rechtfertigungsgrund. Der Generalanwalt stellt dabei darauf ab, dass es nach dem aktuellen Stand des Unionsrechts den Mitgliedstaaten obliege, die organisatorische Ausgestaltung der Mitwirkungsrechte zur Wahrnehmung legitimer wirtschafts- und sozialpolitischer Entscheidungen vorzunehmen.[2070] Insofern sei es den Mitgliedstaaten überlassen, wie sie diese Regelungen konkret ausgestalten.[2071] Dieser weite Spielraum korrespondiert sodann mit einem eingeschränkten Kontrollmaßstab bei der Auslegung der Grundfreiheiten durch den Gerichtshof.[2072]

Hiernach kann vorliegend davon ausgegangen werden, dass die Unternehmensmitbestimmung ein anerkanntes Ziel der Europäischen Union ist und darüber hinaus auch ein wesentlicher Bestandteil der Sozialordnung in Deutschland. Allerdings darf meiner Ansicht nach die konkrete Ausgestaltung auch bei einem solchen, geringer anzusetzenden Maßstab nicht diskriminierend sein. Dies wird auch durch die Schlussanträge des Generalanwalts gestützt, da dieser den vorliegenden Rechtfertigungsgrund nur in Bezug auf etwaige Beschränkungen der Arbeitnehmerfreizügigkeit für im Inland arbeitende Arbeitnehmer prüft.[2073] Bei den im Ausland arbeitenden Arbeitnehmern liegt nach dieser Untersuchung jedoch gerade nicht nur eine Beschränkung, sondern eine mittelbare Diskriminierung wegen der Staatsangehörigkeit vor.[2074] In diesen Fällen kann sich ein Mitgliedstaat meiner Ansicht nach nicht auf den vorgenannten Rechtfertigungsgrund bzw. einen eingeschränkten Kontrollmaßstab berufen.

Auch der Gerichtshof weist zudem in der Entscheidung Erzberger selbst darauf hin, dass es den Mitgliedstaaten mangels Harmonisierungs- und Koordinierungsmaßnahmen der Union nur dann unbenommen bleibt, die jeweiligen Anknüpfungskriterien des Anwendungsbereichs ihrer Rechtsvorschriften zu be-

---

2070 GA *Saugmandsgaard Øe*, Schlussanträge zu EuGH, Rs. C-566/15 (Erzberger), Celex-Nr. 62015CC0566, Rn. 101 ff. Vgl. dazu anschaulich auch *Schanze*, AG 2017, S. 573 (575).

2071 GA *Saugmandsgaard Øe*, Schlussanträge zu EuGH, Rs. C-566/15 (Erzberger), Celex-Nr. 62015CC0566, Rn. 104. Ausführlich dazu auch *Heuschmid/Videbaek Munkholm*, EuZW 2017, S. 419 (422).

2072 Vgl. *Heuschmid/Videbaek Munkholm*, EuZW 2017, S. 419 (422).

2073 A.A. *Heuschmid/Videbaek Munkholm*, EuZW 2017, S. 419 (Fn. 49), die zwar ebenfalls darauf verweisen, dass der Generalanwalt diese Ausführungen nur im Kontext der Beschränkung von im Inland arbeitenden Arbeitnehmern macht, aber diese Argumentation auch auf mittelbare Diskriminierungen anwenden möchten.

2074 Vgl. dazu ausführlich in Kapitel 5 A. III.

stimmen, wenn diese Kriterien nicht diskriminierend ausgestaltet werden.[2075] Ob er damit aber nur unmittelbare oder auch mittelbare Diskriminierungen gemeint hat, bleibt abzuwarten.[2076] Da weitere Rechtfertigungsgründe weder nach dieser Untersuchung vorliegen noch vom Generalanwalt in seinen Schlussanträgen genannt wurden, bleibt es somit in dieser Frage auch nach der Entscheidung Erzberger weiter ‚spannend'.

2075 EuGH, Rs. C-566/15 (Erzberger), Celex-Nr. 62015CJ0566, Rn. 36, 38.

2076 Für eine Heranziehung dieses Rechtfertigungsgrundes auch auf die mittelbare Diskriminierung implizit *Schanze*, AG 2017, S. 573 (577).

Literaturverzeichnis

Abele, Roland: Der EuGH als Superrevisionsinstanz in arbeitsrechtlichen Diskriminierungsstreitigkeiten, BB 2005, Die erste Seite Nr. 51.

Abmeier, Klaus: Die Europäische wirtschaftliche Interessenvereinigung und nationales Recht, NJW 1986, S. 2987–2991.

Aden, Menno: Internationales Privates Wirtschaftsrecht, 2006.

Ahlers, Elke / Öz, Fikret /Ziegler, Astrid: Standortverlagerung in Deutschland: einige empirische und politische Befunde, 2007.

Arbeitskreis „Unternehmerische Mitbestimmung“: Entwurf einer Regelung zur Mitbestimmungsvereinbarung sowie zur Größe des mitbestimmten Aufsichtsrats, ZIP 2009, S. 885–899.

Arbeitskreis Europäisches Unternehmensrecht: Thesen zum Erlass einer europäischen Sitzverlegungsrichtlinie, NZG 2011, S. 98–99.

Arnauld von, Andreas: Völkerrecht, 2012.

Arnauld von, Andreas: Theorie und Methode des Grundrechtsschutzes in Europa – am Beispiel des Grundsatzes der Verhältnismäßigkeit, in: Hatje, Armin / Nettesheim, Martin (Hrsg.), Europarecht, Beiheft 1/2008, Grundrechtsschutz im Dreieck von nationalem, europäischem und internationalem Recht, 2008, S. 41–64.

Ascheid, Reiner / Preis, Ulrich / Schmidt, Ingrid: Kündigungsrecht, Großkommentar zum gesamten Recht der Beendigung von Arbeitsverhältnissen, 5. Aufl. 2017.

Aszmons, Mattis: Betriebsratsmitglieder im Aufsichtsrat – Spannungsfeld zwischen Vergütungspflicht und Begünstigungsgefahr, DB 2014, S. 895–898.

Bachmann, Gregor: Der Verwaltungsrat der monistischen SE, ZGR 2008, S. 779–808.

Bachmann, Gregor: Die Einmann-AG, NZG 2001, S. 961–971.

Baeck, Ulrich / Winzer, Thomas: Mitglied des Vertretungsorgans einer Gesellschaft als Arbeitnehmer, NZG 2011, S. 101.

Bamberger, Heinz Georg / Roth, Herbert / Hau, Wolfgang / Poseck, Roman: Beck'scher Online-Kommentar BGB, 43. Edit., Stand: 01.11.2015.

Banard, Catherine: The European Court of Justice as a common law court? Viking and Laval in the United Kingdom, NZA 2011, Beilage Heft 3, S. 122–125.

Bartosch, Andreas: EU-Beihilfenrecht, Kommentar, Art. 106–109 AEUV, De-minimis-Verordnung, DAWI-Paket, Allgemeine Gruppenfreistellungsverordnung sowie Verfahrensverordnung, 2. Aufl. 2016.

Basedow, Jürgen: Das Staatsangehörigkeitsprinzip in der Europäischen Union, IPrax 2011, S. 110–116.

Bauer, Jobst-Hubertus / Arnold, Christian: Abfindungs-Caps in Vorstandsverträgen – gute Corporate Governance?, BB 2007, S. 1793–1797.

Bauer, Jobst-Hubertus: Der „Fall Bsirske" und die Webfehler der Mitbestimmung, NZA 2009, S. 23–24.

Bauer, Jobst-Hubertus / Medem von, Andreas: Kücükdeveci = Mangold hoch zwei? Europäische Grundrechte verdrängen deutsches Arbeitsrecht, ZIP 2010, S. 449–457.

Bauer, Jobst-Hubertus / Göpfert, Burkhard / Krieger, Steffen, Allgemeines Gleichbehandlungsgesetz: AGG, Kommentar, 3. Aufl. 2011.

Bauer, Jobst-Hubertus / Arnold, Christian: Altersdiskriminierung von Organmitgliedern, ZIP 2012, S. 597–605.

Baums, Theodor / Lutter, Marcus: Verhandlungen sind kein trojanisches Pferd, Der Aufsichtsrat 2009, S. 153.

Bayer, Wilhelm F.: Der Anwendungsbereich des Mitbestimmungsgesetzes, ZGR 1977, S. 173–194.

Bayer, Walter: Die EuGH-Entscheidung ‚Inspire Art' und die deutsche GmbH im Wettbewerb der europäischen Rechtsordnungen, BB 2003, S. 2357–2366.

Bayer, Walter: Auswirkungen der Niederlassungsfreiheit nach den EuGH-Entscheidungen Inspire Art und Überseering auf die deutsche Unternehmensmitbestimmung, AG 2004, S. 534–538.

Bayer, Walter / Hoffmann, Thomas / Schmidt, Jessica: Überwachungseffizienz und Unternehmensmitbestimmung, AG Report 2009, R 480 – R 482.

Bayer, Walter / Schmidt, Jessica: BB-Rechtsprechungs- und Gesetzgebungsreport im Europäischen Gesellschaftsrecht 2008/09, BB 2010, S. 387–395.

Bayer, Walter / Schmidt, Jessica: BB-Gesetzgebungs- und Rechtsprechungsreport zum Europäischen Unternehmensrecht 2010/2011, BB 2012, S. 3–14.

Bayer, Walter / Schmidt, Jessica: BB-Gesetzgebungs- und Rechtsprechungsreport zum Europäischen Unternehmensrecht 2016/2017, BB 2017, S. 2114–2125.

BDA / BDI: Bericht der Kommission Mitbestimmung, Mitbestimmung modernisieren, 2004.

Bechtold, Rainer / Bosch, Wolfgang / Brinker, Ingo / Hirsbrunner, Simon: EG-Kartellrecht, Kommentar, Art. 81–86 EG, EG-Kartell-VO 1/2003, Gruppenfreistellungsverordnungen, Vertikalvereinbarungen (2790/1999), Automobilvertrieb (1400/2002), Technologietransfer (772/2004), Spezialisierung (2658/2000), Forschung und Entwicklung (2659/2000) und Versicherungen (358/2003) sowie EG-FusionskontrollVO 139/2004, 2. Aufl. 2009.

Behlau, Volker / Lutz, Jana / Schütt, Manuel: Klimaschutz durch Beihilfen, Eine Analyse des beihilferechtlichen Rahmens für energie- und umweltpolitische Maßnahmen, 2012.

Behme, Caspar: Die Mitbestimmung der Arbeitnehmer bei der britischem Limited mit Verwaltungssitz in Deutschland, ZIP 2008, S. 351–357.

Behme, Caspar: Der grenzüberschreitende Formwechsel von Gesellschaften nach Cartesio und Vale, NZG 2012, S. 936–939.

Behme, Caspar: Reichweite und Grenzen der Überprüfbarkeit von nationalem Gesellschaftsrecht am Maßstab der Grundfreiheiten, Zugleich ein Beitrag zur Vereinbarkeit des Volkswagen-Gesetzes mit dem Unionsrecht, AG 2014, S. 841–852.

Beljin, Sasa: Die Zusammenhänge zwischen dem Vorrang, den Instituten der innerstaatlichen Beachtlichkeit und der Durchführung des Gemeinschaftsrechts, EuR 2002, S. 351–376.

Bellstedt, Christoph: Der territoriale Geltungsbereich des Mitbestimmungsgesetzes, BB 1977, S. 1326–1329.

Bergau, Thorsten: Einführung von Aufsichtsratsvorbehalten durch Hauptversammlungsbeschluss, AG 2006, S. 769–777.

Berghofer, Michael: The New De Minimis Regulation: Enlarging the Sword of Damocles?, EStAL 2007, S. 11–23

Berliner Netzwerk Corporate Governance: 12 Thesen zur Modernisierung der Mitbestimmung, AG 2004, S. 200–201.

Bernhard, Wolfgang: BB-Forum: Unternehmensmitbestimmung nach Biedenkopf, BB 2007, S. 381–383.

Bernstein, Herbert / Koch, Harald: Internationaler Konzern und deutsche Mitbestimmung, Grundsatzfragen zur Umgehung der Mitbestimmung im Vertragskonzern, ZHR 1979, S. 522–538.

Berrar, Carsten: Die zustimmungspflichtigen Geschäfte nach § 111 Abs. 4 AktG im Lichte der Corporate Governance-Diskussion, DB 2001, S. 2181–2186.

Birk, Rolf: Das internationale Arbeitsrecht der Bundesrepublik Deutschland, RabelsZ 1982, S. 384–420.

Birk, Rolf: Der Einfluß des Gemeinschaftsrechts auf das Arbeitsrecht der Bundesrepublik Deutschland, RIW 1989, S. 6–15.

Birkemeyer, Claas: Die unmittelbare Drittwirkung der Grundfreiheiten – Zugleich Anmerkung zum Urteil des EuGH v. 17.7.2008, Rs. C-94/07 (Raccanelli) –, EuR 2010, S. 662–678.

Blanquet, Francoise: Das Statut der Europäischen Aktiengesellschaft (Societas Europaea SE), Ein Gemeinschaftsinstrument für die grenzübergreifende Zusammenarbeit im Dienste der Unternehmen, ZGR 2002, S. 20–65.

Blasche, Sebastian: Satzungssitz, tatsächlicher Verwaltungssitz und inländische Geschäftsanschrift: Neue Gestaltungsmöglichkeiten bei innerdeutschen Sachverhalten, GWR 2010, S. 25–27.

Bleckmann, Albert: Zur Dogmatik des Niederlassungsrecht im EWG-Vertrag, WiVerw 1987, S. 119–136.

Bleckmann, Albert: Völkerrecht, 2001.

Bleckmann, Albert: Zu den Methoden der Gesetzesauslegung in der Rechtsprechung des BVerfG, JuS 2002, S. 942–947.

Blümich, Walter: EStG, KStG, GewStG, Einkommensteuergesetz, Körperschaftsteuergesetz, Gewerbesteuergesetz; Kommentar, Band 1, §§ 1–8 EStG, 138 Ergänzungslieferung, Stand: August 2017.

Bock, Mathias, Mitbestimmung und Niederlassungsfreiheit, 2008.

Böcker, Georg: Die kleine AG als Alternative zur GmbH?, RNotZ 2002, S. 130–164.

Bogdandy von, Armin: Grundrechtsgemeinschaft als Integrationsziel? Grundrechte und das Wesen der Europäischen Union, JZ 2001, S. 157–171.

Bogdandy von, Armin / Kottmann, Matthias / Antpöhler, Carlino / Dickschen, Johanna / Hentrei, Simon / Smrkolj, Maja: Ein Rettungsschirm für europäische Grundrechte, Grundlagen einer unionsrechtlichen Solange-Doktrin gegenüber Mitgliedstaaten, ZaöRV 2012, S. 45–78.

Boldt, Gerhard: Mitbestimmungsgesetz Eisen und Kohle, Gesetz über die Mitbestimmung der Arbeitnehmer in den Aufsichtsräten und Vorständen der Unternehmen des Bergbaus und der Eisen und Stahl erzeugenden Industrie. (Von 21. Mai 1951. <BgBl. I. S. 347.>) Eisen und Kohle, 1952.

Borelli, Silvia: Der Arbeitnehmerbegriff im europäischen Recht, Ein Überblick über die Rechtsprechung des Europäischen Gerichtshofs, AuR 2011, S. 472–476.

Bormann, Jens / Böttcher, Leif: Vermeidungsstrategien bei der unternehmerischen Mitbestimmung in der SPE auf der Grundlage des ungarischen Kompromissvorschlags, NZG 2011, S. 411–416.

Bötticher, Leif / Kraft, Julia: Grenzüberschreitender Formwechsel und tatsächliche Sitzverlegung Die Entscheidung VALE des EuGH, NJW 2012, S. 2701–2704.

Braun, Silvia: Die Sicherung der Unternehmensmitbestimmung im Lichte des europäischen Rechts, 2005.

Bremer, Jan: EU-Kommission stellt Veränderungen in Corporate Governance und Gesellschaftsrecht in Aussicht, NZG 2011, S. 1417.

Bremmer, Ian: Das Ende des freien Marktes, der ungleiche Kampf zwischen Staatsunternehmen und Privatwirtschaft, 2011.

Bremmer, Ian: Kritische Schwelle, Handelsblatt Nr. 37 2011, S. 48–50.

Brigola, Alexander: Die Metamorphose der Keck-Formel in der Rechtsprechung des EuGH, Ein Eckpfeiler im System des freien Warenverkehrs in neuem Körper, EuZW 2012, S. 248–253.

Brink, Stefan: 46. Bitburger Gespräche: Mitbestimmung in Unternehmen, ZRP 2006, S. 61–63.

Brocke von, Klaus: Die Abgrenzung von Niederlassungsfreiheit und Kapitalverkehrsfreiheit in der neuesten EuGH-Rechtsprechung: Mehr Verwirrung als klare Linien, in: Wachter, Thomas (Hrsg.), Festschrift für Sebastian Spiegelberger zum 70. Geburtstag, Vertragsgestaltung im Zivil- und Steuerrecht, 2009, S. 1671–1681.

Buck, Carsten: Über die Auslegungsmethoden des Gerichtshofs der Europäischen Gemeinschaft, 1998.

Bungert, Hartwin / de Reat, Tobias: Grenzüberschreitender Formwechsel in der EU – Zugleich Besprechung von OLG Nürnberg, Beschluss vom 19.6.2013–12 W 520/13, „Moor Park II", DB 2014, S. 761–766.

Bungert, Hartwin / Leyendecker-Langer, Benjamin E.: Schwellenwertberechnung für die Arbeitnehmermitbestimmung im Aufsichtsrat eines internationalen Konzerns, DB 2014, S. 2031–2033.

Cahn, Andreas: Professionalisierung des Aufsichtsrats, in: Veil, Rüdiger (Hrsg.), Unternehmensrecht in der Reformdiskussion, 2013, S. 139–159.

Calliess, Christian: Europäische Gesetzgebung und nationale Grundrechte – Divergenzen in der aktuellen Rechtsprechung von EuGH und BVerfG?, JZ 2009, S. 113–121.

Calliess, Christian: Die neue Europäische Union nach dem Vertrag von Lissabon, ein Überblick über die Reformen unter Berücksichtigung ihrer Implikationen für das deutsche Recht, 2010.

Calliess, Christian / Ruffert, Matthias: EUV/AEUV, Das Verfassungsrecht der Europäischen Union mit Europäischer Grundrechtecharta, Kommentar, 4. Aufl. 2011.

Classen, Claus Dieter: Die Grundfreiheiten im Spannungsfeld von europäischer Marktfreiheit und mitgliedstaatlichen Gestaltungskompetenzen, EuR 2004, S. 416–438.

Classen, Claus Dieter: Freiheit und Gleichheit im öffentlichen und im privaten Recht – Unterschiede zwischen europäischem und deutschem Grundrechtsschutz?, EuR 2008, S. 627–654.

Colneric, Ninon: Der Begriff des Arbeitnehmers in der Rechtsprechung des EuGH, in: Colneric, Ninon / Edward, David / Puissochet, Jean-Pierre / Colomer, Dámaso Ruiz Jarabo (Hrsg.), Une communauté de droit, Festschrift für Gil Carlos Rodríguez Iglesias, 2003, S. 385–398.

Colneric, Ninon: Die Rolle des EuGH bei der Fortentwicklung des Arbeitsrechts, EuZA 2008, S. 213–227.

Cremer, Wolfram: Der programmierte Verfassungskonflikt: Zur Bindung der Mitgliedstaaten an die Charta der Grundrechte der Europäischen Union nach dem Konventsentwurf für eine Europäische Verfassung, NVwZ 2003, S. 1452–1457.

Cremer, Wolfram: Negative und positive Integration: Die Europäische Gemeinschaft als Sozial- und Bildungsunion, in: Hatje, Armin / Huber, Peter M. (Hrsg.), Europarecht, Beiheft 1/2007, Unionsbürgerschaft und soziale Rechte, 2007, S. 75–94.

Cremer, Wolfram: Die Neuordnung des Sekundärrechts zur Förderung Erneuerbaren Energien – Entwicklungen in Europa und Konsequenzen für das Recht der Mitgliedstaaten in: Schulze-Fielitz, Helmuth / Müller, Thorsten: Europäisches Klimaschutzrecht, 2009, S. 121–136.

Czigler, Bianca Maria: Die Rechtsprechung zu Golden Shares, Das VW-Gesetz und der EuGH, 2009.

Dahm, Katharina: Anmerkung zu EuGH: Verpflichtung zum Abschluss des ersten Vertrags als Berufsspieler mit dem ausbildenden Verein, EuZW 2010, S. 345–346.

Dashwoods, Alan / Dougan, Michael / Rodger, Barry / Spaventa, Eleanor / Wyatt, Derrick: European Union Law, 6. Edit. 2011.

Däubler, Wolfgang: Mitbestimmung und Betriebsverfassung im Internationalen Privatrecht, RabelsZ 1975, S. 444–477.

Däubler, Wolfgang / Heuschmid, Johannes: Cartesio und MoMiG – Sitzverlagerung ins Ausland und Unternehmensmitbestimmung, NZG 2009, S. 493–496.

Däubler, Wolfgang / Kittner, Michael / Klebe, Thomas / Wedde, Peter: BetrVG – Betriebsverfassungsgesetz, Kommentar für die Praxis mit Wahlordnung und EBR-Gesetz, 14. Aufl. 2014.

Dauses, Manfred: Handbuch des EU-Wirtschaftsrechts, 31. Ergänzungslieferung, Juli 2012.

Davis, Paul: Struktur der Unternehmensführung in Großbritannien und Deutschland, Konvergenz oder fortbestehende Divergenz?, ZGR 2001, S. 268–293.

Deckert, Marina R. / Schroeder, Werner: Anmerkung zu EuGH, Urteil v. 27.1.2000 – C-190/98 Volker Graf./. Filzmoser Maschinenbau GmbH, JZ 2001, S. 88–91.

Dederer, Hans-Georg; Konsistente Glücksspielregulierung – Eckpunkte aus den Sportwetten-Urteilen des EuGH vom 8. 9. 2010 –EuZW 2010, S. 771–774.

Delbrück, Jost / Wolfrum, Rüdiger: Völkerrecht, Bd. I/2, Der Staat und andere Völkerrechtssubjekte; Räume unter internationaler Verwaltung, 2. Aufl. 2002.

Dieball, Heike: Gleichstellung der Geschlechter im Erwerbsleben – neue Vorgaben des EG-Vertrages, EuR 2000, S. 274–284.

Dingemann, Kathrin: Anmerkung zu EuGH: Beamtenrecht: Überleitungsregelung für Besoldung, EuZW 2014, S. 755–756.

Döring, René / Grau, Timon: Verfahren und Mehrheitserfordernisse für die Bestellung und Abwahl des Aufsichtsratsvorsitzenden in mitbestimmten Unternehmen, NZG 2010, S. 1328–1330.

Drinhausen, Florian / Keinath, Astrid: Verwendung der SE zur Vermeidung von Arbeitnehmermitbestimmung – Abgrenzung zulässiger Gestaltungen vom Missbrauch gemäß § 43 SEBG, BB 2011, S. 2699–2705.

Drouven, Ralph / Mödl, Robert: US-Gesellschaften mit Hauptverwaltungssitz in Deutschland im deutschen Recht, NZG 2007, S. 7–13.

Drygala, Tim: What's SUP? Der Vorschlag der EU-Kommission zur Einführung einer europäischen Einpersonengesellschaft (Societas Unius Personae, SUP), EuZW 2014, S. 491–497.

Duden, Konrad: Zur Mitbestimmung in Konzernverhältnissen nach dem Mitbestimmungsgesetz, ZHR 1977, S. 145–189.

Düwell, Franz-Josef: Betriebsverfassungsgesetz, Handkommentar, 4. Aufl. 2014.

Ebenroth, Carsten Thomas / Sura, Achim: Transnationale Unternehmen und deutsches Mitbestimmungsgesetz, ZHR 1980, S. 610–627.

Edenfeld, Stefan: Recht der Arbeitnehmermitbestimmung, Betriebsverfassung, Personalvertretungsrecht, Unternehmensmitbestimmung, 2005.

Eder, Cajetan J.: Die monistisch verfasste Societas Europaea – Überlegungen zur Umsetzung eines CEO-Modells, NZG 2004 S. 544–547.

Ehlers, Dirk: Das Wirtschaftsverwaltungsrecht im europäischen Binnenmarkt, NVwZ 1990, S. 810–816.

Ehlers, Dirk: Europäische Grundrechte und Grundfreiheiten, 3. Aufl. 2009.

Eidenmüller, Horst: Kapitalgesellschaftsrechts im Spiegel der ökonomischen Theorie, JZ 2001, S. 1041–1051.

Eidenmüller, Horst: Wettbewerb der Gesellschaftsrechte in Europa, ZIP 2002, S. 2233–2245.

Eidenmüller, Horst: Ausländische Kapitalgesellschaften im deutschen Recht, 2004.

Eidenmüller, Horst / Engert, Andreas / Hornuf, Lars: Die Societas Europaea – Empirische Bestandsaufnahme und Entwicklungslinien einer neuen Rechtsform, AG 2008, S. 721–730.

Eidenmüller, Horst / Lasák, Jan: Das tschechische Societas Europaea-Rätsel, in: Erle, Bernd / Goette, Wulf / Kleindiek, Detlef / Krieger, Gerd / Priester, Hans-Joachim / Schubel, Christian / Schwab, Martin / Teichmann, Christoph / Witt, Carl-Heinz (Hrsg.): Festschrift für Peter Hommelhoff zum 70. Geburtstag, 2012, S. 187–204.

Einfeldt, Eva: Anmerkung zu EuGH v. 18.07.2017 Rs. C-566/15 – Deutsche Mitbestimmungsregeln zur Aufsichtsratswahl sind mit Unionsrecht vereinbar, ArbRB 2017, S. 268–269.

Emmerich, Volker / Habersack, Mathias: Aktien- und GmbH-Konzernrecht, 8. Aufl. 2016.

Epiney, Astrid: Umgekehrte Diskriminierungen, Zulässigkeit und Grenzen der discrimination à rebours nach europäischem Gemeinschaftsrecht und nationalem Verfassungsrecht, 1995.

Epiney, Astrid: Neuere Rechtsprechung des EuGH in den Bereichen institutionelles Recht, allgemeines Verwaltungsrecht, Grundfreiheiten, Umwelt- und Gleichstellungsrecht, NVwZ 2006, S. 407–420.

Epiney, Astrid: Zur Entwicklung der Rechtsprechung des EuGH im Jahr 2006, NVwZ 2007, S. 1012–1023.

Epiney, Astrid: Die Entwicklung der Rechtsprechung des EuGH im Jahr 2007, NVwZ 2008, S. 736–746.

Epiney, Astrid: Die Rechtsprechung des EuGH im Jahr 2008: Unionsbürgerschaft, Grundfreiheiten und Gleichstellungsrecht, NVwZ 2009, S. 1139–1144.

Epiney, Astrid: Die Rechtsprechung des EuGH im Jahr 2009 – Europäisches Verfassungsrecht – Teil 1, NVwZ 2010, S. 1000–1006.

Epiney, Astrid: Die Rechtsprechung des EuGH im Jahr 2010: Europäisches Verfassungsrecht, NVwZ 2011, S. 976–982.

Epiney, Astrid: Die Rechtsprechung des EuGH im Jahr 2011, Unionsbürgerschaft, Diskriminierungsverbot, Grundfreiheiten und Gleichstellungsrecht, NVwZ 2012, S. 930–937.

Epiney, Astrid: Die Rechtsprechung des EuGH im Jahr 2013, Europäisches Verfassungsrecht, NVwZ 2014, S. 1059–1067.

Erzberger, Konrad: Die Diskriminierung der europäischen Belegschaft im mitbestimmten Aufsichtsrat, 2017.

Eßer, Walter / Baluch, Christina: Bedeutung des Allgemeinen Gleichbehandlungsgesetzes für Organmitglieder, NZG 2007, S. 321–332.

Everling, Ulrich: Das Europäische Gesellschaftsrecht vor dem Gerichtshof der Europäischen Gemeinschaften, in: Scheider, Uwe H. / Hommelhoff, Peter / Schmidt, Karsten / Timm, Wolfram / Grunewald, Barbara / Drygala, Tim (Hrsg.), Festschrift für Marcus Lutter, Deutsches und europäisches Gesellschafts-, Konzern- und Kapitalmarktrecht, 2000, S. 31–46.

Faßbender, Kurt: Der grundrechtliche Schutz der Werbefreiheit in Deutschland und Europa, GRUR Int. 2006, S. 965–978.

Fischer, Jürgen / Theuner, Kirsten: Zur Abführungspflicht der Gewerkschaftsmitglieder in Aufsichtsräten, AuR 2011, S. 466–471.

Fischer, Peter / Köck, Heribert Franz: Völkerrecht, Das Recht der universellen Staatengemeinschaft, 5. Aufl. 2000.

Fischer, Sebastian: Europaweite Wahl zum mitbestimmten Aufsichtsrat?, NZG 2014, S. 737–740.

Fischer, Thomas / Gossel, Daniel: Migration in internationaler Perspektive, 2009.

Fischer, Ulrich: Der internationale Betrieb – Prüf- oder Stolperstein für das Territorialitätsprinzip?, RdA 2002, S. 160–167.

Fitting, Karl Fritz / Engels, Gerd / Schmidt, Ingrid / Trebinger, Yvonne / Linsenmaier, Wolfgang: Betriebsverfassungsgesetz: BetrVG, mit Wahlordnung, Handkommentar, 28. Aufl. 2016.

Fitting, Karl Fritz / Auffarth, Fritz / Kaiser, Heinrich: Betriebsverfassungsgesetz, Handkommentar, 11. Aufl. 1974.

Fleischer, Holger: Der Einfluß der Societas Europaea auf die Dogmatik des deutschen Gesellschaftsrechts, AcP 2004, S. 502–543.

Fleischer, Holger: Das Rechtsgespräch zwischen BGH und EuGH bei der Entfaltung des Europäischen Gesellschaftsrechts, GWR 2011, S. 201–206.

Fleischer, Holger: Rechtsvergleichende Beobachtungen zur Rolle der Gesetzesmaterialien bei der Gesetzesauslegung, AcP 2011, S. 317–351.

Fleischer, Holger / Goette, Wulf: Münchener Kommentar zum Gesetz betreffend die Gesellschaften mit beschränkter Haftung – GmbHG, 2010–2012.

Fonk, Hans-Joachim: Zustimmungsvorbehalte des AG-Aufsichtsrats, ZGR 2006, S. 841–874.

Forst, Gerit: Unternehmensmitbestimmung in der Unternehmergesellschaft (haftungsbeschränkt), GmbHR 2009, S. 1131–1134.

Forsthoff, Ulrich: Internationale Verschmelzungsrichtlinie: Verhältnis zur Niederlassungsfreiheit und Vorwirkung; Handlungszwang für Mitbestimmungsreform, DStR 2006, S. 613–618.

Forsthoff, Ulrich: Niederlassungsfreiheit für Gesellschaften, Europarechtliche Grenzen für die Erstreckung deutschen (Mitbestimmungs-) Rechts, 2006.

Forstmoser, Peter: Monistische oder dualistische Unternehmensverfassung? Das Schweizer Konzept, ZGR 2003, S. 688–719.

Franz, Alexander: Internationales Gesellschaftsrecht und deutsche Kapitalgesellschaften im In- bzw. Ausland, BB 2009, S. 1250–1259.

Franzen, Martin: Europarecht und betriebliche Mitbestimmung. Überlegungen zur Umsetzung der Rahmen-Richtlinie 2002/14/EG über die Unterrichtung und Anhörung der Arbeitnehmer in Deutschland, in: Konzen, Horst / Krebber, Sebastian / Raab, Thomas / Veit, Barbara / Waas, Bernd (Hrsg.), Festschrift für Rolf Birk zum 70. Geburtstag, 2008, S. 97–114.

Franzen, Martin: Niederlassungsfreiheit, internationales Gesellschaftsrecht und Unternehmensmitbestimmung, RdA 2004, S. 257–263.

Franzen, Martin: Privatrechtsangleichung durch die Europäische Gemeinschaft, 1999.

Fremuth, Michael: „Cassis de Dijon" – Zu der dogmatischen Einordung zwingender Erfordernisse, EuR 2006, S. 866–878.

Frenz, Walter: Handbuch Europarecht, Band 4, Europäische Grundrechte, 1. Aufl. 2010.

Frenz, Walter: Goldene Aktien nach der 3. Portugal-Entscheidung, EWS 2011, S. 125–131.

Frenz, Walter: Annäherung von europäischen Grundrechten und Grundfreiheiten, NVwZ 2011, S. 961–965.

Frenz, Walter: Reichweite des unionsrechtlichen Aufenthaltsrechts nach den Urteilen Zambrano und McCarthy, ZAR 2011, S. 221–223.

Frenz, Walter: Handbuch Europarecht, Band 1, Europäische Grundfreiheiten, 2. Aufl. 2012.

Frodermann, Jürgen / Jannott, Dirk: Handbuch des Aktienrechts, 9. Aufl. 2017.

Fuchs, Ingo / Grimm, Michael: Zur Europarechtskonformität der Nicht-Beteiligung ausländischer Arbeitnehmer an Aufsichtsratswahl nach deutschem Mitbestimmungsrecht, EWiR 2017, S. 457–458.

Fuchs, Maximilian / Marhold, Franz: Europäisches Arbeitsrecht, 3. Aufl. 2010.

Fuhlrott, Michael / Kaewnang, Quandao: De lege ferenda: Arbeitsrechtliche Gesetzesvorhaben und jüngste Gesetze, GWR 2014, S. 471–492.

Gentz, Manfred: Das Arbeitsrecht im internationalen Konzern, NZA 2000, S. 3–5.

Gentz, Manfred: Mitbestimmung auf der Unternehmens- und Betriebsebene – Verzahnung oder Kumulation?, in: Stiftung Gesellschaft für Rechtspolitik / Institut für Rechtspolitik an der Universität Trier (Hrsg.), Bitburger Gespräche Jahrbuch 2006/I, Mitbestimmung im Unternehmen, 2006, S. 33–39.

Geserich, Stephan: Auslegung und Rechtsfortbildung, DStR 2011, Beiheft zu Heft 31, S. 59–66.

Geyrhalter, Volker / Weber, Thomas: Transnationale Verschmelzungen – im Spannungsfeld zwischen SEVIC Systems und der Verschmelzungsrichtlinie, DStR 2006, S. 146–151.

Ginal, Jens / Heinemann-Diehl, Anna: Die arbeitsrechtliche Stellung des Fremd-Geschäftsführers, GWR 2014, S. 408–411.

Gleichmann, Karl: Europäische Wirtschaftliche Interessenvereinigung, ZHR 1985, S. 633–650.

Goethe, Wulf / Habersack Mathias: Münchener Kommentar zum Aktiengesetz, 3. Aufl. 2008–2012.

Götz, Heinrich, Die Überwachung der Aktiengesellschaft im Lichte jüngerer Unternehmenskrisen, AG 1995, S. 337–353.

Götz, Jürgen: Unternehmerische Mitbestimmung in der multinationalen Holdinggesellschaft, Ein Beitrag zur Notwendigkeit einer Deregulierung des Mitbestimmungsrechts, AG 2002, S. 552–556.

Götze, Cornelius / Winzer Thomas / Arnold, Christian: Unternehmerische Mitbestimmung – Gestaltungsoptionen und Vermeidungsstrategien, ZIP 2009, S. 245–254.

Grabitz, Eberhard / Hilf, Meinhard / Nettesheim, Martin: Das Recht der Europäischen Union, EUV/AEUV, 49. Ergänzungslieferung, Stand: November 2012.

Grabitz, Eberhard / Hilf, Meinhard: Das Recht der Europäischen Union, EUV/EGV, 40. Ergänzungslieferung, Stand: Oktober 2009.

Grabitz, Eberhard / Bogdandy von, Armin: Vom Gemeinsamen Markt zum Binnenmarkt – Statik und Dynamik des Europäischen Marktes, JuS 1990, S. 170–175.

Gramlich, Ludwig: Internationales Wirtschaftsrecht, Schnell erfasst, 2004.

Grasmann, Günther: Internationale Probleme der Mitbestimmung, ZGR 1973, S. 317–334.

Grimmel, Andreas: Der Kontext als Schlüssel für ein angemessenes Verständnis der Integration durch Recht in Europa – am Beispiel der aktuellen Grundrechtsrechtsprechung des EuGH, EuR 2013, S. 146–169.

Groeben von der, Hans / Schwarze, Jürgen: Kommentar zum Vertrag über die Europäische Union und zur Gründung der Europäischen Gemeinschaft, 6. Aufl. 2003.

Grohmann, Uwe: Grenzüberschreitende Mobilität von Gesellschaften nach der Rechtsprechung des EuGH -- von Daily Mail bis Cartesio, DZWIR 2009, S. 322–329.

Grooterhorst, Johannes: Pflichten und Haftung des Aufsichtsrats bei zustimmungsbedürftigen Geschäften des Vorstands, NZG 2011, S. 921–926.

Gruber, Wolfgang: Der abgeleitete Unterlassungsanspruch – Ein Instrument der Sicherung des Unterrichtungs- und Beratungsanspruchs des Betriebsrats, NZA 2011, S. 1011–1018.

Grundmann, Stefan / Riesenhuber, Karl: Die Auslegung des Europäischen Privat- und Schuldvertragsrechts, JuS 2001, S. 529–536.

Grundmann, Stefan / Möslein, Florian: Die Golden Shares Grundsatzentscheidungen des Europäischen Gerichtshofs, Anmerkung zu den Entscheidungen EuGH, BKR 2002, 773 (Kommission/Frankreich), EuGH, BKR 2002, 778 (Kommission/ Belgien), und EuGH, BKR 2002, 783 (Kommission/ Portugal) – alle in diesem Heft, S. 758–765.

Grundmann, Stefan / Möslein, Florian: Die Goldene Aktie, Staatskontrollrechte in Europarecht und wirtschaftspolitischer Bewertung, ZGR 2003, S. 317–366.

Grundmann, Stefan / Möslein, Florian: Die Goldene Aktie und der Markt für Unternehmenskontrolle im Rechtsvergleich – insbesondere Staatskontrollrechte, Höchst- und Mehrfachstimmrechte sowie Übernahmeabwehrmaßnahmen, ZVglRWiss 2003, S. 289–345.

Grundmann, Stefan: Europäisches Gesellschaftsrecht, Eine systematische Darstellung unter Einbeziehung des Europäischen Kapitalmarktrechts, 2. Aufl. 2011.

Gummert, Hans / Weipert, Lutz: Münchener Handbuch des Gesellschaftsrechts, 3. Aufl. 2007–2009.

Gundel, Jörg: Anmerkung zu einer Entscheidung des EuGH, Urteil vom 08.09.2010 (C-46/08) – Zur Vereinbarkeit des deutschen Glücksspielmonopols mit europarechtlichen Bestimmungen, ZUM 2010, S. 955–957.

Gutsche, Robert: Ein Plädoyer für die „Euro-GmbH“, in: Erle, Bernd / Goette, Wulf / Kleindiek, Detlef / Krieger, Gerd / Priester, Hans-Joachim / Schubel, Christian / Schwab, Martin / Teichmann, Christoph / Witt, Carl-Heinz (Hrsg.): Festschrift für Peter Hommelhoff zum 70. Geburtstag, 2012, S. 285–302.

Habersack, Mathias: Europäisches Gesellschaftsrecht im Wandel, Bemerkungen zum Aktionsplan der EG-Kommission betreffend die Modernisierung des Gesellschaftsrechts und die Verbesserung der Corporate Governance in der Europäischen Union, NZG 2004, S. 1–9.

Habersack, Mathias: Konzernmitbestimmung nach § 5 MitbestG und § 2 DrittelbG, Fragen de lege lata und Forderungen de lege ferenda, AG 2007, S. 641–650.

Habersack, Mathias: Reformbedarf im deutschen Mitbestimmungsrecht, ZIP 2009, Beilage Heft 48, S. 1–5.

Habersack, Mathias / Tröger, Tobias: „Ihr naht Euch wieder, schwankende Gestalten ...“- Zur Frage eines europarechtlichen Gleichbehandlungsgebots beim Anteilshandel, NZG 2010, S. 1–7.

Habersack, Mathias / Verse, Dirk A.: Europäisches Gesellschaftsrecht, Einführung für Studium und Praxis, 4. Aufl. 2011.

Habersack, Mathias: „Germany First“? Kritische Bemerkungen zum EuGH-Urteil in Sachen „Erzberger ./. TUI AG“, NZG 2017, S. 1021–1023.

Härtel, Ines: Handbuch Föderalismus – Föderalismus als demokratische Rechtsordnung und Rechtskultur in Deutschland, Europa und der Welt, Band IV: Föderalismus in Europa und der Welt, 2012.

Haider-Giangreco, Bettina / Polte, Marcel: Die SE als Rechtsform für den Mittelstand, BB 2014, S. 2947–2953.

Hailbronner, Kay: Hat der EuGH eine Normverwerfungskompetenz?, NZA 2006, S. 811–816.

Hailbronner, Kay / Thym, Daniel: Ruiz Zambrano – Die Entdeckung des Kernbereichs der Unionsbürgerschaft, NJW 2011, S. 2008–2014.

Hammerl, Christoph: Inländerdiskriminierung, 1997.

Hanau, Peter: Das Verhältnis des Mitbestimmungsgesetzes zum kollektiven Arbeitsrecht, ZGR 1977, S. 397–421.

Hanau, Peter: Abschluss und Inhalt von Mitbestimmungsvereinbarungen, ZIP 2009, Beilage Heft 48, S. 6–9.

Hansen, Jessica / Kelber, Markus Friedrich / Zeißig, Rolf / Breezmann, Andreas / Confurius, Manfred: Rechtsstellung der Führungskräfte in Unternehmen, 2006.

Happ, Wilhelm / Holler, Lorenz: Limited statt GmbH?, Risiken und Kosten werden gern verschwiegen, DStR 2004, S. 730–736.

Haratsch, Andreas / Koenig, Christian / Pechstein, Matthias: Europarecht, Lehrbuch, 10. Aufl. 2016.

Hartmann, Jan: Offshoring in deutschen Unternehmen, 2010.

Haslehner, Werner Christof: Das Konkurrenzverhältnis der Europäischen Grundfreiheiten in der Rechtsprechung des EuGH zu den direkten Steuern, IStR 2008, S. 565–575.

Hasselbach, Kai: Überwachungs- und Beratungspflichten des Aufsichtsrats in der Krise, NZG 2012, S. 41–48.

Hauß, Thomas: Grenzüberschreitende Betriebsverfassung in Europa, 1996.

Heilmeier, Matthias: Die Kapitalverfassung der Europäischen Genossenschaft (SCE), EuZW 2010, S. 887–892.

Heintschel von Heinegg, Wolff: Casebook Völkerrecht, 2005.

Heinze, Meinhard: Die Europäische Aktiengesellschaft, ZGR 2002, S. 66–95.

Hekimler, Alpay: Arbeitnehmerfreizügigkeit nach dem Assoziierungsabkommen und türkisches Recht, ZESAR 2013, S. 61–67.

Hellwig, Hans-Jürgen / Behme, Caspar: Gemeinschaftsrechtliche Probleme der deutschen Unternehmensmitbestimmung, AG 2009, S. 261–278.

Hellwig, Hans-Jürgen / Behme, Caspar: Zur Einbeziehung ausländischer Belegschaften in die deutsche Unternehmensmitbestimmung, Stellungnahme zum Entwurf des Arbeitskreises „Unternehmerische Mitbestimmung", ZIP 2009, S. 1791–1794.

Hellwig, Hans-Jürgen / Behme, Caspar: Gemeinschaftswidrigkeit und Anwendungsvorrang des Gemeinschaftsrechts in der deutschen Unternehmensmitbestimmung, ZIP 2010, S. 871–874.

Hellwig, Hans-Jürgen / Behme, Caspar: Die deutsche Unternehmensmitbestimmung im Visier von Brüssel? Zugleich Anmerkungen zu den mitbestimmungsrechtlichen Ausführungen des Reports oft he Reflection Group on the Future of EU Company Law, AG 2011, S. 740–746.

Hellwig, Hans-Jürgen / Behme, Caspar: Die Verpflichtung von Vorstand und Aufsichtsrat zur Einleitung des Statusverfahrens (§§ 97, 98 AktG) – Zugleich ein Beitrag zu sog. Legalitätspflicht beider Organe, in: Erle, Bernd / Goette, Wulf / Kleindiek, Detlef / Krieger, Gerd / Priester, Hans-Joachim / Schubel, Christian / Schwab, Martin / Teichmann, Christoph / Witt, Carl-Heinz (Hrsg.): Festschrift für Peter Hommelhoff zum 70. Geburtstag, 2012, S. 343–368.

Hellwig, Hans-Jürgen: Das deutsche Gesellschaftsrecht und Europa – Ein Appell zu mehr Offenheit und Engagement, Hachenburg-Gedächtnisvorlesung am 26.10.2012 in Mannheim, ZGR 2013, S. 216–236.

Helm, Roland: Vergütungsstrukturen des Aufsichtsrats mittelständischer, nicht börsennotierter Aktiengesellschaften, DB 2003, 2718 – 2723.

Henssler, Martin: Arbeitnehmermitbestimmung im deutsche Gesellschaftsrecht, in: Baums/Ulmer, Unternehmensmitbestimmung in EU-Mitgliedstaaten, 2004, S. 133–158.

Henssler, Martin: Mitbestimmungsrechtliche Konsequenzen einer Sitzverlegung innerhalb der Europäischen Union – Inspirationen durch „Inspire Art" –, in: Söllner, Alfred / Gitter, Wolfgang / Waltermann, Raimund / Giesen, Richard / Rocken, Oliver, Gedächtnisschrift für Meinhard Heinze, 2005, S. 333–355.

Henssler, Martin: Mitbestimmungsrechtliche Folgen grenzüberschreitender Beherrschungsverträge – Konzernbetriebsrat und Unternehmensmitbestimmung im grenzüberschreitenden Vertragskonzern –, ZfA 2005, S. 289–314.

Henssler, Martin: Bewegung in der deutschen Unternehmensmitbestimmung, Reformdruck durch Internationalisierung der Wirtschaft, RdA 2005, S. 330–337.

Henssler, Martin: Droht eine dauerhafte Blockade durch unterschiedliche Mitbestimmungsvorstellungen?, DB Standpunkte 2011, S. 71–72.

Henssler, Martin / Sittard, Ulrich: Die Gesellschaftsform der SE als Gestaltungsinstrument zur Verkleinerung des Aufsichtsrats, KSzW 2011, S. 359–368.

Henssler, Martin / Strohn, Lutz: Gesellschaftsrecht BGB, HGB, PartGG, GmbHG, AktG, UmwG, GenG, IntGesR, 2011.

Henze, Hartwig: Mitbestimmungsrecht im Aufsichtsrat: Regelung für vor dem 10.08.1994 eigetragene AG verfassungswidrig?, Der Aufsichtsrat 2011, S. 178.

Herdegen, Matthias: Völkerrecht, 16. Aufl. 2017.

Herdegen, Auslegende Erklärungen von Gemeinschaftsorganen und Mitgliedstaaten zu EG-Rechtsakten, ZHR 1991, S. 52–67.

Herrler, Sebastian / Schneider, Susanne: Go ahead, come back – von der Limited (zurück) zur GmbH, Zivil- und steuerrechtliche Grundlagen mit Erfahrungsbericht, DStR 2009, S. 2433–2440.

Heselhaus, Sebastian: Rechtfertigung unmittelbar diskriminierender Eingriffe in die Warenverkehrsfreiheit, EuZW 2001, 645–650.

Heselhaus, Sebastian / Nowak, Carsten: Handbuch der Europäischen Grundrechte, 2006.

Heuschmid, Johannes: Mitentscheidung durch Arbeitnehmer – ein europäisches Grundrecht?, Die Wirkung der Grundrechte als Korrektiv der Grundfreiheiten dargestellt am Beispiel der Beteiligung der Arbeitnehmer in Unternehmen, 2009.

Heuschmid, Johannes / Videbaek Munkholm, Natalie: Zur Unionsrechtskonformität der Unternehmensmitbestimmung, EuZW 2017, S. 419–424.

Heußner, Hermann: Folgen der Verfassungswidrigkeit eines Gesetzes ohne Nichtigerklärung, NJW 1982, S. 257–263.

Hilf, Meinhard / Pache, Eckard: Das Bosman-Urteil des EuGH, NJW 1996, 1169–1177.

Hirdina, Ralph: Neuordnung der Unternehmensmitbestimmung, NZA 2010, S. 683–687.

Hirte, Heribert / Bücker, Thomas / Adensamer, Nikolaus: Grenzüberschreitende Gesellschaften, Ein Praxishandbuch [für ausländische Kapitalgesellschaften mit Sitz im Inland], 2. Aufl. 2006.

Hoffmann, Jochen: Die Bildung der Aventis SA – ein Lehrstück des europäischen Gesellschaftsrechts, NZG 1999, S. 1077–1085.

Hoffmann, Dietrich / Lehmann, Jürgen / Weinmann, Heinz: Mitbestimmungsgesetz, Kommentar, 1978.

Hohenstatt, Klaus-Stefan / Schramm, Nils: Der Gemeinschaftsbetrieb im Recht der Unternehmensmitbestimmung, NZA 2010, S. 846–851.

Hohenstatt, Klaus-Stefan / Naber, Sebastian: Sind Fremd-Geschäftsführer Arbeitnehmer im Sinne der Massenentlassungsrichtlinie?, NZA 2014, S. 637–642.

Hohloch, Gerhard: EU-Handbuch Gesellschaftsrecht, 1997.

Holle, Philipp: Der „Fall VW" – ein gemeinschaftsrechtlicher Dauerbrenner, AG 2010, S. 14–22.

Hölters, Wolfgang: Aktiengesetz, Kommentar, 3. Aufl. 2017.

Hommelhoff, Peter: Unternehmensführung in der mitbestimmten GmbH, ZGR 1978, S. 119–155.

Hommelhoff, Peter: Vereinbarte Mitbestimmung, ZHR 1984, S. 118–148.

Hommelhoff, Peter: Einige Bemerkungen zur Organisationsverfassung der Europäischen Aktiengesellschaft, AG 2001, S. 279–288.

Hommelhoff, Peter / Teichmann, Christoph: Eine GmbH für Europa: Der Vorschlag der EU-Kommission zur Societas Privata Europaea (SPE), GmbHR 2008, S. 897–911.

Hommelhoff, Peter / Teichmann, Christoph: Auf dem Weg zur Europäischen Privatgesellschaft (SPE), DStR 2008, S. 925–933.

Hommelhoff, Peter: Mitbestimmungsvereinbarungen im deutschen Recht – de lege ferenda, Zwölf kommentierte Thesen zum Gesetzesvorschlag des Arbeitskreises „Unternehmerische Mitbestimmung", ZIP 2009, S. 1785–1787.

Hommelhoff, Peter: Mitbestimmungsvereinbarungen zur Modernisierung der deutschen Unternehmensmitbestimmung, zum Gesetzesentwurf des Arbeitskreises „Unternehmerische Mitbestimmung", ZGR 2010, S. 48–74.

Hommelhoff, Peter / Teichmann, Christoph: Die SPE vor dem Gipfelsturm, Zum Kompromissvorschlag der schwedischen EU-Ratspräsidentschaft, GmbHR 2010, S. 337–349.

Hommelhoff, Peter: Die SPE: kein Instrument zur Umgehung der Mitbestimmung, AuR 2011, S. 202–204.

Hommelhoff, Peter: Für ein binnenmarktadäquates EU-Gesellschaftsrecht, DB Standpunkte 2011, S. 65–66.

Hommelhoff, Peter / Teichmann, Christoph: Die Wiederbelebung der SPE, GmbHR 2014, S. 177–186.

Hommelhoff, Peter: Societas Unius Personae: als Konzernbaustein momentan noch unbrauchbar, GmbHR 2014, S. 1065–1075.

Honrath, Alexander: Umfang und grenzen der Freiheit des Kapitalverkehres: die Möglichkeiten zur Einführung einer Devisenzwangsbewirtschaftung in der Europäischen Union, 1998.

Höpner, Martin: Unternehmensmitbestimmung unter Beschuss, Die Mitbestimmungsdebatte im Licht der sozialwissenschaftlichen Forschung, MPIfG Discussion Paper 04/8.

Hoppe, Tilman: Die Europäisierung der Gesetzgebung: Der 80-Prozent-Mythos lebt, EuZW 2009, S. 168–169.

Hopt, Klaus J.: Arbeitnehmervertretung im Aufsichtsrat – Auswirkungen der Mitbestimmung auf corporate governance und wirtschaftliche Integration in Europa –, in: Due, Ole / Lutter, Marcus / Schwarze, Jürgen (Hrsg.), Festschrift für Ulrich Everling, 1995, S. 475–492.

Hopt, Klaus J.: Europäisches Gesellschaftsrecht – Krise und neue Anläufe, ZIP 1998, S. 96–106.

Hörisch, Felix: Unternehmensmitbestimmung im nationalen und internationalen Vergleich, Entstehung und ökonomische Auswirkungen, 2009.

Huber, Peter M.: Unitarisierung durch Gemeinschaftsgrundrechte – Zur Überprüfungsbedürftigkeit der ERT-Rechtsprechung –, EuR 2008, S. 190–199.

Huber, Peter M.: Auslegung und Anwendung der Charta der Grundrechte, NJW 2011, S. 2385–2390.

Huber-Wilhelm, Claus / Plank, Leo: Inländerdiskriminierung von Handwerkern, EuZW 2001, S. 223–224.

Hüffner, Uwe / Koch, Jens: Aktiengesetz, Kommentar, 12. Aufl. 2016.

Hushahn, Johannes: Anmerkung zu OLG Nürnberg, Beschl. V. 19.6.2013–12 W 520/13, DNotZ 2014, S. 154–157.

Husmann, Manfred: Diskriminierungsverbot und Gleichbehandlungsgebot des Art. 3 VO 1408/71 und der Artt. 4 und 5 VO 883/2004, ZESAR 2010, S. 97–106.

Huster, Stefan: Gleichheit im Mehrebenensystem: Die Gleichheitsrechte der Europäischen Union in systematischer und kompetenzrechtlicher Hinsicht, EuR 2010, S. 325–337.

Ihrig, Hans-Christoph: Die geschäftsführenden Direktoren in der monistischen SE: Stellung, Aufgaben und Haftung, ZGR 2008, S. 809–834.

Ipsen, Knut: Völkerrecht, Ein Studienbuch, 6. Aufl. 2014.

Janzen, Dietmar: Vorzeitige Beendigung von Vorstandsamt und –vertrag, NZG 2003, S. 468–475.

Jarass, Hans D.: Elemente einer Dogmatik der Grundfreiheiten II, EuR 2000, S. 705–723.

Jarass, Hans D.: Charta der Grundrechte der Europäischen Union, Unter Einbeziehung der vom EuGH entwickelten Grundrechte und der Grundrechtsregelungen der Verträge; Kommentar, 2010.

Jarass, Hans D.: Die Bindung der Mitgliedstaaten an die EU-Grundrechte, NVwZ 2012, S. 457–461.

Jarass, Hans D.: Zum Verhältnis von Grundrechtecharta und sonstigem Recht, EuR 2013, S. 29–44.

Jayme Eric: Völkerrecht und Internationales Privatrecht – eine entwicklungsgeschichtliche Betrachtung, in: Leible, Stefan / Ruffert, Matthias: Völkerrecht und IPR, S. 23–42.

Joch, Bernd: Mitbestimmungsgesetz und Gestaltungsfreiheit, Ein Beitrag zur Reichweite der Privatautonomie, 1984.

John, Andreas / Stachel, Markus: Mitarbeiterbeteiligung konkret: Belegschaftsaktien, Aktienoptionen, Genussscheine und Zertifikate, BB 2009, Special zu Heft 1/2, S. 17–20.

Joost, Detlev: Mitbestimmung in der kapitalistischen Kommanditgesellschaft auf Aktien, ZGR 1998, S. 334–351.

Jung, Stefanie: Societas Unius Personae (SUP) – Der neue Konzernbaustein, GmbHR 2014, S. 579–591.

Junker, Abbo: Sechsundsiebzig verweht – Die deutsche Mitbestimmung endet in Europa, NJW 2004, S. 728–730.

Junker, Abbo.: Mitbestimmung im europäischen Vergleich, in: Stiftung Gesellschaft für Rechtspolitik / Institut für Rechtspolitik an der Universität Trier (Hrsg.), Bitburger Gespräche Jahrbuch 2006/I, Mitbestimmung im Unternehmen, 2006, S. 71–81.

Junker, Abbo: Kollektives Arbeitsrecht in Europa – Überblick über das Arbeitskampfrecht und das Tarifsystem der Mitgliedstaaten, RdA 2009, Sonderbeilage Heft 5, S. 4–10.

Junker, Abbo: Auswirkungen der neueren EuGH-Rechtsprechung auf das deutsche Arbeitsrecht, NZA 2011, S. 950–958.

Junker, Abbo: Die Rechtsprechung des EuGH zum europäischen Arbeitsrecht im Jahr 2011, RIW 2012, S. 177–186.

Junker, Abbo: Grundfreiheiten, Gesellschaftsrecht und Mitbestimmung – Bleibt die europäische Entwicklung Treiber des Reformbedarf?, EuZA 2013 S. 223–246.

Just, Clemens: Die englische Limited in der Praxis, Einschließlich Ltd. & Co. KG, Mit Formularteil, 4. Aufl. 2012.

Kadelbach, Stefan / Petersen, Niels: Europäische Grundrechte als Schranken der Grundfreiheiten, Anmerkung zum EuGH-Urteil in der Rs. C-112/00, Schmidtberger/Republik Österreich (Brennerblockade), EuGRZ 2003, 492, EuGRZ 2003, S. 693–698.

Kainer, Friedemann: Deutsche Mitbestimmung zur Wahl von Arbeitnehmervertretern im Aufsichtsrat, NJW 2017, S. 2603–2605.

Kahil-Wolff, Bettina / Mosters, Robert: Das Abkommen über die Freizügigkeit EG-Schweiz, EuZW 2001, S. 5–10.

Kahles, Markus: Kooperative Mechanismen im Elektrizitätsbinnenmarkt, 2014.

Kaiser, Dagmar: Entzweiung von europäischem und deutschem Arbeitsrecht – Abschied vom Systemdenken?, NZA 2000, S. 1144–1152.

Kalss, Susanne: Gesellschaftsrecht in den Ländern Mittel- und Osteuropas, ZGR 2000, S. 819–869.

Kalss, Susanne: Anmerkung zu EuGH, Rs. C-95/12, Sperrminorität im VW-Gesetz, EuZW 2013, S. 946 f.

Kampp, Marcus: Die unternehmerische Mitbestimmung nach „Überseering" und „Inspire Art", BB 2004, S. 1496–1500.

Kanzler, Hans-Joachim: Die „Gesetzesbegründung" im Steuerrecht, Einige Gedanken zu einem beliebten Strohhalm, FR 2007, S. 525–533.

Keiluweit, Anjela: Unterschiede zwischen obligatorischen und fakultativen Aufsichtsgremien – ein Vergleich zwischen Aktiengesellschaft und GmbH, BB 2011, S. 1795–1800.

Kempen, Bernhard / Hillgruber, Christian: Völkerrecht, 2. Aufl. 2012.

Kempen, Otto Ernst: Der lange Weg der Unternehmensmitbestimmung in die Koalitionsfreiheit, in: Annuss, Georg / Picker, Eduard / Wissmann, Hellmut (Hrsg.), Festschrift für Reinhard Richardi zum 70. Geburtstag, 2007, S. 587–599.

Kepper, Katrin: Die mitbestimmte monistische SE deutschen Rechts, eine Untersuchung der Kompatibilität der deutschen Mitbestimmung und der monistischen Führungsorganisation am Beispiel der Europäischen Aktiengesellschaft (SE), 2010.

Kersting, Christian: Rechtswahlfreiheit im Europäischen Gesellschaftsrecht nach Überseering, Ein Richtlinienvorschlag, NZG 2003, S. 9–13.

Kerwer, Christof: Das europäische Gemeinschaftsrecht und die Rechtsprechung der deutschen Arbeitsgerichte, 2003.

Kieninger, Eva-Maria: CLR Niederlassungsfreiheit als Rechtswahlfreiheit, Besprechung der Entscheidung EuGH EuZW 1999, 216 – Centros Ltd. ./. Erhvervs- og Selskabsstyrelsen, ZGR 1999, S. 725–749.

Kieninger, Eva-Maria: Wettbewerb der Privatrechtsordnungen im Europäischen Binnenmarkt, Studien zur Privatrechtskoordinierung in der Europäischen Union auf den Gebieten des Gesellschafts- und Vertragsrechts, 2002.

Kieninger, Eva-Maria: The Law Applicable to Corporations in the EC, RabelsZ 2009, S. 607–628.

Kieninger, Eva-Maria: Binnenmarktintegration durch uniformes Gesellschaftskollisionsrecht?, in: Müller-Graff, Hans-Christian / Teichmann, Christoph (Hrsg.), Europäisches Gesellschaftsrecht auf neuen Wegen, 2010, S. 57–79.

Kilian, Wolfgang: Vereinbarkeit des VW-Gesetzes mit Europarecht, NJW 2007, S. 3469–3471.

Kindler, Peter: Auf dem Weg zur Europäischen Briefkastengesellschaft? Die „Überseering"-Entscheidung des EuGH und das internationale Privatrecht, NJW 2003, S. 1073–1079.

Kindler, Peter: Grundzüge des neuen Kapitalgesellschaftsrechts, Das Gesetz zur Modernisierung des GmbH-Rechts und zur Bekämpfung von Missbräuchen (MoMiG) NJW 2008, S. 3249–3256.

Kindler, Peter: Ende der Diskussion über die so genannte Wegzugsfreiheit, NZG 2009, S. 130–132.

Kindler, Peter: Der reale Niederlassungsbegriff nach dem VALE-Urteil des EuGH, EuZW 2012, S. 888–892.

Kingreen, Thorsten / Störmer, Rainer: Die subjektiv-öffentlichen Rechte des primären Gemeinschaftsrechts, EuR 1998, S. 263–290.

Kingreen, Thorsten: Die Struktur der Grundfreiheiten des Europäischen Gemeinschaftsrechts, 1999.

Kingreen, Thorsten: Theorie und Dogmatik der Grundrechte im europäischen Verfassungsrecht, EuGRZ 2004, S. 570–576.

Kirchhoff, Ferdinand: Grundrechtsschutz durch europäische und nationale Gerichte, NJW 2011, S. 3681–3686.

Kischel, Uwe: Zur Dogmatik des Gleichheitssatzes in der Europäischen Union, EuGRZ 1997, S. 1–11.

Kischel, Uwe, Die Kontrolle der Verhältnismäßigkeit durch den Europäischen Gerichtshof, EuR 2000, S. 380–402.

Kisker, Olaf: Unternehmerische Mitbestimmung in der Europäischen Gesellschaft, der Europäischen Genossenschaft und bei grenzüberschreitender Verschmelzung im Vergleich, RdA 2006, S. 206–212.

Kisker, Olaf: Unternehmensmitbestimmung bei Auslandsgesellschaften mit Verwaltungssitz in Deutschland, 2007.

Kittner, Michael: Die „Europäische Kooperationsvereinigung", Ein taugliches Instrument zur Ordnung des europäischen Konzentrationsprozesses? ZGR 1975, S. 48–67.

Klauberg, Theis: Gesellschaftsrecht in Estland, Lettland und Litauen, eine Einführung mit vergleichenden Tabellen, 2004.

Klebe, Thomas: Alle Jahre wieder, Die Mitbestimmung, ein „Fall“ und ein Webfehler, NZG 2009, S. 24–25.

Kleinhenz, Holger Michael: Die grenzüberschreitende Verschmelzung unter Beteiligung deutscher Unternehmen nach Umsetzung der Richtlinie 2005/56/EG, 2008.

Kleinschmit, Florian: Deutsches Volkswagengesetz und Europäische Kapitalverkehrsfreiheit, Zur Auslegung einer Grundfreiheit unter besonderer Berücksichtigung der „Goldene Aktien“-Judikatur des EuGH, 2004.

Kleinsorge, Georg: Europäische Gesellschaft und Beteiligungsrechte der Arbeitnehmer, RdA 2002, S. 343–352.

Klöck, Oliver / Klein, Matthias: Die Glücksspiel-Entscheidungen des EuGH und die Auswirkungen auf den Glücksspielstaatsvertrag, NVwZ 2011, S. 22–25.

Klose, Oliver / Strauß, Meike: Tagungs- und Diskussionsbericht, RdA 2009, Sonderbeilage Heft 5, S. 48–59.

Ključar, Maja: Unternehmensmitbestimmung der Arbeitnehmer in Kroatien, WiRO 2005, S. 359–362.

Knobbe-Keuk, Brigitte: Umzug von Gesellschaften in Europa, ZHR 1990, S. 325–356.

Koberski, Wolfgang / Heuschmid, Johannes: Die Beteiligung der Arbeitnehmer in der Europäischen Privatgesellschaft, Eine kritische Zwischenbilanz, RdA 2010, S. 207–216.

Koch, Katharina / Nguyen, Alexander: Schutz vor mittelbarer Diskriminierung – Gleiches Recht für alle?, Das Verbot der mittelbaren Diskriminierung in der höchstrichterlichen Rechtsprechung, EuR 2010, S. 364–378.

Kocher, Dirk: Die Diversity-Empfehlung des neuen Corporate-Governance-Kodex, BB 2010, S. 264–266.

Kocher, Dirk / Lönner, Andreas: Erhöhte Diversity-Anforderungen des Corporate Governance Kodex 2010CCZ 2010, S. 183–188.

Kokett, Juliane / Henze, Thomas: Die Beschränkung der zeitlichen Wirkung von EuGH-Urteilen in Steuersachen, NJW 2006, S. 177–183.

Kokott, Juliane / Sobotta, Christoph: Die Charta der Grundrechte der Europäischen Union nach dem Inkrafttreten des Vertrags von Lissabon, EuGRZ 2010, 265–271.

Kolvenbach, Walter: Scheitert die Europa AG an der Mitbestimmung?, NZA 1998, S. 1323–1328.

Kommission zur Modernisierung der deutschen Unternehmensmitbestimmung, Bericht der wissenschaftlichen Mitglieder der Kommission mit Stellungnahmen der Vertreter der Unternehmen und der Vertreter der Arbeitnehmer, 2006.

Kömpf, Anja: Staatseinfluss auf die Volkswagen AG, Grenzen der staatlichen Einflussnahme auf Wirtschaftsunternehmen in Privatrechtsform, 2010.

Konnertz-Häußler, Christine: Ein Corporate Governance-Kodex für die GmbH, GmbHR 2012, S. 68–81.

Körber, Thorsten: Grundfreiheiten und Privatrecht, 2004.

Kort, Michael: Der Konzernbegriff iS von § 5 MitbestG, NZG 2009, S. 81–85.

Kort, Michael: Sind GmbH-Geschäftsführer und Vorstandsmitglieder diskriminierungsschutzrechtlich Arbeitnehmer? Die Auslegung von § 6 AGG zwischen Arbeitsrecht und Gesellschaftsrecht, NZG 2013, S. 601–607.

Korte, Stefan / Steiger, Dominik: Deutschennotariat abgestempelt!, NVwZ 2011, S. 1243–1247.

Köstler, Roland: Das steckengebliebene Reformvorhaben, Unternehmensmitbestimmung von 1922 bis zum Mitbestimmungsgesetz 1976, 1987.

Köstler, Roland: Deutsche Mitbestimmung und europäisches Gemeinschaftsrecht, in: Stiftung Gesellschaft für Rechtspolitik / Institut für Rechtspolitik an der Universität Trier (Hrsg.), Bitburger Gespräche Jahrbuch 2006/I, Mitbestimmung im Unternehmen, 2006, S. 99–116.

Köstler, Roland: Das trojanische Pferd der Mitbestimmung, Der Aufsichtsrat 2009, S. 137.

Köstler, Roland / Zachert, Ulrich / Müller, Matthias: Aufsichtsratspraxis, Handbuch für die Arbeitnehmervertreter im Aufsichtsrat, 2009.

Kramer, Ernst A., Juristische Methodenlehre, 2010.

Krause, Nils / Janko, Markus: Grenzüberschreitende Verschmelzungen und Arbeitnehmermitbestimmung, BB 2007, S. 2194–2197.

Krause, Rainer: Unternehmensmobilität in Europa – Anmerkungen zur grenzüberschreitenden Verschmelzung und Sitzverlegung, in: Müller-Graff, Peter-Christian / Teichmann, Christoph (Hrsg.), Europäisches Gesellschaftsrecht auf neuen Wegen, 2010, S. 103–123.

Krause, Rüdiger: Die Mitbestimmung der Arbeitnehmer in der Europäischen Gesellschaft (SE), BB 2005, S. 1221–1229.

Krause, Rüdiger: „Geradezu widersinnig", Mitbestimmung 11/2012, S. 20–22.

Krause, Rüdiger: Zur Bedeutung des Unionsrechts für die unternehmerische Mitbestimmung, AG 2012, S. 485–497.

Kraushaar, Martin: Europäische Aktiengesellschaft (SE) und Unternehmensmitbestimmung, BB 2003, S. 1614–1620.

Krebber, Sebastian: Soziale Rechte in der Gemeinschaftsrechtsordnung, RdA 2009, S. 224–236.

Krebber, Sebastian: Die Bedeutung der Grundrechtecharta und der EMRK für das deutsche Individualarbeitsrecht, EuZA 2013, S. 188–202.

Krebs, Christian A.: Grenzüberschreitender Formwechsel nach Deutschland – Einordnung, Voraussetzungen und Praxisfolgen, GWR 2014, S. 144–147.

Kreikebohm, Ralf: Sozialgesetzbuch, Gemeinsame Vorschriften für die Sozialversicherung – SGB IV – Kommentar, 2. Aufl. 2014.

Kress, Claus / Herbst, Jochen: Der Helms-Burton-Act aus völkerrechtlicher Sicht, Zum Gutachten des Inter-Amerikanischen Juristenausschusses vom 23. August 1996, RIW 1997, S. 630–641.

Kreutz, Marcus: Arbeitnehmermitbestimmung als Berührungspunkt von Recht und Ökonomie, Eine Einführung in die Property-Rights-Theorie am Beispiel der gesetzlichen Mitbestimmung, NZA 2001, S. 472–477.

Krimphove, Dieter: Brauchen wir die Europäische Genossenschaft?, EuZW 2010, S. 892–897.

Kropff, Bruno: Aufsichtsratsmitglied „im Auftrag", in: Baums, Theodor / Lutter, Marcus / Schmidt, Karsten / Wertenbuch, Johannes (Hrsg.), Festschrift für Ulrich Huber zum siebzigsten Geburtstag, 2006, S. 841–860.

Kropholler, Jan: Internationales Privatrecht, Einschließlich der Grundbegriffe des Internationalen Zivilverfahrensrechts, 6. Aufl. 2006.

Krüger Andersen, Paul: Employees' Co-Determination in Danish Companies, in: Baums/Ulmer, Unternehmensmitbestimmung in EU-Mitgliedstaaten, 2004, S. 11–24.

Kübler, Friedrich: Mitbestimmungsfeindlicher Missbrauch der Societas Europaea?, in: Damm, Reinhard / Heermann, Peter W. / Veil, Rüdiger (Hrsg.), Festschrift für Thomas Raiser zum 70. Geburtstag am 20. Februar 2005, 2005, S. 247–258.

Kühling, Jürgen: Gewerkschaftsvertreter im Aufsichtsrat, Gutachten zur Verfassungsmäßigkeit des § 7 Mitbestimmungsgesetz, 2006.

Künzel, Markus: Im Arbeitskampf muss der Betriebsrat schweigen, DB 2014, Nr. 3, M 1.

Ladzinski, Ludwig: Ausschuss für Arbeit und Soziales, Ausschussdrucksache 17(11)502, S. 1–2.

Lambrich, Thomas / Reinhard, Thorsten: Schwellenwerte bei der Unternehmensmitbestimmung – Wann beginnt die Mitbestimmung, S. 2229–2234.

Lanfermann, Georg / Maul, Silja: Maßnahmenpaket der Europäischen Kommission zum Gesellschaftsrecht und Corporate Governance, BB 2014, S. 1283–1294.

Lange, Oliver: Zustimmungsvorbehaltspflicht und Kataloghaftung des Aufsichtsrats nach neuem Recht, DStR 2003, S. 376–381.

Larenz, Karl: Methodenlehre der Rechtswissenschaft, 6. Aufl. 1996.

Latzel, Clemens: Gleichheit in der Unternehmensmitbestimmung, 2010.

Latzel, Clemens: Ewige Ungleichbehandlung? Zur Drittelmitbestimmung nach Gründungszeit, Kommentar zu BVerfG v. 9.1.2014–1 BvR 2344/11, AG 2014, 279, AG 2014, S. 395–399.

Lefèvre, Dieter: Staatliche Ausfuhrförderung und das Verbot wettbewerbsverfälschender Beihilfen im EWG-Vertrag, 1977.

Leible, Stefan / Hoffmann, Jochen: Cartesio – fortgeltende Sitztheorie, grenzüberschreitender Formwechsel und Verbot materiellrechtlicher Wegzugsbeschränkungen, BB 2009, S. 58–63.

Leitzen, Mario: Die GmbH mit Verwaltungssitz im Ausland, NZG 2009, S. 728–733.

Leminsky, Gerhard: Gewerkschaften und Mitbestimmung in Deutschland: Historischer Rückblick und Handlungsprospekt für die Zukunft in: Abel, Jörg / Ittermann, Peter (Hrsg.), Mitbestimmung an den Grenzen?, Arbeitsbeziehungen in Deutschland und Europa, 2001, S. 39–68.

Leopold, Anders: Mutterschutz für Mitglieder der Unternehmensführung, ZESAR 2011, S. 362–368.

Leyens, Patrick C.: Corporate Governance: Grundsatzfragen und Forschungsperspektiven, JZ 2007, S. 1061–1112.

Lieder, Jan / Kliebisch, René: Nichts Neues im Internationalen Gesellschaftsrecht: Anwendbarkeit der Sitztheorie auf Gesellschaften aus Drittstaaten?, Zugleich Besprechung des BGH-Trabrennbahnurteils, BB 2009, 14BB 2009, S. 338–343.

Lindner, Josef Franz: Grundrechtsschutz gegen gemeinschaftsrechtliche Öffnungsklauseln – zugleich ein Beitrag zum Anwendungsbereich der EU-Grundrechte, EuZW 2007, S. 71–75.

Lippert, André: EuR 2012, Das Kohärenzerfordernis des EuGH, Eine Darstellung am Beispiel der Rechtsprechung zum deutschen Glücksspielmonopol, S. 90–99.

Löber, Burckhardt / Lozano, Fernando / Steinmetz, Alexander / García Alcázar, Rocío / Gahle, Christoph: Das neue Recht der spanischen Kapitalgesellschaften, Sonderregelungen für Schuldverschreibungen, die sog. Blitz GmbH, die Europäische Aktiengesellschaft (SE) und die börsennotierte Aktiengesellschaft, RIW 2012, S. 146–151.

Loritz, Karl-Georg: Grenzen des Arbeitsrechts – Gedanken zu Entwicklungen und neuen Herausforderungen –, ZfA 2010, S. 367–396.

Löscher, Klaus: Der Europäische Gewerkschaftsbund (EGB) und seine Beteiligung am europäischen Arbeitsrecht, NZA 2003, S. 184–194.

Löwisch, Manfred: Mitbestimmung auf der Unternehmens- und Betriebsebene. Koordination oder Kumulation?, in: Stiftung Gesellschaft für Rechtspolitik / Institut für Rechtspolitik an der Universität Trier (Hrsg.), Bitburger Gespräche Jahrbuch 2006/I, Mitbestimmung im Unternehmen, 2006, S. 19–31.

Löwisch, Manfred / Becker, Martina: Abschied von der „Angleichung nach oben", Anmerkung zu Urteil des Europäischen Gerichtshofs vom 19.6.2014 – Rechtssache Specht und andere, EuZA 2015, S. 83–91.

Lubitz, Robert: Sicherung und Modernisierung der Unternehmensmitbestimmung, 2005.

Lübke, Julia: Kapitalverkehrsfreiheit in der Finanzkrise – Zur Renaissance staatlicher Sonderrechte an Unternehmen, EWS 2010, S. 407–416.

Ludwig, Thomas Claus: Zum Verhältnis zwischen Grundrechtecharta und allgemeinen Grundsätzen – die Binnenstruktur des Art. 6 EUV n. F., EuR 2011, S. 715–734.

Lunk, Stefan / Rodenbusch, Vincent: Der unionsrechtliche Arbeitnehmerbegriff am Beispiel des GmbH-Geschäftsführers GmbHR 2012, S. 188–195.

Lutter, Marcus: Der Anwendungsbereich des Mitbestimmungsgesetzes, ZGR 1977, S. 195–214.

Lutter, Marcus: Mitbestimmungsprobleme im internationalen Konzern, in: Bernstein, Herbert / Drobnig, Ulrich / Kötz, Hein (Hrsg.), Festschrift für Konrad Zweigert zum 70. Geburtstag, 1981, S. 251–274.

Lutter, Marcus, Europäische Aktiengesellschaft – Rechtsfigur mit Zukunft?, BB 2002, S. 1–7.

Lutter, Marcus / Krieger, Gerd: Rechte und Pflichten des Aufsichtsrats, 5. Aufl. 2008.

Lutter, Marcus / Hommelhoff, Peter: GmbH-Gesetz, Kommentar, 19. Aufl. 2016.

Lutter, Marcus /Hommelhoff, Peter / Teichmann, Christoph: SE-Kommentar, SE-VO, SEAG, SEBG; Arbeitsrechtliche Praxis, Steuerrecht, Konzernrecht, 2. Aufl. 2015.

Lutter, Marcus / Quack, Karlheinz: Mitbestimmung und Schadensabwehr, in: Damm, Reinhard / Heermann, Peter W. / Veil, Rüdiger (Hrsg.), Festschrift für Thomas Raiser zum 70. Geburtstag am 20. Februar 2005, 2005, S. 259–272.

Lutter, Marcus: Deutschland hat Glück gehabt, zum Mitbestimmungs-Urteil des EuGH, EuZW 2017, S. 665–666.

Mager, Ute: Dienstleistungsfreiheit als Grundlage für ein Ausweisungsverbot?, JZ 2003, S. 204–207.

Malmberg, Jonas: Conference on European Company Law, The Way Forward, Panal 2: Workers` participation, 2011.

Mansel, Heinz-Peter: Staatlichkeit im Internationalen Privatrecht und Völkerrecht, in: Leible, Stefan / Ruffert, Matthias: Völkerrecht und IPR, S. 89–130.

Markovska, Violeta: Zwingende Bestimmungen als Schranken der Rechtswahl im Arbeitskollisionsrecht, RdA 2007, S. 352–359.

Maul, Silja / Teichmann, Christoph / Wenz, Martin: Der Richtlinienvorschlag zur grenzüberschreitenden Verschmelzung von Kapitalgesellschaften, BB 2003, S. 2633–2641.

Maunz, Theodor / Schmidt-Bleibtreu, Bruno / Klein, Franz / Bethge, Herbert: Bundesverfassungsgerichtsgesetz, Loseblatt-Kommentar, 52. Ergänzungslieferung, September 2017.

Medem von, Andreas: Europarechtswidrigkeit des § 622 II 2 BGB?, Die Schlussanträge von Generalanwalt Bot in der Rechtssache Kücükdeveci, NZA 2009, S. 1072–1076.

Medem von, Andreas: EuGH: Mitglied des Leitungsorgans einer Kapitalgesellschaft als Arbeitnehmer, ArbRAktuell 2010, S. 654.

Meilicke, Heinz / Meilicke, Wienand: Zur ausländischen Kapitalgesellschaft als Unternehmen in der Rechtsform des § 1 Nr. 1 MitbestG, BB 1977, S. 1063–1064.

Meilicke, Wienand: Die Niederlassungsfreiheit nach „Überseering", Rückblick und Ausblick nach Handelsrecht und Steuerrecht, GmbHR 2003, S. 793–809.

Meng, Werner: Extraterritoriale Jurisdiktion im öffentlichen Wirtschaftsrecht, 1994.

Menjucq, Michel: Das monistische System der Unternehmensleitung in der SE, ZGR 2003, S. 679–687.

Mense, Christian / Rosenhäger, Erik: Mehr Vielfalt wagen – Zu den jüngsten Änderungen des Deutschen Corporate Governance Kodex, GWR 2010, S. 311–314.

Merkt, Hanno: Die monistische Unternehmensverfassung für die Europäische Aktiengesellschaft aus deutscher Sicht, Mit vergleichendem Blick auf die Schweiz, das Vereinigte Königreich und Frankreich, ZGR 2003, S. 650–678.

Merkt, Hanno: Der Kapitalschutz in Europa – ein rocher de bronze?, ZGR 2004, S. 305–323.

Merkt, Hanno: Unternehmensmitbestimmung für ausländische Gesellschaften?, Stellungnahme zu den Anträgen der Fraktion Die Linke v. 21. April 2010 und der Fraktion der SDP v. 16. Juni 2010 zur Ausweitung der Unternehmensmitbestimmung, ZIP 2011, S. 1237–1244.

Messenzehl, Eric / Schwarzfischer, Benjamin: Anmerkung zur Entscheidung des EuGH vom 12.07.2012 (C-378/10; BB 2012, 2069) – Zur grenzüberschreitenden Umwandlung einer Gesellschaft innerhalb der EU, BB 2012, S. 2072–2073.

Meyer, Jürgen / Bernsdorff, Norbert: Die Grundrechtecharta begründet keine Eigentumsrückgabeansprüche in Tschechien, EuZW 2009, S. 793.

Meyer, Jürgen: Charta der Grundrechte der Europäischen Union, 3. Aufl. 2011.

Meyer-Ladewig, Jens: EMRK, Europäische Menschenrechtskonvention, Handkommentar, 3. Aufl. 2011.

Michalski, Lutz: Kommentar zum Gesetz betreffend die Gesellschaften mit beschränkter Haftung (GmbH-Gesetz), 2010.

Mielke, Werner: Die Abberufung von Vorstandsmitgliedern wegen Vertrauensentzugs durch die Hauptverhandlung – beweis- und verfahrensrechtliche Fragen, BB 2014, S. 1035–1038.

Monz, Jonathan M. E. / Wendler, Patrick: BB-Kommentar „Das deutsche Mitbestimmungsgesetz ist mit Unionsrecht vereinbar", BB 2017, S. 1788.

Mörsdorf, Oliver: Unmittelbare Wirkung der Antidiskriminierungs-RL im Kündigungsschutzprozess („Kücükdeveci"), ZIP 2009, S. 1491–1495.

Mörsdorf, Roland: Die norwegische GmbH, Neueste Rechtsentwicklung im Überblick, RIW 2012, S. 211–224.

Möstl, Markus: Grenzen der Rechtsangleichung im europäischen Binnenmarkt, Kompetenzielle, grundfreiheitliche und grundrechtliche Schranken des Gemeinschaftsgesetzgebers, EuR 2002, S. 318–350.

Mückl, Patrick / Kaueroff, Cornelia: Mitbestimmungsrechtliche Aspekte einer Auslandsentsendung, ArbRAktuell 2013, S. 567–570.

Müller, Klaus J.: Die englische Limited in Deutschland – für welche Unternehmen ist sie tatsächlich geeignet?, BB 2006, S. 837–843.

Müller-Bonanni, Thomas / Müntefering, Michael: Grenzüberschreitende Verschmelzung ohne Arbeitnehmerbeteiligung? Praxisfragen zum Anwendungsbereich und Beteiligungsverfahren des MgVG, NJW 2009, S. 2347–2353.

Müller-Glöge, Rudi / Preis, Ulrich / Schmidt, Ingrid: Erfurter Kommentar zum Arbeitsrecht, 18. Aufl. 2018.

Müller-Graff, Peter-Christian: Binnenmarktziel und Rechtsordnung: Binnenmarktrecht, 1989.

Müller-Graff, Peter-Christian: Das Verhältnis von Grundrechten und Grundfreiheiten im Lichte des Europäischen Verfassungsvertrags, in: Schwarze, Jürgen (Hrsg.), Europarecht, Beiheft I/2006, Europäische Verfassung und Grundrechtscharta, 30. Tagung der Gesellschaft für Rechtsvergleichung am 22.-24. September 2005 in Würzburg, 2006, S. 19–42.

Müller-Graff, Peter-Christian: Gesellschaftsrecht im Kontext des Europäischen Wirtschaftsordnungsrechts, EWS 2009, S. 489–502.

Müller-Graff, Peter-Christian: Europäische Gesellschaftsrechtspolitik auf hoher See des Wettbewerbs – Der neue Aktionsplan der Europäischen Kommission –, ZHR 2013, S. 563–576.

Müller-Jentsch, Walter: Geschichte der Mitbestimmung, 1848–1916, Wie die Gewerkschaften zur Mitbestimmung kamen, Mitbestimmung 12/2007, S. 52–57.

Müller-List, Gabriele: Montanmitbestimmung, Das Gesetz über die Mitbestimmung der Arbeitnehmer in den Aufsichtsräten und Vorständen der Unternehmen des Bergbaus und der Eisen und Stahl erzeugenden Industrie vom 21. Mai 1951, 1984.

Nagel, Bernhard: Das Gesetz über die Mitbestimmung der Arbeitnehmer bei grenzüberschreitenden Verschmelzungen (MgVG), NZG 2007, S. 57–59.

Nagel, Bernhard / Freis, Gerhild / Kleinsorge, Georg, Beteiligung der Arbeitnehmer im Unternehmen auf der Grundlage des europäischen Rechts, Kommentar zum SE-Beteiligungsgesetz – SEBG, SCE-Beteiligungsgesetz – SCEBG, Gesetz über die Mitbestimmung der Arbeitnehmer bei einer grenzüberschreitenden Verschmelzung – MgVG, 2. Aufl. 2009.

Nettesheim, Martin: Die europarechtlichen Grundrechte auf wirtschaftliche Mobilität (Art. 48, 52 EGV), NVwZ 1996, S. 342–345.

Nettesheim, Martin: Normenhierarchien im EU-Recht, EuR 2006, S. 737–772.

Nettesheim, Martin: Unternehmensübernahmen durch Staatsfonds: Europarechtliche Vorgaben und Schranken, ZHR 2008, S. 729–767.

Neye, Hans-Werner / Teichmann, Christoph: Der Entwurf für das Ausführungsgesetz zur Europäischen Aktiengesellschaft, AG 2003, S. 169–179.

Neye, Hans-Werner: Die neue Richtlinie zur grenzüberschreitenden Verschmelzung von Kapitalgesellschaften, ZIP 2005, S. 1893–1898.

Neye, Hans-Werner: Die Regelung der grenzüberschreitenden Sitzverlegung – eine ungelöste Aufgabe des europäischen Gesetzgebers, in: Grundmann, Stefan / Kirchner, Christian / Raiser, Thomas / Schwintowski, Hans-Peter / Weber, Martin / Windbichler, Christine (Hrsg.), Unternehmensrecht zu Beginn des 21. Jahrhunderts, Festschrift für Eberhard Schwark zum 70. Geburtstag, 2009, S. 231–240.

Neye, Hans-Werner: Europäisches Gesellschaftsrecht – Quo vadis?, DB Standpunkte 2011, S. 67–68.

Neye, Hans-Werner: OLG Nürnberg v. 19.6.2013–12 W 520/13, Grenzüberschreitende Sitzverlegung in der EU unter identitätswahrendem Formwechsel, EWiR 2014, S. 45–46.

Nienerza, Michael: Unternehmerische Mitbestimmung in grenzüberschreitenden Konzernen, 2005.

Nießen, Tobias: Der Aufsichtsrat in der GmbH, NJW Spezial 2008, S. 367–368.

Nikoleyczik, Tobias / Führ, Thorsten: Mitbestimmungsgestaltung im grenzüberschreitenden Konzern, Unter besonderer Berücksichtigung der SE und grenzüberschreitender Verschmelzung, DStR 2010, S. 1743–1750.

Nimmerjahn, Lutz: Aktives und passives Wahlrecht zum Betriebsrat, ArbRAktuell 2013, S. 97–100.

Noske, Esther: Beratungen und Beschlüsse des 66. Deutschen Juristentags 2006, ZRP 2006, S. 232–234.

Nowak, Carsten / Schnitzler, Jörg: Erweiterte Rechtfertigungsmöglichkeiten für mitgliedstaatliche Beschränkungen der EG-Grundfreiheiten, EuZW 2000, S. 627–631.

Nowak, Carsten: Binnenmarktziel und Wirtschaftsverfassung der Europäischen Union vor und nach dem Reformvertrag von Lissabon, in: Schwarze, Jürgen / Hatje, Armin (Hrsg.), Europarecht, Beiheft 1/2009, Der Reformvertrag von Lissabon, 2009, S. 129–192.

Nowak, Carsten: Europarecht nach Lissabon, 2011.

Oberhäuser, Thomas: „Dänemark-Ehen", Unionsrecht und Inländerdiskriminierung, NVwZ 2012, S. 25–28.

Oberthür, Nathalie: Unionsrechtliche Impulse für den Kündigungsschutz von Organvertretern und Arbeitnehmerbegriff, NZA 2011, 253–258.

Oetker, Hartmut: Unternehmensmitbestimmung in der rechtspolitischen Diskussion, Ein Zwischenbericht, RdA 2005, S. 337–345.

Ohler, Christoph: Die Kapitalverkehrsfreiheit und ihre Schranken, WM 1996, S. 1801–1808.

Ohler, Christoph: Europäische Kapital- und Zahlungsverkehrsfreiheit, Kommentar zu den Artikeln 56 bis 60 EGV, der Geldwäscherichtlinie und Überweisungsrichtlinie, 2002.

Omler, Sebastian: Die Societas Unius Personae – eine supranationale Erweiterung der deutschen GmbH-Familie, NZG 2014, S. 1137–1142.

Pache, Eckhard: Die Europäische Grundrechtscharta – ein Rückschritt für den Grundrechtsschutz in Europa?, EuR 2001, S. 475–494.

Pache, Eckhard / Rösch, Franziska: Der Vertrag von Lissabon, NVwZ 2008, S. 473–480.

Pache, Eckhard / Rösch, Franziska: Die neue Grundrechtsordnung der EU nach dem Vertrag von Lissabon, EuR 2009, S. 769–789.

Paefgen, Walter G., Auslandsgesellschaften und Durchsetzung deutscher Schutzinteressen nach Überseering, DB 2003, S. 487–492.

Papadileris, Vicky: Das Erfordernis des grenzüberschreitenden Bezugs im Recht der Marktfreiheiten, JuS 2011, S. 123–128.

Pechstein, Matthias: EU-Prozessrecht, Mit Aufbaumustern und Prüfungsübersichten, 4. Aufl. 2011.

Pechstein, Matthias: Anmerkung zu EuGH: Altersdiskriminierung für Beamtenbesoldung, NVwZ 2014, S. 1301–1302.

Peltzer, Martin: Der Bericht der Corporate Governance Kommission an die Bundesregierung, NZG 2011, S. 281–286.

Pfleger, Jochen: Die Problematik der unternehmerischen Mitbestimmung in der Europäischen Privatgesellschaft (SPE), 2014.

Pießkalla, Michael: Goldene Aktien aus EG-rechtlicher Sicht, Eine Untersuchung staatlicher und privater Sonderrechte in Wirtschaftsgesellschaften unter besonderer Berücksichtigung der Kapitalverkehrsfreiheit, 2006.

Pießkalla, Michael: Unmittelbare Drittwirkung der Grundfreiheiten des EG-Vertrags bei Boykottaufrufen durch Gewerkschaften, NZA 2007, S. 1144–1148.

Plötscher, Stefan: Der Begriff der Diskriminierung im Europäischen Gemeinschaftsrecht, Zugleich ein Beitrag zur einheitlichen Dogmatik der Grundfreiheiten des EG-Vertrages, 2003.

Potthoff, Erich, Der Kampf um die Montan-Mitbestimmung, 1957.

Potthoff, Erich / Blume, Otto / Duvernell, Helmut: Zwischenbilanz der Mitbestimmung, 1962.

Preen von, Alexander / Pacher, Sebastian / Bannas, Vera: Woher kommt der Strukturwandel bei der Aufsichtsratsvergütung, DB 2014, S. 1633–1635.

Preis, Ulrich: Verbot der Altersdiskriminierung als Gemeinschaftsgrundrecht, Der Fall Mangold und die Folgen, NZA 2006, S. 401–410.

Preis, Ulrich: Schlangenlinien in der Rechtsprechung des EuGH zur Altersdiskriminierung, NZA 2010, S. 1323–1328.

Preis, Ulrich / Sagan, Adam: Der GmbH-Geschäftsführer in der arbeits- und diskriminierungsrechtlichen Rechtsprechung des EuGH, BGH und BAG, ZGR 2013, S. 26–75.

Raehlmann, Irene: Der Interessenstreit zwischen dem Deutschen Gewerkschaftsbund und der Bundesvereinigung der Deutschen Arbeitgeberverbände um die Ausweitung der qualifizierten Mitbestimmung, 1975.

Raiser, Thomas: Weisungen an Aufsichtsratsmitglieder?, ZGR 1978, S. 391–404.

Raiser, Thomas: Mitbestimmung im Betrieb und im Unternehmen, in: Pawlowski, H.-M. / Wiese, Günther / Wüst, Günther (Hrsg.), Festschrift für Konrad Duden zum 70. Geburtstag, 1977, S. 423–438.

Raiser, Thomas: Gestaltungsfreiheit im Mitbestimmungsrecht, in: Aderhold, Lutz / Grunewald, Barbara / Klingbeil, Dietgard / Paefgen Walter G. (Hrsg.), Festschrift für Harm Peter Westermann zum 70. Geburtstag, 2008, S. 1295–1314.

Raiser, Thomas: Unternehmensmitbestimmung vor dem Hintergrund europarechtlicher Entwicklungen, Gutachten B für den 66. Deutschen Juristentag, in: Ständige Deputation des Deutschen Juristentages, Verhandlungen des sechsundsechzigsten Deutschen Juristentages, Band I, 2006, B 9 – B 116.

Raiser, Thomas / Veil, Rüdiger: Mitbestimmungsgesetz und Drittelbeteiligungsgesetz, Kommentar, 5. Aufl. 2009.

Rauscher, Thomas: Internationales Privatrecht, Mit internationalem und europäischem Verfahrensrecht, 4. Aufl. 2017.

Rebhahn, Robert: Das Kollektive Arbeitsrecht im Rechtsvergleich, NZA 2001, S. 763–774.

Rebhahn, Robert: Unternehmensmitbestimmung in Deutschland ein Sonderweg im Rechtsvergleich, in: Rieble, Volker (Hrsg.), Zukunft der Unternehmensmitbestimmung, 2004, S. 42–85.

Rebhahn, Robert: Der Arbeitnehmerbegriff in vergleichender Perspektive, RdA 2009, S. 154–175.

Rebhahn, Robert: Die Arbeitnehmerbegriffe des Unionsrechts in der neueren Judikatur des EuGH, EuZA 2012, S. 3–34.

Rechenberg Freiherr von, Wolf-Georg: Die Hauptversammlung als oberstes Organ der Aktiengesellschaft, 1986.

Regierungskommission Deutscher Corporate Governance, Bericht der Regierungskommission Deutscher Corporate Governance Kodex an die Bundesregierung, 2010.

Reichert, Jochem / Brandes, Stephan M.: Mitbestimmung der Arbeitnehmer in der SE: Gestaltungsfreiheit und Bestandsschutz, ZGR 2003, S. 767–799.

Reichert, Jochem: Wettbewerb der Gesellschaftsformen – SE oder KGaA zur Organisation großer Familienunternehmen, ZIP 2014, S. 1957–1965.

Reichold, Hermann: Durchbruch zu einer europäischen Betriebsverfassung, Die Rahmen-Richtlinie 2002/14/EG zur Unterrichtung und Anhörung der Arbeitnehmer, NZA 2003, S. 289–299.

Rein, Stefan Hermann: Mitbestimmungsfragen beim grenzüberschreitenden Arbeitsverhältnis im Konzern, Das Internationale Betriebsverfassungsrecht und der Betrieb im formellen sowie im materiellen Sinne, 2012.

Reinhard, Barbara / Bitsch, Christian: Sind GmbH-Geschäftsführer Arbeitnehmer? Folgerungen aus der EuGH-Entscheidung „Dansoa", ArbRB 2011, S. 241–244.

Reiserer, Kerstin: Arbeitnehmerschutz für Geschäftsführer? – Die Danosa-Entscheidung des EuGH und ihre Auswirkungen –, DB 2011, S. 2262–2267.

Remien, Oliver: Zwingendes Vertragsrecht und Grundfreiheiten des EG-Vertrages, 2003.

Rengeling, Hans-Werner / Szczekalla, Peter: Grundrechte in der Europäischen Union, Charta der Grundrechte und allgemeine Rechtsgrundsätze, 2004.

Reufels, Martin / Molle, Karl: Diskriminierungsschutz von Organmitgliedern, NZA-RR 2011, S. 281–286.

Richardi, Reinhard / Wlotzke, Otfried / Wißmann, Helmut / Oetker, Hartmut: Münchener Handbuch zum Arbeitsrecht, 3. Aufl. 2009.

Richardi, Reinhard: Betriebsverfassungsgesetz: BetrVG mit Wahlordnung, Kommentar, 15. Aufl. 2016.

Richardi, Reinhard: Der Arbeitsvertrag im Licht des neuen § 611 a BGB, NZA 2017, S. 36–39.

Rieble, Volker: Mitbestimmung zwischen Legitimationslast und Modernisierungsdruck, in: Rieble, Volker, Zukunft der Unternehmensmitbestimmung, 2004, S. 10–32.

Rieble, Volker: Führungsrolle des Betriebsrats und Corporate Governance, in: Rieble, Volker / Junker, Abbo, Unternehmensführung und betriebliche Mitbestimmung, 4. ZAAR-Kongreß S. 9–35.

Rieble Volker: Tarifautonomie und Unternehmensmitbestimmung, in: Stiftung Gesellschaft für Rechtspolitik / Institut für Rechtspolitik an der Universität Trier (Hrsg.), Bitburger Gespräche Jahrbuch 2006/I, Mitbestimmung im Unternehmen, 2006, S. 41–59.

Rieble, Volker: Unternehmensmitbestimmung vor dem Hintergrund europarechtlicher Entwicklungen, NJW 2006, S. 2214–2217.

Rieble, Volker / Latzel, Clemens: Inlandsmitbestimmung als Ausländerdiskriminierung bei Standortkonflikten, EuZA 2011, S. 145–170.

Rieble, Volker: Schnelle Mitbestimmungssicherung gegen die SE, BB 2014, S. 2997–2998.

Riegger, Bodo: Centros – Überseering – Inspire Art: Folgen für die Praxis, ZGR 2004, S. 510–530.

Riese, Christoph / Noll, Paul: Europarechtliche und verfassungsrechtliche Aspekte der Inländerdiskriminierung, NVwZ 2007, S. 516–521.

Riesenhuber, Karl: Europäisches Arbeitsrecht, Eine systematische Darstellung, 2009.

Ringleb, Henrik-Michael / Kremer, Thomas / Lutter, Marcus / Werder von, Axel: Kommentar zum Deutschen Corporate Governance Kodex, Kodex-Kommentar, 2010.

Rockstroh, Maria: Verwaltungsrat und geschäftsführende Direktoren in der monistisch strukturierten Societas Europaea, BB 2012, S. 1620–1625.

Rosen von, Rüdiger: Die SE – ein europäisches Zukunftsmodell, in: Grundmann, Stefan / Haar, Brigitte / Merkt, Hanno / Mülbert, Peter O. / Wellenhofer, Marina / Baum, Harald / Hein von, Jan / Hippel von, Thomas / Pistor, Katharina / Roth, Markus / Schweitzer, Heike (Hrsg.), Festschrift für Klaus Hopt zum 70. Geburtstag am 24. August 2010, Unternehmen, Markt und Verantwortung, S. 1245–1260.

Rossi, Matthias: Das Diskriminierungsverbot nach Art. 12 EGV, EuR 2000, S. 197–217.

Roth, Wulf-Henning: Die Niederlassungsfreiheit zwischen Beschränkungs- und Diskriminierungsverbot, in: Schön, Wolfgang (Hrsg.), Gedächtnisschrift für Brigitte Knobbe-Keuk, 1997, S. 729–742.

Roth, Wulf-Henning: Unternehmensmitbestimmung und internationales Gesellschaftsrecht in: Söllner, Alfred / Gitter, Wolfgang/ Waltermann, Raimund / Giesen, Richard / Rocken, Oliver (Hrsg.), Gedächtnisschrift für Meinhard Heinze, 2005, S. 709–729.

Roth, Günther H. / Wörle, Ulrike: Die Unabhängigkeit des Aufsichtsrats – Recht und Wirklichkeit, ZGR 2004, S. 565–630.

Roth, Günther H. / Altmeppen, Holger: Gesetz betreffend die Gesellschaften mit beschränkter Haftung (GmbHG), Kommentar, 7. Aufl. 2012.

Ruffert, Matthias: Schlüsselfragen der Europäischen Verfassung der Zukunft – Grundrechte – Institutionen – Kompetenzen – Ratifizierung, EuR 2004, S. 165–201.

Ruffert, Matthias: Die Grundfreiheiten im Recht der Europäischen Union, JuS 2009, S. 97–103.

Ruffert, Matthias: Europäisches sektorales Wirtschaftsrecht, 2013.

Ruge, Reinhard: Goldene Aktien und EG-Recht, EuZW 2002, S. 421–424.

Runggaldier, Ulrich: Aktuelle Tendenzen in der europäischen Rechtsentwicklung, insbesondere hinsichtlich des Alters und der Arbeitszeit, RdA 2009, Sonderbeilage Heft 5, S. 40–48.

Rüthers, Bernd: Einführung zur Tagung „Mitbestimmung", in: Stiftung Gesellschaft für Rechtspolitik / Institut für Rechtspolitik an der Universität Trier (Hrsg.), Bitburger Gespräche Jahrbuch 2006/I, Mitbestimmung im Unternehmen, 2006, S. 1–7.

Rüthers, Bernd: Ergebnis wie bestellt? – Der Bericht der restlichen Mitbestimmungskommission, NZA 2007, S. 426–429.

Ruzik, Andy: Zum Streik über den Streik – Aufsichtsratsmandat und Gewerkschaftsführung im Arbeitskampf, NZG 2004, S. 455–459.

Säcker, Franz Jürgen, Die Wahlordnungen zum Mitbestimmungsgesetz, Gesellschafts-, konzern- u. arbeitsrechtl. Vorfragen u. wahlorganisationsrechtl. Hauptprobleme d. Wahlverfahrens, 1978.

Säcker, Franz Jürgen: Anpassung von Satzungen und Geschäftsordnungen an das Mitbestimmungsgesetz 1976, 1977.

Säcker, Franz Jürgen / Boesche, Katharina: Vom Gutsherren zum Gutsverwalter: Wandlungen im Aufsichtsratsrecht unter besonderer Berücksichtigung des Mannesmann-Urteils, BB 2006, S. 897–905.

Säcker, Franz Jürgen, Die Zukunft der Unternehmensmitbestimmung in Deutschland, AG 2008, S. 17–25.

Säcker, Franz Jürgen / Rixecker, Roland: Münchener Kommentar zum Bürgerlichen Gesetzbuch, 5. Aufl. 2006–2010.

Sagasser, Bernd / Bula, Thomas / Brünger, Thomas R.: Verschmelzung – Spaltung – Formwechsel – Vermögensübertragung, Zivilrecht, Handelsrecht, Arbeitsrecht, Kartellrecht, Steuerrecht – mit Vertragsmustern –, 4. Aufl. 2011.

Sanders, P.: Auf dem Wege zu einer europäischen Aktiengesellschaft?, RIW (AWD) 1960, S. 1–5.

Sandrock, Otto: Deutschland als gelobtes Land des Kapitalgesellschaftsrechts?, Manches in Deutschland kann nur von Europa aus saniert werben, BB 2002, S. 1601–1603.

Sandrock, Otto: Gehören die deutschen Regelungen über die Mitbestimmung auf Unternehmensebene wirklich zum deutschen ordre public?, AG 2004, S. 57–66.

Sauer, Heiko: Bausteine eines Grundrechtskollisionsrechts für das europäische Mehrebenensytem, EuGRZ 2011, S. 195–199

Saurer, Johannes: Der kompetenzrechtliche Verhältnismäßigkeitsgrundsatz im Recht der Europäischen Union, JZ 2014, S. 281–286.

Schaer, Frank: Rechtssicherheit und Vertrauensschutz als Grenzen rückwirkender Rechtsprechung im europäischen Arbeitsrecht, 2010.

Schaller, Werner: Bindung der Mitgliedstaaten an die Gemeinschaftsgrundrechte, JZ 2005, S. 193–195.

Schanze, Erich: Die Pluralität der Mitbestimmungslösungen in Europa, Kommentar zu EuGH v. 18.7.2017 – C-566/15 , ECLI:EU:C:2017:562 – Konrad Erzberger ./. TUI AG, AG 2017, 577, AG 2017, S. 573–577.

Schaub, Günter: Arbeitsrechts-Handbuch, Systematische Darstellung und Nachschlagewerk für die Praxis, 17. Aufl. 2017.

Scheuing, Dieter H.: Freizügigkeit als Unionsbürgerrecht, EuR 2003, S. 744–792.

Scheuing, Dieter H.: Zur Grundrechtsbindung der EU-Mitgliedstaaten, EuR 2005, S. 162–191.

Schiessel, Maximilian: Leitungs- und Kontrollstrukturen im internationalen Wettbewerb, Dualistisches System und Mitbestimmung auf dem Prüfstand, ZHR 2003, S. 235–256.

Schilha, Ralph: EU-Rechtskonformität der deutschen Mitbestimmungsregeln zum aktiven und passiven Wahlrecht bei Wahlen der Arbeitnehmervertreter im Aufsichtsrat („Erzberger"), EWiR 2017, S. 489–490.

Schilling, Theodor: Rechtsfragen zu Art. 30 EGV – Zugleich eine Anmerkung zum EuGH-Urteil vom 24.11.1993 in den verbundenen Rechtssachen C-267 und 268/91, EuR 1994, S. 50–70.

Schilling, Theodor: Bestand und allgemeine Lehren der bürgerschützenden allgemeinen Rechtsgrundsätze des Gemeinschaftsrechts, EuGRZ 2000, S. 3–43.

Schindler, Gerald: Zur Zukunft der Corporate Governance Kommission und des § 161 AktG, NZG 2011, S. 1007–1013.

Schmahl, Stefanie: Die Verzahnung der deutschen, europäischen und internationalen Rechtsebenen bei der Gewährleistung von Grund- und Menschenrechten, in: Bauschke, Gabriele / Becker, Stefan / Brauser-Jung, Gerrit (Hrsg.), Pluralität des Rechts – Regulierung im Spannungsfeld der Rechtsebenen, 42. Assistententagung Öffentliches Recht, Hamburg 2002, 2003, S. 163–198.

Schmahl, Stefanie: Grundrechtrechtsschutz im Dreieck von EU, EMRK und nationalem Verfassungsrecht, in: Hatje, Armin / Nettesheim, Martin (Hrsg.), Europarecht, Beiheft 1/2008, Grundrechtsschutz im Dreieck von nationalem, europäischem und internationalem Recht, 2008, S. 7–40.

Schmahl, Stefanie: Deutschland und die europäische Integration, Grund und Grenzen der verfassungsrechtlichen Regelung unionsbezogener Fragen, BayVBl 2012, S. 1–8.

Schmahl, Stefanie: Auf dem Weg zu einer genuinen europäischen Personalhoheit? Überlegungen zum Selbstand der Unionsbürgschaft und ihrem Einfluss auf das mitgliedstaatliche Staatsangehörigkeits- und Aufenthaltsrecht, in: Jochum, Georg / Fritzemeyer, Wolfgang / Kau, Marcel (Hrsg.), Grenzüberschreitendes Recht – Crossing Frontiers, Festschrift für Kay Hailbronner, 2013, S. 339–354.

Schmahl, Stefanie: Das Verhältnis der deutschen Rechtsordnung zu Regeln des Völkerrechts, JuS 2013, S. 961–966.

Schmid, Erik: Mit im Ausland beschäftigen Arbeitnehmern zum mitbestimmten Aufsichtsrat? Anmerkungen zum Beschluss des LG Frankfurt/M. vom 16.02.2015, DK 2015 S. 234 ff., Der Konzern 2015, S. 208–2011.

Schmidt, Christoph U. / Pinkel, Tobias: Grundfreiheitskonforme Reformierung der nationalen Notariatsverfassung, NJW 2011, S. 2928–2931.

Schmidt, Frederik: Die unternehmerische Freiheit im Unionsrecht, 2010.

Schmidt, Karsten / Lutter, Marcus: Aktiengesetz, Kommentar, 2. Aufl. 2010.

Schmidt, Karsten: Gesellschaftsrecht, 4. Aufl. 2002.

Schmirler, Philipp Julius: Mitbestimmungsmodelle in den EU-Mitgliedstaaten – Eine rechtsvergleichende Betrachtung der Unternehmensmitbestimmung –, 2012.

Schmitz, Holger / Krasniqi, Shquipe : Die Beschränkung der zeitlichen Wirkung von Urteilen in den Mitgliedstaaten der Europäischen Union, Ein allgemeiner Rechtsgrundsatz mit Beachtungspflicht des EuGH in Vorlageverfahren, EuR 2010, S. 189–206.

Schockenhoff, Martin: Rechtspolitische Initiativen zur Erweiterung der unternehmerischen Mitbestimmung, AG 2012, S. 185–194.

Scholderer, Frank: Unabhängigkeit und Interessenkonflikte der Aufsichtsratsmitglieder, Systematik, Kodexänderungen, Konsequenzen, NZG 2012, S. 168–176.

Schön, Wolfgang: Der Anspruch auf Haftungsbeschränkung im Europäischen Gesellschaftsrecht, in: Erle, Bernd / Goette, Wulf / Kleindiek, Detlef / Krieger, Gerd / Priester, Hans-Joachim / Schubel, Christian / Schwab, Martin / Teichmann, Christoph / Witt, Carl-Heinz (Hrsg.): Festschrift für Peter Hommelhoff zum 70. Geburtstag, 2012, S. 1037–1058.

Schön, Wolfgang: Das System der gesellschaftsrechtlichen Niederlassungsfreiheit nach VALE, ZGR 2013, S. 333–365.

Schönberger, Katja: Der Zustimmungsvorbehalt des Aufsichtsrates bei Geschäftsführungsmaßnahmen des Vorstands (§ 111 Abs. 4 Satz 2–4 AktG), 2006.

Schönhöft, Andreas / Weyhing, Maria: Neutralitätspflicht und Koalitionsfreiheit des Betriebsrats, BB 2014, S. 762–765.

Schorkopf, Frank: Beweislast im Recht des freien Warenverkehrs, Die erneuerte Cassis-Formel als Schnittmenge von Binnenmarktrecht und GATT, EuR 2009, S. 645–659.

Schorkopf, Frank: Wahrhaftigkeit im Recht der Grundfreiheiten, Zu Maßstab und Rechtsfolgen der Glücksspielurteile des Europäischen Gerichtshofs, DÖV 2011, S. 260–267.

Schorkopf, Frank: Rechtsgeschichte der europäischen Integration, Ein Themengebiet für Grundlagenforschung in der Rechtswissenschaft, JZ 2014, S. 421–431.

Schroeder, Tatjana / Pussar, Marc: Aufsichtsräte: Unsichere Gremienentscheidungen nach Wahlanfechtung, BB 2011, S. 1930–1934.

Schroeder, Werner: Die Auslegung des EU-Rechts, JuS 2004, S. 180–186.

Schubert, Claudia: Die Mitbestimmung der Arbeitnehmer bei grenzüberschreitender Verschmelzung, RdA 2007, S. 9–17.

Schubert, Claudia: Europäische Grundfreiheiten und nationales Arbeitskampfrecht im Konflikt, RdA 2008, S. 289–299.

Schubert, Claudia: Kündigungsschutz für die Geschäftsführerin einer Kapitalgesellschaft während der Schwangerschaft – Gesundheitsschutz und Diskriminierungsschutz, EuZA 2011, S. 362–371.

Schubert, Claudia: Arbeitnehmerschutz für GmbH-Geschäftsführer, ZESAR 2013, S. 5–14.

Schubert, Thure: Der Gemeinsame Markt als Rechtsbegriff: die allgemeine Wirtschaftsfreiheit des EG-Vertrages, 1999.

Schuberth, Ernst-Markus / von der Höh, Reimund Marc: Zehn Jahre „deutsche" SE – Eine Bestandsaufnahme, AG 2014, S. 439–444.

Schulte Westenberg, Hendrik: Zur Bedeutung der Keck-Rechtsprechung für die Arbeitnehmerfreizügigkeit, 2009.

Schulze, Reiner: Die Europäische Genossenschaft (SCE), NZG 2004, S. 792–796.

Schulze, Reiner / Zuleeg, Manfred / Kadelbach, Stefan: Europarecht, Handbuch für die deutsche Rechtspraxis, 2. Aufl. 2010.

Schulze-Fielitz, Helmuth: Wege, Umwege oder Holzwege zu besserer Gesetzgebung durch sachverständige Beratung, Begründung, Folgeabschätzung und Wirkungskontrolle?, JZ 2004, S. 862–871.

Schüppen, Matthias / Schaub, Bernhard: Münchener Anwaltshandbuch, Aktienrecht, 2. Aufl. 2010.

Schüßler, Thomas, Europäisches Konzernrecht: Welche Wege führen nach Brüssel? Ein Vergleich der Vorschläge von FECG und ICLEG, NZG 2017, S. 1046–1051.

Schurig, Klaus: Völkerrecht und IPR: Methodische Verschleifung oder strukturierte Interaktion, in: Leible, Stefan / Ruffert, Matthias: Völkerrecht und IPR, S. 55–70.

Schütt, Manuel: Die Auflösung des Spannungsverhältnisses zwischen Umweltschutz und Binnenmarkt im europäischen Beihilferecht – ein Rechtsrahmen für nationale Umweltschutzbeihilfen, ZNER 2012, S. 133–141.

Schwark, Eberhard: Globalisierung, Europarecht und Unternehmensmitbestimmung im Konflikt, AG 2004, S. 173–180.

Schwarz, Günter Christian: Europäisches Gesellschaftsrecht, Ein Handbuch für Wissenschaft und Praxis, 2000.

Schwarz, Günter Christian: Zum Statut der Europäischen Aktiengesellschaft, Die wichtigsten Neuerungen und Änderungen der Verordnung, ZIP 2001, S. 1847–1861.

Schwarz, Kyrill-A. / Bravidor, Christoph: Kunst der Gesetzgebung und Begründungspflicht des Gesetzgebers, JZ 2011, S. 653–659.

Schwarze, Jürgen: Anmerkung zum EuGH-Urteil vom 8.4.1976 in der Rechtssache 43/75, EuR 1977, S. 44–50.

Schwarze, Jürgen: Europäisches Wirtschaftsrecht, Grundlagen, Gestaltungsformen, Grenzen, 2007.

Schwarze, Jürgen: EU-Kommentar, 3. Aufl. 2012.

Schwarze, Jürgen: Die Abwägung von Zielen der europäischen Integration und mitgliedstaatlichen Interessen in der Rechtsprechung des EuGH, EuR 2013, S. 253–271.

Schweitzer, Michael: Art. 12 EGV – Auf dem Weg zum „allgemeinen“ Gleichheitssatz?, in: Arndt, Hans-Wolfgang / Knemeyer, Franz-Ludwig / Kugelmann, Dieter / Meng, Werner / Schweitzer, Michael (Hrsg.), Völkerrecht und Deutsches Recht, Festschrift für Walter Rudolf zum 70. Geburtstag, 2001, S. 189–198.

Sedemund, Jan: Die mittelbare Wirkung der Grundfreiheiten für in Drittstaaten ansässige Unternehmen nach den EuGH-Urteilen Fidium Finanz AG und Cadbury Schweppes, Zugleich eine Anmerkung zum Vorlagebeschluss des BFH vom 22.8.2006 - I R 116/04, BB 2006, S. 2781–2786.

Seibt, Christoph H.: Drittelbeteiligungsgesetz und Fortsetzung der Reform des Unternehmensmitbestimmungsrechts – Analyse des Zweiten Gesetzes zur Vereinfachung der Wahl der Arbeitnehmervertreter in den Aufsichtsrat, NZA 2004, S. 767–775.

Seifert, Achim: Die Bedeutung von EMRK und GRCh für das deutsche kollektive Arbeitsrecht, EuZA 2013, S. 205–220.

Selmayr, Martin: Die Europäische Währungsunion zwischen Politik und Recht, EuZW 1998, S. 101–110.

Seyboth, Marie / Thannisch, Rainald: Moderne Mythen der Mitbestimmungsgegner, Zweifel sind angesagt!, AiB 2012, S. 25–30.

Sieg, Rainer / Siebels, Dirk: Arbeitnehmervertreter im Aufsichtsrat – Vereinfachung des Wahlverfahrens, NZA 2002, S. 697–702.

Sick, Sebastian: Mitbestimmungsrelevante Unternehmen mit ausländischen Rechtsformen, 2010.

Sick, Sebastian / Thannisch, Rainald: Die Europäische Privatgesellschaft – Damoklesschwert für die Mitbestimmung?, Anforderung an das Statut einer Europäischen Privatgesellschaft aus mitbestimmungspolitischer und -rechtlicher Sicht, AuR 2011, S. 155–159.

Sick, Sebastian / Pütz, Lasse: Globalisierung, Europarecht und Unternehmensmitbestimmung im Konflikt, AG Report 2011, R 195 – R 196.

Sick, Sebastian: Unternehmensmitbestimmung für ausländische Gesellschaften – Inkonsistenzen beheben! Stellungnahme zu den Anträgen der BT-Fraktion der

SPD und der BT-Fraktion Die Linke zur Unternehmensmitbestimmung, GmbHR 2011, S. 1196–1200.

Sigle, Walter: Zur Mitbestimmung bei der SE & Co. KG, in: Erle, Bernd / Goette, Wulf / Kleindiek, Detlef / Krieger, Gerd / Priester, Hans-Joachim / Schubel, Christian / Schwab, Martin / Teichmann, Christoph / Witt, Carl-Heinz (Hrsg.): Festschrift für Peter Hommelhoff zum 70. Geburtstag, 2012, S. 1123–1132.

Skouris, Vassilios: Das Verhältnis der Grundfreiheiten zu den Gemeinschaftsgrundrechten, RdA 2009, Sonderbeilage Heft 5, S. 25–30.

Snell, Jukka, The notion of market access: a concept or a slogan?, CML Rev. 2010, S. 437–472.

Spahlinger, Andreas / Wegen, Gerhard: Internationales Gesellschaftsrecht in der Praxis, Kollisions- und Sachrecht wesentlicher Fälle mit Auslandsberührung, Europäisches Unternehmensrecht, Wahl der Gesellschaftsform, Corporate Governance, Wichtige ausländische Rechtsformen, 2005.

Spindler, Gerald / Stilz, Eberhard: Kommentar zum Aktiengesetz, 3. Aufl. 2015.

Spindler, Gerald: Zur Zukunft der Corporate Governance Kommission und des § 161 AktG, NZG 2011, S. 1007–1013.

Staudinger, Ansgar: Schadensersatzrecht – Wettbewerb der Ideen und Rechtsordnungen, NJW 2006, S. 2433–2439.

Stein, Thorsten / Buttlar von, Christian / Kotzur, Markus: Völkerrecht, 14. Aufl. 2017.

Steinberg, Philipp: Zur Konvergenz der Grundfreiheiten auf Tatbestands- und Rechtfertigungsebene, EuGRZ 2002, S. 13–25.

Steindorff, Ernst: Einzelfragen zur Reichweite des Mitbestimmungsgesetzes, ZHR 1977, S. 457–465.

Steinke, Kirsa: Die Übertragbarkeit der Keck-Rechtsprechung des EuGH auf die Niederlassungsfreiheit, 2009.

Stettes, Oliver: Betriebsratswahlen 2010 – Eine Analyse auf Basis der IW-Umfrage, IW-Trends 2011, Heft 1, S. 1–16.

Stiegler, Sascha: Entwicklungen im europäischen Gesellschaftsrecht im Jahr 2013, DB 2014, S. 525–530.

Stiegler, Sascha: Anmerkung zu OLG Nürnberg: Grenzüberschreitende Sitzverlegung einer Kapitalgesellschaft von Luxemburg nach Deutschland, NZG 2014, S. 351–352.

Stöbener, Patricia Sarah / Wurster, Bettina: Schwerpunkte der neuen Justizkommissarin, EuZW 2014, S. 881–883.

Stöber, Michael: Goldene Aktien und Kapitalverkehrsfreiheit in Europa, NZG 2010, S. 977–979.

Steicher, René: Zustimmungsvorbehalte in der mitbestimmten GmbH – Kompetenzen von Gesellschaftern und obligatorischem Aufsichtsrat –, GmbHR 2014, S. 1188–1193.

Stelmaszczyk, Peter: Grenzüberschreitender Formwechsel durch isolierte Verlegung des Satzungssitzes, EuGH präzisiert den Anwendungsbereich der Niederlassungsfreiheit, EuZW 2017, S. 890–894.

Streinz, Rudolf / Leible, Stefan: Die unmittelbare Drittwirkung von Grundfreiheiten, EuZW 2000, S. 459–467.

Streinz, Rudolf: Konvergenz der Grundfreiheiten, Aufgabe der Differenzierungen des EG-Vertrags und der Unterscheidung zwischen unterschiedlichen und unterschiedslosen Maßnahmen? Zu Tendenzen der Rechtsprechung des EuGH, in: Arndt, Hans-Wolfgang / Knemeyer, Franz-Ludwig / Kugelmann, Dieter / Meng, Werner / Schweitzer, Michael (Hrsg.), Völkerrecht und Deutsches Recht, Festschrift für Walter Rudolf zum 70. Geburtstag, 2001, S. 199–221.

Streinz, Rudolf / Herrmann, Christoph, Der Fall Mangold – eine „kopernikanische Wende im Europarecht"?, RdA 2007, S. 165–169.

Streinz, Rudolf: Die Rolle des EuGH im Prozess der Europäischen Integration. Anmerkungen zu gegenläufigen Tendenzen in der neueren Rechtsprechung, AöR 2010, S. 1–28.

Streinz, Rudolf: EUV/AEUV, Vertrag über die Europäische Union und Vertrag über die Arbeitsweise der Europäischen Union, 2. Aufl. 2012.

Streinz, Rudolf: EuGH blockiert den Beitritt der EU zur EMRK, JuS 2015, S. 567–570.

Stüber, Katharina: Der Referentenentwurf zum Gesetz für die gleichberechtigte Teilhabe von Frauen und Männern an Führungspositionen in der Privatwirtschaft und im öffentlichen Dienst im Überblick, CCZ 2014, S. 261–268.

Sünner, Eckart: Genügt der Deutsche Corporate Governance Kodex seinen Ansprüchen? Eine Untersuchung zu Fragen der Internationalität und der Mitbestimmung, AG 2012, S. 265–273.

Teigelkötter, Volker: EuGH: Deutsche Unternehmensmitbestimmung ist europarechtskonform, DB 2017, S. 1705.

Teichmann, Christoph: Corporate Governance in Europa, ZGR 2001, S. 645–679.

Teichmann, Christoph: Die Einführung der Europäischen Aktiengesellschaft, Grundlagen der Ergänzung des europäischen Statuts durch den deutschen Gesetzgeber, ZGR 2002, S. 383–464.

Teichmann, Christoph: Gestaltungsfreiheit im monistischen Leitungssystem der Europäischen Aktiengesellschaft, BB 2004, S. 53–60.

Teichmann, Christoph: Binnenmarktkonformes Gesellschaftsrecht, 2006.

Teichmann, Christoph: `Law as a Product' – Regulatory Competition in the Common Market and the European Private Company, in: Bartman, Steef M. (Hrsg.), European Company Law in Accelerated Progress, 2006, S. 145–157.

Teichmann, Christoph: Binnenmarktmobilität von Gesellschaften nach „Sevic", Zugleich Besprechung von EuGH v 13-12-2005 – Rs C-411/03, ZIP 2005, 2311, ZIP 2006, S. 355–363.

Teichmann, Christoph / Elisabeth Heise: Das VW-Urteil des EuGH und seine Folgen, BB 2007, S. 2577–2582.

Teichmann, Christoph: Gestaltungsfreiheit in Mitbestimmungsvereinbarungen, AG 2008, S. 797–808.

Teichmann, Christoph: Die Europäische Privatgesellschaft (SPE) – Wissenschaftliche Grundlegung, in: Gesellschaftsrechtliche Vereinigung (Hrsg.), Gesellschaftsrecht in der Diskussion 2008, Jahrestagung der Gesellschaftsrechtlichen Vereinigung (VGR), 2009, S. 55–75.

Teichmann, Christoph: Cartesio: Die Freiheit zum formwechselnden Wegzug, Zugleich Besprechung EuGH v. 16.12.2008 – Rs. C-210/06, ZIP 2009, 24 – Cartesio, ZIP 2009, S. 393–404.

Teichmann, Christoph: Europäisierung der deutschen Mitbestimmung, ZIP 2009, Beilage Heft 48, S. 10–17.

Teichmann, Christoph / Limmer, Peter: Die Societas Privata Europaea (SPE) aus notarieller Sicht - eine Zwischenbilanz nach dem Votum des Europäischen Parlaments, GmbHR 2009, S. 537–540.

Teichmann, Christoph: Europäisierung der deutschen Mitbestimmung durch Nichtanwendung des Gesetzes, ZIP 2010, S. 874–875.

Teichmann, Christoph: Zum Geburtstag viel Buch: Eine Literaturauslese zum fünften Jahrestag der Societas Europaea (SE), GPR 2010, S. 85–92.

Teichmann, Christoph: Wege aus der Krise?, BB 2011, Die erste Seite Nr. 33.

Teichmann, Christoph: Gesellschaftsrecht im System der Europäischen Niederlassungsfreiheit, ZGR 2011, S. 639–689.

Teichmann, Christoph: Überprüfung von Sekundärrecht am Maßstab der Grundfreiheiten, in: Müller-Graff, Peter-Christian / Schmahl, Stefanie / Skouris, Vassilious (Hrsg.), Europäisches Recht zwischen Bewährung und Wandel, Festschrift für Dieter H. Scheuing, 2011, S. 735–757.

Teichmann, Christoph: Der grenzüberschreitende Formwechsel ist spruchreif: das Urteil des EuGH in der Rs. Vale, DB 2012, S. 2085–2092.

Teichmann, Christoph: Gesellschaften und natürliche Personen im Recht der europäischen Niederlassungsfreiheit, in: Erle, Bernd / Goette, Wulf / Kleindiek, Detlef / Krieger, Gerd / Priester, Hans-Joachim / Schubel, Christian / Schwab, Martin / Teichmann, Christoph / Witt, Carl-Heinz (Hrsg.): Festschrift für Peter Hommelhoff zum 70. Geburtstag, 2012, S. 1213–1236.

Teichmann, Christoph: Europäische GmbH am Scheideweg, ZRP 2013, S. 169–172.

Teichmann, Christoph: Europäisches Konzernrecht: Vom Schutzrecht zum Enabling Law, AG 2013, S. 184–197.

Teichmann, Christoph: Konzernrecht und Niederlassungsfreiheit, Zugleich Rezension der Entscheidung EuGH, Rs. 186/12 (Impacto Azul), ZGR 2014, S. 45–75.

Teichmann, Christoph: Bestandsschutz für die Mitbestimmung bei Umwandlung in eine SE, ZIP 2014, S. 1049–1057.

Teichmann, Christoph: Europäische Harmonisierung des GmbH-Rechts, Der Beitrag der Societas Unius Personae (SUP) zur grenzüberschreitenden Niederlassungsfreiheit, NJW 2014, S. 3561–3565.

Terhechte, Jörg Philipp: Der Umweltschutz und die Wettbewerbspolitik in der Europäischen Gemeinschaft, ZUR 2002, S. 274–279.

Tettinger, Peter J.: Die Charta der Grundrechte der Europäischen Union, NJW 2001, S. 1010–1015.

Tettinger, Peter J. / Stern, Klaus: Kölner Gemeinschaftskommentar zur Europäischen Grundrechte-Charta, 2006.

Teuteberg, Hans Jürgen: Geschichte der industriellen Mitbestimmung in Deutschland, Ursprung und Entwicklung ihrer Vorläufer im Denken und in der Wirklichkeit des 19. Jahrhunderts, 1961.

Thiele, Alexander: Europäisches Prozessrecht, Verfahrensrecht vor dem EuGH, Ein Studienbuch, 2. Aufl. 2014.

Thomale, Chris: Die Gründungstheorie als versteckte Kollisionsnorm, Höchstrichterliche Fortbildung des internationalen Gesellschaftsrechts anhand von Art. 22 Nr. 2 EuGVO, NZG 2011, S. 1290–1293.

Thomas, Stefan: Die Relevanzregel in der europäischen Grundfreiheitendogmatik, Zur Frage eines Spürbarkeitserfordernisses bei der Beeinträchtigung von Grundfreiheiten, NVwZ 2009, S. 1202–1207.

Thüsing, Gregor: Deutsche Unternehmensmitbestimmung und europäische Niederlassungsfreiheit, Eine Skizze nach Centros, Überseering und Inspire Art, ZIP 2004, S. 381–388.

Thüsing, Gregor: Zur Unanwendbarkeit nationalen Rechts bei Verstoß gegen den europarechtlichen Gleichbehandlungsgrundsatz, ZIP 2010, S. 199–202.

Thüsing, Gregor / Siebert, Tom: Arbeitnehmerbegriff – Befristungsrichtlinie, ZESAR 2011, S. 124–126.

Thüsing, Gregor / Traut, Johannes: Zur begrenzten Reichweite der Koalitionsfreiheit im Unionsrecht, RdA 2012, S. 65–73.

Tietje, Christian: Internationales Wirtschaftsrecht, 2. Aufl. 2015.

Tomuschat, Christian: Gleichheit in der Europäischen Union, ZaöRV 2008, S. 327–346.

Triebel, Volker / Hase von, Karl: Wegzug und grenzüberschreitende Umwandlungen deutscher Gesellschaften nach Überseering und Inspire Art, BB 2003, S. 2409–2417.

Tryfonidou, Alina: Further steps on the road to convergence among the market freedoms, ELRev 2010, S. 36–56.

Ulmer, Peter / Habersack, Mathias / Henssler, Martin: Mitbestimmungsrecht, Kommentierung des MitbestG, der DrittelbG und des SEBG und des MgVG, 3. Aufl., 2013.

Ulmer, Peter: Paritätische Arbeitnehmermitbestimmung im Aufsichtsrat von Großunternehmen – noch zeitgemäß?, ZHR 2002, S. 271–277.

Ulmer, Peter: Generalbericht, in: Baums, Theodor / Ulmer Peter (Hrsg.), Unternehmens-Mitbestimmung der Arbeitnehmer im Recht der EU-Mitgliedstaaten, 2004, S. 159–177.

Umbach, Dieter C. / Clemens, Thomas / Dollinger, Franz-Wilhelm: Bundesverfassungsgerichtsgesetz, Mitarbeiterkommentar und Handbuch, 2. Aufl. 2005.

Veit, Martin / Wichert, Joachim: Unternehmerische Mitbestimmung bei europäischen Kapitalgesellschaften mit Verwaltungssitz in Deutschland nach „Überseering" und „Inspire Art", AG 2004, S. 14–20.

Velten, Christian A.: Gewerkschaftsvertreter im Aufsichtsrat, Eine verfassungsrechtliche, gesellschaftsrechtliche und arbeitsrechtliche Analyse, 2010.

Verse, Dirk A. / Wiersch, Rachid René: Die Entwicklung des Europäischen Gesellschaftsrecht im Jahr 2013, EuZW 2014, S. 375–383.

Vetter, Eberhard: Anfechtung der Wahl der Aufsichtsratsmitglieder, Bestandsschutzinteresse der AG und die Verantwortung der Verwaltung, ZIP 2012, S. 701–711.

Victorin, Anders: Employee participation on the company board: The Swedish experience, in: Baums, Theodor / Ulmer Peter (Hrsg.), Unternehmens-Mitbestimmung der Arbeitnehmer im Recht der EU-Mitgliedstaaten, Employees' Co-Determination in the Member States of the European Union 2004, S. 125–132.

Vitzthum, Nikolaus Graf: Die Entdeckung der Heimat der Unionsbürger – Anmerkung zum Urteil des EuGH vom 8. März 2011, Rs. EUGH 08.03.2011 Aktenzeichen C-34/09 – Zambrano, EuR 2011, S. 550–566.

Vitzthum, Wolfgang Graf / Proelß, Alexander: Völkerrecht, 7. Aufl. 2016.

Waldenmaier, Marianne / Ley, Christian: Konzernmitbestimmung: Satzungssitz in Deutschland, Verwaltungssitz im Ausland, Neuigkeiten für die Mitbestimmung, BB 2009, S. 1694–1699.

Waldhoff, Christian: Die Rückwirkung von EuGH-Entscheidungen, Finanzielle Auswirkungen europäischer Rechtsprechung als Kriterium einer Entscheidungsfolgenabschätzung, EuR 2006, S. 615–636.

Waldhoff, Christian: Rückwirkung von EuGH-Entscheidungen, Referat im Rahmen der Vortragsreihe „Rechtsfragen der Europäischen Integration", Bonn, den 09.01.2006, 2006.

Wank, Rolf: Der Fremdgeschäftsführer der GmbH als Arbeitnehmer, in: Wank, Rolf / Hirte, Heribert / Frey, Kaspar / Fleischer, Holger / Thüsing, Gregor (Hrsg.), Festschrift für Herbert Wiedemann zum 70. Geburtstag, 2002, S. 587–615.

Wank, Rolf: Die personellen Grenzen des Europäischen Arbeitsrechts: Arbeitsrecht für Nicht-Arbeitnehmer?, EuZA 2008, S. 172–195.

Wank, Rolf: Auslegung von Gesetzen, 6. Aufl. 2015.

Wank, Rolf: Kapitalgesellschaft, Mitglied der Unternehmensleitung, Arbeitnehmereigenschaft, Kündigung/"Danosa", EWiR 2011, S. 27–28.

Wansleben, Till: Zur Europarechtswidrigkeit der unternehmerischen Mitbestimmung, NZG 2014, S. 213–215.

Wansleben, Till: Deutsche Unternehmensmitbestimmung und Unionstrecht – Ausgangs- und Folgefragen – WM 2017, S. 785–794.

Weber, Albrecht: Die Europäische Union unter Richtervorbehalt? Rechtsvergleichende Anmerkungen zum Urteil des BVerfG v. 30.06.2009 („Vertrag von Lissabon"), JZ 2010, 157–164.

Weber, Christoph: Das aufgespaltene Arbeitsverhältnis, 1992.

Weber, Christoph: Privatautonomie und Außeneinfluß im Gesellschaftsrecht, 2000.

Weber, Christoph: Information und Konsultation im europäischen und deutschen Mitbestimmungsrecht, in: Dauner-Lieb, Barbara / Hommelhoff, Peter / Jacobs, Matthias / Kaiser, Dagmar / Weber, Christoph (Hrsg.), Festschrift für Horst Konzen zum siebzigsten Geburtstag, 2006, S. 921–956.

Weber, Christoph: Verhandelte Mitbestimmung – eine Zwischenbilanz, in: Müller-Graff, Peter-Christian / Schmahl, Stefanie / Skouris, Vassilious (Hrsg.), Europäisches Recht zwischen Bewährung und Wandel, Festschrift für Dieter H. Scheuing, 2011, S. 773–793.

Weber-Rey, Daniela: Praxisfragen der europäischen Privatgesellschaft, in: Gesellschaftsrechtliche Vereinigung (Hrsg.), Gesellschaftsrecht in der Diskussion 2008, Jahrestagung der Gesellschaftsrechtlichen Vereinigung (VGR), 2009, S. 77–92.

Weber-Rey, Daniela / Handt, Friederike: Vielfalt/Diversity im Kodex – Selbstverpflichtung, Bemühenspflicht und Transparenz, NZG 2011, S. 1–5.

Wedemann, Frauke: Die Europa-GmbH ante portas, EuZW 2010, S. 534–538.

Weidmann, Golo: Die Anwendung des Mitbestimmungsgesetzes 1976 in Fällen mit Auslandsbezug, 2007.

Weigert, Daniel-René: Keine Änderung der Rechtslage durch § 611a BGB – oder doch? ArbRAktuell 2017, S. 557–559.

Weis, Hubert: Verstaatlichungen aus gemeinschaftsrechtlicher Sicht, NJW 1982, S. 1910–1914.

Weiß, Wolfgang: Die Einschränkung der zeitlichen Wirkung von Vorabentscheidungen nach Art. 177 EGV, EuR 1995; S. 377–397.

Weiß, Wolfgang: Grundrechtsschutz in der EU: Quo vadis?, EuZW 2012, S. 201–202.

Weiss, Manfred: Arbeitnehmermitwirkung in Europa, NZA 2003, S. 177–184.

Weiss, Manfred: Mitbestimmung auf der Unternehmens- und Betriebsebene. Verzahnung oder Kumulation?, in: Stiftung Gesellschaft für Rechtspolitik / Institut für Rechtspolitik an der Universität Trier (Hrsg.), Bitburger Gespräche Jahrbuch 2006/I, Mitbestimmung im Unternehmen, 2006, S. 8–18.

Weiss, Manfred / Seifert, Achim: Der europarechtliche Rahmen für ein „Mitbestimmungserstreckungsgesetz", ZGR 2009, S. 642–580.

Weiss, Michael: Goldene Aktien im Lichte der Rechtsprechung des EuGH, Unter besonderer Berücksichtigung des harmonisierten Übernahmerechts, 2008.

Weller, Marc-Phillipe: Inspire Art – Weitgehende Freiheiten beim Einsatz ausländischer Briefkastengesellschaften, DStR 2003, S. 1800–1804.

Weller, Marc-Philippe: Internationales Unternehmensrecht 2010, IPR-Methodik für grenzüberschreitende gesellschaftsrechtliche Sachverhalte, ZGR 2010, S. 679–709.

Weller, Marc-Phillipe: Unternehmensmitbestimmung für Auslandsgesellschaften, in: Erle, Bernd / Goette, Wulf / Kleindiek, Detlef / Krieger, Gerd / Priester, Hans-Joachim / Schubel, Christian / Schwab, Martin / Teichmann, Christoph / Witt, Carl-Heinz (Hrsg.): Festschrift für Peter Hommelhoff zum 70. Geburtstag, 2012, S. 1275–1298.

Weninger, Heike: Mitbestimmungsspezifische Interessenkonflikte von Arbeitnehmervertretern im Aufsichtsrat, 2011.

Werder von, Axel: Überwachungseffizienz und Unternehmensmitbestimmung, AG 2004, S. 166–172.

Werner, Marc: Die deutsche Unternehmensmitbestimmung in internationalen europäischen Konzernen, 2009.

Wernsmann, Rainer: Grundrechtsschutz nach Grundgesetz und Unionsrecht vor dem BVerfG, NZG 2011, S. 1241–1244.

Weth, Stephan / Kerwer, Christof: Der Einfluss des Europäischen Rechts auf das nationale Arbeitsrecht, JuS 2000, S. 425–431.

Wettich, Carsten: Aktuelle Entwicklungen in der Hauptversammlungssaison 2011 und Ausblick auf 2012, NZG 2011, S. 721–727.

Wettich, Carsten: Aktuelle Entwicklungen und Trends in der Hauptversammlungssaison 2012 und Ausblick auf 2013, AG 2012, S 725–736.

Weyer, Hartmut: Gemeinschaftliche Überprüfbarkeit mitgliedstaatlicher Regelungen der Verkaufsmodalitäten, EuZW 2004, S. 455–457.

Wicke, Hartmut: Kontinuität und Wandel im Recht der GmbH, MittBayNot 2011, S. 23–32.

Wiedemann, Herbert / Thüsing, Gregor: Der Schutz älterer Arbeitnehmer und die Umsetzung der Richtlinie 2000/78/EG, NZA 2002, S. 1234–1242.

Wieland, Joachim: Der EuGH im Spannungsverhältnis zwischen Rechtsanwendung und Rechtsgestaltung, NJW 2009, S. 1841–1845.

Wienbracke, Mike: Deutsches Mitbestimmungsgesetz arbeitnehmerfreizügigkeitskonform, NZA 2017, S. 1036–1039.

Willemsen, Heinz Josef / Sagan, Adam: Die Auswirkungen der europäischen Grundrechtecharta auf das deutsche Arbeitsrecht, NZA 2011, S. 258–262.

Winkler, Jürgen: Sozialgesetzbuch IV, Gemeinsame Vorschriften für die Sozialversicherung, Lehr- und Praxiskommentar, 2007.

Wißmann, Hellmut: Der Anwendungsbereich der Unternehmensmitbestimmung als Dauerpatient, in: Klebe, Thomas / Wedde, Peter / Wolmerath, Martin (Hrsg.), Recht und soziale Arbeitswelt, Festschrift für Wolfgang Däubler zum 60. Geburtstag, 1999, S. 385–398.

Wißmann, Hellmut, Unternehmensmitbestimmung: Mehr Autonomie wagen? in: Dieterich, Thomas / Le Friant, Martine / Nogler, Luca / Kezuka, Katsutoshi / Pfarr, Heide (Hrsg.), Individuelle und kollektive Freiheit im Arbeitsrecht, Gedächtnisschrift für Ulrich Zachert, 2010, S. 687–697.

Wißmann, Hellmut / Kleinsorge, Georg / Schubert, Claudia: Mitbestimmungsrecht, Mitbestimmungsgesetz, Montan-Mitbestimmung, Drittelbeteiligungsgesetz, Mitbestimmung auf europäischer Ebene, Kommentar, 5. Aufl. 2017.

Wlotzke, Otfried / Wißmann, Hellmut / Koberski, Wolfgang / Kleinsorge, Georg: Mitbestimmungsrecht, Mitbestimmungsgesetz, Montan-Mitbestimmung, Drittelbeteiligungsgesetz, Mitbestimmung auf europäischer Ebene, Kommentar, 4. Aufl. 2011.

Wöhlert, Helge-Thorsten / Degen, Stephan: Die neue Mobilität von Gesellschaften in Europa nach „Vale“ und „National Grid Indus“, GWR 2012, S. 432–435.

Wunderlich, Nina / Blaschke, Christoph: Die Gewährleistung der Kapitalverkehrsfreiheit in Bezug auf Drittsaaten, Neuere Entwicklungen in der Rechtsprechung des EuGH, IStR 2008, S. 754–762.

Zachert, Ulrich: Die Arbeitnehmergrundrechte in einer Europäischen Grundrechtscharta, NZA 2001, S. 1041–1046.

Ziegenhorn, Gero: Kontrolle von mitgliedstaatlichen Gesetzen „im Anwendungsbereich des Unionsrechts" am Maßstab der Unionsgrundrechte, NVwZ 2010, S. 803–808.

Ziegler, Astrid: Standortverlagerung und Ausgliederung – Ausmaß, Struktur und Auswirkungen auf die Beschäftigten, WSI-Diskussionspapiere, Nr. 162, 2008.

Ziegler, Katharina: Arbeitnehmerbegriffe im Europäischen Arbeitsrecht, 2011.

Ziegler, Ulrich / Gey, Annika: Arbeitnehmermitbestimmung im Aufsichtsrat der Europäischen Gesellschaft (SE) im Vergleich zum Mitbestimmungsgesetz, BB 2009, S. 1750–1757.

Ziemonis, Hildegard: Freie Bahn für den Umzug von Gesellschaften nach Inspire Art?!, Zugleich Besprechung EuGH, Urt v 30–9-2003 – Rs C- 167/01, ZIP 2003, 1885 – Inspire Art, ZIP 2003, S. 1913–1920.

Ziemonis, Hildegard: Der Vorstand als Arbeitnehmer, Umfassender Diskriminierungsschutz für Vorstandsmitglieder mit Hilfe des Europarechts, KSzW 2013, S. 19–29.

Zilias, Manfred: Die Behandlung ausländischer Konzernunternehmen im Rahmen der Holding-Novelle, NJW 1957, S. 325–326.

Zimmer, Daniel: Internationales Gesellschaftsrecht, Das Kollisionsrecht der Gesellschaften und sein Verhältnis zum internationalen Kapitalmarktrecht und zum internationalen Unternehmensrecht, 1996.

Zimmer, Daniel: Wie es Euch gefällt? Offene Fragen nach dem Überseering-Urteil des EuGH, BB 2003, S. 1–7.

Zimmer, Daniel: Unternehmerische Mitbestimmung bei Auslandsgesellschaften mit Inlandssitz? in: Söllner, Alfred / Gitter, Wolfgang / Waltermann, Raimund / Giesen, Richard / Rocken, Oliver, Gedächtnisschrift für Meinhard Heinze, 2005, S. 1123–1133.

Zimmer, Daniel / Naendrup, Christoph: Das Cartesio-Urteil des EuGH: Rück- oder Fortschritt für das internationale Gesellschaftsrecht?, NJW 2009, S. 545–550.

Zoellner, Wolfgang / Noack, Ulrich, Kölner Kommentar zum Aktiengesetz, 3. Aufl. 2008–2012.

Zöllner, Wolfgang: Konkurrenz für inländische Kapitalgesellschaften durch ausländische Rechtsträger, insbesondere durch die englische Private Limited Company, GmbHR 2006, S. 1–12.

Zweigert, Konrad: Der Einfluss des europäischen Gemeinschaftsrechts auf die Rechtsordnungen der Mitgliedstaaten, RabelsZ 1964, S. 601–643.

Schriftenreihe zum deutschen und europäischen Gesellschafts- und Wirtschaftsrecht

Herausgegeben von Christoph Teichmann und Florian Bien
Begründet von Günter Christian Schwarz †

Band 1 Matthias Scheifele: Die Gründung der Europäischen Aktiengesellschaft (SE). 2004.

Band 2 Julia Zwiener: Die Auswirkungen der Verordnung Nr. 1/2003 auf das europäische und deutsche Kartellverfahren. 2005.

Band 3 Cornelius Koke: Die Finanzverfassung der Europäischen Aktiengesellschaft (SE) mit Sitz in Deutschland. 2005.

Band 4 Martin Weger: Haftungsgrundlagen bei kompetenzwidriger Geschäftsführung im Personen- und Kapitalgesellschaftsrecht. Ein Beitrag zur Transformation des bürgerlich-rechtlichen Rechtsinstituts der Geschäftsführung ohne Auftrag in das Gesellschaftsrecht. 2005.

Band 5 Axel Zang: Sitz und Verlegung des Sitzes einer Europäischen Aktiengesellschaft mit Sitz in Deutschland. 2005.

Band 6 Björn Holland: Das amerikanische „board of directors" und die Führungsorganisation einer monistischen SE in Deutschland. Amerikanische Erfahrungen in Fragen der Corporate Governance als Beitrag zur Ausgestaltung der Unternehmensführung und Unternehmenskontrolle in einer Deutschen SE. 2006.

Band 7 Nils K. Roitsch: Auflösung, Liquidation und Insolvenz der Europäischen Aktiengesellschaft (SE) mit Sitz in Deutschland. Art. 63–65 SE-VO. 2006.

Band 8 Timo Wanner: Die GmbH in der Krise. Geschäftsführerverantwortlichkeit im Vorfeld der Insolvenz. 2015.

Band 9 Wolf-Amelung Böhm: Die Sicherung der Abfindung beim Ausscheiden aus der GmbH. Haftung der Mitgesellschafter beim Eingreifen der Kapitalerhaltungsschranke. 2016.

Band 10 Christina Eschenfelder: Rechtsnachfolge in die Kommanditistenhaftung. Zur Rechtsnachfolge in die unbeschränkte Kommanditistenhaftung aufgrund rechtsgeschäftlicher Übertragung von Kommanditanteilen. 2016.

Band 11 Christoph Teichmann / Martin Kraushaar (Hrsg.): Mitbestimmungsvielfalt in Deutschland und Europa. 2018.

Band 12 Julian Wacker: Persönliche Schadensersatzhaftung von Vorstandsmitgliedern einer Aktiengesellschaft für Kartellverstöße. Ein Beitrag zur kartellzivilrechtlichen Organhaftung. 2017.

Band 13 Tobias Alexander Begemann: Die SE & Co. KGaA als Rechtsform für Familienunternehmen. 2018.

Band 14 Matthias Adams: Mittelbare Beteiligung an einer Publikumspersonengesellschaft über einen Treuhänder. 2018.

Band 15 Manuel Schütt: Die deutsche Unternehmensmitbestimmung – Reformdruck aus Europa? Reichweite und Grenzen der Grundfreiheiten. 2018.

Band 16 Olga Gurman: Die Vorstandsvergütung nach der Finanzkrise. Eine rechtsvergleichende Analyse der deutschen, britischen und US-amerikanischen Lösungsansätze. 2018.

www.peterlang.com

www.ingramcontent.com/pod-product-compliance
Ingram Content Group UK Ltd.
Pitfield, Milton Keynes, MK11 3LW, UK
UKHW021831290926
8980IPUK00004B/387

9 783631 758267